U0903649

新
思
THINKR

有思想和智识的生活

自由与毁灭

Liberty or Death

The French Revolution

法国大革命，1789—1799

[澳]彼得·麦克菲 著
杨磊 译

中信出版集团 | 北京

图书在版编目（CIP）数据

自由与毁灭：法国大革命，1789-1799 /（澳）彼得·麦克菲著；杨磊译．-- 北京：中信出版社，2019.4（2026.2 重印）

书名原文：Liberty or Death:The French Revolution

ISBN 978-7-5086-9753-6

Ⅰ．①自… Ⅱ．①彼… ②杨… Ⅲ．①法国大革命－研究 Ⅳ．① K565.41

中国版本图书馆 CIP 数据核字（2018）第 258074 号

自由与毁灭：法国大革命，1789—1799

著　　者：［澳］彼得·麦克菲
译　　者：杨磊
出版发行：中信出版集团股份有限公司
（北京市朝阳区东三环北路 27 号嘉铭中心　邮编　100020）
承 印 者：河北鹏润印刷有限公司

开　　本：880mm × 1230 mm 1/32　　印　　张：19　　插　　页：12　　字　　数：465 千字
版　　次：2019 年 4 月第 1 版　　印　　次：2026 年 2 月第 6 次印刷
京权图字：01-2016-8784
审 图 号：GS（2018）6667 号
书　　号：ISBN 978-7-5086-9753-6
定　　价：98.00 元

服务热线：400-600-8099
投稿邮箱：author@citicpub.com

献给基特

目　录

中译本序

我非常有幸能为中国读者写下这份序言。我在这本书中想要强调两点。第一点，与很多研究法国大革命的历史学家一样，我写这本书受到了 19 世纪政治家、理论家亚历克西·德·托克维尔（1805—1859）的启发。他的家庭生活遭到大革命的重创，尽管如此，他还是承认了大革命的伟大之处，写出了《旧制度与大革命》（1856 年）这部经典著作。由于他患上肺结核而早逝，这部著作并未完成。1831 年，年仅 26 岁的托克维尔曾经到“新世界”游历，出版了早期社会学的经典著作《论美国的民主》（2 卷本，1835 年，1840 年）。

托克维尔对于法国大革命的主要观点是中央权力的连续性，从路易十四（1638—1715）到 1799 年通过军事政变夺权的拿破仑·波拿巴，强有力的中央集权一以贯之。尽管在法国大革命初期，国民公会试图通过民主和地方机构来使决策去集权化，1792 年革命战争的需要促使革命家们再一次将权力集中。在托克维尔看来，大革命最根本的变化在于摧毁了“封建主义”的机构，这些机构既包括由贵族主导的传统团体也包括全国各地封建制、领主制的残余。大革命试图用基于人民主权和自由的新体制来取代古老的封建制度。但是法国与美国不同的是，美国社会的发展建立在私有财产和个人自由之上，法国人民仍然依赖中央权威。

托克维尔认为大革命起源于教士、贵族和第三等级这三个传统的等级之间日益扩大的分裂。上层贵族主宰了法国社会的方方面面，包括教会在内，那些位高权重的人越来越不履行他们的义务（法国谚语有云："位高则任重"）。大多数贵族对于1789年前必要的财政和社会改革根深蒂固的敌视源于两个长期因素。首先，正如托克维尔总结的那样，君主制国家决策的压力由于治理和保护殖民帝国的支出而进一步加剧，进而损害了贵族特权。其次，贵族面临着比他们人数更多、更富有、更具批判精神的资产阶级的挑战，农民对于贵族的财产、等级和社会地位也越来越感到不满。

法国的社会政治体制在18世纪80年代处于危机之中。王权及其贵族精英的合法性遭到前所未有的质疑，来自社会的批评空前尖锐和深刻。领主体制及其繁多的特权日益成为一种收入来源而不是社会秩序的支柱。托克维尔认为，到了18世纪80年代，领主几乎很少出现在社区之中，农民交纳的封建租税与从领主那里获得的贫困救济、保护和帮助已经不再对等。尽管托克维尔出身贵族，但他明白贵族制度已经"失效了"，因为理论上贵族特权的合法性已经不再合理了。一个日益富有的、人数众多的中间阶级（资产阶级）开始追求自身利益，而且在托克维尔看来，这个阶级中有一些理想主义的个人，深受启蒙运动抽象概念的影响。到了18世纪80年代，阶级分化已经完成，产生了大革命时期的社会对立。

在《论美国的民主》的结论中，他对整个西半球的根本性变化充满了信心，但也担心这些变化导致的结果：

> 我们时代的国家无法阻止人类的境况走向平等，但是平等的原则究竟带给我们的是自由还是奴役，文明还是野蛮，繁荣还是痛苦，都取决于我们自己。

20 年后，他在写作《旧制度与大革命》时，在结论中写到法国大革命实际上带给法国人的是奴役、野蛮和痛苦，但是这个悲观的结论来源于他个人从 1848 年开始对民主社会主义思想的敌视。

很少有人在提及托克维尔的卓越思想时将他的个人经历考虑在内，人们经常将他描述成一个置身事外的旁观者，但是他一直处在国家动荡和痛苦的旋涡之中。他于 1805 年出生在一个显赫的诺曼贵族家族，他的祖先曾经参加过 1066 年黑斯廷斯战役和对英格兰的征服。他所处的家庭和社会等级深受大革命的创伤。他的父亲埃尔韦是托克维尔伯爵，曾经担任路易十六卫队的军官，他的母亲路易丝·玛德莱娜·勒佩勒捷·德罗桑博是法国著名政治家沃邦和拉穆瓦尼翁的亲戚。他们在 1793 年结婚。第二年差点被送上断头台。路易丝的祖父拉穆瓦尼翁（路易十六的首相和最终判决的辩护律师）和双亲都被判死刑，她的大姐和姐夫也同样丧命。

虽然托克维尔的家族在大革命中遭遇悲惨，但在七月王朝（1830—1848）和第二共和国（1848—1851）时期，托克维尔本人试图将有限的选举和立宪君主制融入法国的政治生活中。他曾经担任议会代表和部长，在波拿巴的侄子路易·波拿巴于1851年依靠军队夺权后，他放弃了从政。他从此以后全身心投入《旧制度与大革命》的写作中。他的杰作深受他1848年后两次短暂的从政经历的影响：他对1848年6月的内战感到恐惧，随后被路易·拿破仑的政变排斥出政坛之外。因此，他认为1789年后革命变化的暴力打碎了传统的社会秩序，他所处的时代出现了前所未有的阶级分化和冲突。托克维尔的伟大之处在于他在自己家族的命运之上思考他所处的时代的变迁。

我想强调的第二点是我在这本书中试图阐释法国大革命的特殊途径。在全球化的21世纪，我们更加重视法国大革命的全球意义及其国际影响。历史学家曾经认为法国大革命本质上是一场动乱，但是现在我们不仅意识到了大西洋和北美在法国大革命起源上的意义，还进一步看到了法国大革命在西欧之外的影响，尤其是在大西洋沿岸地区和地中海地区。革命战争的确是“第一次总体战”。与所有大革命一样——英国、美国、俄国和中国的革命——法国大革命在内战和外国干预中诞生。但是这些革命最终取得胜利的代价都是数不清的生命。

而与所有大革命一样，这同样是一场全国范围的革命，革命的成果不仅体现在首都之中，还体现在拥有97%的全法国人口的乡村和城镇之中。各地对于革命的态度来源于特殊的社会、经济和文化状况。各地的人民无论欢迎还是反对变革，都不能拒绝变革。与托克维尔和几乎所有之前的大革命研究不同的是，我不仅试图将大革命置于全国和国际的背景下来理解，还试图将其置于每个社区的每个家庭之中来理解。革命给人们的经历各不相同，却影响了所有人。革命对于日常生活的冲击远比托克维尔的描述更加复杂和深刻。例如，我在书中强调了继承法的改革和临时废除砍伐树木与开垦荒地禁令的影响。

现当代的每一次大革命——17 世纪的英国革命、18 世纪的法国革命和 20 世纪的中国革命——都具有其独特性，它们都是特殊的社会、历史和危机的产物。但是所有的大革命都带来了巨大的社会、经济和政治变迁，也由此产生了影响深远的国内和国际冲突。所有的大革命对于每个亲历者来说都是一场从根本上改变生活的剧变。我试图在这本书中抓住的就是法国人鲜活而厚重的经历。

导　言

1789 年之后，法国革命者试图在人民主权、国家统一、人人平等的原则基础上重新塑造他们的世界。这是一项艰巨的挑战，因为之前的国家是一个由绝对王权统治、存在根深蒂固的特权和地方豁免权的庞大而多元的王国。在法国和其他国家都有人试图用武力摧毁革命，他们认为革命是对既有的社会秩序、宗教信仰和权威的威胁。

当时人们在如何评价大革命成就的问题上出现了两极分化。虽然革命期间的一切都变化无常，而且在实践中和理念上都存在反对革命过激化的强大力量，但革命还是给人们留下了一种不可磨灭的、持久的印象——公民可能因此获得解放。1798 年，年届 74 岁的德国哲学家伊曼努尔·康德总结道：

> 这种现象在世界历史当中永远不会被遗忘，因为它揭示了人性深处追寻道德进步的可能性，这为此前所有政治人物所虔信。即使我们必须回到旧制度，自由的这些最初形态作为一种哲学上的证明，仍不会失去其价值。[1]

克雷基侯爵夫人维克图瓦·德芙拉·德泰塞比康德年长20岁。与康德相反，她对同时期她在身边的所见所闻进行了尖酸刻薄的描述： X

> 在城镇中你只能看到无礼、邪恶的人。你只能以一种粗俗的、苛求的、轻蔑的口吻进行交谈。每张面孔都充满了阴险狡诈，甚至儿童都有仇视、堕落的行为。可以说每个人心中都充满着仇恨。嫉妒从未被满足，悲惨随处可见。这就是对发动一场革命的惩罚。[2]

与经历过那个年代的人一样，历史学家也赞同1789年5月至10月的大革命行动是史无前例的、具有重大意义的。但是，他们在以下问题上不能达成一致：为什么后来被称作“旧制度”的政权会在如此广泛的支持下被推翻，为什么革命会走向恐怖，革命的影响是什么。1789年事件造成的影响是如此复杂、剧烈和重要，以至于关于这些事件的起源、过程的反思和争论不可能完结。法国大革命仍然令人着迷、使人困惑、发人深省。事实上，自从20世纪80年代以来，东欧以及东南欧政权的垮台以及“阿拉伯之春”这两股革命大潮重新激发了我们对于18世纪末那场改变世界的剧变的兴趣。[3]

法国大革命的戏剧性、成功、悲剧，以及那些试图阻止和颠覆它的举动，在长达两个世纪之久的时间里都是学者们关注的主题。[4]拿破仑·波拿巴在1799年11月掌权之后，第一代法国大革命的历史学家们就开始从他们的视角来叙述这些年发生的事情，以及他们对革命起源和革命变革影响的评判。一个表面上看起来稳定的政权是为什么、如何在 1789 年倒台的？为什么革命过后稳定一个新秩序会如此艰难？革命期间的政治动荡在根本上阻碍了社会和经济的持续发展吗？法国大革命是法国历史上甚至是世界历史的一个重要转折点，还是一段旷日持久的暴力动荡以及令数百万人丧命的战争冲突？本书意在寻找这些问题的答案。

和所有重要的革命一样，法国大革命中有许多英雄主义、恐怖、公民牺牲以及屠杀的插曲。毛泽东在 1927 年考察湖南农民运动时，写
XI 下了著名论断：

> 革命不是请客吃饭，不是做文章，不是绘画绣花，不能那样雅致，那样从容不迫，文质彬彬，那样温良恭俭让。革命是暴动，是一个阶级推翻一个阶级的暴烈的行动。[5]

毛泽东当时 34 岁，1792 年的法国革命家马克西米利安·罗伯斯庇尔同样也是 34 岁，他在同年 11 月回答政敌讽刺他手上沾着鲜血时说道："公民们，你们想要一场没有革命的革命吗？" 1792 年 8 月，巴黎市民推翻了路易十六并且屠杀了他的数百个守卫，罗伯斯庇尔坚持为这些爱国者[*]辩护道："在如此大规模的起义中，犯下几桩明显的罪行或者微不足道的轻罪是在所难免的，他们的死是对他们效忠国王的惩罚。"[6]

以往的法国大革命通史写作给人的感觉是革命只是巴黎人的功劳，

---

* 在法国大革命的历史语境中，"爱国者"指忠于近现代意义上的民族国家的人。与之相对的通常为那些忠于前现代、封建制度意义上的君主的人，即"保王派"。（本书的脚注均为译者注。）

他们将革命强加到顽固封闭、一直敌视革命的乡村。巴黎制造了革命，外省反抗革命。[7]与此相反，本书认为只有在研究巴黎的政府与在乡村、城市、城镇的人民之间如何协商、对抗的基础上，才能更好地理解法国大革命。本书的读者在了解巴黎政治斗争的历史的同时，也会在书中看到很多城镇和乡村的普通人如何参与、反抗和经历革命带来的改变。

巴黎的确是大革命的发源地，但是 18 世纪 80 年代居住在巴黎的 65 万人口只占法国 2 800 万总人口的四十分之一。法国是由乡村和小城镇构成的国度。在大革命期间统治法国的人物几乎都出身于外省，他们在浩如烟海的通信集中表达了选民传达给他们的国家建设理念。本书将研究 1789 年到 1799 年间法国在立法、文化和社会上的变革经历如何挑战、转变了外省社会对于权力和权威的想象。农村和小城镇的人是如何接受、适应或拒绝来自巴黎的改变的？结果是令人惊讶的。

法国大革命也是一场视觉文化和口语文化上的疾风骤雨，法国大革命产生了大量视觉上的表现物，它们用来解释已经发生的事，或者攻击、嘲弄某个人的敌人。大革命还产生大量昙花一现的事物，诸如政治俱乐部的入会卡、卡通，或者革命时代被称为“指券”的银行券。当然，大革命还计划用大量纪念性建筑来纪念革命的成就，但是这些 XII
计划在动乱、战争和贫困的状态中从来没有得到落实。这场塑造了当代法国的大革命，几乎没有留下实物的遗迹。[8]

在确认一些留存至今的建筑遗迹时，我主要接受了伯纳德·理查德的帮助，他向我分享了他在纪念大革命的实物遗迹领域的广博知识，比如说在圣朱利安德萨吕村的巴士底狱的砖石。在过去的多年中，我从与多位友善的历史学家的交谈中直接获益，他们有大卫·安德列斯、米歇尔·比亚尔、史蒂芬·克雷、伊安·科勒、苏珊娜·德珊、阿兰·福斯特、保罗·汉森、林恩·亨特、柯林·琼斯、彼得·琼斯、埃尔韦·洛伊维尔、玛丽莎·林顿、让-克莱蒙·马丁、约翰·梅里曼、诺埃尔·普莱克、蒂莫西·塔科特、查理·沃顿以及我的多位学生。耶鲁大学出版社的希瑟·麦卡卢姆和瑞秋·朗斯代尔以及他们的读者提供了鼓励和洞见；理查德·梅森和萨曼莎·克罗斯在版面编辑和设计上展示了专业的水准。米拉·阿德勒-吉莉帮助我找到了本书中的重要插图，格拉文·莱斯制作了精美的地图。此外还要感谢朱丽叶·弗莱斯、基特·麦克菲、杰瑞米·特奥以及奥罗尔·穆尔肯斯提供的帮助。最重要的，我要特别感谢我的伴侣夏洛特·艾伦对草稿进行的认真细致、充满洞见的审阅。

在过去的225年中，数百位历史学家深入探究了法国大革命的各个问题，这本书不可避免地引用前人的研究成果。法国大革命作为历史上一段重要的时期，历史学家们可能因为论点的不同而产生差异，但正是他们高水平的研究和作品使得大革命研究成为历史研究王冠上的宝石。法国档案管理的工作人员提供了优质的服务，他们妥善地保管了丰富的档案，作为一名历史学家，我深表感激。当南锡档案馆由于装修而关闭时，工作人员特意准许我在里面查阅资料。

经过牛津大学出版社的允许，本书第四章的部分内容是我自己在大卫·安德列斯主编的《牛津法国大革命史手册》中执笔的章节基础上写作而成的。经过布莱克维尔出版社的允许，本书第17章的部分内容是
XIII 在我编著的《法国大革命读本》一书中的第27章基础上写作而成的。

地　图

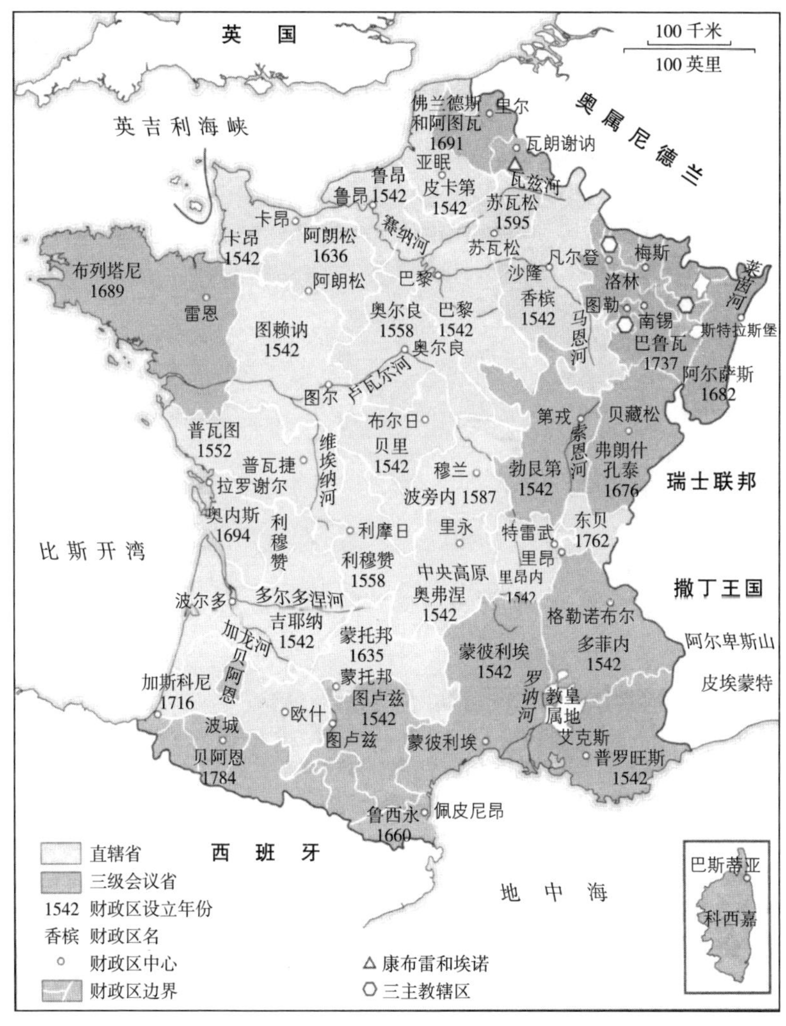

地图 1　18 世纪法国省区图

蒙马特
肖蒙山丘
蒙马特郊区
圣拉扎尔修道院
讷伊
圣端诺累郊区
圣端诺累大街
圣路易医院
雅各宾俱乐部
圣但尼郊区
香榭丽舍大街
圣马丁郊区
美丽城
马术学校
圣但尼街
圣马丁街
圣殿塔郊区
罗亚尔宫
沙约
粮食市场
圣殿塔
杜伊勒里宫
卢浮宫
革命广场
沙滩广场
杜伊勒里花园
市政厅
帕西
拉福斯监狱
新桥
马尔斯校场
圣日耳曼郊区
孚日广场
正义宫
荣军院
圣安东街
巴士底狱
圣安东郊区
万塞讷
科德利埃俱乐部
巴黎
军事学校
加尔默罗修道院
圣母院
军械库
卢森堡宫
格勒内勒
卢森堡花园
植物园
索邦大学
圣米歇尔郊区
先贤祠
沃日拉尔
圣雅克街
塞纳河
圣马塞尔郊区
沙朗通
圣雅克郊区
戈布兰工厂
硝石库慈善医院
1千米
1英里

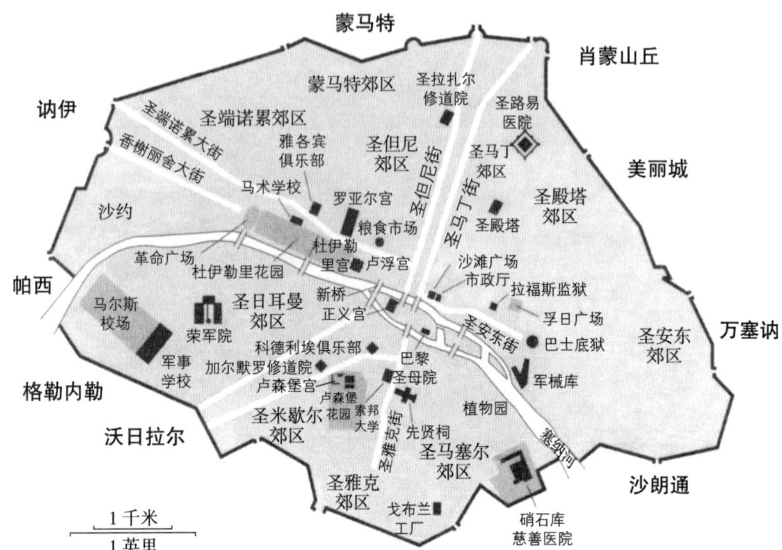

地图2 革命时期的巴黎

地图 3 法国省区图，1800 年

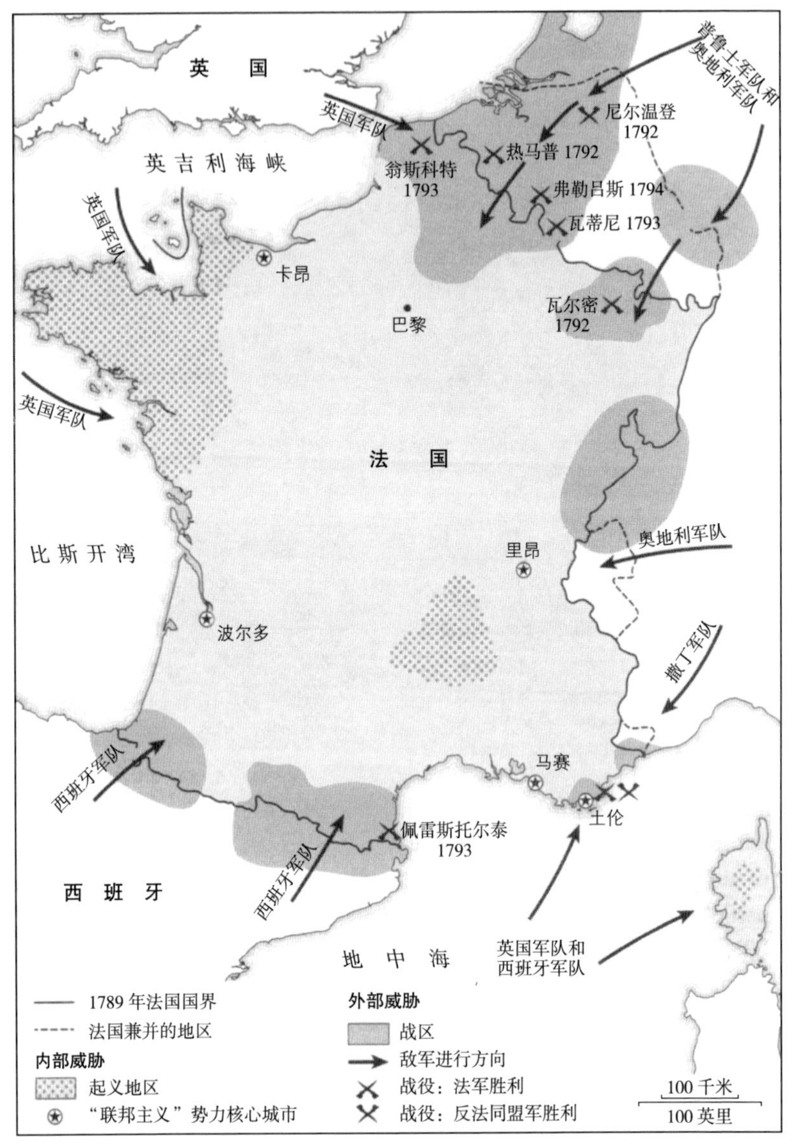

地图 4　战势图，1793—1794 年

第一章

拼凑起来的权力和特权：18 世纪 80 年代的法国

1775 年 6 月，路易十六前往兰斯举行加冕礼，他所乘坐的这辆崭新的马车重达 1.5 吨，至少耗资 5 万里弗，这个数字相当于大部分教区教士年俸的 70 倍。按照“最虔诚的基督教国王”（Rex Christianissimus）* [1] 版画上所描绘的那样，马车车厢四周装饰着代表波旁家族的百合花，代表法国与那瓦尔国王的纹章，以及一些纯金的小雕像。香槟省总督波旁公爵向路易十六呈交了兰斯城的钥匙。路易十六身着紫色天鹅绒和貂裘，在大教堂中接受涂油礼，所用的圣油是法兰克人第一位国王克洛维于 496 年在兰斯受洗时就曾经使用过的。路易十六宣誓保护教会、消灭异端；接着大主教叮嘱他要向穷人布施，为富人树立一个榜样，同时要维护和平。随后 20 岁的国王在 19 岁的王后玛丽·安托瓦内特的陪同下，向 2 400 名患有瘰疬病（是一种发

* Rex Christianissimus 为拉丁文，直译为基督教国王，法语中表述为“Roi très-chrétien”，意为最虔诚的基督教国王。这个称号源自法国与天主教的特殊关系，法兰克王国是第一个被罗马教廷承认的蛮族王国，公元 496 年，国王克洛维受洗，成为教会的保护人。法国因此被称为“天主教的长女”，国王在加冕时经常会被授予这一称号，从查理七世以后这一称号成为历代法国国王的封号。

病于颈部淋巴腺体的结核病）的人张开手，这些人专门赶来希望通过“国王的触摸”来祛除这种被称为“国王的罪恶”的病。

历经八个世纪，波旁王朝已经编织出除了俄国之外的欧洲最大的王国。这个国家是由各式各样的特权拼凑而成的，随处可见层累而成的历史和传统。从国王的臣民所说的语言到管理臣民的法律和法庭，从地方行政管理到教会体制，从各级税收到各种度量衡，公共生活的每一个方面都带有历经八个世纪的国家形成的印记以及与新并入的省份之间的妥协。特权带有地方性。不仅某些城镇和省份享有诸如在税收水平上的特权地位，而且教会和贵族在整个王国境内共同享有的特权决定了他们如何缴纳税收和接受司法审判，并且反过来他们又决定
1 其他人如何缴纳税收和接受司法审判。

生活在18世纪法国的居民有两个最重要的特征，即他们当中有97%的人既是天主教徒也是“蒙上帝恩典的、法国与那瓦尔的国王”路易十六的臣民。坐落在凡尔赛的宫殿令人叹为观止，其中的700间房屋和宫殿前575米宽的花园大部分都是在路易十四统治下的1710年完成的，这座宫殿象征着拥有绝对权力的国王的力量——为了臣民的幸福只对上帝负责的国王。他的继承者路易十五以及路易十六继续着这种展示王权的举动。

但是在18世纪80年代的法国社会中，人们内心深处的认同植根于他们所在的某一省份或地区。尽管路易十六的先祖弗朗索瓦一世在1539年颁布的《维莱–科特雷法令》中规定所有的教会记录和司法行政文件都必须用法语书写，现实情况是只有一小部分臣民在日常生活中说国王能够听懂的那种法语。在国家的大部分地方，法语只是那些

从事行政、商业和某些职业的人的日常用语。教士在使用拉丁语的同时也使用法语，然而他们在布道的时候用的却是地方口音或地方语言。朗格多克省的几百万人说的是奥克语的变种，东北部人口说的是佛兰德语，洛林人说的是德语。靠近西班牙边境的一小部分人说的是巴斯克语和加泰罗尼亚语，在布列塔尼省大约有 100 万人说凯尔特语。当阿尔贝神父从阿尔卑斯山南方的昂布兰向西穿越奥弗涅省时，他发现：

> 我完全听不懂路上遇到的农民说什么。我对他们说法语，用我的家乡口音来向他们说法语，我甚至试图对他们说拉丁语，但是无一成功。最后，当我费尽浑身解数也没能让他们听懂的时候，他们反过来跟我说一种我根本无法理解的语言。[2]

即使在法国北方，说法语地方方言的人，或者带有轻蔑意味地说，说法语带有口音的人也随着地区不同而变化。

法国最明显的特征是多样性以及地方差异性。从地形上来说，法
国囊括从欧洲最高的山峰——海拔 4 800 米的勃朗峰和海拔 3 000 米的 2
比利牛斯山——到宽阔平坦的巴黎盆地平原，以及崎岖不平的中央高原。从南部密集的村庄和小城镇（或市镇）到西部零落的小村庄和分散的农场，居住在不同地方的居民有着多样化的农业种植习惯。在地形、建筑和特产上体现的地区差异性今天深受游客的喜爱，在当时则体现得更加明显和复杂。1789 年之后的十年间的戏剧性变化就是在这种多样性背景下上演的。

今天居住在法国的人口较 18 世纪相比已经增长了一倍多。但是

18 世纪 80 年代的乡村已经显得十分拥挤，这是因为在农业社会之中的大部分人口都在土地上耕作，依靠土地上的直接产出生活。当时从事农业生产的人口是今天的十倍。只有五分之一的人口居住在 2 000 人以上的城镇中。大部分人居住在 4 万个农村公社或教区之中，这些地方的平均人口在 600 人左右。[3]

正是这些农村人口支撑着 18 世纪法国权威和特权的三根支柱：国王、天主教会（或王国内的“第一等级”）和贵族（“第二等级”）。王国内的税收，向教会缴纳的什一税，以及由领主征收的封建租税加在一起，根据各地区的差异，占了农民总收入的 15% 到 40%。但是当时与之前相比，有更多的人在土地上维持生计。尽管歉收的威胁一直存在，但在 1750 年之后出现的一系列丰收打破了人口出生率和死亡率持平的状况：人口从大约 2 450 万增长到了 80 年代的 2 800 万。[4]

大多数法国乡村的显著特征是维持生计的混合农业：在这套体制下，家庭劳动试图培育多种农作物和牲畜作为食物与衣物的来源。只有在靠近大城市的富裕地区，例如靠近巴黎的布里和鲍斯，才能让拥有大量农场的地主和佃户将所有的生产集中在小麦等单一农作物上。大多数公社经济成分复杂，既有供应当地城市中心的市场化农业，也有满足当地人生存需要的基础农业。

两个在王国南北两端的公社是这种复杂性的典型。巴黎东北部 32 千米有一个叫蒙努古尔的小村庄（人口 280 人），领主夏瑟博·德·博
3 蒙的大部分地产都用来生产供应城市的谷物。蒙努古尔的农民还从事栗树加工业，在村庄的南部生产酒桶和木桩；其他人为鲁昂和巴黎的新建筑提供石料。增补这种以市场为导向的活动的是生存经济，在小

块土地上种植葡萄、蔬菜、果树（苹果、梨、李子、樱桃）和核桃树，在森林中采集栗子和蘑菇，从牛羊身上获取奶制品和肉类。正像法国其他地方的村庄一样，居住在这里的人从事多种贸易，例如，皮埃尔·瓦尔在蒙努古尔当地经营一家小酒馆，出售散装酒，同时他也是村里的石匠。[5]

在朗格多克省靠近地中海海岸的地区，贝济耶以北 21 千米的村庄加比扬，情况与此完全不同。实际上，大部分加比扬的村民无法与他们在蒙努古尔的同胞交流，因为像大多数朗格多克人一样，他们日常说奥克语。加比扬是一个庞大（有 770 名居民）并且重要的村庄，常年有淡泉水供应，自从 988 年以来领主一直都是贝济耶主教。他在此地居留时间很短，但却从这个公社征收大量封建租税，包括每年 100 瑟提耶（1 瑟提耶约等于 85 升）大麦、28 瑟提耶小麦、880 瓶橄榄油、18 只鸡、4 磅蜂蜡、4 只鹧鸪和 1 只兔子。考虑到加比扬以前是山区和海岸交界处的市场，村民还需要向主教交纳 1 磅胡椒、2 盎司肉豆蔻和 2 盎司丁香。蒙努古尔通过它的种植业、木材加工业以及采石业与更广阔的市场联系在一起，加比扬的现金经济则基于大量葡萄园和放牧在环绕村庄的多石丘陵上的 1 000 只羊所生产的羊毛。20 个羊毛纺织工人为来自北部纺织城镇贝达里约的商人工作。[6]

作家尼古拉·雷斯蒂夫·德·拉布列多纳 1734 年出生于勃艮第省和香槟省交界的一个名叫萨西的村庄，他以自身经历描述了乡村世界。雷斯蒂夫来到巴黎，由于《堕落的乡巴佬》（1775）一书中的下流故事而变得声名狼藉，他后来在《我父亲的一生》（1779）中写下了他对萨西的回忆。他回忆了他的亲戚玛格丽特与戈万的幸福婚姻，在他看来，戈万是一个“爱开玩笑、体形匀称、自负、熟知当地段子的乡巴佬”：

> 玛格丽特拥有价值120里弗的耕地，戈万有价值600里弗的
> 4 土地，一些是耕地，一些种植葡萄，一些土地分散在草原上；每种类型的土地都分为六部分，六块种植小麦，六块种植燕麦或大麦，六块休耕……对于玛格丽特来说，她纺织七到八只羊的羊毛，十二只鸡下鸡蛋，还有牛奶和从牛奶中得到的黄油和奶酪，她把这些拿去卖钱……戈万也是一名织工，他的妻子还有一些仆人工作；她的收入一定非常可观。

仅用“农民”（paysan）一词不足以表明乡村社会的复杂性，在大革命时期乡村人民各种各样的举动揭示了这种复杂性。[7]农民大约构成了“第三等级”或“普通人”的五分之四，但是他们在全国范围内只拥有全部土地的三分之一。像在巴黎周围的法兰西岛这样的大规模农业区，从事农业的人占到了总人口的一半。但是在大多数地区，大部分人都是小土地所有者、小块土地的承租人以及收益分成的佃农，他们当中的很多人还依靠从事一门手工业或者打零工谋生。在所有的乡村社会中还有一小部分农民经常被称作乡村贵族（Coqs de Village），他们是大片土地的承租人或所有者。大的村庄还有一小部分人是教士、工匠、纺织工人，他们不是农民但通常拥有一些土地，例如那些由教士照管的菜园。纺织工业的核心也位于法国乡村，农妇通过业余时间的劳动与地方城镇联系在一起，她们的产品包括米约的羊皮手套，圣

埃蒂安的缎带，勒皮的花边，埃尔伯夫和鲁昂的棉布，亚眠、阿布维尔和贝达里约的羊毛制品，以及里昂和尼姆的丝绸。

在城镇和乡村中为满足日常需要而进行的辛苦劳作是整个社会秩序的基石。在乡村世界中，家庭采取各种复杂的手段来维系自身生存，这不可避免地会导致在不适宜生长的或贫瘠的土地上种植谷物的现象，低产出在意料之中。像加比扬这样的南方村庄，干燥的石质土不像诺曼底肥沃湿润的土壤那样适宜生长谷物。但是，在两个地方都留出大量可耕种的土地种植谷物，用来满足当地需要以及封建租税和什一税的要求。因此，大多数乡村公社限制“剩余农产品”交易流向城市。对于靠近市镇的大部分农民来说，定期集市更多的时候是一个进行当地集体文化仪式的场合，而不是交换产品的场所。 5

尽管每个地方城市和省份都有其独特的历史与制度，它们都是通过“团体”（corporations）组织起来，成为王国的一部分。个别职业、城镇、省份，尤其是教会和贵族，都享有团体“权利”和“特权”，这些权利和特权都是与凡尔赛的王权长期协商的结果。在理论上，法国社会展现了一种中世纪模式，三个等级分别负责祈祷、战斗以及工作（对于 99% 的第三等级来说）。王权很久以前就承认了教会和贵族的特权地位，但是最重要的是他们的成员享有独立司法权和免税特权。教会只需向国家缴纳一笔自愿捐赠（don gratuit），经过全体教士大会的决定，通常不会超过其 2.5 亿里弗年收入的 5%。但是，在整个 18 世纪，王权不得不尽力满足日益增长的战争开销和统治费用，成功地向贵族财产开征了一系列税收——人头税（capitation）、十分之一税（dixième）、二十分之一税（vingtième）。到了 18 世纪 80 年代，这些普遍税的收入已经超过了对财产进行征收的主要直接税——军役税（taille）。[8] 但是税率根据地区和社会等级而产生变化，例如在朗格多克，贵族地主现在要缴纳相当于年收入 8% 到 15% 的直接税，这个比例与一些地区的普通人相同。但是在总体上，普通人的纳税比例更高；除直接税以外，在其他各种税收的比例上也是如此。[9]

乡村社会消费了大量产出以至于城镇和城市面临周期性的食物短缺问题，并且反过来限制了乡村对于城市工业品的需求。尽管只有 20% 的法国人居住在城市，法国城市和城镇在数量与规模上在欧洲范围内都引人瞩目。人口超过 5 万的城市有 8 座（显然巴黎是最大的，大约有 65 万人，然后是里昂的 14.5 万人，接着是马赛、波尔多、南特、里尔、鲁昂和图卢兹），还有 70 个人口在 1 万人到 4 万人之间的城市。这些城市和城镇都有一些大规模的制造业，但是绝大部分都是由个体手工业主导，主要满足城市自身人口和邻近腹地的需求，这些城市还具有行政、司法、宗教、维持治安等功能。它们是各省的首府。只有四十分之一的人居住在巴黎，首都凡尔赛与王国其余部分的交流通常都是缓慢的、不确定的。

法国的疆域和地形一直以来都限制了政令、法律的传达以及商品
6 的流通，这种情况即使在 1765 年改善道路之后也没有得到改变。道路改善后法国所有的城市与凡尔赛之间的行程都在 10 天以内。从巴黎坐马车前往法国第二大城市里昂，467 千米的路程以每天 90 多千米的速度要走 5 天。从巴黎到斯特拉斯堡或南特需要 5 天，到波尔多要 6 天，到图卢兹或马赛要 8 天。[10]

巴黎是复杂道路交通网的中心，塞纳河也是河流的汇集处（约讷

河、奥布河和马恩河），随之而来的是，每年有 1.414 亿加仑的酒、40 万只羊、18.5 万头牛以及 4 万头猪运到巴黎。但是各种粮食作物，尤其是小麦，是城市居民最主要的食物来源。像很多城市一样，巴黎四周环绕着城墙，对进入城市的货物征收入市税。在城墙之内，每个“郊区”（faubourg）都各有特色，流动人口与其贸易相结合。例如，在城市东部延伸开来的圣安东郊区，劳动者从事纺织业、建筑业以及家具贸易。一些人取得了成功。1733 年，达穆瓦家族的族长在青年时期从附近的博韦来到这个郊区，他和他的后代迅速成为马车制造业的佼佼者，他们随后投入房地产业，到了 1790 年他们的财富估计有 25 万里弗。[11]

在巴黎的西郊，由于富裕阶层选择远离城中拥挤的中世纪街区居住，建筑业得以蓬勃发展。但是，大部分巴黎人仍继续居住在靠近塞纳河的中心地区拥挤的街道上，人们在租住的房屋中呈垂直隔离状态：通常，富有的资产阶级或贵族与他们的家庭仆人一起居住在地面商店和作坊之上的一、二层，工匠和穷人住在顶楼和阁楼。巴黎的职业结构是法国主要城市的典型代表。尽管出现了大量大规模工业——在圣安东郊区，雷韦永的墙纸工厂雇用了 350 人，桑泰尔的啤酒酿造厂有 800 名工人——城市工业还是以个体熟练的手工制作为主。

在技术行业中，师傅控制着工匠的入会权，一名工匠要想合格入选，必须在外省本行业的中心完成环法之旅后上交一件个人代表作。4 万名行会师傅和女能手享有他们的团体特权，他们积极参与到路易十六时期巴黎蓬勃发展的消费文化当中。熟练工人想要被认可，既要 7
看他们的手艺，也要看他们是师傅还是工人。时人将巴黎的劳动人民称为“普通人”（menu peuple）——他们并不是产业工人阶级。尽管如此，工人们与他们的师傅之间的矛盾在那些难以获得师傅资格的行业中非常突出，例如建筑业和印刷业；在某些行业中，引进新机器威胁到了工匠和学徒的手艺。在印刷业，经常会发生劳务纠纷，合格的工匠强烈反对雇用那些还没有完成学徒期的工人。1776 年，有熟练技艺的劳动阶层十分看好财政总监杜尔哥废除行会的前景，看到了自己建立作坊的机会，但是这个计划没有实现。随后在 1781 年，政府推行了工作证制度，上面记录了工人的一举一动，强化师傅权力的代价是工人们的不满。[12]

正如在乡村社会中那样，天主教会渗入了巴黎的大街小巷：这里有 140 座男、女修道院以及 1 200 名教区教士。教会拥有城市四分之一的财产。法国教区教士的数量在 18 世纪减少了一半，这种趋势在 1750 年之后持续加速，但是在巴黎 52 个教区内，每 750 人当中仍有一名教区教士。然而，世俗化的加剧使得教会文化丧失了活力，到 18 世纪 80 年代，大概只有不到一半的巴黎人会定期参加圣餐礼。一个原因是教会忽视了迅速发展的新郊区：城东的圣玛格丽特大教堂最成功时拥有 3 000 名信徒，这个数量只是这个教区 4.2 万人口中的一小部分。[13]

环绕着巴黎原来核心地带的郊区在 1785 年到 1787 年被总包税局纳入了新的税收体系之内，不断增加的税收和物价上涨引发了广泛的不满。在城墙外的“边缘”聚集了很多刚刚来到大都会的穷人，他们在巴黎和农村之间勉强维持生计，因为乡村就在附近。18 世纪 70 年代，马克西米利安·罗伯斯庇尔获得了奖学金，他从北部城镇阿拉斯来到王国内最好的中学，索邦*对面的路易大王中学，他和他的同学在师傅的照管之下，每周有一天半的集体出行。巴黎城内被认为充满着诱惑和危险，因此很多次出行都选择巴黎城南附近的乡村：在那里，规矩 8
教会这些男孩避免做“任何引发骚乱或抱怨的事，例如追逐打闹，闯入葡萄园，践踏麦田等”。[14]

城市工人的生活大部分都是公开的。像巴黎、里昂和马赛这样的大城市，最主要的特征是拥挤不堪的老市中心，大部分家庭在那里只拥有一到两间房间——与饮食和娱乐相关的日常活动都是在公共场所进行的。从事技术行业的男性通过手工业行会团结起来，虽然不合法但是得到了容忍，行会保障了日常的工作和工资，并且在每天 14 至 16 小时的工作日之余提供了娱乐场所。此外还有属于女性的空间，劳动妇女在这里解决家庭纠纷以及关于房租和食物价格的问题，例如在巴黎的圣日耳曼市场，妇女占有 57 个摊位中的 48 个。[15] 不幸的是，城市中还有 2.5 万名妓女，她们是城里只能勉强维持生计的十分之一人口的一分子。

法国内陆省份的中心城市则更具典型性，例如北方阿图瓦省的首府阿拉斯，该省是在 1659 年与西班牙签订《比利牛斯和约》之后并入法国的。[16] 整个阿拉斯城市的人口大约只有 22 500 人，但是它是各种活动的中心。尽管这座城市十分紧凑——只需步行 15 分钟就可以穿过——众多小型街区构成了一幅丰富多彩的画面：富裕的贵族和资产阶级家族所在的教区；被污染的斯卡尔普河支流沿岸，坐落着拥挤的

* 巴黎大学的别称。

穷人街区；军队的“堡垒”；还有一个独立的地区，在那里聚集着王室行政机构、教会和司法机构等宏伟建筑。在阿拉斯的周围，贵族拥有大约 30% 的土地，主教辖区、大教堂分教区以及修道院拥有另外的 20%。这个省份通过粮食生产和纺织业而繁荣兴盛，阿拉斯是这片长久繁荣地区的中心，是王国内最大的谷物交易市场所在地。

这座教堂林立、遍布哥特式钟塔的城市主宰着富饶的腹地，它有一座大教堂、十一个教区教堂、圣瓦斯特大修道院（每年租金收入约为 55.5 万里弗），以及十一个女修道院和七座寺庙。总之，整个城市 4% 的人口是宗教人士：教士、修女和僧侣在公共场合随处可见。[17] 此外还有 50 个大贵族家族的成员居住在阿拉斯，他们从乡下地产和他
9 们领地上的封建租税中获得财富，然后在城市中消费。贵族、成功的中产阶级专业人士以及商人家庭兴建了富丽堂皇的房屋，这些房屋在 1915 年的轰炸中被毁，经过仔细的修复后，它们让今天的阿拉斯呈现出一种独特的佛兰德–巴洛克式的建筑风貌。

法国东北部，在大型铸铁厂和煤矿周围兴起了许多小型工业中心，例如勒克鲁索（勃艮第）、尼德布隆（阿尔萨斯）以及雇用了 4 000 名工人的昂赞（佛兰德斯）。1787 年，路易十六加封巴伐利亚移民克里斯托弗·菲利普·奥贝尔康普夫为贵族，他在凡尔赛附近的茹伊建立了一家印花布厂，雇用了超过 1 000 名工人。这些新兴工业十分罕见。在大西洋沿岸的港口，与加勒比海殖民地繁荣的殖民地贸易发展出了更具资本主义经济色彩的造船业和殖民地货物加工业，波尔多的人口从 1750 年的 6.7 万人增加到了 1790 年的 11.1 万人。（图 2）波尔多及其腹地是一种蓬勃的二元经济的典型代表。在沿海港口（例如波尔多、

勒阿弗尔、南特和马赛），大的河流港口（鲁昂、巴黎、里昂）及其腹地，经济在海外贸易、奢侈品消费以及专业化农业的基础上蓬勃发展，以历史悠久的农业生产–周期性地方集市为基础的“内向型”经济与之形成了鲜明的对比。

大商人和大金融家对于他们的成功信心十足。1789 年，300 个商人家族主宰着拥有 12 万人口的马赛经济。他们是这座城市文化生活和经济增长背后的主要力量。他们当中的一个人在 1775 年说道：“我所谈论的商人，他们的地位远不及最古老的贵族或者最高贵的贵族，在我看来，他们的德行、才能、进取心以及他们的财富对于国家的贡献都是无与伦比的……”[18]但是，大部分中产阶级家庭以更加传统的方式获取财富和地位，例如从事司法行业、为王室行政管理服务的行业和投资地产。“资产阶级”（bourgeois，本意是“居住在城市的人”）一词可以用来贬低虚荣的中产阶级，但是它还具有美德和地位的意义。要成为一名“居住在巴黎的人”，并且从细微但有名望的特权和豁免权中获益，一个人必须居住在这座城市，在这里纳税，并且不能直接
从事农业。“资产阶级”这个词越来越多地被用来指那些依靠投资或 10
财产生活的人，而不是依靠体力劳动或从事贸易的人。[19]

贵族在王室行政中占据着最尊贵的职位，但是低级职位由中产阶级充任。凡尔赛的行政机构规模非常小，只有 670 名雇员，但是王室政府在外省城市和城镇有一整套网络，在法庭、公共工程以及政府之中雇用了上千人。对于拥有多种赢利手段的资产阶级来说，最能吸引他们、最受尊敬的方式就是投资回报低但是稳定的政府债券，或是投资土地和庄园产业。尤其是后者，给了他们提升社会地位的期望，甚

至有了同贵族通婚的可能。到了 18 世纪 80 年代，在西部曼恩省勒芒市周围的乡村，有多达五分之一的领主有资产阶级背景。在资产阶级可选择的诸多途径之中，最炙手可热的目标是 7 万个可买卖官职，国家出售这些职位来获取收入，多达 4 200 个职位的持有者可以成为贵族。其中最吸引人的职位是 857 名“国王秘书”，他们没有任何具体工作，但是购买这一官职就可以成为贵族。但是，尽管最富裕的资产阶级都一心想成为贵族，第二等级用追溯贵族身份（recherches de noblesse）的方法与这些暴发户（parvenus）划清了界限。[20]

城市和乡村相互依赖。在地方城市，资产阶级在乡村拥有大量地产，他们从租佃的农民那里收取租金；而对于年轻的乡村妇女来说，为资产阶级家庭进行家政服务是她们工作的主要来源。不幸的女孩沦落风尘或者流落在救济机构。城市和乡村还有一个重要的联系，像里昂和巴黎这样的城市中，劳动妇女会把她们的婴儿送去乡村让奶妈喂养，经常会持续数年。婴儿在乡村存活的机会更大，但即使如此，还是有三分之一的婴儿在奶妈喂养的过程中死去。[21] 另外一种形式的劳动力交换涉及数以万计的高原地区男性，他们季节性地在冬天漫长的“毫无收成的季节”来到城市寻找工作，停留的时间甚至有数年之久。男人离开后留下了一个“母系”社会，妇女喂养牲畜，制造纺织品。

法国城市与乡村之间最重要的联系是食物供应，尤其是谷物。这个纽带经常被城市和农村消费者相互冲突的需要破坏。即使在正常年月，城市工人也要把一半工资花费在购买又大又重的面包上。由于物
11 价在饥荒年月上涨，需要廉价丰富的面包的城市居民和乡村中贫困人口的关系也会因此而紧张，地方商人试图将乡村的谷物运到城市市

场高价出售，这威胁到了乡村贫困人口的生存。在1765年至1789年间，有22年发生了食物骚乱，城市街区的妇女试图利用“平民税”（taxation populaire）将物价维持在正常水平，在乡村，农民们团结在一起阻止稀缺的资源被运往市场。[22]

18世纪的法国存在大规模的贫困，绝大部分人很难抵抗歉收。高出生率（4.5%）几乎与高死亡率（3.5%）持平。男女结婚晚：男子通常在26岁至29岁之间结婚，女子在24岁至27岁结婚。尤其在信仰虔诚的区域，夫妻不会通过体外射精的方式避孕，育龄妇女经常每隔20个月就会怀孕一次。在这个国家的大部分地方，高达一半的儿童在5岁之前死于婴幼儿疾病和营养不良。例如在加比扬，18世纪80年代有253人死亡，其中有134人是年龄低于5岁的儿童。老年人的情况还不是很清楚，在1783年村庄里有三名80到90岁的人以及两名90岁以上的人下葬，活过婴幼儿时期的人平均期望的寿命只有50岁。[23]

教士无处不在。全国的教士总共有169 500人，占人口比例的0.6%。他们按照使命分成“正式”教士（僧侣和修女）和“世俗”教士（牧师和助理牧师），在修道院的正式教士有81 500人，而59 500名世俗教士的任务是满足底层社会的精神需要。[24]教会财富大部分来源于在收获时对农产品征收的什一税（通常为8%至10%），加上各级教会和教堂大量的地产，每年的收入估计有1.5亿里弗。主教辖区根据这些收入支付教区教士的年俸，教士还可以从主持婚礼、为逝去的灵魂进行弥撒等特殊服务中收取费用。1786年牧师和助理牧师的最低年俸分别为750里弗和300里弗，这个收入让他们比教区内大部分人都过得舒适。此外，第一等级拥有全法国6%至10%的土地，在北部的康布雷齐更高达 40%，第一等级征收的收成税和地租加在一起每年有 1.3 亿里弗。教会还是城市财产的主要所有者，例如，教会在安茹
12 西部城市昂热拥有四分之三的地产，像其他地方一样，教会是当地人民主要的工作来源，这个城市 3.4 万名居民满足着 600 名教士的需要：仆人、书记员、木匠、厨师和清洁工都依赖于教士，律师的诉讼中有 53% 的案件涉及教会，起诉的对象是那些在乡村中不缴纳什一税的人和不支付教会庞大产业租金的人。[25]

很多男性修道院到 18 世纪 80 年代都衰落了：神职人员的招录一直在稳步下降，路易十五关闭了超过 450 座修道院（它们加起来才有 509 名僧侣和修女）。女性修会则日益繁荣，在巴约的慈善修女会通过制造饰带为数百位贫困妇女提供了食物和住处。在整个法国乡村，教区的教士是社区的核心：他们提供精神上的慰藉和鼓励，在人需要的时候指点迷津，他们是布施善举的人，是雇主，还是外界新闻的来源。

在冬季月份里，教区教士提供基础的教育，但是大概只有十分之一的男性和五十分之一的女性能够阅读《圣经》。从布列塔尼的圣马洛到日内瓦这条线以北，超过 50% 的人，有的地区可达 90% 的男性至少可以签署自己的婚姻证明。大约有 40% 的女性可以签字。在占王国三分之二的西部和南部地区，只有 20% 至 40% 的男性以及 10% 至 30% 的女性可以签字。与此相对，在巴黎每 1 200 人就有一所初等学校，几乎所有的男性和女性实际上都能阅读。[26]

深受神学影响的虔诚的天主教徒不相信世俗的乐趣，他们相信教会的权威，相信放纵会使他们在死后遭受惩罚。伊夫·米歇尔·马歇是西部一个虔诚的教区神父，他宣称“当所有肉体上不洁的、不正当

的行为是由于个人意志做出的时候，这说明这个人本性邪恶并且在道德上有罪，因此会被逐出上帝的王国”。一旦被放逐，罪人毫无疑问将会面临惩罚，正如参与过256个传教团体、经验丰富的布里戴纳神父所说的那样：

> 严酷的饥荒、血腥的战争、洪水、火灾……剧烈的牙痛，被
> 献祭羔羊的痛苦，癫痫症的痉挛，高烧，骨折，殉教者承受过的
> 所有折磨：锋利的剑，铁刷子，狮子和老虎的牙齿，拷问架，车 13
> 轮，十字架，烧红的烙铁，滚烫的油，铅水……

然而，尽管97%的法国人名义上都是天主教徒，各个等级无论在宗教层面（宗教活动的外在仪式，例如参加复活节的弥撒）还是在精神层面（个人内心赋予这些仪式的重要性）在全国范围内都各不相同。当然，历史学家难以得知精神层面的状况，但是，越来越多的怀孕新娘（整个世纪为6%至10%）以及从事教职人数的减少（新招收的教士数量在1749年至1789年间下降了23%）至少可以证明在一些地区出现了信仰上的消退。[27]

天主教在西部最为强盛，在布列塔尼、比利牛斯山沿线、中央高原南部这些地区，教会经常从完美融入他们社区和文化的当地家庭的男孩中招录教士。这些地区农场稀疏、村庄散落，偏远的农场和村庄的居民在参加周日弥撒的时候都会有一种归属感。在弥撒结束之后，教区居民和教士在由牧师主持的小型政教合一的团体中决定当地所有事务。在任何地方，教区居民中最虔诚的多是老年人、妇女或农民。

直到1788年，想要做礼拜的新教徒必须至少在公开场合上放弃自己的信仰。在东部的部分地区和中央高原大约有70万名新教徒。人们对于宗教战争和1685年废除《南特敕令》后的迫害记忆犹新：塞文山区的蒙特维尔港是1700年新教卡米扎尔派起义的核心地带，那里的一座军营和一个天主教的领主（马耳他骑士团骑士），时刻提醒着那里的人民要受他们的管制。[28]或许是由于巴黎这座城市混乱的宗教历史的缘故，天主教徒和新教徒之间达成了广泛的和解。在1787年11月，路易十六签署了《宽容法令》，很大程度上是前任政府大臣纪尧姆-克雷蒂安·德·拉穆瓦尼翁·德·马尔泽尔布和来自尼姆的新教教士让-保尔·拉博·圣埃蒂安努力的结果，这项法令恢复了新教徒公开进行宗教仪式的权利并且恢复了他们的司法身份和公民身份，包括在结婚时无须改宗天主教的权利。但是犹太人不享有这项自由，天主教
14 仍然是国教。[29]

像新教徒一样，犹太社区在地理上与天主教社会相隔离，他们总共有4万人，在波尔多、巴约讷、阿维尼翁附近的孔塔-弗内森地区以及阿尔萨斯-洛林等地保留着一种强烈的认同感。在西南部，西班牙裔犹太人是西班牙难民的后代，他们一直享受着王室承认的具体“权利”并且对他们被接纳的程度引以为傲。在法国东部的德裔犹太人情况则大不相同，尽管在1770年之后犹太人在当地首府南锡的“特权”已经扩展。1788年，他们被允许建造一个带有公墓和医院的犹太教堂。南锡40个犹太大家族中的大多数人都是穷人，但是像贝尔和瑟夫贝尔这样的家族无论在这里还是在斯特拉斯堡都非常富裕。尽管他们在城镇中居住了很长时间，反犹太运动还是会时不时地爆发。在1788年2

月的南锡，瑟夫贝尔的谷物商店被抢劫，其他犹太人的家园也遭到了袭击。[30]

宗教团体的领袖（经常吃空饷）、主教和大主教这些最诱人的职位都由贵族把持。然而在 18 世纪上半叶有九名普通人成为主教，在此之后只有博韦神父一位非贵族人士被任命为主教，这位杰出的布道者在 1773 年成为王国内最小、最偏远的塞内主教辖区的主教。虽然大主教和主教由于贵族出身联系在一起，但是他们在财富和地位上差异很大，最极端的例子是担任斯特拉斯堡大主教的红衣主教罗昂的年俸是 45 万里弗，而阿尔卑斯的阿普特主教的年俸只有 2 万里弗。[31]

在司法、财政和职业上，任何形式的特权的最顶端都由前两个等级的贵族精英掌握。古老的、非常富有的贵族家庭处于权力的顶峰，他们在社会和政治上都是权威，这种权威通过服饰、住所和奢侈品的铺张炫耀式消费体现出来。精英的人数很少，贵族家族不超过 2.5 万个，贵族人数不超过 12.5 万人，大约占人口的 0.4%。作为一个等级，贵族享有多种团体财富和权力：财政和领主特权，通过徽章来显示身份，独享担任一系列官职的权利。[32] 地方贵族保持地位和财富最好的途径之一就是让儿子进入一所军事院校，成为一名军官。他们在军队中的地位通过 1781 年的《塞居尔法令》得到了巩固，军官的祖上必
须是四代贵族。211 名中将中只有 16 人出身平民，全部军官超过 90% 15
都是贵族。[33]

像其他等级一样，贵族内部存在明显的分化。例如，在巴黎有大约 6 000 名贵族聚集在圣端诺累郊区、圣日耳曼区、马莱区和圣路易岛。路易十六的堂兄奥尔良公爵年收入为 200 万里弗，另一位近亲孔

蒂亲王年收入400万。巴黎还有100个贵族家庭收入在5万至30万里弗之间，300到400个家庭收入在1万至5万里弗之间。[34]相对而言，依靠乡村地产生活的最贫穷的外省贵族（被戏称为“燕隼”）与巴黎的精英、上千名凡尔赛的廷臣（大贵族）、高等法院的法官、资深的行政官员之间没有任何共同点。这些外省贵族的家世通常要比那些因为行政服务而受封贵族的人（穿袍贵族）* 和购买贵族头衔的人高得多。

在贵族精英当中，社会关系通过错综复杂的等级地位和特权而进一步分化。例如，有的贵族能在宫廷中出席正式场合，有的贵族获准能坐在王后面前的脚凳上，有的贵族甚至可以与王后同坐一辆马车。这些并不是空洞的符号：王后最宠爱的波利尼亚克公爵夫人每年可以获得43.8万里弗的年金和俸禄。有时候远不止如此。罗昂-盖梅内亲王和亲王夫人分别担任王室大总管和王室子女总管，与红衣主教罗昂是近亲，他们在1783年破产时宣布亏空3 300万里弗。

甚至对于次一级的贵族而言，要维持与家族身份相符的体面，开销也非常高昂：宫廷家族索尔·塔瓦纳每年在服装和其他饰品上花费2万里弗，相当于这位公爵在勃艮第财产收入的三分之一。最有名的一位贵族，夏尔·莫里斯·塔列朗-佩里哥尔由于先天腿部残疾不能从军而成了教士，仅仅十年过后，他在1789年1月被任命为主教。他描述贵族是“层层相互鄙视”的。[35]但是，所有贵族共同之处在于他们一直热衷于地位和等级，从中获得物质上的特权、身份和肥缺。

---

* 与穿袍贵族相对的是“佩剑贵族”，下文中将有提及。佩剑贵族的贵族头衔来自久远的历史，他们自认为是最高贵的一类贵族。

绝大部分贵族将他们的财富大量投到占有财产上，尤其是乡村地产。第二等级大约直接占有法国三分之一的土地，并且对其余的大部 16
分土地行使领主“权利”，领主权利是中世纪社会等级概念的遗留，所有的土地都有领主（“不存在没有领主的土地”），领主反过来有保障村社平安兴旺的义务。这些“权利”中最重要的一项是对领地范围内所有土地上的主要农作物征收的收成税（通常是实物地租或租佃税），通常的税率在十二分之一至六分之一之间，但是在法国中部的部分地区达到了四分之一。除此之外经常还有其他举足轻重的特权，例如对村庄烤炉、葡萄汁和橄榄油压榨机以及磨坊的垄断；土地交易要收费，甚至结婚都要收费；在收获季节，村社要在领主的土地上义务劳动。据估计，上述捐税在奥弗涅省的鲁埃格地区占到了贵族收入的 70%，实物地租占到了农民产出的四分之一，而在南部相邻的洛拉盖地区实物地租只占 8%。[36]

在传统的等级社会中，传统意义上的义务和特权与变动的社会现实、各个等级内部财富地位的两极分化之间产生了巨大的不协调。我们不能根据社会等级来理解 18 世纪的法国，不能指望每个等级的人都“知道自己的地位”。相比之下，“弹性的稳态”是对社会和政治系统的相对稳定最好的解释，有一整套复杂的特权、豁免权和惩戒性措施防止冲突。国王的权威在维护稳定上至关重要。

国王治理法国的机构无论是现有的还是先前的都是约定俗成的，没有一部成文宪法。根据中世纪的萨利克法（Salic Law），王位继承人必须是天主教徒，王位只能传给长子。作为最高的行政权威，国王任命大臣、外交官和高级官员，有权宣战和停战。但是在现实中，国王要精心操控而不是乾纲独断。重要的制约力量之一，是负责登记国王法令的高等法院*，它们不断增长的权力超出了审查法令上司法错误的常规目标；此时，它们坚称自己拥有“谏诤权”，可以保护臣民免受特权和传统权利的侵犯。

统治18世纪法国的精英——路易十六和他的宫廷，以及掌握土地财富、行政管理、教会和司法的贵族精英——通过消除相互之间的
17 矛盾而团结在一起。特权等级和国王之间的关系基于相互依赖和妥协：这种权力平衡很不稳定。自从路易十四在1682年颁布《法国教士法令》，国王成了高卢教会的首领，这意味着高卢教会在宗教权威和组织机构上脱离罗马实行自治，反过来国王要依靠教会来宣扬王权的权威性和合法性。作为回报，天主教会垄断着公众信仰和道德准则。同样，作为对忠诚、顺从的贵族的回报，国王承诺贵族在教会、军队、司法和行政等各个体制中担任首脑。雅克·内克是日内瓦的银行家，他在1777至1781年担任财政总监，在1788年担任首相，他是路易十六唯一一个非贵族大臣。

国王权威的象征是威严的，但是它的官僚机构在维护公共秩序、施行外交政策和管控贸易上都规模偏小、能力有限。只有六名国王任命的大臣，他们中的三人负责外交事务、战争和海军，其他三位主管财政、司法和王室事务。大部分的征税工作被“转让”给私人的总包

---

* 法国旧制度中的高等法院是一种省级司法机构，全国共13个。其中，巴黎高等法院是最重要的一个，辖区包括法国中、北、西部大片地区。（下文还会提及旧制度中平行于高等法院的另一机构，即最高委员会，设于较新近获得的省。大革命之前的法国有4个最高委员会。）高等法院在法国大革命前期扮演了重要角色。

税局（fermiers généraux），而不是由国家的收税员承担。这些包税人是王国内仅次于军队的最大雇主，他们3万名雇员中的三分之二组成了一支准军事化力量，普遍令人厌恶和恐惧。最有名的包税商之一是安托万·拉瓦锡，他一方面在从事着费力不讨好的收税工作，一方面在私人实验室同年轻的妻子玛丽安娜研究化学，同时他还在卢瓦尔河边靠近布洛瓦的弗雷西纳的私人地产上进行农业改良。[37]

数个世纪以来，王权的统治实际上在新并入的领土上都充满着妥协，王权在各个方面都要尊重39个省份及其贵族和教士精英的特殊传统和特权（地图1）。为了行政管理，这些省份被划分成36个财政区（généralités），国王在这里任命督办官。它们在大小和自治权上的显著差异反映了它们并入法国日期和待遇上的区别。还有一些地区被兼并，新近兼并的有洛林（以南锡为中心，1766年并入）、科西嘉（巴斯蒂亚，1768年）、加斯科涅（欧什，1776年）、拉布尔（巴约讷，1784
年）和贝阿恩（波城，1784年）。国王的督办官在各省行使的权力有 18
着显著的差异。一些财政区是著名的三级会议省*（例如阿图瓦、布列塔尼、朗格多克和勃艮第），它们享有广泛的自治权，例如它们有权对本省人口分摊税负。而其余的省份，也就是直辖省（例如诺曼底和奥弗涅），则没有这项特权。

宗教的边界反映了教会的历史。136个主教辖区和18个大主教辖区在规模和财富上都各不相同，从巴黎机构众多的大主教辖区到“乡

---

* 三级会议省（pays d'état）是指在行政上保留了由教士、贵族和第三等级组成的三级会议的省份，这些省份大多是通过联姻、兼并的方式纳入法国的，在税收、司法和行政上享有地区特权，具有高度的自治性。与直辖省（pays d'élection）相对。

村主教辖区”，小辖区是此前的几个世纪里政治协商的结果，尤其是在教皇在 14 世纪流亡阿维尼翁时期所在的南部地区。一些南方的大教堂——例如尔约、圣帕普勒、瓦布尔和塞内——坐落之处无非是大一点的村庄。王国内甚至还有大面积的飞地——阿维尼翁和周边的孔塔-弗内森——从教皇流亡阿维尼翁时起就一直隶属于教皇。

同样，王国内高等法庭，包括 13 个高等法院和 4 个最高委员会，它们的权限也各不相同。巴黎高等法院在超过一半的领土上行使着权力，而阿拉斯和佩皮尼昂的最高委员会只在很小的地方拥有司法权。在同一省份之内，王权的行政中心、主教辖区中心和司法中心经常设立在不同的城市。18 世纪法国的司法系统最为复杂，不仅前两个特权等级的成员在大多数案件上享有独立司法权，王国内的司法系统还受到历史和习惯的影响。自古以来，南方实行成文法或罗马法，而北方实行习惯法，南北各方内部又存在着数十种地方法律。

法庭判决取决于审判对象在社会等级中的地位和他们的居住地。对于普通人——尤其是对穷人——的惩罚是严厉的，旨在杀一儆百。例如在 1783 年，一名被免除圣职的嘉布遣会僧侣被指控性侵了一名男孩并且捅了受害人 17 刀，他“在车轮上捆着被打残”（用铁棍打断他的四肢），然后被活活烧死。在 1778 年，两名来自奥弗涅的乞丐因为武力威胁受害人在车轮上被打残。在 1773 至 1790 年间的图卢兹重罪法庭上，有 19% 的案件最后判为公开处决（在 1783 年达到了 31%），
19 同等数量案件的被告被判终身在军舰上做划船的苦役。[38]

从事贸易和手工业的人对于复杂的法律条文对他们工作产生的不便感到不满。王国内没有统一的度量衡，各种各样的货币系统、度量

衡以及国内关税壁垒进一步阻碍了贸易和手工业。贵族自行征收过路费，对河流和运河运输也征收通行税。1664 年北方大部分地区组建了一个关税同盟，但是在北方和国内其他地区之间仍有收费站。边境省份和欧洲其他国家之间的收费站却非常少：东部省份与普鲁士进行贸易要比同巴黎进行贸易容易得多。

历代法国国王为了确保新并入省份的服从不得不做出妥协，这一点在王国内复杂的税收制度上非常明显。针对财产征收的主要直接税军役税在各个省的税率各不相同，一些城市可以一次性赎买这项税收。主要的间接税盐税从每 72 公升食盐收税 60 里弗到同等重量收 1 里弗 10 苏。这些差价是如此显著，以至于当时有妇女假装孕妇从盐税最低的布列塔尼向东部高盐税的地区走私食盐，在秘密交易中获利。仅在靠近昂热的一个地区，1780 年至 1784 年间就有大约 3 500 名男性、妇女和儿童因为走私食盐而坐牢，还有更多的人不是逃避了抓捕就是被无罪释放。[39]

法国是一个复杂的等级社会，权威的力量确保了相对的服从和稳定。小城镇和村庄的人们居住在一个由贵族和教会主导的世界里，贵族和主教们在精神上、司法上和物质上的权力通过共同体日常的生活得到强化，教会标记着时间和季节，领主因为控制着共用的烤炉和榨油机而受到尊重。同样，几个世纪以来，特权等级还通过建造城堡、教堂这些物理景观来树立他们的威严，像他们的先辈一样重新唤起普通人劳作的义务和对更高等级的服从。

尽管到了 18 世纪 80 年代很少有领主居住在他们的乡村领地上，他们更喜欢居住在巴黎或其他大城市，他们继续享有一系列复杂的特权来加强对共同体的统治，在教区教堂中保留坐席，公开携带武器，

20 或者在18世纪70、80年代任命村庄官员。我们不知道，他们所坚持的顺从是否是对他们高高在上的地位的真心认可。不过，农民憎恨这些精英成员的事例倒是不在少数。

矛盾的是，尽管法国看起来是最稳定的王国，但叛乱实际上经常发生，最常见的形式是食物骚乱和对特权者的出格行为的不满。这是王国体制内部的反抗，抗议民众对体制曾经的运行方式怀有理想化的信念，从而反抗对这种信念构成威胁的事物。比如，1775年在法国北部的“面粉战争”是1789年前最大规模的骚乱，叛乱者宣称要“以国王的名义”将面包的价格降低到传统的每磅2苏，他们心照不宣地认为国王服务于人民的福祉就是对上帝负责。

但是，有证据表明在一些地区反抗的目的发生了改变。例如，在朗格多克的低地地区，年轻人尤其经常挑战领主、教士和当地官员的权威，他们宣布用“共和精神”来反抗这些权威。在卡尔卡松东南部的一个村庄，一名日工在领主走过时向其他人评论道：“如果你跟我一样，我们马上就可以收拾了这位年轻的狗崽子领主。”随后他继续对一名铁匠说道：“如果你做到了我做的一切，你不仅不用当他们从面前经过时摘下帽子，而且你根本不必把他们当作领主，因为我以前从来没有、将来也绝不会在他们面前摘下帽子，他们是人渣、贼、小狗崽子。”教士、贵族和当地守法居民所描述的“放荡者”和“煽动者”几乎都是年轻农民，他们参与的事件当中有四分之三都与他们拒绝做出“服从的姿态”相关。[40]

地方上的精英阶层成员非常确信社会关系正在发生变化。1776年，即将任满48年的卡尔卡松主教阿尔芒·巴赞·德·伯宗警告他在凡尔赛的上级说：

> 一段时间以来，叛乱的风气和对长辈的不尊重已经变得难以忍受……一旦人们开始相信他们是自由的，没有什么措施可以补救；“自由”这个词甚至在最偏远的山区都成了畅通无阻的通行
> 证……我希望姑息此种风气将不会导致政府终尝苦果。[41] 21

主教的悲叹，仅仅是一位老人在感慨世风日下呢，还是他明确认为
“自由”的精神已经侵蚀了顺从呢？ 22

第二章

知识界的骚动

1780 年，律师夏尔 · 多米尼克 · 德 · 维塞利 · 德波瓦-瓦莱在自家房顶上建造了一个巨大的避雷针，他的家乡圣奥梅尔是靠近英吉利海峡的一个小城镇，位于阿图瓦省的北部。他建造避雷针是为了表达他的“启蒙”观念，以此来鄙视那些相信闪电是上帝的愤怒的人。一份报道说：

> 这个精妙的装置由一个镀金的剑刃和一根 16 尺长的铁棍组成，剑刃固定在铁棍之上，在两者的交会处有一个地球形状的风向标，上面装饰着发射出的闪电标志，指向不同的方向；铁棍的底部插入一个锡制的烟囱里，烟囱的底部有一块打着几个孔的锡制金属板，最后用一根 57 寸长的锡制导管顺着邻近房屋的围墙延伸到地下……

这个塔型装置引起了邻居们的警觉，以至于他们向法庭求得一纸判决要求将它拆除。维塞利拒绝执行，邻居们则向他投掷石块、大喊和咒骂。当地法院重申了法庭的命令。[1]

维塞利拒绝妥协：他向省府阿拉斯的最高法庭阿图瓦委员会上诉，并且请弗朗索瓦·比萨尔为他辩护。比萨尔是一名激情澎湃的业余科学家，被当地人戏称为“晴雨表”。他写了一份长篇报告，将摘要发给了一位年轻有为的朋友马克西米利安·罗伯斯庇尔，罗伯斯庇尔在 23
巴黎学习 12 年后于 1781 年返回阿拉斯成为一名律师。1783 年 6 月，时年 25 岁的罗伯斯庇尔凭借比萨尔已有的成果，用“启蒙将战胜蒙昧”的论述使得案件出现了逆转。（图 3）他向委员会辩称，“先生们，你们必须保卫科学”：

> 你们将要保卫一项令人无比尊敬的、崇高的发明：整个欧洲都关注着这个案件，你们的决定将会四海皆知……巴黎、伦敦、柏林、斯德哥尔摩、都灵、圣彼得堡都会在阿拉斯做出决定后的第一时间得知你们关于科学进步的智慧与热情。[2]

罗伯斯庇尔成功的辩护，令他鼓起勇气将一份法庭陈述的抄本寄给了本杰明·富兰克林。富兰克林自从 1776 年就以新美利坚合众国特使的身份居住在巴黎，他关于电的实验一直名声在外。罗伯斯庇尔在 1783 年 10 月 1 日的信中写道，他所捍卫的正是富兰克林的发现，“渴望在我所在省份中，为根除阻碍进步的偏见出一份力”，希望此举可以赢得“全世界最著名的科学家的认可”。

1783 年 8 月 27 日，富兰克林十分兴奋地在马尔斯校场（现在埃菲尔铁塔的所在地）目睹了世界上第一次热气球飞行。接下来的一周，他沉浸在9月3日成功签署《巴黎和约》的喜悦中，和约正式结束了美国独立战争，承认了新的美利坚合众国。在富兰克林于1785年7月启程回国之前，罗伯斯庇尔只是法国众多受教育的精英中富兰克林的崇拜者之一。[3]

富兰克林受到盛情款待，不仅仅因为他打败了法国的老对手英国并且是一个新成立的共和国勇敢人民的代表，另一原因正如罗伯斯庇尔所认为的那样，富兰克林是一名科学家和“进步人士”。进步人士的目标是理性和“启蒙”，他们的“文人共和国”（republic of letters）由任何地区没有偏见的人组成。想要“启蒙”意味着共享一套关于个人和个人与权威关系的共同语言：合法的政治权威建立在公众的认可
24 之上，个人自由是“权利”而不是“特权”。

当时受教育者们认为自己生活在一个跨大西洋的“文人共和国”之内，他们之间的信念纽带如伏尔泰在《共和主义者的理念》中准确表述的那样：“共同体内的人”足以“自治”而不是忍受“专制”。实际上，“文人共和国”的范围不仅仅是从意大利到苏格兰到费城，有的通信人还来自拉丁美洲、东欧和东南欧以及南亚。[4*] 但是它的中心是法国，新哲学的主题与它挑战的社会之间存在着实质上的关联。18世纪下半叶活跃的知识界就是这个社会的产物：批判性写作的主要、共同的批判对象是绝对主义王权和神权统治。德尼·狄德罗在1771年说道：

---

* “文人共和国”（republic of letters）也译为“书信共和国”。这个文人共同体在思想上认同启蒙主义，而在通信上得益于新兴的国际邮递服务。因此，文中也把这个共同体的成员称为“通信人”。

> 每个时代都有其独特的精神。我们的时代精神是自由。对于迷信的第一次攻击是猛烈的、不受约束的。一旦人们敢于以任何方式攻击宗教这个最令人敬畏的障碍，没有什么可以阻挡这一攻势。从他们向神圣的权威展露威胁的那一刻开始，他们在下一刻就成功地将自己置于世俗权威的对立面。控制和压抑人性的绳索由两股绳组成：如果不切断当中的一条，另一条就不会解开。[5]

从 1751 年到 1772 年，狄德罗和他的同事让·达朗贝尔一起忙于编写《百科全书》，这部“关于艺术、科学和贸易的通用词典”最终有 28 卷，包含 71 818 个词条和 3 129 幅插图。它的贡献者中有著名的伏尔泰、卢梭、杜尔哥、霍尔巴赫、魁奈，不过博学的新教徒路易·德·若古撰写了四分之一的词条（年迈的若古出生于 1704 年，曾经在一次沉船事故中丢失了花费 20 年写成的六卷医学词典的手稿）。狄德罗在《百科全书》中评论道，“人们思想上已经发生的革命”将改变世界，他在 1762 年 9 月 26 日写给情人苏菲·沃兰的一封信中表达了同样的情感：

> 哲学和日常生活的区别是，在哲学中没有什么是未经证明就
> 被接受的，它从不认可模棱两可的概念，它质疑什么是确定、模
> 棱两可、不确定的界限。不久，这部作品无疑会在人们的思想中 25
> 促成一场革命，我相信暴君、压迫者、宗教狂热者和不宽容者会
> 失败。我们将服务于人性。[6]

公共生活的解放必将释放经济上的创造力：对杜尔哥和魁奈这样

的“重农主义者”来说，世俗的进步在于解除对进取精神的束缚，允许自由开拓进取和商业自由（laissez-faire, laissez-passer）。通过消除经济自由的障碍——例如行会对行业准入的限制、国内关卡、谷物贸易上的限制——以及鼓励农业改良和圈地，创造的经济财富会为国民自由和普遍人性的进步打下基础。[7]

资本主义在工业、巴黎腹地的农业以及所有的殖民地贸易上的扩张尽管有限但却令人瞩目，资本主义创造的财富、行为和价值在形式上都与绝对主义的制度根基——一个由团体特权、土地财富以及宣称是贵族和教会权威统治构成的等级社会——格格不入。事实上，经济自由和公民自由密不可分，“消费革命”伴随着更大的繁荣。法国“居住在城市里的人”（资产阶级）的人数从1700年的大约70万增长到了1780年的230万左右。即使在小资产阶级内部——小店主、工匠师傅、低级官员——一个独特的“消费文化”也正在蓬勃发展，体现在对写字台、镜子、钟表和雨伞的喜好上。[8] 如果此时时装、奢侈品这些用来彰显身份上的差异的东西可以用钱买到，贵族如何继续向普通人显示他们的遥不可及？

在人们的认识中，构成“贵族”本身的“美德”发生了意义上转变。除了用来表示生而高贵、特权和义务，美德还更加宽泛地被用来指公民和道德上出众的人。在商业飞速发展的18世纪末期，贵族和其他人争论是否要废除剥夺贵族身份的法律*，在平民的眼中，允许贵族

* 在大革命前的法国，贵族在享受其身份地位和经济特权的同时，也受限不得从事不符合贵族身份的行当（例如经商），否则会被剥夺贵族身份。

从事贸易会重新体现贵族的“实用性”。[9]

这些价值上的变化在当时的杂志上非常明显。在1750年之后的数十年间，报刊产业有了显著的增长。法国期刊的数量从1745年的15种增长到了18世纪80年代的82种，大约共售出7万份，每份都有很
多人阅读。但是这些期刊的受众局限于受教育的精英阶层：《莱顿公 26
报》是最重要的期刊之一，由新教徒在尼德兰发行，4 200名订阅者，每年订阅费36里弗，远超出劳动阶层的经济能力。18世纪80年代，健康杂志和其他期刊致力于改善卫生和健康，倡导打扫街道和改善空气循环的计划：戴着假发的廷臣汗水与香水混合的异味与城市穷人和农民的“恶臭”同样令人难以忍受。人们对于身体抱有更敏感的关注，其视野涵盖了从重视清洁到反对酷刑的广阔领域。“公共意见”、“公民”和“国家”等术语在政治评论上的运用不断增加，在广泛流传的期刊《欧洲信使》中有明显体现，它在靠近英吉利海峡的滨海布洛涅城印刷，将伦敦报纸上关于英国议会辩论的专栏翻译成法文。[10]

启蒙在拥有图书的渴望上表现出一种自觉的文化行为。在1700年，巴黎的资产清单表明，有13%的劳动阶层拥有图书，法官为32%，佩剑贵族为26%；到了18世纪下半叶，这个比例分别为35%、58%和53%。在圣马塞尔郊区，富裕的皮革商尼古拉·布耶罗在1734年去世时，留下了73本书，全部都是关于宗教的；与他相比，另一个在1792年去世的皮革商人让·奥弗雷，虽然财富少了些，但是留下了500本书，包括历史著作、拉丁文经典以及大量地图和小册子。这不仅说明这两个人的阅读爱好不同，还证明了资产阶级的价值观和兴趣正在发生改变，对于他们来说启蒙是“一种生活方式”。[11]

18 世纪 70 年代和 80 年代是欧洲精英对哲学、科学和旅行充满兴趣的伟大年代。位于瑞士边境的纳沙泰尔印刷协会，既发行正版也生产盗版的畅销旅行书籍，仅在法国就卖出了 8.7 万册。[12] 一些四海为家的旅行者、收藏家和学者自诩为“世界公民”，梦想着有朝一日人类能在一个仁爱的政府之下联合在一起。更多的人受求知欲望的驱使，认为知识没有地理和文化上的束缚。他们对新的发现津津乐道，无论是库克船长和布干维尔岛的传说，还是富雅·德·圣丰和拉穆瓦尼翁·德·马尔泽尔布对于奥弗涅火山的严肃研究。[13] 以前从来没有卖
27 出过这么多图书。难怪旧权威会因为这些书产生困扰，火山告诉人们地球比教会认定的更古老，而参加 13 世纪的十字军也不能证明永久享有税收豁免权的合法性。

在受教育者的论述中，对权威最具侵蚀性的是假设人类的“权利”是普遍的、天生的。特权等级所看重的“权利”——在公共场合携带武器，免除通常的义务，向农民征税——一直被国王认可。相反，像伏尔泰、狄德罗和卢梭这样被称为“启蒙思想家”的著名公共知识分子认为，人类的“权利”是与生俱来的、不容争辩的。意大利法学家塞萨雷·贝卡里亚在《论犯罪与惩罚》(1764 年)中言辞激烈地表达了对于酷刑的愤怒，酷刑不仅伤害个人的身体，还侵犯人不可剥夺的权利和尊严。[14]

如果个人与生俱来地拥有权利和情感能力，那么通过参与政治文化就能在“公共领域”里行使这些权利和能力。这不仅意味着个人有权了解公共事件，甚至对其施加影响，而且在观点能得到表达和争论的一切“空间”里都有权参与。共济会是一例，它不同于封闭的

特权世界中贵族化的王室学院，共济会的集会更加开放，倡导自由思考——这种资产阶级男性社交形式在1760年之后出现了显著的增长。尽管几任教皇下令禁止共济会活动（这并没有阻止400名法国教士加入），但在18世纪80年代共济会的600处分会中仍有大约21万名会员。共济会并不公开介入政治，但是主张兄弟般的情谊，呼吁从受教育的、辛勤的人当中根据才能来选拔官员。[15]

共济会的扩张从一个方面表明，资产阶级文化在贵族精英的规则之外得到了显著发展。即使在由贵族主宰的35个著名王室学院，也会讨论宗教自由、贫穷和司法改革这样根本性的问题。[16]当然，这些空间是男性化的，但是也有女性可以参与的思想空间：尤其是巴黎和其他城市的沙龙，女性无论在沙龙的创建还是在其运作中都起到了核心作用，这个空间是女性化的、“自由思考”的。[17]

启蒙社会的口号之一是“实用性”，不仅用它来评定消费品是否
有用，判断农业和手工业的改良是否有效，还用来批评特权等级来源 28
于传统的主张。从世袭特权、官职买卖、贸易垄断到整齐划一的花园、虚华浮夸的宫廷、书籍的审查，这一切都被视作对理性、朴素和自由的诅咒。“实用性”话语强大的一面是将有益的乃至“爱国的”商业与贵族式的奢侈做比较。1788年，杰出的农学家让-巴普蒂斯特·鲁吉耶·德·拉贝热里将耕作者和贵族相比较，耕作者“永远有用，永远善良，永远诚实，永远仁慈，永远热爱他的国家、他的国王”，贵族却被金钱和奢侈腐化。收税员之子埃曼纽埃尔·西耶斯在1788年已经成了沙特尔大教堂的教士，他在《论特权》中同样认为贵族已经被腐化，“因为他们自我优越的偏见使得他们在花销上挥霍无度”。[18] 18

世纪最轰动的戏剧是博马舍的喜剧《费加罗的婚礼》，1784年的首批73场演出就吸引了9.7万人观看。戏剧的高潮是费加罗谴责他的雇主阿拉玛卫华伯爵：

> 因为你是一名大贵族，你就认为自己了不起了！贵族、财富、头衔、职位，所有这些令你引以为豪的东西！你为了这些做了什么？你只是从娘胎里出来用了一点力气。除此以外你非常普通。[19]

尽管矛头指向了社会的支柱——传统的贵族、教会（尤其是上层教士和静修教士），甚至国王本身——特权等级的成员却被这些新奇的观念吸引，他们当中的一些人还成了思想上的佼佼者。例如，在阿图瓦省，费迪南·杜布瓦·德·福瑟是省内最有名的贵族，他非常热衷启蒙的讨论，作为阿拉斯王室学院的院长，他在1785年后的5年时间里给王国境内的1 200名通信人写下不少于21 000封信。当受他庇护的罗伯斯庇尔在1786年当选为学院的主管时，德·福瑟用了近两小时时间向他博学的受庇护人讲述了婚外情出生的孩子所遭受的法律歧视，或许还戏谑地暗示他本人就是他父母未婚先孕的产物。[20]吉拉丹
29 侯爵是一名军官，他每年有10万里弗的租税收入，在巴黎东北部的埃墨农维尔有800公顷土地，他在那里建造一个“天然的”或称“英式的”花园，花园保留了自然的轮廓，种植当地的植物（仿建了一个烧炭人的小屋供农夫使用），与凡尔赛严格几何形状的花园形成了鲜明对比。侯爵欢迎让-雅克·卢梭来到他的庄园，这位启蒙思想家在1778年去世时被埋葬在庄园中一个“白杨树小岛”上，风景保留了理

想的自然风貌。[21]

启蒙不是一次统一的思想变革，仅凭它不能动摇王权的根基；天主教会也并不总是王权的代言人。一些最著名的启蒙思想家也曾经接受过教士的训练：马布利、孔狄亚克、雷纳尔、杜尔哥。最为突出的是，新教徒和詹森主义的政治自由观念与对教会等级的挑战长久以来产生了宗教上的影响。詹森主义在 17 世纪佛兰德理论家科纳留斯・詹森的著作基础上形成，它是天主教的一个分支，一方面强调原罪、人性堕落和放纵的危险，另一方面它坚持法国全体教士大会高于教皇，而且只有上帝才是神圣的，颠覆了现有的宗教秩序。[22] 尽管詹森主义在一个世纪以来一直受到打压，但它的观点还是在“里歇派”那里被保留了下来，这些人追随 17 世纪的教会法学者里歇，他认为基督不仅任命了十二使徒为“主教”，还在《路加福音》中指定 72 名门徒为“教士”。

在政治和社会变革方面，“启蒙”是一个包含不同观点的概括性术语。启蒙思想家不是革命家。他们对于社会的批判受限于他们所见的大众的无知和迷信：大多数思想家认为开明君主统治是确保公众生活自由的最佳方式。同样，尽管他们排斥他们所宣称的“迷信”，但大多数思想家都承认教会教士在维护公共秩序和道德方面的社会价值。

卢梭不同于同时代大多数的人，他发自内心地主张民主，相信品德高尚的公民可以通过以儿童为中心的教育、代议制政府和为公民着想的立法者来塑造。总之，卢梭坚持认为欧洲已经由于财富的两极分化而走向了毁灭。他在《论人类不平等的起源》里最强有力地阐述了这种不公： 30

最大的不公平存在于生活方式上，一些人懒惰至极，其他人劳累过度……有钱人过于精细的食物让他们热量过度，消化不良，另一方面，穷人不卫生的食物还经常腐败变质，难以果腹……数不清的痛苦和焦虑与生活的各种状态密切相关……有关键的证据表明，人类大多数的苦难都是我们咎由自取。[23]

卢梭在1762年出版《爱弥儿》(或名《论教育》)以及《社会契约论》两部著作中阐述了他的解决办法：一个完全平等的社会，通过反复灌输公民美德来塑造一个受“公意”驱使的公民社会：

因此，社会契约是所有公民社会的基础，可以用这种形式组织起来：我们每一个人都将个人财产、身体、生命和所有共同权利置于公意的最高领导之下，我们作为一个整体将每一个成员视作整体不可分割的一部分。[24]

18世纪晚期的人们想要阅读什么书？出版既是一种经济行为也是一种文化行为，它的历史最能揭示18世纪70、80年代的文化转变。理论和法律这些流行的常见书籍受到了旅行、绯闻、庭审案件和历史类书籍的挑战。当时没有畅销榜，国王和教会的审查员控制着“合法”书籍的生产，地下非法书籍的交易一样反映了大众阅读的需要。在严格的审查制度下，从瑞士走私到法国的廉价盗版《百科全书》在1776年至1789年间大约卖出了2.5万套。尽管当局容忍了包括《百科全书》和《圣经》在内的图书廉价版本的交易，地下交易的禁书最能反映真实情况：印刷工人、书商、书贩、赶骡车的运书人，这些人构成一个完整的网络，他们冒着被监禁的危险来从大众的需求中获利。[25]

排在纳沙泰尔印刷协会销售榜首的书是路易-塞巴斯蒂昂·梅锡耶的《2440年》，这本书在1771年初版发行后至少再版了25次。这是一部乌托邦小说，描述了一个没有贫穷，没有妓女和乞丐的巴黎；因 31
为普遍和平，所以没有常备军，没有奴隶制，甚至没有贸易，因为理想中的法国是一个自给自足的农业国。最大胆的畅想是，这是一个由平民统治的社会，它抹去了关于路易十四的记忆，并且摧毁了巴士底狱的城堡。这是一个没有高级教士、僧侣和牧师的未来，取而代之的是一个由仁慈的牧师管理的富有卢梭式美德的宗教。[26]

瑞士的印刷品满足了各个阶层的城市读者，哲学和色情的混合引起了社会轰动：伏尔泰、卢梭、爱尔维修和霍尔巴赫的最佳作品与《修道院的维纳斯》《风尘女子》之类的色情小说争夺着读者。在拉伯雷和莫里哀的国度，尖锐的情色讽刺并不新奇，真正新奇的是它的广泛传播。1779年的剧作《夏洛和托瓦内特的爱情》[*]一开始就描写王后自慰以及她与她小叔的事，并且嘲弄国王：

世人皆知，可怜的陛下
多次饱受非议……
因为完全无能
满足不了托瓦内特

---

* 夏洛和托瓦内特暗指路易十六的弟弟阿图瓦伯爵夏尔·菲利普和王后玛丽·安托瓦内特。

我们确信了这个不幸
他的那根“火柴棍”
没有稻草粗
总是又软又弯……

这些书和小册子中大逆不道的腔调同样出现在流行歌曲中。一名负责管理图书交易的书记官请求他的上级实行更加严厉的审查：“我们看到，街头娱乐大众的歌曲教会了人们自由散漫。最卑劣的乌合之众忘了自己是第三等级，不再尊重高贵的贵族。”[27]

这些下流出版物和歌曲还充满了道德说教的语气，嘲弄了教会、贵族、王室家族的堕落和性无能，质疑这些天生统治者的隐秘手段和统治的合法性。1770 年，15 岁的王子和他 14 岁的奥地利新娘举行了王室婚礼，到 1774 年路易十六登基后，当初人们对于两人结合的喜悦已经转变成对国王性无能的下流讽刺。1776 年春，一首歌令巴黎人捧
32 腹大笑：

在他的鼻息之下所有人暗自问：
国王能做到吗？还是他不能？
可怜的王后好绝望。
有人说他不能起来，
其他人说他无法进去，
他是一个横笛。

1778 年公主的出生引发了进一步的讥讽。《夏洛和托瓦内特的爱情》暗示国王的弟弟阿图瓦（“夏洛”）才是生父，因为王后“最伟大的丈夫在性方面不行”。1781 年 10 月一名男性继承人的诞生再次引发公众的质疑：

如果国王是所有人的父王，
王后就是我们的母后；
欢呼吧，兄弟们，让我们欢呼
我们又有了一个小弟弟。[28]

即使在图卢兹、贝藏松、特鲁瓦这样由特权等级全面掌控的外省城市，《百科全书》和下流文学也很有市场。

公众对于王权的态度在不断变化，当代人都在谈论一种叫作“公共舆论”的新空间。[29] 巴黎的劳动人民也越来越多地参与到公共辩论之中，他们不是受思想家著作自上而下的影响，而是对肆意妄为的王权和垂死挣扎的特权做出回应。雅克-路易·梅内特拉是这些劳动者的一员，他在后来回忆了在大革命之前作为玻璃工学徒的生活，他处于一群叛逆的学徒之中，与同行团体其他兄弟一起喜欢下流的恶作剧、艳遇和仪式化的暴力行为。但是，梅内特拉还宣称读过卢梭的《社会契约论》《爱弥儿》和《新爱洛绮丝》，甚至见过作者。[30] 卢梭并不是唯一批评奢侈和特权的人，尤其是在巴黎，涌现出很多小的宗教和世俗团体打着自我牺牲和公民美德的旗号，强烈反对财富和个人主义。[31]

当中产阶级的男孩和少部分女孩上学时，他们通过主教和理论家雅克-贝尼涅·博絮哀和弗朗索瓦·费内隆的作品接受教会史教育。但是课表中有很多古典著作：男孩们专注于古典罗马史和拉丁语，以至
33 于比最近的法国史还熟悉。亚里士多德的《伦理学》是一份关键文本，告诉学生骄傲、嫉妒、放荡和贪婪是智慧、公正、自制、知识、纪律和谦虚的对立面，会有损国家的美德。此外，最近被译成法语的普鲁塔克的《希腊罗马名人传》，成为拓展历史学习兴趣的最好文本。但是主导整个课程的依然是拉丁语，连哲学也是用拉丁文讲授的。从贺拉斯、维吉尔、西塞罗的文章以及像塔西佗、李维、萨鲁斯特等作家的摘要中，学生们学习古老的历史和政治，尤其是共和国晚期和奥古斯都时期的罗马。[32]

公民美德在古典著作中被描述成爱国、热爱自由、朴素、勤勉、自我牺牲、勇气、正直和公正，与作者们身边所看到的奢侈、贪婪、阴谋和腐败等丑恶形成了鲜明的对比。西塞罗控诉喀提林的阴谋的演讲是一份关键文本，西塞罗在反对喀提林贵族集团在公元前 1 世纪夺权的密谋中处置果断、毫不妥协。马克西米利安·罗伯斯庇尔的同学卡米耶·德穆兰后来回忆道："无论多少次我想起西塞罗，我的双眼都噙满泪水。"西塞罗的演讲强调了密谋者的不道德举动和他们用性与金钱贿赂来达成目的的行为：

> 所有的外事已经平息，唯独内战还在。唯一针对我们的阴谋在我们内部，危险在内部，敌人在内部……因为斗争的一方是质朴，另一方是放纵；一方是纯洁，另一方是不洁；一方是诚实，另一方是欺诈；一方是荣誉，另一方是卑鄙；一方是克制，另一

> 方是贪欲……[33]

罪恶与美德之间史诗般的斗争，处于阴谋威胁下的美德，都刻在了马克西米利安和许多其他学生的脑海中。

“道德”和“美德”的话语还应用到了艺术和建筑领域。《论绘画》（1782 年）的作者批评了社会精英的堕落和常规的绘画，劝告艺术批评家从事“符合道德和政治的批评”。从公众对于雅克–路易·大卫的《荷拉斯兄弟之誓》的认可来看，它堪称道德艺术的榜样，画中颂扬的为国而战的举动被认为是高尚的。《巴黎新闻》的批评家认为这 34
幅画“用卢梭的表述来说，其中某种深刻的东西吸引着观者，让人觉得自己穿越到了罗马共和国早期”。[34] 画的主旨在接受古典教育的中产阶级中产生了共鸣。在 1787 年的巴黎沙龙中，1785 年接替本杰明·富兰克林任美国驻法大使的托马斯·杰斐逊发现，“大卫画的《苏格拉底之死》是最好的，无与伦比的”。[35]

贵族让–巴普蒂斯特·梅锡耶–杜帕蒂颇受像罗伯斯庇尔这样富有改革精神的年轻人的仰慕。梅锡耶–杜帕蒂是波尔多高等法院的院长，以抨击司法错误闻名。他最著名的案件是在 1777 年为七名 1769 年被梅斯高等法院判死刑或服划船苦役的被告人辩护。或许追随者们不知道，梅锡耶–杜帕蒂出身拉罗谢尔的一个富商家庭，通过殖民地贸易和奴隶贸易累积财富，以 8.4 万里弗的价格购买了波尔多高等法院总法官的职位。[36]

启蒙思想推崇的自由仅适用于欧洲人：大多数启蒙思想家，从伏尔泰到爱尔维修，都认为种植园奴隶制对于很多次等民族来说是合理的。但是也有不同看法。1772 年，雷纳尔神父在阿姆斯特丹出版了十卷本的《欧洲人在两个印度殖民和贸易的哲学和政治史》。参与写作的人包括霍尔巴赫和狄德罗这样的著名启蒙作家。这本书最初在法国被禁止和焚毁，直到 1780 年才在法国公开发行。

18 世纪，殖民地贸易和奴隶贸易是法国经济增长的核心，也是欧洲帝国全球冲突的焦点。对于法国统治者来说，英国是在帝国竞争中最主要的对手。七年战争（1756—1763）之后的《巴黎条约》急剧削减了法国的殖民地权利：原来的北美殖民帝国包括加拿大和俄亥俄河谷沿岸广袤富饶的土地，现在已经“山河破碎”。在印度，法国只留下了包括本地治里在内的五个商站；在加勒比，法国保留了圣卢西亚、瓜德罗普、马提尼克和最重要的西圣多明各。1763 年七年战争结束时法国最关心的是保护加勒比帝国：魁北克是可以放弃的，但是圣多明
35 各不能。

尽管法国丧失了大量殖民地，但法国主要港口的经济持续增长，三角贸易连接了法国、加勒比海殖民地和非洲的大西洋沿岸大型港口，交易着奴隶、葡萄酒与烈酒、糖、咖啡、棉花和染料。[37] 贸易的分支之一是大量奴隶船的建造，为的是从非洲西海岸向加勒比海殖民地运送奴隶。在圣多明各，31 000 名白人根据《黑人法典》* 统治着 465 500 名奴隶，法典虽然禁止“虐待”奴隶，但是否认奴隶具有任何法定权利，奴隶的子女是奴隶主的财产。圣多明各是殖民地王冠上的明珠，

* 《黑人法典》(Code Noir)由法国国王路易十四在 1685 年颁布，法典对解放黑奴进行了限制，禁止传播天主教以外的宗教，命令所有犹太人离开法国殖民地。

18 世纪 70 年代海外殖民地输入法国的货物有 40% 产自圣多明各，它产出的糖比牙买加还多。18 世纪 80 年代，圣多明各的奴隶人口是法国 70 万殖民地奴隶中最多的。正是到这时奴隶贸易达到了顶点：1790 年有 5.4 万名非洲人被贩卖到法国殖民地。[38] 几乎所有的加勒比海殖民地的奴隶都来自西非，塞内加尔的戈雷岛和圣路易是主要的贸易据点。在马提尼克、瓜德罗普和其他加勒比海地区也有奴隶，此外在印度洋的波旁岛（留尼汪）、法兰西岛（毛里求斯）也有奴隶。[39]

从 1716 年到 1789 年，法国大西洋港口的殖民地贸易额增长了四倍。波尔多的贸易额每年增长高达 4%，支撑起了大型造船业、制绳、烟草、糖和玻璃制造业：整个城市的人口在一个世纪之内翻倍，达到了 11 万人。[40] 奴隶贸易是增长的关键。1785 年有 143 条船从法国港口出发专门从事奴隶贸易：从南特出发的有 48 条，从拉罗谢尔和勒阿弗尔出发的有 37 条，此外还有从波尔多、马赛、圣马洛和敦刻尔克出发的船只。从 1707 年开始的一个世纪内，这些奴隶船进行了超过 3 300 次航行，平均每艘奴隶船的每吨货物得到国家 40 里弗的补贴：国库资助占奴隶贩子收益的一半。[41]

法国超过五分之二的奴隶贸易集中在南特，像波尔多一样，这里商人阶级在这个世纪内繁荣兴盛。在 18 世纪 80 年代，港口进出口运输的 20% 至 25% 都与奴隶贸易有关。南特有大约 9 万名居民，其中有大约 400 个经商家族。奴隶贸易每年的净收益为贸易额的 10%，在 18 世纪 80 年代收益达到了顶峰。在波尔多和南特的市中心，宏伟的新古典风格的股票交易所被建立起来，展示着对实业精神之美德的信心。18 世纪 20 年代起南特开始建立的“门户社区”在 80 年代最终完成： 36

费多岛上建成了100个商业精英家族富丽堂皇的房屋，通过河流隔离了脏乱的平民社区。尤其是在南特，非洲人随处可见，大商人选择一些黑人当仆人而不是把他们送到种植园；城市中还有其他非洲人充当工匠和劳动者。[42]

在当时的人看来，1780年的法国是欧洲大陆最强大、最稳定的王国，不论那些政治丑闻怎样激起了精英们的遐想。但是古往今来任何政府都有暴力反叛的威胁。法国中产阶级子女所接受的古典教育中就充满了这类例子。希腊和罗马的先例以及英国资产阶级革命为叛乱发动者提供了必要的思想框架，比如奥利弗·克伦威尔的名字成了军人掌权的象征。但是后来又出现了一个更加靠近法国本土的例子，科西嘉在1755年宣称建立宪政共和国。热那亚在1767年向法国出售了科西嘉最后一些热那亚城堡，法国在1769年镇压了科西嘉人的反抗。科西嘉的例子在法国改革者的脑海中历历在目，而反抗的领导人帕斯卡尔·保利流亡宿敌英国，在伦敦非常受欢迎。

但是七年战争的结果才是最具冲击性的。从一个更加广阔的视角来看，英法在北美的对抗是欧洲大国——法国、英国、西班牙、葡萄牙——在全球争夺商业霸权的典型事例，各方都投入巨额战争经费来扩展和保护商业霸权。[43]例如，通常一艘装备74门大炮的海军战列舰需要用2 800棵百年橡树来建造，法国在18世纪80年代建造了47艘这样的战列舰（还有37艘护卫舰）。[44]战争令法国损失惨重。英属东印度公司在18世纪80年代的收益是支出的三倍，而法属东印度公司的收支则勉强持平。[45]

1763年法国在印度、加拿大、加勒比地区遭到英国的羞辱，法国在 1779 年后成功介入英属北美殖民地的战争，一雪前耻。罗尚博伯爵和拉法耶特侯爵率领下的 8 000 名远征军，在 1781 年促使康华里将军于约克镇投降的战役中发挥了关键作用。1783 年 9 月 3 日，英国、新 37
独立的美国和法国在巴黎和凡尔赛签署了最终的和约。（图 4）

美国 1787 年宪法在各州是否保留奴隶制上达成了历史性的妥协，推动了反对奴隶制团体的建立：夏普和克拉克森于 1787 年在伦敦建立了废除奴隶贸易的团体，雅克-皮埃尔 · 布里索和埃蒂安 · 克拉维耶尔 1788 年在巴黎成立了黑人之友会（Société des Amis des Noirs）。但是，美国独立战争提供的最重要的借鉴，是其新国家宪法中蕴含的共和革命。制宪者认为社会力量之间的平衡是自由的保障，英国议会式的国王、贵族和平民之间的平衡同样可以在美国通过选举普通人担任总统、参议员、代表实现。换句话说，普通人可以自治，通过行政权、立法权和司法权三权分立可以进一步保卫他们的自由。布里索是新美利坚合众国的积极拥护者，同时也是黑人之友会的活跃分子。他写道：“自由宪法统治之下的人民天生勇敢坚定，他们喜爱一切善良高雅的事，他们对此坚定不移，反对变化无常的时尚。”[46]

法国参与美国独立战争一定程度上洗刷了 1763 年在北美失地的耻辱。但是殖民地的胜利造成了知识界的骚动，引发知识群体激烈批判国内的社会与政治，而且战争令王室政府耗费了逾 10 亿里弗资金，超过了国家年收入的两倍。王室政府不得不一方面增加税收一方面削减开支，最高权威已经失去了公共舆论的尊重，这时候公开的丑闻无疑雪上加霜。 38

第三章

处置不当的危机，1785—1788 年

1785 年 8 月 15 日，身为斯特拉斯堡大主教、神圣罗马帝国亲王的红衣主教罗昂要在王室和宫廷的出席下主持圣母升天节的圣餐礼。仪式还没有开始，他就被带到国王、王后、掌玺大臣米罗梅斯尼尔公爵和王室事务大臣布勒特伊男爵面前。这位红衣主教被指控使用王后的名义获取了一条极其昂贵的钻石项链，被关进巴士底狱。“钻石项链事件”在一系列充满政治和性暗示的非议中爆发。王国内的最高法庭，巴黎高等法院认定自封为女亲王的让娜·德·拉莫特伯爵夫人和其他人一起欺骗了罗昂，他们伪造证物、假托王后，让罗昂主教相信是玛丽·安托瓦内特本人希望他用个人声望为她弄到这条项链，他们运用这种手段偷取了这条项链。红衣主教罗昂被无罪释放，但是后来被国王用密札（lettre de cachet）流放。尽管罗昂拥有取之不尽的财富（年收入估计有 40 万里弗），在履行宗教职责时的态度显得漫不经心，民众还是支持他并且当他在 1786 年 3 月被高等法院释放时为他欢呼，这表明民众支持高等法院来反对“行政专制主义”。

罗昂主教被无罪释放对玛丽·安托瓦内特来说是一种羞辱。在巴

黎隆尚的赛马会上，当季流行的颜色是帽子和丝带上的“红衣主教元素”，用红色和黄色象征躺在巴士底狱稻草上的红衣主教。一首流行歌曲这样调侃道： 39

天父给他红
国王和王后给他黑
高等法院给他白
赞美天父

让娜·德·拉莫特则没有这样幸运，她在坐牢之前被鞭打并且用烧红的烙铁打上了盗贼的烙印。逃到伦敦之后，她大骂她的几位旧情人，宣称是他们欺骗了红衣主教和王后。[1]

在钻石项链事件的同时，发生了一桩完全不同类型的司法丑闻，巴黎高等法院做出了不符合从前正义形象的判决。1785 年 10 月，一名劳工和两名牛马贩子被判处车轮刑（犯人四肢被绑在车轮上，用铁棍打断四肢后再绞死），因为他们被控在 1783 年 1 月暴力抢劫了香槟地区特鲁瓦附近的一个农场。司法审判的拖延，证据粗糙和捏造，还有最后高等法院残忍的判决使得让-巴普蒂斯特·梅锡耶-杜帕蒂在接手这个案子之前就已经义愤填膺。梅锡耶-杜帕蒂作为波尔多高等法院的院长，一直以来都在批判司法制度及其惩罚措施。他写了一份长篇“司法陈情书”描述这桩“三个车轮刑犯人”丑闻，指责司法体系是“野蛮的”。作为回应，巴黎高等法院要求他烧毁陈情书所有的副本；一位资深的法官猛烈抨击像梅锡耶-杜帕蒂这样的人，“这些公民背弃了他们自己的祖国……这些改革家打着遵循自然法的旗号在推翻我们的法律”。但是梅锡耶-杜帕蒂取得了胜利，三个人在获刑两年之后的 1787 年 12 月被免除刑罚并释放。[2] 他的及时干预挽救了三个可能是无辜的人，直接促进了由新任掌玺大臣、司法大臣克雷蒂安-弗朗索瓦·德·拉穆瓦尼翁[*] 推行的司法改革。

公众对于这个事件有着浓厚的兴趣，这次事件没有被当作一次孤立的司法错判，而是被成功地描述成制度性残暴的例证，这表明 18 世纪 80 年代危机的本质是权威的危机和对王权的挑战。这是一次合法性危机，这种危机经常在公众关于丑闻和不公正的争论中上演。律师自觉承担了法律专家和正义捍卫者的角色，他们通过出版轰动案件
40 （causes célèbres）的庭审简报来时刻满足公众对于丑闻的兴趣，简报一方面公开了客户的利益和诉求，另一方面用来筹集司法诉讼的资金。在 18 世纪 70 年代，这些简报累计在巴黎卖出了 1 万份，在 80 年代多达 2 万份。尼古拉·图桑·德·埃萨尔本人是一名律师，他编辑出版了数量惊人的 196 卷。这些庭审简报显示出一种强大的、日益扩大的断裂，传统的贵族世界被描绘成是暴力、封建和不道德的，是与提倡公民权、理性和实用的启蒙价值针锋相对的。[3]

公众对于丑闻的兴趣表明，社会态度的转变侵蚀了绝对君主制和贵族制的合法性。律师是“公共舆论”中的核心群体，他们呼吁改革、批判特权，以此来博取声名。他们是国家体制内司法从业人员中最常

---

* 读者不要弄混克雷蒂安-弗朗索瓦·德·拉穆瓦尼翁（1735—1789）和他的堂兄纪尧姆-克雷蒂安·德·拉穆瓦尼翁·德·马尔泽尔布（1721—1794，本书中也简称为拉穆瓦尼翁·德·马尔泽尔布）。前者主要以他推行的削减最高法院权力的改革而闻名。

见的成员，他们既是体制的局内人，又因为他们在法庭上为弱者辩护的角色，自然而然成了体制的反对者。[4]

贵族制社会的合法性还受到贵族阶层内部一些最杰出的成员和最大受益者的质疑。米拉波伯爵、圣法尔若侯爵勒佩勒捷和蒙洛西耶伯爵都是富有的贵族，他们猛烈抨击他们认为幼稚的司法陋习，甚至是领主制度的不平等。蒙洛西耶后来回忆道，他在 18 世纪 80 年代与民众一样认为“封建制度是一种野蛮的制度，司法权是对国王权威的侵犯，土地税（对私有土地所征的税）制度是对人民权利的侵犯[*]”。贵族曾经是“名副其实的帮凶”。[5]

由于王国在 1783 年之后突然陷入财政危机，这些社会态度上的变化在路易十六改革体制寻求帮助时表现出多种互相冲突的反应。战争费用的增长，维护庞大宫廷和官僚体制的费用，偿还巨额债务，这些开支促使王权试图取消贵族的免税权，并终止高等法院拒绝注册王室推行改革的法令的权力。[6] 但是国王及其分裂的贵族精英没有应对好这次挑战。

1775 年，法国国家政府的税收和其他收入只有大约 3.77 亿里弗，而支出则有大约 4.11 亿里弗。仅宫廷就支出了 3 500 万，这撑起了凡尔赛 5 万人口的王城经济。大约 1.54 亿里弗用于偿还债务，每年全部债务产生的利息为 3 500 万。参与美国独立战争使得财政赤字扩大到了 1.6 亿里弗。维持海军 165 艘舰船的费用在战争末期增长了四倍， 41

* 之所以说土地税是对人民权利的侵犯，是因为很多贵族在封建制度下享有免交土地税的特权，第三等级从而成了土地税的主要征收对象。后文马上会提到关于无差别征收土地税的改革。

现在海军的支出必须削减。

从今天的视角来看，王室政府的财政危机并不代表公共财政结构意义上的赤字规模（收入负债比）。债务不是经过整合的公债，不接受公开监督，没有得到妥善管理——而是复杂多样的王室财政，国家用高额利率来借款（4.8% 到 6.5%，几乎是英格兰国家银行借款利率的两倍），私人金融家把持着借贷，他们当中很多人都是跨国金融家。[7]

王室政府已经开始推行省级行政的全面改革，旨在消除差异、削弱鬻官持有人的权力和阻碍改革的特权，尤其是免税权。在 1778 年和1779年，国王允许三个等级的成员参加他们所属的省议会*，之后在 1787 年，要求在直辖省所有的教区、地区和省区都要选举产生议会。结果出乎意料。一方面，鬻官持有人在面对领主特权受到威胁时感到十分愤怒：香槟省勒泰勒的持官者抱怨乡村的有产者会议只是“一群只知道稼穑的佃农的集会”。另一方面，那些第一次参与代表选举的人将维护传统和当时的“行政专制主义”对立起来。另一种形式的政府模式——基于公共意见和才能——会更具有吸引力。[8]

财政危机笼罩在所有行政改革、同时期发生的钻石项链事件和其他丑闻之上，卡隆子爵自从 1783 年 11 月担任财政总监后，财政危机是摆在他面前的头等大事。卡隆头脑冷静、思维灵活，甚至有些不

* 省议会（Assemblées Provinciales）是此处论及的地方行政改革创立的代议制机构。省议会自下而上由市镇议会、地区议会和省议会组成，最底层的市镇议会由领主、教区教士、自治市居民代表和土地所有者代表组成，地区议会和省议会分别由下一级的议会代表间接选举产生。省议会主要职能有分摊税负、征税、管理地区财政、执行督办官的政令。直辖省的省议会和三级会议省中的省三级会议是平行机构。两者不同之处在于，省议会关于本省事务的最终决定权归属于中央。

择手段，他长期在梅斯和里尔担任王室督办官，深谙权力和特权。在1787年2月，他试图让一个由144名“显贵”组成的会议[*]（当中不到10人是非贵族）相信有必要征收普遍土地税，削减军役税和盐税，并且通过废除国内关税壁垒来鼓励商业。为了向特权等级施加压力，卡隆在3月出版一本小册子来与他的提议相互呼应，还要求教士在布道时宣读这份小册子： 42

> 我们将要交更多的税！……毫无疑问，但是谁来交？只有那些没交够税收的人来交：他们应当偿还应当交纳的那部分税收，没有人会因此加重负担。
>
> 必须要牺牲特权！……是的：这样才能够公平，这样才能够满足需求。难道要让没有特权的人民再承受额外的负担？
>
> 一定会哀鸿遍野！……这在意料之中。不损害少数个人的利益怎么才能满足公共的利益？改革怎能没有怨言？[9]

1787年4月17日国王宣读了由拉穆瓦尼翁[†]起草的发言稿，宣布要进行彻底的司法改革，削弱高等法院的权力。但是卡隆增加生产性投资、节约开支、增加税收的提议因为特权等级的敌视和阻挠而落空，他们尤其反对土地税普遍征收的原则。卡隆在5月下台后，在显贵会

---

* 显贵会议（Assemblées des Notables）由教士、贵族、城市团体和高等法庭的代表组成。国王一般在确认王权的神圣性、商讨改革方案和征收新税等紧急情况下召开显贵会议，避免召开三级会议，以此来听取臣民的建议并获得他们的许可。

† 即克雷蒂安–弗朗索瓦·德·拉穆瓦尼翁。

议中取得进展的希望也随之破灭，路易十六用频繁的打猎来排解失落的情绪。奥地利大使莫西·阿让托伯爵向约瑟夫二世写道，国王“打猎归来后就暴饮暴食，时不时发脾气，做出轻率之举，这让周围的人难以忍受”。[10] 路易十六当时 32 岁。

卡隆被解职后，继任的图卢兹大主教罗梅尼·布里耶纳没能说服显贵们接受类似的提案，显贵会议在 5 月末被解散。布里耶纳继续推进范围更广的改革计划，巴黎高等法院在 7 月拒绝注册普遍征收土地税的法案。国王与贵族之间的冲突在 8 月激化，高等法院被流放到特鲁瓦，但是民众和精英站在高等法院一边，国王不得不重新召回高等法院。1787 年 9 月 28 日，巴黎高等法院的法官们在民众的欢呼声中重新进入巴黎。“行政专制”失败了。

参与美国独立战争使债务攀升，由此引发的争论在 1787 年得出了最终结果，债务问题使得法国不再愿意干涉荷兰内政并在普鲁士人和奥兰治派的镇压下保护改革者。与此同时，在国王和高等法院的对立于 9 月达到顶峰的时候，传来了普鲁士军队越过边境支持霍亨索伦的
43 奥兰治公主反对荷兰共和国内的“爱国者”同盟的消息。而政府宣布并无发动军事行动的准备，且此举会对千疮百孔的法国财政造成打击，于是认为法国必须火速介入荷兰并且支持爱国者的想法立刻破灭了。到了 1788 年，有 1 500 个荷兰家庭到法国避难。还有更多的人在比利时地区的列日避难，他们有着截然不同的政治倾向，但都仇视奥地利约瑟夫二世的中央集权政策。由于法国王室政府深陷债务泥潭，特权等级很容易责怪内阁使得赤字不断增加，政府内部有人大肆挥霍。他们宣称，当年外交大臣维尔热讷伯爵和财政总监雅克·内克在不增加

税收的情况下就成功资助了北美的战争；现在法国在普鲁士军队入侵荷兰共和国时却只能袖手旁观，只因为外交大臣蒙莫兰伯爵坦承军事干预会花费巨大。[11]

高等法院通过呼吁召开三级会议来不断反抗，三级会议是一个由三个等级的代表组成的咨询机构，上一次召开是在1614年。在1787年11月，克雷蒂安-弗朗索瓦·德·拉穆瓦尼翁在国王御临巴黎高等法院时发表了演讲，作为前任巴黎高等法院的院长，他提醒他的同僚们，路易十六有权驳回他们召开三级会议的请求：

> 这些原则在国家内得到普遍认同，证明国王是王国内唯一享有最高权力的人：
>
> 国王行使最高权力只对上帝负责；
>
> 国王与国家联系的纽带是天然不可分割的；
>
> 国王和臣民互相的权利和义务是两者永远一体的保证；
>
> 国家统治者的权力保持不变就是国家既定的利益；
>
> 国王是国内最高统治者，也是唯一主宰；
>
> 最后，立法权属于国王，由国王决定，不与任何人分享。
>
> 先生们，这些就是法国王权永恒的原则。 44

他提醒法官们："当先王们建立高等法院时，他们希望所任命官员的职责是在王国内主持正义、执行法令，而不是在王国内建立起一个与国王权威相对抗的力量。"[12] 拉穆瓦尼翁关于法国王权原则的发言掷地有声，但国王最显赫的臣民并没有因此而让步。

根深蒂固的贵族利益甚至用启蒙思想家的话语表达出来：图卢兹高等法院宣称“自治市的市民天然的权利属于所有人，是不可剥夺、不可侵犯的，因为构成这些权利的基础是与生俱来的”。这种反抗王权国家的话语（波尔多、雷恩、图卢兹和格勒诺布尔等地传统的地方自治中心对此尤为热衷），以及经济上相互依赖的纽带，使地方高等法院和依靠高等法院的从业人员形成了一个反对“行政专制主义”的联盟。1788 年 5 月，布里耶纳发布的六条意在削减高等法院司法和政治权力的法令，在雷恩引发了叛乱：布列塔尼的督办官贝特朗·德莫尔维耶被迫逃离城市。在巴黎高等法院被关闭后，观看一出历史剧的观众打断了表演，坚持要让一名演员重复以下几句台词，因为这符合了他们想象中对时事的看法：

暴君的阴谋人尽皆知，
看看这个甲士林立的宫殿，
阴谋的同党已经安插到各地，
到处都充满着流放、恐怖、刑罚。

多菲内省的格勒诺布尔高等法院在 5 月被流放，因为它反抗王室政府对于贵族司法权力的攻击，高等法院的支持者从屋顶向国王军队投掷瓦片，叛乱的民众将国王的军队赶出了城市。那个 6 月 7 日被称为“瓦片日”。7 月高等法院被镇压后，多菲内省伊泽尔河的船工拒绝督办官乘船渡过罗讷河前往瓦朗斯建立新的法庭。[13]

国王和高等法院的冲突缘于大部分贵族的抱残守缺，他们坚持特

权和财政豁免权，在国家面临财政危机时进行着自我毁灭式的垂死挣
扎。不过，在贵族精英内部仍有一部分强大的改革势力。一些人公开
接受废除大部分财政豁免权；显贵会议争执不下的问题在于，政府提 45
议的土地税太高了。但是，贵族阶级的普遍观点是，危机真正的原因
是国家政府的挥霍无度和“行政专制主义”，这种简单易懂的解释在
1787—1788 年争论达到白热化的数个月间被普遍接受。

显贵们质疑仅靠三级会议是否能解决所有问题，问题的核心在于权力的滥用和财政效率低下，他们信心十足地认为民众会站在高等法院一方，高等法院的地位和权力会进一步加强，从而导致王权的削弱。但是事实上，要求召开三级会议对贵族的诉求来说是致命的，因为在召集的过程中，他们将政治争论推向了整个法国社会。

贵族宣扬“自然法”、“不可剥夺的权利”和“国家”的背后是自私自利，这使得高等法院与人民之间的联盟难以持续。在 1788 年 7 月地方显贵会议上，刚刚在维济耶获得一座城堡的银行家克洛德·佩里耶代表参会的 500 名三个等级的代表发出了一项提议，要求全部召回被流放的高等法院，在多菲内建立一个省议会或者等级议会，以及建立三级会议——但是他要求第三等级的代表数量是其他等级总数的两倍，以此认可第三等级在国民生活中的重要性。[14]

到了 1788 年 8 月，国家需要 2.4 亿里弗的短期贷款，实际上已经破产。国王采取了两种措施。首先是召回广受好评的雅克·内克担任财政总监，人们都误以为在他 1781 年下台时国家还有盈余。内克轻率地否决了拉穆瓦尼翁提倡的司法改革，并且筹集到了足够的资金解决国家破产的燃眉之急。[15] 另一个解决办法是路易十六在 8 月 8 日最终宣布在

1789 年 5 月召开三级会议，拉穆瓦尼翁和布里耶纳下台。积极维护高等法院特权的激进分子让-雅克·杜瓦尔·德·埃普雷梅尼此前在 5 月被流放到地中海的一个小岛，四个月后他被释放，像英雄一样回归法国。

1788 年 9 月，英国农学家阿瑟·杨抵达大西洋沿岸的港口南特，此时距路易十六宣布召开三级会议只过去六周。杨是一位细心的观察者和记录者，他在日记中写道：

> 南特受到自由的感召已经被全面调动起来，法国其他城镇也
> 46 是如此；我在这里的所见所闻表明，一场伟大的变革正在影响着
> 法国人的思想，我相信，只要这些最杰出、最富有决断的人才被
> 纳入其中，现在的政府还会延续半个世纪。[16]

南特是一个繁荣的港口，它因整个 18 世纪期间与加勒比海地区殖民地高速增长的贸易而兴盛。与杨交谈的商人让他相信“贤能人士”应当更加积极地参与到公共生活中。他们对于改革的热情表明，现在法国绝对君主制的危机绝不仅限于贵族与国王之间的摩擦。

1788 年 9 月，梅锡耶-杜帕蒂在“三个车轮刑犯人”案件胜诉不到一年之后去世，年仅 42 岁，阿拉斯的年轻律师马克西米利安·罗伯斯庇尔听闻了这个伟大人物去世的消息。罗伯斯庇尔曾在 1777 年自己还是学生的时候给梅锡耶-杜帕蒂写过信。罗伯斯庇尔在悼词中说，他认为同代人开始打破暴政和迷信的束缚，他自己要承担的角色将像梅锡耶-杜帕蒂一样，作为“道德高尚的公民，在法律的框架内注视着法律的执行，维护着秩序与和谐”：

> 他以成为对自己同胞有用的人为荣，他将自己的才能发挥到极致，他敢于向当世的强权说出“你犯下了一桩罪行”，然后自己毫无畏惧地挺身而出，面对危险的敌人：他一定知道报复和仇恨会裹挟着妒忌将他打倒。伟大人物的命运一直如此。[17]

罗伯斯庇尔不仅仅是为一个正直的人写了一篇感情洋溢的悼词，还为司法界树立了一个榜样。在抨击“野蛮的偏见”和“忽视人性引起的愤怒”的时候，罗伯斯庇尔强调了“我们的刑法的受害者是穷人、不知名的人和不幸的人”，这些人都是弱小的。“你知道为什么会有这么多的穷人吗？”他问道。

> 是因为你们贪婪的双手掌握了所有的财富。为什么这个父亲，
> 这个母亲，这些孩子暴露在严寒之中，头上没有屋顶，还饱受饥
> 饿之苦？是因为你们居住在豪宅之中，你们的金钱引来了一切让
> 你们软弱无力、愚昧无知的东西。是因为你们每一天的奢侈都吞 47
> 噬了一千个人的生活所需。[18]

这种政治上和社会上的愤怒不局限于精英内部。大众对于政治传言和丑闻的兴趣并非新事，只是使用的话语在发生变化——正如路易-塞巴斯蒂昂·梅锡耶所记录的那样。作为一个忠实的记录者，他用12卷的《巴黎图景》描摹了18世纪80年代的巴黎。在80年代初，他确信“危险的叛乱不可能在巴黎发生”，不仅是因为当权者严密监视，还因为巴黎市民不像伦敦市民，“从来没有想过获得政治地位，他们所

能够获得的一些微不足道的自由不值得去抗争”。最近在伦敦爆发的戈登暴乱几乎“不可能”在巴黎发生的。[19]但是到了1787年，巴黎出现了上述狂热的情景，梅锡耶在日记中写道：“每栋楼里都有一个被称为‘思想家’的人，如果一个商店学徒或见习律师说出一些超出平常思维的惊人之语，他就成了‘思想家’。”[20]巴黎的补鞋匠约瑟夫·夏龙在他的回忆录中记录了类似的场景，在1788年8月至9月的动乱之前就已经有了政治上的动荡：

> 从最高层到最底层的人们都通过不同的渠道获得和传播启蒙思想，这些思想在十二年前是求之而不得的……他们在过去的两三年里已经接受了国家宪法的概念。[21]

甚至在巴黎街头和酒馆传唱的流行歌曲都成了统治阶层担忧的对象，这些歌曲公开谈论政治，异口同声地发出尖锐的道德批判。[22]

特权等级的困境在于，既然国王之前以国民普遍有纳税义务的名义成功地对贵族征收了人头税、十分之一税和二十分之一税，为什么军役税和其他税费的豁免权还能够合法存在？各省之间的差异为什么历经几个世纪都无法改变？如果国王的大臣们能够以大众的名义大量借款，那么为什么大众无权参与到决策之中？诺曼底流传的一份匿名
48 小册子表达了一位普通人的愤怒：

> 教士太富有了……他们的豁免权是对人民的额外负担……我们称之为领主的贵族拥有巨额财产和大量豁免权。这些特权让我

怒火中烧！……难道所有人不都是国王平等的臣民吗？……所有的孩子都应该被父亲同等对待。[23]

即将在1789年5月召开的三级会议给了法国社会内部的等级对立一个表达的出口，社会分化冲击了“等级社会”的观念。在5月之前的几个月间，争论最激烈的话题之一是停止出版审查。据统计，有1 519份关于政治话题的小册子在1788年5月到12月之间出版，在1789年最初的四个月又紧接着新涌出了2 639份。路易十六在会议议程上的优柔寡断在凡尔赛引起了话语之争。一方主张遵守传统的等级和特权，另一方主张要解决紧迫的财政危机，这让国王在三级会议如何召开的重要问题上犹豫不决：三级会议是应该像1614年那样三个等级分别开会，还是在一起开会。1788年9月，巴黎高等法院宣布了三级会议应按传统形式召开的法令，随后路易十六在9月27日决定将第三等级的代表加倍，这一决定引出了政治权力归属的关键问题，因为他没有说明投票应当如何展开。这个问题至关重要，因为它会决定凡尔赛召开的三级会议将会给国王何种建议：是前两个特权等级联合起来压过第三等级，还是在一个唯一的会议上第三等级以人数取胜。

召集三级会议分裂了对“行政专制主义”的反抗，因为这将权力和改革的问题扩展到了一个更加自由的公共空间。一些王国内最杰出的人物聚集在巴黎高等法院的法官阿德里安·迪波尔的家中。他们当中有贵族和资深的法官，以及一些著名人物，包括拉法耶特侯爵、艾吉永伯爵、路易·德·诺阿伊、拉梅特兄弟、拉罗什富科·利昂古尔公爵、塔列朗以及启蒙数学家孔多塞侯爵。这个集会后来被称为三十人委员

会（但是参与的人数至少是这个数字的两倍）。尽管他们当中大部分人
49 都是贵族，但是他们制订了一份全面废除特权的计划，包括支持第三等级代表加倍、在同一个会议中按人头投票。[24] 贵族精英已经分裂。

当新的显贵会议在 1788 年 11 月至 12 月召开时，这种趋势已经很明显。但是反对的声音也已占据统治地位。在决定 1789 年 5 月三级会议召开的形式时，只有 33 人投票赞成第三等级代表加倍，111 人反对。会议上没人支持按人头数计票。路易十六的弟弟普罗旺斯伯爵路易·斯坦尼拉斯打算支持增加第三等级的代表数，但是他的幼弟阿图瓦伯爵夏尔·菲利普和“王族亲王们”在 12 月向国王上呈了一份著名的“陈情书”，表达了他们的抗议和担忧：

> 谁能保证这言论风暴会在什么时候停下来？国王的正当性已经遭到质疑；国家前两个等级对权利产生了分歧；财产权即将遭到抨击；财富不均将会是改革的对象；废除封建权力已经被提上日程，因为要废除这套压迫体制，野蛮制度的残余……
>
> 第三等级对前两个等级权利的攻击应到此为止；这些和王权差不多一样古老的权利必须像王权一样保持不变；第三等级应只关心减少他们的税收负担；受到第三等级公民尊重的前两个等级将会本着他们慷慨的性情，放弃这些有经济利益的特权，同意用最平等的方式承担公共职务。[25]

国王统治下的法国社会存在错综复杂的特权，不同社会地位和职业背景的群体竞相争取优先权，他们将“权利”的话语作为他们主张

的基础。必要的让步和改革现在陷入自私和相互指责之中。例如，里尔的商人行会依靠特权作为对抗贵族和市政官僚“专制”的基础。谁来在三级会议上代表普通人？关于地方选举的组织形式的争论将这个问题摆在了眼前。里尔的第三等级宣称：“市政官员以为自己就是**我** 50
们，他们希望**我们**通过**他们**表达公民地位。他们希望成为**我们**的代表，他们密谋剥夺我们最宝贵的权利。”[26]

1787年建立的地方三级会议现在由贵族掌控，他们利用这个机会取得了政治上的主动，反对下决心削弱贵族财政特权的“专制”王权。在像普罗旺斯这样的省份中，地方三级会议卷入了贵族和普通人在土地和财政特权上持续数个世纪的斗争，贵族的目的越来越遭到质疑。普罗旺斯的三级会议在1789年1月25日召开时，第三等级拒绝承认集会的合法性，因为他们注定不会被代表。此举得到了米拉波的强烈支持，他宣称第三等级的代表是“真正的国家代表”，他也因此受到了贵族代表的排斥。这种紧张对立发生在由歉收和寒冬造成的经济不景气的大背景之下，城市骚乱的目标是“梦寐以求的地方”（城市中的粮站）、市政官员和领主制度，这一切都表明大众和垄断的特权等级在利益上的对立。[27]

省议会经常怀有最美好的憧憬，下诺曼底省议会主席夸尼公爵在1788年坚称该省议会的目标是“人民的幸福”，它的职责是“公平分摊税负”：“富人应当根据自己的财富按比例承担税负。”但是，这些开明的主张在现实中却寸步难行，“富人”在维护特权时经常打着保护“传统自由”的旗号。就在诺曼底省，高等法院指责省议会的“检察统治”通过煽动追查财产的归属和财富的来源，引发了“恐怖”。[28]

民众对于高等法院的支持很快发生了重大转折。到了1789年1月，具有法国新教徒背景的日内瓦记者、《法兰西时报》的编辑马莱·杜潘观察道：

> 公共舆论已经转变了方向。它不再局限于是站在国王和专制主义的一边还是站在宪法的一边：它已经变成了第三等级和其他两个等级之间的斗争，王室政府为了对抗前两个等级，搅动了各个市镇。高等法院在六个月之前还备受崇拜，现在人人都厌恶并羞辱它：埃普雷梅尼被到处诽谤为报复国家的人、法国的布鲁
> 51 图斯。[29]

这种态度上的明显转变同样出现在一位名叫尼古拉·吕奥的巴黎人的通信中，他是一名以出版伏尔泰著作而闻名的左岸书商。他在信中向在诺曼底省埃弗勒市担任教区神父的哥哥遗憾地表示，教会是“不宽容力量的根据地”（他的兄长很赞同这一点）。吕奥严厉谴责路易十六和王后的“残暴”以及英国贵族“骑在我们头上，尽可能严苛地压榨我们”。在1787年8月，他叹息道：“我们有一位有负于他的时代和他的国家的国王！每个人都知道他的私生活，他完全没有治理的才能，也管不住他妻子的所作所为。”但是到了1789年初，吕奥不再谴责国王的顾问和领头的贵族为“匈人”和“汪达尔人”，而是将目光转向了寻找一种“更适合法国习俗和现状”的君主政体。[30]

有时候激烈的言语冲突甚至转变为严重的暴力冲突。冲突最先发生在经济极度贫困的布列塔尼地区，贵族和上层教士拒绝在权利和特

权上做出任何改变引发了公开抗议，同样引起争议的是布列塔尼是否应当按照1532年并入法国时被承诺的那样根据本省的“习俗”实行自治。1789年1月26日至27日，超过1 500名武装的特权等级支持者（大部分是他们的家仆）与支持改革的法学学生在雷恩发生冲突，造成3人死亡和60人受伤。[31]

同一个月，埃曼纽埃尔·西耶斯神父出版了最有名的一本小册子：《第三等级是什么？》。[32]西耶斯谴责了贵族对于“可憎的特权”的迷恋，颂扬了普通人的才能。需要指出的是，西耶斯并不是民主主义者，他指出妇女和穷人不能被赋予政治权利，但是他的挑战表现出了毫不妥协的立场：

> 我们要向自己提三个问题。
>
> 第一，第三等级是什么？是一切。
>
> 第二，迄今为止，第三等级在政治秩序中的地位是什么？什么也不是。
>
> 第三，第三等级要求什么？要求取得某种地位。
>
> 谁敢说第三等级自身不具备组成整个国家的一切必要条件？第三等级犹如一个强壮有力的人，他的一只臂膀还被绑在锁链上。如果除掉特权等级，国家不会少些什么，反而会多些什么。因此， 52
> 第三等级现在是什么？是一切，是被束缚被压迫的一切。没有特权等级，第三等级将会是什么？是一切，是自由的欣欣向荣的一切……贵族由于惧怕看到改革流弊而产生的不安，甚于他们对自由的渴望。在自由和某些可憎的特权之间，他们选择了后者。……

不久前他们还热情召唤三级会议，如今却惧怕三级会议了。

西耶斯的小册子产生了爱国主义的共鸣：自私自利的贵族阻碍了国家的“再生”，因此要将它排除在政体之外。西耶斯只写了一个特权等级，显然他默认在教士等级中，贵族精英教士和普通教区教士之间存在着不可逾越的鸿沟。他所描绘的有尊严、道德高尚的普通人形象吸引了热罗姆·佩蒂翁这样的人，佩蒂翁是一名来自沙特尔的律师，因为尖锐抨击教士禁欲和长子优先权的体制而闻名。1789 年 2 月，佩蒂翁认为富有改革精神的公民需要领导法国走向美德：

> 自由的人从不低头走路，他的目光不卑不亢，异常坚定，他的步伐充满自信……他无须惧怕任何在他身边的人，也不用在任何人面前自惭形秽。他的快乐纯粹、真诚，他的情感温柔、善良……如果你想要一个人幸福，如果你想看到一个英俊、强壮、有德的人，那就给他自由。[33]

佩蒂翁的话反映的是城市资产阶级的认知。没有任何证据表明流动的小贩将启蒙观念传播到了乡下。在农村，主要的印刷品是圣经、节日和季节的年历、关于超自然现象的神话、圣徒生平和魔法的廉价纸书，偶尔会有少数识字的人在晚间聚会上朗读（图 5）。[34] 然而法国乡村处于危机之中。在很多地区，农民都要与 18 世纪 80 年代上涨的地租相抗争，他们在 1785 年又遭到了歉收的打击。作为卡隆宏伟计划的一部分，外交大臣维尔热讷在 1786 年 9 月与英国签订了自由贸易协

定，本意是促进法国的农业，但是廉价的英国商品短期内对北方农村的纺织业造成了严重的冲击。 53

至少在王国的一部分地区，领主雇用精通封建法的专家审查并加紧封建租税的征收。在物价高涨的时期这是一种增加收入的手段。1786年，勃艮第的索尔·塔瓦纳晋升为公爵，他以晋升为由将领地内当年征收的所有捐税提高了一倍，这一封建法条原本从13世纪开始就再也没有使用过。他们在提高农业产量上的投入从来没有超过总收入的5%，到了18世纪80年代投入几乎为零，这一时期地租加倍，贵族试图用地租来偿还债务。在1779年，一名税务官员在横穿法国西南部时惊讶地发现，贵族正在征收“从未听过和已经被遗忘的捐税”，比如图卢兹高等法院的贵族法官在人们每次购买土地时都要额外征收一次军役税：

> 人民怎么能保护自己？他们看不懂这些羊皮卷，也没有人向他们解释其中索取金钱的意图。领主的档案里充满了未知的捐税，它们随时都可以从尘封的档案中被挖掘出来，只要略施手段或者强词夺理就可以使这些捐税变成现实。[35]

领主加紧剥削发生在长期物价上涨的时代，谷物和燃料的价格水平已经超过了劳动者的工资水平，1774年和1785年短期的歉收曾使谷物价格翻倍。把这些因素综合在一起就可以解释乡村不断增加的冲突：在1720年至1788年发生了4 400起集体抗议，其中四分之三的抗议发生在1765年之后，绝大多数的抗议是食物骚乱和反抗领主。[36]

1788年，一次灾难性的歉收侵袭了王国的大部分地区。这一年的夏天先是持久的干旱，然后是猛烈的暴雨。托马斯·布莱基是著名的苏格兰园艺家，他受雇于路易十六的堂兄奥尔良公爵路易·菲利普·约瑟夫，管理着位于巴黎东部16千米处的勒兰西800亩的地产，在布莱基的记录中，巨大的冰雹砸断树枝、杀死了“野兔、鹧鸪和其他生物”。[37] 在王国最南端的科比埃尔，冰雹和雨水使得威尔杜布尔河水位暴涨，一些在鲁菲亚克的桥梁被冲毁，数百亩的谷子地和豆子
54 地受灾，超过1 200个干草垛被冲走，损失了全年一半的产量。凛冽的寒冬使得境况进一步恶化。在朗格多克省的纳尔榜主教辖区，估计有10万棵橄榄树死亡；仅在拉格拉斯，1754年的时候曾经有14 400棵橄榄树，1788年自然灾害中有6 200棵死亡，另外还有3 000棵树遭到破坏。米迪运河的结冰厚达10厘米。[38] 整个王国，尤其是在北方，发生了严重的食物短缺和价格飞涨。

领主体制及其花样繁多的特权越来越表明，它不是维护社会秩序的支柱，只是捞钱的工具。亚历克西·德·托克维尔从19世纪中叶回溯，他认为到了18世纪80年代，领主捐税已经不再名正言顺，领主几乎不在领地上出现，不再向无特权者提供贫困救济、保护和帮助。托克维尔来自诺曼人的一个显贵家族，他的祖先曾经参加过1066年的黑斯廷斯战役。他的父亲是路易十六卫队的一名军官，他的母亲来自同样尊贵的勒佩勒捷·德罗桑博家族，是克雷蒂安-弗朗索瓦·德·拉穆瓦尼翁和路易十四时期伟大军事工程师沃邦的亲属。尽管托克维尔身世显赫，但他在《旧制度与大革命》（1856年）中总结道，强大的王权国家不断扩张使得贵族“无所作为”，剥夺了贵族特权的合法性。[39]

绝大多数贵族对于财政和社会改革一直以来持反对态度，这是由两个长期因素造成的：首先，正如托克维尔所总结的那样，王权国家扩张的压力在战争支出的影响下进一步加剧，贵族特权受到削减的威胁；其次，贵族遭到了一个更富有、更强大和更具批判精神的资产阶级的挑战，公开对贵族表达不满的农民反对贵族的财产、继承和社会秩序等观念。法国社会和政治体制在18世纪80年代陷入了危机：国王和贵族精英从来没有遭遇过如此严重的合法性危机，社会上的批评也从来没有像这样尖锐和彻底。

国王和贵族享有的权力披着一身华丽的外衣，这层外衣在相互关
联的经济、社会和文化变迁中被撕碎，尤其是在18世纪法国物质和政
治“文化”的变动中：经济生活的目的和形式发生了变化，合法性问
题和公共舆论不断产生新的观念。“专制主义”、“爱国主义”、“公
共舆论”和“国家”等概念与商业和消费文化一同兴起，它们即使没
有直接推动这次危机，也造就了使危机得以显露的政治文化。物质文 55
明与持续增长的大西洋殖民地贸易、法国的手工业和制酒业以及奴隶
制密切相关。至关重要的大西洋贸易迫使法国武力介入美国独立战争，
导致了巨额的支出，促进了1789年5月三级会议的召开。

路易十六的统治为什么会陷入导致灭亡的财政危机之中？是否有革命的压力或因素推动了路易十六的失败？这是两个不同的问题。在第三等级之中，并没有一个有自我意识的、有政治改革计划的资产阶级。[40]资产阶级由不同的职业群体组成，他们没有在全国范围内基于相似的经济地位和利益形成统一的“阶级”概念。事实上，一些在1789年之后反贵族运动中最积极的、有野心的年轻资产阶级发现，有时必须要给自

己的平民名字加上贵族式的前缀或后缀：雅克-皮埃尔·布里索在他的名字后面就加上了“德·瓦尔维尔”。最富有的资产阶级购买贵族官职和头衔，因为他们在这个社会里既要有钱也要有地位。对于想在社会上出人头地的资产阶级来说，他们从来没有想过这个世界会灭亡，这一点儿都不稀奇。例如，格勒诺布尔富有的银行家克洛德·佩里耶，他在圣多明各有一个甘蔗种植园，在 1780 年花费 100 万里弗购买了几处领地和维济耶宏伟的城堡，他在那里建立了一个新的纺织工厂。1788 年 7 月，他在维济耶主持第三等级的会议。资产阶级精英想跻身贵族行列，但他们同样想推翻贵族社会。即使资产阶级中有一部分人将他们的希望和财富都投到成为贵族上，他们仍然是“局外人”：他们取得成功的领域不是传统贵族的领域，并且他们的成功反而让人开始质疑贵族身份存在的合理性。反过来，试图与资产阶级竞争的贵族开始寻求“进步”，他们加入共济会，打破了自身等级的排外性。

统治危机是三个因素相互关联的结果：不断增长的战争支出；统治阶级没能处理好参与美国独立战争带来的财政危机；政治文化和社会观念的改变侵蚀了绝对君主和贵族的合法性。[41] 第三等级内的不同
56 社会团体，从商人、各行各业的劳动者到乡村贫民，在 1789 年 5 月召开三级会议时，摆在他们面前的是一个获得更大政治自由的机会，他们各自都出于不同的理由对此反响热烈。

统治虽然处于危机之中，但远没有达到被推翻的程度。1788 年至 1789 年的这段时间，既没有预示着也没有计划着一场革命。王国一直以来都处于危险的财政危机和政治危机中，陷入了公众的信任危机，
57 但是它的灭亡是一次政府没能处理好的偶然政治危机的结果。

第四章

人民革命，1789 年

1788 年 12 月 27 日，路易十六决定将第三等级的代表人数加倍，这使得政治权力的问题进一步凸显，因为他没有说明 1789 年 5 月在凡尔赛召开的三级会议将如何表决。民众被激发出来的改革热情表明，危机已经不再局限于拒不妥协的贵族与国王之间的冲突。这次危机是全国性的，与每个人都息息相关。此前一次召开三级会议是在 1614 年，当时国王路易十三年幼，由亨利四世的王后玛丽·德·美第奇摄政，从此三级会议再也没有召开过。现在，路易十六在 175 年之后召集他的臣民，让他们表达意见、选举代表、提出解决财政危机的建议。他的号召得到了迅速回应。

1788 年至 1789 年的严冬加剧了政治动荡，城市和乡村饿殍遍地、哀鸿遍野。据当时人记述，巴黎有 8 万人失业，纺织重镇亚眠、里昂、卡尔卡松、里尔、特鲁瓦和鲁昂有一半以上的织机闲置。两名来自奥尔良市圣保罗教区的劳动妇女开始写日记，她们认为自己生活在一个非常时期。让娜–维克托瓦·德尔齐格是一名 20 岁的制衣学徒，玛丽安娜·沙尔庞蒂耶 20 岁出头，同样是一名手工业者，她们决定用日记记录下“自己亲眼所见的事”。我们从这些珍贵的记述中可以更多地了解市井之间和公共争论的情况，这些材料中关于选举议会和市政会议等男性空间的记录相对较少。两人的记录都从1788年7月破坏整个
58 法国北部的作物的冰雹说起。圣德尼谷地是奥尔良的粮仓，与城市隔卢瓦尔河相望，居住在这里的酒桶制作商比亚尔同样是一名日记作者，他对此事也同样印象深刻。接踵而至的寒冬雨水不断，降雨结冰变为破坏力极强的凌汛。1789年1月，圣德尼的河堤被冲毁，低地被淹没，牲畜被淹死，纺织城镇一片汪洋。让娜–维克托瓦·德尔齐格在她日记的第一页写道：“1789，哀鸿遍野的一年。”[1]

不期而至的政治冲突和经济危机同时出现，贫穷的劳动者绝望地期待三级会议，与此同时产生的囤积谷物的谣言和阴谋也持续升温。1789年3月21日，马赛的劳动者贴出海报抗议取消财产不足者的代表资格的规定：“如果你有勇气，现在就展现出来。”两天以后，收税员和督办官的住所被袭击，人群洗劫了存有鱼和面粉的仓库，他们高喊着“国王万岁！”，好像他们在以国王的名义劫掠。在3月到4月间，包括康布雷、瓦朗谢纳、瓦讷、贝藏松和阿朗松在内的城镇也同样爆发了夹杂着生存和政治诉求的暴力抗议。[2]

由于严冬持续到了春季，饥荒和不安已经到了临界点，路易十六召集三级会议更是提高了人们的期待。小城镇、农村和城市的人民开始用彻底、非法的方式挑战现有社会秩序，以此表达他们的态度。农民拒绝缴纳捐税，在东北部的康布雷和埃诺、弗朗什孔泰和巴黎盆地等地的部分地区都发生了抢劫食物补给的情况，他们或许还期待着国王体谅这种在困境下的无奈之举。实际上，他们有时宣称国王已经承

诺要终结捐税和什一税。[3]

现在他们做出惊人之举比以前有了更好的借口。公共舆论限制的放松和关于三级会议形式与作用的公开争论开启了对现有秩序的挑战。在很多地区都有反抗领主制度的报告，尤其是反对狩猎和放牧限制。普罗旺斯的索列堡和贝塞堡被洗劫，在很多教区，村民把牲畜赶到领主的土地上。在加普东部，三个村庄在4月联合起来反抗他们的领主、艾克斯高等法院的法官德艾斯帕劳，他们夺回了1788年作为收成税上
交的谷物。在阿图瓦，12个村庄的农民联合起来抵制瓦西伯爵的狩猎， 59
并且宣称他们不会再支付租税。[4]

前一年冬季的反叛行为还是零星的、地方性的，但现在王国到处都对食物供应充满焦虑。食物短缺的焦虑和从未有过的参政机会一同出现。召集三级会议的国王法令在1月24日发出，它的目的是“解决我们所有的财政困难……为了人民的福祉和王国的繁荣”。为了达到这个目的，路易十六要求通过各地的陈情书（cahiers de doléances）听到“人民的愿望和不满”。[5]至少在乡村，选举的限制很宽松：纳税的成年男性都有资格参加教区会议，讨论是否赞同本地陈情书的内容。此前，数百万家庭将权力和特权视为必须遵守的规定，他们偶尔会回避或抗议这些限制，现在他们被要求为他们不满意的问题提出解决措施。[6]在政治憧憬和生存危机下起草陈情书对于乡村人民来说是革命年代的开始。当然，他们事后才知道这是革命的开端。

至少在表面上，三个等级的陈情书表现出了一定程度的一致性。陈情书在充满对国王的赞美的同时，还表达了让三级会议定期召开的愿望：换句话说，代议制政体和选举议会应当成为统治的一部分。陈

情书还认为财政危机是大臣们无能和挥霍的结果：三级会议（经常被称为“国民会议”）在未来应当监督支出和税收。陈情书一致认为教会急需改革，提高教区教士的地位并且肃清流弊，解决高层教士身兼多职和无故缺席的问题。社会各界人士都要求三级会议承担起司法体制改革的任务，要使司法系统变得更加统一、人性化和有效率。至少在表面上，特权等级也承认税收改革的必要性，但是要以保护某些特殊利益为前提。但是凡尔赛的表决程序仍然是一个棘手的政治问题，在贝里省的布尔日开会的第二等级代表对于三个等级之间“团结和协商
60 的精神”感到十分高兴，但同时也指出一旦论及“按人头数投票”问题，不同等级的团结和协商就会被打破。[7]

意愿是美好的，但大多数贵族和第三等级之间存在着根本上的分歧。在原则上承认改革“弊病”的必要性的同时，地方贵族的陈情书特别表达了他们理想化的世界观：贵族的社会名望是理所当然的，国王只会指派他们这一等级担任管理者的角色；农民不得置疑领主征收的任何捐税，这些捐税是社会秩序的核心也是大部分贵族的收入来源。

教区教士和宗教界同样用理想化的过去来描述未来，他们希望教士和信徒们在一个重振活力的信仰下重新团结在一起。他们再次宣称教会的特殊地位是由王国的正统信仰决定的。布尔日的第一等级宣称“教宗的罗马天主教是唯一真正的宗教”，并且向“陛下”呼吁：

> 那些通过作品传播不信教并攻击宗教、圣迹、训诫和教条的人都应当被视作教会和国家的敌人，应当下令严惩；应当向印刷者三令五申禁止印刷反对宗教的书籍。[8]

然而，教会内部在改革上也存在分裂迹象，最大的分歧出现在税收问题上。教区教士倾向于赞同第三等级的建立统一税收制度的主张。因此，特鲁瓦的教士虽然坚持主张依照传统三个等级分别开会，但是在税收问题上做出了让步；他们要求召开一个全体会议采纳“由所有三个等级的人按比例分担”税收的主张。[9]

城市手工业者、商人和地产所有者的陈情书表达了“职位应当
向贤能开放”的主张。他们坚信国王的财政危机只有所有社会等级的 61
人平均分摊税负才能够解决，这种大胆假设的前提是所有人享有平等的权利和义务。他们的陈情书中同样令人震惊的是对于普通人尊严的重视，他们的代表们用拒绝在凡尔赛分别开会的方式表达了他们的决心。[10]这些陈情书一再要求改革现有的社会和政治制度，实际上是在要求废除这种制度。

大多数城市工人因为贫穷而无资格参加起草陈情书的行会会议和教区会议。富裕的工匠师傅（有时候是女师傅）在表达对特权和税收的看法时和他们身边的资产阶级所见略同，而在经济改革上又经常与资产阶级分道扬镳，反对在必需品上实行机械化和自由贸易。“我们不要将富有的资本家看作自私自利的人：他们是我们的兄弟”，鲁昂的制帽商和皮革商表示，然后他们转而呼吁“禁止使用机器”，因为“这样就不会有竞争和市场问题”。在鲁昂东部，从事纺织业的瓦蒂梅尼村的陈情书同样恳请“陛下为人民的利益考虑，废除纺织机器，因为它们非常不利于穷人”。[11]相比之下，在它附近的纺织城镇埃尔伯夫，制造商、经销商和手工业者在3月28日起草的陈情书上还有其他目标：

> 财政管理效率低下……这些都是对商业的限制和阻碍：遍布王国境内的关税壁垒、限制商品流通的各种关卡。制造业和商业行会的代表被完全忽视，部分政府机构对于制造业者不闻不问。[12]

他们的观点最为激进，要求实行国内自由贸易、统一商业管理和法律、承认他们对于王国的贡献。

4万份农民的陈情书，有的长篇大论，详细列举出了各种批评和建议；也有的像比利牛斯山区的小村庄赛拉邦的陈情书那样，用法语夹杂着加泰罗尼亚语只写了三句话。在很多地方，陈情书的模板从城市传到农村，但是在农村这些陈情书会被增添内容。[13] 虽然理论上超
62 过25岁并交纳税收的成年男性都有权参与陈情书起草，但实际上起草工作经常由一小部分富裕的村民把持。[14] 有时候，将贫穷的农民排除在外会引发公开冲突：例如，在布列塔尼地区的普洛埃梅勒附近的贝尼翁，26名富人在1789年4月5日起草了一份温和的陈情书，其他86名村民两天后进行了抗议，他们自己起草了陈情书来对抗领主，还砍倒了860棵树。[15]

农民的陈情书里充满了对过去的留恋，他们写下了各种幻想，从想象中的黄金时代，到农民和领主形成依附关系的虚构的具体日期。但在这种对于历史的怀念当中，包含着对于国家代表、特权和资源控制等方面令人震惊的主张。超过四分之三的村庄的陈情书都以不同的方式批评了封建制度，但是国家税收成了1789年广大农民的民怨所指，这在这些通俗易懂的陈情书中一点也不稀奇。不过，这些问题都是相互关联的，因为普通人的不满之源是贵族精英的财政特权待遇，

这里的精英既包括领主，也涵盖教会中的主教和修道院院长。对于领主捐税的仇视与对教会什一税、杂费和劳役的批评有相互融合的趋势，教会被看作与封建体制相互依存的制度。[16]萨日教区位于巴黎北部塞纳河和瓦兹河之间，它的陈情书里典型地体现了这一类比。萨日陈情书的主要诉求是减轻普通人的国家税收负担，由贵族来承担，并且削弱他们的其他特权：教区居民要求“教士和贵族根据他们的能力按比例纳税，居民在自己的土地上自由耕种，不受任何劳役的打扰”。[17]其他“权利”也经常受到批评，例如领主对于村庄烤炉、葡萄和橄榄压榨机和磨坊的垄断，领主通过“分配权”侵占公有土地的做法，以及在领主土地上的义务劳动。与此形成鲜明对比的是，84% 的贵族陈情书对领主捐税只字不提。[18]

同样令人震惊的是，全国各地的陈情书中都洋溢着一股乐观情绪。大多数乡村人民的日常用语都是法语之外的语言，例如布列塔尼语、巴斯克语、佛兰德语或奥克语，很多人居住在洛林或鲁西永这些新近并入王国的省份。尽管他们一再强调地区差异，但他们在陈情书中也 63
表达了一种在一个重生的王国里成为法国公民的构想。[19]陈情书里充斥着“祖国”、“国家”和“公民”等词语，这些词语与世俗公民的设想结合在一起构成了一个重生的平民王国的基础。农民的态度长时间以来都受其浸染。

一些会议敢于直截了当地批评他们的领主的地位。在王国的西南角，来自小村庄贝耶罗的寥寥数语毫不留情地批判了领主制度，村民宣称在这个体制下领主“像对待奴隶一样”对待他们。[20]往北一些，在奥尔良北部一个贫穷的小村庄艾克威尔，领主雇用了当地一名法官出席教区会议，这位拥有教区大部分土地的领主是巴黎高等法院的要人。不出意料，他的佃农们决定不参会，但是参会的自耕农、劳工和工匠起草了一份率性大胆的陈情书。他们要求这位法官写下条款保证“领主要像他们一样纳税，不论拥有什么头衔或地位”，很明显他们得知了凡尔赛正在为三个等级是分别开会还是在一起开会争执不休，因此要求征税应当“由代表整个国家的三级会议同意”。[21]

对于国家“再生”的渴望受到了地方问题的制约。布列塔尼的问题最为突出，当地残存的可收回土地租约制度（domaine congéable，佃农长期拥有房屋和收成，向领主长期支付定额地租）令农民十分不满。莫尔比昂湾出口的吕伊斯半岛的陈情书要求废除这种“奴役”制度，给佃农们自主权。吕伊斯在布列塔尼地区独树一帜，它建议取消布列塔尼的特权，甚至消灭布列塔尼语，因为它是“将半个布列塔尼和法国其他部分分隔开来的一堵墙”；此外很多布列塔尼人坚决捍卫他们不同于王国其他部分的高度自治，布列塔尼在1532年并入法国时就保留了一些权利，比如不交盐税。[22]

1789年初的政治气氛鼓舞着农民表达他们的不满，在一些村庄出现了一些大胆之举并且产生了一套充满自信的新话语，令长期习惯在乡村发号施令的人感到担忧。香槟区塞纳河桥村的一名领主代理人向
64 他的主人写道：

> 我用尽一切办法都没能将陈情书中废除垄断权、狩猎权和其他领主捐税等条款抹去……人们在这些问题上的立场非常坚定，几乎不可能说服他们，因为他们被赋予了表达不满的权利。[23]

这些陈情书本身不具有革命性：在 1789 年初春的法国，没有人知道他们将要经历后来所谓的“1789 年革命”。但是在三个等级的代表 5 月抵达凡尔赛的时候，他们在政治权利、领主制度和团体特权等关键问题上的分歧已经变得不可调和。最突出的问题是贵族和第三等级在三级会议的表决方式上不能达成一致。陈情书里几乎一致同意定期召开拥有实权监督税收的会议。但是贵族在平等纳税上的态度含混不清，在领主特权和贵族地位上丝毫不让步，这都通过表决方式争议明显地暴露了出来。相较之下，第三等级一次又一次地请求定期召开类似三级会议的代议制会议，要求公平纳税、机会均等、废除领主制度。这些请求加在一起，被不自觉地认为是要推翻现有社会和政治制度。

教区会议起草完陈情书后，从前 100 户中选举两名代表，然后每多 100 户便额外再选举一名代表参加地区会议——全国 234 个地区会议中，每个地区会议的代表都是这样选举产生的——他们将各个教区的陈情书汇集在一起形成一份代表整个地区的陈情书。教区会议的平均出席率在各地通常都很高，但也存在明显的起伏。在朗格多克省贝济耶附近的教区，出席率为 5% 到 83%，布列塔尼省的维特雷附近的出席率为 6% 到 96%，阿图瓦省的出席率为 14% 到 97%。这种出席率上的差异在日后的革命时期成为普遍现象，它既反映了参与的热情程度，也反映了投票者对谁应该当选或者将会当选的看法。归根结底，出席率的高低反映出人们认为会议讨论的问题有无投票的必要。[24]

在地方城市中心召开的地区会议经常出现混乱不堪、争执不休的状况，这是因为很多城市资产阶级认为，教区关于领主特权和其他琐事的抱怨是农民和领主之间的私人恩怨，不值一提，这引发了农村代 65

表的不满。尽管很多代表有从事行政管理的经验，但地区会议仍然对会议决定的性质缺乏清醒的认识：农民代表经常以为自己来自享有主权的人民，幻想自己在召开立法会议。卢瓦尔河畔的索米尔的治安总管德梅·德道比松抱怨道：

> 最令人厌烦的是，人们普遍认为这些召集起来的会议具有一定的权威性，当会议结束时，回去的农民认为他们自此以后都不用缴纳什一税、领主捐税，并且不用遵守狩猎禁令。[25]

各省参加5月4日全国三级会议的代表就是在这些地区会议中产生的。选举过程十分复杂和激烈，一些地区直到7月还没有完成。由于贵族试图在他们控制的行政机构中选择第三等级的代表，三级会议代表的选举使得矛盾公开化。在阿图瓦省，罗伯斯庇尔在地方贵族执政者控制下的选举中经历了五个月的激烈辩论，终于在八名候选人中脱颖而出。他的对手对他弟弟奥古斯丁在乡村公开拉票的行为十分愤怒。[26]

第三等级代表选举程序和资格要求加深了人们对于教育、财富和能力的成见，最终所有604名第三等级的代表都是律师、官员、财产所有者和地方的豪绅望族。[27]所有的第三等级代表都是受过教育、衣食无忧的富人，只有少数例外。他们当中甚至有60名贵族，以及包括拉博·圣埃蒂安和两名巴黎银行家在内的新教徒。西耶斯神父被选为巴黎第三等级的代表。第三等级的代表中没有工匠和小店主，43名有农业背景的代表都是大土地拥有者或大土地承包人，只有两位布列塔尼代表米歇尔·热拉尔和科朗坦·勒弗洛克穿戴成农民的样子。这些代表还精通地方事务，大部分都是中年人：52% 的代表年龄超过了 45 岁，人数最多的年龄段是 45 到 49 岁。[28] 66

278 名贵族代表中的绝大多数还是地方上的名人。但是他们的态度与拉法耶特、孔多塞、米拉波、塔列朗和其他在巴黎三十人委员会中活跃的改革分子都大相径庭，后者生活富裕、眼界宽广，认识到了至少放弃一些贵族财政豁免权的重要性。超过 220 名贵族代表都是现役或退役的陆海军军官；最近国家对于军事力量的削减加剧了他们对于没能保卫特权的现有体制的不满。[29]

第一等级的构成将会至关重要。路易十六已经同意有利于教区教士的教士代表选举规定：所有教区教士都有资格参与地区会议并选举代表，而大教堂每十个法政牧师（canon）才有一个代表名额，每个修道院只有一个名额。国王的顾问们深知教区教士最有可能向贵族和精英教士施压，使他们做出财政上的让步。亨利·格雷古瓦是一名来自洛林的教区神父，也是一名裁缝的儿子，他说道："我们最底层教士是享有权利的，这种实现权利的宝贵机会或许已经有 12 个世纪都没有发生了……让我们抓住这次机会。"[30] 事实上，330 名教士代表中有四分之三的人都是低级教士，176 名主教中只有 46 人被选为代表。

召开三级会议的兴奋并没有平息抗议的怒火。超过 25 岁的巴黎人当中只有五分之一有资格参与三级会议代表的选举。数月以来，工薪阶层*都用愤怒的怨言和小册子表达他们被排除在政治进程之外的不

---

* 本书中的"工薪阶层"指以雇佣劳动的报酬为生的人群，相当于现代早期、机械化生产之前的工人阶层。

满。4 月 23 日，富裕的墙纸制造商雷韦永在巴黎的一次第三等级会议上无意之中提到了参与选举的高额工资限制（并遭到歪曲报道），在圣安东郊区引发了一场叛乱，到处都回响着西耶斯的《第三等级是什么？》中的口号，人们呼喊着：“第三等级万岁！自由！我们不会屈服！”这次叛乱遭到军队无情镇压，大约有 300 人死亡（一些人估计多达 900 人），这是 1789 年最血腥的事件。[31] 这次流血事件发生在三级会议召开两周之前，加剧了充满期待的紧张气氛。安托万·卡约是数名贵妇的告解神父，令他感到震惊的是，“甚至妇女也被这场政治瘟疫感染，一个人要想留住他的情妇就必须接受她的观点并且支持她那一派”。[32] 对于其他贵族妇女来说，从这一刻开始她们对时局从漠不
67 关心变为焦虑不安。露西·迪永就是她们当中的一员，19 岁的她是纳尔榜大主教的亲戚，她在 1787 年与王国内一名高级军官的儿子弗雷德里克·德拉杜尔·杜潘结婚。她设身处地体验了事态的严重性。当她从万塞讷的赛马会返回时，她的车驾在雷韦永工厂的叛乱中被困。她深信这次叛乱和参与叛乱的人都是有人在背后暗中策划和资助的。[33]

食物短缺和物价高涨在外省也引发了暴力冲突。4 月 24 日至 25 日，奥尔良爆发了持续 30 个小时的食物骚乱，商人里姆的房屋被毁。最终军队奉命毫不留情地镇压叛乱，据估计造成了 96 人死亡。[34] 就在三级会议在凡尔赛召开的 1789 年 5 月 4 日，南部城镇利穆大约有 800 人强迫官员打开粮仓，要求停止征收捐税和间接税，然后洗劫了收税官的办公地，把记录册扔到了奥德河里。

由于一些地方上选举的拖延，三个等级的 1 200 名代表在 5 月 4 日三级会议开幕时只有 800 人到场。罗伯斯庇尔像许多其他代表一样，

正从外省市镇马不停蹄地赶往凡尔赛。当他抵达凡尔赛时，他兴奋地发现，尽管资产阶级代表说着不同的语言，但他们在强调自身的尊严和对“国家”的责任时众口一词。列·霞白利和朗瑞奈代表在王宫不远处的阿莫里咖啡馆成立了热衷于改革的布列塔尼俱乐部。很快，西耶斯、迪波尔、巴纳夫、拉梅特兄弟和罗伯斯庇尔等非布列塔尼人都加入了俱乐部。兴奋和期待溢于言表。

在三级会议的开幕式上，第一等级和第二等级身穿与他们等级之尊相符的服饰，而第三等级的代表则统一身穿黑布制成的上衣和白色长袜。在当时一位身处巴黎的英国医生看来，他们的着装“甚至比英国大学中最低级的穿着长袍的人还要寒酸”。一位代表愤怒地说道：“在我们到来的时候，宫廷里幼稚的大人们就颁布了一项奇怪可笑的法律。”[35] 进入会场后，悬而未决的投票程序成了最紧迫的问题。路易十六的开幕演讲要求三个等级的代表要考虑大胆改革，但是他还要求 68
三个等级在各自分开的会场核验代表身份和进行讨论。

国王在三级会议开幕时缺乏打破陈规的魄力，这是他最大的失误。但是他当时处于一个艰难的境地：他不可能满足第三等级的要求，这样也许会解决财政问题，但是代价是牺牲现有体制的支柱，而他本人恰好是这个体制最大的受益者。路易十六内心深处改革的愿望伴随着他的沉默寡言和胆怯：他的弟弟普罗旺斯伯爵路易·斯坦尼拉斯说道，路易十六拿不定主意，就像想同时将两个涂油的台球一起抓在手里。[36] 在私下里，路易十六向他的高级廷臣坦言，他支持在一个统一的议会里核实代表身份，但是他尊重贵族分开投票（188 票赞成，46 票反对）的意愿，这个想法也得到了教士的支持（但是教士等级经过激烈辩论，最后133票支持，114票反对）。路易十六在勉力维持艰难局面的时候，还遭到了一个噩耗的打击：7岁王太子路易·约瑟夫死亡。国王在困惑、焦虑的同时又增添了悲伤。

革命在暗流涌动。最终，国王同意了贵族提出的三个等级分开投票的请求，这引发了第三等级代表的愤怒。他们拒绝开始正式讨论。他们的政治立场十分坚定，一致认为必须进行根本性的改革。他们在这一点上得到了一些特权等级改革派的支持。6月13日，三名来自普瓦图省的教区教士加入了第三等级，第二天，包括格雷古瓦在内的六名成员也随之加入。6月17日，第三等级的代表发布了一项革命性的宣言："只有国民议会（National Assembly）才有权反映和表达民意。"*

6月19日，教士代表以149票赞成137票反对决定改变政治立场，加入第三等级。低级教士代表和主教代表在观点上存在巨大分歧，前者对于这种分歧的愤怒是做出决定的关键因素。巴博坦神父在给家乡皮卡第省的普鲁维的教士信中写道：

> 在我来到这里之前，我仍然相信这些主教也是教士，但是我目睹的一切都不禁让我认为这些人只是唯利是图的人，都是玩弄权术的阴谋家，他们只关心自己的利益，时刻准备着剥削甚至是
> 69 毁灭人民，而不是为人民着想。[37]

---

* 这里的"国民议会"指有广泛的全国代表性的议会，即包含第三等级的议会。因统一投票的诉求无法实现，第三等级的代表脱离三级会议自行集会，并自称"国民议会"。此举造成革命事态的升级。

6月20日，代表们在准备6月23日王室成员出席的全体会议时，发现经常开会的地方被关闭，他们转入了一个室内网球场。天文学家让-西尔万·巴伊被选为议长，他们用宣誓表达了“不可动摇的决心”，继续推动着形成一部成文宪法的进程。这是一份对正统秩序发出挑战的宣言：

> 召集国民议会是要为王国书写一部宪法，重建公共秩序，维护王权的真正原则。国民议会宣告没有什么能阻挡它继续讨论，它在任何地方都可以重新建立。最后，国民议会的成员在哪里聚集，国民议会就在哪里。[38]

只有来自朗格多克省卡斯泰尔诺达里的代表马丁·道奇提出了异议。第三等级的代表做出了一项革命性的举动，本质上是要求法国从今以后要由一个代议制的议会和一位立宪君主进行统治。这是一项大胆冒险的举动，对现有政治体制的核心发起了革命性的挑战。

路易十六在全体会议上的犹豫不决使问题变得更加复杂。他在6月23日的全体会议上再次强调三个等级要分开讨论。仪式总管德勒-布雷泽侯爵向巴伊和国民议会传达了国王的旨意，但是米拉波突然站起来反驳道：“去告诉你的主子，我们来到这里是代表着人民的意愿，只有用刺刀才能将我们逼退。”[39]当天晚些时候，路易十六发表了一份“意见声明”，承认三级会议将会是政治体制的一部分，拥有征收和废除税收的权力。他表达了改革沉重税收负担的意愿，要废除盐税并且要求特权等级在一个统一的税收体制下纳税，同时要保留什一税和所有“封建领主权利和义务”。如果他在三级会议的开幕式上拿出这份改革计划，或许会取得成功，但现在为时已晚。

第三等级不为所动。翌日，由路易十六的堂兄奥尔良公爵率领的47名自由派贵族加入了他们的行列，这更加坚定了第三等级的决心。
70 到了6月27日，路易十六似乎接受了既成事实，命令其余的贵族代表也加入国民议会。尽管第三等级取得了表面的胜利，但是他们很快遭到了宫廷的反击。唯一的非贵族大臣财政总监雅克·内克没有去参加6月23日的全体会议，路易十六愤怒之下在7月11日解除了他的职务。距离凡尔赛21千米的巴黎由于第三等级代表的成功而沸腾起来。接着，2万名士兵进驻了巴黎，军事镇压即将发生的谣言开始传播开来。

这些士兵很有可能是来占领和解散国民议会的。代表们没有被解散一方面是由于路易十六极力想避免冲突和流血，另一方面是由于数千名巴黎劳动者的集体行动，他们认为宫廷准备对这些英勇的第三等级代表发动阴谋。巴黎人民的怒火随着物价上涨而高涨，4磅重的面包价格从8苏涨到了14苏，买面包的钱达到了工人工资的70%，人们越来越普遍认为这是贵族故意囤积的结果。骚动中的巴黎人一直以来都咄咄逼人而不暴力：7月初，多达1万名群众释放了14名此前由于不服从命令而被关押的士兵。[40]但是雅克·内克的命运加剧了食物引发的骚乱，抗议开始变为暴力反叛。巴黎书商塞巴斯蒂昂·哈迪的日记是记录大革命最初几个月的最好资料，他注意到人们都在说“贵族们都在故意囤积谷物，目的是更有效地拔掉内克先生这颗眼中钉”。[41]内克在7月11日被解职证实了这一猜测。

最初的目标是围绕着巴黎城新建的收税站，这些建筑气派的外表和它们的功能一直以来都是讽刺和憎恨的目标。从 1785 年到 1789 年7 月，55 个关税收税站修建起来，其中有 54 个分布在长达 26 千米的巴黎城墙周边。在 7 月 7 日到 17 日之间，有 40 座收税站被破坏或摧毁，只有北边的收税站留了下来。[42] 抗议者受到街头演说家的煽动，卡米耶·德穆兰在罗亚尔宫外富瓦咖啡馆的一张桌子上向群众发表了滔滔不绝的演讲。7 月 13 日起义在沙滩广场上爆发。这个在市政厅外的巨大广场上每天早上都聚集了希望找到一天工作的劳动者；这里是进行罢工和游行的地方；6 月举办了“圣让烟火”，吸引着人们来这里饮酒作乐；这里也是罪犯被公开处决的地方。到了 1789 年 7 月，这里成了
叛乱人群聚集的地方。（地图 2）巴黎第三等级的选举会议中富人为了 71
维持秩序，组建了一支市民自卫队。但他们的力量维持不了秩序，于是前往圣拉扎尔修道院寻找武器，当他们在那里还发现了成堆的谷物的时候，人们确信贵族企图利用饥饿迫使他们屈服。他们还从制枪工匠和荣军院那里获得了武器和弹药。

最终的目标是位于圣安东郊区的巴士底狱，这里不但能找到大量武器弹药，而且可以通过这座坚固的城堡控制巴黎东部的平民街区。它还是专制王权的象征。7 月 14 日，超过 8 000 名武装的巴黎市民对这座城堡展开了围攻。（图 6）守备司令劳奈侯爵拒绝投降，由于人群冲进庭院，他命令士兵开枪，杀死了大约 100 名起义者。法兰西卫队（Gardes Françaises）* 的两个小队加入了群众行列，他们把大炮对准了大

---

* 法兰西卫队是法国旧制度下隶属于王室的一个精锐步兵部队，1789 年的规模在 3 000 人以上。巴士底狱的事件之后，王室政府拒绝让法兰西卫队继续承担凡尔赛的守卫工作，并解散了该部队。后法兰西卫队的一些成员组成了忠于国民议会的国民卫队。

门，这才迫使劳奈侯爵投降。一些著名的巴士底狱攻占者的英勇表现被记录了下来。参与攻占行动的斯坦尼拉斯·麦亚尔列举了一份662名攻占者的名单，当中有很多资产阶级，包括工厂主、商人和76名士兵。其余的都是典型的普通人：来自30个不同行业的小商贩、工匠和劳工，尤其是有49名木匠，48名橱柜匠，41名锁匠，28名鞋匠，11名酒商，10名理发师和假发制作者。[43]巴士底狱攻占者几乎都是男人，只有玛丽·沙尔庞蒂耶一名女性。但是也有像玛格丽特·皮奈格尔这样的参与者：

> 她同样用尽全力（与她受伤的丈夫一起），跑向几个酒馆，用她的围裙兜住一堆酒瓶，这些酒瓶既有完整的也有破损的，她把这些酒瓶交给法兰西卫队的军官作为打断巴士底狱吊桥锁链的炮弹。[44]

1789年7月14日攻占巴士底狱是一场政治地震。它拯救了国民议会，让一次权力的突然变更有了合法性。现在控制巴黎的是一个新的市政府和一个公民民兵队（即国民卫队），国民议会的议长巴伊被选为市长，国民卫队由资产阶级的人组成，由法国参与过美国独立战
72 争的英雄拉法耶特侯爵担任指挥。7月17日的早上，路易十六最年幼的弟弟阿图瓦伯爵和玛丽·安托瓦内特的亲信波利尼亚克公爵夫人趁秩序混乱之际伪装出逃，最终离开了法国。一批又一批心怀不满的宫廷人士加入了阿图瓦伯爵在都灵的流亡宫廷。但是在同一天，路易十六在7月14日象征性的失败之后，接受了前往巴黎的建议，重新宣

示他的主权，他同时命令军队撤退，并召回雅克·内克。7月17日，国王在市政厅前接受了“最隆重的”欢迎，巴伊代表选民向他呈交了一枚象征起义者的三色徽（tricolour cockade）。路易十六将三色徽戴在帽子上，以此表示与人民团结一致，三色徽开始成为国家的象征。[45]也许是拉法耶特的构想，三色徽中的白色代表波旁王室，红色和蓝色代表巴黎，三种颜色交织在一起代表了革命，象征着国王与巴黎人民密不可分。

攻占巴士底狱也使得革命者陷入麻烦。起义决定了第三等级和国民议会的胜利，但是一些狂热的群众在攻占巴士底狱时展开了残忍的报复，城堡司令劳奈和六名士兵被凶残地杀害。当天晚些时候，原来的巴黎市长雅克·德弗莱塞勒被报复性杀害，原因是他据说曾阻扰起义者武装起来。他和劳奈的头颅一起被游街示众。一些人认为这些公众复仇的举动是值得同情的正义之举，因为这些人的决定已经造成了约100个起义者的死亡。另外一些人认为，在一个暴力社会中，群众只不过是用当局者的手段还施彼身，革命将要改革这个充满暴力的社会。还有一些人认为这种野蛮行径不可原谅，革命应当为这些负面影响负责。

更多的事情接踵而至。7月22日，自从1776年就开始担任巴黎王室总督的路易·贝蒂耶·德索维尼在试图逃离巴黎时被抓获。他和他的岳父约瑟夫·富隆（他在内克被解职后继任财政总监）被殴打致死并且被斩首，他们的头颅被传遍巴黎，据说这是为了报复他们曾阴谋延长巴黎1788年至1789年的饥荒。据传富隆曾经说过，如果穷人饿了，他们应该吃稻草。《巴黎革命报》是最先报道这些史无前例的事

件的新报纸，来自波尔多的年轻记者埃利塞·路斯达洛报道了这“令
73 人惊恐和害怕”的一天，其恐怖和绝望被历史铭记。（图 7）在富隆被
斩首后：

> 他的嘴里被塞了一把稻草，显示着人们对这个残暴的人的极端痛恨，这是愤怒的人民给他的应得报应！噢，上帝！这些野蛮人！一个人将（贝蒂耶的）心脏从抖动的躯体里扯了出来……多么恐怖的场景！……公民们我感觉得到，这些叛乱的场景令你们的灵魂备受折磨，像你们一样，我也被震惊了，但是想想被奴役的惨状……但是绝不要忘记，这些复仇人性尽失，丧尽天良。[46]

1789 年夏秋，从巴黎到最小的村庄都见证了王权国家史无前例的崩解。[47] 在城市，贵族议员被迫离职；在农村和小城镇，由人民选举的市政机构填补了权力的真空。各地夺权的同时伴随着拒绝缴纳国家、领主和教会的税收、捐税和什一税的行为。由于军队在人民主权的感召下公开表示与人民站在一起，司法机构无法执行法律。

国家和贵族的力量遭到挑战的消息迅速传遍了乡村，整个农村地区弥漫着一股期望、威胁和恐惧交加的气氛。阿瑟·杨捕捉到了国民议会带来的绝望中的希望，在第三次法国之行中，他在 7 月 12 日同洛林的一位农妇交谈时记录下了她家里的贫穷：

> 沿着一条漫长的山路行走，在饮马的时候，我同一位贫穷的妇女交谈起来，她对这个时代充满着抱怨，说这是一个悲惨的国

> 度。据她说，现在一些大人物正在为穷人做一些事情，但是她不知道这些人是谁，也不知道他们会怎么做，但是上帝会让我们变得更好，“因为军役税和领主捐税压得我们喘不过气来”。这个妇女从不远处看上去有六七十岁，她身形弯曲，由于劳作的缘故脸上皮肤粗糙、布满皱纹，但是她说她只有28岁。[48]

攻占巴士底狱的消息传出后，担心贵族复仇的恐惧取代了这些希望。一边是由于经济危机变得一贫如洗的人们成群结队地在乡间道路
上游荡，另一边是焦急、饥饿的农民正在等待新作物成熟，那些流浪 74
者成了农民关注的焦点：他们是不是受了心怀怨恨的贵族的指使来破坏农民的庄稼，以此作为对第三等级大胆之举的惩罚？7月下旬，出于对外部威胁的恐惧，村民们以农具为武器，组建了乡民武装。希望、恐惧和饥饿使得乡村成了一个火药桶，对于受贵族雇佣的“强盗”的想象成了导火索。零星的六个地方出现“外来人”的可疑行动，被添油加醋地描绘成武装强盗破坏庄稼的传闻，由此带来的恐慌开始传播开来。这些谣言像燎原野火一样从一个村庄传到另一个村庄，波及除布列塔尼和东部之外的所有地区。很多地方事件其实只是村民强迫特权等级或者他们的代理人交出食物和酒饮，有时候还会出现两个新特征：找到并毁掉封建租税账簿，公开羞辱领主和他们的管家。（图8）

这种史无前例的恐慌及其后果，被称为1789年夏天的“大恐慌”。位于巴黎东北方32千米的西里穆尔蒂安村的情况非常典型。从1771年起，皮埃尔·路易·尼古拉·德拉海就是学校教师和教区教士，他的日记记录了村庄中“重大新奇的事件”，其中也包含1788年至1789

年严冬的悲惨情景。1789 年 7 月底，他写道：“我们处于可怕的灾难之中，到处都能听到叛乱和屠杀的消息。谷物已经无处可寻。”1789 年的收成将会遏制饥荒。7 月 14 日攻占巴士底狱的消息传来后，在充满焦虑和期待的气氛中，村民们对心怀不满的贵族试图破坏收成的谣言做出了反应：“警钟敲响，教士将全村所有的男人和男孩集中起来，所有人拿起武器，少数人拿着枪，其余人拿着他们可以找到的铁叉、铁锹、斧子和干草叉，在头戴三色徽的教士带领下出发巡视。”[49]

起草陈情书之后，这是大部分农村人民参与的第二次重大的革命行动。在起草陈情书的会议上，教士们名义上忠于国王的抗议隐藏了他们的激进主张，但这一次他们站在了攻击封建制度的最前线，他们十分清楚这样做的后果。在里昂以东的布雷斯和比热周围的山村，领主城堡遭到威胁，而此时距离攻占巴士底狱的消息在 7 月 19 日传到
75 当地的首府布尔格尚有时日。贵族要复仇的风声一过，布雷斯很多村庄的农民找到并焚毁了封建租税账册，声称“有头衔的都是领主”。这个地区已经变成了全国各地恐惧和谣言的发源地。最引人注目的事件发生在 7 月 25 日，来自 12 个村庄的 800 多名农民袭击了布尔格附近的圣绪尔比斯修道院，强迫僧侣们烧毁账册，并且洗劫了修道院的地窖。第二天，他们在修道院的中央立了一个绞刑架，扬言要吊死这些僧侣，最终这些僧侣在叛乱者放火烧毁房屋之前惊慌失措地逃进了附近的森林。[50]

7 月底，索恩河谷的城堡被洗劫和焚毁，其中就包括塔列朗侯爵的色诺赞城堡（当时他是欧坦的主教，已经是国民议会中的重要人物）。暴动的农民从富人和教士那里征得食物、酒和钱，烧毁封建账

簿。拥有大片土地和各种封建权利的克吕尼修道院成了众矢之的。大约有 160 名“强盗”（有酿酒工人、劳工、村庄工匠、乞丐）事后被捕。大多数人坚称他们只是被人群“卷进来”，无意进行破坏；少数人承认他们的目的是“洗劫并烧毁修道院”，“摧毁修道院和城市”，或者确保“什一税和领主捐税不再征收”。“爱国者”们在震惊之余决心重建秩序，他们通过建立应急委员会来主持正义：最后，27 人在克吕尼、马孔和图尔尼被绞死。[51]

在一些地方，大恐慌引发了针对其他群体的报复。在阿尔萨斯，多个村庄中的犹太人家庭被抢劫。[52] 在北方，洛林省的东部边界，萨尔格米讷的人们在 7 月 22 日的弥撒上庆祝巴士底狱的陷落，收税员 7 月 28 日被迫逃离。在税收问题上，尤其是盐税上的紧张对立持续了数月，一份名为“我们团结起来的法国人民的国父”的小册子希望路易十六废除收税站。[53] 在靠近阿朗松的诺曼小镇莫尔塔涅欧佩什，弗朗索瓦·朗贝尔蒂埃率领一群男人、女人和儿童冲进了收税站，他们找到并烧毁了账册，然后推行“平民税收”来降低谷物、烟草和盐的价格。当地的政府在数日以来都无法抵抗这些威胁，但是他们不会忘记
这些威胁。[54] 76

正如一些农村曾经“相信”他们在 1788 年至 1789 年冬拒绝缴纳捐税是在遵循国王的意愿。1789 年 7 月，一些人为反叛行为找到了新的依据。根据布列塔尼省普洛埃梅勒地区一名官员的描述：

> 在我的辖区及其附近地区，所有的农民普遍拒绝向什一税收税员缴纳规定的份额，他们公开宣称要征税就要流血。他们的理

由是，既然废除这些什一税的请求已经写入了陈情书当中，废除措施现在已经生效了。[55]

权威的崩塌促使农民放弃了他们反对权威时惯用的隐瞒欺骗的伎俩，他们开始直接表示他们的不满。尤其突出的是，他们运用第三等级反抗的话语来达成自己的目的。蒙莫朗西公爵的领地位于巴黎东北部的蒙马丁，他的管家在 8 月 2 日给他写信说道，“大约 300 名来自各地的强盗和郎高奈女公爵领地上的仆役勾结在一起，他们偷窃了租地契约和领地的津贴，并且捣毁了她的鸽舍”*；他们在盗窃之后得意地留下了欠条，落款写着“国家”。[56]

大恐慌时期的行动逐渐走向了革命性的对抗，国民议会中的贵族、教士和资产阶级代表十分清楚它的后果。在一种恐惧和兴奋的气氛中，一群贵族代表在8月4日聚集在讲坛上对乡村危机做出了回应。立法者的本意是通过削减或废除某些封建捐税来平息农民的骚乱，但是恐慌的气氛压倒了一切，用米拉波的话说，各种各样的特权在一种“旋风闪电”般的慷慨中消失了。但是在接下来的一周里，冷静下来的立法者对“人身奴役”（农奴制、鸽舍、领主和国王狩猎权）和“财产权”（对收成征收的领主捐税）做出了区分——人身奴役应当立即废除，而在财产权方面，农民在停止支付地租之前应当对领主财产进行赔偿：

* 在旧制度的法国，拥有鸽舍是部分贵族的特权，鸽子也是只有贵族才能享用的肉食。由于鸽子会消耗鸽舍周围的作物，所以鸽舍被旧时的法国农民视为封建剥削的一种形式。

> 第一条，国民议会完全废除封建制度。一切基于人身奴役
> 的权利和税收，无论来源于现实还是继承，都将无条件废除；其 77
> 他所有权利需要赎买，赎买的价格和方式将由国民议会决定。根
> 据这份法令，那些没有被废除的权利直到最终解决之前将会继续
> 有效。

这份模棱两可的全面废除声明将会在农村激起持续的愤怒。

这份法令[*]通过废除税收豁免权对陈情书中最关键的问题做了回应。领主法庭也会被废除，将来，全国的司法将根据一套统一的法律，司法诉讼费将会被免除。《八月法令》的基本原则是，从今往后所有法国人将享有相同的权利，服从于同一套法律。特权和豁免权的时代已经结束了：

> 第十条，所有省份、领地、乡村、行政区、城镇和居民团体的特权，无论是财政特权还是其他天生的特权，都将无条件废除，所有法国人民将会享有相同的权利。

为教会和国家提供资金的什一税和财产税将会被更加公平的税收形式取代，但是与此同时，这些税收暂时会像收成税那样继续征收。[57]虽然有些迟疑，但这些大胆的改变令人兴奋。路易·马里·普鲁多姆

---

* 即《八月法令》(The August Decrees)。它是 1789 年 8 月 4 日至 11 日国民议会通过的关于废除封建制度的 19 条法令的总称。

在他的报纸《巴黎革命报》中写下了他的感受："法国仿佛翻开了全新的一页，到处都充满着友爱，亲密的友爱。"[58]

国民议会的宪法委员会在7月22日宣称，发布一部《人权宣言》是国家再生的必要基础。但是，随着农民反叛和流血冲突的消息不断传入议会，那些反对起草这一宣言的人开始壮起胆来。像马鲁埃男爵、米拉波和尚皮翁·德西塞（波尔多大主教）这些有影响力的代表质疑这些"权利"会被无知的人误解，他们无法理解执行法律必要的限制。马鲁埃问道："如果一个人只有一步步洒下汗水，才能感受到他的王国之广阔，那么只把他送上山顶告诉他他的王国有多广大这有何意义？"莱维公爵和其他高级教士也认为，任何这种权利宣言都应当伴随着对义务
78 的规定。他们的提议只以433票对570票的差距遭到否决。[59]

8月26日，议会在没有规定义务的情况下通过了《人权和公民权宣言》（也简称为《人权宣言》）。在宣称"对于人权的无知、忽视与轻蔑是公共灾祸的唯一原因"之后，《人权宣言》宣告：

> 第一条，人生来就是而且始终是自由的，在权利方面一律平等。社会差别只能建立在公益基础之上。
>
> 第二条，一切政治组织均旨在维护人类自然的和不受时效约束的权利。这些权利是自由、财产、人身安全与反抗压迫的权利。
>
> 第三条，整个主权的本源根本上存在于国民。任何团体或个人都不能行使主权所未明白授予的权力。

《人权宣言》宣扬的是自由主义的精髓，"自由是做不损害他人自由的

任何事的权利”；以此为根据，它保证了言论自由、结社自由、宗教自由和思想自由，这些权利只受法律的限制。

与《八月法令》一道，《人权宣言》标志着18世纪法国专制制度、封建制度和团体特权体系的终结。它们还是一个新的黄金时代的革命性宣言，它建立在权利、义务和公民地位平等的原则基础之上。所有人有着相同的法律地位，承担着相同的公共责任，国家的公民将会取代国王的臣民。社会等级的确定将不会根据出身和地位而是根据能力，公民根据美德来选择他们的领导者。团体的特权和地方豁免权将会消失，在法律面前，人人平等，有着相同的权利和义务。这些权利将扩展到宗教自由上。“自由的梦想”将会实现，所有人，无论社会或语言背景，都将成为国家的公民，在服从法律规定和尊重他人权利的条件下享有自由。

尽管语言平实，充斥着乐观主义，但《人权宣言》仍然有些模棱两可。尤其是在区分“人”与“公民”的时候，它宣称法律同等适用于所有人，但是只有所谓的“公民”享有政治权利。尽管它宣称所有 79
公民享有同样的权利，人人平等，但它没有说明穷人、奴隶和妇女是否在法律上拥有同等的权利，也没有说明那些没有受过教育或者没有财产的人应当如何发挥他们的能力。在1789年春，一位来自巴黎北部科地区（Pays de Caux）的妇女在陈情书中提出了一个疑问：“我们在这里讨论解放黑奴，人民几乎像他们一样遭受奴役，也正在恢复权利。难道男人还要让我们成为他们的骄傲和不公的牺牲品吗？”[60]

除了作为复兴法国的蓝图，《人权宣言》的17条条款还可以被看作一面反映绝大多数代表看待过去方式的镜子。它与基于等级制度、团体利益和特殊安排的政治与社会制度彻底决裂。它与过去的断裂性和大西洋彼岸的“姊妹革命”形成鲜明对比。美国革命尽管在共和主义上十分激进，但是在制度上沿用了英国的治理方式，人民通过民选总统、参议员和众议员实行自治，以此替代国王、贵族和平民三者相互平衡的制度。而与此相比，法国大革命从一开始，贵族作为王权和人民之间的平衡的社会与政治作用就被否定了：人民的代表将和人民的国王和谐共治。

第三等级的革命要求——无论是资产阶级、城市工人还是农民的要求——在 1789 年 7 月至 8 月间发生大规模暴乱之前的数个月，甚至在数年以前都已经持续不断地表达了出来。从 1788 年末开始，他们在集体抗议和陈情书中表达的不满已经在旧制度的框架下无法调和。[61] 法国大革命的起源植根于法国社会之中，革命也是精英在政治上处理不当的结果。在历史上，由于自身失败或无法应对危机而灭亡的政权比比皆是，而这些政权崩溃却很少导致“谁来掌权”及“为何掌权”这些事上发生什么革命性转变。1789 年的法国就是那些少见的
80 情况之一。

第五章

改造国家，1789—1790 年

革命带来的喜悦和焦虑在 1789 年巴黎沙龙的艺术展览上体现了出来。雕塑家让-安托万·乌东展出了一座托马斯·杰斐逊的半身像，雕像刚好在杰斐逊 7 月返回美国之前完成。雅克-路易·大卫展出了《扈从给布鲁图斯带回他儿子的尸体》，布鲁图斯的两个儿子因为与塔克文密谋推翻共和国而被处死，画中表现的是身为罗马执政官的布鲁图斯接受两个儿子尸体的情景。大卫一直以来都非常善于同贵族庇护人和评委们周旋，从而使自己的才能不受他们影响，他的古典主义画作带有（或者被赋予）更加深远的政治寓意。大卫刚刚为杰出的化学家安托万·拉瓦锡和他的妻子玛丽安娜画了一幅肖像画，身为收税贵族和科学家的拉瓦锡向他支付了 7 000 里弗。拉瓦锡是政府火药管理官员，在 8 月有一则谣言在巴黎流传开来，说现存的火药正在被转移，这使得拉瓦锡几乎被处以死刑。在这个时候，大卫明智地选择了不去展示这幅肖像画。[1]

在这种狂热躁动的气氛中，那些试图通过强有力的君主和英式议会来维持稳定的人占据了上风：这些人都是有影响力的富裕贵族，例如米拉波、拉利–托朗达尔侯爵、克莱蒙–托内尔伯爵、马鲁埃男爵等人，他们还得到了让–约瑟夫·穆尼耶、日内瓦记者马莱·杜潘这样有影响力的普通人的支持。[2]这些“保王党”（Monarchiens）推崇英国式的上议院，由于贵族在1789年普遍不被信任，加上很多地方贵族怀疑上议院会被凡尔赛的精英们主导，这项提议在9月10日有1 060人出
81 席的会议上以849张否决票被驳回。君权没有被分割。

穆尼耶和保王党在国王权力问题上取得了很多胜利。召开三级会议是为了向路易十六提供治理王国的建议：他承认“国民议会”的存在，是否意味着他需要接受议会的决定？他在新秩序下拥有什么权力？第二次投票以673票赞成、325票反对通过了一项折中方案，路易十六被赋予了一项延搁否决权（他可以三次暂停某项立法，每次的搁置期为两年）。这体现了残余势力对绝对王权的支持。在673票赞成票中最初有220人（包括西耶斯、罗伯斯庇尔和佩蒂翁）完全不同意任何否决权。[3]

对“改造”的确信是革命者乐观主义的核心。现在，自由的生活以及对他人自由的尊重将会释放每个人善良的天性。一个新的社会和谐时代已经来临。偏见、腐败和一切不幸将会在美德的光芒之中消散。在1789年8月的狂热气氛当中，毫无疑问所有智慧、善良的人都会支持这种美德，那些死守“特权”不放的人不是冥顽不灵就是心怀不轨。这么多贵族的反抗，以及他们从自身地位出发对自由主义者的公开蔑视，更加使得普通人认为贵族们要求特殊待遇的主张是虚伪甚至邪恶的。

但是公民的改造需要立即进行。新教牧师让–保尔·拉博·圣埃

蒂安是尼姆的代表，他迫切要求法国人民“必须改头换面，重新焕发活力，通过制度来改变他们的思想，通过法律来改变他们的道德观念。是的，一切都要被摧毁，因为一切都要重新塑造。”他将现有制度框架、司法制度、特权和豁免权描述成“一个由大量相互冲突的不平等事物形成的庞然大物，伤害、特权、权力滥用和对专制主义的喜好都是混乱的结果”。在8月18日的国民议会上，他引用《人权和公民权宣言》进行了如下论述：

> （《人权宣言》）应当作为儿童的启蒙读物，应当在所有的学校里讲授。在这样一种爱国教育下，强壮、有活力的新一代人才能产生，要让他们知道怎样守卫我们为他们赢得的自由：永远与
> 理性相伴，他们就会知道如何抵抗专制。[4] 82

由于议会担心阴谋家可能会利用新自由来阻碍进步，拉博·圣埃蒂安迫切的改造计划得到了重视。

对于滥用权力和不义之举的告发将会在国家革新的过程中发挥作用。革命家们在学生时代就深刻地记住了经典中的历史教训：公开透明是衡量廉洁的标准。同时，这些人生长在这样一个世界——国王希望成为所有子民的父亲，但是遭到了阿谀奉承的大臣和阴谋多端的宫廷人士的蒙蔽。这些恶毒之人的手段就是阴谋和虚伪。从一开始，革命者们就知道自私自利将会是可怕的阻碍。早在7月28日，在6月就离开第二等级加入国民议会的阿德里安·迪波尔警告说：“阴谋正在威胁着公共利益，毫无疑问，我们要警惕地注视着周围。”[5] 在充满着

狂热和不确定性的气氛中，告发被视作美德，是对个人自由的合法保障。从大革命一开始，总有很多关于阴谋存在的证据表明这些怀疑是真的。[6]

在这些日子里，国民议会乃至全国范围内的人们都兴奋而冲动。数学教师吉尔贝·罗莫是俄国年轻贵族帕维尔·斯特罗加诺夫的私人教师，曾经在俄国任教七年。他密切关注着三级会议的召开和国民议会的成立。他带帕维尔旁听三级会议，将其作为“公共法律的高等学府”；罗莫尖刻地批评贵族坚持“严苛的区分”，而不是“谈论爱国主义”。[7]另一个在巴黎的活跃分子是15岁的学生埃德蒙·热罗，他在写信安慰在波尔多的母亲时说，他日日夜夜都向“至高存在”祈祷，但是最令他高兴的是，他去法兰西学院聆听了古尔南教士的讲课，古尔南让他学习卢梭的《社会契约论》，“他对上层教士进行了辛辣的讽刺……他总是谈到教士结婚的问题，然后变得激动起来”。[8]

物价上涨和食物短缺不光出现在巴黎，对于物价和食物的焦虑进一步加剧了辩论与改革带来的高度紧张的气氛。在选举三级会议代表的4月份，卢瓦尔河的河工入侵了奥尔良，砸破窗户并且威胁谷物商人。9月12日，王室军队护送谷物穿过城市中央的马尔托瓦广场时遭
83 遇了从窗户上扔下来的石块和花盆的袭击。一大群来自卢瓦尔河南部村庄的人聚集在奥尔良，但是最终被强行驱回。在军队稳定秩序之后，一名叛乱者被迅速审判，在马尔托瓦广场上被吊死。圣埃蒂安附近的五金工人前往弗雷拉瓦莱特，破坏了一个用新机器生产五金产品的工厂，同时销毁了大量五金产品。[9]

在巴黎，人们的焦虑和怀疑集中在为什么7月的丰收没有带来物

价的下降，但是眼前有一个尖锐的政治问题让他们感到愤怒，那就是路易十六还没有对《八月法令》和《人权宣言》表态。一部分贵族公开表示对革命的蔑视：比如有一则新闻报称，在10月1日为新军队军官们举行的一次晚宴之后，醉酒的军官们污损了代表国家的三色徽。巴黎人民再次介入，保卫属于他们的革命。但是这一次，市场妇女表现最为突出，书商哈迪细致地观察道，“这些妇女大声说男人不知道这一切意味着什么，她们要插手干预这些事”。[10] 10月5日，多达2万名妇女朝着凡尔赛进发，她们当中自发产生的领导者有7月14日的征服者斯坦尼拉斯·马亚尔，以及来自卢森堡的安娜–约瑟芙·泰鲁瓦涅，也就是后来著名的泰鲁瓦涅·德·梅里古。紧跟在她们后面的是拉法耶特领导的国民卫队。

在10月5日早上，实际上为路易十六管理巴黎的大臣圣普里斯伯爵试图告诉国王有关凡尔赛进军的消息，但是路易十六已经前去“射击”了（不是打猎，这是他对紧张的政治态势的妥协之举，因为他前往真正的猎场打猎的时候很难联系到他）。路易十六那天的日记写道：“我在夏蒂荣港口射击。击杀81头猎物。由于有事而中断。”他在下午三点钟的时候回到凡尔赛。这是他最后一次可以自由选择打猎还是射击。[11]

妇女们抵达凡尔赛后闯入了议会。她们的一些代表被带到国王面前，国王迅速同意签署《八月法令》和《人权宣言》。国王前往凡尔赛的阳台，试图安抚群众，但是由于过度紧张而一言未发。他或许回想起了在1775年新登王位的时候一件类似的请愿事件，当时他曾经下令彻底镇压。而这一次很明显的是，这些妇女只有在王室家族返回巴 84

黎时才会心满意足。10 月 6 日，王室前往巴黎，国民议会紧随其后。通往城市的道路被群众占据，国王花了七个小时才抵达。巴黎现在成了革命的中心和国家的首都。[12]

这是 1789 年革命的决定性时刻。巴黎人民的武装干预再一次确保了国民议会的安全和胜利。一些妇女宣称她们带回王室就好比带回了"面包师、他的老婆和他的学徒"，她们仍然认为国王对上帝负责就要为她们提供食物。巴黎市长让-西尔万·巴伊回忆道，当妇女们在 10 月 6 日返回巴黎时，她们唱着"明显对王后不尊重的低俗歌曲"。玛丽·安托瓦内特由于钻石项链事件、铺张浪费和混乱的私生活而非常不受欢迎。[13]

现在，国民议会在确认革命已经完成并且安全之后，决心让巴黎人民直接行使权力的事情不再重演。议会命令对 10 月 5 日至 6 日之间的"罪行"进行调查，并且授权当局实行戒严法。玛德莱娜·格兰接受了调查，她是一名 42 岁的清洁工，她坦陈自己认为国王同意签署法令、面包供应和路易十六移驾巴黎三者之间存在着关联：

> ……她与其他妇女一起进入了国民议会的大厅，闯入的妇女人数较多；一些妇女要求 4 磅的面包卖 8 苏，肉类也要卖相同的价格。证人与马亚尔先生和两名妇女回到巴黎市政厅，带回了国民议会里她们得到的法令。[14]

绝大多数代表对于路易十六摆脱宫廷的控制十分高兴，但是他们也为民众骚乱可能会威胁到他们的安全感到担忧，因此他们在 10 月

21 日公布了临时戒严法。同一天，一名来自巴士底市区的劳工由于煽动“暴乱”被处以绞刑。[15]

以前的特权精英们对于叛乱带来的社会地位的丧失而感到恐惧。他们将之怪罪于雅各宾俱乐部，它由激进的布列塔尼代表在 1789 年成立，开始名为“宪法之友协会”。它租下了多明我会的一个修道院作 85
为开会地点，很快就以“雅各宾”的名字被巴黎人熟知*。[16] 10 月期间，宫廷画师伊丽莎白·维热–勒布函决定和她的女儿一起离开法国前往罗马。说到离开法国的马车，她回忆道：

> 车里面还坐着一位来自格勒诺布尔的狂热雅各宾派，他大约有 50 岁，长相丑陋，脾气火暴，我们每在客栈停下吃中饭或晚饭时，他都会发表耸人听闻的演讲。在所有的城镇，都有一群人拦下马车打听巴黎的消息。我们的雅各宾派会这样说道：“一切都好，孩子们！我们已经让面包师和他的妻子安全待在巴黎了。即将制定一部宪法，他们会被迫同意，然后一切就都完事。”有很多傻子和蠢货将这个人奉若神明。[17]

关键的法令现在已经得到批准，宫廷势力已经四分五裂，革命似乎业已取得胜利。在欧洲其他地方和大西洋对岸，大多数人都对夏天发生在法国的一系列充满戏剧性的革命事件感到非常兴奋。《圣彼得堡日报》和布达佩斯的《马扎尔信使报》刊登了《人权和公民权宣言》

---

* 多明我会的僧侣在法国也被称为“雅各宾”（Jacobins），因为他们在巴黎的据点是圣雅各修道院。

的译文。革命的消息让自1787年就遭到普鲁士军队镇压的荷兰“爱国者”们和试图从奥地利独立的比利时人重新燃起了希望。[18]在欧洲君主当中，只有俄国的叶卡捷琳娜大帝、瑞典国王和西班牙国王从一开始就仇视革命，其他人则暗中庆幸法国暂时在国际政治中无法发挥作用。各地的普通人都将来自法国的消息视作和平与自由的人性的未来诺言。尽管英国的埃德蒙·柏克对于习俗和传统被迅速抛弃而感到不满，还有一些人对法国没有选择英国式的上议院持怀疑态度，但大多数人对革命表示欢迎，因为革命产生了一种新的、更加民主的改革精神。像华兹华斯、罗伯特·彭斯、柯勒律治、骚塞和威廉·布莱克这样的英国诗人，欧洲大陆的音乐家、作家和诗人，包括贝多芬、歌德、费希特、黑格尔、荷尔德林、康德和赫尔德，都欢迎革命的到来，他们将革命视作人类历史的一个巅峰。

革命家十分注重他们的思想和军事遗产。拉法耶特将巴士底狱的
86 一把钥匙寄给了乔治·华盛顿，“这份礼物犹如一名儿子向养父报恩，一名副官对将军的敬意，一名自由的传教士对于教主的感恩”。华盛顿在六个月之前当选为第一位美国总统，他在10月13日向驻法国的全权公使古弗尼尔·莫里斯写道：“革命已经影响到了法国，它是如此美妙，以至于在思想上难以接受事实。如果革命真如我预料的那样，这个国家将会成为欧洲最强大、最幸福的国家。”[19]莫里斯则不这么乐观。

路易十六表面上真诚希望成为一名立宪君主，他在1790年2月4日临时巡视了议会，对代表们的工作表示了肯定。他的支持者成功为他争取到了和原来宫廷一样的优厚待遇。财政委员会在7月问道：“法国是最伟大的国家，难道你们不希望你们的国王成为气派的国王吗？”

路易十六要求 2 500 万里弗的“王室年俸”，另加 400 万为玛丽·安托瓦内特的费用，议会同意了这一请求，但是王室年俸的数量、宫廷的规模与奢华都成了新旧制度之间无法调和的象征。一份要求国王腾出他在凡尔赛、枫丹白露、圣克洛德、朗布依埃和其他地方的宫殿的请求从来没有得到批准。[20] 路易十六在接受革命的变化时的勉强，说“他受了不怀好意的宫廷的影响”，这么解释显得十分牵强。

1789 年秋冬的高涨情绪和团结一致已经使革命取得了一定成就，同时还留下了大量需要继续解决的问题。尽管《人权宣言》宣称权利的普遍性以及所有公民人人平等，但它在政治和社会平等上的含义仍然十分模糊 。国民议会在全面废除封建租税上一直闪烁其词，这将会加剧城市和乡村局势的不确定性与冲突。最重要的是，革命者宣布新政权的原则是要重塑公共生活的方方面面。他们现在要着手应对这一艰巨的任务。

贝特朗·巴雷尔的经历是王国“改造”过程的写照，他是来自比利牛斯山西部说加斯科语的比戈尔地区的代表。巴雷尔是图卢兹高等法院一名成功的律师，实际上，他用他家族在卢尔德南部拥有的一小块领地来将自己命名为巴雷尔·德·维约扎克。但是，他像国内很多专业人士那样，将他所在的古老省份的大量豁免权、特权和地方传统看作即将灭亡的封建制度的残余，而不是流传至今的独特传统。事实 87
上，当国民议会开始着手改革各自拥有独特“权利”的古老省份时，巴雷尔坚持要“抹去所有历史的痕迹，消除所有源于团体利益或出身的偏见。法国的一切从今天开始都必须是新的”。[21] 因此在 1789 年至 1790 年，比戈尔地区失去了能够决定税收的古老三级会议，根据它所

处的高山地区被命名为上比利牛斯省，与其他 82 个省份在各方面都整齐划一。（地图 3）

大多数宪法委员会和国民议会的成员都认同巴雷尔的观点，只有彻底变革公共生活的方方面面才能“改造”王国。1789 年 5 月共有 1 200 名教士、贵族和第三等级代表被召入三级会议当中，除去那些心灰意冷地回家的特权等级代表，其余人从 1789 年 9 月到 1791 年 9 月之间将他们主要的精力投入了国民议会里 31 个委员会的工作中。1789 至 1790 年的丰收和人民的支持使得他们的工作进展顺利。[22]

重塑法国所依据的是普遍认同的法国公民观念，公民之间没有社会或地区出身的差异。这是国家、地方和人民三者之间关系上的一次根本性变革。在公共生活的各个方面——行政、司法、军队、教会、警察——传统的团体特权、任命制和等级制现在被统一国家制度下的人人平等、责任制和选举制取代。旧制度的结构特点是承认地方的特殊性，由国王任命的官员进行控制。现在情况正好反过来，各级官员都是选举产生的，而他们所工作的部门在各地都是相同的。

4.4 万个新“市镇”在旧制度时期教区的基础上形成，它将会成为选区、区和省三级行政区划的基石。1790 年 2 月宣布建立的 83 个省旨在提高管理效率，从任何一个市镇到省会的车程都不会超过一天。国民议会中的“爱国者”们想通过创立新的法国行政区划实现两个目
88 标：“改造”国家，同时加强“团结”。每个省份在地理上都具备充分的合理性，但是这也反映了新国家压过了自从 1787 年以来复苏的地方意识。每个省份的名字都取自山川河流和其他具有自然特色的事物，切断了省名与民族、地域归属的联系：巴斯克地区成为“下比利牛斯

省”；像阿图瓦、布列塔尼和朗格多克这些地区在行政体系上并不成为行政单位。

《八月法令》的第11条以新王国实行统一的权利、义务和制度的名义废除了所有省份的豁免权与特权。这项规定终止了1532年布列塔尼公国与法国签订的条约，条约使布列塔尼在财政上享有特殊待遇，在司法上有自治权。根据内克的估算，从前平均每个布列塔尼人支付税收为12里弗10苏，朗格多克人为22里弗15苏，法兰西岛地区的人支付64里弗——布列塔尼这样的财政特权将会消失。王国内的所有法国人在权利和义务上平等，它对布列塔尼的影响很快引起布列塔尼代表团的注意，其中即使先前积极拥护改革的人现在也犹豫了。他们找到了坚决反对革命的莫里神父作为同盟者，后者在11月宣称国民议会在没有取得布列塔尼同意的前提下无权废除1532年的这个正式条约。[23]

地方首府承担了制度变革的后果。在图卢兹，高等法院贵族只占6万总人口的5%，却控制了城市中44%的财富，他们雇用了大量的职员、仆人和工匠。现在的图卢兹只是一个省的首府，不再是历史上朗格多克广大地区的首府。[24]相互对立的城镇从旧制度复杂分散的机构中受益，有时候不得不在变革时达成妥协：拉昂停止反对它的对手苏瓦松成为新成立的埃纳省的首府，保留自己的行政和司法职能，条件是将主教辖区转让给苏瓦松。[25]然而这种妥协的情况很少见。

省府负责司法、选举、税收和其他公共职能，但是从巴黎传来的革命法规经常会被以适应地方需要的方式解读。在这个过程中，超过100万人被选进了地方政府、司法机构和国民卫队，他们在调和国民

议会全国性计划和紧急的地方形势之间的分歧中发挥了关键作用。个
89 别法律不受欢迎，尤其是与税收和赎买领主租税相关的法律，那些忠实执行法律的官员会遭到孤立和轻视。他们不得不经常处理混乱的局面，最贫穷的农民拒绝交税，抱着分得一小块公有土地的希望而随意砍伐、开垦。

1789 年 8 月废除领主狩猎权的法令造成了大量野生动物被屠杀。英国农学家阿瑟·杨在阿维尼翁和艾克斯之间旅行时记录道："我已经被乡间暴徒的射击弄得不胜其烦，普罗旺斯的每一杆破枪都在响，各种鸟类被杀，有五六次子弹都落在了我的马车上，枪声在我耳边不断响起。"[26] 在巴黎东北部的西里穆尔蒂安，一名学校教师在他的日记中详细记录了孔蒂亲王毫无节制的狩猎，而他统治下的村民们如今很高兴能像"亲王以前那样"随心所欲地打猎。进入冬季，这名教师记录道："狩猎仍在继续，我们到处打猎。"同样，鱼类也被捕捞。年长的克雷基女侯爵在奥尔良附近的加尔特奈有一片领地，吝啬的她对于领地一处池塘的损失耿耿于怀。"来自周围地区的四五伙人在佩戴三色绶带的市长带领下"，打着国民议会已经废除贵族狩猎特权和教会的封建权利的旗号，强迫她的家丁后退，"所有人自己动手把最好的鱼都捞了上来并且用马车运走。上一次这个鱼塘干涸还是 60 年前……所有人都欢快地离开了，喊着'国家万岁！内克万岁！国民议会万岁！'"。[27]

1789 年的法令带来了翻天覆地的变化，同时立法者和乡村人民之间在认知上存在巨大差距，这使得以前从未有过的及时统一的通信成了迫在眉睫的问题。在法国大革命之前，王室权威最关心的是记录和

管理，以此来确保农民纳税、履行义务和服从法律。所有约束都通过复杂的地方行政和法律来实现。现在，国民议会要在统一和人权的基础上改革整个体制，新公民成为改革关注的焦点。1789 年 11 月 21 日，代表拉博·圣埃蒂安报告说，在他家乡尼姆附近的很多村庄还没有收到《八月法令》中有关封建制度的关键性法令，农民们正在根据自己的想象来推断法令的内容。因此通信系统变得尤为重要。[28] 90

从国民议会发出去的法令很快变得连篇累牍、无法理解。格雷古瓦神父 1790 年的调查使得立法者冷静了下来。说标准法语的只有 15 个省份，300 万人；在西南部说加斯科语的洛特省和加龙省，教士们抱怨说农民在听取来自国民议会的法令时都睡着了，“因为他们一个字都听不懂，即使用洪亮的声音将法令大声朗读出来并且做出解释也无济于事”。因此，后来的会议鼓励将法令翻译成当地语言。[29]

国民议会最主要的目标是编写法国第一部成文宪法，宪法在 1791 年 9 月颁布，这之前国民议会要解决立宪君主制的诸多难题。与此同时，国民议会不得不在多个领域内进行迫切的根本改革：财政改革，建立统一、合理的税收制度；行政改革，在新的体制框架内建立人民的统治；司法体制改革；宗教信仰自由；消除《八月法令》中关于封建制度模棱两可的地方。

首要的问题是财政问题。国民议会接过了王权破产的烂摊子，人们拒绝纳税，国民议会还废除了盐税以及一系列不受欢迎的间接税，包括对皮革、铁、肥皂、油和酒类征收的间接税，这一切都使政府财政境况进一步恶化。间接税收入从 1788 年的 5 200 万里弗降到了 1790 年的不到 1 400 万里弗。国民议会采取了多种手段来应对危机。在全国范围内，人们积极响应“爱国捐献”，1790 年 4 月、1791 年 4 月和 1792 年 4 月三次捐赠的总额占到了直接税的 25%。例如在东部城市南锡，圣皮埃尔教区的一部分征收的总额为 1 492 里弗，三年征收额分别为 673、413 和 406 里弗。在南锡的其他区域，结果很不如人意：最终只有 618 里弗，三年征收额分别为 380、122 和 116 里弗。[30]

最关键的是，有影响力的平民代表开始将教会财产作为解决手段。10 月 6 日，国民议会从凡尔赛转移到了巴黎，会场位于杜伊勒里宫花园里的骑术学校，就在四天之后，欧坦主教塔列朗提议教会财产应该国有化，应当通过出售教会财产来解决国家债务问题和提高教区
91 教士的待遇。上层教士对于这一背叛之举感到非常愤怒。但是塔列朗赢得了普通代表的支持，在 11 月 2 日，议会以 510 票对 346 票通过了教会财产“由国家处置”的决定。王室财产同样被“国有化”。大部分教士代表表示反对，他们已经对改革不抱有任何幻想。具体应该如何行动的措辞被故意弄得十分模糊，但是多数派很快就确定采取拍卖的方式。[31]

教会财产占到了王国财富的 6%—10%，教会土地大部分都是最好的土地，被分成大块通过拍卖的方式出售。最终有多达 70 万名购买者：至少八分之一的法国家庭都购买了一些土地，但是主要的购买者是城市和乡村的资产阶级与贵族。[32] 教会土地出售最为密集、价格最高的地区是农业最发达的地区：东北部、巴黎盆地、阿尔萨斯和朗格多克的地中海地区。仅纳博讷地区的芳特弗洛德大修道院的财产就价值 80 500 里弗（五分之一是领主财产），其中包括比扎内、布特纳克和奥奈松的大量产业（有 119 处蜂房）。[33] 同样在普罗旺斯的格拉斯，

有 7% 的土地易主，当地的资产阶级主导了拍卖。四分之一的买家购买了四分之三的财产，39 名大买家中有 28 人是格拉斯当地的商人。[34] 在拉昂东北部，拍卖的财产被 85 个“协会”买下，每个“协会”由近百位个人买家组成。这里的购买者也主要是富裕的地主、租佃农场主和谷物商人。[35] 实际出售的价格超出原先对于教会土地和建筑的估值，不过购买者虽花了大价钱，却仍会沦为受指责的对象，他们要么成了想扩展财富的富裕“外来者”，要么被称为“偷盗”教区教士使用过的花园的“窃贼”。

“国有土地”和爱国捐献的总额据估计有 4 亿里弗，在此基础上，国民议会在 1789 年 12 月发行了票面价值 1 000 里弗、年息 5% 的指券（assignats）。（图 9）指券本应该在土地交易完成、现金回流后就废除销毁，但是税收的崩溃和在新体制下需要偿还的大量官职*使得国民议会将指券作为纸币来使用，这造成指券的票面价值远远高于实际价值。到了 1790 年 9 月，流通中的指券价值达到了 12 亿里弗。指券为国民 92
议会满足紧急的财政需要起到了关键作用，但是对于印刷纸币的日益依赖意味着通货膨胀问题将会使经济愈发失衡。指券的使用还成为对革命是否有信心的标志，农民尤其不愿意将他们的收成换成指券。[36]

一个新的通用的税收制度需要很长时间才能施行。1789 年 9 月 25 日，国民议会颁布法令规定贵族、教士和其他到目前为止享有财政豁免权的人要按比例缴纳直接税，新税的适用日期追溯到 1789 年下半年

---

* 在法国大革命之前，官职在法律上是和土地、房屋等同的不动产。在 1604 年的《波莱敕令》之后，官职成为官员的私有财产，可以买卖、继承、转让，废除官职一般要采取赎买的方式。

开始。完成新税登记和核实工作对于每一个市镇来说都是一项艰巨而且耗时的任务，因此国民议会不得不在1790年沿用旧制度的税收制度，包括什一税。但是，对于法国的所有市镇来说，《八月法令》意味着没有理由再支付捐税或者什一税。市镇拒绝支付什一税，在收税员到来之前就把作物全部收走。最终，一种基于对财产价值和收入的估算征收的新税收制度在1791年初开始实行。对于租佃农场主来说，新税通常要加入租金里，比旧制度时期的税收高很多。在布列塔尼，革命在没有保障租佃农场主对土地所有权的要求下，大幅度增加了税收负担。而对于大多数农民来说，废除什一税，并最终废除所有领主租税，还不足以抵消国家税收的15%—20%的增幅。

第二个紧迫的问题是如何将“人民主权”落实。宣言规定“所有公民或他们的代表”有权参与法律的制定，但是应该怎样划分直接参与的界限？最终，国民议会将所有妇女和不能支付相当于3天劳动所得的税金的五分之二成年男子排除在外。这些人都具有“依附性”，无法进行个人选择，他们不是“积极”公民，而是“消极”公民。下一次议会选举将是间接选举：由选民选举产生选举人，再从5万名选举人中选举产生代表，这些代表必须支付相当于54天劳动所得的财产税。卡米耶·德穆兰在他的报纸《法兰西和布拉班特革命报》中谴责了这项新的“贵族制度”：“这个反复提到的积极公民是什么意思？积
93 极公民就是那些参与攻占巴士底狱的人。”[37] 国民议会在公民权的正式定义上做出了重大妥协。

1789年12月14日发布的一条关于地方政府的法令扩展了卡隆在1787年的改革计划，市长、市政官员和“显贵”（议员）直接由“积极”

公民选举产生。领主没有任命权，这在历史上尚属首次，市长将会由人民选举。在1790年1月的地方选举中，参与率非常高。在有4.5万名居民的奥尔良市，2 050名有资格的选民中有1 778人（接近90%的参与率）参与新议会的选举。其他邻近的地区和小市镇选民的出席率则没有这么高，在这些地方谁会当选已经众所周知，因为人们已经在市场、酒馆或教堂这些公共场所里做出了选择。[38]

市政法给乡镇居民们增添了巨大的责任负担，他们现在要负责分摊和征收直接税、开展公共工程、救济贫困、为教堂和学校提供物质支持以及维护法律和秩序。在小市镇，这些职责非常困难，甚至不可能实现。在通常由教士和教区委员会管理着社区的法国西部，地方政府将行政事宜和教区委员会分割开来的法令让人感到困惑，大多数习惯于在参加完弥撒后讨论本教区的事务的男性和所有妇女都被排除在外。很少有市镇拥有巴黎那样的资源，1790年巴黎在以前的11座女修道院里为那些无家可归的人建立了纺织作坊。里面的人每天要工作12个小时，他们领取计件工资的同时还能得到两碗汤。[39]

人民主权的原则还被运用到国民卫队中，多达50万名志愿兵选举产生他们的军官。尽管武装力量中军官的职位现在对非贵族开放，但国民议会对于是否在军队中适用人民主权的原则还有些迟疑不决。选举出来的军官是最受欢迎的而不是最优秀的，这样的军队值得信任吗?

在第三个重大改革的领域，复杂的、根据地区而变化的王室法庭、贵族法庭和教士法庭系统被一套统一的国家司法体制取代，新的体制更加平等、亲民。著名的富裕贵族路易-米歇尔·勒佩勒捷是从前巴黎高等法院的一名律师，他积极呼吁刑罚宽松化的改革，一直在推动统一的、适当的、人道的量刑。尤其值得注意的是，在每个选区内选举
94 产生治安法官的做法受到农村人民的极大欢迎，因为之前日期不固定、需要花钱的领主法庭让他们望而却步，而现在的新法庭不但费用便宜而且向普通人敞开。[40]

司法权威最终来源的突然转变——从国王到国家——还体现在法庭的设计上。雅克·纪尧姆·图雷和居伊–让·塔尔盖这两名代表曾经是旧制度时期高等法院的著名律师，他们在1791年1月22日向547个新地方法庭发出了一份解释应该如何布置法庭的指导意见。旧制度的法庭呈菱形，国王或代表国王的人坐在顶端，而新法庭呈圆形，选举产生的法官坐在一个小半圆里，他们对面的半圆里坐着双方当事人。根据图雷的表述，这是“一种简单、不炫耀的设计，它符合民事审判追求和解、宽容的特点。但是这些设计还充分体现了它们所依据的宪法和它们所服从的法律的威严”。[41]

几个世纪以来，行刑一直以来都是公开进行的，过程漫长且场面壮观，意在使围观者敬畏并顺服。改革者意图推动减少死刑、简化死刑，不仅因为死刑对人体的残害会使人产生恐惧，还因为围观群众可能会享受这种场景（进而受其驱使，误入歧途）。1791年5月，国民议会经过激烈辩论之后，否定了全面废除死刑的提议，一部新的刑法典在10月6日正式成为法律。死刑数量急剧下降，像鸡奸这样旧制度时期的“罪行”在轻描淡写中被除罪化。[42]代表约瑟夫–伊格纳斯·吉约坦（Joseph-Ignace Guillotin）是巴黎的一名医生，他提议应该彻底改变几个世纪以来不公平的刑事惩罚制度：“同样的罪行应该得到相同的

惩罚，无论有罪的一方处于什么等级和地位……罪犯应当被砍头。”吉约坦的改革方案得到了响应，因为它一方面使得行刑过程公开化，令人感到敬畏，另一方面也使得行刑变得迅速。行刑要尽可能地快速和人道，但要在每个城市中主要的广场上进行。[43]

断头台（guillotin）第一次使用是在1792年4月25日，尼古拉-雅克·佩列蒂耶由于在1791年10月暴力抢劫了800里弗的指券而获死刑。巴黎的官员们很高兴见到行刑“一眨眼之间”就结束了，随后政府下令83个省各建造一个断头台。但是观众习惯了围观犯人长时间 95
受折磨的壮观场景，对这种快速行刑有些不满。《特别信使报》报道，人们对于佩列蒂耶的人头落地感到震惊，随后他们对这种缺乏观赏性的行刑感到失望：

> 人们叫桑松先生（刽子手）像旧制度时期那样行刑，并且对他说：
>
> 还我木头绞刑架，
>
> 还我绞刑架。[44]

第四个需要立即改革“弊端”的领域是宗教自由。《人权和公民权宣言》已经保证从今以后所有的公民在宗教信仰和宗教仪式上享有自由。1789年末，法国境内40万新教徒被授予了完全公民权，到1790年1月，在波尔多和阿维尼翁的西班牙裔与葡萄牙裔犹太人也获得了公民权（仅以374票对280票通过）。尽管德裔犹太人在东部长期居住，他们的境遇却大不相同。东部一些地区的陈情书中有反犹太主义的抱怨，南锡主教强烈反对解放犹太人，他也不同意对天主教会做出任何实际改变。[45] 一些来自阿尔萨斯的代表，例如来自科尔马的让-弗朗索瓦·勒贝尔，为“有色人种”争取权益的同时还公开表达反犹太主义。这引起了东部犹太人在 1790 年 1 月的强烈反应：

> 为了正义和利益，法国必须给犹太人公民权，因为他们的家园就在这个王国当中，他们也是这个国家的臣民，他们想方设法、尽其所能地服务于祖国，像王国内的其他公民那样为维护公共秩序做贡献，他们也要交繁重的苛捐杂税，同样也是古老的不平等制度的受害者，由旧制度支撑的不平等和歧视也累积在他们头上：他们说，国家之内只能有两种人，公民和外国人，要证明我们不是外国人就要证明我们是公民。[46]

在东北部的梅斯，犹太拉比之子亚伯拉罕·古德绍·斯皮尔 1789 年至 1790 年在德国期间创立了一份报纸，他用希伯来语写下了上面这
96 些话。他本来是支持这一系列革命事件的，但是他也表达了不满，东部犹太人还没有拥有南部西班牙裔与葡萄牙裔犹太人在 1789 年 11 月获得的权利。他遗憾地说道，阿尔萨斯和洛林的一部分居民“在想方设法地伤害这些圣洁的人，毫不留情地排斥他们。我们必须相信，理性和时间会使这些蹂躏人性的丑恶思想彻底消失”。在 1791 年 11 月，他对于“神圣眷顾”的希望实现了，东部犹太人也被授予了全部平等的公民权。[47]

最后一个急需解决的问题是封建主义。从大革命一开始，国民议

会就一直被夹在农民和领主之间，农民要求不再交纳任何封建租税，而领主则坚持他们的损失应该得到赔偿。1789 年 8 月 4 日至 11 日的法令没有讲清在何种程度上废除领主制度。不过农民只从表面上来理解《八月法令》，即“国民议会完全废除了封建制度”。

1790 年 1 月，上布列塔尼的农民爆发大规模抗议，原因是他们认为国民议会废除封建制度将不会对可收回土地租佃制度带来任何改变，并感到失望。早在 1789 年 10 月，瓦讷主教辖区的科特布加教区的神父就警告国民议会：“在乡村存在不满的声音”，“我们的农民虽然粗俗，但是他们也很敏感”。[48] 在 1789 年 12 月之后的四个月里，在西南部的蒙托邦、罗德兹和佩里格，三个地区连成一个三角形区域，来自 330 个教区的农民为了抗议必须缴纳的收成税而入侵了超过 100 座城堡，为法国之最。这些“非正式联盟”在冬季再次出现，武装起来的村民们在教堂集会后去邻近的村庄加入破坏风信鸡和其他旧制度象征物的活动中。他们将从教堂拆下的长凳堆起来点成篝火，还会围绕一根五朔节*花柱跳舞。在柱子上经常会装饰着好像与国民议会相对立的口号，“国家万岁，法律万岁，国王万岁”以及“交税的人，悲哀！”一名来自阿拉萨克的农民说道：“我们再也不需要任何资产阶级或乡绅了。”[49] 正如所有革命那样，大众的思想中夹杂着对过去的仇恨，以及对权力和权利新的想法。来自卡奥尔附近的农民米歇尔·塞拉里耶描述道： 97

* 五朔节，欧洲传统民间节日，用以祭祀树神、谷物神，庆祝农业收获和春天来临。每年 5 月 1 日举行。

1790年1月26日，我们在贝古、佩拉和卡瓦尼耶的居民联合起来反抗卡瓦尼耶的领主卡尔梅杨纳。最后，人们很惊讶地看到所有地产所有者的庭院里都让他们的附庸插上了柱子，所有的风信鸡都被打倒。这些革命举动并不是凯尔西人民的创举。巴黎为王国的其他城市树立了榜样，其力量像火炬传递那样从一个村庄到另一个村庄，从一个城市到另一个城市。[50]

大多数的乡村都出现了类似的反抗，无论是通过暴力行动还是拒不服从，反抗通常表现为在临时准备的“自由树”[*]周围举行的庆祝聚会。[51]1789年关于封建制度的法令由于缺乏彻底性，在乡村遭到了公开挑战，国民议会在1790年3月澄清了已经废除的领主权利（为领主义务劳动，领主的优先分配权，对公共烤炉、葡萄和橄榄压榨机的垄断权），并且规定赎买这些权利必须缴纳收成税。5月，会议确定了赎买费的金额，如果用现金支付，需要缴纳相当于20年的领主租税的现金；如果用实物支付，需要缴纳25年的。里昂东部杜兰村的村民们向国民议会中的封建制度委员会抱怨道：“这种赎买对于贫穷的土地所有者来说几乎是不可能的，对于富人来说也十分不利，他们不会接受这种赎买条件。”其他地区的村民除了直接拒绝支付之外一声不吭，因为要反驳领主以前的合法权利是十分困难的。在任何时候，法庭都要求证据只能来源于“直到现在为止还在遵守的章程、习惯和规则”。换

* “自由树”是法国大革命时代象征自由、生命、解放的树，地方社区常常通过种植自由树表达参加革命、宣扬自由、推行改革的决心。文中此处说的临时“自由树”，其实就是前文提到的柱子。

句话说，提供证据的责任落到了那些需要赎买封建权利的人身上。[52]

尽管有这些挫折，但“改造”的冲动仍然被大胆地表达了出来。法国人民不再是臣民而是公民，他们的人际关系和身份区分都发生了转变。古老的地方机构、习俗和特权将会被全国统一的制度取代。从法律、税收、行政到公共秩序，公共机构从根本上发生了改变，焕然一新。从教区（parish）到省份（province），传统的行政区划被废除，公民们现在居住在各个新省份（department）和区（district）的市镇当中。错综复杂的地方豁免权和习俗，团体、城镇和职业享有的特权都被一种简单、统一、合理的制度取代。 98

为了鼓励国内市场并且促进经济增长，国民议会取消了国内关税，开放了谷物贸易。从 1790 年 5 月开始，包括孔多塞侯爵、皮埃尔–西蒙·拉普拉斯、阿德里安–玛丽·勒让德和安托万·拉瓦锡在内的著名哲人和科学家都被任命为度量衡委员会的委员，他们要研究出一套新的、合理的度量衡制度，用孔多塞的话说，“始终为了所有人民”。起初托马斯·杰斐逊想参与，但是他没有争取到美国国会的支持。委员会在 1791 年 3 月的报告中提出了在长度和容积上使用十进制单位的详细方案，法兰西科学院奉命设计并推行这套制度。[53]

毫无疑问，那些身份与过去的标记、习俗紧密相连的人面对改变十分愤怒。在原有的体制下做出一番成绩的人——例如封建法的律师和他们的书记员——对于他们的未来感到焦虑。其他人则对否认历史和传统感到震惊。“他们竟然用一条小溪重新命名我的省份。”九十多岁的克雷基女侯爵愤愤不平地说。她在奥尔良附近的地产现在划归了卢瓦雷省。[54]

随着新法国逐渐成形，人们开始纪念胜利。直到1790年6月，巴士底狱的攻占者才被正式授予荣誉。在国民议会商讨着巴士底狱的改建规划的同时，皮埃尔–弗朗索瓦·帕罗瓦（现在被昵称为“爱国者”）在监督着庞大的城堡拆除工程；[55]尽管巴士底狱的拆除工作在1790年年末就大致完成，但最终1 000名工人又花了两年的时间才清理完毕，其间遭遇了意外事件、冲突和附近居民的干扰。与此同时，巴士底狱成了革命的圣地，人们采用有组织的旅游、官方舞会和即兴庆祝的方式来这里瞻仰。帕罗瓦本人是最大的赢家，他从组织旅游和出售雕刻成小雕像与奖章的石雕中大赚一笔。83个省份都免费收到了一座由巴士底狱基石雕刻而成的巴士底狱石雕模型。

人们越来越感觉到，有很多公民，尤其原来的精英成员，不像爱国者那样对于革命热情高涨，这促使越来越多的革命支持者在国民卫队的带领下进行“联盟运动”集会。1789年，这项沿着卢瓦尔河谷行进的活动起初并不起眼，随后传遍了全国。1790年5月9日，来自周
99 围超过100个城镇和乡村的3 500名代表在奥尔良南部集会宣誓。当他们返回城市时，市政官员不得不营救一名拒绝呼喊“国王万岁！国家万岁！”的贵族，为了他的安全考虑把他关进监狱，因为群众试图将他抓住并吊死。[56]6月6日在里尔的集会有大约10万人参加，里尔市长对于“一群朋友”的集会感到惊喜万分，沉浸在这种“相互的喜悦”当中。[57]6月13日，大约7.5万名爱国者聚集在斯特拉斯堡新建成的联盟广场上，以表示对新宪法的支持。在莱茵河对岸，这个大张旗鼓的庆祝活动被德意志的王公和法国的流亡贵族看得一清二楚，他们正在密谋军事干预。

“联盟运动”是应对社会焦虑的深层次的情绪化反应，人们担心和谐的局面会变生不测。庆典通常带有宗教性，并且有教士出场，波尔多和图卢兹两个城市联合举办了一次大型庆典，这让主持典礼的教士回想起了基督曾经宣扬的“团结和友爱”。“联盟”在 1790 年 7 月 14 日的仪式上达到高潮，多达 4.4 万名代表从各个省份赶来参加联盟节庆典，共同纪念一年前攻占巴士底狱。庆典所处的马尔斯校场是人们自发平整过的，仪式在雨中进行。路易十六、塔列朗（以前的欧坦主教）和拉法耶特在 30 万巴黎人的见证下宣布了新秩序。（图 10）国王宣誓“要使用国家宪法赋予我的权力，维护经过国民议会决定和我本人接受的宪法，并且推行新法律”。[58] 这一庄重誓言将会成为笼罩路易十六余年的阴影。

以前从来没有过如此和谐而发自内心的团结：大革命达到了顶点。流行歌曲欢唱着这种和谐局面：

在我跳舞的这个地方，
以前你只能听到哀怨，
人民曾经害怕我现在爱戴的这个国王；
噢，爱戴要比恐惧更可贵，
在人民曾戴着锁链的地方，
我们将奏响欢快的歌曲。[59]

1790 年 7 月 14 日傍晚，有 2 000 人，其中包括一些代表，在巴黎罗亚尔宫分享了一次“爱国餐”；在另外一个大型公共宴会之后，

100 5 000 名穷人被允许享用剩下的食物。[60]

全法国都举行了庆典仪式，节庆是法国革命政治文化的重要元素，7 月 14 日革命日是其中最具戏剧性和全国性的节日。在这一天，各个村庄和城镇教堂都敲响了震耳欲聋的欢庆钟声。[61] 自由树栽遍各地：在萨拉北部遥远的塔米耶村，至今还有一棵自由树存活。（图 11 和 12）在一个用各种各样的宗教仪式展现王权威严的社会，庆祝革命团结的庆典创造性地运用了原来的仪式。蒙特米诺的煤矿工人改进了传统的节日，他们宣誓“要永远举着斧头，不惜以生命为代价保卫古往今来最好的法国宪法”。拉昂的革命日活动喜气洋洋，一名“贫穷而贤惠”的女孩和一名国民卫队的士兵在祖国祭坛 * 下举行婚礼。祭坛接受了“幸福的新婚夫妇和所有公民团结友爱的双重祝福”。[62] 在法国西部卢瓦尔河谷的博福昂瓦莱，83 名妇女在庆典当中偷偷离开，随后返回时穿着代表着 83 个新省份的服饰。《时尚和品味杂志》为巴黎热爱时尚的富裕女性提供了新时代全面的着装建议：简约的三色服饰，服装上
101 绘有爱国特色的花纹，比如小自由帽图案。[63]

---

* 祖国祭坛与三色徽和自由树类似，是法国大革命时期特有的政治象征物。祖国祭坛是一种祭坛状的城市公共建筑物，为石制或木制，上面常刻着革命口号或《人权和公民权宣言》等重要革命文件中的名言。祖国祭坛是公共集会和庆典的场所。

第六章

革命的凯歌，1790 年

《人权和公民权宣言》具有普世精神，但是“爱国者”们深知他们站在伟人的肩膀之上。1790 年 4 月，听闻本杰明·富兰克林去世的消息后，国民议会宣布哀悼三天。到处都弥漫着悲伤情绪。奥古斯丁和夏洛特·罗伯斯庇尔从阿拉斯写信给他们在巴黎的兄长马克西米利安说，他们已经穿上了悼服。[1] 同一个月，国民议会迎回了科西嘉人帕斯卡尔·保利，他是自由和自治的象征。从 1755 年开始，科西嘉在保利的领导下建立了一个民选的宪政共和国，直到 1768 年科西嘉被路易十五的军队征服。保利从那以后就在英国流亡。国民议会在 1789 年 11 月颁布法令将科西嘉并入新法国，现在又对流亡者实行大赦，保利立即返回了家园科西嘉岛。[2]

1790 年 7 月 14 日庆祝攻占巴士底狱一周年的庆典，标志着革命者们的普世情怀和爱国情怀达到了顶点。6 月 19 日，普鲁士贵族、克鲁茨男爵让-巴普蒂斯特·杜瓦尔·德格拉斯带领 36 名外国人来到国民议会的会场，会议记录记下了外国参观者的到来：“阿拉伯人、迦勒底人、普鲁士人、波兰人、英国人、瑞士人、德意志人、荷兰人、瑞典人、意大利人、西班牙人、美国人、叙利亚人、印度人、布拉班特人、列日人、阿维尼翁人、日内瓦人等。”一个“驻巴黎的外国人”代表团请求参加7月14日的庆典。他们的请求遭到了保王党人的抨击，但是大多数人对这个代表团表示欢迎，同时也对法国过去对邻国的威
102 压表达歉意。为了显示对于人类未来充满乐观，会议开始热烈讨论废除贵族头衔之事。[3]侯爵、伯爵、男爵和骑士等头衔被停止使用，贵族的身份文化、特权和“贵族荣耀”也一并被废除。

外国人的请求得到了批准。7月14日，克鲁茨已经成了一名雅各宾派狂热支持者，并且是一个1 000名外国人组成的节庆观摩团的一员。当时在场的31岁英国作家海伦·玛丽亚·威廉斯兴奋地写道：“这是人类的胜利，这是人性中最高贵的权利，在那样一个时刻，只需共同感受人性就可以成为一名世界公民。”[4]克鲁茨被称为“全人类的演说家”，很快又获得了“阿纳沙西斯”（Anacharsis）的称号，这个名字来源于一部1788年的流行小说，小说中在希腊游历的主人公是公元前6世纪斯基泰哲人阿纳沙西斯的后裔。

人们也在寻找其他正式途径来纪念革命已经取得的成就，其中国民议会中著名的雅各宾派最为积极。雅克-路易·大卫是巴黎雅各宾俱乐部中的一名著名成员，他在1790年9月接受委托，创作一幅第三等级代表1789年6月20日在凡尔赛的网球场宣誓的集体画。任务的佣金高达7.2万里弗，这幅画作是鸿篇巨制：高23英尺（约7米），长33英尺（约10米）。国民议会还意识到，1789年以来统治和行政制度都发生了重大变化，因此决定在1790年9月12日成立国家档案馆来“保存所有王国宪法、公共法规、法律和分派到各省的法令”。阿

尔芒·加斯东·加缪成为第一任档案保管专员，他是著名的第三等级代表，也是 1789 年国民议会最早的议长之一。加缪的发言次数是国民议会代表中最多的，在国民议会运行的两年间共发言 600 次，很大程度上是因为他精通教会法。一个月之后的 1790 年 10 月，国民议会成立纪念委员会来保存国有化财产中的艺术品。[5]

欧洲人对于来自法国的消息都感到非常乐观，甚至有些欣喜若狂。在大革命之前，难民只有通过“国王的恩典”才能到法国避难或者寻求庇护。现在，彰显普世主义的《人权宣言》将避难权转变为一项人普遍享有的权利。巴黎的很多政治流亡者，尤其是数千名比利时、荷兰和列日的难民，迫不及待地要把革命的消息传到自己的祖国。瑞典诗人约翰·亨里克·凯尔格伦向他的兄弟写道：“告诉我，历史上有比这还要崇高的事吗，即使是在罗马或希腊时期？我在听到人类这样一 103
次伟大的胜利之后，像个孩子一样哭泣。”在俄国，斯特罗加诺夫伯爵同样感慨道：“若我看到俄国经过这样一次革命后重获新生，那将会是我生命中最美好的一天。”甚至奥地利皇帝利奥波德二世也写道：“无尽的幸福将会从这里传遍各地，终止不公正、战争、冲突和动乱，这将是法国向欧洲推行的一个最有益的风尚。”但是这并没有阻止他在接下来的一年里趁新成立的“比利时联邦”分裂和动荡之机发动入侵，并且在当年的年末重新确立奥地利对这一地区的统治。[6]

在汉堡，一名富商组织了一场三色徽爱好者集会，以此庆祝攻占巴士底狱一周年。诗人弗里德里希·克洛卜施托克朗诵了一首诗：

即使我用一百种声音，也不足以歌唱

高卢人的自由……
唉，我的祖国，可惜不是你
达到自由顶峰的
将自由赋予所有人的
光辉的典范！是法国。[7]

在瑞士，革命的消息在日内瓦、弗里堡和巴塞尔等城市引起了激烈的公开辩论，在农村地区的反响则没有这么热烈。只有在说法语的下瓦莱区是个例外，下瓦莱区位于日内瓦湖最东部的罗讷河河谷——人们对西翁主教在这里的统治和说德语的上瓦莱区的优越地位颇有微词，对税收制度也有诸多不满。1790 年 9 月，农民洗劫了下瓦莱区的行政长官希尔布兰德 · 谢林纳位于蒙特雷村的城堡，迫使他仓皇出逃。不过到了年末，秩序又得到恢复。[8]

《人权和公民权宣言》、新宪法和新代议制政府的消息传到殖民地时，引发了两极化的反应。当革命的消息在 1790 年 2 月传到本地治里、金德讷格尔和其他法国在印度的商站（comptoirs）时，人们对王室官员表达不满变得合法化。在本地治里，混血的托帕人（葡萄牙人和印度人结合的后代）根据他们的自由身份、财产所有者地位成功获得了法国公民身份，与他们一起被承认的还有更容易被接受的梅蒂人（法
104 国父亲与印度母亲的后代）。[9]

在塞内加尔，从事农产品和奴隶贸易的混血商人希望终止法国东印度公司的垄断权。同样，加勒比海地区的种植园主从一开始就将《人权宣言》的承诺看作与其他欧洲国家进行自由贸易的机会，没有把

自由当作对奴隶贸易的威胁。这其实完全想错了。朱利安·雷蒙和文森特·奥热都是圣多明各富有的奴隶主，这两名老练的领导者开始为“自由的有色人种”和像他们一样的混血儿争取全部公民权，但是并没有呼吁废除奴隶制。[10]

没有哪一座城市比法国濒临大西洋的港口城市拉罗谢尔更加依赖与圣多明各的奴隶贸易和垄断贸易权。1789 年的革命在这里尤其受到新教徒的欢迎，他们只占城市 1.8 万人口的 7%，却掌控着经济。1789 年之后，他们也开始拥有政治权力。在拉罗谢尔第一届市政议会中，12 名成员中有 9 名是商人，其中又有 5 人是新教徒。商人们以惊人的速度建造了一座新教教堂，并且为新国家提供了物质支持。丹尼尔·加雷谢拥有 6 条奴隶船，并且在 1791—1792 年担任市长，他一开始就捐了 1.7 万里弗的“爱国捐献”，随后又捐了 5 万里弗。

拉罗谢尔商人对于革命充满热情的同时也有实际考虑。他们将革命原则和出于自保的个人利益结合在一起。1789 年 3 月，拉罗谢尔第三等级的陈情书中对自由和人性的请求意味深长：鞭打奴隶违反人性，应该受到谴责，因为“这与法兰西民族独有的启蒙和人道精神不相符”。但是，商人们没有说要改变奴隶贸易本身，即使他们知道非洲人也是渴望自由生活的人类：在 1777 年有 44 位自由的黑人居住在拉罗谢尔（在巴黎和南特居住的有数百人）。

但是将《人权和公民权宣言》推广到殖民地的问题并没有简单地被一笔带过。在国民议会中，殖民地游说团（即支持奴隶制的马西亚克俱乐部，the Club Massiac）和黑人之友协会爆发了激烈争论，雅克-皮埃尔·布里索和格雷古瓦神父也参与其中。皮埃尔-萨缪尔·德米西

是一名拉罗谢尔人，他在旁听三级会议后受到改革热情的感染，误打
105 误撞地加入了黑人之友协会，并且在1789年呼吁废除奴隶制。到了第二年，他不得不赞同和他在一起旁听的让-巴普蒂斯特·奈拉克的观点，后者一直都希望“政治考量将会胜过道德请求”。国民议会支持殖民地游说团成员安托万·巴纳夫的观点，在1790年3月8日颁布法令，满足了种植园主的利益。奈拉克对此感到非常高兴：“在没有给这些事物正名的情况下，这项法令维护了奴隶贸易、奴隶制和排外的政治体制。”[11]

一份来自“南特商会”未署名的声明明确表示：“无论是克里奥尔人*还是派往我们殖民地的法国人，都不能容忍那些曾经是奴隶的人和他们一起出席初等议会，并与他们享有相同的权利。”这些被解放的奴隶“带有他们父母遗传下来的奴隶印记，是一个低贱下等的种族”。即使历史上最宽容、最文明的希腊人和罗马人也承认奴役：这就是生活的现实。殖民地内的“自由的有色人种”是“粗俗无知的，是他们的母亲放荡堕落的产物”。在不久的将来他们将会在殖民地掌权，迫使白人“逃离这些土地，留下无政府式的混乱”，紧接着这些肥沃的土地就会被拱手让给垂涎它们的外国势力。[12]

尽管存在南特商人所坦承的种族主义恐慌情绪，但革命仍然非常受欢迎。在波尔多、南特和拉罗谢尔这些主要的殖民地贸易港口，大多数商人都是革命的坚定拥护者。当然，制度的突然改变使得千百名中产阶级官员和律师失去了他们购买的或者担任的职位，然而他们不

* 克里奥尔人指出生在殖民地、有全部或部分白人血统的人。

仅成功地在新制度下当选并担任新的职位，而且得到了失去官职的赔偿。最终赎买官职的费用超过了 8 亿里弗，这推动了指券的大量发行并且使之迅速贬值。收到赔偿金的时间恰好赶上投资的大好时机，从 1790 年 11 月开始，大量教会财产被投入市场。

革命从根本上改变了法国公共生活的各个方面，司法体系、经济管理和地方行政管理的过程与结构都发生了变化。成千上万的官员、律师和特权受益者不得不争取获得赔偿和新职位，新体制提供的同等数量的职位和机会均等的精神消除了他们的顾虑。有很多人对旧制度的倒台表示遗憾，因为这威胁到了他们的生计。在其他地方，对于革 106
命的仇恨来源于在行政重组的过程中地位的丧失，例如在尼斯附近的旺斯，该城激烈的抗议之后没能保住它的主教辖区的地位，现在的主教辖区被迁到附近的圣保罗。靠近卡斯泰尔诺达里的小镇圣帕普勒是一座雄伟的本笃会修道院的所在地，它从 1317 年起就成为主教辖区，由于地产的收入和教士的特权而曾经是一个繁荣的小镇。1790 年被剥夺主教辖区地位之后，圣帕普勒迅速衰落为一个村庄，农民们自己动手把石料和大理石从修道院里搬走。这只是诸多事例中最有戏剧性的一个，在将主教辖区从 135 个合理调整到 83 个之后，那些被取消的主教辖区成了冷清的小城镇，这些地方对于改革充满了怨恨。那些失去省、区和选区中心地位的城市向立法者表达了极大的不满，此前在波旁王朝统治下由大量法庭和官员维持的城镇是否会支持革命也要打上问号。[13]

资产阶级在旧制度解体后填补了权力的真空，他们是革命的最大受益者，尤其是那些专业群体和财产所有者。一同推翻旧制度的其他社会团体的需求和愿望并没有全部得到满足。其中就有巴黎和其他城市中的劳工阶层，他们对更充分的政治权利的要求由于国民议会出台的一些经济改革措施而变得更加激愤。《人权和公民权宣言》没有谈及经济问题，但是从1789年开始，国民议会出台了一系列兑现经济自由主义承诺的措施。

1789年的《八月法令》废除了所有与自由、平等原则不相符的特权团体。这项原则的影响对于手工业界来说是爆炸性的。如果行会由于阻碍经济进步和个人契约自由而被废除，那么产品的质量又该如何保障？紧接着国民议会又在1791年2月颁布了《阿拉德法》*，在4月1日一套新的职业许可制度正式生效，个体职业者、工匠和店主只需交纳认证费用就可以获得从业资格。结果令人担忧的事情立即出现，巴黎5月出现了售卖病死肉的情况，不过前大革命时代的行
107 会控制已经一去不返了。这项立法还使得一些特殊行业的学徒实习制（compagnonnages）被一并废除。[14]

在乡村，人们对于需要继续交纳原有税目的不满和对一直悬而未决的领主租税问题的愤怒同时爆发。在大多数乡村地区，1790年3月和5月带有妥协性的法令遭到了顽强抵抗，暴力冲突时有出现。反抗采取两种形式。首先，由于1789—1790年的法令将领主捐税定义为农民需要缴纳的合法税收，只有通过赔偿领主的方式才能废除，很多团体决定采取司法行动迫使领主交出能够证明其租税合法性的法律依据。这种合法的挑战经常伴随着第二种反抗形式，即直接拒绝交纳封建租

* 《阿拉德法》是由皮埃尔·阿拉德（Pierre d'Allarde）提出的废除行会、建立职业许可制度的法令。

税。在朗格多克的科比埃尔地区，129 个市镇中至少有 89 个市镇或采取合法手段反抗以前的领主，或在 1789 年至 1792 年之间公开拒绝纳税。[15]

这类冲突主要是针对个人的，甚至是致命的。勒佩勒捷·德罗桑博是布列塔尼的拉尼永附近的大领主，他的领地上有 820 个佃户，每年租金收入为 7 万里弗。罗桑博是巴黎高等法院的高级法官，他只在 1780 年巡视过一次他的领地和城堡。他是一名紧跟时代潮流的开明人士，他的岳父拉穆瓦尼翁·德·马尔泽尔布在 1787 年是路易十六的改革派大臣，而他的妻子是一位著名的“乐善好施的公民”，正在为攻占巴士底狱牺牲者的家庭发起募捐。但是，在罗桑博的领地上，佃农们正在威胁他的管家们分发食物和金钱，管家写信给罗桑博说：“我不知道该怎么说怎么做才能不惹怒这些人。”[16] 其他人因为不知情而付出了高昂的代价。1790 年 10 月，在西部的夏朗德省，瓦赖兹村的村民们在附近的圣让-当热利市的街道上刺死了市长拉蒂耶斯以及阿梅洛女伯爵的领地管家。拉蒂耶斯似乎被带着游了街，好让周围民众都有机会加入这场暴力活动中，象征性地把他驱逐出这个社区。[17]

国民议会同样对属于国家和领主的农田与森林资源遭到侵占表示担忧。1789 年末，平民到处侵占森林的消息迫使王室发出警告，一切入侵行为都会受到惩罚。同样令人担忧的是环境破坏。奥德省的行政长官从卡尔卡松发来报告表达了他的担忧，以前归领主所有的陡坡现在被用来放羊。贫穷的村民坚称这些都是公有土地，他们有权使用： 108

> 到处都在抱怨这些贪得无厌的农民每天都在山上砍伐树木、

> 开垦荒地，丝毫没有意识到这些土地只能耕作一两年……这种破坏性的开垦自从封建制度被废除后就加速了，因为乡村的人们认为土地已经由村社公有了，昔日的领主既没了土地，也没有任何司法权力……[18]

这位行政长官指出，破坏已经非常明显，沙砾和石块被冲入溪流当中，堆积在河床上，然后河水外溢淹没了良田。但是当地的政府和历届革命议会都无力阻止大规模砍伐森林和非法开垦土地。在阿尔代什河河谷附近的格罗斯比尔村，将公有土地分给各户的请求被拒绝之后人们深感绝望，开始自己动手解决问题："在不断的砍伐之下，那里的树木消失殆尽。"[19]

矛盾之处在于，国民议会在公民权与人权的基础上改造法国的想法，反而使得那些令新政权感到棘手的要求和行为更无所顾虑。关于地方权力合法性基础的新设想在1789年之前就已经产生，在革命期间成为最具破坏性、争议性的文化变革。例如在纳博讷西南部的小村庄弗莱斯，市长描述了村民对领主布伊斯男爵和他的侄子的恐吓行为，"一群体型健壮的人拿着四磅重的木棍在他们身边走来走去"。到了1790年，以前"顺从"的弗莱斯农民的举动令这位86岁的男爵深感恐惧：人们直接拒绝支付领主租税和什一税。这位男爵感到绝望：

> 我曾经像关爱自己的孩子那样关爱着弗莱斯的人民，直到现
> 109 在也是如此，他们曾经是那么善良和忠厚，但是他们一夜之间就
> 性情大变。我现在听到的都是"强制劳役、启蒙者、民主派、贵

族派”，我无法使用这些野蛮的词汇……这些以前的附庸认为自己的权力比国王还大。[20]

这些“以前的附庸”当然非常高兴有参与地方政治的机会。村委会直接选举产生，但是其他级别的选举却非常耗费时间，需要“积极公民”长途行走。为了参加选区的选举，巴黎东北部西里穆尔蒂安的45名合格的投票者不得不在1790年4月赶一小段路前往楠特伊，他们希望在那里逗留数日。学校教师德拉耶在日记中记录下这种以前从来没有过的选举是如何组织的：

> 会议在一个谷仓的楼上召开，在屋子的最里面装饰着两个栗子树盆栽，旁边是一个有两级台阶的主席台，主席台上铺着地毯，上面有一个桌子和一个扶手椅。在主席台后面挂着一块大布，上面写着构成这个选区的14到15个教区，以及所有768名积极公民的名字。在主席台之下也铺着地毯，有一张大桌子，上面有两个装选票、墨水瓶、笔、沙等物品的瓶子。

主席坐在扶手椅上，他是最年长的人，年龄有83到84岁，其他三名比他年龄稍小的年长者被任命为监票人，在231名已投票的人当中，“绝大部分人已经离开了，一些人在四处走动，还有一些人在做其他的事”。[21]

参与选举只是新的政治文化的一部分，除此以外还有遍布全国的大量非官方通信。这些消息既有在选民和他们在巴黎的代表之间垂直传达的，也有在雅各宾俱乐部（宪法之友协会）之间平行传递的消息。在数千个雅各宾俱乐部和其他大众团体中，最普遍的活动就是在类似的集会上交换信件。[22] 尽管雅各宾俱乐部只有“积极”公民才能参加，但在巴黎和其他地方还有面向“消极”公民的革命论坛。在巴黎，由乔治·丹东和让-保尔·马拉领导的科德利埃俱乐部欢迎所有人。从坚持所有公民构成“主权人民”中逐渐形成一种看法：“民主”是一整
110 套政治体制，而不是像英国那样，民主只是政府的一个分支，并被上议院和君主的行政权力制衡。“爱国者”越来越多地将自己称为“民主主义者”。[23]

一些俱乐部欢迎女性参与。在巴黎，一位名叫克劳德·丹萨尔的学校教师建立了两性公民友爱协会，有 800 名男性和女性入会，并且有意让妇女担任职位。一些个人也积极为妇女争取权利，例如奥兰普·德古热、泰鲁瓦涅·德·梅里古、孔多塞侯爵和荷兰的女权主义者埃塔·帕尔姆·达埃尔德斯；真理之友会（Cercle Social）要求妇女享有投票权和离婚自由，并且废除长子继承制。至少最后这个请求得到了迅速批准，人们考虑更多的是削弱贵族家长的权力而不是提高妇女的经济地位。1790 年 3 月 15 日，国民议会颁布法令，“所有的财产，无论是贵族世袭财产还是个人财产，都应该依据适用于所有公民的财产分配的法律、法规和习俗，在继承人中间平均分配”。[24] 这项法律对那些实行长子继承制的地区（大多数南方地区和诺曼底）产生了强烈影响。但是像曼恩和安茹这些西部地区，一直都实行在继承人之间平分财产的规则。

尽管女性被排除出正式的政治之外，但女性之间也像男性那样出

现了争论与分化。生活优越、富有才华的女性主办起了晚会（soirées），参与者通常是男性，偶尔有一些女性参与，他们聚集在一起交流、协商。在这些晚会中，由露易丝·凯拉略、热尔梅娜·斯塔尔、苏菲·格鲁希（孔多塞的妻子）等人主持的晚会更加精英化，非常类似旧制度时期排外性的沙龙。玛丽-让娜·罗兰和让-马利·罗兰这对来自里昂的杰出夫妇主持的聚会，尽管不是很正式，但同样采取邀请制。这个组织的核心成员都与雅各宾派有着紧密的联系：比佐、佩蒂翁和罗伯斯庇尔这三名外省律师代表，记者布里索，以及埃蒂安·克拉维耶尔，后者是一名银行家，曾经任职于日内瓦共和国*，法国军队于1782年摧毁了这个短命的共和国。[25]

大多数“爱国者”女性非常积极地支持她们新近掌权的男性同胞。一个妇女代表团在1790年7月14日向奥尔良市的男性积极公民表达支持时，这一定让他们的心中充满骄傲。即使“我们没有男性统治者们那样的才能……性别上的软弱使得我们不能参与到我们勇敢、宽厚 111
的保卫者的伟大事业当中，我们仍然保证将解放者们的勇敢注入我们孩子的心中”。[26]

《人权和公民权宣言》中两性平等的普遍承诺跟后来一系列法令中对于妇女的排斥存在着对立，但是这并没有让女性积极分子迷失方

---

* 1781年，日内瓦爆发要求扩大公民权的革命，随后建立了短暂的共和国。原来的日内瓦城邦只有1 500名男性公民具有选举权，绝大部分是富有的商人。其他5 000名出生在日内瓦的中产阶级居民既没有选举权，也不能担任官职。此外，还有很多从别处移民到日内瓦，居住在城市之外的人，同样没有任何权利。1781年2月5日，这些没有选举权的人占领了市议会，日内瓦市政会议决定增加100名城市居民和20名城外居民为代表，但是遭到了上层精英议会成员的反对。在经历近一年的斗争之后，后者在1782年邀请法国、伯尔尼城邦和撒丁王国出兵镇压了这次革命。

向。在1791年，奥兰普·德古热发表了一份关于婚姻制度中儿童和财产的社会契约草稿，以及一份打算献给玛丽·安托瓦内特的《女性人权和公民权宣言》：

> 第一条，女性生而自由，享有与男性平等的权利。社会差别只能建立在公益基础之上。
>
> ……
>
> 第六条，法律必须是公意的体现；所有女性和男性公民必须亲自或者通过代表来参与公意的实现；法律对任何人都是平等的：无论男性还是女性公民，在法律面前一律平等，都能按照他们的能力有资格担任一切公共官职、职位和职务，他们除了德行和才能之外不应有任何差别。[27]

在大革命期间，男性和女性可以通过俱乐部和选举参与公共生活，而这只是革命的诸多表达途径中的两种。1789年初，全国大约只有80份报纸，接下来的几年里增加了2 000份新报纸。在三年的时间里报纸的读者数量增长了三倍。报纸的"听众"增长得更多，由于报纸从城市中心传播到乡村，在乡村酒馆或农民的"晚间叙谈"上，报纸的内容经常被翻译成当地语言或方言之后被大声朗读出来。仅在巴黎，这些年当中就出现了515种新报纸。虽然很多报纸只是昙花一现，357份报纸（69%）只存在了不到三个月，21%的报纸只发行过一刊，但这些报纸的数量与伦敦的报纸数量对比鲜明。在伦敦这样一个拥有超过100万人口的大城市，同时期只有22种报刊。[28]相比之下，法国的新书出版量有所下降：1788 年法国出版了 216 部新小说，但是在 1791 年只有 103 部。

新的政治文化不但通过出版物来表达，还通过歌曲普遍传播。历史学家已经辨认出 116 首 1788 年新出现的政治歌曲，而在 1791 年有
308 首，其中包括《一切都会好》（Ça ira !），这是由于 1790 年在马 112
尔斯校场上举办联盟节庆典而出现的第一首歌曲：

> 啊！一切都会好，都会好，都会好，
> 贵族说，是我的错！
> 教士对他们的财富感到悔恨，
> 国家将会公正地拥有这些财富。
> 多谢睿智的拉法耶特，
> 每个人都会平静下来。

这首歌后来的版本里，语气就没有这么客气了。

在这个社会当中，讲话和演唱是表达观点最具有活力的方式，另外还有成千上万幅廉价的版画在全国范围内流行，从而使革命已经取得的成果以图像的形式普及。“爱国者”们乐于在公共活动上即兴发挥来嘲讽那些此前他们不得不服从的人。例如，大约在 1790 年 7 月联盟节的同一时期，“贵族的葬礼”这种闹剧就在马尔斯校场上演：

> 一根木头被奇怪地装扮成教士的样子：扁平领，头盖帽，短外套，一切元素应有尽有。一长队哀悼者跟随在丧葬队后面，他

> 们时不时地举手朝天，反复用嘶哑、哭泣的声音大声叫嚷着：死了！……死了！[29]

通过这些表达方式，数百万人在一个激烈的政治活动时期学习到了人民主权的话语和行动，他们开始质疑一些根深蒂固的观念：王权的神圣性、教会的道德权威、贵族的荣誉以及他们在社会等级中的地位。

新的革命文化影响到了所有人和事物。1791 年 4 月，通过出演马里-约瑟夫·谢尼埃的爱国主义悲剧《查理九世》而出名的演员弗朗索瓦·约瑟夫·塔尔玛离开法兰西剧院，成立了一家新剧院。他认为，与他的朋友雅克-路易·大卫的视觉艺术相比，他的剧目更能体现新的爱国情感。而绘画界在 1791 年已经在沙龙 * 中兴起了开明之风，超过
113 180 名艺术家（包括 21 名女性）提交了超过 800 幅画作。艺术界的极大开放给当时最负盛名的肖像画家阿德莱德·拉比耶-吉亚尔出了一个难题，她没有像她的同行伊丽莎白·维热-勒布函那样逃出巴黎。当拉比耶-吉亚尔的主要客户逃亡后，选择留下的她现在不得不与很多技艺精湛的画家新秀竞争。拉比耶-吉亚尔描绘的对象都是日后议会中举足轻重的人物，包括罗伯斯庇尔、塔列朗、奥尔良公爵、阿德里安·迪波尔、巴纳夫和亚历山大·德·拉梅特。[30]

儿童从一开始就是改造计划的目标，即使是最贫穷的父母也怀有希望。现在，在宗教场所被遗弃的儿童不再被授予一个圣徒的名字，而是根据母亲们留在他们身上的爱国缎带来命名，希望未来有人收养

---

* 这一沙龙特指“巴黎沙龙”，是法国从 1667 年到 20 世纪初盛行的一个国家级艺术年展。

他们。在西部城市尼奥尔的主宫医院（Hôtel Dieu）被遗弃的儿童中，有“红绶带的普洛斯珀”、“蓝徽章的菲利普”、“蓝缎带的让-玛丽”和“可怜的白绶带玛丽”。[31] 中产阶级的孩子更加幸运，他们给传统的蛇梯棋加入了“启蒙元素”，玩家要想方设法获得大奖“新宪法”，他们要获得“梯子”（例如“解放犹太人和新教徒”）来到达不同的格子并且要躲避“毒蛇”（例如“高等法院”）。

1789 年的迅速变革让革命者们深信他们身负神圣使命。爱国话语从一开始就表达了对革新的可能性的热情，这有些类似于宗教上的救赎和重生。国民议会的代表们少年时耳濡目染的是基督教神学和王权自封神圣的断言，然后受的教育是希腊罗马的史诗故事。与此同时，长期以来宫廷政治斗争使他们认为“阴谋”无处不在，加上他们对基督教关于善恶的假设深信不疑，因此他们在 1789 年产生了只有彻底与过去决裂才能实现革新的想法。

那些对彻底变革不是那么热心的人，被怀疑是仍留恋旧世界的特权、优待和恩宠。人们不禁用恶意来揣测，甚至以阴谋来看待反抗行为，这很大程度上是因为宫廷政治文化的结果。（在宫廷政治中，有权势的人通过关系网传递着利益的链条，恶政被认为是自私自利的阴谋集团阻碍国王了解民间疾苦的结果。）通信的困难也会带来误解。在一个幅员辽阔的国家里，要想实行与过去彻底决裂的变革，需要克服地 114
理和语言多样性带来的交流不畅。地方的当权者有意或无意误读来自巴黎的消息，这很容易被当作阻碍进步的阴谋。[32]

无论猜忌如何盛行，阴谋从大革命一开始就存在，既有现实中的也有预谋中的。最早、最臭名昭著的是法夫拉侯爵托马·德马伊的阴谋，他是路易十六的弟弟普罗旺斯伯爵卫队的一名军官。1789 年 12 月的一份小册子详细叙述了他的密谋：巴黎将会被 3 万人的忠于国王的部队包围，巴伊、内克和拉法耶特将会被杀。被认为是幕后主使的普罗旺斯伯爵很快矢口否认，但是他试图将法夫拉侯爵从监狱中解救出来的行动反而坐实了法夫拉侯爵的罪名，1790 年 2 月，法夫拉侯爵在沙滩广场上被绞死。[33]

另一个传统王权的积极拥护者是弗朗索瓦・弗罗芒，他曾经是尼姆教区的税务官，也是后来朗格多克地区内战的主要煽动者。这个地区的主要城市的地方政治被新教徒商人和制造商控制着。早在 1790 年 1 月，弗罗芒就去都灵拜访过国王的幼弟阿图瓦伯爵，发誓要发动一次反革命、反新教徒的暴乱。尽管弗罗芒一直苦于物质援助的缺乏，但他和他的同党们仍在大革命已经授予新教徒平等地位和政治权利的尼姆、蒙托邦和中央高地南部的村庄不懈煽动对于新教徒的仇恨。1790 年初，尼姆的宪法之友会有 417 名会员，其中有 355 人是新教徒。[34] 国民议会在 1790 年 4 月拒绝承认天主教是国教，这为大规模暴乱提供了借口。当时有 5 名新教徒在蒙托邦被杀，而尼姆的宗派冲突结果是天主教徒死亡人数更多，同时，来自附近塞文和孚日地区的新教徒农民结队在城市内游行。尼姆的暴力行为后来演变为尼姆骚乱，骚乱持续了四天，造成 300 名天主教徒死亡，而新教徒死伤很少。

其他人试图寻找更加隐蔽的方式来终结革命带来的动荡。1790 年 7 月，米拉波已经成了国民议会中被怀疑的对象，他向国王和王后
115 建议用发动内战的方式来遏制革命，借此来恢复王权和军事控制。玛丽・安托瓦内特的顾问，奥地利大使莫西・阿尔让图在 7 月 31 日写道：

“米拉波预言了内战，他认为内战虽有恶果，但利大于弊……”的确，米拉波在两周后直接向路易十六建议内战是“必然的、也许是必须的”。路易十六想用不流血的方式遏制革命，此时已经无计可施，感到十分恐惧。[35] 米拉波转而去劝诱蒙莫兰伯爵。蒙莫兰伯爵从 1787 年起担任外交大臣，1790 年 9 月取代内克担任首相。

路易十六处于一种微妙的境地，他经常陷入对周遭事物变化的感伤以及对于纷繁政务的厌烦之中。无论他表现得多么宽厚仁慈，他仍然处于一种摇摆不定的状态，这很大程度上是由于他的个性使然，但状况的确超出他的掌控能力范围。路易十六曾经是一位绝对君主，现在他要表现出自己已经“重生”为一名立宪君主，在同国民议会打交道时显得难以适应。对于他 1785 年出生的儿子诺曼底公爵路易·查理来说，这样的冲突就可以避免。路易·查理的长兄在 1789 年去世后，他就成了法国王位继承人，这个小男孩的教育成了国民议会热议的话题，他将接受成为一名立宪君主的教育。[36]

大革命既是一件可喜可贺的事，也引起了一些恐慌，在法国国内和国外皆是如此。从大革命一开始，就一直能听到欧洲各国国王的恶言恶语。阿图瓦伯爵先是逃亡萨伏伊公国，然后逃亡都灵和特里尔，这让法国内外的革命情绪连接在了一起。1790 年 7 月 14 日，在国民卫队的旗帜上出现了一个新的口号：“不自由，毋宁死”（Vivre libre ou mourir）。尽管国民议会坚称，民族之间的情谊不同于各国国王之间的关系，在兄弟般友爱的人民之间发生战争是不可接受的，但人们普遍认为法国不会只在国内推行革命。1790 年，西班牙军队在温哥华西海岸的努特卡海湾扣留了英国的船只，消息传到法国引发了热议。

法国的新政权是否应该支持同属于波旁王室，但是公开敌视法国革命的西班牙？这个事件促使国民议会在1790年5月宣称“法国拒绝参与任何征服战争，也绝不会动用武力危害其他人民的自由”。当西班牙
116 和英国在10月和解时，很多雅各宾派认为这是两国联手法国王室颠覆革命的先兆。卡米耶·德穆兰在他的报纸《法兰西和布拉班特革命报》中写道：“所有的王室都在密谋颠覆法国的宪法，包括维也纳、都灵、马德里、那不勒斯以及圣詹姆斯宫和圣克洛德宫的内阁在内。”[37]

革命热情和对于军事入侵的焦虑在军队内部引发了大规模抗命行为。陆军和海军都陷入内斗，贵族军官和普通士兵在管理军团资金以及镇压民众抗议中军队应当扮演的角色上意见冲突。[38] 土伦和布雷斯特的舰队分别在1789年12月和1790年12月发生严重叛乱。1790年6月，佩皮尼昂的驻军发生反抗其好战的保王党指挥官的叛乱，米拉波的弟弟米拉波子爵是图赖讷驻军的一名上校，很快被市政议会逮捕。（被宣布为反革命的米拉波子爵由于嗜酒，被称为“酒桶米拉波”。）最严重的军队叛乱发生在1790年8月的南锡驻军。布耶侯爵是国民卫队司令拉法耶特的亲戚，他拒绝同哗变的士兵协商并且打算动用他在梅斯的军队和国民卫队惩处叛乱者。布耶所部和南锡叛军的交火导致约90人死亡，一些反叛者被判刑：有一个人被绑在车轮上打断四肢，22人被绞死，41人被送往船上服苦役，他们都来自沙图维约团，即三个参与叛乱的团中的一个。[39] 为了维护稳定，国民议会中多数代表支持布耶的举动。对于像《巴黎革命报》的记者埃利塞·路斯达洛这样的人来说，他们已经厌倦了从1789年7月就开始的暴力，对这种巨大伤亡的新闻表示不能忍受：

> 怀着一颗沉痛的心，我该如何讲述？当我的情感被绝望撕扯时，我该如何表达？我在那里看到他们，尸体遍布在南锡的街道上……强盗们，你们等着，媒体会揭发所有的罪行，洗清所有的冤屈，这将会剥夺你们的快乐和力量：愿我们是你们最后的受害者！

路斯达洛不久就去世了，年仅29岁，另一位著名记者和革命家卡米耶·德穆兰在他的葬礼上宣读了悼词。[40] 117

从大革命开始的1789年春，它就不可避免地被理想主义改造和暴力惩罚两股力量推动着。像所有重大的革命那样，法国大革命描绘了一个基于平等和自由的社会，并从中汲取了力量，但是革命的领导者往往会发现这种力量难以控制，惩罚有罪者并镇压不服从者的冲动难以遏制。与此同时，国民议会行走在那些因为缺乏更彻底变革而不满的人和那些感觉现有变革不可忍受的人之间。革命应当何去何从？

不过革命在1790年7月盛大庆典的时候似乎已经取得了胜利。“改造”是1789年最深切的希望，“博爱”继而成了接下来一年改革的最高期望。正如格雷古瓦神父所言，所有人都接受博爱，“无论他们的思想、肤色、国家”。[41] 革命初年推动的改革十分彻底，充满雄心壮志。根据平等、人民主权、效率和人性等核心原则，公共生活的方方面面都焕然一新。这些变革无论在规模上还是在速度上都是前所未见的。但是，恰恰在1790年7月14日欢快的节日发生两天之前，国民议会通过了一部法律，将欢欣鼓舞的气氛变成了揭发告密的紧张，将改造和重生的希望激发出的国家团结打得支离破碎。 118

第七章

基督之家的解体：宗教分裂与国王出逃，1790—1791 年

无法忍受革命的贵族和他们的扈从满腹怨恨地踏上了逃亡之路，但是没有威胁到革命的胜利。布瓦涅公爵夫人阿黛尔·德奥斯芒是凡尔赛宫廷的局内人，在 1791 年只有 10 岁，她后来回忆道，逃亡的贵族妇女为了谋生不得不工作，她们中间充满了怨恨："过往的虚荣做作和现在的萧条冷落都令人厌恶。"当露西·迪永和她的姑姑在 1791 年经过两周的行程到达瑞士时，她对逃亡贵族群体的放纵和自负十分震惊："他们把巴黎社会的架子和傲慢都带来了……他们蔑视一切。"他们写信鄙视国内还没有辞去军队职务的贵族同伴，给那些躲到乡下庄园内的贵族亲戚寄白色羽毛*，这就是他们的勇气的全部表现了。[1]

国民议会对于教会的改革改变了反革命行为的规模和强度。分裂令国民议会始料未及，其本意也并非如此。在 1789 年的陈情书中，有

* 白色羽毛是胆小懦弱的象征。

很多要求彻底改革教会的声音，国民议会迅速着手行动。人们在核心议题上达成了广泛的共识，比如提高教区教士的收入、削减高级教士的津贴。政教分离原则得到了一致认可：教会的公共职能是日常生活必需的，国民议会同意在1789年8月废除什一税后由公共财政补贴教会。

旧制度时期的国王是高卢教会的首脑，直接介入教会管理，比如
国王可以关闭运营不善的修道院。路易十五曾经关闭了数百座修道院。 119
因此，新掌权的国民议会有权改革教会当前的组织。在将教会财产国有化三个月后，国民议会决定从1790年2月13日开始关闭所有修道院，那些具有教育和慈善功能的修道院除外，只靠清修已经不能再获得公共补贴。修士不管留在修道院还是离开都是痛苦的选择，年龄和地位都有可能影响抉择。例如，在洛林的斯特拉斯堡教区的六所修道院中，61名修士中的大部分人希望留在修道院，而贝班的所有15名多明我会修女非常愿意离开，她们普遍比较年轻，年龄在26岁到46岁之间。与此相比，韦兹利斯的圣伊丽莎白修道院中的所有24名修女表达了留下的愿望，她们当中有一半年龄超过54岁。[2]同样，南锡的14所修道院中的200名修士，只有少数暗示他们愿意离开。在加尔默罗会的一座大修道院，31名僧侣中只有一个人想要还俗。南锡整个地区在1791年11月还有620名教士需要领取薪俸。[3]毫无疑问，很多宗教人士乐意结束隐居生活，但是其他人对一份1790年10月来自奥尔良教区的声明表示赞同：“这是服从，不是选择，这是形势所迫，我们不得不同意。”[4]

同样令教会困扰的是国民议会的宗派平等原则，其代表性事件是

1790年3月15日新教徒牧师拉博·圣埃蒂安成为议长。同一个月，阿维尼翁的“爱国者”控制了城市，试图将教皇领地并入法国。教皇谴责了《人权和公民权宣言》，他坚称，人民主权是危险的，因为它意味着人民只会遵从他们同意的法律。由于担心激进的改革会影响到天主教会的地位，加尔都西会修士、代表多姆·热尔勒在3月14日请求国民议会颁布法令宣布天主教不是国家唯一的宗教，而是“唯一公开、权威的宗教”。尽管反对他的提议的票数是压倒性的——903票对297票——但是有三分之一的贵族代表支持他，300名教士代表中有144人支持天主教的垄断性权威。他们与以前第三等级的资产阶级代
120 表分道扬镳并不是一件好事，超过90%的资产阶级代表反对奉天主教为唯一权威的宗教。[5]

陈情书中对于改革的普遍共识保障了国民议会能够推动教会土地国有化，关闭修道院，并在1789年12月给予新教徒、西班牙裔与葡萄牙裔犹太人宗教自由。教士们对于这些变革抗议不断，矛盾最终集中在了《教士公民组织法》上，国民议会在1790年7月12日通过了这部法律，开始对教会进行彻底改革。

《教士公民组织法》中的很多条款都反映了公众在1789年陈情书中的愿望，最常见的要求是废除“额外收入”（特定宗教服务收取的费用），废除什一税，根据才能选拔主教并且要求主教居住在自己的辖区。大部分教士从新的工资标准中受益，只有少数上层教士对主教薪俸大幅削减感到懊恼。此外，国民议会重新划分了主教辖区和教区边界，依据公社边界大规模减少了教区数量。这让那些规模不足以构成公社的村庄和小村落居民产生了诸多不满，因为这样会使他们失去

自己的教区教堂。在布列塔尼的维特雷附近，有很多像博赛林这样的村庄，居民向国民议会请愿要求“一个能够让他们倾诉苦楚、忧虑和要求的地方”，因为离现在最近的教堂路程太远，在天气糟糕的时候很不方便，对于小孩子来说也成问题。[6]

在市镇和城市，为提高效率而关闭教堂也让虔诚的信徒感到难过。按照一个城市中每6 000人中有一个教区教堂的标准，巴黎将关闭52座教堂中的19座，鲁昂将关闭32座教堂中的21座，布尔日关闭15座中的11座，昂热关闭17座中的9座。在皮卡第的高原城镇拉昂的12座教堂关到只剩2座，教会在这个地区拥有28%的土地，关闭教堂和出售教会财产使大量购买教会财产的乡村有产者受益却同时摧毁了这个城镇。[7]在图卢兹，教士占人口比例的十五分之一，他们除了拥有大教堂和教区教堂，还有55座修道院，教会财产占城市财富的三分之一。现在这些财产已经售出，“多余”的教堂被关闭，宗教团体将会慢慢消亡，接下来城市将会面临失业问题。[8] 121

但是，最富有争议性的问题是将来如何任命教士。国民议会中的教士代表尖锐地抗议道，教士阶层遵循神圣权威的原则，由上级教士任命。对此，让-巴普蒂斯特·特雷亚尔作为著名律师也是国民议会主席拉博的继任者之一，反驳说这样会导致裙带关系。只有人民才能选择他们的教士和主教：“这不是损害宗教，这样确保信徒有了最忠实、最富有美德的代理人，你们将会得到最崇高的敬意。那些认为这样做会有损于宗教的人是对宗教精神最大的误解。”[9]然而，用人民主权中的“积极”公民标准选择教士和主教时，国民议会越过了分隔政治与宗教的窄线。人民选择他们的教士的时候，国民议会将妇女和虔诚社区中的穷人排除在外，而在理论上那些富有的新教徒、犹太人和不信教者却有权投票。

为什么国民议会不愿意协商或妥协？教会虽然与日常生活息息相关，但是还充满了旧制度的流弊，所以它作为一个机构需要改革——以符合革命的原则。国民议会必须推行统一的税收制度，改革教会促使它废除变化无常、不公平的什一税。国家的破产导致了教会财产的国有化，结果是教士换了种方式依然依附于国家，因此应该由教会管理自己事务的建议无人理睬。1789 年的《八月法令》废除了特权团体：当国民议会认为自己推行的改革本质上是行政的，从而是国民议会自身的职权时，那么国民议会与教会有什么好商量的呢？宗教会议（synod）无权表达它是否同意由人民代表投票做出的改革决定。不过在任何情况下，教皇也与国民议会一样拒不妥协。[10]

最后证明，一场基于人民主权、包容所有信仰、通过世俗理性达成世俗成就的大革命无法与基于上级任命、神圣教条、唯一信仰的教会相调和。尽管大多数教士表示反对，但国民议会中绝大多数不耐烦的代表要求强制执行《教士公民组织法》中的条款，要求教士选举最
122 早要在 1791 年开始，选出的教士要宣誓效忠于法律、国家和国王。这是大革命分裂的开始。

在各地，教士宣誓时都面临着痛苦的抉择。宣誓与忠于教皇和长久以来的习俗相悖，国王虽然已经批准了改革，但这样能够消除教士们的疑虑吗？105 名来自布列塔尼的教士请愿说："我们的权力的活力在于继承了使徒传统；如果规则被打破，我们的使命就不再神圣。"[11] 很多教士试图用折中的方式进行宣誓以解决这一困境，例如北方的凯

斯克教区和布洛涅东部的洛廷根教区：

> 我宣誓，我的信仰不允许我按照国民议会要求的那样宣誓；我乐于见到那些信任我们的人，我发誓会看护他们，我们会尽可能地忠实于国家和国王，遵守由国民议会颁布的宪法和一切在国王权限之内批准的法律，包括所有仅限于民事和政治的法令，但是当涉及教会管理和教会法时，除了教皇和主教，我不承认任何主宰者和立法者……[12]

这些折中的宣誓对于当权者来说是不可接受的。教士是接受《教士公民组织法》（从而是整个革命理念），还是服从教皇以及他们的高贵主教的权威，两者之间只能选择其一。

在南锡地区，只有 28 名教士宣誓（他们当中有 9 人是在中学做老师的法政牧师），40 人拒绝宣誓，45 人试图有条件宣誓。[13] 与此相对，由主教带头，教会改革在奥尔良被普遍接受，即使这个城市的教堂从 25 座减少到 6 座。在 1789 年各地区的陈情书中，要求对教会进行彻底改革的请求经常以“世俗化”的语气表述出来，不仅要改革教会的等级制度和税收特权，还要改革教区教士的法律地位。奥尔良西部的圣希莱尔教区的教士要求所在辖区的民众“忠诚于国家、法律和国王：你们是国家的主人；法律是你们的意愿；国王是法律忠诚的卫士，你们子女的心中将会播下自由和爱国的种子，法国将会繁荣昌盛”。[14] 123

与此相对，奥尔良北部皮蒂维耶的教士宣称，当他在教士大会上解释说他只会接受有条件宣誓时，“每个人都在哭泣，泪洒路旁、泪湿衣襟”。[15]弗朗索瓦-皮埃尔·朱利奥是特鲁瓦地区拒绝宣誓的教士和修士中的一员，他对报道中“积极”公民聚集在一起选拔主教的行为十分愤怒：

当选举者不想因为就餐而中断议程时，他们就将祭坛当作餐桌；他们在唱诗班和圣殿内尽情释放着他们的天性，毫无节制、亵渎神明。神圣的场所内充斥着最下流的言语。[16]

在全国范围内，只有少数主教和大约一半的教区教士进行了不合格的宣誓。当教皇在1791年4月13日发布《博爱》（“Caritas”）通谕谴责《教士公民组织法》和《人权宣言》对基督徒生活有害时，他们当中的很多人随即退缩。教皇之前已经因为失去阿维尼翁周边的领地而暴怒，现在他命令法国教士将那些宣誓教士视作异教徒：

不要听从这些奸诈的世俗言论，这些言论文饰死亡，同样要留心所有的篡位者，无论他们自称大主教、主教还是教区教士，你们和他们之间没有任何相同点，尤其是在神圣事务上……没有人能够进入天堂，除非他和教会显而易见的领导者站在一起……[17]

一些“爱国者”教士被激怒了：J. F. 努斯是拉昂南部沙维尼翁的一名乡村教士，他问道：“我们怎么能够相信教皇有权迫使我们否认一部与福音书如此接近、对于国家繁荣如此重要的宪法呢？”最后，他所在的地区有78%的牧师坚守了他们的誓言，在其他地方这个比例恰好颠倒。教皇的干预导致很多教士收回了他们的誓言，比如奥尔良神学院的一名院长告诉市长，说他“再也没法拒绝良知的呼唤……如果我不幸与教皇和教士们分离，我宁愿选择贫穷和死亡”。[18] 124

在被要求接受并坚守誓言时，教士的反应具有明显的地区差异性，这不仅反映了教士的个人选择或者高级教士的影响，还有地区宗教文化的影响。这些结果决定了日后的政治选择，在革命及其后的时代里社会的各个层面都出现了分化。到了 1791 年中期，出现了两个法国，一个是支持改革的东南部地区、巴黎盆地和香槟地区，一个是“顽固的”西部和西南部地区、东部地区和中央高原南部地区。边境地区的顽固派教士让巴黎人怀疑，那些不懂法语的农民成了这些“狂热”教士的“迷信”的受害者。

顽固派或未宣誓的教士将自己视为上帝的仆人，而宣誓教士将自己视为人民的仆人，或称“公民教士”。前者将《教士公民组织法》视作对教会团体、教会等级制度和教皇领导权的诅咒；对后者而言，他们在所处的地区本就习惯了不让宗教过多干预日常生活，《教士公民组织法》表达了人民的意愿，削弱了罗马教会的地位，加强了高卢主义。

宗教信仰的力量早在大革命之前就在各个地区、城市和乡村之间发生了变化。这些变化让教士群体要么拒绝改革，要么在更加世俗化的地区宣誓成为一名服务于社区的“公民教士”。从大革命之前的三十年起，城镇里新的教士占总教士人数的比例从 45% 下降到了 27%，各地区差异很大。在一些省份，这种下降是断崖式的，例如在普罗旺斯地区艾克斯主教辖区、奥尔良主教辖区和欧坦主教辖区。无论是在城市还是乡村，新入职教士数量都全面减少，在 1791 年宣誓的地区中，减少比例最高超过了 40%：巴黎、普罗旺斯、巴黎南部地区（尼维内、贝里、波旁内、勃艮第），以及波尔多附近地区和里昂。相较而言，在西部地区（曼恩、安茹、下普瓦图）整体入职人数实际上增长了 50%，来自农村地区的入职者尤其多。[19]

宣誓使教会和革命都出现了分化。来自弗朗什孔泰的宣誓教士鲁斯洛坚称，他将他的职位视作“是与自己宗教的真正原则相符合的，是对国家最有用的。我对与我政见不同的教士同伴没有任何怨恨，我
125 真心希望他们不会遭遇厄运”。但是他认为这种不同的政见是错误的，担心这会对他所期待的经改良的立宪君主制下“良好的秩序与和平”造成影响。[20] 1791 年 2 月 4 日，克劳德·富歇神父在巴黎圣母院的讲坛上宣称：

> 世界笼罩在黑暗的阴影之下，只有在自由、平等和博爱的时代才能照亮……因此，忠于法国国民议会和法国国王是不朽的荣光，他们带来了一个人人友爱、人人平等、普遍自由的统治。

5 月，富歇成为宣誓效忠宪法的卡尔瓦多斯主教，随后开始了政治生涯。[21]

“爱国者”代表坚持认为，对教会机构的彻底改革是必要的，就像提高大多数教区教士的薪俸一样重要。但是教皇的谴责使那些反对革命性变革的人确信他们有正当的理由，而不仅仅是出于私利。

国民议会中的理性人士认为必须推行一种替代天主教在公共生活

中的核心地位的制度，它将从公共财政获得资助，并有效地进行管理，使公共生活摆脱冗余的宗教仪式。托马·兰代是诺曼底地区贝尔奈市的一名教区教士，也是厄尔省的代表，他在1790年12月针对心怀不满的教士同僚发表了一份小册子，他认为新政权有权说“你们人数太多了，你们的昌盛有损于公共利益”。他提醒他们，正如旧的教区划分是旧制度的产物那样，新的划分也应该反映革命做出的变革。[22]

1791年1月至2月推行的教士宣誓在某些地方引发的不仅仅是道德上的愤怒。尤其是在布列塔尼，宣誓将酝酿了两年的分裂引爆为公开冲突。1790年1月和2月，数百名来自布列塔尼和安茹的“爱国者”聚集在蓬蒂维表达他们与“所有法国人”团结的意愿，但是其他人对于取消布列塔尼独有的“宪法”和特权表示非常愤怒。地方望族的教士在他们的小辖区内往往享有高水平的薪俸和名望，而教会改革对冲突的激化作用无法估量。他们的地位如此之高，以至于莫尔比昂省选 126
举的232名市长中有42人是教士。2月13日，超过1 000名来自瓦讷附近的农民在未宣誓主教阿梅洛的支持下，手持铁镐、镰刀和一些枪支朝着瓦讷进发。一名参与者说，不行动就意味着“新教徒会被派到这里讲授新的法律，孩子在七岁以前都不会有洗礼”。萨尔佐村的牧师对村民进行了鼓动，有人怀疑他这么做的原因是他在大革命前2 600里弗的年薪高得非同寻常，现在已经减半。瓦讷的军士以几条生命为代价击退了农民。惊魂未定的瓦讷公诉人确信，“我们的农民兄弟们受到狂热自大的前贵族的蛊惑，而贵族是和主教们勾结在一起的”。[23]

城市、资产阶级、启蒙文化和由宗教、语言联系起来的众多村庄之间的鸿沟在布列塔尼和安茹南部体现得最为明显。瓦讷的地方行政官员深感震惊，村民们竟然不理解教士和贵族这样做明显是因为自尊心受损和自私自利：这些“自大的狂热分子”现在要像其他人一样纳税了。[24] 在瓦讷东北部的圣诺尔福镇，新的行政长官和公诉人是教士与他的助理，镇上的 5 名教士中的这两人兼任行政职务，管理着 1 200 人。1790 年初，他们曾经起草过一份所有缴纳过“爱国捐献”的人员名单，但是到了年末，他们的村镇委员会为教会改革感到惋惜，“我们不想背叛我们的教士”，并且控诉政府“曾经答应过给我们幸福”。这 5 名教士逃到西班牙后，这个镇从此拒绝纳税。[25]

城市文化和乡村文化之间通常存在着鸿沟。与南特市隔卢瓦尔河相望的库埃特的修女们拒绝宣誓过的米内主教进入她们的修道院，一群来自南特的妇女冲进村庄并鞭打了这些修女。在维埃尔维涅市西南部的林地牧区（bocage），教士拒绝宣读国民议会的法令。市长进入教堂时被周围的妇女包围，她们撕碎法令并且喊：“杀！杀！打他！打他！”市长最后勉强逃脱。在南特所在的大西洋岸卢瓦尔省，455 名教区教士中只有 97 人宣誓。[26] 在盖梅内，教区居民通常的反应是拒绝“外来”教士。1791 年 4 月 26 日，就在复活节过后，一名刚刚当选市长的
127 宣誓教士被愤怒的人群从小礼拜堂里拖出来，武力威胁他辞职，其他议员不得不逃跑。市长被辱骂为无赖，甚至更难听的词。六个月之后，教堂圣器室被洗劫一空，似乎是在进一步威胁“外来”教士。[27]

起初对教会“改造”抱有很大希望的革命现在演化成了相互对立的冲突。“爱国者”和那些反对革命的人，无论是在教会内部还是外部，都不能相互理解。这不是一个简单的利益纠葛或谁胜谁负的问题。分歧的双方一方是信徒，一方是公民。公民在新政权参与和世俗意义

上的个人成就里获得了自我认知，很难容忍那些选择旧有崇拜、礼制和权威的人。反对革命的人则认为“爱国者”是习俗、秩序和服从的破坏者。宣誓的结果注定使“爱国者”愤怒，他们对狂热和迷信的东西表示不屑，反而使维护信仰的人变成了潜在的反革命者。

教士的反应是广大人民态度的缩影，因为只有少部分教士能从他们的团体中脱离出来，对公共舆论不加理会。在像巴黎这样的大城市中，反对派教士用讽刺和拒绝的手段反对《教士公民组织法》时冒着很大的风险。巴黎人生活的记录者、支持革命的路易-塞巴斯蒂昂·梅锡耶描述了圣绪尔比斯教堂的神父如何试图通过布道反对国民议会改革，以及他的下场：

> 愤怒的呼喊声回荡在教堂的走廊之间……突然，教堂之中响起了和谐、宏伟的音乐，那首著名的歌曲回荡在每个人的耳边：“啊！一切都会好！一切都会好！”……反革命的煽动者被要求唱《一切都会好》。他从椅子上狼狈起身，带着嘲笑、羞辱和冷汗。[28]

在法国乡村，宣誓成为公众是否全面接受革命的测试。在东北部地区和巴黎盆地，公共生活长期以来相对“世俗化”，教士只是提供精神上的服务，总体上对于《教士公民组织法》和革命的认可程度很
高。然而在塞文山区和阿尔萨斯-洛林这样的新教徒占少数的地区，宣 128
誓教士和未宣誓教士相继逃离，天主教仪式和慈善占主导地位的生活受到威胁，引发了普遍的恐慌。有很多之前支持革命的教区居民对受人尊敬的教士和修女的离开表示惋惜，对于关闭多余的教堂的规定感

到愤怒。很多人认为对于传统的颠覆证明了这场革命是城市资产阶级的革命。

很多妇女对待教会改革时的反应尤其激烈和暴力，对她们习以为常的仪式和资助发生的改变表达了不满、愤怒和焦虑。在南部小城米约和索米埃尔，成群的贫穷妇女和儿童将他们愤怒的矛头指向了当地新教徒和支持革命的天主教行政长官，认为二者在破坏宗教和社会秩序上串通一气，米约的妇女喊道："我们要保留我们的宗教，耶稣基督的信仰，我们要我们的教士！"[29] 而其他支持革命的妇女同样愤怒。1791 年 2 月 22 日，一群巴黎女市民恳求科德利埃俱乐部吸收她们为活跃分子：

> 我们安慰自己，因为我们无力为公共利益做出贡献，只有将自己投身于唤起我们下一代成为自由人的行动中去。如果你们不相信我们的诚意……那么愤怒、悲伤、绝望会驱使着我们走上大街小巷。

两周以后，在 3 月 6 日，22 岁的巧克力工匠、活跃分子波利娜·莱昂向国民议会递交了一份有 300 人签名的请愿书："所有人都说一次暴烈的动乱即将来临。"她对此感到恐惧，要求妇女可以持有"长矛、手枪、军刀、步枪"，让她们假日和周日在联盟广场上操练。[30]

宗教分裂在"爱国者"和他们的敌人之间引发了进一步的分化。因言论和出版自由而生的反革命媒体却将自由视为敌人。1791 年 3 月，极端保王派的《国王之友报》用感性的语言总结了教士宣誓问题的分歧：

> 国民议会中的右派，是维护信仰和王权的精英。他们所有人 129
> 都是杰出的、富有美德的公民。左派，如兽群般聚集的是教会和王权的主要敌人，包括犹太人、新教徒、自然神论者。他们所有人都是放荡者、骗子。

这份报纸提出了大革命政治话语中最持久的发明：用“左派”和“右派”来划分国民议会中观点相同的代表群体。[31]

反对革命最为激烈的人是那些失去地位、权势和财富的人，他们将财富的丧失归咎于传统的宗派冲突。在1790年6月尼姆骚乱造成数百名天主教徒死亡后，弗朗索瓦·弗罗芒和贝利亚村的村长路易-巴斯蒂德·马尔博斯克在雅勒高原上组织了天主教保王党的集会，由源自十字军时代的“骑士团”领导，在阿尔代什省和加尔省的南部边境上，有超过3万名来自180个村庄的人8月18日在那里集会。解散之后，弗罗芒回到了都灵，他在那里收到了一封来自路易十六的信件，许诺他在恢复绝对王权后加封他为贵族。1791年2月20日雅勒营地举行第二次集会，事后，天主教徒和新教徒在于泽爆发了冲突。这次集会规模较小，大约有1万人，遭到“爱国者”的强烈反对。当地国民卫队奉命驱散他们。两周以后，狂热的保王党马尔博斯克的尸体在罗讷河边被发现。[32]

那些反对革命的人恐惧的来由就在眼前。1790年12月，激进的记者让-保尔·马拉用他的报纸《人民之友报》来建议爱国者：

> 一年前，砍下 500 或 600 人的头颅后，你们就认为你们已经永远自由幸福了。现在则需要 1 000 个人的头颅；在几个月后，也许要砍下 1 万人的头颅，你们会完成好这项工作的；除非你们已经消灭了最后一个顽固的国家公敌，否则你们将永无宁日。[33]

整个国家正在分化。到了 1791 年，“爱国者”和保王党都用上了
130 赤裸裸的暴力词汇相互指责。代表科贝尔·德·斯基里奥怒斥“顽固派教士打着宗教和平、仁爱的旗号进行残忍犯罪、谋杀和投毒”；保王党巴纳贝·杜罗索瓦在《巴黎日报》上叫嚣“欧洲各国君主要尽快来处决”这些散播革命“病毒”的人。既是作家，现在又是革命派行政官员的弗朗索瓦·德·纳夫夏托在 1791 年 5 月写给朋友约瑟夫·普兰·德·格朗普雷的信中说，巴黎“表面上风平浪静，内部暗流涌动。火山正在休眠，但肯定会剧烈地喷发”。[34]

纳夫夏托希望正在起草的最后阶段的国家宪法能够使火山平静下来。宪法有意平衡国王（有权任命部长和外交官，临时中断立法，宣战与议和）和立法机构（只有单独一个议院，有权管理财政和立法）。路易十六的困境在于如何解读这些享有主权的人民相互冲突的意见，这些人不久之前还是他的臣民，他们在革命现有的变化以及未来的方向上分歧越来越大。他曾经同意《教士公民组织法》，但是当他想去自己在巴黎西部的圣克洛德宫与未宣誓教士进行复活节弥撒时，被一群疑心重重的民众拦了下来，他对此非常愤怒。

有很多人将路易十六视作稳定的象征和宪法所承诺的和平改革的保障者，而和平不仅反对愤怒的反革命者，还反对那些要求更加彻底

革命的人。在地中海港口土伦，1791 年中期在宪法之友会之外成立了一个更偏保守的政治俱乐部。这个新的俱乐部不无道理地名为“宪法之友和捍卫者”，它声称“一小撮煽动分子表现出的虚伪爱国主义让会员们忍无可忍，他们的暴力行径迫使很多诚实的公民退出了之前的俱乐部”。[35] 在普罗旺斯地区艾克斯的北部地区，说普罗旺斯语的埃居耶小镇（人口 2 000 人），104 名宪法之友俱乐部成员退会，在 6 月 22 日成立了一个同名的保守俱乐部。在一些当地有名望者的领导下，他们在第一次会议上宣称：“它是为了智慧、开明的公民和真正的爱国者成立的，为了向朋友们树立一个遵守法律的模范，如果没有秩序，我们刚刚获得的自由毫无疑问会离我们而去，并且将我们埋葬于一个比我们刚刚摆脱的奴役还深的深渊里。”[36] 他们可能不知道，就在他们表 131
达热切期望的那天，革命到此为止还是安全和平静的，而当路易十六开始那一趟令人不齿的行程时，这些期望注定要破灭。

自从 1789 年 7 月开始，国民议会就面临着双重挑战：如何保护革命免遭反对者的破坏？革命又应当进行到何种程度？这些问题在 1791 年年中酿成一个惊天危局。路易十六对于自己权力受限和因批准教会改革而遭到批评非常不满，他在 6 月 20 日夜里和他的家人从巴黎出逃。[37] 他留下了一份声明，否定了革命的方向：“这么多的牺牲唯一的结果就是看着王国被毁灭，所有权力被废止，个人财产遭到侵犯，所有人民的安全都处于危险当中。”他呼吁他的臣民回到他们熟悉的统治下：

> 法国人民，尤其是巴黎的人民，列位先王曾经乐于将你们称作“善良的巴黎”，要小心你们的虚伪朋友们的建议和谎言；回

> 到你们国王身边吧，他将永远是你们的慈父，你们最好的朋友。[38]

当国王出逃的消息传遍全城时，人们的心情更多是愤怒而不是懊悔。

王室在绝望之下逃往东部边境蒙梅迪寻求庇护，这里有布耶侯爵的驻军。这是一系列错误的开始。在圣默努几千米外，国王的马车离开了通往梅斯的主路，转投小路朝北向蒙梅迪和卢森堡边境进发。但是国王已经在圣默努被一名叫让-巴普蒂斯特·德鲁埃的邮差认出，他冲到下一个城镇瓦雷讷向那里的人们报信。路易十六和他的家人在那里受到愤怒人群的围堵，村长、杂货店主让-巴普蒂斯特·绍斯为他们提供了保护。当巴黎的军队匆忙赶来时，国王实际上被困在房屋中。

由于震惊而怨恨的群众的围堵，王室始于6月22日的返回巴黎之旅行进缓慢，饱受屈辱。国民议会感到措手不及：路易十六终止行使国王权力，但在他返回首都的过程中还必须杜绝任何骚乱。国民议会警告人们，“任何给国王喝倒彩的人将会被棒打，任何侮辱国王的人将会被绞死”。支持国王的行动非常稀少和危险。当皮耶尔伯爵是向国
132 王表示忠心的人之一，他是凯尔西驻军的一名军官，在1785年与当时担任战争大臣的塞居尔元帅的一名亲戚结婚。当皮耶尔家族居住在圣默努西部的昂镇，他们并不富有，废除诸多特权让当皮耶尔感到愤怒。他曾经获得圣路易勋章*，他在国王马车队离开圣默努的时候戴上了它。当他跟随着国王马车前行时，这种明显在向国王致敬的行为让熟悉他

---

* 圣路易勋章由路易十四在1693年4月5日创立，以法国国王圣路易的名字命名，目的是表彰战功卓著的军官。这是今天法国荣誉骑士勋章的前身。

的农民对他忍无可忍。这位伯爵当天被射杀。[39] 国王最后一次逃脱的机会是在马恩河畔沙隆，当地有名望的人在 6 月 22 日准备了丰盛的晚宴迎接国王到来，但是外面愤怒的平民要求他回到巴黎，路易十六第二天一早就离开了这座城市。

一些地方行政官员，例如巴黎东部埃纳省的官员，担心国王出逃的消息会进一步激怒群众，引发危害国王生命的骚乱，他们统一官方口径，说国王出逃是被迫的。但他们的人民不是那么好糊弄的。当返程的马车穿过该省南部的蒂耶里堡时，一群人无视官员发布的不得侮辱国王的警告，强迫王长子喊“国家万岁！”（Vive la Nation！）市政议会一言不发地接待了路易十六，国民卫队拒绝举枪致敬。[40]

国王出逃的消息最早在 6 月 21 日周一那天就在巴黎传开了，像野火燎原一样，以每小时 8 到 10 千米的速度传遍全国。有时传播得会更快：消息到达距离巴黎 500 千米的西部城镇桑特用了 36 个小时。东部的梅斯和西部的南特在周三的晚些时候得到消息；五天以后，它就传到遥远的佩皮尼昂和地中海的土伦。国王被截住的消息花了一周的时间才到达佩皮尼昂。两个事件都是令人震惊的新闻。在首都西南 320 千米外维埃纳省的蒙莫里永，当地的雅各宾俱乐部表示，稳定才是当下的重点：“国王的出逃粉碎了我们所有的希望，这警示我们不能依赖国王的回归继续革命。”[41]

国王的意图一直都没有改变，他想恢复他在 1789 年 7 月之前的王权，解散国民议会，即使是在革命变革不能全部撤回的情况下。[42] 他的失败和被截让双方都确信，革命处于危险之中，或者革命本身就是
危险的。全国各地有很多人难以想象一个没有国王的法国。保王党报 133

纸《巴黎日报》号召读者成为“国王的人质”并用自己换回路易十六的“自由”，结果总共收到了4 160封志愿者的来信。[43]而在《杜歇老爹报》，编辑雅克-雷内·埃贝尔曾经是国王的支持者，现在故意用一种粗俗的语气责骂国王：“你不再是我的国王了，永远不是我的国王！你只是一个懦弱的逃兵……我们要把你和你的妓妇关进沙朗通精神病院和圣路易医院……如果你再逃出来我会用斧子劈了你。”[44]一名来自与奥尔良隔河相望的圣德尼谷地的农场主在日记中写道：“国王与妻儿一起出逃，与他在国外的兄弟相会，他在瓦雷讷被捕对法国来说是一件幸事。”[45]国王被捕的消息在6月24日传到多尔多涅河畔繁荣的港口贝尔热拉克（人口11 700人）时，被人们“欣然”接受，但还是引起了可能与西班牙和英国交战的恐慌：雅各宾俱乐部向公民们保证，国民卫队有50万士兵准备着保卫边境，“不自由，毋宁死”。他们决定与伦敦的法国革命之友会联系，要求他们与邪恶的首相小皮特斗争。[46]

国王出逃并被国民议会停职加剧了首都内原本就已经非常尖锐的社会冲突。很多工薪阶层被1791年6月14日颁布的《列·霞白利法》激怒，该法令开放了劳动力市场，禁止雇主和雇员结社，“废除所有类型的通过行会和职业组织起来的公民团体是法国宪法的根基之一”。[47]列·霞白利是一名受封为贵族的律师，曾经主持1789年8月4日的国民议会会议，是建立雅各宾俱乐部的激进的布列塔尼代表之一。他的法律，与皮埃尔-吉尔伯特·阿拉德1790年废除行会的法律一起，在创建自由放任经济上发挥了决定性作用，两部法律针对的都是“反革命”行为和旧制度的特权团体。

《列·霞白利法》主要针对巴黎工薪阶层的“结社”，也针对在巴黎盆地大型商业麦田上工作的麦客的罢工潮。富有的农场主一次性雇用的麦客可达 80 名。时常发生的暴力罢工和“作乱”往往恰逢收割最繁忙、最需要人力的时候，就像 1791 年夏天那样。埃纳省的行政官员为了平息蒂耶里堡附近的农场罢工，不得不逮捕多达 700 名麦客， 134
最终确立了最高支付比例（麦客从收割的谷物中分成，他们通常把分得的谷物卖掉）。谷物自由贸易也是矛盾的集中点：7 月 20 日，在鲁昂北部的托特村，200 名士兵和来自城市的国民卫队与多达 4 000 人对峙，后者携带着枪支，由佩戴着绶带的市政议会议员和来自 22 个村庄的国民卫队军人带领，坚持要求控制谷物贸易。城市当局动用了超过 500 名士兵才将他们驱散。[48]

1791 年 7 月 14 日攻占巴士底狱两周年庆典缺乏像上一次那样的团结友爱和乐观主义。“爱国者”团体现在变得更加坚决。在勃艮第的圣朱利安德萨吕村，村民定做了一口重达 1 550 千克名叫“玛丽 · 雅克”的大钟，用来庆祝“《教士公民组织法》、压制世袭贵族及其社会秩序、废除粮食税和盐税及封建统治的奴役、个人自由、平等的税制以及新的财政和司法制度”。这口大钟得到让 · 隆盖牧师的祝福，他还负责将一块巴士底狱的砖石镶嵌在村庄入口处的塔上，上面刻着：“这块砖石取自巴士底狱的废墟。爱国主义使它有了更好的用处，把它放在这里使这个地方有了自由的美名，这是在法国解放的第二年。”今天这块砖石还留在那里。（图 13）[49]

在巴黎，攻占巴士底狱两周年庆典比第一次要阴沉得多。巴黎歌剧院的主管弗朗索瓦-约瑟夫 · 戈塞克曾经在 1790 年创作了一曲《赞美颂》，现在他和诗人马里-约瑟夫 · 谢尼埃在一年之后共同创作了一首振奋人心的《7 月 14 日之歌》：

人民、国王、城市、乡村的上帝，
路德、加尔文、以色列的孩子们的上帝……
记住暴君肆虐的时代
将法国人的权利踩在脚下的时候；
那个时代并不遥远，奸诈的大臣们
蒙蔽了国王和人民……
王公、贵族和教士们奢华无度
人民在他们的财富下战栗；
他们的宫殿
135 洒满了反抗者的鲜血和悲伤的泪水。

如何处置国王的问题如阴云般笼罩着庆典。在路易十六被国民议会停职时期，格雷古瓦神父等雅各宾派要求国王退位：

首席公仆放弃了他的职责；……他违背了自己的誓言，他留给法国一份宣言，不论我们如何看待这份宣言，它即使无罪，至少也与我们自由的原则相悖。他不可能不知道他的出逃会将国家置于内战的危险之中。最后，假设他只想前往蒙梅迪，我认为：可能他满足于在国民议会考虑各种法令时在蒙梅迪和平地旁观，如果是这样他没有理由逃跑；或者他想要寻求用武力支撑他的诉求，在这种情况下，这是一次反对自由的阴谋。

然而，尽管路易十六在被抓和回程中受到羞辱，但国民议会还是恢复了他的职权，并且在7月15日颁布法令说他是被“绑架”的，1791年宪法中有关国王的条款仍将有效。

对于大多数代表来说，问题十分清楚。安托万·巴纳夫是来自格勒诺布尔的新教徒律师，也是在6月23日护送路易十六返回巴黎的三名代表之一，按照他的说法：

> 今天的任何改变都是致命的：今天任何延长革命的举动都将会是灾难……我们是要终结革命，还是重启革命？……如果革命再进一步，它只会是危险的：如果革命与自由结合在一起，它的第一步是打倒王权；如果革命与平等结合在一起，它的第一步是攻击财产……是时候结束革命了……除了财产上的不平均，贵族制中还有什么没打倒的吗？[50]

巴纳夫在这里暗示的是罢工潮、首都工薪阶层的游行、失业问题以及乡村持续的骚乱。他考虑的还有圣多明各的暴力反叛，他在这个问题上坚定地站在种植园主一边。路易十六因此变成了反对“消极”公民、奴隶及其支持者的激进要求和维护稳定的象征。

7月17日，科德利埃俱乐部组织了一场请愿，要求路易十六退位，
他们在马尔斯校场的一次游行上征集签名，就在一年前庆祝联盟节的 136
祖国祭坛上。请愿的内容如下：

> 鉴于路易十六的罪行已被证实，国王必须退位；为了接受国

王退位，要成立一个新的立宪机构，以推进对有罪者进行的公开公正的审判，尤应推进行政权力的组织与就位。[51]

马尔斯校场上冲突一触即发：有两个躲在祭坛之下被认为是“间谍”的人被处以私刑。国民卫队司令拉法耶特奉命驱散请愿者。当时的 50 000 人中大约有 6 000 已经签名，拉法耶特下令举起红旗，以此警告人群，若不散去国民卫队就会开枪。当人群开始投掷石块时，他命令士兵开枪，杀死了大约 50 名请愿者。（图 14）[52]

这就是著名的“马尔斯校场大屠杀”，这不是大革命的第一次大规模流血事件。但是，这是保住了 1789 年革命成果的巴黎第三等级的内部冲突首次爆发。国王出逃和国民议会的反应已经使国家分裂。在屠杀过去几天后，一个来自沙特尔、代表厄尔-卢瓦尔省的代表团被热情地迎入国民议会。代表们赞许了国民议会保留路易十六王位的决定，以及接近完成的宪法：

> 我们用最真挚的情感向你们保证，这个法令将会决定国家的命运，各省的全体公民将会欣然接受；由于你们在各个方面所做的工作，它将会增加人们的信心和敬意。最后，我们来到你们身边重复神圣的誓言，我们会为了履行法律和维护宪法流尽最后一滴血。（鼓掌）[53]

在马尔斯校场请愿上签名的人中，有一个名叫康斯坦丝·埃夫拉尔的 23 岁厨师。后来她因羞辱了一名国民卫队士兵的妻子而遭到讯问，

康斯坦丝说她曾经和波利娜·莱昂、她的女儿在一起签过一个“所有 137
善良的爱国者一致认为……要改组行政权力”的请愿。她很快承认她读过马拉、卡米耶·德穆兰等人的激进报刊。罗伯斯庇尔认为，屠杀的责任在于那些“最卑鄙堕落的人”，像巴纳夫和拉法耶特这样的人“草菅人命，违心参与革命，是社会的破坏者和秩序的颠覆者”。[54]

但是国民议会中的大多数代表更关心如何将现在的革命与即将完成的宪法相调和。超过 260 名国民议会成员脱离雅各宾俱乐部，以集会的地点斐扬修道院自命为斐扬派，只剩下大约 30 个激进分子。[55] 巴黎律师让–巴普蒂斯特·比耶科克是众多离开雅各宾俱乐部的人中的一员，他离开是因为它已经变得太“平民”了：有太多外来难民和巴黎人加入，他们唯一的动机就是“爱国主义”，而不是“投身于宪法、憎恨丑恶和崇尚美德”。[56]

现在到处都出现了分歧，温和立宪君主派结束革命的希望已经破灭。政治风气非常敏感。1791 年，一个参与表演《狮心理查》的演员将理查换成了路易：“啊，路易！啊，我的国王！我们真诚地爱戴您。”包厢有人鼓掌，台下也有人喊：“叛徒们滚下来！”管弦乐队试图通过演奏《一切都会好！》来缓解紧张气氛，但是只有警方介入才平息了骚乱。数个月后，一名女演员在台上与观众扭打在一起，她只是在唱“哦，我是多么爱我的女主人！”的时候正眼瞧了瞧玛丽·安托瓦内特。一出意大利喜剧中有一句台词说“人民应当被教育而不是被误导！”引起了私人包厢里的老顾客和台上演员之间的冲突，警察冲上舞台维持秩序时被投掷土豆。[57]

路易十六未能安全地前往外国重新引起了从革命之初就不曾平息

的恐慌，人们担心欧洲各国君主在法国发生革命时不会袖手旁观。这些恐慌在代表皮埃尔–弗朗索瓦·勒普特的家信中非常明显，他是里尔北部边境乡村一名富有的佃农。在他担任国民议会代表期间，他和妻子安热莉克通信超过 500 封，很多信件都关注她在农场的经营状况，
138 他曾经以为他在 1789 年只会离开几个星期。在“愚蠢的国王”1791 年 6 月出逃后不久，勒普特表达了他的焦虑，“战争不可避免，孔代亲王和阿图瓦伯爵将会带着一支 5 000 人的军队侵入法国，他们穿着由未宣誓教士长袍制成的黑衣，上面挂着骷髅”。安热莉克也有她的担忧，“平民派和贵族派变得越来越急躁，在我看来，他们像是拴在链子上的狗——他们知道如何狂吠，却不知道撕咬”。[58]

有很多证据可以证实安热莉克的担忧。路易十六的幼弟阿图瓦伯爵在 1791 年 1 月将他的流亡宫廷从都灵搬到了科布伦茨，这是他叔叔的特里尔公国的首府。几个月后，他的哥哥普罗旺斯伯爵加入了他的阵营，普罗旺斯伯爵在路易十六 1791 年 6 月被抓时成功逃脱，身边跟随着一群流亡贵族。此外在莱茵河更上游，孔代亲王在美因茨设立了另外一个流亡宫廷。其他流亡贵族跨过比利牛斯山逃到了西班牙。[59]

国王出逃让很多在法国国内的人感到军事冲突即将来临。同时，神圣罗马帝国皇帝利奥波德二世在 7 月 5 日发表了《帕多瓦宣言》进行威吓。利奥波德和普鲁士的腓特烈二世在 8 月 27 日共同发表了《皮尔尼茨宣言》。尽管这些动作只是在虚张声势，但都成了佐证。奥地利的利奥波德二世的敌意使公众越来越不信任他的妹妹玛丽·安托瓦内特。国民议会极力避免战争，但也临时征召 10 万名年轻人入伍，他们的革命热情、蓝色的制服与职业军队的服从和白色制服形成了鲜明对比。

国民议会的工作牵涉面广、耗力巨大。新的社会秩序根基已经打下，全国公民之间团结友爱的目标让它进一步巩固。与此同时，国民议会的路在变窄。一方面，失去地位、财富与特权的贵族和教会精英的仇恨不断增长，在很多地区，幻想破灭的教士和教区居民支持着他们。另一方面，国民议会在全面废除领主捐税时的妥协，对未宣誓教士的不包容，将“消极”公民排除在政治之外，以及经济自由主义的政策都令它在不断失去群众基础。 139

国王出逃失败加剧了这些分化和恐惧，因为新的秩序建立在立宪君主制之上，路易十六在关键改革上的迟疑和宫廷人士的直接反对都与此格格不入。路易十六在处理政治动乱上的无能进一步使人民的美好愿望落空。与政治危机同时产生的出版自由使得先前对路易十六下流的讥讽被重新提起，现在其中的政治蔑视更加肆无忌惮。1779 年讽刺王室夫妇的戏剧《夏洛和托瓦内特的风流韵事》在短短数月内再版了七次。保王党作家也加入了，他们责怪路易十六在遏制革命势头上的软弱：

> 我们的国王
> 比狗还蠢
> 如果你仔细看他
> 他像是国王的一个屁。

一份保王派小册子将他与他的祖先路易十四相比，谴责他嗜酒无能：“你的臣民把你看成一个孩子。”[60]

国王和王后在道德层面遭到的攻击使得王权颜面扫地，路易十六在大革命前被讥讽为性无能，在他从瓦雷讷灰溜溜回来的时候很快被讥为“猪王”，贪吃并且无法满足守活寡的王后。据传，瑞典的阿克塞尔·冯·费尔森伯爵是玛丽·安托瓦内特的情人，一名讽刺作家让笔下的玛丽·安托瓦内特叹息道：“唉！唉！我将与谁获得这世间的乐趣？不是和我们的猪……我现在被法国人包围，身边跟随着一个可怜的陛下。”[61]

从革命一开始，对抗就被视作是对正义获胜、人民意志的恶意阻挠的证据，甚至是阴谋的证据。但这不仅仅是妄想：确实存在阴谋，国王的伪誓使得反对革命变成一件值得深思的事。[62] 在多个场合，路易十六曾经发誓要维护未来的宪法，在一个大多数人都是文盲的社会，公开宣誓是神圣的。在 1790 年 7 月 14 日的联盟节上，路易十六曾发
140 誓“要使用国家宪法赋予我的权力，维护经过国民议会决定和我本人接受的宪法，并且推行新法律”。[63] 而他 1791 年 6 月的出逃证明，国家的领导者不能被信任。公众对于国王的信心再也没有恢复。此外，他的伪誓更是表明公开宣誓不一定代表真心实意。人民在未来怎么会
141 知道发誓是不是发乎革命热情的真心实意的宣言呢？

第八章

恐惧和愤怒，1791—1792 年，以及二次革命

1791 年 9 月 14 日，由国民议会复立的路易十六颁布了法国第一部成文宪法，将国民议会自 1789 年来的工作呈现了出来。法国将实行君主立宪制，国王和由有财产限制的公民选举出来的一院制议会共享权力，国王是行政首脑。宪法的条款是一项历史性成就，为基于人民主权和法律面前人人平等的新政府奠定了基石。尽管缺陷存在——比如没有赋予妇女、奴隶和穷人明确的政治和社会权利——但国民议会已经创造了当时世界上最具包容性、最高参与度的制度。[1] 自从 1789 年 5 月就聚集在凡尔赛的 1 200 名代表中，有不到 200 名代表反对最终稿的宪法。很多人都兴高采烈，比如科学家和作家拉勒芒·德·圣克鲁瓦，他在 9 月 18 日用乘坐热气球从巴黎前往普罗万的方式来庆祝宪法颁布，并将宪法的复本绑在鸡腿、面包和酒上投放下去。[2]

国民议会非常渴望实现革命的承诺，完成宏伟的工作。在路易十六颁布宪法的同一天，国民议会颁布了一部法令，赦免从 1788 年起由于反叛和革命而被关押的人。来自索姆省亚眠市南部的达旺内斯库尔村的 17 名农民从中受益。1791 年 2 月，他们被控在隶属于米雷女

伯爵的城堡附近犯有抢劫、恐吓等罪行，并且可能有谋杀行为，他们
142 这样做是报复女伯爵对他们的剥削，因为她垄断了磨坊，有种植和砍伐树木的权利，成功地将三分之一的公有土地划归已有，还报复性地更新了她收取的领主捐税的清单。但是很幸运的是，这些农民在蒙迪迪耶与年轻的革命者弗朗索瓦·诺埃尔·“格拉古”·巴贝夫关押在一起，巴贝夫本人由于在家乡鲁瓦带领一帮非法占住者夺占公共土地而被捕。自学成才、头脑灵光的巴贝夫说服了司法大臣，使他相信，这些农民的行为是革命举动，而不是犯罪行为。[3]

国民议会希望赦免这些囚犯意味着 1789—1791 年的暴力动乱这一页已经翻过去了。对于他们来说，国民议会已经完成了它的使命，革命已经结束了。那些心存不满的人现在要采用必要的法律程序而不是暴力抗议来表达他们的诉求。当国民议会在 9 月 30 日解散时，代表们也随之离开：很多人返回家乡，还有一些人决定留在首都。来自尼姆的新教徒牧师拉博·圣埃蒂安就是后者当中的一员，他开始记述国民议会的工作。“法国大部分已经安定”，他说道，“宪法已经完成了，是时候书写大革命的历史了”。[4]

罗伯斯庇尔返回家乡阿拉斯，还不确定是在当地从政还是返回首都。[5] 他可能在留在家乡这段时间里重新阅读了他的偶像让-雅克·卢梭的《社会契约论》。他意识到社会平等对于民主的重要性：“法律通常对于那些有财产的人是有用的，对于那些一无所有的人是有害的。由此可以引申出，只有当所有人都有一些财产并且没人有太多的财产之时，社会国家才是对人民有利的。”即使那样，卢梭的著作更提醒罗伯斯庇尔，公意和人民意志并不是同义词，因为“人民经常被

欺骗……公意永远都是正确的，而引领公意的判断不一定经常是进步的”。“道德高尚”、公正无私的立法者角色将会至关重要，他要揭露阴谋，将公意和他个人的最高利益调和在一起。要避免个人荣耀与名声的诱惑，最典型的恶例就是米拉波，他靠动听的演讲在革命中博得声望，暗地里却效力于宫廷。[6]

罗伯斯庇尔从卢梭那里学到，共和国并不是天生就富有美德的。
事实上，卢梭坚称好的政府就是尊重公共利益的政府，因此一个健康 143
的共和国——“共和国”（republic）一词不正是来自“公共事务”（res publica）吗——甚至可以在王权统治下实现。而那些由于国王口是心非而举棋不定的人有着不同的意见。雅克-尼古拉·比约-瓦雷讷是前巴黎高等法院的律师，他用大革命前的名字比约·德·瓦雷讷写了一份言辞尖锐、题为“联邦制”的小册子，他认为在一个人口众多的国家里，像美国那样的联邦制共和国是确保有才能的人广泛参与的最佳途径。另一位仰慕美国的人是著名旅行作家、政治文学与色情文学作家雅克-皮埃尔·布里索。他曾经在1788年去过美国，随后在1791年兴奋地出版了三卷本的著作，他认为美国是法国潜在的效法对象，要在一个和平的、联邦制的欧洲选举产生总统。（图15）[7]

法国内外严重的分歧使得这种乌托邦式的想法化为泡影。在法国内部，教会改革带来的社会裂痕使得暴力冲突持续发酵，封建租税、对公有土地和森林等资源的控制等问题仍然悬而未决。从1789年起，有关占有土地是归国家还是领主的问题和未经许可砍伐树木的大量报道纷纷涌向巴黎。乡村贫民占有并清理了边缘土地、荒地甚至林地，以图得到一块可耕种的土地。通过立法来解决乡村争端、保护领主树木和土地的努力经常徒劳无益，这会被当作是强化有产者的利益。[8]对有限的土地改革的失望和对教会改革的愤怒经常汇集成一股狂暴的浪潮。例如，令大多数下布列塔尼农民不满的是可收回土地租佃制度的有关问题。地主拥有土地，佃户不仅拥有作物还享有房屋。由于这些租约期限很长，佃户故而将自己视作土地的所有者而非租用者。佃户们觉得他们对农场做的任何改良只会为地主驱逐他们或征收更高租金提供借口。无论是《八月法令》还是后来 1791 年 8 月 6 日关于农村的法令都没有提到终止租约这个具体问题——他们是佃户还是土地所有者？——因为 1791 年的法令只给了这些佃户终止租约的权利以及就已建造房屋索取赔偿的权利。国民议会忽视了广大佃农这一重要群体，
144 而他们是乡村的核心，他们已经对教会改革感到愤怒。从此以后，他们陷入了与革命政府和当地领主的长期斗争中。[9]

立法者受困于他们对于私有财产神圣不可侵犯的承诺，他们对农民集体行动的力量感到不安，也对于法国很多地区的环境遭到破坏感到恐惧。这种不安在 1791 年 9 月末的两份重要立法中体现得很明显。首先，在 9 月 28 日，国民议会颁布了《农村法令》，试图平衡个人圈占草场和森林的权利和长久以来的集体权利（例如集体成员可以在公有土地或休耕地上放羊）。这个冲突后来被证明是无法解决的。[10]第二天，议会通过了备受期待的《森林法令》，它本质上重申了柯尔贝 1669 年关于国家控制森林的主要规定，此外还坚称个人完全有权自由处置个人所有的林地，“可以任意处置”，无论农民进入森林有怎样的传统权利。

不仅仅是拥有土地的农民和佃农在抗议这种不彻底的变革。奴隶

们世世代代都在以系统性暴力为基础的种植园体系下用策略争取有利条件。他们的策略从消极怠工到欺骗，但是很少出现直接反抗。现在关于人权的讨论在奴隶制意识形态的高墙上打开了一个缺口。1790 年 8 月，圣多明各的奴隶开始烧毁种植园产业，焚毁甘蔗，破坏甘蔗捣浆机。他们试图攻占正在开会的殖民地议会所在的海地角，并在失败后撤入山林。1791 年 5 月，国民议会对殖民地的暴力冲突做出了无力的回应，赋予父母双方都有自由身份并拥有必要财产的自由黑人以“积极”公民身份，但是回避了奴隶制问题：“国民议会认为，如果没有殖民地人民优先、自由、自发的愿望，讨论那些父母不是自由民的有色人种的身份问题时机永远都尚未成熟。”[11]

1791 年 8 月，规模更大的奴隶起义在圣多明各殖民地北部平原爆发，起义者趁殖民地议会再度开会之机围攻海地角。他们没能攻占城市，撤退到山区，在那里建造了抵抗殖民军队的营地。很多奴隶都是参加过中非刚果内战的老兵，他们善于采用游击策略。起义充满血腥、拒不妥协，因为起义者深知失败就意味着死亡。到了 1791 年底，大约有 145
400 名白人殖民者死亡，而奴隶的死亡人数是这个数字的十倍不止。[12]

奴隶反叛使殖民地在法国的游说团拒绝任何妥协。仅在 1791 年 11 月，南特的商业团体就捐赠了 12 万里弗来帮助他们在圣多明各的商业伙伴，他们购买了步枪、手枪、弹药、军刀、饼干、梨子白兰地、荷兰啤酒和奶酪。运送这些物资的船还有着“繁华号”“圣人号”这样堂皇的名字。[13] 这份补给只是杯水车薪。于 1791 年 10 月 1 日产生的法国立法议会受到奴隶起义的压力，在 1792 年 4 月将公民权扩展到所有“有自由身份的有色人种”，但是仍然没有触及奴隶制。

在法国以外，各国君主对于路易十六在瓦雷讷被捕后的安全表示担忧，并且担心革命的传播，而支持改革的人受到了法国的鼓舞。1791 年，匈牙利卫兵伊什特万·鲍察尼写下了一首名为《法兰西的变革》的诗：

> 啊，你仍然戴着奴隶的项圈，
> 锁链将你拖向坟墓！
> 还有你！被奉为神明的国王，
> 尽管这土地要你祭上鲜血，
> 但你还在杀害不幸的臣民：看看巴黎吧！
> 让法国来揭示国王和被缚的奴隶们的命运吧。[14]

年轻的鹿特丹贵族海思贝特·卡雷尔·范·霍根多普在 1791 年总结说，在国际上，那些认为权力来源于“高贵出身、教会支持”的人和那些认为权力来源于“人民一致同意”的人正在斗争：“教会和国家”对阵“人民主权和民主”。[15]

在英国，埃德蒙·柏克等人和支持革命的人展开了一场激烈的论战。柏克的《法国革命论》在 1790 年 11 月出版后的数月间卖出了 17 500 册。这本书很快被译成法语，同样很畅销。它遭到了玛丽·沃斯通克拉夫特的《人权辩护》（同样在 1790 年出版）和托马斯·潘恩
146 的《人的权利》的挑战，后者的销量超过了 20 万册。潘恩坚称“这是一个革命的时代，任何事都可以去实现”。斗争不仅仅停留在口头上。1791 年 7 月 14 日，攻占巴士底狱两周年的时候，支持“教会和

国家”的暴徒洗劫了支持革命、反对柏克的科学家约瑟夫·普里斯特利在伯明翰的家。1792年初，伦敦通讯社就有了1万名会员，大多数苏格兰城镇和城市都有一个人民之友会。在爱尔兰，爱尔兰人联合会受到鼓舞发起了扩大天主教徒选举权的运动。[16]

革命带来的挑战在各地社会的反应不尽相同，当地的局势决定了这挑战是被接纳、适应还是被拒绝。奥斯曼苏丹塞利姆三世的私人秘书艾哈迈德·埃芬迪1792年在日记中写道："希望真主将法国的动乱像梅毒一样传播到帝国的敌人那里，让他们彼此之间陷入旷日持久的斗争中，这样一来帝国就能受益。阿门。"[17]

路易十六还有几分的诚意？这是争论双方必须面对的问题。从革命一开始，对于国王真实想法的疑虑和将他视作"恢复法国自由的人"的愿望便交织在一起。他在1791年6月失败的出逃尝试加深了疑虑，尽管满怀热心的人们认为他会忠实于在当年9月颁布的宪法。[18]观点出现了两极化。12月，鲁埃里侯爵夏尔-阿尔芒成立了布列塔尼协会，呼吁恢复绝对君主制和本省先前的权利。[19]与此相对，马赛的雅各宾俱乐部在1792年2月写信提醒路易十六"人民是最高主宰，你只是一个公仆"。[20]

1791年9月14日宪法公布，同一天国民议会投票接纳阿维尼翁及周边孔塔-弗内森地区并入新法国，结束了教皇对这一地区将近500年的统治。国民议会在1790年曾为了与教皇在教会改革上搞好关系，拒绝了阿维尼翁及其周边地区并入法国的请求。教皇在1791年4月否认改革的宣言消除了这一顾忌。在当地98个公社的投票中，只有19个反对并入法国。阿维尼翁内部的政治和宗教冲突因长期干旱的加剧，

在10月16日爆发出来，一群妇女宣称一座圣母马利亚的雕像由于爱
147 国者亵渎神像的行为而哭泣。一名重要的雅各宾派成员尼古拉·莱斯居耶被人们抓住并且被用椅子和铺路的石块打死，他的眼睛和面部遭到编织针和剪刀的戳刺。为了报复，由马修·茹尔当带领的爱国者们——他们因为宣称曾经在1789年砍下巴士底狱典狱长的头而被戏称为“断头者”——抓捕了嫌疑犯及其同党，用刀剑、铁棍和枪托杀了60人。遇害者的尸体被扔在著名的拉格拉西叶宫（La Glacière）塔楼的一个厕所里。11月，从巴黎来的特派员来到阿维尼翁，开始逮捕行凶者，这些尸体被发掘出来并且举行了公开的葬礼。但是凶手将会逍遥法外，立法议会在1792年3月表决赦免阿维尼翁人在1791年11月之前犯下的所有罪行。[21]

正是在这种高度紧张的氛围下，新的立法议会于1791年10月在巴黎召开。它是在8月29日后的一周内选举产生的：全国有大约四分之一的“积极”公民参与，均值之下掩盖着一些极端情况，例如东比利牛斯省的比例是11%至12%，巴黎是14%，而阿尔萨斯和科西嘉则为50%。[22]立法议会由不曾担任国民议会代表的“新人”组成。在罗伯斯庇尔的呼吁下，立法议会遵循了国民议会通过的自我否定的法令，宪法的起草者不能成为执行者。立法议会的议员起初试图全面巩固革命和立宪君主制。根据投票，“斐扬派”在立法议会750名代表中有264至334人（35%至45%），“独立派”有275至345名代表（37%至46%），雅各宾派只有136人（18%）。雅各宾派当中有布里索、孔多塞和一些来自波尔多的出色演说家，例如皮埃尔·维尼奥和玛格里特–埃利·加代。[23]

尽管议会中那些想通过君主立宪制寻求稳定的人们达成了一定程度的共识，但宪法依然是在雷鸣般的抗议声中公布的。欧洲各国的势力由于路易十六被禁足而敌视法国，同时路易十六的出逃又动摇了民众对他保持忠诚的决心。国内半数的教士——很多都是教区教士——已经因教会的动乱与国家离心离德。数百万农民受困于沉重的、悬而未决的领主捐税中。地方中心的工匠与劳动者们由于旧制度机构的废除和教会财产的出售而失去了工作和顾客的光顾。殖民帝国最富有的殖民地刚刚爆发了一场你死我活的内战。 148

在法国国内，对外部威胁的担忧已经上升到了民族主义层面，人们开始解读法国日益增长的外交孤立和国家不断衰落的原因。立法议会改革热情的核心是新的国家必须“改造”，恢复 1763 年之前免受各种外交羞辱的国际地位。[24] 法国国内外敌视革命的人越来越多，这让议会代表们日益将关切集中在以科布伦茨为中心的反革命势力，路易十六的弟弟普罗旺斯伯爵已经加入了另一个弟弟阿图瓦伯爵的行列，后者在 1789 年 7 月逃亡。国王军队的军官开始分化，超过 6 000 名贵族军官在 1791 年 12 月逃亡，超过所有军官的一半。[25]

布里索带领一群好战的雅各宾派动摇了日益焦虑的立法议会代表，他将革命的困境归咎于内部间谍与外敌相互勾结。代表们十分清楚 1789 年至 1791 年已经达到的成绩，深知欧洲各国君主会不惜一切代价阻止革命的传播。当法国国王试图在 1791 年 6 月逃跑时，其他国王认为需要对革命做出更加强硬的表态，战争的谣言使得想象中的反革命比实际上更加危险。

反革命威胁的真实存在创造了这种着魔般的心态，但非善即恶的思维定式早就存在。一直以来人们都认为“国王是善良的，但是他的近臣是奸诈的”，这种观念延续到了 1789 年的大革命，人们本能地猛烈抨击玛丽·安托瓦内特，认为她使国王优柔寡断、腐化堕落。巴黎与外省之间很难迅速传达消息加剧了谣言的威力，使得新闻被拖延和夸大。现实中反革命活动的消息，以及边境地区对入侵和战争的恐惧都让旧制度密谋复辟的谣言愈演愈烈。

布里索的追随者煽动了立法议会。在一次关于流亡贵族的辩论中，维尼奥宣称“一堵阴谋之墙”已经在法国周围筑成。[26] 对于革命者来说，阴谋背后充满着恶意的自私自利，阻碍了 1789 年《人权宣言》和 1791
149 年宪法所承诺的普遍人权的实现。11 月，雅各宾派成员克洛德·巴希尔警告议会，“我们被阴谋家包围，到处都在筹划着阴谋，你不断听到的对于个别事件的不满都与那个大阴谋有关，对于这一点我们没有人质疑”。这个“大阴谋”与欧洲各国君主、贵族和教皇有关。[27]

以布里索为首的雅各宾派取得了斐扬派的信任。1791 年 11 月 9 日，立法议会通过一部影响广泛的法令，宣布流亡贵族如果不在新年前返回就会被视作罪犯：“他们将会被逮捕、处以死刑。”[28] 三天后，国王动用否决权阻止了这条法令。一名来自普罗旺斯的代表马克西曼·伊斯纳尔坚称，解决南部教派分化的唯一手段就是流放未宣誓的教士。11 月 29 日，议会决定停发未宣誓教士的年金并且停止他们举行圣礼的权利。12 月 19 日，路易十六再次否决了该法令。

到了 1792 年初，焦虑、兴奋和恐惧席卷了议会，大多数代表都认为奥地利和普鲁士的统治者会用赤裸裸侵略的方式干预革命。代表们受到巴黎的政治流亡者的鼓舞，这些人自发建立了 54 个连的志愿军，随时准备出发解放家乡。布里索派强调只有外部威胁平息时，革命才会安全。对奥地利和普鲁士展开的军事行动不会花费太长时间，因为这些国家的平民会理所当然地欢迎他们自由的兄弟，尤其是在比利时。在新旧欧洲的武力冲突当中，浑水摸鱼的内部反革命敌人也将曝光。[29]

和古往今来盲目自大的领导者一样，布里索和同党将军事行动作为解决复杂问题的简单手段。他们自欺的代价是高昂的。当布里索一伙人在1791年煽动战争时，罗伯斯庇尔坚信内部反革命者的存在，尤其是在宫廷里，这些反革命者将欢迎战争的到来，这会给他们提供一个肃清革命的机会。罗伯斯庇尔在12月18日呼吁雅各宾派，“只要敌人还存在，我们就要先战胜内部敌人，然后再向外国势力进军”。革命尚未成功，仓促准备的战争将会把国家置于军事统治的威胁下：在 150
动荡的时代，“军事首领会成为国家命运的主宰者，会让权力的天平倾向他们个人的党派。如果他们是恺撒或者是克伦威尔，他们就会自己掌握权力”。[30]布里索在12月29日做出了回应，他坚持新国家必须宣战，“为了它自身的荣誉、外部的安全、国内的和平，为了恢复财政和公众的信心，结束恐怖、背叛和无政府状态”。1792年1月2日，罗伯斯庇尔在雅各宾俱乐部的集会上否认了布里索拿美国独立战争做的类比，因为独立战争是殖民地人民在自己的土地上反抗英王军队的自卫战争。[31]与之相比，“没有人喜欢武装起来的宣传者：第一忠告就是不要逼他们成为敌人……《人权宣言》不是一道在同一时间照射所有人的光线”。[32]但是，无论是在议会内部还是外部，都很少有人听取罗伯斯庇尔的警告。

旧制度主宰下的欧洲不会允许法国安安静静地闹革命，法国内部持续不断的愤怒和经常性的暴力分裂加深了这种判断。在 1791 年和 1792 年之交的冬天，中央高原南部发生了一系列针对未宣誓教士和企图继续征收封建租税的前领主的袭击。欧里亚克的行政长官在 1792 年 3 月 27 日汇报说，“在各地，教士、先前的贵族、流亡贵族或其他被怀疑是他们同党的人都成了攻击目标和受害者”。[33] 在加尔省，一伙多达 1 500 人的强盗洗劫了奥拜的大城堡；加拉尔古和奥加尔古的城堡被付之一炬。这就是著名的“城堡战争”的开端，数周内大量“贵族”的产业被焚毁。4 月 5 日，500 人攻占了勒维冈附近勒末索的城堡，将家具集中烧毁，连石质城墙都轰然倒塌。他们还砍伐了街边的栗子树、月桂树以及一个梨园。在行政长官开始平息民众的怒火之时，混乱已经持续了数周。[34]

1792 年 3 月 3 日，巴黎西南部 48 千米外，发生了一件不同寻常但同样令人烦恼的事。[35] 埃唐普市市长雅克·西莫诺拥有一个有 60 名雇员的制革厂，同时也是当地雅各宾俱乐部的成员。不顾工薪阶层存在普遍的食物短缺，他准备推行戒严令来保护食物自由市场，反对固定价格的请求。当地人和周围村庄的农民在市场抗议七小时之后，西
151 莫诺要求当地骑兵军官让 80 名士兵武装待命。部队拒绝配枪，而且在西莫诺遭到射杀之后就马上逃离了。其他人在离开之前朝他的尸体开枪或践踏，嘴里还喊着“国家万岁！”。他不是唯一一个被市民杀害的市长，但是立法议会中的多数人还是决心加强法治和商业自由。为了纪念西莫诺维护法律的勇气，雅克-路易·大卫精心策划了一次法律节。

大卫还帮助组织了另外一个节日。雅各宾俱乐部一直以来都希望

举行一次欢迎沙图维约团中被赦免士兵的接待会，他们此前被布耶侯爵集体惩罚，现在布耶侯爵成了逃亡贵族，并且试图跟随国王在1791年6月逃跑。士兵们在1792年4月9日被邀请到立法议会，大卫参与设计了雅各宾派给他们的欢迎仪式。但是他在完成纪念“网球场宣言”的作画委托时遇到了困难——当初素描草图画下的一些关键人物，例如巴伊，已经背叛了革命，这草稿怎么能拿来做参考？[36]

1791年宪法的支持者在立法议会最初的几个月里占据了多数，但是他们维持稳定的愿望深陷在内部动乱、不断加剧的国际威胁和对国王不信任的旋涡中。他们同样将战争视为灵丹妙药。占据统治地位的斐扬派三巨头——安托万·巴纳夫、阿德里安·迪波尔和亚历山大·德·拉梅特——希望有限的军事行动能够维护路易十六的地位，并且在这个过程中实现他们保守修改宪法的计划。另一方面，他们的对手拉法耶特侯爵由于国王出逃而陷入窘境，将军事行动视为增加个人声望的机会，成为一名成功的指挥官和宪政的柱石。权力式微而绝望的旧精英成员——路易十六、玛丽·安托瓦内特和整个宫廷——出于最坏的理由也加入了战争的大合唱，希望大多数人丧命、失败和投降，这样一来就能重塑他们的个人权威。所有人都在玩一场危险游戏，鼓动人们参战正是布里索派想要的。[37]

在1790年3月22日的法令中，宣战和媾和的权力握在了国民议会而不是国王的手中，国民议会曾经宣称“法国不会发动侵略战争，也不会动用武力妨碍任何人民的自由”。战争必须以自由的名义进行，而不是违反自由。因此，在1792年4月20日，议会对奥地利宣战时 152
坚称“这场战争不是国与国之间的对抗，而是自由的人民对一个非正义国王侵略的正当防御”。[38] 普鲁士在6月13日追随其盟友奥地利向法国宣战。新的国家现在与东面两个最强的邻国开战了。

正如布里索派所预料的那样，战争会招致内部的反对，而且反对不会只是局部的和短暂的。《教士公民组织法》是革命时期重要的转折点之一，在随后的23年里都将影响着法国和欧洲的历史。战争的筹码比以往的王朝战争都要高：不仅堵上了革命本身的成败，而且1791年9月14日将阿维尼翁和孔塔-弗内森并入法国的决定也是孤注一掷，议会历史性地用人民自主原则取代了王朝的主权声明——这是一个清晰的原则，但它很快成为令人担忧的对象。谁来决定“人民”想要自主，以及用什么方式自主？[39]

战争浇灭了革命初期世界主义的热情，并且将革命的法国置于欧洲王权的对立面。战争立即使流亡在欧洲的反革命者燃起了希望，尤其是集中在科布伦茨周围的那些怀着怨愤的逃亡贵族小团体，他们都被指派了军事和宗教任务。前贵族军官加布里埃尔-伊西多尔·布隆丹·达阿邦库尔就是这类逃亡贵族中的一员。他厌倦了漂泊的流亡生活，当他听到战争来临时非常高兴，“当我们接到任务离开科布伦茨周围的营地时，每个人都喜形于色”。[40] 布莱斯·德福纳斯·德拉布罗斯是四名逃亡贵族的兄长，他在1791年从卡尔卡松附近的边境逃入西班牙，并且决心不再返回，他在1792年用一首诗表达了保王党对革命者行为的仇恨：

人民，愿痛苦折磨和打垮你

不懂得感恩的平民，你已经辜负了上帝的善意

痛苦的日子已经来临
这是不虔诚的你们咎由自取。[41]

正当反革命者宣布发动一场恢复信仰的神圣征战时，在法国内部，
战争使得未宣誓教士的处境变得难以忍受。1792 年 3 月 27 日的一条 153
法令规定，如果教士遭到 12 名公民告发，他就要离开法国，但这项法令又一次被国王否决。对于革命现在面临的困境，如果要寻找一个指责对象的话，未宣誓教士是最明显的目标。难道教皇本人不是正为在边境屠杀法国人的外国军队祈祷吗？ 4 月 29 日，一名曾经为乌尔苏拉会女修道院念弥撒的前教士在里尔被杀害，此举是革命军队初战惨败于奥地利后撤退时的报复行为。在数月间，乌尔苏拉会被驱逐，修道院被关闭。虽然大多数人从边境逃到了奥属佛兰德斯，但有 13 名修女出于使命感选择留下，她们后来以通敌反革命的罪名被送上断头台。[42]

国内外每一种观点分歧现在都会引发更严重的，甚至致死的后果。战争的爆发给了欧洲各国政府借口来打压那些曾经赞扬法国、批评统治者的人。1790 年 7 月，德国诗人克洛普施托克曾兴奋地对一群仰慕者写道：

还有什么是自由的高卢人不能做到的！
他们甚至将战争这头最恐怖的猛兽锁住了！[43]

当时这些人自发成立了一个雅各宾俱乐部，此时他们的组织被查封。法国国内也加强了对于敌人的打压。1792 年 7 月 14 日，在南部城镇

阿莱斯，军事失利的消息、最近的“城堡战争”、1790 年 6 月尼姆骚乱的记忆以及教派仇恨结合在一起，使得攻占巴士底狱三周年庆典变成一幅恐怖的场景。巴黎市政当局和国民卫队无力阻止骚乱人群打开要塞监狱的大门。很快，谢瓦利耶·德·埃斯格里尼和盖拉尔夫人的人头就出现在游街的队伍中，前者刚刚从西班牙结束流亡，后者是雅勒反革命阵营一名积极组织者的妻子。[44]

战争进一步强化了人民革命的宣言，在议会呼吁“消极”公民自愿参战后，他们的政治和社会诉求变得越来越迫切和难以拒绝。在他们当中，妇女要求获得积极参与战争事务的权利。一份来自关爱弱者
154 协会的有 300 人签名的请愿书（其中包括积极分子波利娜·莱昂）在立法议会上得到宣读：

> 我们的父亲、丈夫和儿子很有可能成为敌人的怒火的受害者。难道要禁止我们为他们复仇或者与他们并肩作战吗？……我们只不过希望被允许自卫。你们不能拒绝我们，社会不能否认我们的这项权利，这项权利是天生的，除非宣布《人权宣言》不适用于妇女。[45]

议会没有回应这个请愿，只赞扬了妇女的家国情怀。

杰出女性找到了其他成为爱国者的途径。让-马里·罗兰成为内政部长后，他的妻子玛丽-让娜·罗兰夫人为超过 12 名朋友和支持者举办每周两次的晚餐。有个人已经脱离他们的圈子成为危险的政敌，这就是罗伯斯庇尔。如今，他们组织起了布里索派主要人物的集会，包

括埃蒂安·克拉维耶尔、热罗姆·佩蒂翁、让-巴普蒂斯特·卢韦、玛格里特-埃利·加代、阿尔芒·让索内和夏尔·让-马里·巴巴卢在内。重要的客人齐聚在华丽的餐桌旁，这一聚会从首都内其他团体的晚宴中脱颖而出。什么时候定期的晚宴成了小集团的集会？什么时候政治计划成了阴谋？对于激进报纸《杜歇老爹报》的编辑雅克-雷内·埃贝尔来说，“罗兰夫人已经将法国玩弄于股掌之中，就像过去蓬巴杜夫人和杜巴丽夫人那样”。[46]

战争最初的几个月法国损失惨重，革命军队处于一片混乱当中，导致大量军官叛变。指责和控诉紧随着失利的消息涌入巴黎，路易十六在 1792 年 6 月 13 日罢免了布里索派的“爱国”首相，一周之后这在巴黎引发了一场愤怒的游行。6 月 20 日，从国王面前游行而过的标语中出现了“颤抖吧，暴君！我们是无套裤汉！”的口号，激进的爱国者使用了一个新术语，用来指那些不穿及膝套裤和上层阶级长袜的人。人群中有激进的妇女，她们不像上层妇女那样穿衬裙，成了著名的女无套裤汉。同样是在这个时候，“公民”和“女公民”成了表达爱国热情的标志。一名雅各宾派诗人将无套裤汉定义为“一无所有
的狂热分子……自豪的勇士……不穿长袜和马裤的人”。这种强壮的 155
身体形象与下流讽刺中的国王和王后形成了鲜明对比。革命新人的形象在政治和身体上都充满着阳刚之气，不像被讥讽的贵族那样在道德和身体上都腐化不堪。[47]

这是一个对政敌进行野蛮讽刺和恶意攻击的时代，这项自由是在 1789 年结束政治审查之后开启的。国王和王后成了最容易受到革命者攻击的目标。尤其是玛丽·安托瓦内特，她因性生活放荡和危害政权

的传言而遭受猛烈的攻击，她的哥哥利奥波德二世在1792年3月去世后，她的侄子弗朗茨二世又成了敌国奥地利的君主。[48]但并不只是革命者利用了这项新的自由。保王党作家将其运用到了极致，将布里索丑化成一个“大傻瓜”（Bis-sot）和“黑人的朋友”（le noir Brissot），嘲笑支持革命的德维莱特侯爵是同性恋，讽刺佩蒂翁为“驴的一个屁”（Pet-hion），将泰鲁瓦涅·德·梅里古描述成一个妓女，她的上百个情人每天只要支付100苏的“爱国捐献”。[49]右翼媒体公布了一份“爱国者”名单，扬言如果普鲁士人攻入巴黎就会杀光他们，并且配上了一幅雅各宾派尸体堆满塞纳河和无套裤汉鲜血染红街道的血腥图画。但是战争一旦爆发，言论自由的问题就与国家利益相关，很有可能招致杀身之祸，因为这些言论可能涉嫌反革命，甚至有关入侵和失利的言论都有可能被视为叛国。[50]

从1789年开始一直到1792年，已经38岁的路易十六一直在一个无法逃避的问题上挣扎：绝对的权威和有限的世俗立宪君主制能调和到什么程度、难度有多大。他的宫廷人员和议会代表们的接触加剧了这种矛盾。1792年2月，一名愤愤不平的代表从宫廷回来后向议会报告说道，“我们在一间接待室受到了接见，在那里一名佩戴肩章、梳着金色发辫的人带着居高临下的态度和轻蔑的微笑嘲弄了我们”。[51]路易十六处于一种绝望的自我斗争之中，他接受的教育是要成为“最虔诚的国王和天主教的长子”，而革命决定将他变成人民的仆人。在1789年，国王的小礼拜堂有63名教士，在1790年6月之后，这里成了反
156 对《教士公民组织法》的据点。即使是在路易十六1791年6月从瓦雷讷灰溜溜地回来之后，他的宫廷仍然采用夸张的悼念仪式来表达对

革命的否定。自从1789年以来，宫廷有374天处于哀悼当中，这个频率是前些年年平均比例的三倍。尽管君主之间互相悼念对方的去世十分正常，但是路易十六在法国向奥地利宣战后，悼念敌人利奥波德二世（1792年3月1日去世）及其妻子玛丽亚·路易莎（1792年5月15日去世）的决定还是令议会深感震惊。[52]

此举之所以令人震惊是因为在1792年夏天，奥地利军队在东北部混乱的法国军队中杀出一条路。法军总司令拉法耶特犯下了大错，他将军队留在莫伯日，返回巴黎对抗和威胁雅各宾派，指责他们的激进主义使国家陷入分裂。然而他6月28日在立法议会的演讲起到了反作用，罗伯斯庇尔和其他人共同指责他擅离职守。一年前，托马斯·杰斐逊在评价拉法耶特的才能时说，他的弱点就是他“好大喜功”，现在他的自负使他自食其果。[53]

7月11日，议会被迫公开宣布“祖国在危急中”，呼吁大家用自我牺牲的精神提供全面的支持：

> 你们怎么能够容忍外国军队像蝗虫一样肆虐乡村！他们掠夺我们的收成！他们用放火和谋杀蹂躏我们的故土！总之，他们将会用沾满你们最爱的人鲜血的锁链锁住你们。[54]

东部是首先遭到奥地利和普鲁士侵略的地区，动员令得到了迅速响应并且志愿参军人数经常远超预期：上索恩省在四天内募集了八个营；默尔特省原本要求2 500人，却有4 000人入伍；只有5 000人口的圣迪耶城，计划征召80人却来了181人。[55]

不断恶化的军事危机使得国王的地位岌岌可危。国王动用最高否决权来阻碍重要立法（停止未宣誓教士的年金、敦促逃亡贵族回国和敦促未宣誓教士离开、占有逃亡贵族财产和征召志愿兵到巴黎），让
157 人觉得他是站在他的内侄即奥地利皇帝这一边的。1792 年 4 月以来的军事失利难道不能证明这一点吗？同样，事后想想他试图在 1791 年 6 月出逃，难道不是出于这个理由吗？阴谋的证据在武装反革命的行动中体现得更加明显。在南部省份阿尔代什，前两次在雅勒高原的集会上，天主教徒将愤怒指向拥有平等公民权的新教徒，并且试图在尼姆、于泽和其他地方进行血腥报复。1792 年 7 月的第三次集会公开反对革命。这次集会被当地国民卫队迅速驱散：领导者赛朗伯爵 7 月 12 日在莱旺被一群复仇的群众斩首，其他数百名成员在接下来的几个月里不是被杀就是被囚禁。[56]

8 月初，巴黎人收到了一份由普鲁士军队总司令布伦瑞克公爵签署的宣言。宣言威胁如果路易十六和他的家人受到伤害，所有巴黎人都将遭到报复："我们将让这次复仇被永远铭记，永为警醒，对巴黎城进行军事制裁，进行全面破坏，对那些犯有谋杀罪的反叛者，我们将以彼之道还施彼身。"[57] 外国统治者和流亡贵族阵营曾在 1791 年在帕多瓦（7 月 5 日）和普利尼茨（8 月 27 日）发表过威胁性的宣言，但是布伦瑞克宣言与之前不同。面向大众的海报上画着这份宣言被当作厕纸，以此来取笑它，但是爱国者们知道这并不是笑谈。这一次巴黎人民被单独挑出来作为惩罚的对象，并且宣言是在普鲁士军队在法国国土上进军时写的。[58]

这份威胁让民众更加深信路易十六与军队遭受的失利有关。作为

回应，巴黎的 48 个区中有 47 个区投票支持成立巴黎公社，并组织了一支 2 万人的无套裤汉军队，这些人都是从最近完成民主化的、相邻地区的国民卫队中选拔的，准备推翻王权。尽管立法议会中的大多数代表犹豫不决，但这个举动最终得到了科德利埃派和大多数雅各宾派成员的支持。罗伯斯庇尔此前很有先见之明，批评布里索派进行战争的决定强化了激进雅各宾派和无套裤汉之间的联盟，不过他和其他雅各宾派成员到了无套裤汉起义发生时也不得不投身其中。[59] 正在开赴前线途中的来自马赛和布雷斯特的志愿军［也称为“联盟军”（fédérés）］也转而加入无套裤汉，他们在 8 月 10 日经过激烈战斗后攻占了杜伊勒里宫。（图 16）参与战斗的妇女有泰鲁瓦涅·德·梅里古和支持女性佩带武器 158
的波利娜·莱昂。路易十六逃到邻近的立法议会寻求庇护，而王宫的主要保卫者 600 名瑞士卫兵在战斗中和随后的血腥报复中被杀害。[60]

1792 年夏季的危机使那些将 1791 年宪法视作革命完结的人的希望化为泡影。与欧洲国家的开战以及随后的军事失利都使路易十六的地位难以维持。如果国王之前愿意接受政府给他安排的虚职或者果断一些，还有可能挽救他的王位。但他的垮台还与掌控着天主教会、武装力量和行政机构的贵族精英拒不妥协的态度有关。路易十六的罪名是时局扣给他的。

通过推翻王权，这场群众运动实际上向整个欧洲发出了最终挑战。在国内，宣战和推翻王权已经使革命走向激进。1792 年夏季的军事失利再一次将忠诚这一最根本的问题摆在了教士面前。很多人接受了作为公民教士的新角色，他们的任务是强化村民们的信心。而未宣誓教士的地位现在难以维系。立法议会在 8 月 23 日要求所有未宣誓教士在

7 天内离开王国，“因为由未宣誓教士引发的动乱是将祖国置于危险境地的诸多原因之一”。[61]

斗争波及了在法外国人，1792 年 8 月 26 日的法令授予 18 名外国人公民身份，以此来表达革命的普世愿望——这是一个令人震惊的决定，它发生在国王被囚禁、拉法耶特逃往奥地利[*]、普鲁士人入侵并占领了默尔特–摩泽尔省东北部的隆维要塞的时候。这些外国人包括了美国独立战争和合众国的英雄（詹姆斯·麦迪逊、亚历山大·汉密尔顿、乔治·华盛顿、托马斯·潘恩），英国和欧洲的进步者（威廉·威伯福斯、杰里米·边沁、约瑟夫·普里斯特利、波兰人塔德乌什·柯斯丘什科、普鲁士人阿纳沙西斯·克鲁茨）；一名德意志教育家和一名瑞士教育家，分别是约阿希姆·康培和约翰·裴斯泰洛齐：“这些人通过他们的作品和勇气为自由事业与人民解放做出了贡献，由于他们的
159 智慧和勇气，这个已经自由的国家不会再将他们视为外国人。”[62] 那些被怀疑不友好的人受到了更加严密的监视。护照在革命初年以自由迁移的名义被废除。在 1791 年 6 月国王企图出逃后，边境在一片恐慌之下第一次被关闭。1792 年 4 月战争爆发，随后的法令授予各级政府可以根据政治立场拒绝签发护照的权限，这在护照和跨境迁移的历史上是一个转折点。

立法议会最终满足了农村一直争取的反封建诉求。1789 年之后全国爆发了上千次激烈抗议。议会在 1792 年 8 月 25 日通过了一项终结

* 事发 1792 年 8 月，拉法耶特在得知丹东下令逮捕自己之后，逃往奥属尼德兰。他本意是想前往美国，但遭到反法联盟势力逮捕并监禁。

封建制度的议案，收成税无条件废除，除非能够证明收成税出自合法有效的出让土地的契约。[63] 但是几天后平息西部冲突的尝试失败了。8 月 27 日的一条法令让所有布列塔尼人都不满意。法令将佃农变成事实上的土地所有者，但是要求他们以原本年租金的 20 倍的价格赎买。他们拒绝了这一法令。[64]

9 月 2 日，距离首都 225 千米的凡尔登要塞准备向布伦瑞克军队投降的消息传到巴黎。公爵的威胁性宣言在巴黎余音未绝，这个消息立即引起了民众的恐慌和愤怒。志愿军认定监狱里的反革命者（无论是贵族、教士还是普通罪犯）准备越狱，并在志愿军开赴前线后欢迎入侵者，因而匆忙召开人民法庭判处 2 700 名囚犯中的 1 200 人死刑，其中有 240 名教士。他们被立即行刑，主要是用刀刺死。[65] 那些罪犯的“审判者”认为这是必须的，他们的行为是正义的。一名年轻的志愿兵在 9 月 2 日的家信中写道：“这次处决是必须的、不可避免的……没必要走那么多程序，（正如他们所说）你杀死恶魔总比恶魔先杀了你强。”另一位志愿兵从一具尸体的衣物上偷了一方手帕，他也因为这种“不道德行为”而被处死。[66]

雷斯蒂夫 · 德 · 拉布列多纳目睹了屠杀，他试图说服自己这些“食人族”不是他挚爱的城市的居民。他艰难地描述了朗巴勒亲王夫人的死，她是玛丽 · 安托瓦内特的密友，人们指责两人有同性恋关系： 160

> 我看见一名面色苍白、衣衫凌乱的女性被一名店员挟持着。他们朝着她大喊：“大声说：国家万岁！”她说：“不！不！”他们让她爬到尸体堆上……再次让她喊“国家万岁”，她轻蔑地拒

绝了。随后一名凶手抓住了她，扒下了她的衣服，刺穿了她的腹部。她倒下后，其他人结束了她的生命。这种恐惧超乎我的想象。我试图逃离，双腿却僵住。我昏倒在地。

事后回想起来，雷斯蒂夫很直接地写下了“这次屠杀的真正动机”；不仅仅是志愿军“不愿留下他们的妻儿与强盗一起待在后方……他们只要一件事：清除未宣誓教士。有些人甚至想消灭他们所有人”。[67]

另一位屠杀的目击者是18岁的埃德蒙·热罗，这个来自波尔多的富有造船主和商人的儿子正在巴黎求学。他写信给家里说，9月2日巴黎市政府宣布凡尔登即将沦陷，“敌人已经兵临巴黎城下”引发了志愿军这种冲动的行为：

这个消息预示着一场杀光所有监狱犯人的可怕的大屠杀……随处可见未经掩埋的、残缺不全的尸体……到处都是最恐怖的死亡和屠杀的景象。

同时，埃德蒙对于监狱有阴谋的传言深信不疑，“这些盗贼、杀手、在8月10日后被关押的瑞士雇佣兵、臭名昭著的阴谋家和心怀不轨的教士，他们的计划是在普鲁士人到来时，打开首都内所有的监狱，武装所有盗匪，劫掠和屠杀所有城中的居民”。[68]同样，雅各宾派的支持者、中产阶级罗萨莉·朱利安在9月2日从巴黎寄给丈夫的信中说，“这些最邪恶的阴谋”使得杀戮是必要的：

> 人民正在对三年以来懦弱的背叛行为进行复仇。所有的巴黎人都充满了好战的狂热。人头落地、屠杀教士……都是势在必行的暴力之举。普鲁士人和各国国王将会变本加厉……我们英勇的 161
> 志愿军怀着怒火离开巴黎！他们不是英勇献身就是得胜凯旋。[69]

屠杀并不局限于巴黎。数周内32个省发生了75次相互独立的事件。在每一次事件当中，尽管恐慌产生的愤怒是主要因素，导火索却是人们得到复仇和伸张正义的机会去处置那些被指预谋屠杀的人。屠杀蔓延到了凡尔赛，一群人在9月9日袭击了从奥尔良押往巴黎的50名戴着镣铐的保王党犯人。44人被斩首后，头被插在王宫大门的铁栏上。[70]仅在奥尔良一地，在9月16日，一群人杀了一名谷物商人，因他说了句："如果你们对价格不满意，去吃草吧！"他的头颅被游街示众，商人们的房屋被洗劫，他们的家具在殉道士广场上被焚烧，最后商人们同意将9磅面包的价格从24苏降到20苏。[71]在第二大城市里昂，制造商、物流商和大量纺织工人在政治俱乐部内公开对抗、言辞激烈，而似乎是来自巴黎的消息引发了屠杀。在9月9日，一群男女照例在周日喝得大醉，他们在返程途中突然闯进了一所监狱，用斧子和撬棍杀了8名可疑的流亡贵族军官和3名顽固派教士。[72]

另一位对屠杀深感震惊的人是尼古拉-约瑟夫·格兰，他在成为东北部埃纳省瓦当库尔市议会的秘书之前曾经做过石匠、装订工匠和土地测量员。1792年8月，他作为选民之一去苏瓦松参加本省国民公会代表的选举。当他在9月初抵达时，整座城市被奥地利军队即将来临的恐慌笼罩。大约有2.5万名士兵和志愿兵在城外扎营，他们的人数随着来自各地的新兵报到而不断增加。有传言称这些新兵中有个人正在拉拢志愿军投敌。士兵们将他拖到大街上游行示众，一边喊着“祖国万岁！叛徒去死！”一边用刺刀捅他。他被带到市政厅，市议员也无法让志愿军释放他。奄奄一息之时，这个人被迫跪下，向国家请求
162 宽恕，最后被砍头。他的头被用刺刀尖挑着送到了市议会，格兰回忆道：“我完全吓蒙了，因为没有比这更恐怖的场景了。我的手指在颤抖。这个场景如影子一般跟着我，令我无法忘记。”这个士兵的尸体被砍成数段游街示众。[73]

革命从来没有像这样血流成河，但是主要的革命者尤其是丹东和马拉仍为屠杀开脱：此后他们的政敌便嘲讽他们是“九月党人”。对于那些敌视革命的人来说——无论是当时还是自此以后——不断增加的暴力惩罚是革命本身的不包容和群众在 1789 年就已经显现出来的杀戮欲望的结果。[74] 但事实上，反革命的真实威胁，加上人们情感中的恐慌、愤怒、自尊与恐惧交织，使得人们认为敌人无处不在。战争的爆发将政治斗争转化成了生死斗争。到了 1792 年夏天，革命胜利的价码变得如此高昂，以至于敌对双方要将对方彻底清洗才能确保革命被守护或是被颠覆。

自 1791 年中期以来，恐惧主宰了法国：恐惧来源于未知，来自明面上和暗地里的敌人，来自经济上的不稳定和困境，来自地位和权力的失落。那些被认为公开阻扰革命承诺的人，不时被迫感受恐怖和羞辱。9 月的屠杀展示了愤怒的群众惩罚他们想象中的敌人的欲望，他们采取的是有辱人格而残酷的方式。如果敌人从前是朋友后来背叛了人民，惩罚就会包括长时间的、仪式化的羞辱，正如尼古拉–约瑟夫·格

兰在苏瓦松所看到的那样。

到了 1792 年秋，大革命已经转变成一场激进的二次革命。它现在是武装的、平民的革命，并且推翻了国王。但与 1789 年截然不同的是，此前那些年月改造国家的兴奋感和坚定的信念已经淡去，取而代之的是 9 月的恐怖，和笼罩着这个没有国王的国家的急迫军情。 163

第九章

处在十字路口的共和派，1792—1793 年

屠杀的恐怖笼罩了 1792 年 9 月初的国民公会（National Convention）选举。这一次，所有在公社居住满一年、依靠财产收入或工作来生活、达到 21 岁的男性都拥有投票权，只有家仆被排除在外。成为一名代表的最低年龄是 25 岁。不过国民公会仍然采取间接选举和复杂的程序，一小部分被选中的候选人来做最终决定，一个决定可能花费数天。此外还有其他因素，忙碌的秋收、紧张的战事、反对教会改革和推翻王权使少于 12% 的人参与了选举。

749 名代表在 9 月 20 日齐聚巴黎参加国民公会的开幕式时，革命军队在首都东部 190 千米外的瓦尔密取得了第一次胜利。由志愿兵组成的军队在科勒曼和迪穆里埃将军的领导下击败了布伦瑞克公爵率领的刚刚从隆威和凡尔登获胜的 5 万奥地利-普鲁士联军。尽管入侵者只是撤退而不是溃退，但胜利的消息在 9 月 22 日传到巴黎时仍然令人震惊，恰好与宣布共和国成立赶在了同一天。革命军队能够捍卫革命吗？

身在普鲁士军队中的歌德先前是一名革命的仰慕者，但是他现在与他的赞助人萨克森-魏玛的卡尔·奥古斯特大公一起出现在瓦尔密。

这位诗人写道："从此时此地开始，世界历史掀开了崭新的篇章。"[1]这个崭新篇章的一个体现是在瓦尔密战役中为法国助战的弗朗西斯科·德·米兰达，他是西班牙帝国委内瑞拉省的一名将军，来巴黎为 164
西班牙在美洲殖民地的利益而游说。[2]国民公会意识到他们此时正处于一场拥有国际意义的抗争当中，两位外国革命家——托马斯·潘恩和普鲁士人阿纳沙西斯·克鲁茨——当选为国民公会代表便是明证。英国人约瑟夫·普里斯特利在两个省当选，但是他拒绝接受。8 月 26 日还有三名外国人成为法国荣誉公民。

瓦尔密大捷极大地增强了革命信心。摆在代表们面前的主要难题是军事危机，除此以外他们还要决定路易十六的命运并且在 1791 年宪法失效的情况下制定新宪法。代表们既是民主派也是共和派：他们在 9 月 21 日集会那天废除了王权统治，并且宣布法国从此以后是共和国。在国内大部分地区，这是一个值得庆祝的消息，它缓解了国家目前军事不利的处境。在布列塔尼的港口布雷斯特，船尾的甲板上都挂起了巨大的自由帽，还有一些人将木制的自由帽升到桅杆上。像 1790 年 7 月 14 日种植自由树那样，这一次人们也用这种方式庆祝共和国的成立：在首都以南 960 千米外科比埃尔东部利穆一个名叫维拉尔德贝尔的小村庄里，宣誓效忠于宪法的教士马尔库在教堂对面种植了一棵自由树，以此来庆祝这件大事。[3]这或许是唯一保留下来的 1792 年栽下的自由树。（图 17）

1792 年末，"全民皆兵"的法国又取得了一次重大胜利，法军于 11 月 6 日在靠近蒙斯的热马普战胜了奥地利军队，打开了通往奥属尼德兰（今天的比利时）的通道，并且占据了莱茵兰。法军在孟德斯鸠将军的率领下于1792年9月末进入尚贝里，他向萨伏伊的人民宣布和平和自由：“你们在革命的第四年获得自由，这也是你们获得平等的元年。”他们受到了普通大众的热烈欢迎，一整套革命法律在新加入法国的蒙勒朗省*实行。与其他地方一样，最具争议的改革是教会改革，大多数教士逃亡。[4]法军的军事胜利已经越过了国境，现在的问题是法国的“自然”边界在哪里。布里索和丹东坚称法国的自然边界不局限于莱茵河以东，并且开始呼吁把“姊妹共和国”一路建到莫斯科。响
165 应这一倡议的大有人在。萨伏伊、美因茨和尼斯的民众支持并入法国，国民公会宣称这是一种自决行为，但是在莱茵兰大部分地区的人民拒绝并入又该如何解释呢？[5]

人们在种植自由树的同时还唱起了新的歌曲，其中就包括军官鲁日·德·李尔的《莱茵军战歌》。这首歌传到南方，得到了蒙彼利埃和马赛的共和派爱国者们的认可，马赛的士兵将这首歌——现在著名的《马赛曲》——在8月带到了首都。《巴黎革命报》在9月末写道：

> 人民的精神极度振奋……人们一直注视着他们，必须要听到他们一遍又一遍地合唱《马赛曲》这首战歌，歌唱者们在杜伊勒里宫花园的自由雕像前教人们唱歌，每天都有不同的成就感。
>
> 前进，祖国儿女，快奋起，

---

* 该地区在1792—1815年间属法国，并非当代法国领土。

光荣的一天等着你！
你看暴君正在对着我们
举起染满鲜血的旗，
听见没有？凶残的士兵
咆哮在我们的国土上，
他们冲到你的身边
想杀死你的妻子和儿女。
武装起来，公民们，把队伍组织好，
前进，前进，
用肮脏的血来浇灌我们的田垄！[6]

10月21日，法国东部梅斯市的犹太人与他们的非犹太邻居一道加入了庆祝革命军最近在蒂永维尔战胜奥地利和法国保王党军队的队伍中，他们唱起了希伯来语版的《马赛曲》，运用《圣经》中的意象来比喻大革命给犹太人带来的解放：

雅各的子孙们[*]！你们已经遭受了大量的苦难。
你们的挫折不是你们的过错
法兰西土地，愿你幸福！愿你幸福！
来毁灭你的敌人都化为了尘土。[7] 166

* 这一词组的原文为“House of Jacob”，可能为“雅各的子孙”和“雅各宾的议会”的双关。

士兵们特别乐于给行军歌曲加入夸张和幽默的元素。最有名的一首歌最初是一个名叫舍尼·德·苏谢的贵族所作，他用这首歌来嘲弄欧塞尔市一名热情而贫穷的雅各宾派，他的名字是纪尧姆·鲁塞尔，因为是家中幼子而绰号“加代”（Cadet）。士兵们在行军中幽默地唱起这首十四小节的歌。开头一句以戏谑加代的贫穷为乐，这或许也是他们自己的写照：

> 加代·鲁塞尔有三间房，
> 没有椽柱也没有房梁。
> 房子是燕子的居所，
> 你们怎么评价加代·鲁塞尔？
> 啊！啊！啊！是的，真的，
> 加代·鲁塞尔是一个好小伙！

这首歌在1793年激发了巴黎戏剧演出的创作。[8]

几个月之后，玛丽安娜——一个普通的农妇名字——开始成为共和国的象征。这个名字最初出现在一首名叫《玛丽安娜的治愈》的奥克语歌曲里，这首歌是由南部卡斯特尔附近皮洛朗村的一名新教徒制鞋匠兼学校教师纪尧姆·拉瓦布尔创作的。这首歌提到了战争部长约瑟夫·塞尔万和内政部长让-马里·罗兰：

> 玛丽安娜，身患重病，
> 总是遭到虐待，在悲惨中奄奄一息……

8 月 10 日的放血治疗有点用，
让我们深爱的玛丽安娜恢复了食欲；
当一个人恢复食欲时，恶疾就会迅速消失：
一点塞尔万的橄榄油，一点罗兰的糖水，
让她胸中舒缓了许多：
玛丽安娜现在好多了。[9]

这些歌曲只是共和革命在大众文化中的表现的一个方面。在 1791
年，原来对剧院的垄断性许可被废除，任何公民都有权开剧院。人们
只要花上一点钱就可以参与到最流行的城市娱乐形式当中。政治意识
形态在剧院中流行的一个典型事例是由“公民伽玛”在 1792 年秋创 167
作的喜剧《奥地利土地上的流亡贵族，或名大革命的终章》，这部剧
于 11 月在巴黎的祖国之友剧院首演。[10] 伽玛的戏剧富有爱国情操和对
旧欧洲贵族制的憎恨。剧中逃亡的贵族和教士们仍然穿着华服，秉持
着根深蒂固的偏见，与自然状态下生活的人们水火不容。奥赞博是剧
中一个理想化的原住民，他迫切希望向这部戏的主人公、“广施善举”
的农夫马修学习：“他的责任就是友爱、勇气和团结。没有什么比这更
高尚……懒惰的人对于任何社会而言都是灾难，我们将会把他们永远
驱逐出去。”这部剧以一首抨击“专制主义的祸害”和赞扬“我们强
壮的臂膀将解放世界”的歌曲作为结尾，用《马赛曲》的乐调唱出来。

无套裤汉中的劳动者戴的羊毛帽被改造成了红色的圆锥形帽，这个在古典世界象征着自由的小红帽（bonnet rouge）成了革命爱国主义的象征。另一个接受小红帽的人是前圣法尔若侯爵路易-米歇尔·勒佩

勒捷，他来自旧制度时期最显赫的贵族家族，是1789年支持革命的第二等级代表以及教育改革的主要推动者。在9月8日勃艮第地区桑斯市的选举会议上，一份报道写道："勒佩勒捷先生刚刚当选。他立即将桌子上的小红帽戴到了头上，所有的选举人都有小红帽，整个选举会议看起来像一片罂粟花海。"[11]

文化上的革命还有更加严肃的一面。如果逃亡贵族和叛国者的土地财产被出售，像个人图书馆之类的私有财产应当如何处置？尽管国民议会在1790年9月下令成立国家档案馆来保留记录，但立法议会在1792年5月至6月间还是下令焚烧了在巴黎昔日的修道院里找到的大量贵族宗谱。大约有30万册从逃亡贵族那里搜出来的图书和手稿被付之一炬。历史可以追溯到15世纪路易十一在位时期的王室图书馆现在成了他们的仓库，它在1792年9月成了一个公共图书馆，也就是法国国家图书馆。[12]

决定国家大事的代表们有很多共同之处。他们大多数都有资产阶
168 级背景：律师、土地所有者和官员，他们倾向于经济自由主义和保护私有财产。他们当中有少数先前的贵族（23人）和天主教士（46人），只有零星的农民和工匠代表。国民公会的成员比前届议会的代表年轻：46%的人小于40岁（1789年国民议会有32%），将近四分之一的代表年龄在35岁以下。但是他们经验丰富：749人当中有258人之前当选过代表，不少于86%的人从1789年开始都有担任公职的经历。[13]

尽管国民公会存在着相当程度的一致性，但在1792年冬，749名代表逐渐分裂成三个阵营。雅各宾派又被叫作"山岳派"（La Montagne），他们因为习惯于集体坐在国民公会左侧上层议席而得名，

他们至少有 215 名支持者。[*]布里索的支持者通常被称作“吉伦特派”（Girondin），只有 20% 的代表明确支持他们。不过吉伦特派和雅各宾派一样，可以拉拢相对多数的“平原派”（La Plaine）的支持，包括西耶斯神父和格雷古瓦神父在内，他们支持谁取决于议题。巴黎市议会由罗伯斯庇尔、丹东、德穆兰和马拉领导的雅各宾派控制（占 24 名市议员中有 20 名）。他们的政敌讽刺他们是“巴黎帮”，但是他们代表了全国的政治取向。在社会和政治议题上，雅各宾派更接近于人民运动，展现出一副不妥协的共和主义姿态。与之相对，吉伦特派更加同情地方城市的上层资产阶级，一些领导人来自吉伦特省的首府波尔多，例如皮埃尔·维尼奥、阿尔芒·让索内和玛格里特–埃利·加代。

一些雅各宾派领导人在当选时非常年轻：罗伯斯庇尔当时 34 岁，丹东和德穆兰都是 32 岁。总之，年龄低于 40 岁的国民公会代表中有 47% 的人都是山岳派，他们出生于 1752 至 1767 年之间，是中产阶级和官员，他们在 1789 年之前的职业生涯因为年龄限制、特权和卖官鬻爵而受到了阻碍。相比之下，当选为第一任主席的是来自勒阿弗尔、年届 66 岁的皮埃尔·富尔。他关于海军的作品入选了《百科全书》“海军”的词条，他是一个坚定的共和派，但是对雅各宾派不屑一顾。[14]

内政部长让–马里·罗兰和他年轻有活力的妻子玛丽–让娜在吉伦特派处于核心地位，她每周两次的晚宴是进行密集政治讨论的场所，169
同时也是攀高枝者的目标和备受质疑的对象。她的丈夫在战争与新的

* 此前的雅各宾派是雅各宾俱乐部成员，也泛指拥有共和或宪政理念的革命者，后雅各宾派分成吉伦特与山岳派两派。吉伦特派被推翻后，“山岳派”的概念也慢慢消失。文中此处之后的雅各宾派多指以罗伯斯庇尔为代表的激进雅各宾派，也即“山岳派”。

共和革命时期拥有极大的权力和责任。对于他们二人来说，九月屠杀是出于绝望的恐惧。罗兰没能命令军队阻止大屠杀，他随后默许吉伦特派指责罗伯斯庇尔、丹东和马拉，而这只会加深他们的仇视，他们指责他运用部长的权力干涉政党政治。[15] 他在 1793 年 1 月辞去了部长职位。

雅各宾派的核心理念对于普通人民来说天生具有吸引力，他们经受了几个世纪的悲惨和苦难，现在又遭到了欺骗和阴谋，有些人在阻止人民收获革命的成果。卢梭带来了启示，现在他更加受到欢迎，因他在《社会契约论》中强调品德高尚的立法者在一个追求私利、谎言遍布的时代对于人民而言是最有利的。对于雅各宾派而言，一如对卢梭而言，在战争时期没有什么比响应国家号召更高的责任了。

吉伦特派的首要抨击目标是罗伯斯庇尔，他坚定地宣扬民主，批判战争并且宣称他的政敌都是堕落的。罗伯斯庇尔可能一直都特别崇拜“神圣的”卢梭，因为罗伯斯庇尔也和卢梭一样在刚出生后失去了母亲——在生产九天以后死于产褥热——并且他的父亲在他幼年遗弃了他。罗伯斯庇尔深信不疑的一点，同时对于其他许多人而言也是卢梭首要的观点，是强调“美德”在创建一个良好政体中的重要性。卢梭假设“人民”本质上是善良的，但是受到了贫穷的消磨和有权势的精英自私行为的腐蚀，这也是罗伯斯庇尔理解人民主权的核心原则。他相信自己也是“一个富有美德的人”，他的使命就是创建一个充满美德的国家并且启蒙人民。他的朋友罗萨莉·朱利安将他描述成“一个拥有古代伟人慷慨之风、完全献身于公众的人……这个罗伯斯庇尔是一个真正的罗马人”。[16]

吉伦特派抨击雅各宾派是“无政府主义者”和“平均主义者”，并且试图用九月屠杀来抹黑他们。杰出的记者、代表安托万-约瑟夫·戈尔萨用《马赛曲》的调子改编了一首《圣诞颂》来攻击雅各宾派： 170

前进，无政府主义者的孩子们

耻辱的日子即将来临……

被愤怒冲昏头脑的人们，

举起血腥的屠刀。

他的盟友维尼奥坚称“人的平等只存在于法定权利当中”；布里索在10月发表了《告全体法国共和派》，警告要反对“无政府主义的多头蛇”，谴责雅各宾派是“希望将财产、娱乐、年金以及大量对社会有益的服务平均化的捣乱分子”。布里索夸大了雅各宾派的“平均主义”冲动，雅各宾派比吉伦特派更愿意临时控制经济，尤其是食物价格。1792年末，罗伯斯庇尔在回应沙特尔附近的食物骚乱时坚称“最基本的权利就是生存权。社会中最根本的法律就是保障每个人的生存权的法律，其他的法律都必须服从于这一点”。同样，他的年轻盟友、来自北部边境省份埃纳、25岁就当选为国民公会代表的路易-安托万·圣鞠斯特也赞同“只要将人民的福利和他们的自由紧密联系在一起，你立刻就能给法国人一个真正的祖国”。[17]

代表们在审判国王的问题上产生了进一步的分歧。路易十六选择纪尧姆-克雷蒂安·德·拉穆瓦尼翁·德·马尔泽尔布来为自己辩护。

这位杰出的律师和前首相现在已经71岁了，他在1789年出于对路易十六无力进行根本性的改革而感到失望，淡出了公共生活转而进行他喜欢的植物学研究，但是现在他将尽自己最大努力为路易十六辩护。[18]国王的指控者历数了自1789年来的一次又一次革命危机，比如在问到1791年7月17日的马尔斯校场屠杀时，路易十六简单地说道："7月17日发生的事与我无关"，同时援引1791年宪法中的条款：

> 国王本人是不可侵犯的和神圣的，他唯一的头衔是"法国人的国王"……如果国王率领一支军队并且用这支军队来对抗国家，或者他没有动用军队，而是通过正式的宣言反对任何以他名义承
> 171 担的责任，他必须退位。[19]

代表们都认为路易十六有罪，且1791年宪法现在已经不适用了。但是吉伦特派在国民公会上进行了一场雄辩，主张国王的命运应当由公民投票决定，并确定他应该被处以死刑还是缓期执行。雅各宾派与之针锋相对，主张饶恕路易十六意味着承认他的特殊地位：路易十六难道不是一个犯有叛国罪的公民吗？罗伯斯庇尔、马拉和圣鞠斯特争论说，作为一名罪犯，他应当被立刻处决，"人民"已经审判过他了。不过，大多数雅各宾派要求对国王应当像对其他叛国者那样接受一次彻底的审判。

加泰罗尼亚人代表约瑟夫·卡萨涅人生中第一次离开南部边界省份东比利牛斯省，他回忆道："我对布里索派、吉伦特派或者山岳派的了解不比我对《古兰经》知道得多。我将他们放在一边，根据自己的

良知来投票。”卡萨涅的良知最终使他把票投给了山岳派。[20]国民公会中赞同雅各宾派的还有来自诺曼底地区贝尔奈市的托马·兰代和罗贝尔·兰代兄弟。托马在返回诺曼底成为一名教士之前曾在索邦学习神学。他在1789年当选为教士代表，支持对教会进行彻底改革，这也是他在1791年成为家乡厄尔省的宣誓主教的原因之一。他强烈支持教士结婚，并在1793年还俗前的一年以身作则。他的兄弟罗贝尔在1791年当选为立法议会代表之前曾在贝尔奈做律师。兰代兄弟在审判国王的争论中脱离了他们之前的吉伦特派盟友，罗贝尔起草了一份列举路易十六罪行的枯燥冗长的起诉书。[21]

投票赞成处决国王的中间派有75人，721名代表中只有不到半数的319人投票赞成监禁，总计361张赞成处决，其中包括了提议不同处决日期的投票。拉穆瓦尼翁·德·马尔泽尔布极为震惊，无法再做无罪辩护：“我恳求你们……我不会失败的，能不能让我明天继续辩护？”他没有得到这个机会。[22]先前的贵族勒佩勒捷是投票赞成处决的一员，他在投票后立刻就付出了生命代价，在巴黎的咖啡馆遇刺。雅各宾派以380票对310票战胜了吉伦特派最终请求宽恕的动议。很多人支持雅各宾派——在吉伦特省的首府波尔多，自由之友协会的女 172
公民指控路易十六：

> 包庇扰乱国内秩序的叛乱教士……用自己的军队对抗祖国！……下令屠杀自己的臣民！……对于这样一个造成血流成河的人，监禁和放逐就可以吗？……不，他必须人头落地；代表们，你们实现了共和国的愿望，你们一直都是正确的……[23]

1793年1月21日，路易十六怀着极大的勇气走上断头台。他大步走向行刑台的边缘，叫停了敲鼓声，让人群能够听到他的讲话。据一个人回忆，国王说："我的死是无辜的，我宽恕我的敌人。我希望法国……"他当即身首异处，尽管他肥胖的脖子没能完全卡在断头台的凹槽里。他的遗言比他处理危机的那些年的无动于衷坚决得多。《共和报》报道："行刑持续了不到八秒钟，'共和国万岁'的呼喊响起……巴黎恢复了平静。"一位来自昂热的雅各宾派代表皮埃尔-雷内·肖迪约百感交集："这对我们意味着什么？我们一直都需要他，而他从来都不需要我们。"[24]

在处决国王的数周内，法国还在与英国、西班牙和荷兰交战。随着欧洲各国联盟（后来被称为第一次反法同盟）的成立，军情发生了逆转。法国1793年初在东南、西南和东北遭遇一系列失利，外国军队进入法国，必须要采取紧急措施。埃德蒙·杜布瓦-克朗塞在2月21日当选为国民公会主席。他在旧制度时期曾经担任军队中尉，支持在军队内进行民主改革，并且曾拒绝在拉法耶特手下担任军官。他在当选主席的同一天成功提议"混合编制"，旨在彻底解决职业军队与志愿军之间的冲突。现在，"混成旅"将由两个志愿军营和一个常规军营组成，以此将职业军队的专业水平和服从，与志愿军的爱国主义和热情相结合。低层军官和非委任的军官将会由选举产生，不同的制服
173 和军饷被废除。最终组建了196个混成步兵旅，每个旅都配有一个火炮连、一个骑兵连和一个工兵连。[25]

英国驻荷兰大使奥克兰勋爵威廉·艾登在1792年末写信给兄弟说："法军不管如何自由散漫、不服从指挥，都对于支撑着他们的邪恶

信念深信不疑。”[26]但是军官队伍仍然是一个问题。有很多年轻贵族军官欢迎伴随着1789年至1791年军队改革而来的废除特权者优待。然而1792年的军事和政治危机打破了这些自由化改革，随着政治动荡的持续、王权被推翻以及军事骚乱，军官们的希望彻底破灭。几乎所有的军官在12月不是辞职就是逃亡。现在，新的共和国要从各个等级和仍然“爱国”的贵族中为军官队伍补充新鲜血液。[27]

主要领导者的叛变激怒了志愿军。吉尔贝·法维耶和吉尔贝–阿马布勒·法维耶在1791年9月参军时分别为22岁和18岁。他们来自法国中部小城蒙吕松（人口5 500人），是一位律师遗孀的儿子。吉尔贝在离开家乡的时候发表了动人的演讲：

> 我们的国家1 400年以来都处于暴政的压迫之下，我们的王国是一个巨大的监狱，统治者鱼肉百姓、敲骨吸髓。自由的光芒照进了我们的囚笼。我们的锁链已经被打破，奴隶制已经终结，我们的权利已经被恢复……

成为军官的吉尔贝对1792年8月针对瑞士雇佣兵的大屠杀感到恐慌，在写信给母亲时承认他对“这些起义的巴黎人能否打着国家主权的旗号来代表其他83个省的人民”表示怀疑。他还质疑他的将军拉法耶特的动机，后者在8月19日逃往奥属尼德兰。到了10月17日吉尔贝还在信中期待看到“法兰西共和国成为世界上最美的国家”。他写给母亲的信中还提到了他自己在食物和衣物上的困境，他在进入东部边境看到“完全被洗劫一空并摧毁”的村庄时的悲伤。“我痛恨无序 174

和动荡，但是我会为共和国而献身。”

开战一年以后，吉伦特派的重要盟友、取得瓦尔密大捷和热马普胜利的英雄迪穆里埃将军的叛变使得人们开始质疑吉伦特派是否有能力领导共和国。1793 年 3 月 18 日，迪穆里埃在奥属尼德兰的内尔温登被奥地利和一小支荷兰共和国派遣军打得大败，之后又试图带领部队返回巴黎摧毁“我们已经深陷其中的混乱和无序状态”，但是没有成功。于是迪穆里埃在 4 月 5 日穿过边境投靠奥地利军队。吉尔贝在里尔写信给母亲表达了对迪穆里埃的愤怒，“他终于露出了真面目”。同时，他也害怕继续失利，因为“我们的军队军纪涣散、人心惶惶，惊慌和恐惧令我们的士兵逃亡”。[28]

面对不断恶化的军事处境需要采取终级措施。尤其是在边境地区，国民公会要求志愿兵入伍的同时，地方上还要供应给养。职业化军队内的军官选举根本就没有进行，而志愿军内部在爱国主义仪式上选举了各级军官。但他们的革命热情并不能总是弥补军事训练的不足。在南方的奥德省，人们能够在佩皮尼昂附近看到志愿军正与西班牙军队交战，成为“爱国者”的前领主安托万·维吉耶对于志愿军印象不佳：“他们连队选出的军官对于军事事务一窍不通。士兵们毫无经验，他们花了一整天在河岸上搜寻青蛙。”[29]

不断逼近的威胁和紧急征兵为渴望参军的女性提供了机会。在北部边境的北莫尔塔涅村，奥地利军队在 1792 年秋入侵村庄后，两位年龄分别为 21 岁和 17 岁的年轻女性费莉西黛·费尔尼格和泰奥菲尔·费尔尼格女扮男装参加了当地的抵抗军。她们在贝尔努维尔加入迪穆里埃的队伍，参加了瓦尔密战役和热马普战役。她们随迪穆里埃在 1793

年 4 月一起逃亡。然而，来自勃良第区靠近蓬塔利耶市的塔尔迈村的 19 岁少女玛丽-泰蕾丝·费古尔在 1793 年改变了对王室的忠诚，转而为共和国而战。 175

吉伦特派此时陷入进退两难的境地。他们当中有一些人一直都积极反对奴隶制和奴隶贸易，尤其是布里索本人，但是他们的政治根基却在里昂和波尔多这样的贸易与商业重镇。尽管从 1792 年初到 1793 年初吉伦特派事实上已经掌权近一年，但他们没有明确表示要废除奴隶制，因为这会摧毁大西洋沿岸港口的贸易。他们在 1792 年 4 月满怀自信地与大陆上的帝国在东方开战，没想到战争演变成全面战争，将加勒比海殖民地的前途置于险境。他们在 1792 年夏抨击路易十六并威胁扩大战争，之后又为了控制局面而企图挽救他的性命。1792 年 8 月以前，吉伦特派一直在指责路易十六应当为军事失利负责，但是现在还有谁可以指责？雅各宾派和无套裤汉成了局势不稳定的替罪羊。

到了 1793 年初，吉伦特派对巴黎激进主义的指责在外部军事危机的背景下变得愈发空洞，“平原派”代表开始倾向于雅各宾派的紧急主张。尤其是在 2 月，国民公会为了应对危机宣布征兵 30 万。富农抱怨如此大规模的征兵将会使土地无人耕种。[30] 在大多数地区，人们认为抽签征兵的方法是粗暴的，但也是一次必要的牺牲，尤其是在改革后教会脱离乡村的地区。然而在法国西部卢瓦尔河以南的地区，抽签征兵从 1793 年 3 月开始引发一场大规模叛乱和内战，也就是“旺代叛乱”。（地图 4）

1789 年没人预料到旺代省会发生反革命的暴乱，乡村的陈情书与其他地方有诸多相似之处，除了两点区别。第一，他们很少抨击教会。

这个地区拥有独特的林地牧场地形，高高的灌木在起伏的地形上充当牛圈的围栏，大部分人居住在零散的农场和中心村庄或城镇外围的小村庄里。虔诚的乡村团体在周日聚集起来进行礼拜并在教区教士的带领下讨论当地事务，这些人通常是当地有名望的人。第二，旺代省的意见领袖往往是拥有长期租约的大土地承包人，他们作为农民、教会
176 和拥有土地的贵族之间的中间人，经常对城市资产阶级感到不满。革命破坏了与日常生活密切相关的宗教文化，让那些承包农场并因此有一些封建特权的人平白遭到损失，革命因此而遭到憎恨。

旺代省“开明的”城市人民和乡村及其教士之间存在一道不可逾越的鸿沟。例如在昂热，新的资产阶级行政者一直以来都对教会权力和财产（教会拥有城市四分之三的财产）怀有敌意。在拉罗什，行政长官毫不犹豫地关闭了 19 个教区的教堂（总数为 52 个），这个数目超过了《教士公民组织法》的规定数量。[31] 这是少有的几个什一税直接交给教士而不是交给教区的地方，这样一来就使得教士可以满足教区的所有需求。教士的薪水通常高于国家规定的工资水平。没多少教区教士准备宣誓效忠于宪法，来自教区外的宣誓教士遭到了羞辱，甚至是人身攻击。革命统治牢牢地掌握在“爱国者”手中，当地的资产阶级凭借世俗权威无所顾忌地推行新的税收制度和教会改革。也正是他们，买下教会土地以充实自己的财富，并继续出租给佃农。例如在绍莱镇，贵族购买了 23.5% 的这类土地，城市资产阶级购买了 56.3%，农民仅购买了 9.3%。1793 年 2 月的征兵豁免了地方议员成员，而这些人被视作新政权的象征——这是压垮农民们的最后一根稻草。乡村群体的愤怒发泄在这些令他们忍受已久的人身上，这些人在财富、衣着

和效忠对象上都与众人格格不入。

这些“亵渎上帝”的共和派大部分都是城市资产阶级，包括一些工匠和店主，而反叛者代表了乡村社会。反叛者的口号认为“善良的教士”才是生活的保障，并表达出对于资产阶级的仇恨。

> 你们会在你们的城市中死去
> 该死的资产阶级爱国者们
> 就像毛毛虫一样
> 脚朝天被吊死。[32] 177

因此首当其冲的就是当地的官员。3 月 11 日，一伙大约 1 500 人的反叛者涌进小城马什库勒，在接下来的六周内杀害了至少 160 名当地人：当地官员死者尤多，还有一些被反叛者视作敌人的工匠、店主和劳动者。报道中的死亡人数（通常报道为 800 人）和残忍程度都被夸大。[33]

再往北，超过 6 000 名敌视征兵的农民在 3 月 15 日冲进瓦讷市附近的小镇拉罗什贝尔纳尔，他们高喊“国王万岁！教会万岁！”，并杀害了共和派 200 位武装市民中十分之一的人。次日他们杀害了地区行政长官约瑟夫·索沃尔和他的副手。根据一名参战的布列塔尼人埃米尔·苏威斯特的描述，索沃尔嘴里中了一枪，但还是勉强站直掏出了他的共和国职位的勋章。随后他的眼睛被打了一枪，手指被砍掉几根，他仍然不松手。苏威斯特描述了索沃尔后来在一个由自由树做成的火刑架上被活活烧死的过程。三个月后，国民公会将这座城镇命名为拉罗什索沃尔。[34]

当西部发生大规模叛乱的消息传到国民公会时，它在 1793 年 3 月 19 日通过了一部全面法令，宣布那些揭竿而起的人是“亡命之徒”。[35] 叛乱的暴力和最初的胜利使叛乱者愈加意志坚决。“天主教和国王的军队”在塞夫勒河畔尚蒂永（今天的莫莱翁）建立了司令部，在 3 月 5 日大胜由弗朗索瓦·韦斯特曼率领的共和国军队。韦斯特曼 7 000 人的部队只有 300 人活了下来，他一直没有忘记复仇。

旺代叛乱本质上是一次乡村对革命带来的混乱秩序的抵制，尤其是混乱的宗教秩序，他们认为这是由毫无怜悯之心的富有城市居民造成的。贵族和反叛教士的领导使它成为一次公开的反革命行动，但是大多数农民不愿意向巴黎进军恢复旧制度。叛乱者最常用的口号是“国王万岁！”但这只是一个交流的口令而不是一个明确的动机。这个地区的地形适合游击式的伏击和撤退，为互相认为是背叛者的双方反复的杀戮和报复提供了便利。共和国军队对于叛乱者的狂热感到震惊。根据一名当地人的描述，“这些人只需要一大片黑面包和一些水作为补给……出于宗教愤怒，他们希望成为光荣的殉教者，像飞蛾扑火一样朝着我们的大炮和枪口上撞”。[36] 对于共和派来说，这些叛乱者是愚昧
178 而残忍的，他们的无知被心怀不轨的“狂热”教士和贵族利用了。根据《巴黎革命报》的报道，这些人是“一心想要报复的小贵族、疯狂的教士、无情的管家、男仆、小职员和大量狂热的农民，他们将犯罪视作一种美德。耶稣基督与圣母、路易十七*和他的母亲都是他们战斗

* “路易十七”就是在前文中多次提及的路易十六的王太子、1785 年出生的诺曼底公爵路易·查理。建立共和国之后，路易·查理便失去了王位继承人身份，由共和政府看管。不过，尤其在路易十六死后，他被保王党人视为“路易十七”。

的理由”。[37]

内战席卷了西部大片地区。与古往今来的内战一样，双方都认为对方是邪恶无情、狂热盲信的。双方的大规模杀伤使很多人在临时搭建的、拥挤不堪的军队医院里缓慢而痛苦地死去。[38] 雅克·加尼耶是渴望复仇的共和派的典型代表，他也被称作加尼耶·德·桑特，这个头脑容易发热的雅各宾派代表在 1793 年 4 月被派往守护拉罗谢尔港口的军队中：

> 我们采取的伟大行动就像一阵狂风扫过，让树上腐烂的果实坠落，让好的果实留在树上，这样才能收获剩下的果实，这样的果实才会成熟而甜美，才能使共和国恢复活力。留着许多已经腐烂的树枝有什么用处？留下的越少越好，这样其他的树枝才会具有生机和活力。[39]

在地区首府南特，著名的政治俱乐部圣文森协会的成员自称为无套裤汉，并且将他们的俱乐部及其所在街区改名为文森拉蒙塔尼*。他们准备奋战到死。[40]

在其他地区，处于困境的国民公会派遣的特派员进行的镇压行动完全应付不了地方上表达的不满。巴黎南部的卢瓦雷省一直坚定支持革命，但是在 1792 年 9 月选举中选出的代表都是吉伦特派的，除了一位雅各宾派代表莱昂纳尔·布尔东。1792 年 11 月，省府奥尔良的人民

---

* 意为“山岳派的文森”。

之友会向国民公会请愿呼吁适度和秩序：“巴黎，你认为你是另一个罗马，但是你只是巴黎公社：我们不是你的盟友，我们是你的兄弟，是和你平起平坐的。”[41] 随后，在 1793 年 3 月 15 日，三名特派员在奥尔良街头遭到羞辱，年轻人爬上他们的马车朝他们吐口水。第二天布尔东本人也遭到了人身攻击，有人朝他喊道“跟随勒佩勒捷去吧！”有
179 60 人被捕，当中的 9 人在 7 月 13 日在巴黎的革命法庭上被判处死刑，他们行刑时穿着代表叛逆的红色衬衫。[42]

奥尔良试图恢复名誉，但问题是它的人民是不是真心实意的。当其他特派员在 1793 年 4 月抵达奥尔良时，100 名法兰西公学院的学生给他们寄了一封信，用古典教育的内容说：“新的塔克文已经越过台伯河重新加入波尔森纳的行列，他们正在威胁自己的国家；让这些叛国者颤抖吧；穆奇乌斯·斯卡沃拉家族还没有断绝，一个更幸运、坚定而果敢的人将会向他复仇。”一周以后到来的另两位特派员雅克-莱昂纳尔·拉普朗什和让-马里·科洛·德布瓦就更不受欢迎了：他们在 4 月 23 日观看费努约·德·法白尔的戏剧《诚实的罪犯》时，一些观众嘲弄地大声喊出可以用来反对特派员的台词，以此取乐。[43]3 月 12 日，29 名勇敢的奥尔良妇女向国民公会请愿，要求叫停这些特派员的严苛管控和对所有可疑人物的拘留，还有在国民大会上不断给无套裤汉施压等行为，但同时她们承认祖国正处于威胁当中。她们用圣女贞德的例子提醒雅各宾派记住，“如果一个女孩能将奥尔良和法国从英国的侵略中解救出来，那么女性公民和母亲们也会在同样的情况下解救被特派员暴政统治的公民同胞”。[44]（图 19）

在其他乡村地区，事实上废除了封建制的 1792 年 8 月 25 日法令

没有终结人们对之前领主的仇恨。萨德侯爵和他在普罗旺斯的吕贝隆山山麓上的拉科斯特领地上的佃户之间关系恶化，1789 年附庸们还把当时身陷囹圄的萨德侯爵视为暴政的受害者并报以同情，到了 1792 年 9 月，村民已经开始抢掠萨德的城堡了。萨德从他的领地获取了巨额财富（每年 17 500 里弗），但是很少待在那里。[45] 相比之下，在法国东北部，社会仇恨现在转移到了之前第三等级的富有家庭身上，尤其是大土地所有者和承包者。[46] 在圣鞠斯特的故乡，苏瓦松附近的布莱昂库尔村，一名官员在 1793 年 2 月宣称“大土地所有者和承包人都是暴君，他们根本不在乎邻居和朋友，丝毫不关心他们的所作所为会对其他家庭造成什么恶果”。南锡市外的纳夫迈松县认为：“囤积小麦的人和富农现在比专制主义更可怕，他们比最残忍的贵族还可恨。”在沙 180
特尔附近的库尔维尔，一群大约有 6 000 人的群众迫使共和派官员签署一份规定谷物、蜡烛、肉类和其他必需品价格的文件。[47]

战争使法国国内外的态度都走向极端。从 1793 年 2 月英国与法国开战后，英国的反雅各宾情绪就成了政府的政策，一系列发表“煽动性言论”的出版物被视为扰乱公共秩序。苏格兰的反战集会被驱散，它的领导人，包括托马斯·缪尔在内，都被放逐到了澳大利亚的植物湾。英国支持法国大革命的政治协会领导人不是被骚扰就是被捕。[48] 英国一直以来都因为其对政治自由的保护而被大陆国家羡慕并称赞，但是现在法国对英国的羡慕已经变成愤怒的怀疑。[49] 在巴黎方面看来，英国是 1793 年 4 月发生在科西嘉的反雅各宾派叛乱的幕后主使，科西嘉岛对于革命至关重要，不仅因为帕斯卡尔·保利的名声在外，还因为它长期以来的共和传统。1789 年，保利曾经被国民议会视为英雄，但是随着王权被推翻，激进雅各宾主义一浪高过一浪，他对国民公会毫不妥协的国家主义越来越感到担忧。科西嘉社会分裂为保利的支持者和波拿巴派的阵营，对抗中拿破仑及其家族被迫逃往法国本土，科西嘉议会宣布他们是“叛国者和敌人，永远受到诅咒和谴责”。保利向英国寻求军事保护的决定使他一样获得了叛徒的名声。[50]

外国人民并不都是对革命充满敌意的。地中海沿岸广大地区法国水手和旅居者庆祝革命事件的方式得到了观者的欢迎和效仿。在路易十六被处决的1793年1月21日，法国驻伊斯坦布尔的官员安托万·丰东得意地描述到，“一大群围观者”观看自由树树立，倾听法国船只鸣礼炮二十一响致敬，看到“所有真正的爱国者，所有自由的朋友们，以及率先允许法国人公开致敬革命的土耳其人民……互相举杯庆祝”。[51]革命的消息透过各地文化和权力组织获得不同的解读。当推翻王权的消息在1793年3月传到印度港口本地治里时，一群公民种下了一棵自
181 由树并且举行了一场宴会，高呼“祖国万岁！”和“共和国万岁！”。然而在三个月内，本地治里和其他法国商站都被英国军队攻占。[52]

法国国内对外国人的态度从1791年后出现了戏剧性转变。在旧制度时期外国人可以在法国自由居住，虽然他们在财产继承权上有法律限制；1789年之后，普遍人权的观念导致了门户开放政策；1792年开战之后，态度发生了转变，到了1793年初愈演愈烈，政府颁布了严格的法令驱逐外国人，或将他们软禁在家中。这些法令的实行通常取决于政治判断。1793年8月26日的法令承认一些著名的外国人（包括詹姆斯·麦迪逊、乔治·华盛顿、托马斯·潘恩、威廉·威伯福斯、杰里米·边沁和约瑟夫·普里斯特利）为法国公民，那些同样活跃在

各种会议或雅各宾俱乐部、对共和国有用的外国人也没有被波及。那不勒斯人约瑟夫·托西甚至成了巴黎小红帽革命委员会的主席，他的同事包括米兰人皮奇尼和瑞典人林德贝里。[53]

战事的变化产生了可怕的后果，受影响的不仅仅是那些在战争中死亡或者残疾的人。当共和国将军屈斯蒂纳的军队在1792年10月攻占莱茵兰的城市美因茨的时候，当地的爱国者创建了一个拥有500人的自由与平等友好协会，他们改编了属于自己的“马赛曲”——《美因茨公民之歌》——并且种下一棵自由树。格尔奥格·福斯特是美因茨的博物学家和图书管理员，他曾经和他的父亲一起跟随库克船长在1772年至1775年进行第二次太平洋航行，他在美因茨被法军占领后积极投身于革命政治。50个邻近的村庄都有了自己的自由树，但是这些树和法国国内一样，都是容易遭到攻击的目标。[54]1793年3月18日，来自普法尔茨地区的130个城镇的民主派宣布成立“美因茨共和国”。但是普鲁士军队已经开始占领该地区并且围困美因茨城，城中的法军在7月23日投降。当城市被普鲁士军队包围时，福斯特曾在4月作为特使被派往巴黎。他的妻子拒绝与他一起去巴黎已经使他不快，到巴黎之后他意识到战争令国民公会产生了强烈的爱国主义，他在法国人看来是一个外国人，在普鲁士人看来是一个叛徒。福斯特无法对狐疑满腹的东道主保持乐观： 182

> 我从他们的缺点和错误中还看到了好的方面——我明白了没有哪一个国家是完美的。所有的国家一道构成了全人类，法国被选中为全人类的幸福殉难，这就是革命带来的东西。[55]

1794年1月，福斯特在内心失望和幻想破灭中死去。

旺代省的内战，边境的军事失利，以及吉伦特派越发绝望的言论都促使“平原派”代表支持雅各宾派关于紧急战时措施的提案。1793年3月至5月间，国民公会将行政权授予救国委员会（Committee of Public Safety），将警察权力交给治安委员会（Committee of General Security），两个委员会的委员都从国民公会的代表中选举产生，并且它通过特派员监督军队。国民公会颁布法令宣布逃亡者“在法律上已经死亡”，同时提供公共救助，并且控制谷物和面包价格。国民公会决定不仅要将共和国的资源国有化，还要将惩罚反革命者的执法权控制并集中在国家政府手中。丹东通过回顾九月屠杀来为1793年3月10日成立的革命法庭辩护：

> 如果当时就有革命法庭的话，人民就不会因为那些天的所作所为而受到指责，也不会让人民流血。……让我们来做立法议会没有做的那些事，让我们来代替人民承受恐惧……这样一来法律的利剑将会悬在所有敌人的头上……所有的敌人都将得到报应。[56]

首都内狂热的气氛影响了国民公会的话语和关切。消息和谣言在巴黎人民聚集的3 000个酒店和小酒馆、600个面包店和1 000个杂货铺中传播开来。军事消息有时在国民公会宣布之前已经通过后撤的小股部队扩散开。首都是一个紧张而危险的地方，但是无套裤汉远不是后来小说家描述的那种酗酒的恶汉，他们当中的领导者往往都是那些地位稳固、有财富和名望的人。比如在城东激进的圣安东郊区，富有的马车制造商和有产者安托万-皮埃尔·达穆瓦曾经当选过多个职位，他是1792年公社起义的一名代表，也是巴黎雅各宾俱乐部的一员。革命为他创造了购买国有化财产的机会，达穆瓦在1793年集中购买了一座城堡和一位逃亡贵族的地产，这些产业都在他父亲1733年前往巴黎时离开的村庄附近。像达穆瓦这样的人还有成千上万，他们是社区中的领导者，在巴黎和其他城市里构成了雅各宾派无处不在的统治基础。是他们控制了地方议会，主导了大众团体，组织武装巡逻，揪出嫌疑犯，为前线的将士提供大量的补给。仅在巴黎一地，就有超过8万名志愿兵和入伍士兵开赴前线，3万人朝着旺代省进军。[57] 183

吉伦特派对巴黎人的激进主义感到害怕。他们对自己在国民公会中的失势和无套裤汉对他们不断的攻击感到痛心。作为回击，他们试图取消议员的豁免权并且在1793年4月弹劾“人民之友”马拉，他们谴责巴黎市政府、巴黎公社，甚至威胁说要将首都迁到法国中部的布尔日。1793年5月，雅各宾派人士罗萨莉·朱利安写信给她儿子说：“我们的航船正在遭受最强烈的暴风雨，我们的船长给我们正在奋战中的水手的印象是这些巨浪即将淹没他们。”[58] 团结是不可能的。吉伦特派成员马克西曼·伊斯纳尔警告无套裤汉：“我以法国的名义告诫你们，如果这些不断发生的叛乱伤害到由全国人民选出的议会，巴黎将不复存在，人们在塞纳河畔也找不到这座城市的踪迹。”在军事危机的背景下，这些威胁听起来像是布伦瑞克公爵在1792年7月的宣言，这激怒了巴黎劳动阶层。

在经济上，工薪阶层的境遇持续恶化：到1793年6月，指券的购买力已经降到其票面价值的36%。市场妇女开始呼吁清除那些不受信任的“人民代表”：到了4月中旬，巴黎48个区中的35个区列出了一份应被驱逐出国民公会的吉伦特派成员名单，并同意建立“中央革命委员会”。巴黎公社下令组建一支由2万名无套裤汉组成的、发放军饷的民兵部队，这支武装在5月末包围了国民公会，胁迫代表们同
184 意他们的请求。29名吉伦特派代表被捕。[59]随后75名代表因为在一份抗议书上签名而被监禁。

代表们知道暴力清洗国民公会的原因来自巴黎人对人民主权原则的愤怒，即便吉伦特派对国民公会中的大多数的攻击也有损国家团结。随后国民公会传达给各省的信息是一次试图证明清除已当选代表的正义性的徒劳尝试。国民公会在面临巴黎激进主义分子的威胁时的脆弱不容忽视，但最要紧的是，国民公会必须应对国家从内部崩溃和被外敌入侵的危险。

这些危险由于60个省反对清洗吉伦特派的回应而加剧。最大的外省城市由保守共和派和保王派的联盟掌控。这些所谓的“联邦党”叛乱联合在一起只是时间上的巧合；无论起事原因如何，他们都对地方传统自治引以为傲。在南部的大城市（波尔多、里昂、马赛）和诺曼底（卡昂），叛乱尤其严重。[60]马赛人自豪地宣称共和国诞生于该市，表达了与其他地方雅各宾派相似的理念：人民主权和反抗权，对特权和不劳而获的财富的敌视，热爱祖国，反对贵族和反革命势力。同时，这里有着强烈的地区认同和对巴黎的不信任，这会挑战国家的团结。[61]最重要的是，联邦主义的核心是上层资产阶级对于革命的激进发展方向的愤怒，尤其是在那些商业城市，清除他们选举出来的代表引爆了压抑已久的怒火。叛乱的直接目标是当地的雅各宾派和激进分子，这

反映了当地的阶级分化。

一些联邦军叛乱要么昙花一现，要么在没有发生大规模流血事件的情况下被镇压。在卡昂，特派员罗贝尔·林代面对大规模报复时呈现出不屈服的姿态，并且承诺宽大处理，秩序随后迅速恢复了。2 000人的卡昂联邦军在1793年7月8日朝巴黎进发，但当他们从埃弗勒穿越厄尔河到达布雷古时遇到共和国军队便慌忙撤退，最后只有50人被逮捕。[62]

其他地方的情况则不是这样。到了1793年5月，里昂的地方精英们也认为国家的不幸是一小撮雅各宾派胁迫国民公会造成的，大多数丝绸工人也开始指责当地由约瑟夫·沙利耶领导的激进雅各宾派，因 185
为经济不稳定加剧了城市以东的战事带来的恐惧。沙利耶领导的市政府在5月29日被推翻后，一个被授予紧急权力的委员会成立了。处死沙利耶受到欢迎，但是行刑过程让观看者感到不适：断头台上四次行刑都没有成功，刽子手用刀割下了他的头颅。当反叛领导者们不约而同地意识到他们言辞上的反抗和他们武装挑战中央政府的能力差距过大时，他们绝望之下试图倒回去。[63]但是，在共和国存亡之际发动武装分裂和反抗的人将不会得到饶恕。

仇恨的矛头指向了巴黎，因为它傲慢、专制、以自我为中心、威胁社会。吉伦特派甚至想过分裂国家。派往东南部的特派员埃德蒙·杜布瓦-克朗塞汇报说，省级的行政长官们坚称“南方没有北方也能活”。罗兰夫人在她的回忆录中说，关于这一点曾经有过一些细节讨论。像里昂、马赛和波尔多这样主要的省级城市都是吉伦特派的大本营，而图卢兹市就不是，大多数南方城市在雅各宾派和吉伦特派之间各选其一，只有少数支持保王党。只要公开呼吁分裂就会引发一次全国范围的旺代叛乱。[64]

1793 年夏，革命正面临着最大的危机，军事危机、社会危机和政治危机同时交织在一起。敌军在东北、东南和西南入侵了法国本土，在内部，旺代叛乱牵制了共和国军队的主力。(地图 4)国际战争蔓延到了加勒比海地区，英国和西班牙军队威胁要攻占圣多明各。联邦主义者在很多大的地方城市内挑战国民公会的权威。在这种情况下，每一位法国公民都要面临到底忠于哪一方的终极抉择。

从革命一开始，改造国家的革命热情和对阴谋的恐惧创造了一种人人自危的政治气氛。有很多实实在在的阴谋让爱国者们相信威胁是真实存在的。国王在 1791 年 6 月的出逃以及拉法耶特和迪穆里埃分别
186 在 1792 年和 1793 年的脱逃只是诸多叛国事件的冰山一角。谁还能够被信任？旧制度结构的瓦解与暴民力量的威胁加剧了这种恐慌和怀疑的气氛。到了军事危机达到顶峰的 1793 年中期，反革命和“外国阴谋”已经成了不可辨驳的事实，它们是旧制度这个双头怪物的两张面孔。[65]
187 在外敌入侵和内战的背景下，这是一个“自由还是灭亡”的问题。

第十章

自由还是灭亡：动乱时期的抉择，1793 年

当革命刚开始时，莱昂·杜福尔只有 9 岁，他后来生动地回忆了在西南方圣瑟韦市（人口 5 000）的政治辩论："不只有男人和他们的妻子，爱国热情甚至感染了儿童。我的拉丁语课程受到了这种政治狂热的很大影响。"到了 1793 年，莱昂成了 12 岁孩子中间的反革命领袖："我是最勇敢的人，最善于使用拳头、棍棒和石块的人。我们乐此不疲地与民主派斗争……"但是对于他在这座小城的父母来说，此事事关重大。本市有一人被送往革命法庭，四人被送进监狱。他的母亲被众人当作"贵族"，她确信莱昂的第一次圣餐是一位躲避在乡间的反叛教士给的。这个家庭免于遭受关押和进一步的处罚只是因为他的父亲在医院给穷人免费看病。莱昂承认在 14 岁的时候，他和他的朋友去观看过一个逃亡贵族的老父亲被处死。[1]

正如莱昂·杜福尔的故事那样，人们需要做出个人选择，还要重新思量家庭关系和家庭在邻里之间的地位，尤其是在 18 世纪的法国社会，家庭整体的生存与幸福对于大多数人的重要性是不言而喻的。到了 1793 年中期，莱昂的父母也深知，战争爆发前的意见分歧和武装反

革命是攸关生死的事情。[2]

在营造基于人民主权与法律面前人人平等原则的政治生活和制度时，法国人都是新手，但是像所有社会一样，他们在一种权力环境下
188 获得了成长。他们在 1793 年做出了抉择，根据是革命在物质上和精神上对他们及周遭的人是否有利。物质因素是决定性的——封建制、职业和家庭财富变化带来的影响——但是还有情感因素：天主教会在一个人生活中的地位以及个人对于革命观念的共鸣。如果革命变化扰乱了人们注重的精神生活和社区生活规律，却没有给他们物质补偿，甚至令人们更贫困，人们就会对抗革命，甚至成为反革命。在那些人民与教会关系疏远或者恶化的地区，革命减轻了封建制带来的负担，提供了新的机遇，新的社会秩序的许诺更具有吸引力，人们甚至自愿参加革命军。

抉择通常在 1793 年中期之前就已经做出了。比如在靠近马赛的繁华小镇欧巴涅，激烈的分歧在 1789 年后就迅速浮现，分歧的根源还是革命之前的家族恩怨、邻里冲突和资源的争夺，后来又出现了有关革命性改革的政治选择分歧。战争的爆发使这些斗争演化成流血冲突，更深层次的分歧在于控制权的争夺。[3] 在流经波尔多的多尔多涅河上游的贝尔热拉克市，已经没有了回旋的余地。尽管当地的民众社团在 1793 年 4 月曾经支持弹劾马拉，在 6 月反对驱逐吉伦特派代表，但他们很快又偏向雅各宾派的立场，在 7 月 2 日宣布社团“憎恨保王党和联邦主义者；发誓反对这些人的破坏行动，为了未来共和国的团结和统一，如果需要的话，就消灭他们”。[4] 这是一个明智的决定。

人民在 1793 年做出的抉择是个人与家庭的地位和前景共同作用

的结果，不过这些因素最终取决于个人的职业、所处的社区和地区的特殊情况。经济和地理状况预先决定了这些地区是欢迎还是拒绝革命，特殊的社会关系创造了忠诚和仇恨。对于革命的记忆——无论是积极的还是消极的——都深刻地印在家庭和地区之中，这些记忆在后来1848年至1851年第二共和国的政治动乱中将会成为重要的决定因素。
这些记忆直到20世纪80年代仍然影响着法国的政治选择。[5]没有哪个 189
地方像法国西部那样，在旺代叛乱被镇压时产生如此可怕的人员伤亡，在社会和政治上留下了永久的伤痕。对于共和派来说，发生在革命最危急时刻的叛乱就像被兄弟“在背后捅了一刀”；对于反叛者而言，镇压起义是一场对有信仰的人的大屠杀。

在农村，对待革命的态度取决于农民从革命中获得的物质收益以及对教会改革的看法。在改革已经影响到当地宗教生活，甚至驱逐教士的地区，即使是物质上的收益也不能化解仇恨。这些决定通过复杂的人际关系网、性别关系、家族纽带和社区的态度过滤后得到了调和，毕竟社区是他们生活的地方、他们的职业和信仰所在的地方。家庭关系的特殊性还意味着有个别成员可能采取相反的态度。

第三等级在1789年的热情和乐观主义几乎都是一致的，所以他们会把甚嚣尘上的敌视革命的情绪视为恶势力崛起。每个地区——事实上每个社区——到了1793年在归属问题上都产生了分裂，可以清晰地辨别出各地区共和派和反革命派在力量上的变化。[6]最令人震惊的是，在西部、西北部和中央高原南部的部分地区，敌视革命的态度占据了主流，共和派的爱国主义大多数集中在中部和巴黎盆地。即使在这些地区，也有一些重要少数群体持有异见。南部和东南部则深度分化。

在任何地方，影响政治抉择最重要的因素都是宗教忠诚的强度和性质。这不仅是一个社区对天主教会改革做何反应的问题，还是一个性别问题和家庭是否属于无神论者、新教徒和犹太人等少数群体的问题。大多数宗教少数派的成员没有改变对革命的忠诚，因为革命给了他们宗教平等和公民平等。[7]

在从卡昂穿过图尔到拉罗谢尔的广阔地区，只有少数人选择支持共和派。布列塔尼和安茹的大部分农民感受到的更多是革命带来的困扰。到了 1793 年初，深刻的仇恨和外部入侵的结合创造了旺代这个火
190 药桶，1793 年 2 月的抽签征兵点燃了它。在西北部大多数乡村公社，甚至是一些大城市，“爱国者”通常都是当地的城市资产阶级，都是容易识别出来的小团体。他们对于当地教士和贵族的“恶毒”以及农民的“愚昧”的不满写满了乡村议会的登记册，他们用乡村人民知之甚少的法语写了出来。

在 1789 年的陈情书当中，对宗教的抱怨数西部城镇最多，正是这些城镇周围的乡村在 1793 年 3 月拒绝革命征兵的请求，爆发了暴力反叛。1789 年前在城市新入职教士急剧减少的背景下，许多西部教区的新入职教士的人数大幅增加，城市和乡村在教士入职人数上的差异预示着分歧，这在陈情书上得到了体现，也在实行《教士公民组织法》时的态度上得到了体现，最后表现在 1793 年激烈的内战中。西部城市的陈情书要求取消教士特权、呼吁宗教宽容和限制教会拥有财产。在其他省份，地方政府试图缓和教会改革给当地带来的冲击，而在西部，城市的当权者强硬地推行改革，甚至认为改革刻不容缓。这些地方的当权者认为“所有的教士都是令人厌烦的”，并且抓住一切机会“把

教士降低到合适的位置”；在布列塔尼的小镇若瑟兰，戴无边圆形头盖帽的教士被叫作“戴着头盖帽的贵族”。1791 年 6 月国王出逃后，昂热、南特和圣布里厄等地的未宣誓教士遭到了非法监禁，政府不得不出面干预，释放了这些人。大部分乡村怀有相反的敌意，“外来的”教士会面临公众的冷漠、威胁和更糟的事。在布列塔尼省维特雷市附近的蒙托图村，一名当地人威胁道：“你这个乞丐教士就是一个入侵者，我想将你开膛破肚，虽然你现在高高在上，但不会长久！”[8] 这些外来教士的遭遇非常悲惨。

在毗邻旺代省南部边缘的拉罗谢尔，革命也带来了不确定性和经济困难，但是在这里，暴力抗议有很多不同的目标。这个港口一直以来由于与圣多明各的特许贸易，与北欧及其沿岸的食盐、酒类、小麦交易，以及奴隶贸易而繁荣。战争对于贸易来说是一场灾难：1786 年有 22 次贩奴航行，1792 年只有 2 次。当地的炼糖厂由于殖民地贸易的崩溃而关闭。到了 1792 年 6 月，5 名最富有的商人破产，包括市长
丹尼尔·加雷谢在内。但是拉罗谢尔人自豪地支持革命，尤其是新教 191
徒商业精英，在他们看来，革命为宗教自由和参与市政打开了道路。1793 年 1 月 16 日，15 名年龄在 13 岁左右的男孩和女孩在市议会前为士兵们献上衣物，这些衣服都是他们用自己攒下的零花钱买的。南妮·魏斯是其中的一员，她来自城中一个富有的新教徒家庭，她说道：

> 公民治安官们，站在你们面前的是一个由年轻爱国者组成的小团体，玩耍的乐趣将我们聚集在一起，在这种友谊的支持下，我们的父母也团结在一起。爱国之情已经在我们年幼的心中生长，

> 我们很忧虑地得知，保卫我们的省的英勇志愿兵们缺乏一些必要的装备。我们进行了一次募捐，拿出了自己微不足道的积蓄，我们只能提供这些帮助。以我们目前的努力只能购买 26 双鞋和 29 双袜子，我们请求你们把它们带到前线奋战的同胞那里。我们会一直为你们祈祷，直到你们战胜共和国的敌人为止。[9]

路易十六在 1793 年 1 月被处决后，英国皇家海军的封锁中断了大西洋的贸易，魏斯家族就是诸多破产家族中的一个。

在 1792 年的九月屠杀时，正如在巴黎和其他地方一样，未宣誓教士在拉罗谢尔也是一个显而易见的替罪羊，失业的工匠与码头工人认为这些人和教堂、修道院是他们失业和不安定的原因，此外，他们似乎还把性生活上的不快归咎于教士对妇女们的精神影响。北部旺代爆发叛乱更加激怒了他们。这座城市在 1793 年 3 月 19 日向旺代派出了 2 000 人的志愿军，这支部队很快就出发了。有些志愿兵在溃逃回拉罗谢尔时，成了从前的支持者们发泄愤怒和羞辱的最佳目标。3 月 21 日，四名教士出于安全考虑被从城中的监狱转移到一个海岛监狱，结果被包围捅死。随后，根据治安法官的汇报，“人们抢占了这些尸体，把他
192 们砍头之后开始将尸体在城市的多个地区游行”。这只是委婉地表述了这些尸体的遭遇。第二天，两名来自雷岛的教士来到港口时同样遭遇了袭击。他们的尸体被撕成碎片，生殖器被插在木棍上挥舞。

下诺曼底的省份——卡尔瓦多斯省、萨尔特省、厄尔省和奥恩省——同样存在着城乡二元对立，它们也有着西部独特的林地牧场地貌，这里人们总体上接受革命，但是拒绝接受巴黎人和雅各宾派的激

1. 安托万 - 弗朗索瓦 · 加莱，《路易十六》，约作于 1778 年。加莱创作的路易十六身着加冕礼袍的正式肖像为后来用作赠礼的复制品提供了范本。

2. 波尔多的交易所广场，完成于 1755 年左右。股票交易的鼎盛体现了城市商业精英的财富和信心。广场中心曾经的路易十五雕像在大革命期间被销毁。供图：Xellery。

3. 年轻画家路易 - 利奥波德 · 波瓦利（生于 1761 年）在 1783 年创作了这幅罗伯斯庇尔在阿拉斯学习期间的律师肖像画。25 岁的罗伯斯庇尔看起来对他第一次在法庭上取得的重大成功志得意满。他一直都喜欢狗的陪伴。

4. 这是 1783 年在地中海港口城市旺德尔港高 30 米的方尖碑上的浅浮雕之一。路易十六委托建造了这座方尖碑，用以纪念港口取得的成就。这块浮雕展现的是路易十六支援美国独立；其他的浮雕赞颂他废除农奴制、开放贸易和建立强大海军。

5. 雅克·德·斯泰拉的《冬季农场的晚间叙谈》创作于大革命前的一个多世纪，描绘了农村一家人在冬天晚上聚会的温馨氛围。

6. 让 - 路易 · 普里厄作为最有才华的革命艺术家之一，他的这幅画描绘了1789 年 7 月 14 日攻占巴士底狱的场景，他创作了 144 幅准官方的“历史性画作”系列中的 67 幅。普里厄是革命法庭的陪审员，在 1795 年 5 月与富基耶 - 坦维尔一起被送上断头台，他的父亲在前一天被处决。

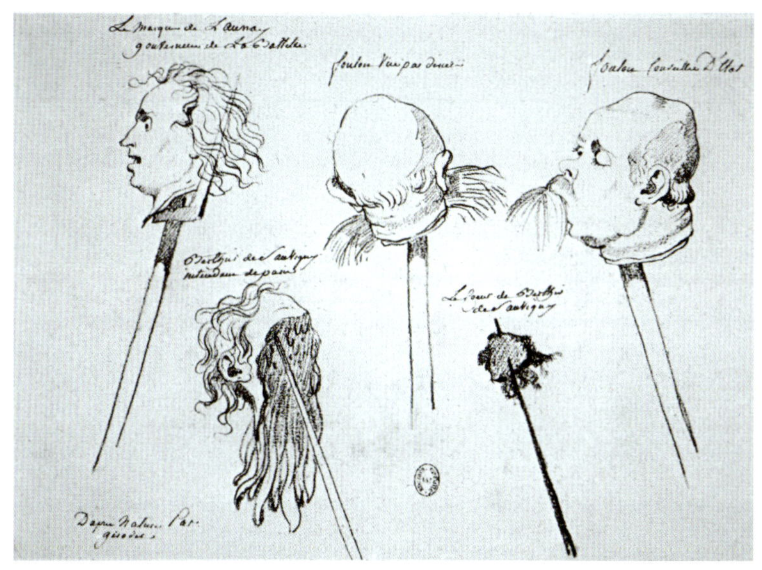

7. 22 岁的安 - 路易 · 吉罗代是雅克 - 路易 · 大卫的学生，他描绘了在 1789 年 7 月处决三名王室官员劳奈、富隆和贝蒂耶时的恐惧，之后他移居罗马进行艺术创作。

8. 这是少有的展现 1789 年 7 月至 8 月间大恐慌的画作。事实上，对于领主或者他们管家的人身威胁，以及销毁封建账册的做法远比烧毁城堡普遍得多。

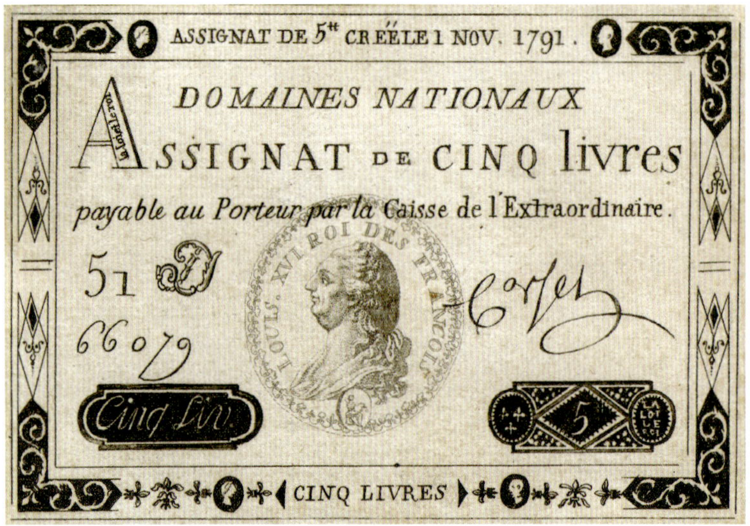

9. 革命期间发行的银行券（指券）的价值由已经国有化的教会财产提供保障。后来滥发指券以及随后的通货膨胀在全国大部分地区引起了不满。

10. 皮埃尔·加布里埃尔·贝尔托描绘了巴黎庆祝攻占巴士底狱一周年的盛大庆典。1790 年 7 月的联盟节是革命团结和乐观主义的顶峰。

11. 这棵勉强存活下来的法国梧桐生长在萨拉北部的小村庄塔米耶，它的种植最初是用来纪念攻占巴士底狱一周年的。照片拍摄地位于教区教堂前。这棵树或许是大革命早期仅存的“自由树”。

12. 在朗格多克和鲁西永交界的南方小村庄坎普阿格利，一个说奥克语的家庭在门楣上用一个巴士底狱的石雕来纪念这具有重要意义的一年，这个石雕保存至今。

13. 建筑商皮埃尔－弗朗索瓦·帕罗瓦在承包拆毁巴士底狱的工程后，用巴士底狱基石雕成石雕送给 83 个新省份。勃艮第的圣朱利安德萨吕村在 1790 年获得这块巴士底狱砖石后将其放在“自由广场”上。它保存至今。

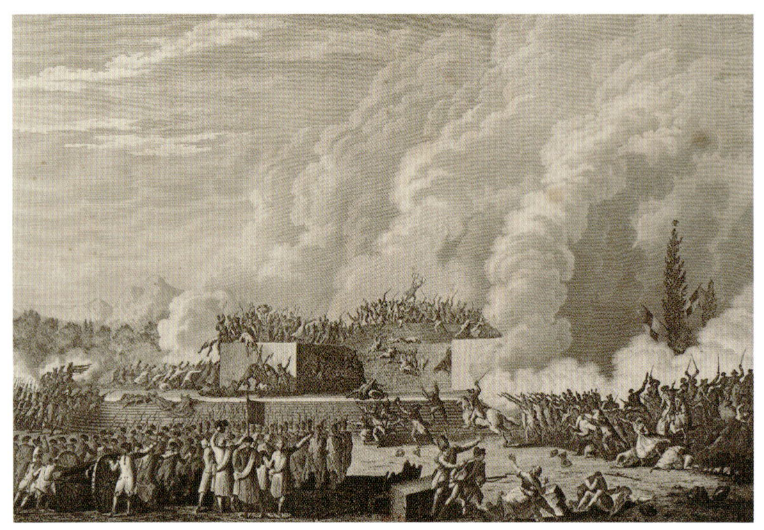

14. 让 - 路易 · 普里厄在这幅画中描绘了 1791 年 7 月 17 日在马尔斯校场宣布戒严令以及随后请愿路易十六退位的民众遭到屠杀的场景，这次事件极大破坏了革命团结。

15. 弗朗索瓦 · 博内维尔在 1796 年创作了雅克 - 皮埃尔 · 布里索的肖像画。布里索是“温和”共和派领导人并且支持战争，在 1793 年 10 月被处决。

16. 画家雅克·贝尔托亲眼见证了1793年8月10日巴黎人攻占杜伊勒里宫的场面。

17. 大革命改变了日常生活的用具。这个盘子纪念着1792年国家团结和统一。用家庭餐具来表达对革命的支持是十分普遍的现象。

18. 混血儿托马 - 亚历山大 · 仲马在大革命和拿破仑时代战功卓著。1793年战局最为胶着的时候，他被提升至准将军衔，他是法国军事历史上第一位达到这一高位的有色人种。仲马的成功被认为是大革命平等精神的胜利。

19. 穿着三色制服的特派员让 - 巴普蒂斯特 · 米约，可能是雅克 - 路易 · 大卫或他的学生所绘。特派员是受国民公会之命前往各省监督执法情况的官员，有很大的权力。特派员可能是国民公会代表，也可能是代表以外的官员。

20. 夏洛特·科黛 1768 年出生于诺曼底地区埃科什附近的雷尚波农场上的一个小贵族家庭。她是吉伦特派的坚定支持者，她在 1793 年 7 月 13 日刺杀了让-保尔·马拉。四天后她被处决。供图：M. Patou。

21. 雅克-路易·大卫纪念让-保尔·马拉的杰作帮助了马拉在政治上的神化。马拉在 1793 年 7 月被夏洛特·科黛刺杀。

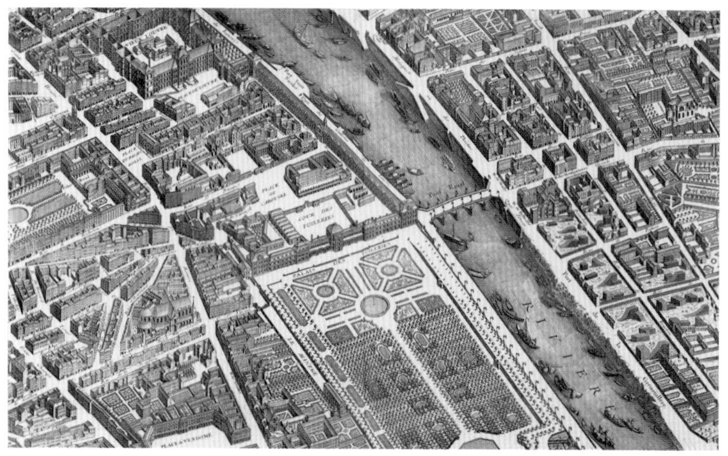

22. 图为 1789 年后的政治生活中心。左下是雅各宾俱乐部，圣端诺累大街为画面左边这条折弯的街，罗伯斯庇尔和其他代表居住在这条街上，国民公会在 1793 年 5 月 10 日前位于马场（底部），后来位于杜伊勒里宫内的一间剧院（左上）。救国委员会会址在杜伊勒里宫左边。罗伯斯庇尔的生命终结于（画面之外）右下方的革命广场。

23. 1793 年巴黎的一个“大众团体”或政治俱乐部的集会，该画由路易·雷内·博凯创作，最显眼的位置是一名无套裤汉，他身着工作时的长裤而不是贵族的套裤。

24. 画家谢里厄以这幅画表达了他对女性俱乐部的恐惧，画中的俱乐部或许是革命共和女性公民协会，1793 年她们在之前的一所教堂里开会。在 1793 年 10 月被强制关闭前，巴黎和地方省份大约有 60 个女性俱乐部。

25. 在 1793 年末的废除基督教运动中破坏宗教雕像的痕迹在今天很多教堂仍然可以看到，图为穆兰的一座教堂中被毁的浮雕。

26. 巴黎西部 64 千米外的乌当教区教堂，在其大门上方仍然刻着 1794 年最高主宰崇拜的铭文："法国人民承认最高主宰的存在以及灵魂的不朽。"供图：P.poschadel。

27. 尼古拉·亨利·若拉·德·贝特利的寓言画，创作于 1794 年，充满了新的政治符号，这套政治文化被置于卢梭和全知之眼的警惕注视下。

28. 这是一张讽刺并庆祝罗伯斯庇尔被处决的传单，上面把他称为“现代喀提林”和“活该上断头台”。

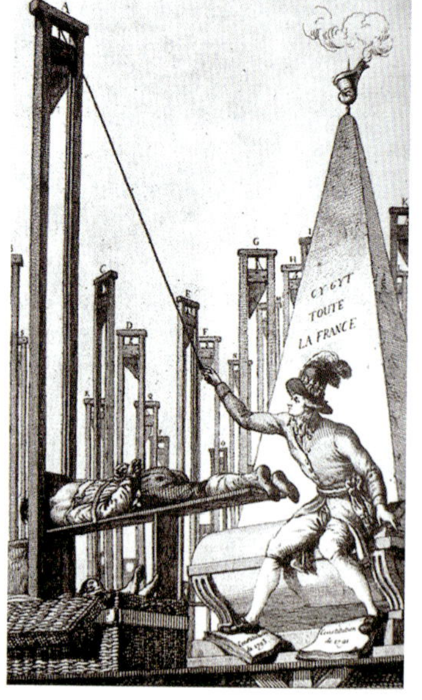

29. 罗伯斯庇尔不得不处死刽子手，因为其他人都死了——这是一则热月党时期人尽皆知的黑色幽默。罗伯斯庇尔双脚踩着 1791 年宪法和 1793 年宪法。图中的大写字母意为分别处决所有法国社会团体，从吉伦特派、贵族和教士到“老人、妇女和儿童”。

30. 瑞士画家让 - 弗朗索瓦 · 萨博莱在 1793 年曾是革命艺术团体的成员之一。他在 1794 年创作了这幅达尼埃尔 · 克尔维甘（克里斯托弗 - 克莱尔 · 丹耶尔 · 德 · 克尔维甘）的肖像画，这位在 1789—1791 年的南特市前市长可能刚刚被从监狱释放。克尔维甘以殖民地贸易和奴隶贸易发家，赢得了“积极”公民的有力支持。他在 1797 年再度担任市长，在第一帝国期间政绩杰出。

31. 让 - 巴普蒂斯特 · 勒尼奥在 1793 年就开始创作《在自由与死亡之间的法国天才》，但是直到 1795 年展出时才披露画作的内涵。此时的人们对之前一年刻骨铭心，自由和死亡不是非此即彼，而是相伴而行。法国的天才有三色的翅膀，象征自由的女神手中拿着象征平等的三角尺、象征自由的小红帽，脚下还有古罗马象征团结的束棒。

32. 新教徒律师弗朗索瓦 - 安托万 · 布瓦西 · 当格拉是热月政变后重要的政治人物，他阐明了 1795 年宪法的根本原则。

33. 约瑟夫 · 西克雷是边境地区圣洛朗德 - 塞尔当的未宣誓教士，他就在这间与西班牙领土隔穆加河相望的圣科内利斯小教堂，从 1796 年开始为数百名信徒主持了婚礼和洗礼。

34. 靠近卢森堡边境的摩泽尔省的蒂永维尔市饱受战火，多次被敌人占领，但这座城市仍然保留着举行公共仪式的“祖国祭坛”。这座祭坛可能是在 1796 年为了庆祝共和国成立四周年建造的，也是法国唯一完好保存下来的祖国祭坛。

35. 安 - 路易・吉罗代在 1795 年返回法国，完成了这幅光彩照人的让 - 巴普蒂斯特・贝莱肖像。贝莱出生于塞内加尔，曾经是奴隶，入选过国民公会和五百人委员会，但是在 1797 年失去议席。贝莱所倚靠的胸像是反对奴隶制的启蒙思想家雷纳尔（去世于 1796 年）。

36. 安德烈 - 弗朗索瓦·米奥（1762 年出生）在 1794 年 11 月担任外交部长，在托斯卡纳条约签订后，他在 1795—1796 年被任命为佛罗伦萨的全权首相。图中的米奥身着代表共和国的三色衣服，他站在他的兄弟、妻子和孩子之外，紧邻着罗马共和国开创者卢修斯·尤尼乌斯·布鲁图斯的半身像。背景是罗马象征智慧和艺术的女神密涅瓦。

37. 画家埃瓦里斯特·卡彭蒂耶绘制的《埋伏中的朱安党人》。旺代叛乱之后，布列塔尼地区依然活跃着反政府的游击队，即“朱安党人”。巴尔扎克在小说《朱安党人》中曾评论道：“这个省份（布列塔尼）的很多地方，时至今日仍保留着我们粗野祖先的蛮荒生活和迷信精神”。

38. 一些法国最杰出的科学家参与制定了准确的十进制质量、尺寸、距离、容积和币值，这项长期工作最终在 1799 年完成。

39.1792 年，法国军队占领了阿尔卑斯地区的萨伏伊，这个地区当时隶属于撒丁王国。曾经担任蒙马特市市长的雅各宾派菲利克斯·德伯特被派往日内瓦担任公使，1796 年他在萨朗什镇附近修建了一所救济院和一所“自然神庙”。今天的萨朗什仍然是可以领略勃朗峰大冰川的著名景点。现在的“自然神庙”是 1923 年修复的建筑。

40.《种菜的妇女》是一个农妇的肖像画，由佚名艺术家在 1795 年创作，这幅杰出的画作标志着肖像画主题的根本转变。

41. 诺埃尔·比诺是昂热市以西勒卢鲁教区的未宣誓教士，他从 1791 年开始躲避迫害，1794 年被捕。这幅圣奥班教堂的壁画展现了他在昂热被处决的场景，很有可能是在 1926 年他被宣福时创作完成的。

进主义。在这里的大多数行政区中，具有雅各宾俱乐部的公社不及公社总数的10%，这些地区由工匠、店主、商人（53%）以及专业人士和官员（22%）主导，而不是由农民（20%）主导。尽管这里存在着强烈支持处决国王的共和主义观念，但很快就变得敌视巴黎的激进主义并且同情吉伦特派。1793年1月，格朗维尔的雅各宾俱乐部成员担心“巴黎人民正在推行独裁制度”，圣洛和佩里耶尔那些前往巴黎请愿的人们“会人头落地”。马拉成了这种威胁的象征，这个“煽动谋杀”的人导致“令人厌恶的流血派系冲突，是我们所有问题的祸乱之源”。[10]

那些在1789—1791年的变迁中失去最多权力、特权和财富的人仍然对于他们在1789年的失势心怀怨恨，不放弃恢复地位的幻想。例如11个外省军校，还有2个巴黎军校，毕业生大部分都是不太富有的贵族：超过一半的男孩是依赖奖学金完成学业的。位于奥弗涅区里永市附近埃菲阿城堡的学校中，有266名学生在1771—1791年间毕业，他们当中有195人逃亡，128人效力于反法同盟的军队。他们当中的一个团体在加入流亡的孔代亲王的军队前，在1792年1月写信给路易十六信誓旦旦地保证：“我们是国王最忠诚的奴仆和臣民，陛下，我们真心想要向您证明这一点，即使是牺牲我们的生命也在所不辞。”[11]这些人通过家族的纽带联系在一起，王家学校的训练给了他们一个美好的职业机会，也让他们形成了稳固的社会关系和共担危险时的兄弟情谊。顺从的压力既是细致入微的也是影响深远的。

尽管一些顽固的流亡贵族和教士的动机是对旧制度的社会政治体
制的忠心，但更多人的动机是失去地位、特权和优待的愤怒。这些心 193
怀不满的旧贵族数量随着陆军和海军的军官加入侵略军后急剧增加，

成千上万的逃亡贵族寻求避难。拉芒什海峡中的泽西岛当时只有3.6万人口，1792年有超过1 000个来自布列塔尼、诺曼底和普瓦图的贵族家庭涌入。第二批人在1793年抵达，有2 200名教士和3名主教。[12]有很多像来自特鲁瓦的弗朗索瓦–皮埃尔·朱利奥教士这样的宗教人士，他决定在1792年9月“逃离一个秩序混乱、不信仰宗教、充满血腥和屠杀的国家”。朱利奥和其他80名教士一路四处问路、担惊受怕并且被迫行贿才抵达了瑞士边境。[13]逃亡贵族携带大量资金出走——我们今天称之为“资本外流”——通常留下一名家族成员看守财产，这些人的遭遇非常悲惨。但是逃亡者中的大多数都是靠近边境的普通人，他们移民是出于安全的考量。[14]

更令人惊讶的是有极少数支持革命的旧特权精英活了下来。托马–亚历山大·达维·德拉·佩耶特里就是在正确的时机做出正确选择的人，他是圣多明各的一个贵族之子，后来从了他的奴隶母亲玛丽·仲马的姓氏，所以也叫作亚历山大·仲马。*他没有像他的兄弟姐妹那样被贩卖成奴隶，他的贵族父亲在1776年把14岁的亚历山大·仲马带到了法国。这个高大的黑白混血儿在1786年24岁的时候选择参军。革命开始的第三年，年轻有能力的普通人拥有了机会，甚至是奴隶的儿子。仲马选择留在军中成了一名共和派。他在1792年初的时候只是一名下士，但是战争的爆发和成立“美洲军团”（由获得自由的奴隶组成）的决定使他被任命为中校。当迪穆里埃将军在1793年4月叛变时，仲马

* 亚历山大·仲马也是法国著名作家大仲马（Alexandre Dumas）的父亲，他在进入军校时将自己的贵族姓氏德拉·佩耶特里改为了他黑人奴隶母亲的姓氏仲马。从他到他的孙子小仲马，三代人的名字其实都是“亚历山大·仲马”。

拒绝追随他。到了 9 月，他被任命为一个方面军的司令。[15]（图 18）

仲马十分感激革命给他这样一个此前生活一直受污名困扰的年轻人提供了机会。其他人则受到爱国热情的感召。年轻的埃蒂安-德尼·帕斯基耶在 1767 年出生于一个穿袍贵族家庭，他在大革命前已经在巴黎高等法院有了一个美好的职业前景。与他的很多同僚不同，他和他的家庭决定留下。他对逃亡的动机表示怀疑： 194

> 一些人是为了躲避危险；有很少的一部分人是出于一种高尚的热情；很多人是出于无可争议的荣誉而逃亡的；对于绝大多数人来说，这只是一件跟风的事；然而他们当中的绝大部分人把希望寄托在最疯狂的通信中和想要发家的少数野心家的阴谋中。[16]

女性也像她们的男性同胞一样产生了分歧，她们对宗教生活的丧失和受尊敬的宗教人士的离去感受强烈。另一些女性受到一系列改变女性地位的激进法律的吸引，尤其是 1791 年 3 月的继承法和 1792 年 9 月 20 日的自由离婚的法律，这是她们之前无法想象的。[17]家庭生活的变革为女性参与革命提供了更大的空间，不过她们对于这些变化有不同意见。玛丽-维克托瓦尔·莫娜尔在革命开始时只有 12 岁，她是巴黎北部 64 千米外的克雷伊镇一个农民的女儿。当她的父亲和教会签下一份收取什一税的契约时，处境变得更加艰难，因为这个地区到处都是失业的人。她在 1790 年被送到巴黎跟随着一个亚麻商人做学徒。三年学徒期过后，她在一个刚刚用“共和式”婚礼再婚的寡妇（“一位杰出的女性，不过是一个雅各宾派”）那里找到了工作。婚礼仪式包括在祖国祭坛上宣誓对彼此忠贞以及戴自由帽和革命时期的三色徽：

> 她的共和式婚礼的基础看起来并不是非常稳固，因为诸如三色徽、小红帽和爱国宣誓等自由的象征并不能确保公民瓦绍的忠贞，他在三个月后离开他的共和派妻子，并没有申请已经写入法律的离婚程序。[18]

但也存在与莫娜尔的立场相反的群体，外省至少有60个女性雅各宾俱乐部，一些还存在于小城镇。尽管这些俱乐部的活动大多生发于成员们支持革命的自觉愿望，但她们有时也坚持女性的政治权利。1791年，22岁的伊丽莎白·拉芙丽是一位有四个孩子的母亲，她向圣瑟韦市西南部莱昂·杜福尔所在的一家男性俱乐部说道，女性没有投
195 票权是“不公正的，因为大多数女性都遵守法律，而她们一直以来都无法拒绝或赞成法律，这是与自由精神和社会契约观念相悖的”。[19]

对于那些在旧制度下庞杂的司法体系和政治机构里工作的人来说，革命很快就让他们尝到了酸楚，他们现在看到的是更加精简的机构集中在一个对立的城市里。这种酸楚的怨恨引发了是否要彻底支持革命的问题。在北部的埃纳省，韦尔万战役的胜利使韦尔万在1790—1791年的行政区划调整中成为地区行政中心，吉斯市与支持革命的韦尔万完全不同，吉斯在1789年曾经是地区行政中心，是法庭、关税站、军事管理机构和修道院的所在地。[20]在埃纳省的首府拉昂市，大教堂、修会和11座小教堂曾经是城市中7 000人的主要的工作来源。以前风光的拉昂市现在只剩下12个教区中的两个，宗教地位已经被苏瓦松取

代。新的行政管理者发现必须处理关闭教堂和修会带来的失业问题，受雇于教堂和修会的专业人员也同时遭殃。嘉布遣修道院一名园丁的兄弟将行政长官称作“犹大”：“我曾经是你的朋友，但是今天我恨你，我厌恶你这个邪恶的反基督者。我同样憎恨和厌恶你们的地区和省份。”[21] 拉昂市的行政管理者坚定地支持革命，他们承认任何“伟大革命”都会伴随一系列问题，只不过在这座宗教城市尤为突出，“宗教场所和教士几乎是所有财富的来源……现在所有的工人都没了工作和面包；街上从前满是乞丐，现在更数不胜数”。革命的敌人“对人们说，以前的生活是幸福的，工人不缺工作，乞丐也能得到施舍”。[22]

到了 1793 年中期，人们要做一个更新、更攸关生死的重大决定。之前的困难有为了对抗军事入侵和武装反革命的强大力量而进行的征兵，经济上的困难，还有对巴黎及其无套裤汉政治力量的敌视，现在又加上反叛的宗教势力在多个省份煽动人民支持联邦军的叛乱。各个地方中心的具体动机和叛乱的特征都不尽相同，但是他们都在怀疑雅各宾派关于国家利益的主张，渴望经济稳定和自由贸易，并且并对平 196
民激进主义怀有敌意。

1793 年中期爆发的斗争集中在省级大城市内部及其周边地区，这些城市与其腹地有着稳固的商业联系并且从事着国际贸易。这些斗争既是内部斗争也是反抗巴黎的斗争。大城市——里昂、马赛、土伦、波尔多、卡昂——在经济和社会利益上都产生了分裂，对于它们的亲吉伦特派领导者来讲，“巴黎”成了下层阶级无政府主义的代表，成了对生命和财产的威胁。这些城市和其他一些城市一起拒绝承认首都支配一切的权威，长久以来作为地区首府的自豪感加剧了仇恨。他们可以获得担心商业不稳定的市民的支持，农村腹地地区的人们则习惯于接受省府的领导。

在弗朗什孔泰区东部的汝拉省，人们非常重视本省传统特权带来的地区优越感。人们对于议会没能解决森林问题感到失望，对富人垄断教会财产购买感到憎恨，并且政治上反对处决国王和驱逐吉伦特派领导人。但是在1789年后，多勒镇激进的雅各宾派在隆勒索涅市执政后垄断了行政权，敌视富有的保守派对于政治的控制。这些雅各宾派与雷内·仲马配合进行镇压，仲马本人来自隆勒索涅，现在是罗伯斯庇尔的朋友和巴黎革命法庭的庭长。而杜省周围农村的反应截然不同，来自30个山地村社的1 200人发动武装反叛，原因是征兵的压力以及一则逃亡贵族即将入侵的谣言。这里的不满自从《教士公民组织法》颁布以来就一直在积聚。这场叛乱被山岳派称为“小型旺代叛乱”，被及时有效地镇压了：500人被捕，20人被放逐，46人被监禁，43人被处决。[23]

联邦军叛乱的领导人都是外省城市中的资产阶级精英，他们都是各个行业和商业中有所成就、有头有脸的人物。弗朗索瓦-安托万·布瓦西·当格拉来自阿尔代什省一个家境优越的医生和律师新教徒家庭，这使他成为一个积极的吉伦特派。他是一个有勇气的人，曾经在1792年9月16日在阿诺奈为了拯救5名反叛教士只身面对一群愤怒的群众。他与联邦主义者和吉伦特派领导人一样鄙视愤怒的无套裤汉激进分子。
197 同样很幸运的是，就在1793年6月2日吉伦特派领导人被清除出国民公会后不久，布瓦西·当格拉将自己的名字从75位抗议代表的名单上抹去。[24]

一个人对于经济的态度决定了他支持哪种类型的共和主义。1792

年的内政部长让–马里·罗兰和其他吉伦特派坚持国内自由贸易并将该立场运用到市场法则中；雅各宾派和无套裤汉更倾向于进行干预和采取必要措施保障“生存权”。[25] 对于年轻的雅各宾派马克–安托万·朱利安（“儒勒”）看来，是巴黎在1789年进行了革命，废除贵族，赶走特权者，推翻了王权，到1793年正在向财富不均发起攻击。他认为这就是富有的城市精英想要攻击巴黎的原因。[26]

在边境地区，地域认同程度更深，因为这些省份并入王国的时间都不长并且都拥有自己的语言。但是少数族群在政治选择上的分裂与其他地方的法国人民一样。边境省份洛林是反抗欧洲大陆势力的战斗中心地带，1792年9月的瓦尔密大捷加强了该省对新政权的支持。这里，说德语的边境地区教士大规模拒绝《教士公民组织法》（比奇选区有97%，萨尔格米讷有92%），这里还存在大量的逃亡和反革命活动，这个省成为王国一部分的时间也很短，还没有培养出对波旁王室的忠诚。革命给了大量农民实际的利益，但现在外国联军正在穿越他们的田野。

圣洛朗–德塞尔当是比利牛斯地区的一个山区小城，这个离巴黎最远的小城市对于1793年春的危机有着根本不同的反应。革命最初在这里承诺废除特权，从而受到大多数贫困的加泰罗尼亚人欢迎。随着穿越比利牛斯山合法与非法贸易的困难不断增加，再加上教会改革被认为是城市世俗力量与正统天主教的对抗，圣洛朗人对于革命的态度发生了转变。4月17日，圣洛朗人欢迎西班牙军队进入他们的村庄，当地的国民卫队朝法国志愿军开火。他们用一首加泰罗尼亚语唱的歌欢迎西班牙军队，希望西班牙人实行“良好的法律”和他们熟悉的天主教准则： 198

这些穿着红色制服的火枪手是多么英勇啊！
没有一个法国人是他们的对手。
我们想加入你们的行列，
只要你们给我们良好的法律。

有数百人自愿与西班牙军队并肩作战。[27]

教会改革尤其令乐于成为新国家一员的少数民族群体感到为难。在圣洛朗以东的比利牛斯地区，定居在渔港小镇科利乌尔的另一个加泰罗尼亚人群体就是如此，这里的人坚决支持废除传统特权的革命，但是这里的渔民由于出海很容易受到风暴的侵袭而在宗教信仰上十分虔诚。科利乌尔的十名宗教人士都是坚决的“反叛者”，1791 年后，这个拥有 2 300 名居民的小镇只留下了一名说奥克语的合法教士。尽管这个城镇强烈支持革命，尤其拥护人民主权原则并支持废除科利乌尔精英享有的特权，但是他们对于国民议会强行改变他们的宗教生活感到不满。这种不满在渔夫、妇女和来自贫穷郊区的水手中间尤为强烈，他们习惯在郊区的一个多明我会修道院中的一个小礼拜堂里做礼拜，现在礼拜堂被出售了。不过教士们的反革命态度疏远了越来越多的教区居民，当西班牙军队在 1793 年 5 月对港口进行围攻时，大多数居民与共和国军队并肩作战。[28]

军事入侵的经历总是令人悲痛的，在 1792—1793 年由于种族原因这经历变得更加复杂，因为越过边境的士兵们往往和当地人说着同样的佛兰德语、德语、巴斯克语或加泰罗尼亚语。当地人夹在说着他们语言的侵略士兵和来自法国各地说着他们未必听得懂的语言的法国士兵中间，他们应当怎么做？在东部和南部边境，革命军和反法同盟军在这些地区反复的拉锯战使这里的人民有必要做出可能致命的选择。1792 年，东部的默兹省在普鲁士入侵者被击退后，罗马尼的市民指控 199
市长“像强盗一样”为侵略者征集物资，穆泽地区的村庄中负责选择房屋提供补给的办事人员也同样被抓。1792 年的凡尔登，一群妇女穿着白衣、戴着花环将城市的钥匙献给了入侵的普鲁士军队；当共和国军队在当年晚些时候重新占领城市后，她们被揪出来送上了断头台。在附近的迪约市，四个男人和三名妇女被指控“曾经损毁国徽……威胁爱国者……并且高喊‘去他妈的国家！’”。[29]

从自然和社会地理环境因素上来解释这些观点并不意味着个人、家庭和群体做出的选择从革命一开始就已经定型了。即使是皮埃尔–弗朗索瓦·帕罗瓦也是如此，他由于获得了拆除巴士底狱的合同而被称为“爱国者”帕罗瓦，他和家人在路易十六被处决的当晚吃猪头庆祝，后来他又对自己“年轻时的愚蠢行为”（尽管他当时已经有 38 岁了）感到后悔。并不是所有的承诺都出自深远的或明确的政治考量。19 岁的雅克·弗里加斯出生在肖蒙市（上马恩省）附近的一个村庄，他在克莱维沃的伯纳德（Bernard of Clairvaux）的修道院里工作，1791 年后他又为买下修道院的人工作。他在 1792 年 8 月 24 日应征入伍，他给出的唯一理由是，法国正在打败仗，“我迫不及待地想要看看那些我无法相信的东西”。[30]

到了 1793 年，共和派在拯救共和国的不同方案中进行选择，他们选择的标准是人际关系和个人好恶。关于革命性变化的落实方案的斗争，在之前就已经存在的和最近形成的朋友与同道关系网中展开。一些人变得互相不信任，甚至互相仇视。有些人开始被当作革命某个阶段的拟人化象征，受人爱戴或者被妖魔化。在不同时间点上，雅各宾俱乐部内呼风唤雨的人——例如巴纳夫、布里索、佩蒂翁、罗伯斯庇尔和德穆兰——曾经结下受人尊敬的甚至是亲密无间的友谊，但结果都是不欢而散、反目成仇。罗萨莉·朱利安向她年轻早熟的并身为雅各宾派积极分子的儿子儒勒建议：

> 革命已经产生了狂热，几乎无法看透任何人。你必须小心避开别人设计好的圈套。你必须谨言慎行，不要从你的口中说出任
> 200 何可能用来指责你的话……[31]

罗萨莉明白友谊和公民美德之间的紧张，个人关系和忠诚被看作是对公共利益有害的。尤其是在共和国于 1792 年 9 月成立后，革命领导者的公开讲话经常引用古希腊、古罗马重要人物和他们的阴谋。这不仅仅是华丽的辞藻：革命议会中受过良好教育的中产阶级认为古典世界是智慧之泉，可以从中直接汲取经验。一个真正的爱国者愿意为祖国的安全牺牲一切，失去一个犯错误的朋友也不可惜。

到了 1793 年中期，这些年来严重的内忧外患使得几乎所有的家庭都受到了革命的影响。正如在雷恩市的法力冈家族发生的那样，家庭关系破裂的苦楚直指内心。1789 年 1 月，试图在三级会议中增加第三等级代表人数的普通人和那些决定捍卫布列塔尼“宪法”的人在雷恩城中爆发了激烈的冲突，前者要求的是三级会议的领导权，而后者要保护本省的自治和财政豁免权。《教士公民组织法》使得分歧在这

座有 2.5 万人口的省会城市里进一步扩大。尼古拉–弗朗索瓦·法力冈神父就是未宣誓教士中的一员，他是雷恩学院一名 36 岁的教师。他在 1791 年 12 月 4 日星期日由于为家乡大量群众举行非法宗教活动而被捕，被查出持有反革命材料。经过一年的关押后，他在 1792 年 11 月转送至圣米歇尔山监禁，他写长信给他效忠于革命、对他唯恐避之不及的木匠师傅父亲，警告他无视上帝的旨意“不仅不会得到上帝的原谅，还会宣判你永远遭受痛苦”：

> 我强忍着眼中的泪水恳求你，我的双手指向天堂，想象着你最终的时刻……我希望，如果你不想再见到我，至少也要把你的诅咒和残忍放下，读一下我给你写的信，然后回复我。

他父亲也写了一封长信回应，坚称教会改革只是行政性的，那些反对改革的人都是屈从于外部势力的反革命分子，这些人的意愿就是
错的。他的父亲为宣誓教士辩护道，“他们安静地承受了苦难并且对于 201
你们通过邪恶阴谋施加给他们的迫害没有丝毫怨言”。父亲反过来劝自己的儿子“听从一个慈爱父亲的心声，他唯一的希望就是看到你悬崖勒马”。而这位教士不为所动。[32]

最终，自我认知——信仰、国家、家庭三个方面的——在个人选择中发挥了关键作用。个人的职业或家庭背景不能表明他们是反对还是支持革命，他们有可能做出相反的选择。有两个例子可以证明。第一个是帕斯卡尔–安托万·格里莫的例子，他在 1789 年时已经 57 岁，经历了长期教会生涯后，他在 1793 年成为一位共和派积极分子。他

来自克莱蒙费朗的一个商人家庭，在巴黎接受了漫长的教会教育，在1776年返回家乡成为一名清贫的教士之前曾经在圣绪尔比斯神学院教授哲学。格里莫怀才不遇并且对于之前在巴黎的成功念念不忘（他仍继续自称为“神学教授”），他对自己的主教弗朗索瓦·德·博纳尔的观点不以为然。在1789年2月的大斋期（Lent），主教在教区牧函中痛斥“我们当中传播着一种不敬的哲学玷污了道德”。召集三级会议和之后的《教士公民组织法》使人们的思想产生分歧。格里莫表现出对1789年原则的热烈支持，支持改革后的教会应当成为革新法国的一部分，他对“那些已经将自己出卖给教会贵族的人，排挤爱国者并煽动恶徒的人们”不再抱有幻想。他最初在邻近的穆兰市阿利耶教区当选为主教代表（episcopal vicar），后来在1792年10月被主教解职，原因似乎是不守教规。他自称是一个“有立场、有原则的公民和民主人士”，随后成了穆兰市一个重要的雅各宾派活跃分子，由于对拥有大量财产的人和嫌疑犯的刻薄态度而变得声名狼藉。[33]

第二个例子是伯努瓦·拉孔布，他来自西南部的加亚克市（人口6 000），他是一个从事农业和纺织业的富有资产阶级家庭的幼子，在大革命之前，他已经通过购买贵族头衔实现了成为贵族的梦想。尽管他的家族是保守的并且主要着眼于巩固在当地的势力，伯努瓦本人却积极支
202 持革命。可能是出于实际考虑，他购买了属于加亚克修道院的土地和大量房产——到了1795年，他已经在国有化财产上花了252 886里弗。但其中也有个人原因，比如他的叔叔是一名一直受到修道院教士制度排挤的教士；可能还有个人性格的原因，18世纪80年代他在波尔多的经历让他认为自己是一个启蒙者，而加亚克则是一潭死水。到了1793年，

他事实上成为加亚克地区“持矛的无套裤汉”组织的领导者，虽然他很富有，但他的战斗精神是他正直的良好保障。[34]

因此，个人和家庭在1793年中期做出的可能致命的抉择是基于他们所理解、所期待的革命性变革，在这当中对于地区的认同至关重要。1789年后，大多数法国人民在正式的政治活动中只是初学者，并且任何正式政治活动都只有男性才能够参与。运用三级会议、立法议会和国民公会的选举来对政治选择的分布进行解读十分困难，因为这里没有我们所理解的政治派别，他们当中只有少数有投票资格的人出于各种各样的原因才这样做。如果分析教士是否根据《教士公民组织法》来决定是否接受主教选举结果，分析结果更说明问题，因为在绝大多数地区——不是所有的地区——他们的选择与他们所在教区居民的选择有着密切的联系。但是在各地，无论人们做出否定的选择还是其他选择，都是个人和他们的家庭基于他们对革命的理解而做出的。只有一小部分人成了所有变革中完全的赢家或输家。人们怀着期待接受某些变革，而反对或者回避其他的变革。不管怎样，各地的人们都已经下定了决心。

当然，很多人——可能是大多数人——发现做出选择过于痛苦因而保持低调。大多数贵族没有逃亡，无论多么不情愿，他们转而在政治风向的变动中做出必要的妥协来求得生存。大多数天主教会中的男性和女性重新进入世俗世界，很多人觉得他们的信心已经支离破碎，但另一些人乐于接受改变。大量农民欢迎革命带来的剧烈变革——对封建制、司法、财政和政治体制以及他们自身地位的改变——并尽量按最低额度提供新国家的战时需求。

但是没有人能够逃避选择，1793 年中期的大危机意味着人们的生
活可能会发生永久性的转变。这些选择可能使人丧命，不仅仅是命丧
203 战场。在布列塔尼区瓦讷市北部的格朗尚普村，一个叫维勒曼的当地
人购买了大量教会财产，而在 1794 年初，50 名戴着白色徽章的强盗
杀了他并洗劫了他的房屋。三名强盗被判处死刑。格朗尚普当地的爱
国者们觉得要对革命有所贡献，于是成立了监督委员会*，但是追捕逃
亡者的妻子的工作耗尽了他们的革命热情，他们找各种借口不参加委
员会的工作。[35]

到了 1793 年中期，这些决定变成了生死的问题。“不自由，毋宁
死”成了一个关键性的革命口号，它意味着公民的自由要在排除外部
干预的情况下重建国家。成千上万的人自愿加入革命军队，或者在其
他充满对抗和暴力的地方为革命事业做贡献。但是形形色色的反对者
也感到自己的选择同样残酷。吉伦特派的支持者认为巴黎的权力不可
忍受，信仰宗教的人渴望自由选择礼拜的地点和方式，旧制度追随者
的“权利”已经不复存在，所有人都面临一次关键性的抉择，死亡究
204 竟是不是赢得自由的代价呢？

* 地方上的监督委员会（surveillance committees）相当于国家政府中掌握警察权力的治安委员会对应到地方的革命机构，常常与特派员配合行使权力。地方监督委员会的职责主要是监视、调查可疑人员，受理“反革命”举报，确定可逮捕的人员名单。监督委员会常被视为恐怖统治的一大象征。

第十一章

“恐怖直到和平为止”，1793 年 7 月至 10 月

联邦主义者从来都无法组织起一支强大的军队，无法对共和国军队造成严重威胁，但是国民公会的核心成员遭到了人身威胁。1793 年 7 月 13 日，因为袭击特派员，9 名奥尔良市市民穿着象征谋逆罪的红色衬衫被送往巴黎的断头台，就在同一天，一名来自卡昂的吉伦特派支持者夏洛特·科黛前往让-保尔·马拉在首都的住处看望他。此前，马拉在国民公会呼吁镇压卡昂和其他地方的叛乱，要将无套裤汉用“钢叉、镰刀、长矛、枪支和军刀武装起来，无情地将叛乱碾碎”。对于科黛来说，马拉就是革命极端主义的代表，她下决心杀了他。她用揭发反革命阴谋的借口进入了他的房间。“此外，我还受到了以自由之名的迫害。我感到不高兴。这就足以使我奋起反抗。”[1] 马拉受到皮肤瘙痒的折磨，为了减轻他的皮肤病，他在 1793 年夏天的很多时候都在浴缸里。科黛在他沐浴时刺死了他。她在 7 月 17 日接受了革命法庭的审判，当天就被处死。（图 20）

马拉成了三名革命殉道者中的一员，而勒佩勒捷在支持处决路易十六的当晚被一名保王党谋杀，里昂雅各宾派的领导人约瑟夫·沙利

耶在7月16日被联邦主义者处死。为了让大部分人从马拉之死中得到教训，国民公会向雅克–路易·大卫寻求帮助，他在1793年之前主持了勒佩勒捷和克劳德–弗朗索瓦·拉佐斯基的公开葬礼，后者是一名波兰人，是8月10日事件中的无套裤汉英雄，罗伯斯庇尔在他的葬礼上
205 宣读了悼词。大卫原本想将马拉的尸体放在他的浴缸中展示，但是从7月13日开始的炎热天气使尸体出现了腐烂，人们转而用湿布将其包裹放在一个平台上。少女们穿着白衣，年轻人拿着柏树枝和火盆焚香，他们的后面跟着国民公会代表、当地的代表团和悼念者。整个过程持续了六个小时。[2] 大卫随后将注意力转移到了创作《马拉之死》的画作上。（图21）

马拉在革命核心地带的遇刺明显地证明了新的共和国在面对武装反革命和外国军事侵略时正在四分五裂。革命和法国本身正处于崩溃的威胁中。国民公会在绝望之下出台了一系列严苛的措施，旨在消除外部和内部的军事威胁，吓退顽抗者，塑造一种新的“爱国”联盟。这些措施包括成立监督委员会，授予执行委员会和特派员大范围的权力，可以进行预防性的监禁以及其他为了保卫共和国安全而限制公民自由的控制措施，直到1793年6月新的民主宪法能够实施为止。[3]

这部宪法主要是罗伯斯庇尔的功劳，它的特点是在新的一份《人权和公民权宣言》基础上保障社会权利，并保证民众控制一个由全体男性公民投票选出的议会：

> 第二十一条，公共救济是一项神圣的职责。社会有义务向遭遇不幸的公民提供援助，给他们提供工作，向那些无法工作的人

提供必要的生活所需。

第二十二条，教育对于所有人都是必要的。社会必须运用所有权力进一步促进公众的理性，让所有公民都接受教育……

第三十五条，当政府侵犯人权时，反抗是人民最神圣的权利和最不可推卸的义务，对人民中每一个群体亦是如此。[4]

8月10日，巴黎举办共和国的统一不可分割节，接受宪法的公民
投票结果（官方统计180万人赞成，11 600人反对）在第一次庆祝推
翻王权的盛大庆典上公布。全国接近600万有投票资格的男性中，最
终投赞成票的人接近200万。大约有三分之一的成年男性参与了投票，206
参与度是自1790年以来的市政选举以来最高的，这在内忧外患的时期
是一个惊人的数字。参与率从布列塔尼大部分地区的不到10%到莱茵
河沿岸和中央高原部分地区的40%至50%不等。在很多小村社，官员
只记录说所有投票者都是根据喜好投票的，有很多人弃权是因为他们
的村社很明显是支持宪法的。

在一些地区，投票本身就是一个节日：在塔恩-加龙省蒙托邦市西边的圣尼古拉德拉格拉维小镇，一些在场的人“沉浸在最崇高的热情之中……他们的双眼饱含喜悦的泪水，互相拥抱对方，献上兄弟般友好的吻”。这里的妇女坚持要求加入公民宣誓和投票，男性同胞表示同意：

所有的男性公民和女性公民交叉站在一起，手拉手连成一个象征团结的链条，在鼓点、笛声和铃声中，他们在穿越大街小巷

> 的时候跳起了法兰朵舞，同时还有演奏和歌唱神圣的自由之歌的声音夹杂在其中。

同样，在布列塔尼靠近英吉利海峡的朗巴勒，“妇女们涌入议会表达她们对于宪法的认可”；在其他地方，巴黎北部的蓬图瓦兹有175名妇女和163名儿童投票，拉昂有343名妇女投票。[5]

女性的积极参与为共和国应对外敌侵略和旺代叛乱注入了一针强心剂（图20），她们在革命存亡之际做出了实质性贡献。在城市和乡村，妇女在家庭中的工作变得比以前更加重要，因为在1792—1794年，大约每十个家庭中就有一个家庭由于丈夫、儿子或父亲的伤亡而在经济与精神上陷入困顿。

虽然国民公会对女性正式的政治参与提供的支持微乎其微，但现在有所不同的是女性政治行动范围的扩大以及妇女在家庭中权利的增加。1791年3月的继承法确保女儿和儿子享有相同的继承权，这引发了家长权力限度的问题。这个问题由于法律上独立年龄的根本改变而
207 进一步加剧：直到1792年9月，30岁以下的男性和25岁以下的女性需要父母同意才能结婚；而现在规定男性和女性在21岁就已经“成年”。1792年9月20日，离婚法在立法议会的最后一个议程中投票通过，女性明显有了更多理由脱离不幸福和没有意义的婚姻：夫妻可以因为感情破裂而离婚，夫妻双方中任何一方都可以提出离婚，理由包括另一方长期分离或者长期的暴力行为。[6]

对于家庭法律的质疑在关于女性地位的激烈讨论中处于核心地位，其中包括1793年8月关于妻子在有关家庭财产的决定上享有平等地位

的议题。菲利普–安托万·梅兰·德·杜埃认为“女性总体上不适合从政，男性天生优于女性，必须保护女性”，他遭到了乔治·库东的反对，这位坐在轮椅上的雅各宾派救国委员会代表说：“女性和男性一样天生具备很多能力。如果女性直到现在还没能将这些能力展示出来，这不是性别造成的，而是我们此前的制度造成的。”库东得到了卡米耶·德穆兰的支持，他承认“支持我的观点的有一种政治考量，即让女性热爱革命是非常重要的”。他们占据了上风，但是这部法律从来都没有完全实施。[7]

正如 1790 年 7 月 14 日的联盟节那样，1793 年 8 月 10 日在巴黎举行的共和国统一不可分割节同样采取拟人化的方式来表达国家团结，从 86 个省中的数千个选区的每个选区中选出一名代表出席庆典。[8] 为了庆祝推翻王权一周年，“暴政”的象征物在革命广场（今天的协和广场）上被焚烧。大卫在巴士底狱的废墟上组织了一场更加正式的庆典，国民公会的代表和各省代表中最年长的人依次穿过重生之泉——一个古埃及丰饶女神伊希斯的雕像，她的乳房流着重生之水，寓意满足了代表们对于美德的渴求。从雕像处放飞了 3 000 只和平鸽，每只鸽子的脚上都绑着小旗子，上面写着：“我们自由了！追随我们吧！”

同一天，卢浮宫公共博物馆的成立展示了共和国的丰功伟绩，这是博物馆历史上的一个转折点。路易十四在 1682 年舍弃杜伊勒里宫前往凡尔赛宫之后，卢浮宫近一百年间都是王室绘画与雕塑学院的所在地，这里到处都是画室和工作坊。1791 年，国民议会下令将它改为一 208
座保存国家珍宝的博物馆。它在 1793 年 8 月 10 日开放时展出了超过 500 幅画作，大部分是从王室收藏和没收的教会财产中来的。早期的管理者包括像让-奥诺雷·弗拉戈纳尔和弗朗索瓦-安德烈·文森这样著名的画家。兴奋的埃德蒙·热罗在9月3日写给在波尔多的父亲的信中谈到了这座新博物馆："这是这次革命千里挑一的奇迹。勒布函、勒絮尔、热拉尔·道、萨尔瓦托·罗萨、拉斐尔的作品都在其中，这里包罗万象。"[9] 这里还有个人创作的作品。国家剧院在同一天开放，上演了让-弗朗索瓦·盖鲁的《马拉松战役》：这部反映雅典人英勇抵抗波斯军队的古典戏剧没有让观众们失望。[10]

虽然对于那些敌视革命的人来说，革命已经成了一个贬义词，甚至是一种威胁生命的痛苦经历——尤其是对于布列塔尼西部的大多数人而言——但1793年宪法以及权利宣言反映了大多数法国人在当时最明确的诉求。8月28日，雅各宾派成员贝特朗·巴雷尔在救国委员会上说，当前的军事情况无法将宪法的要求立即推行到某个单一新选区或者所有省份的选区中；当政府在9月末决定实行"直到和平"的紧急政策时，宪法被搁置了，象征性地被存放在国民公会中心的一个箱子里。实现军事安全的目标是实行宪法的保障。

1793年7月，共和国与大多数欧洲国家都在作战，外国军队在西南、东南和东北方向踏上了法国的土地。旺代叛乱尚未平息，联邦主义者的中心城市里昂公开与国民公会对抗。国际冲突还蔓延到了殖民地。必须持续动员国家资源才能应对军事挑战，还要无情地镇压反对者。雅各宾派通过威胁、武力，并且既满足人民需要也满足整个国家战时需要的政策，重塑了一种新的全国性同盟，这对于应对内外乱局来说是必须的。

这一时期政府为了赢得内战和对外战争实行了全面的措施，后世将其称为“恐怖统治”。[11]它也经常被讽刺为独裁统治，甚至是一群意识形态理论家（尤其是罗伯斯庇尔和圣鞠斯特）实施的，是试图在暴力驱逐“他者”的基础上建立一个“美德”社会的极权政体。罗伯斯庇尔在7月27日当选为救国委员会委员，事实上成了雅各宾派口才最好、最受人爱戴的领导人（同时也成了政敌最仇视的人），但是雅各宾派是由一群赞成在特殊时期运用例外法律的共和派组成的，他们要抓住一切机会建立一个共和社会并且保护它免受敌人的侵害。[12] 209

这不是一项简单的任务。大约有3.5万名士兵（军队总数的6%）在1793年上半年逃亡，物资供应不足时，很多人偷盗地方的农产品。士兵们抱怨说：“我们从头到尾就没有鞋穿，疥疮折磨着我们，寄生虫正在噬咬着我们。”一个军营汇报说他们靠吃草根度日；下诺曼底省阿让唐的一个志愿军营汇报说，他们驻扎在一个逃亡贵族的庄园中，靠砍伐和出售“大量各类型的树木，包括核桃树、橡树、榆树、桤木、李子树”来生存。[13]因此，救国委员会中47名委员中最年长的罗贝尔·林代成了关键人物，他将在保障军用物资上发挥重要作用。与他在救国委员会中的同僚拉扎尔·卡尔诺、巴雷尔和罗伯斯庇尔一样，他也住在靠近国民公会的圣端诺累大街上。（图22）林代和普里厄·德拉科多尔一起负责管理新改组过的、庞大的军需委员会，随着敌人的推进，国家似乎即将四分五裂，他们还要经常对付内部的敌人。他不得不应对在一个国土辽阔的国家内传递消息的挑战（消息最快的传播方式是驿马），而英国海军封锁了谷物的进口则是另一个挑战。[14]

国民公会认为只有通过不分贫富的全面动员才能拯救共和国，在8月23日通过《全民皆兵令》，宣布征召所有年龄在18岁至25岁的单身男性：

> 年轻男性赶赴前线参战；已婚的男性制造武器和运送补给；妇女制作帐篷和制服；老年人要到公共场所鼓舞士气、唤起对各国国王的仇恨以及维护共和国的团结。[15]

1792 年，法军的人数有 15.5 万：11.3 万名步兵，3.2 万名骑兵和
210 1 万名炮兵。1793 年征兵 30 万使得军队人数显著增加，现在《全民皆兵令》又使军队人数翻了一倍。军队人数在 6 个月内将会达到 70 万人。[16] 军队规模的急剧扩张，战火蔓延到法国本土，才出现了这种史无前例的“全民武装”。

国民卫队负责追捕那些逃避兵役和开小差的人。从非法语区征召的士兵要学习基础的法语，分散到各部队来降低集体逃亡的可能；大规模的宣传通过像雅克–雷内·埃贝尔通俗的《杜歇老爹报》这样的报纸来传播；国民公会的特派员威胁并惩罚踟蹰不前的军官和不愿作战的普通士兵。但军队中新风气的形成不单单是强迫的结果：士兵们的家信常常诉说他们对祖国和革命的奉献。志愿兵皮埃尔·科欣从北方军团给家里写信说：“我们参加的战争不是国王之间的战争，也不是国家之间的战争。这是一场自由与专制的战争，毫无疑问我们将取得最后的胜利。一个公正、自由的国家是无往不胜的。”[17]

邻近的战争让边境省份尤其充满焦虑。7 月，法军在东北部瓦朗谢讷大败后，特派员约瑟夫–马里·莱基尼奥和西尔万·莱热讷被派到了埃纳省，他们不仅下令关押逃亡贵族的家属，还不分政治立场地关

押了所有贵族。最终，有 500 人被当作“嫌疑犯”。这种严苛的措施至少成功地使民众相信潜在的反革命分子已经被清除，在随后的一年里，这里的断头台只使用了两次。[18] 东北部边境信使往巴黎传信只需要 2 天，而从图卢兹或马赛到巴黎要走 8 天，从南部前线地形崎岖的地方还要花费更多的时间。整合国家资源的请求和命令淹没了各省。在 1789 至 1792 年间，平均每月要分 4 到 6 批向各地区首府传达超过 100 份公告——这已经是一个惊人的数字。到了 1793 年 12 月，公告的数量猛增到了 300 份，分 13 批传达。[19]

从 1792 年 10 月以来，国民公会及其委员会将一系列紧急措施整合到一起，旨在打败入侵的军队和伪装成各种形式的反革命，不仅要 211
满足城市和农村人民持续不断的请愿要求，还要控制那些自称代表人民意愿的激进分子的行动。1793 年 9 月 5 日，上千名处于权力顶点的无套裤汉闯进了国民公会，他们坚持要求按照他们的“命令”来推行极端的军事和经济措施，要“让恐怖来维护秩序”。在雅各宾派认为有必要让反革命分子的头脑中产生“恐惧”时，他们沿袭的是历史上的先例：最近的在 18 世纪 70 年代，王权的支持者和反对者互相指责对方要重演一个世纪前宗教战争的“恐怖”景象。[20]

为了维护共和国的安全而实行的让革命敌人感到恐怖的措施，开启了大革命最具争议的时期。国民公会及其管理下的委员会持续面对的一个困境是，他们只能指望特派员和军队指挥官在镇压反革命时主观尊重法律和人性。处置那些背叛共和国的人时，愤怒经常会使镇压措施走向极端，甚至成为暴行。在中央高原南部，瓦布雷（今天的瓦布雷拉拜）是叛乱的中心之一，这个有 700 人的村庄从 1317 年开始直到1790年的重组前都是一个拥有130个教区的主教辖区。共和国军队在1793年摧毁了这个村庄和其大教堂。共和国军的23岁的指挥官让-马克西米利安·拉马克是一名来自圣瑟韦的富有的三级会议代表的儿子，他下令把大教堂的大理石圣坛改造成马拉纪念碑。[21]

一些反革命敌人是显而易见的。克劳德·阿利耶神父是1790年至1792年间三次"雅勒集会"的发起人，他和前军官马克-安托万·沙利耶在1793年春组织了"中部基督教军"。为了袭扰前往西班牙前线的共和国军队，他们占领了马尔韦若尔和芒德小城，迫使该省的行政官员逃离。沙利耶在6月被捕，7月被送上断头台；阿利耶在8月也遭到了同样的命运。他的弟弟多米尼克随后扛起了反革命的大旗。[22]

另一些对于共和国安全的威胁则更加难以证实。在1793年夏天"自由还是死亡"的抉择中，抓捕反革命者的需要造成数万人被捕，
212 他们并没有参与什么武装反革命行动，而仅仅是对政府政策持批判态度。从大革命一开始，对于阴谋的谴责就一直是这个美德与平等的新时代的政治工具。现在，外敌入侵、反革命和联邦主义同时存在，那些不愿接受公民美德的理念前提的人极易被怀疑为图谋不轨。

《嫌疑犯法令》(1793年9月17日)目的是曝光那些不爱国的人，将他们送往监狱或者让他们不敢轻举妄动。各个公社的监督委员会严格监督人们公开的与私下的行为和动机。比如在鲁昂，1 158名嫌疑犯中的29%是贵族，19%是教士，7.5%是以前的官职持有人，这些人不仅由于他们的身份而被捕，还因为他们被怀疑缺乏公民意识。他们并不是唯一被捕的人：资产阶级占到了"嫌疑犯"总数的17%，劳动者占27%，他们经常被指控有反革命言论和举动。在店主当中，囤积

货物也经常被认为是反革命举动。在所有“嫌疑犯”当中，妇女几乎占到了五分之二，尤其是那些贵族和教士出身的妇女，通常这些群体中的男性不是选择逃亡就是反抗，剩下的妇女由于她们的家族姓氏和政治取向而成为被怀疑的焦点。[23]

贵族非常容易受到伤害。吉拉丹侯爵是卢梭的庇护人，启蒙思想的爱好者以及领主，他尝试过让自己适应革命，将一些土地转让给信得过的农民，赞扬罗伯斯庇尔、马拉、德穆兰和1793年宪法，并且在1793年8月10日公开焚毁了他的封建税册，以此来庆祝王权被推翻一周年。然而三周之后，他和他的家人都被捕了。尽管他是科德利埃俱乐部的会员，这位侯爵现在只是一位名叫雷内的先生，他被巴黎东北部40千米外的埃默农维尔村的村民们指控为“专制”，他的城堡被描述成“盗匪的藏身之处”。1793年9月整个家族被当作“嫌疑犯”关押起来。其中就包括吉拉丹的女儿苏菲，尽管她在1789年与她的普鲁士外交官丈夫一起离开了法国，但她仍然怀念卢梭的学说，她被攻占巴士底狱后的“丑恶画面”吓坏了。她在1791年返回法国，试图保护家族财产。[24] 这个家族被关押了一年。

不过普通人也会被激怒。当一项要求各市清除王权和封建主义象征物的法律在巴黎东部56千米外的小镇库洛米耶尔实行时，一则声称 213
雅各宾派官员们正在捣毁教会雕像的谣言点燃了公社人民的怒火，“虔诚的妇女”公开为旺代叛乱喝彩并且呼吁奥地利人和普鲁士人“割开这些面目可憎的雅各宾派的喉咙”。8人被判处死刑，“虔诚而率真”的德尔通布是两名被处死的妇女之一，她在1794年2月1日写给她姐姐和姐夫的遗书中说道：“我就把我亲爱的丈夫和孩子托付给你们了，不要在这时抛下他们，你们都知道我丈夫是一个敏感的人，要帮助他振作起来。”[25]

战况令人喜忧参半。1793 年 6 月底，共和国军队在南特大胜旺代叛军。这产生了重要影响：旺代叛军领导人雅克·卡特里诺被狙击手射杀，内部为争夺继任权产生了分裂，这次失利对于那些希望英国海军将南特变成叛乱首都的人来说是当头一棒。[26] 7 月，克莱伯将军的部队也在旺代叛军的军事中心绍莱附近取得了胜利，但是在 9 月，他的 6 000 人部队被天主教和保王党 3 万人的军队打得惨败。双方都继续着暴行：在蒙泰居，被俘的共和国士兵都被扔到一口水井当中。[27]

尽管很多联邦军的领导人都是坚定的共和派，但他们陷入了两难之中：他们曾在共和国遭遇军事危机的最艰难时刻拒绝承认国民公会的权威，而和保王党、贵族和教士联合以获得支持则会玷污了他们的名声。在巴黎方面看来，任何团体要么为了共和国的团结和统一而战，要么就是图谋推翻共和国的保王党与外国联军的同伙。国民公会中的雅各宾派很容易相信这些联邦主义者是与旧欧洲势力的军队站在一起的，8 月 29 日土伦军官将一个地中海地区重要的海军军械库交给了封锁海岸的英国海军时，这一点体现得很明显。[28]

没有哪一个地方比里昂的境遇更加悲惨。里昂雅宾派要人约瑟夫·沙利耶在 7 月 16 日被处死让国民公会中的雅各宾派相信，里昂是反革命的帮凶，这里的人希望让奥地利和撒丁军队解放他们。事实上，双方都是共和派，不过在占统治地位的雅各宾派和里昂的“罗兰派”之间横亘着一条仇恨、惊慌和恐惧的鸿沟。

尽管里昂叛乱的支持者自认为是“温和”和合法的，他们并不是

反革命分子，但是他们的举动被国民公会中的雅各宾派当作反革命， 214
要被无情地镇压。8 月 22 日，特派员埃德蒙·杜布瓦–克朗塞向这座城市宣布：

> 大炮已经就位，炸弹已经准备好，炮弹在反光，火焰将会吞噬你们……里昂人，你们记住，你们现在还有时间，而明天就太迟了……我再一次请求你们，睁开眼睛认清形势，遵守法律……对于只是误入歧途的罪人，国民公会将宽大处理。[29]

尽管他做此请求，里昂的武装叛乱还是持续到了 10 月 9 日。叛乱起源于城市内部不断增长的暴力对立和冲突，里昂人挑战巴黎权威以及组建一支军队的决定不可避免地将他们与其他威胁共和国团结的力量联系在了一起。国民公会在 1792 年 12 月 16 日通过一项法令，规定所有破坏国家团结的武装反叛都是死罪。

国民公会及其委员会决定镇压法国第二大城市来以儆效尤。巴雷尔在国民公会声称："里昂将会被摧毁：所有属于富人的东西都会被毁灭。只有穷人的房屋、被屠杀和被镇压的爱国者的房屋、工业用途的建筑、纪念人性和教育的纪念碑才能留下来。"为了监督这次镇压，救国委员会派出了让–马里·科洛·德布瓦、约瑟夫·富歇、安托万·阿尔比特和弗朗索瓦·拉波特。他们严格执行了任务，在两天内下令处决数百名里昂人。那些被认为有罪的人一开始就死于炮火，那些还没有死的人被人用军刀和步枪结束了生命。共和国士兵们开始对屠杀感到厌恶，当权者转而采取行刑队和断头台等处决措施。平均每天有 40

人被处决。

大多数里昂人曾经或至少是在一开始，反对过当地和全国的雅各宾派，而有钱人被单独拎出来接受惩罚。[30]科洛认为几乎所有的民众都是有罪的，应当将这10万人从城市中驱逐出去，这样就能夷平城市、消灭人口。库东更进一步建议赶走这座城市所有的居民。现在里昂的市名被改成了“解放公社”。

科洛认为里昂的妇女更加不可饶恕，她们想方设法地引诱他的军
215 队的同时还把夏洛特·科黛当作庇护圣徒来膜拜。这些说法很多都是为了取悦巴黎的夸张表述：实际上大约只有20幢房屋被毁，而不是经常提到的1 600幢，绝大部分处决发生在科洛被召回巴黎之后。但最终估计有1 867人被处决，还有相同数量的人被释放。弗雷德里克-克里斯蒂安·劳卡尔之前是一名普鲁士军队的逃兵，现在成了一名无套裤汉，当他在1794年1月抵达里昂时，他被“悲惨和毁灭”的场景震惊了，“成排的高档房屋被焚毁，教堂、修道院和所有旧贵族的住所都变成了废墟。当我到断头台前时，那些几个小时前被处决的人的鲜血仍然在广场上流淌。”[31]科洛认为自己应承担全部责任，但当时委员会中无一人公开指责他。[32]

在更远的南部，一位名叫拿破仑·波拿巴的炮兵上尉刚刚年满24岁，他参与了从联邦军手中夺回阿维尼翁的战斗。7月28日他在博凯尔，这一天也是当地一年一度的交易会的最后一天。他与来自马赛、蒙彼利埃和尼姆的商人们共进晚餐，一同饮酒，一起辩论，之后他提笔写了一本名叫《博凯尔的晚餐》的小册子，其中他作为“一名士兵”将雅各宾派的主张传达给了南方商人，以此来促进团结，确保革命的

胜利："不要理会一小撮流氓将你们引向反革命的言论，重建你们选举出来的权威，接受宪法，给予代表们自由，这样他们就能到巴黎为你们代言。"国民公会对其内容非常满意，下令印刷这本小册子。

在其他联邦主义反叛的中心，镇压也走向了极端，但是没有里昂那么大的规模。此时在被重新命名为"无名之城"（Sans Nom）的马赛，革命法庭审理的975名嫌疑犯中有499人被判有罪，289人被处决。其他人则像26岁的书记员让-路易·拉普拉内那样在9月中旬逃离马赛避难，用他后来的话说，他当时"被一大群让法国血流成河、哀鸿遍野的野蛮人"追捕。[33]在波尔多，雅各宾派成员让-朗贝尔·塔利安的镇压热情似乎在20岁的泰蕾西娅·卡巴吕的政治能力下缓和下来，他当时对她产生了迷恋。卡巴吕出生于西班牙一个富有的金融家族，在16岁的时候嫁给了一个法国贵族，她是大革命离婚法的受益者，她还利用塔利安来保护试图从波尔多逃往南方的贵族和躲避镇压的联邦主义者。[34] 216

与这些充满血腥的内战地区相比，也有很多地区是平静的，比如在西南部的农业省份。当地的行政由像让·邦·圣安德烈、约瑟夫·拉卡纳尔、让-巴普蒂斯特·博、吉尔贝·罗莫和皮埃尔·鲁-法兹雅克这样有能力的特派员领导，他们试图将1793年《人权宣言》和宪法中雅各宾派的主张变成现实。这种世界观的核心要素是社会权利优于个人权利：即自由企业经营和贸易的合法权利，言论和信仰的自由都必须以保证其他人的安全与生存权为前提。[35]

雅各宾派主导的国民公会的立法计划即使在军事危机的时刻也是非常紧凑的，计划反映了一种独特的平等主义、公民美德和爱国热情。

在身份和权利平等的公民中间建立一个和谐社会必然要求政府在教育、公共工程和社会福利上积极投入。罗伯斯庇尔对这些观点孜孜不倦的阐述为他赢得了最高赞誉，他也成了这些价值的象征，不过在全国范围内有成千上万的雅各宾派分子的表现与之相悖。整个 1793 年，罗伯斯庇尔每周都要进行 4 次长篇演讲——总计 101 次在国民公会，96 次在雅各宾俱乐部——这些演讲的主题是爱国主义、奉献与美德，还有贪婪、阴谋和自我中心主义这些道德上的敌人。9 月 25 日，他为毫不妥协地镇压革命敌人的必要性做了辩护：

> 两年来成百上千的人由于背叛和软弱而被屠杀，对于叛徒的软弱正在毁灭我们。人们为那些罪大恶极的罪犯和将祖国置于敌人刀剑之下的人感到难过；对于我来说，一个软弱地宽容邪恶行径的慷慨民族正惨遭屠杀，这才值得同情。[36]

爱国者们需要避免听从任何与“人民”利益相冲突的个人或党派的建议。那些奉承人民的欺骗者——被当作典型的是拉法耶特、米拉波和迪穆里埃——警告着人们不要把希望寄托在伟人身上。米拉波的例子证明，在国民公会中摆放早已作古的英雄的半身像才是最安全的，
217 尽管马拉和勒佩勒捷在他们遇刺后也被立为半身像，大卫描绘他们的画作就挂在国民公会当中，在讲坛的背后。大卫和他的学派在他们的艺术中表达了雅各宾主义充满阳刚之气的男性美德，共和派的兄弟情谊与旧制度时期软弱的王权和衰落的贵族相对立。不过雅各宾派的话语也充满了基督教的救世主观念：坐在议会中高处议席的雅各宾派通

常被称为“山岳派”，它经常暗含“神圣”之意，令人联想到西奈山，暗示国民公会拥有神圣的能力制定法律并且惩罚敌人。[37]

这几个月既是民众参与革命的顶峰也是民众反对革命的顶峰。自从 1789 年以来，自由、平等和共和国本身的象征都是女性人物，这不仅是因为古典美德的名称在法语中都是阴性，还因为女性形象模仿代表天主教美德的圣母马利亚。后来在 1793 年，反对者常把象征共和国的那个女性人物——乃至共和国本身——戏称为“玛丽安娜”，这是个普通农妇的名字，被用来指代“人民的”。“无套裤汉”的绰号也是这样由来，共和派欣然地接受了这一称号。[38]

新政权的外在象征，尤其是代表平等与博爱的女神的半身像和画作，取代了原来身份的标志——波旁王室的百合花、纹章和神像。“爱国者”帕罗瓦在 1789 年获得了拆毁巴士底狱的合同，他将由巴士底狱砖石雕刻成的城堡模型寄到 83 个省，还各寄了一座路易十六的浮雕像。后面这一作品现在有些尴尬，帕罗瓦将其替换为刻有人权和公民权宣言的巴士底狱砖石，上面还有勒佩勒捷和马拉等布鲁图斯式的人物。9 月 10 日，卢瓦雷省议会在奥尔良市召开，特派员雅克-莱昂纳尔·拉普朗什发表了富有激情的演讲，他向他们保证这块新的砖石将会“振奋精神”。正如《十诫》是在“雷电交加的西奈山上”诞生的那样，新的宣言也是在“风暴中的顶峰上”颁布的。整个议会都被调动起来，一名代表成功提议要复印 4 万份《人权宣言》发放到各个家庭当中，外加 1 万份海报。拉普朗什还向他提出了另外一个想法，即奥尔良的每一栋房屋都应在前门涂上“恐怖就是当前的秩序”的标语，
“这样一来所有的贵族都会颤抖”。[39] 218

随着共和国成立一周年的邻近，甚至传统的时间观念都发生了变革。革命历的第一位“发明者”是剧作家、无神论者和政治活动家西尔万·马雷夏尔，但它是由山岳派代表、数学家——曾经做过俄国贵族教师——吉尔贝·罗莫在1793年9月17日向国民公会提议的。法布尔·德格朗汀随后加入了视觉元素，在植物园园丁安德烈·图安的帮助下命名了每个月和每一天。革命历是为了强调新纪元、革命性改造以及自然节气，而不是基督教信仰：9月22日既是共和国的诞生日也是秋分日。[40]新的历法从1793年10月24日开始实行，根据理性原则的十进制划分（12个月的每个月都有30天，都有3天旬日）完全否定了格里高利历。圣徒纪念日和宗教节日被植物、季节、工具和美德等名称取代（参见本书附录中的“革命历”）。革命历在全国范围被接受，但是它与传统的礼拜日和定期集市相互冲突，并没有完全取代原有的历法。

有人提议，7月14日、8月10日、1月21日和9月22日的大纪念日最终由36个国家节日支撑，平均每十天一个。这些由政府组织的节日是神圣的活动，用呼唤人性的方式来提升革命的地位，正如特派员莱昂纳尔·布尔东诗中所写的那样，在西南部塔布市阿杜尔河一座桥上，一群当地的爱国者黎明前在这里聚集庆祝人性节：

> 你们这些没什么信仰的人
> 谁会看到和听到最高主宰（Supreme Being），
> 如果你们想这样，要心中充满美德，
> 但是你们必须走进田野，

成双结对，手持鲜花，
在那里，在纯净的小河边，
一个人能在心中听到神的呼唤，
正如他可以在自然中见到神的光影。[41]

1793 年中期的危机既是军事危机也是财政与经济危机。国民公会的一系列会议决定继承国家债务，即使新国家已经废除贵族身份、卖官鬻爵和团体特权。国民公会继续支付旧制度借下的债务，正如要赔 219
偿现在已废除官职的持官者那样。1793 年 8 月，雅各宾派主导的国民公会采取了极端措施。它将所有国家债务合并到一个“公债总目”上，向债权人保证利息为 5%。国民公会中著名的财政委员会负责这项工作，它由约瑟夫·康邦、多米尼克-文森·拉维尔、弗朗索瓦-雷内·马拉梅、弗朗索瓦·沙博和约瑟夫·德劳内等人领导。这个新机构需要几个月的时间来落实，与此同时，国际金融家们正在承担着风险，他们需要在敌对国家经营法国的国债。荷兰银行家让-巴普蒂斯特·范登维尔、英国银行家沃尔特·博伊德和比利时雅各宾派成员普洛伊伯爵都与身份敏感的巴茨男爵有关联，后者曾经掌管国民议会国债委员会，现在成了一名密谋反革命的嫌疑犯。[42]

但是在指券价值持续下跌的情况下，怎么才能稳定政府信用呢？国民公会为了满足无套裤汉的请求，在 9 月 29 日颁布了《全面限价法令》，规定 39 种生活必需品的价格在 1790 年价格水平上再加上三分之一，将工资固定在 1790 年水平的 150%。国民公会还不得不对 1789 年以来影响三分之二省份的乡村骚乱做出回应。国民公会虽然在 1793

年 3 月废止了提倡将大片土地分成小块土地的“土地分配法”，但国民公会采取一系列措施旨在赢得广大农民的支持。7 月 17 日，国民公会决定旧领主只保留“仅基于土地的地租和非封建收费”。封建制度就此终结。为了庆祝最终废除领主捐税和推翻王权一周年纪念日，奥尔良市在 8 月 10 日的节日上焚烧了装满 18 辆马车的封建税册。[43]

公有土地的问题远在 1789 年之前就是农民一直争议的话题。它们属于谁？每个家庭能够分享吗？将乡村的穷人安置在公有土地上是不是能够最大程度保障他们的利益？ 1792 年 8 月 14 日，立法议会颁布一条简短的法令，要求公社分割非森林地带的公有土地。1793 年 6 月 10 日，国民公会用一部更加激进、更富有争议的法令取代了这部法令，这是革命政府为了满足乡村穷人利益而做出的最有野心的尝试。法令
220 规定，如果公社中三分之一的成年男性同意，就可以分割公有土地，公有土地要在每名男性、女性和儿童之间平分。尽管很多公社倾向于保留完整的公有土地来放牧，但其他地方都对公有土地进行了平等、公平的划分。

在西南部靠近蒙托邦的加龙河畔凡尔登，681 名成年人平分了土地；在小村庄马里尼亚克，人们经过一番努力之后才使 267 块土地“大小相当”；而在多尔多涅省的帕泽阿克，土地被拍卖出售，拍卖所得收入在男性和女性之间平分。[44] 东北部蓬塔穆松区的一些公社则乐于召开全体公民大会按人头平分公有土地，包括在 6 月 10 日以后出生的儿童在内都有份儿，但是区内的其他公社直接声明反对平分：罗格维尔只有一小片林地；马梅的公有土地用作放牧；格里斯库尔的公有土地只是一片光秃秃的戈壁。与之相比，一些村庄决定根据他们的利益平

分他们的公有土地：朗德雷蒙村将公有土地分成253块，利兹耶尔村分成217块；巴永维尔村将其公有土地分成223块“山地”和196块“坡地”，446名居民从两种土地中各分得一小部分。[45]然而在南方的加尔省，361个公社中只有18个公社按照1793年6月10日的法令平分公有土地，绝大多数的公社决定将多石的灌木丛地形当作村庄的集体牧场。还有很多公社，穷人们为了竭力维持生存已经占有了部分公有土地，无视法律和当地的富人。[46]

封建统治已经被完全废除，公有土地不是被分割就是被保留，但是要解决集体经济资源控制、土地需求和非法开荒等一系列相互交织的问题还需要更长的时间。剧作家、雅各宾派官员让-弗朗索瓦·凯伊瓦在1793年12月从朗格多克省拉格拉斯村发来一份报告，直言不讳地说这个地区“从前都覆盖着树丛，绝大部分都是绿色的橡树；但是随着革命的到来，每个人都像对待自己菜园中的卷心菜一样随意对待这些树木”。在纳尔榜地区发生了严重的木材短缺，“因为当地人毫不可惜这些只能遮阴纳凉的树木……人们准备进行新的开垦，这种欠考虑的热情的可怕之处在于要将所有土地变成耕地”。[47]

尽管全国各地对待革命的态度差别巨大，但绝大多数乡村地区的基本态度是既敌视旧制度也敌视看起来对富人有利的私有财产法令。
在法国中部罗阿讷县附近的纽利斯村，武装起来的年轻人聚集在一起 221
响应1793年的征兵号召，他们自愿成为公社必须提供的15名士兵：包括1名宣誓教士和14名资产阶级“爱国者”，他们是革命最大的受益者。[48]很多农村公社运用各种手段来躲避甚至公开反抗中央政府和地方机构的命令：不纳税，逃避对生活必需品和工资的全面限价令，不愿意使用指券。[49]

每个乡村地区都有一些自告奋勇的雅各宾派，他们阅读巴黎和当地的报纸，或者雅各宾俱乐部和大众社团发行的报纸。《农村报》（*Feuille villageoise*）专门面向农村读者，发行量达到了 1.6 万份，由于报纸经常被四处传阅或者在农村公社大声朗读出来，它的读者在 1793 年很有可能达到了 25 万人。热尔省的欧什市政府为其下辖的 599 个公社都订阅了一份。[50]

在“爱国”的城镇和村庄，一个真正的无套裤汉应当具备的诸多公民美德，正如东部安省贝莱市一家咖啡馆老板、监督委员会秘书安托万·博内说的那样：“这些人除了具有教养、美德、感知力和仁慈之外，还具备更多的常识；他们听到一丁点不公平的事就会拍案而起；这些勇敢无畏、充满活力的人渴望为公共利益、自由、平等献身。”[51] 1793 年 11 月，最重要的雅各宾派报纸《巴黎革命报》不仅对无套裤汉进行了社会称谓上的界定（手工业者，由于戴着羊毛工作帽而被称作“戴羊毛帽子的人”，或者“来自人民的人”），而且在道德和政治称谓上进行界定：“无套裤汉是身心坚定的爱国者……是大公无私的人，他厌恶那种只有三分钟热度的共和派，他热爱着秩序和平等，他是一个独立而且博爱的人。”（图 23）[52]

无套裤汉们发现公民仪式比宗教活动更加有收获。在勃艮第区约讷河畔的塞齐市，三棵自由树都种在了具有象征意义的地方。1792 年 11 月种植的那棵种在一个有土地争议的地方，这争议是公社和丽丝特诺瓦公主经过很长时期才最终解决的。（这棵树一直存活到 1987 年的一场暴风雨之前，随后被移走。）另一棵于 1793 年 11 月 10 日种下，在一次由官员和“穿着蓝衣佩戴三色饰带的女孩、男女学生、妇女、监督委员会、大众团体”参加的仪式上，以此来纪念烧毁封建税册。同一天，种 222
下的第三棵树用来替换一个十字架，后来这里成了人名广场。[53]

1793 年到 1794 年间，全国大约创建了 6 000 个雅各宾俱乐部和大众社团，很多都是昙花一现。它们大多数都设在小城镇。在普罗旺斯，90% 的村庄都有一个俱乐部，男性共和派的公共空间经常遭到保王党的激烈反对。在这种政治狂热和战争焦虑盛行的时候，参加雅各宾俱乐部的人尤其多。在马赛市（人口 11 万人），雅各宾俱乐部经常有 2 000 人参会，其会员一度达到 6 000 人。在普罗旺斯区内陆地区，几乎所有成年男性都是各个村庄的会员：人口 1 500 人的圣撒迦利亚村有 195 名俱乐部成员；人口 226 人的普拉卡西耶村有 87 名会员。在外省雅各宾俱乐部中，在 1789 到 1791 年间，手工业者和店主的比例从 39% 增长到了 45%，农民从 1% 增长到了 10%。小商贩和大商人的比例从 12% 降到了 8%，教士从 7% 降到了 2%。贵族在革命初期大约占 1%，现在已经几乎消失了。[54]

而巴黎才是革命活跃、躁动的中心。无套裤汉的意识形态主张民主和平均主义，他们想要进行更加公平的财产分配，好吃懒做的人和嫌疑犯要为此付出代价，这些人经常被统称为“贵族”。9 月 2 日，巴黎的一个区——他们自称为“无套裤汉市区”——向国民公会呈交了他们的议程表，要将革命中“没有人有权伤害他人”的根本原则改为有权打击不正当获利者。他们要求将之前的贵族、教士和王室官员清除出行政系统，控制物价和工资，还要求对财产进行“最高限制”，个人只能拥有一个工作坊、一个商店或一个小农场。“这些措施将会恢复繁荣和秩序，逐渐消除严重的财富不均，增加有产者的人数。”[55]无套裤汉的平均主义时常超越再分配，形成一种集体所有权的观念。他们在一份声明中宣称“富人与其做一名财产所有者，不如做一名剩余财富的保管人，这些财产的用途是带给公民同胞幸福”。[56]

长久以来的文化形式结合共和派的爱国主义后形成了一种独特的政治文化。戏剧处于核心地位。1793 年 10 月，马雷夏尔的《国王的
223 最后审判》在共和剧院首映，剧中大胆设想欧洲所有的暴君都被放逐到一个小岛上，最终所有人都被火山爆发吞噬。这部戏剧有 10 万人观看，还刊印了 2 万份，其中的 6 000 份发放到军队。这部剧中最受欢迎的一幕是“国王们的游街”，无套裤汉轮流将国王们领上舞台，挖苦嘲弄他们的罪行。叶卡捷琳娜大帝被描述成与波兰国王有不正当关系，在滨海布洛涅演出时，叶卡捷琳娜由一个胡子拉碴的肌肉男扮演。[57]菲利普·吕尔是治安委员会中的山岳派成员，在 10 月的时候担任兰斯的特派员，他采取一种不同的方式来消除王权，打碎了装有克洛维的圣油、1775 年路易十六涂圣油礼时用的圣瓶。

无套裤汉中的激进分子自称为忿激派，他们要求救国委员会和国民公会采取更加严厉的措施来进一步实现革命目标。在马拉遇刺后，埃贝尔依靠《杜歇老爹报》扛起了主张暴力革命的大旗。埃贝尔来自下诺曼底区的阿朗松市，在 1789 年前依靠微薄的法律服务收入生活，他在 1792 年与曾经是修女的玛丽·古皮结婚，现在他却对教士、贵族和富人进行恶毒的攻击。像马拉一样，埃贝尔认为内部敌人比入侵的军队更有威胁，不过他采用了一种更加粗俗的表述：

> 富人们只想着他们自己的利益，他们是共和国最大的敌人，他们诋毁革命，因为革命建立了自由和平等……去他妈的，我们要了断这件事……让这些吸食人民血汗的杂种们颤抖……推翻蠢货卡佩的王位的力量同样会降临到你们身上。[58]

泰奥菲勒·勒克莱克在马拉死后继任《人民之友报》的主编，他威胁“囤积居奇者、冷酷的剥削者、榨取民脂民膏而脑满肠肥的人、投机倒把分子、嫌疑分子、自私自利的人”说：“有两条路供你们选，要么去前线，要么去革命广场，那里有断头台等着你们。”这份报纸还恐吓国民公会，说这里“充满了妥协的风气，这对公共利益来说是毫无希望的”。[59]

到了9月，最激进的无套裤汉——忿激派和埃贝尔派——实际上成了巴黎的政治主人。最激进顽固的市区不仅支持埃贝尔和其他人的 224
激进主张，还控制了政府的关键职位：在巴黎公社中，让-尼古拉·帕什成了市长，皮埃尔-加斯帕尔·肖梅特担任总检察官，埃贝尔担任其副手；国民卫队在弗朗索瓦·昂里奥的领导下；甚至在战争部，弗朗索瓦-尼古拉·文森担任了秘书长。

国民公会还受到来自激进妇女的压力。战争动员为巴黎和其他城市带来了工作，但是将其转包给私人承包商的行为引起一些服装生产女工的不满——她们在8月向国民公会上交了一份有4 675个签名、充满敌意的请愿书。这一年的晚些时候，雇用“拥有主权的人民”的工作坊由于缺乏供暖遭到妇女的反对，而“代理商却在享受充足的供暖”。[60]然而，像她们这样的劳动妇女更倾向于作为一个整体在生存上和军事目的上支持人民运动，而不是像奥兰普·德古热和埃塔·帕尔姆这样个体的女性倡导女权，而后面这样的人现在要么已经死亡，要么由于她们的政治保守主义而不受信任。事实上在1793年5月，支持吉伦特派的泰鲁瓦涅·德·梅里古被一群雅各宾派妇女抓住殴打致残。

革命共和女性公民协会由克莱尔·拉孔布和波利娜·莱昂领导，她们通过组织妇女自治团体，为妇女争取担任公共职位和携带武器的权利来弥补妇女权利与政治现实之间的差距，她们同时还与忿激派保持着联系。（图24）[61] 女性公民规定中写道，“所有社会成员都是亲如一家的姐妹”。这个拥有大约170名成员的团体的目标是“自治，学习宪法和共和国的法律，参与公共事务，为受难者提供人道救助，保卫所有人免受任何暴政的侵害。她们想消除所有的自私、猜忌、对立和妒忌……”这个团体在之前的圣厄斯塔什教堂的公共墓地集会，宣称有多达3 000名支持者。[62] 一个持续的两难是，她们的首要目标是支持国民公会及其委员会还是将它们视作是改革的障碍。1793年8月26日，她们向国民公会派出了一个代表团，拉孔布呼吁团结的信条：“永远不要忘记，没有维图利娅的美德，罗马永远都不会有伟大的科里奥兰纳斯。”她谴责国民公会的妥协，取笑罗伯斯庇尔“更像是一位大人
225 而不是一位公民”。[63]

一些男性主导的地区会议现在开始吸纳女性作为会员，“人权市区”（Droit de l’Homme Section）的一个男性代表参观团赞扬了革命共和女性公民协会：

你们已经打破了偏见之锁链中的一环。女性不再局限于家务

劳作之中，人类中的一半不再是消极和孤立的，这一切偏见对你们来说都已经不复存在了。你们希望在社会秩序中赢得一席之地，即使可能会遭遇漠视和羞辱……[64]

不过在9月16日，雅各宾俱乐部抨击了女性公民协会，沙博质疑她们是否实际上是伪装成极端爱国者的反革命分子："就是这些反革命荡妇引发了各种骚乱，尤其是面包骚乱。她们已经在咖啡和糖上引发了一场革命，如果我们不闻不问她们还会引发其他的乱子。"他这里指的是5月1日妇女入侵国民公会最终促成谷物和面粉的最高限价。[65]

在这几个月当中，巴黎劳动人民的政治参与达到了顶峰。尽管只有10%的男性定期参与地区会议，但这在漫长的工作时间和排队领取食物之余已经是比较可观的参与率了。在全国范围内，地方政府在社会构成上出现了始料未及的变化：例如在巴黎，三分之一的公社议员来自普通人民，五分之四的"革命委员会成员"从整个城市的48个区中选举产生。40个"大众社团"有将近6 000名会员，其中86%的人是手工业者和工薪阶层。[66]在像亚眠、波尔多、南锡和图卢兹这样的主要地方城市，资产阶级依然主导着地方政府，而手工业者和店主现在在这四个城市中占到了议员总数的18%至24%。同样在农村，在1792年到1794年间，贫农，甚至劳工都第一次在议会中出现。

1793年的共和国是一个过度索取的政权：爱国主义、美德和公民权的话语中夹杂着牺牲、征用和征兵的要求。这个政权的权力根系拒绝任何与旧制度沾边的假设，威胁一切反对者。用一名南方官员的话来说："可笑虚伪的时代已经过去了……国民公会重视和欣赏具有

226 才能与富有美德的人……共和国之树晃动一下，附在上面毛毛虫就会掉下来。”[67]

到了1793年深秋，军事危机出现了转折。让-尼古拉·乌沙尔和让-巴普蒂斯特·茹尔当将军于9月在靠近敦刻尔克的翁斯科特战胜了约克公爵率领的黑森和汉诺威军队；在南方，在厄斯塔什·达乌斯特和雅克·戈盖将军率领下的共和国军队9月17日在佩皮尼昂北部的佩雷斯托尔泰大胜西班牙军队。随后在10月16日，茹尔当和卡尔诺将军在莫伯日附近的瓦蒂尼战胜了奥地利军队，遏制了东北部的入侵。这些胜利让年轻的共和国燃起了希望，刚刚通过颁布新的历法来庆祝一周年庆典的共和国也许可以在欧洲联合进攻的威胁中生存下来。

镇压国内反革命的战争也在同时进行。10月17日，就在瓦蒂尼胜利的第二天，共和国军队在绍莱附近赢得了对旺代叛军的关键性胜利。里昂的联邦主义者已经停止反抗，他们将会和西部叛乱者一样被严肃处理。但是，内部和外部战争的终点并非近在眼前，共和国的领导者们面临着征兵和为70万名士兵提供补给的艰巨挑战。如果军队要得到补给并打赢战斗，各地军民之间的关系都至关重要，贫困、失败和报复的阴影每时每刻都笼罩着士兵和平民。与此同时，国民公会在9月正遭受激进的无套裤汉的胁迫。共和国能够存活下来吗？谁来决
227 定共和国在何时完成它的目标？

第十二章

拯救美德共和国，1793 年 10 月至 1794 年 4 月

1793 年 10 月 10 日，国民公会颁布法令宣布“法国临时政府是革命政府，直到和平为止”：所有的政府机构和军队都在救国委员会的领导之下，救国委员会每周要向国民公会汇报。[1] 革命的敌人要毫不姑息，但与此同时革命的支持者也被告知国民公会及其委员会是政治合法性的唯一来源。“美德和恐惧”的双重动力将会把共和国从侵略、反革命和倒退中拯救出来，创造一个大革命期待的美德公民国家。

特派员被授予广泛的权力来整肃军纪，可以处决胆小退缩者。在军事危机最严重的 1793—1794 年，有 84 名军官被处决，超过 350 名军官被解职。但军事法庭对于普通士兵要仁慈得多：比如，意大利方面军有 122 名士兵被指控开小差，几乎一半的人被无罪释放，有罪者平均关押的时间少于两年。不过即使如此，还是有 36 人被处决。革命时期的官员与特派员十分清楚地表明他们对于违纪行为和“对于上级和平民的冒犯”无法容忍。开小差，尤其是投敌，会被重责，以儆

效尤，目的是“让那些懦夫和叛徒心生畏惧”。[2] 特派员采取的措施有可能非常严苛。这些惩罚措施在巴斯克地区达到了顶峰：1794 年初，这里的军队有大量的士兵逃亡，为了防止边境居民投敌，阿斯坎、伊特萨苏、萨尔和其他边境村庄的成千上万的村民被迁移到离边境 100
228 千米的地区。[3]

没有什么资源能够逃脱战争的需求。教堂和 1791 年关闭的修道院的钟都被查封了，1793 年 7 月 23 日，国民公会颁布法令规定每个教区只能有一口钟，其余的金属要用来铸造武器，不适合铸造武器的要用来制造硬币。在很多教区，移除教钟引发了激烈的抗议。在勃艮第区欧赛尔市西部的沙西，村民们在 12 月份包围了政府当局，高喊“不能拆除这些钟！”，还说他们“根本就不在乎”当地的行政管理。在萨尔特省靠近勒芒市的马洛尔雷布劳特，1793 年 10 月官方为了拆除两座钟动用了 250 名携带大炮的士兵。梅斯市附近的普拉铂维尔的居民想方设法将大钟埋在了公墓里。所有贵金属都被充公。在南锡市附近的弗鲁阿尔村，这里只收来两个圣杯、一个举行圣餐礼的圣饼盒、一个太阳状装饰物、三个小圣油盒和“一个小盘子上的盖子”，这些东西都是银器，加起来大约才 7 磅。而其他地方获得的材料相当可观。在南锡，仅从犹太会堂获得的金器和银器就重达 40 磅，从大教堂获得 52 磅。在全国范围内，从 6 万个教会钟楼收缴的 10 万口钟都被熔铸了，获得大约 5 万吨金属被用于战争。[4]

雅各宾派的统治在不同的地方呈现出不同的面目。在大多数省级城市，镇压行动都有着自己的处理方式和目标，它们不会坐等巴黎激进的雅各宾派特派员到来。在第戎市，当地人从众所周知的反叛教士、前高等法院法官和大革命前的官员中逮捕了超过400名“嫌疑犯”。特派员的到来正是进行审判的时机，最终一共处决了23个名声最不好的嫌疑犯。[5]1793—1794年，在83个省当中有7个省没有一人被处决，另有31个省处决人数少于10人。地方上被愤怒和复仇冲昏了头脑的专横官员大有人在，但更多人决心公正地行政，他们足以胜任多种职务。波利卡普·波托非就是他们当中的一员，他是埃纳省皮卡第地区首府拉昂市最有影响力的雅各宾派成员。波托非1763年出生于圣康坦县一个木匠家庭，他在1792年9月获得了369名投票者的中的359票，当选为该省的行政长官。他所管理的省份地处边境地区，是军队和谷物运输的必经之路，这样一个贫富两极分化、容易引起恐慌的省份能够保持相对平静，与他的治理才能是分不开的。[6]

国民公会已经宣布要对反革命分子进行无情而彻底的镇压。巴黎 229
的革命法庭在1793年3月至9月间审理的260名“嫌疑犯”只有66人被判死刑；在这一年中的最后三个月，395名被起诉的人中有177人被处死。在瓦蒂尼战役胜利的10月16日那天，玛丽·安托瓦内特带着可敬的尊严走向断头台。在审判她的时候，她面临着一系列指控，很多指控说她私生活混乱，而她最终被判叛国罪和通敌罪。当她的囚车从雅克-路易·大卫在卢浮宫的工作室窗下经过时，大卫正和罗萨莉·朱利安一同观看囚车游行，朱利安的丈夫和儿子都是著名的雅各宾派成员。大卫迅速地为玛丽·安托瓦内特画了一幅速写。同一天，他的经典之作《马拉之死》向公众开放。用蘸水笔勾勒出来的这位前王后神形憔悴、备受羞辱，而油彩画出的殉难者“人民之友”则色彩丰富、充满象征意义，两者之间形成了鲜明对比。[7]

紧随玛丽·安托瓦内特登上断头台的，是当年6月被逐出国民公会的吉伦特派代表中的21位，包括了布里索、巴伊、巴纳夫。吉伦特派在1793年4月成功地废除了马拉的议员豁免权，这样就能将他送往革命法庭审判，吉伦特派开创的这个先例对他们来说是自掘坟墓，因为经革命法庭审判的代表很少有人像马拉那样被判无罪。按照国民公会的理解，联邦军叛乱是在革命最危急时刻的破坏犯罪行为，吉伦特派在6月2日由被驱逐出国民公会，而一旦地方城市叛乱打出吉伦特派的旗号，这些代表就犯了叛国罪。此外很多地方的人认为这些吉伦特派的死是理所应当的。比如，奥尔良市南部的圣德尼谷地的一名爱国教士在他的日记里漫不经心地写道，10月21日一个金属制风信鸡和一顶自由帽安装在教堂的塔尖上；十天以后他写道，21名代表被送上断头台，“因为他们背叛了国民公会和全体法国人民”。[8]

罗兰夫人由于与其他吉伦特派成员阴谋破坏“共和国团结和统一”而被判有罪。她在11月8日从容高贵地走向断头台，她最著名的遗言——“啊，自由，多少罪恶假汝之名以行！”——可能是杜撰的。她的丈夫被这个消息打垮了。他与朋友前往鲁昂避难，在一条乡间小路上自杀。当他的尸体在11月11日被发现时，他的口袋里有几张写有遗言的笔记。“我的祖国怎么能够包庇这么多的罪恶，人性和社会道
230 德怎能堕落至此，”他叹息道，“我得知他们打算割开我妻子的喉咙，我不愿在这片罪恶横行的土地上再多停留一天。”[9]热罗姆·佩蒂翁在他靠近波尔多市的圣埃米利翁附近的藏身之处给他12岁的儿子写下遗言，表达了相同的观点：“对我来说最痛苦的是想到这么多滔天罪行可能会不受惩罚，现在复仇是最神圣的使命，宽恕是最大的罪恶。”[10]

有些被革命法庭判罪的人没有明确支持反革命，而是受到株连。早先的时候，女演员奥兰普·德古热强烈支持玛丽·安托瓦内特，她同时也是《女性人权宣言》的作者，她现在仍然只拥有勇气而缺乏政治头脑。当罗伯斯庇尔和吉伦特派代表让-巴普蒂斯特·卢韦因为谁应当为"九月屠杀"负责这件事而在1792年10月势不两立时，她仍然在巴黎通过征集签名、张贴海报来支持卢韦。吉伦特派领导人在1793年6月2日被驱逐出国民公会后，她写了一封公开信为他们辩护，并且在国民公会宣读出来，她还呼吁要对法国应该是一个中央集权的共和国、实行联邦制还是立宪君主制进行全民公投。她在布里索及其同党被处决的两天后被执行死刑。[11]

革命家们批判了他们所认为的构成旧制度权力的必要因素：自私自利、表里不一、阴谋诡计和虚伪假善。但是真诚很难被证实，弗朗索瓦·德·纳夫夏托改编了塞缪尔·理查森的小说《帕梅拉》，这部剧的作者和演员在1793年9月被人告发，科洛·德布瓦以"反革命"嫌疑下令逮捕了他们，原因是这部剧来源于英国并且宣扬贵族价值观。结尾时的两句的确看起来像是为反革命者求情：

> 啊！迫害者是最应该受到谴责的人，
> 最宽容的人是最公道的人。[12]

个人动机成为阴谋的证据，这种证据的效力和确凿的犯罪证据一样——然而打着爱国主义旗号的激烈抗议有可能被认为是口是心非。当著名的雅各宾派成员雅克-阿莱西·蒂里奥翻出革命记录证明自己没有实施“阴谋”时，作为记者同时也是巴黎公社的官员雅克-雷内·埃贝尔反驳道：“这些对革命的奉献又能说明什么呢？阴谋家经常采取这231 种套路。为了欺骗人民，他们不得不服务人民。一个人必须赢得人民的信任才能更好地虐待人民。”[13] 蒂里奥很幸运地活了下来。

在这种逻辑之下，人怎么能活下来？如果品德见证人是一个小孩就会有帮助。一个叫佩蒂的人在巴黎的雅各宾俱乐部被揭发，一名会员注意到他的儿子正在墙角哭。会议记录写道：“12 岁的小佩蒂冲到演讲台，说他父亲是一个善良的爱国者，赞扬他真心拥护革命的原则。”随后佩蒂被无罪释放，他成了雅各宾俱乐部的会员，他的儿子获得了一张参与会议的入场券。[14] 告发可能出于个人恩怨、谣言以及爱国义务。东南部奥朗热附近的塞西尔山区监督委员会发表了一份声明说道：“马修说，皮埃尔·富尔告诉他，女公民鲁吉耶对她的丈夫说年长的索萨科曾经在她的店里说过‘愿上帝推翻国民公会’。”[15]

但是没有哪一个地方比旺代为反革命付出的代价更高。到了 1793 年 12 月底，天主教和保王党军队已经减员到 1.2 万人，其中只有一半人能够战斗。他们撤退到了萨沃奈，惊恐的市民早已从那里四散而逃，叛军在次年 3 月杀害了宣誓教士和其他官员。进攻萨沃奈的韦斯特曼将军率领共和国军队在城市内及其周围无情地肃清反革命军的余孽，最后扫荡了他们曾经躲避追击的加福尔森林。总共有 6 000 人死亡，包括由特别军事法庭审判并就地处决的犯人在内。在一份臭名昭著的报告中，韦斯特曼兴奋地写道“旺代已经不复存在”：

它死在我们的剑下，包括它的妇女和儿童在内。我刚刚把它埋

> 在了萨沃奈的沼泽和森林里……没有任何罪犯可以让我良心不安。我消灭了这部分人……萨沃奈的恶意攻击仍持续不断，因为强盗们预感到他们可能被逮捕，随时都在进行袭扰……我们不会留任何俘虏，因为有必要让他们懂得自由之道，革命不会怜悯他们。[16]

由于韦斯特曼、图尔鲁和其他将军继续在各地进行惩罚性的扫荡，旺代领导人弗朗索瓦·德·沙雷特觉得他最好的回应就是在 1794 年 2 月夺回小镇莱热后，下令处决了 700 名共和派成员。 232

共和国的军队毫不留情。弗朗索瓦–泽维尔·若利克莱尔克下士就是其中的一员，他在 1766 年出生于东部汝拉山区的弗鲁瓦德丰特纳村。他是革命的坚定拥护者，早在 1791 年就自愿参军，参与了 1793 年末东部的胜利战斗。到了 1794 年 1 月，他所在的部队正在镇压西部省份的叛军。在共和三年雨月六日，即公历 1 月 25 日（他经常将格里高利历称为“奴隶式”的历法），他从绍莱寄给自己的母亲信上说：

> 我们将会使用钢铁和烈焰，一手拿着枪，另一只手拿着燃烧的火把。所有男人和女人都会在我们的剑下感受死亡的恐惧。除了小孩，所有人都要死。对待这些省份必须杀一儆百，让其他想叛乱的省份感到恐惧。我们已经放火烧了 7 里格（依据不同标准，约在 22—33 千米之间）。

然而在 3 月 4 日狂欢节那天，他在韦赞附近发生的暴乱中负伤，有 52 名战友死亡，“所有人不是头被敲碎，就是尸体上插着刺刀”。

他向他的母亲承认，“如果我向您描述旺代双方的残忍行径，您肯定会毛骨悚然，但是我相信战争很快就会结束”。[17]

最终，旺代内战公布的死亡人数是 20 万人，包括 3 万名士兵。在叛乱被镇压的 1793 年 12 月至 1794 年 3 月间，图尔鲁将军的“地狱纵队”对 773 个宣布脱离法律的公社实施了“焦土政策”式的复仇：这些公社中有 11.7 万人（人口总数的 15%）死亡。图尔鲁向战争部长让-巴普蒂斯特·布肖特汇报说，所有反叛者无论男女老幼都被刺死，“所有村庄、农场、森林、石楠荒原，总之一切能烧的东西都放火烧了”。甚至共和军队抵抗反叛者的堡垒布雷叙尔小镇（德塞夫勒省）也被洗劫和焚毁。[18]

在卢瓦尔河更上游的南特，这座城市自从 1793 年 3 月一直都被叛军包围，物资补给消耗殆尽。除了 8.3 万名居民外，还有 7 000 名难民，10 所军队医院里的数千名伤兵，守卫要塞的数千名士兵，以及超过 1 万名战俘。曾经支持过叛军的未宣誓教士成了唾手可得的替罪羊。在雾月二十六日（11 月 16 日），南特市文森拉蒙塔涅地区自称为无套裤
233 汉的大众社团“清扫”了圣克鲁瓦教堂，因为“这座教堂是迷信和教士的所在地，这些愚蠢的牧师和骗子给全世界人民带来了不幸，追随他们的脚步只能带来毁灭和以宗教为借口的暗杀”。但是现在无套裤汉们将会清除“这座充满疯癫和道貌岸然的谎言的教堂”。反教会情绪鼓舞了特派员让-巴普蒂斯特·卡里耶，他将 49 名教士关在一艘名叫“光荣号”的船上，然后将他们抛入卢瓦尔河中溺死。一些愤怒的南特人准备鼓励卡里耶不断进行大规模溺刑和枪决，总共有大约 1 800 人遇害，不过他独断专行的作风和过分残暴的方式最终引起了所有南

特人的反感。直到罗伯斯庇尔的特使，刚刚18岁的青年才俊儒勒·朱利安到来后，卡里耶才在1794年2月从南特被召回。[19]

罗伯斯庇尔和其他国民公会的成员对“外国阴谋”深信不疑，以至于所有的外国人都被看作嫌疑犯。外国难民从列日和东北部其他地方涌入，并且从侵略军中来了大批投诚的士兵，使在法外国人的数量大幅增加，在现在这样一个与全欧洲开战的时期，外国人尤其脆弱。1793年宪法中的第120条写到，“法国人民会收留那些为自由事业而被驱逐的人”，而这款规定与宪法其他部分一样被悬置了。早在1793年，战争部曾下达命令，从敌军投诚的士兵在加入法国军队时可以领取报酬；在1793—1794年冬，他们被安排在公共工程和农业领域工作来偿还支付给他们的补助，尤其是在征兵已经造成劳动力短缺的东部地区。[20]英国作家和革命的支持者海伦·玛丽亚·威廉斯是那些被短暂关押的人中的一员。在1792年九月屠杀之后，她选择支持吉伦特派；她曾经在她的沙龙里招待过玛丽·沃斯通克拉夫特、托马斯·潘恩以及南美军官弗朗西斯科·德·米兰达。1793年10月，她与母亲、妹妹、情夫及其妻子关押在一起，她出狱后逃到了瑞士。[21]

雾月二十七日（11月17日），罗伯斯庇尔以救国委员会的名义向国民公会递交了一份“关于共和国政治现状的报告”。英国政府被单独提了出来。英国政府面临的指控包括想要用约克公爵取代路易十六，
图谋将法国南部变成美国那样的联邦制，等等。罗伯斯庇尔对于缺乏 234
其他国家的强力援助感到遗憾，他指责之前派往美国的吉伦特派外交官的无能以及英国在土耳其这个“法国最有用和最忠实的盟友”那里的外交手腕。如果法国战败，奥地利计划吞并洛林、阿尔萨斯和法属

佛兰德斯；此外，罗伯斯庇尔宣称，“鲁西永、属于法国的那瓦尔和西班牙边境省份都被许诺给西班牙国王”。霜月十五日（12 月 5 日），罗伯斯庇尔再一次猛烈抨击英国首相威廉·皮特和英国唯利是图的本性：“你们的代表就是你们的工业产品，就像你们的羊毛和工厂的钢铁……这样你们还敢说是为了道义和自由！”他曾经仰慕这个坚决维护自由的国家，而它现在成了所有外国阴谋的诞生地。[22]

“外国阴谋”迷惑了很多人。对于政敌最有力的指控就是揭发他们贪污，尤其是涉嫌“英国资金”的贪污。旧制度国王政府错综复杂的私人借贷使得国家财政变成了数额巨大的一团乱麻，在国家债务合并之后，一些国际金融家和利欲熏心的雅各宾派成员试图通过操纵股价来从东印度公司的解体中获利。后者有雅各宾派成员弗朗索瓦·沙博、克洛德·巴希尔和丹东的亲信们，比如法布尔·德格朗汀，他是一名剧作家和革命历的插画家。11 月份，沙博在巴黎的雅各宾俱乐部面临指控，说他与富有的奥地利犹太银行家弗雷兄弟的妹妹结婚时有金钱交易。沙博一概否认，并且试图调头攻击“恶意中伤者”来扭转局面，但是无济于事——另一名俱乐部成员反驳道：“阴谋家最惯用的伎俩就是这样。”[23]

普鲁士人阿纳沙西斯·克鲁茨，这个 18 世纪最激进的政治世界主义者也遭到指控，他曾经倡议废除所有现存国家，建立一个单一的世界国家，一个全世界范围内“由个人联合而成的共和国”。[24] 克鲁茨在 1792 年成为法国公民并且入选国民公会，他现在遭到怀疑，因为据称他与在霜月十七日（12 月 7 日）由于贪污罪被革命法庭处死的银行家范登维尔有牵连。罗伯斯庇尔几天后在雅各宾俱乐部义正词严地指

责了克鲁茨，要求将“雅各宾俱乐部中所有贵族、教士、银行家和外
国人驱逐出去”，这一要求得到了实现。“我们能将一个德国男爵当作 235
爱国者吗？我们能将一个收入超过1 000里弗的人当作无套裤汉吗？”[25]

这些人的唯利是图和道德败坏让雅各宾派相信军事胜利还远远不够。尽管国民公会紧急措施的首要目标是战胜国内外的敌人和挽救共和国，但掌控了国民公会及其下属委员会的雅各宾派决心创建一个配得上启蒙和革命的丰功伟绩的新社会。由此产生了一个世俗的共和教育体制、一套国家社会福利制度以及一个灌输美德的文化政策。

1793年12月的《布基耶法》计划为6岁到13岁的儿童提供免费的义务教育，课程中着重强调共和美德、简化的标准法语、体育运动、田野调查和观察能力，法案还明确了学校参与公民节日的方式。加布里埃尔·布基耶没时间等待教区教士松散的态度和教导所支撑的旧制度时代的教育——不履行职责的家长将会失去10年的公民权，没有学习“对社会有用的科学、艺术或者贸易”的儿童也同样如此。[26]这个新体制需要共和主义阅读材料：在革命的10年间出现了700种新读物，其中的五分之二是在1793—1794年出版的。《法国共和英雄人物和美德事迹合集》再版了五次，其中第三次印刷的15万份送到学校替换了教义问答书。

新的共和英雄们可以传达正确的爱国价值观，承认三位“革命殉道者”（马拉、沙利耶、勒佩勒捷）的同时，还伴随着颂扬约瑟夫·巴拉（14岁）和约瑟夫-阿格里科尔·维亚拉（12岁）的英雄事迹，他们都在反革命斗争中遇害。巴拉于12月7日在靠近绍莱附近的雅莱遇害，他拒绝将马匹交给反革命叛军。12月28日，罗伯斯庇尔在演讲中称，逮

捕巴拉的人坚持要他喊“国王万岁”，巴拉却大喊“共和国万岁”，以这种方式表达了他的蔑视。大卫受命为小学创作一幅巴拉的肖像画。[27]不过小学教育随着大量教士的出走陷入混乱之中，这一年内很少有儿童
236 上学。比如在克莱蒙费朗市，2 万人口中只有 128 名小学生上学。

作为美德共和国的基石，1793 年宪法对于社会权利给予了前所未有的承诺。1793 年 7 月 4 日，国家宣布有义务照顾遭遗弃的儿童；12 月 2 日，非婚生的儿童拥有了和他们兄弟姐妹相同的继承权。国民公会在 6 月和 7 月通过了查封逃亡贵族财产的法令，9 月 13 日的法令给了穷人 500 里弗的免息贷款，可以分 20 年还清，这使得农民有机会获得一小块土地。这种土地在图尔周边就出售了 112 块，在阿尔代什省大约出售了 109 块。到了 1793 年末，凡尔赛附近大约有 1 546 户无地家庭从之前的王室领地中分得了 1 阿庞（大约 1 英亩，0.34 公顷）的土地，但是这些小块土地不足以养活一家人，几乎全部在数年之内被出售。[28]

在军需供给优先的情况下，城市陷入周期性的食物短缺。一些特派员，例如阿韦龙省的皮埃尔·帕加内尔和多尔多涅省的吉尔贝·罗莫，建立了食物商店和定量配给制度。1794 年春，在西南部的城市中，成年男子每天的面包配给额从 24 盎司削减到了 16 盎司，妇女的配给额从 16 盎司削减到了 8 盎司（孕妇除外），儿童的配给额从 16 盎司削减到了 4 盎司。[29]由于战争带来的财政压力，雅各宾派致力于教育穷人的计划搁浅了。国民公会在圣鞠斯特提出的穷人补救措施上退缩了，《风月法令》（1794 年 2 月—3 月）的草案规定要没收“嫌疑犯”的财产来“赔偿穷人”，这项法令产生的后果是可以未经审判就进行

惩罚。

在城市和城镇里，劳动人民中革命的支持者发展了一套独特的无套裤汉思想，这比雅各宾派的领导更加激进。他们设想了这样一个世界，手工业者和农民根据他们劳动的尊严和效用来获得报酬，这个世界没有教士，没有高人一等的出身，也没有富商们的勾心斗角。人民的敌人被人们用最尖酸刻薄的词汇谴责。这种思想通过地方的社区团体和政治俱乐部进行传播，会议的形式借鉴了宗教活动的方式，不过用爱国歌曲取代了赞美诗，用宣读士兵的来信取代了宣讲福音书，用关于美德的演讲取代了布道。新公民的共和主义和道德行为教育采取了教理问答的形式，然而在“共和的教理问答”中，对祖国的忠诚取代了对上帝的崇拜。[30] 坚定的爱国者们戴上了小红帽，或者自由帽，来表明他们不再是“奴隶”。从 1793 年末开始，一种从前古希腊奴隶 237
的帽子作为一种新款式的自由帽流行开来。激进分子用他们社会交往中常用的“你”（tu）取代了之前面对社会等级更高的人必须使用的尊称“您”（vous）。1793 年 10 月 31 日的一封请愿书写道：“这样会减少傲慢，减少区分，减少隔膜感，增加亲切感，增加友爱，因此也更加平等。”[31]

政治斗争、战争和反革命的混乱局势产生了一大批新词汇。在 1789 年之后的十年间出现了超过 1 350 个新词汇，绝大部分是在 1792—1794 年出现的。最著名的新词汇是“无套裤汉”，其他从某个人产生的政治标签都是昙花一现：“罗伯斯庇尔主义者”“皮特主义者”“马拉主义者”。“喝大杯的”一词用来嘲弄那些死于断头台的人，“向下流放”指南特被大规模溺死的教士。作为还击，那些被认为同情1792年9月巴黎大屠杀的人被称作“饮血者”或者“九月屠夫”。[32]

尽管首都内的激进雅各宾派蔑视“迷信”并对反革命分子暴力威胁，但他们经常自觉地摆出道德姿态，谴责他们眼中“道德败坏的人”是旧制度下放纵和腐败的余孽。1793年10月2日，巴黎公社宣布：

> 为了遏制不良风气，所有道德败坏的女孩和妇女禁止上街游行、闲逛、出现在公共广场……最高委员会呼吁，要资助那些艰苦朴素、道德高尚的共和派……邀请作为道德护卫者的老人们看看，这些道德并没有被违背……[33]

共和二年雪月二十一日（1794年1月10日），卖淫被禁止，公社认为这是旧制度的流毒，而且在工作需求旺盛的战争时期尤无必要。然而卖淫行业转入地下，成了巴黎多达2万名年轻妇女最后的容身之处。

雅各宾派和他们的支持者创造了一个新的象征性世界，来取代他们所摒弃的压迫制度腐朽的象征物。历史上第一次，战斗中阵亡的普
238 通士兵和将军一同被纪念。纪念碑的规模和坚固程度因地而异：在兰斯，一座金字塔取代了路易十五的雕像；在欧什人们立起了一个石制基座，上面用大写字母写着死者的名字；在巴黎北部边缘的美丽城，人们立了一座木制的方尖碑；普罗旺斯的屈居龙村只种了一棵树。[34]建筑上也有着表达社会团结的愿望。让–雅克·勒克为巴黎新城门提供了一份设计方案，一个戴着自由帽的巨人手持一根棍棒，跨坐在两个

在 1789 年被摧毁的关税站的小模型之上。罗伯斯庇尔大声疾呼，如果国民公会能够容纳 1.2 万名旁听者，国家团结在政治参与上会得到更好的体现。[35] 但是雅各宾派没剩多少时间去实现用大规模革命象征物取代旧制度象征物的宏伟计划了。

共和二年的“文化革命”通过流行歌曲和戏剧传播开来。由于极端的经济状况和不断恶化的政治环境等原因，1794 年只有 371 本新书出版，而 1789 年以前平均每年出版的新书超过 1 000 本。现在最流行的书是卢梭的《社会契约论》，这本书在 1772 年之后很久没有再版，但在 1792—1795 年出现了 13 个新版本，包括面向士兵的口袋书版本。1792—1794 年是政治歌曲蓬勃发展的时期。新歌曲的数量逐年攀升：1789 年有 116 首，1792 年有 325 首，1793 年有 590 首，1794 年有 701 首。这类歌曲大多数是弘扬勇气、讽刺国王和贵族的：

> 他们已经遁去，
> 这些大王们、胆小鬼和放荡者，
> 臭名昭著的吸血鬼们，恶名远扬的逐利者们，
> 这些卑鄙妓女们的产物。[重复]
> 啊，无所畏惧的勇士们！
> 真正热爱自由的人！
> 在奴隶制的废墟上，
> 建立了平等。[36]

巴黎的剧院如果每周能够提供一场免费演出就能够获得资助。大

多数在1793—1794年表演的戏剧都是在1789年以前写成的，但是对于导演来说，改写那些涉及怀念旧制度的段落是十分明智的。一些原来的流行剧仍然受到欢迎：在1793—1794年，1.7万场演出中有四
239 分之三是非政治戏剧，与以前一样，大革命期间演出次数最多的罗比诺·德·博努瓦尔的作品，他在逃亡之前是一名在王室图书馆工作的教士。其他戏剧用粗俗俚语和爱国主义来吸引观众：巴黎这一时期最受欢迎的戏剧是《圣母往见会的修女》（*Les Visitandines*）*，讲的是两个喝醉酒的流氓将一个修道院误当作酒馆的粗俗冒险故事。

政治的敏感性一触即发。在1794年初，波尔多大剧院决定上演一出17世纪的戏剧《生活如梦》（*La Vida es sueño*），当演员奥什说到他的台词“我们高贵的国王万岁！”时，观众愤怒地谴责演出。军事委员会逮捕了剧团所有的86名成员，最终，奥什被送上断头台，仍然坚称“但这就是我应该说的！”这个问题令人担忧——为什么选这个戏班在这个时候演出？——管理社会的诸多委员会在某个演出明显是“爱国的”之时会更加满意。[37]

高雅文化尤其容易受到冲击。旧制度时期处于文化塔尖的巴黎皇家歌剧院失去了它在首都内的垄断地位，歌剧院导演路易-约瑟夫·弗朗科尔和雅克·赛列里尔卷入政治旋涡中：后者逃亡到英国，而前者被当作“嫌疑犯”投入监狱。1793年10月8日，救国委员会同意向歌剧院拨款，条件是所有演出剧目必须是“爱国”作品，要雇用士兵家属，“每周进行一次免费的、爱国的演出，由人民出演并面向人

---

* 圣母往见会是一个罗马天主教修会，主要在少女和寡妇中传教。

民”。因此歌剧院在1794年上演了《8月10日集会》，这部庆祝1792年的五幕戏剧是一部“无套裤汉式的剧作”。像负责管理国王私人花园的管家们一样，歌剧院的领导者们最终适应了革命的价值观，并将歌剧院重新定位，成为公民和国家自豪感的典范。[38]

在一个以图像作为最有力的交流方式的社会，爱国热情的高涨和对反革命的怒火还使得视觉表达出现了爆炸式增长。在雅克-路易·大卫的倡导下，封闭的巴黎沙龙艺术圈对外开放：1787年只有63名画家和雕塑家受邀参展，但是到了1793年有318人展出了883件作品。政府颁发了44.2万里弗的奖金。大卫作为救国委员会的一员，通过出版讽刺反革命分子的低俗漫画投身于斗争中；而在海峡对岸，詹姆 240
斯·吉尔雷将无套裤汉描绘成用教士和贵族尸体喂养他们孩子的食人族。

在用新的革命历重新标记时间的同时，“爱国者”们试图给名字中具有“贵族”或基督教内涵的地方重新命名，以此来抹去所有旧制度的痕迹。一些名称的变化是由军事镇压实现的——最有名的是里昂和马赛——但是3 000处名字的变化中大多数都是当地人的意愿。圣伊扎格变成了万邦，圣博奈特艾尔维变成了自由红帽村；蒙马特重新命名为马拉山，上帝城变成了卡马尼奥拉。在拉罗谢尔地区，圣旺变成了马拉村，圣罗加提昂变成了平等村，圣苏尔变成了卢梭村，圣维维安变成了无套裤汉村。加尔省的多个公社改变了名称，通常只是将前缀“圣”去掉，但是常有一些名字更具想象力：卡马尔格地区的圣吉莱取名于一座由于赫拉克勒斯战斗而著名的小岛，圣厄拉利变成了康特贝德里（“鹧鸪之歌”），圣梅迪耶变成了活力城。[39]巴黎和拉罗谢尔的街道被重新命名，纪念像本杰明·富兰克林和让·卡拉这样的英雄。奥尔良市邻近的地区用美德（自由和平等、统一不可分割、法律）、先贤（布鲁图斯、卢梭）或者革命的象征物（无套裤汉、热马普、1789 和 1792、勒佩勒捷、束棒、联盟）来命名。[40]

爱国的父母们紧跟革命时代的脚步来给新生儿取名。比如在普瓦捷，共和二年出生的 593 名婴儿中只有 62 人沿袭旧制度时期用圣徒的名字来取名的方式。取名反映了各不相同的政治灵感来源：塞纳-马恩省东部和巴黎南部 55% 的名字来源于自然或者革命历（玫瑰、月桂、花月），24% 的人根据共和美德（自由、胜利、山岳派），12% 的人来源于古典（布鲁图斯、穆奇乌·斯伏卡拉），9% 的人名来源于新英雄（勒佩勒捷、马拉）。一名小男孩叫“工作”（Travail），另一名叫“肥料”（Fumier）。在阿尔卑斯的拉科地区，父母给他们的女儿取名“菲多吉内昂托普”（Phytogynéantrope），希腊语中意为“生产勇士后代的女子”；一对来自马恩河畔沙隆的夫妇给他们的儿子取名束棒·标枪·恐怖（Faisceau Pique Terreur）。革命者有时候也改变自己的名字：一名来自加泰罗尼亚港口科利乌尔的雅各宾派成员让-巴普蒂斯特·贝尔日借用当地生产的迷迭香（Romarin），将自己改名为罗斯马里（Rosemary）。[41] 在很多乡村地区，起革命名字的现象则不是很常
241 见：在维莱弗朗什-昂博若莱地区的 133 个公社中只有 20% 的公社有上述现象。城市之间也有着巨大差异：在 1794 年初，在马赛、蒙彼利埃、讷韦尔和鲁昂至少有 60% 的儿童取了革命的名字，但是在信仰虔诚的里永和法国中部山区的圣埃蒂安没有一个儿童这样取名。[42]

援引卢梭的名字已经成为一个强有力的修辞手法。罗伯斯庇尔不

仅将卢梭当作自己的导师，而且在代议制政府的观点上与他保持一致。直到 1793 年 6 月肃清吉伦特派之前，罗伯斯庇尔还认为人民起义是表达公意的正当方式，后来他对这种威胁感到不安，尤其是在军事危机的时候。于是他很快就坚称国民公会代表着公意——这样一来，起义就不再是必要的了——到了 1793 年末，他声称代议制政府是民主的最佳形式。[43]

因此，可能威胁到国民公会的民众自发运动将会受到打压。救国委员会打击的首要目标是无套裤汉中最激进的忿激派，其中包括共和国革命女性公民中的活跃分子。克莱尔·拉孔布曾经在 1793 年 10 月 8 日对抗国民公会：

> 我们的性别只产生过一个怪兽（夏洛特·科黛），然而四年来我们遭遇了不计其数的男性怪兽的背叛和暗杀。我们的权利就是人民的权利，如果我们被镇压，我们知道如何反抗压迫。

10 月 24 日，一群女性公民被市场妇女殴打，部分原因是前者坚持所有妇女都应该佩戴三色徽。国民公会已经受够了，它在 10 月 29 日颁布法令，“两性中的任何人都无权限制其他男性或女性公民的着装方式，每个人都可以用自认为合适的方式进行穿着打扮”。[44] 治安委员会的安德烈·阿玛尔以维护自然秩序为名呼吁国民公会取缔共和国革命女性公民组织：

> 两个性别都有其合理的分工，其行为的界限不能被打破，因 242

为自然对于人类施加了这些不容辩驳的限制……我们试想，对于男性的政治教育尚在起步阶段，政治原则还没有普及，我们对“自由”一词的理解仍然模糊不清，更何况女性，她们的政治教育几乎为零，对于这些原则还需要被启蒙。

另一位雅各宾派成员路易-约瑟夫·沙利耶在10月30日对阿玛尔进行了反驳：“除非你继续质疑女性是不是人类的一部分，你怎么能剥夺这项赋予每个有思想的人的权利？”不过因为担心引起叛乱，女性俱乐部还是被关闭，包括60个外省俱乐部。[45]

最激进的代表、无套裤汉和政府里掌权的雅各宾派之间的主要分歧在于新造的世俗共和文化的限度问题，即这种文化是否应该清除法国旧制度的痕迹。民众在摧毁宗教雕塑、画像和其他旧制度标志，雅各宾派则担忧着格雷古瓦神父所谓的“打砸行为”，两者间存在难以调和的紧张。[46]国民公会对于图书馆和古迹的文化政策有意遏止民众的过激行为。在格雷古瓦的影响下，雅各宾派作曲家和诗人马里-约瑟夫·谢尼埃强烈反对将反革命或保王党文化摧毁的建议，他向国民公会代表们坚称：“我们应当将法国大革命视作书籍的功劳……很多凸显共和的书籍原本是献给君主的。”[47]

然而在一些地区，甚至教堂的存在都被看作有嫌疑的和倒退的。征用大部分教堂的鸣钟和有用的金属已经使大片的乡村变得沉寂，教士也背弃了乡村，联邦军在入侵时宣称他们在进行一场圣战。派往外省的特派员，比如勃艮第区讷韦尔市的约瑟夫·富歇和里昂附近省份的克劳德·雅沃格，开创了关闭教堂的先例。[48]他们在那里将教堂“净化”并且改造成“理性神庙”，雕塑被大规模破坏，直到今天很多地方教堂的入口仍然可以见到这些痕迹。（图 25）有一些乡村的村民早就想加入这场“废除基督教”运动当中，甚至主动发起，不过运动在其他地区遭到了强烈反抗。反宗教仪式充满了狂欢和宣泄的气氛，旧制 243
度时期为了惩罚破坏公社规矩的人，经常采取“蠢驴游街”（promenade des ânes）的方式，而现在有人穿着教士的服装倒坐在驴的后背上。比如在科雷兹省的蒂勒市，人们用一个装着“迷信”的“遗体”的棺材举行了一场“葬礼”，“遗体”上面冠上一对驴的耳朵和一本弥撒书，圣徒的雕像被鞭打。

在勃艮第区的欧塞尔市，加代·鲁塞尔是大众团体的一名活跃分子和一首俏皮军歌*中的主人公，他由于组织共和二年雪月十日（1793 年 12 月 30 日）的“理性节日”而遭到指控，在这场节日活动中，大教堂圣坛上圣埃蒂安的雕像被换成了“一名衣衫单薄的年轻女子，穿着希腊服饰，戴着自由帽，化身自由女神”。一首“自由赞歌”要求她：

降临吧，自由，大自然之女，
人民已经认识到你不朽的力量；
在古老谎言的华丽废墟上，
他们的双手立起了你的圣坛……

---

* 见本书第 204 页。

她俨然从天而降，披红戴绿的公牛载着她的花车绕城游行。鲁塞尔本人扮演时间，穿着有两个纸板翅膀的光鲜长袍，戴着一捋飘逸的白胡子。象征专制、迷信和联邦主义的怪物被嘲弄。[49] 毫无疑问，鲁塞尔的编排成了围观者的娱乐，但是对国内很多人来说，共和国的新节日并没有弥补伴随他们成长的天主教庆典的缺失。

“去基督教”运动经常与 1793 年秋在 56 个省活跃的 45 个“革命军”（总数 3 万至 4 万人）联系在一起。这群激进的无套裤汉中混杂着执法人员和其他受纯真的革命情谊感染的人，他们的任务是为城市和军队从他们指控囤积居奇的富农那里征收食物，追捕反革命分子，从教堂收缴金属，维护革命风纪。这伙人的规模从 10 人的小团体到中央高原南部近 7 000 人实行民主化管理的军队不等。虔诚的当地人经常
244 被他们上蹿下跳的举动激怒，更不用说他们的政策了。一名来自南部塞文山区昂迪兹的新教徒抱怨道：

> 这些极端革命爱国者比贵族还危险；在圣让杜加尔，他们试图强迫人们遵守革命历，在周日工作，他们撕掉并焚烧胡格诺派教徒牧师的礼服……我现在担心最爱国的地区会变成最疯狂的地区。[50]

食物短缺的焦虑与缺乏教士的绝望连在一起：在共和二年风月八日至九日（1793 年 2 月 27—28 日），西南部城镇拉巴斯唐两名农民头领带领一大群人攻占国家粮仓并将物资返还给农民，他们大喊：“面包和信仰，打倒三色徽，打倒爱国者！”[51]

现存的“爱国”教士陷入一种尴尬境地：他们的信仰是否意味着基督是“第一位共和主义者”，还是说他们的信仰纯然是迷信呢？国民公会中40名教士代表放弃了他们的教士身份，包括16名宣誓主教中的7位。一些人甚至变成了废除基督教运动的积极推动者，像图卢兹的特派员帕加内尔、贝尔热拉克的特派员约瑟夫·拉卡纳尔和波尔多的特派员克劳德–亚历山大·伊扎博那样，他们将教堂改造成了革命的殿堂。[52]民众的行动有时候受到这些特派员的鼓励，迫使宣誓教士还俗并结婚，以此作为爱国的标志。总之，大约有2万名教士放弃了身份。教士还俗的人数有着很大差异：在南部省份洛泽尔只有20人，而在诺曼底的塞镇旧教区有868名宣誓教士还俗，其中在共和二年还俗的人数就有734人。[53]这样的决定有着很多动机，从害怕报复到仇视教皇都有。共和二年雾月二十四日（1793年11月14日），靠近南锡市的罗西耶尔奥萨利讷的教士、自诩为无套裤汉的约瑟夫·朗格里前往市政厅宣布他还俗和结婚的决定，并且批判了由“18个世纪的专制主义”创造出来的“无知和迷信”。[54]但是对于很多其他的教士和他们教区的信徒来说，这是深感绝望的时刻，宗教秩序几乎完全崩塌。

雾月六日（1793年10月27日）到花月二十八日（1794年5月17日）之间，加尔省有268名教士还俗，233个公社要求特派员让·博里将他们的教堂改造成“理性神庙”。仅在风月（1794年2月至3月） 245
就有169名教士还俗。艾格斯莫特教区的教士皮埃尔·约瑟夫·埃斯托内尔这样描述自己：

> 年龄55岁左右，当了25年教士，15年间养育了6个年幼成

为孤儿的侄子，他们当中有3人在革命一开始就赶赴前线与暴君的爪牙作战，我完全舍弃了财产和财富，我在此时能为国家所做的就是过勤劳而艰苦的生活，一直保持我的无套裤汉主义，并且献身于公益……哲理万岁！山岳派万岁！共和国万岁！[55]

大革命期间总共约有6 000名教士结婚，其中约有5 000人在共和二年结婚。教士结婚出于各种理由。一名来自东北部的教士宣称："我要清楚地表明我是一个正常人和一位公民，我在两个月前结婚，她22岁，是一名来自我之前教区的真正的无套裤汉，她在财富上贫穷，但在智慧和美德上富有。"他放弃了教士身份，并且成为教师，以此来进一步证明他的公民美德。共和派家庭是富有美德的公民生活的核心。当年轻的雅各宾派成员儒勒·朱利安在1793年秋被外派到西部去"启蒙民众"时，他在罗什福尔组织了一次节庆活动，一群已婚夫妇举着一个写着"单身是一种社会罪恶，要成为一名好公民，就必须做一个好儿子，一位好丈夫和一位好父亲"的标语游行。[56]

在巴黎，圣绪尔比斯教区的宗教仪式在1793年10月15日终止。圣餐杯被收缴熔炼，随后3名教区教士带着他们的妻子焚烧了他们的教士任命信。他们坚称"我们从来不相信我们的布道词，这只是用来欺骗民众的"。激进分子点燃大火焚烧了教士礼服和宗教典籍。无套裤汉在10月23日移除了巴黎圣母院正门的国王画像。然后在11月7日，此前已经同意教士结婚的巴黎大主教让-巴普蒂斯特·戈贝尔与其麾下11名教士来到国民公会，他摘下了主教冠，戴上了自由帽。很快布洛瓦主教格雷古瓦神父成了国民公会中唯一穿着教士服的代表。[57]

废除基督教运动在1793年11月10日达到顶点，巴黎圣母院变成了“理性神庙”。然而，对于罗伯斯庇尔和其他人来说，废除基督教运动是对有宗教情感的善良爱国者们的冒犯：一个善良的基督徒也可以是一个善良的共和派。他于11月21日在雅各宾俱乐部发表了一场 246
攻击无神论的演讲，国民公会12月6日颁布法令申明了信仰自由原则。但是废除基督教运动在构建新的公民身份过程中的地位问题无法很快解决。激进的雅各宾派特派员安托万·阿尔比特刚刚在里昂镇压完联邦军，就被派往邻近的安省，在1794年1月26日开始大规模毁坏文物，让他得到了“安省之虎”的绰号。他下令推倒了多达800座尖塔和很多城堡塔楼，因为“这些高耸的塔是对所有真正共和派平等原则的冒犯”。[58]

最终，全国紧急战争动员扭转了革命初期的权力分散，抑制了地方的自主性。1793年的内战凸显了地方自主的危险，革命军、激进妇女的要求和废除基督教运动突出了民众自发运动带来的挑战。在确立信仰自由的法令颁布两天之前，国民公会通过一项重要法令宣布中央政府的重要性在民众参与和自发运动之上。霜月十四日（12月4日）法令的第一条坚称“国民公会是政府决策的唯一中心”。1793年6月至11月的“无政府”恐怖终止了。[59]

共和二年的“人民联盟”取得了惊人的军事成就。到了1793年末，一系列胜利阻挡了入侵东北部和南部的外国军队，并且粉碎了内部的反革命武装。从9月就开始的土伦围攻战在12月17日取得了胜利，从英国手中夺回了土伦。年轻的上尉拿破仑·波拿巴在这场胜利中发挥了关键作用，但当特派员路易-斯坦尼拉斯·弗雷隆和保罗·巴拉斯在被重新命名为“山岳港”的土伦下令处决大约800名通敌者时，波拿巴已经离开这座港口城市。旺代叛乱已经平定，联邦军叛乱已经被粉碎，两者都造成了大量人员伤亡。尽管对物价和工资的全面限价法令没有完全实施，但经济形势出现了好转，指券的购买力保持在其票面价值的48%。

对于很多人来说，各个国家行政委员会无论在确保军事胜利上起到了多大作用，现在在镇压时表现得越来越专制。日记作者兼代表路
247 易–塞巴斯蒂昂·梅锡耶在1793年10月由于发言反对清洗吉伦特派而入狱。对于梅锡耶来说，山岳派就是“一个地狱般的臭坑，坐在那里的人都是嗜血粗鄙、愚蠢凶残的野兽”。[60]然而他厌恶的雅各宾派并不认为自己是“嗜血粗鄙”的，而是人民信任的、拯救共和国的代表，他们要创造一个配得上共和国的社会。

其他见证共和国军队胜利的人认为至少有一些恐怖措施应当放松。比如丹东和德穆兰这样“温和的”雅各宾派要求停止关押和处决“嫌疑犯”，实施1793年宪法。12月20日，他们在德穆兰的新报纸《老科德利埃报》上质问救国委员会：

> 你们想要通过断头台清除所有的敌人！有过这么愚蠢的事吗？你们将一个人送上绞刑架，难道不是将十个他的家人或朋友变成你们的敌人吗？……我完全不认同那些劝你们用恐怖维持现在秩序的人。[61]

丹东在1794年1月23日的国民公会上重提了这一建议，提醒建

立这些委员会的目的是应对联邦军的威胁：“仍然有必要维持它们全速运转，但是要警惕我们可能搁浅的两片险滩。”险滩之一是公正的过度：“我们可能沉湎于宽容，反让我们的敌人武装起来。”但另一个险滩是自由的抑制：“宁可夸大自由和革命，也不能给我们的敌人一丁点卷土重来的希望。”他急切呼吁的是，正义只要不损害“公益”，都必须得到秉持。[62]

事实上，丹东和德穆兰的问题在于共和国还没有安全：外国军队仍然在法国的边境线上。在加勒比海地区，共和国军队陷入与英国、西班牙和武装起义的奴隶的三线血战中。1793 年 8 月 29 日，特派员莱热-费利西泰·松东纳强烈呼吁黑人起义者加入法国军队对抗欧洲旧制度，但是黑人起义者更希望获得解放而不是特派员有关共和国公民的说辞。杜桑·卢维杜尔是起义中的关键人物，他出身奴隶，父亲来自西非的阿拉达。杜桑在大革命的十多年前获得自由，拥有一名奴隶 248
并经营着一个种植园。9 月，在松东纳的主持下，圣多明各选举了三名国民公会代表，路易·迪费、让-巴普蒂斯特·密尔和让-巴普蒂斯特·贝莱当选。这个“三色”代表团*在 1794 年 1 月 23 日抵达巴黎，冲破殖民地游说团阻挠他们的企图，在 2 月 3 日出现在了国民公会。圣多明各、瓜德罗普和圭亚那的奴隶制在第二天（共和二年雨月十六日）被废除。[63]

罗伯斯庇尔在奴隶制被废除的时候未出席国民公会会议，不过他支持这个决定。他正在准备在雨月十七日（2 月 5 日）发表的最著名演

---

* 三位代表中迪费是白人，密尔是混血儿，而贝莱是黑人，故云“三色”。

讲《论政治道德的原则》。“我们前进的目标是什么？”他向国民公会提问，隐蔽地将矛头指向了丹东和德穆兰。目标很明确——“和平享有自由和平等”——但是这需要一场道德革命。罗伯斯庇尔眼中一个革新的社会是一个充满美德的、摒弃自我的社会，对他而言，革命存在的理由就是为了“一个商业是公共财富来源的社会，而不是少数大家族巧取豪夺的社会……国家保障每个人的福祉，每个人自豪地享受着国家的繁荣和荣耀”。他的这篇演讲很像他在上学时期就熟知的西塞罗反对卢修斯·喀提林的第二次演说。像西塞罗一样，他将罗马共和国的美德——荣誉、谦逊、纯洁、平等、节制、坚韧、审慎、虔诚——和暴政的罪恶——放纵、卑鄙、欺诈、邪恶、卑贱、纵欲——对立起来。罗伯斯庇尔坚称：

> 我们希望在我们的国家用理性王国取代传统的暴政……用宽宏、强大和幸福的人民取代谄媚、轻佻、卑鄙的人民——也就是说，所有的美德与共和国的奇迹取代所有君主制的罪恶和幼稚。[64]

他强调，现在最大的威胁来自内部：共和国现在处于像德穆兰、丹东和追随他们的“宽容派”与打着追求平等的旗号在委员会和国民公会中争权夺势的“极端”革命者的夹击下。与越来越多呼吁放松管制的呼声相反，雅克-雷内·埃贝尔和他的同党们要求再进行一次像1793年9月5日至6日的“人民起义”——当时无套裤汉最终向国
249 民公会施加了他们的意愿——以此来推动革命进一步发展。在这个过程中，他们为救国委员会反对他们提供了口实，指控他们计划发动叛

乱反对国民公会和扰乱食物供给。遏制巴黎和其他地方的民众起义的努力以 3 月 24 日埃贝尔派被处决而达到高潮，被处死者包括阿纳沙西斯·克鲁茨。一名警方密探报告说“公众意见”对埃贝尔派已经愤恨难平，应该对他们施加特殊惩罚：

> 一名公民反驳道，“这是违背宪法的行为”，“宪法只允许一种形式的惩罚”。一名无套裤汉说道，“是的，但是我们祖国的危险不允许我们现在就享有宪法所有的好处”。

无套裤汉要求“用革命手段惩罚所有想要谋害人民的混蛋”。[65]

各个国家行政委员会的成员现在转向了“宽容派”（Indulgents）。1793—1794 年冬，政治圈内充满了控告和反控告，越来越多的证据指向了某些雅各宾派领导者，或许有丹东本人，他们试图中饱私囊——这是道德败坏的象征。阿玛尔在 3 月 16 日给国民公会的关于东印度公司的报告中揭发说，他们与英国银行家沃尔特·博伊德和约翰·科尔等人有关联，这可能是英国阴谋的冰山一角。这些银行家早就逃离了法国，但是他们的法国代理人安托万·热内斯特在 4 月 18 日被送上断头台。在他的家里找到了大量来自欧洲各国的通信，这在国际金融业内是必须的，而在战争时期却是致命的。正如在埃贝尔派审判的时候那样，著名的外国人被证明加入了密谋之中：荷兰银行家德科克、比利时人普罗利、摩拉维亚的弗雷兄弟，他们的丹麦秘书德里克希森，西班牙人古兹曼。他们背负银行家、投机倒把者和政治投机分子的污名，而且他们站错了队。

当丹东的第一任妻子在1793年2月去世时，罗伯斯庇尔曾经给丹东写了一封慰问信，告诉他“你是一位可敬的、忠实的朋友……我对你的友谊至死不渝。”但是到了1794年3月，罗伯斯庇尔对他这位之前的朋友和盟友的指控不只是金融腐败还有道德败坏，控诉他在晚宴上说过美德就是“每天晚上和他妻子做的事”。同样，在1790年12月，
250 罗伯斯庇尔曾经见证了卡米耶和露希尔·德穆兰的婚礼，但是现在即使是他曾经抱过他们的儿子贺拉斯的记忆也挽救不了卡米耶或露希尔本人。经过几周的犹豫之后，罗伯斯庇尔在1794年3月30日同意逮捕这些革命巨头。

丹东、德穆兰和其他人被指控“密谋重建君主制、破坏国家代议制和共和国政府”。这些指控用心险恶。当丹东在公诉方证人中发现另一位山岳派成员约瑟夫·康邦时，他嘲讽道：“你相信我们是阴谋家吗？看，他在笑！他不相信。记下他笑过。”另一方面，罗伯斯庇尔的医生、革命法庭的成员约瑟夫·苏贝比耶勒后来回忆道：“在审判丹东的时候，他是我的朋友，我不敢看他的眼睛，但我决心告发他，因为我有足够的证据表明他正在计划颠覆共和国。”[66]他们在1794年4月5
251 日被送上断头台。

第十三章

恐怖、胜利和倒台，1794 年 4 月至 7 月

在应对军事危机时，埃贝尔派和“宽容派”的成员远不是唯一一批被革命法庭判破坏国家团结罪的革命者，但是雅各宾派的左翼和右翼的著名革命家在两周内被处决是这一时期最具代表性的政治审判。他们的案例明确表明，公开批评各个国家行政委员会等同于帮助国家的敌人，甚至是反革命。

1793—1794 年与丹东、德穆兰的斗争使得罗伯斯庇尔身心俱疲。他曾经公开为他们辩护，到了他必须下结论说他们和埃贝尔派一样威胁革命胜利的时候，他已经疲惫到接近崩溃。他从来没有完全恢复。丹东和德穆兰在 4 月 5 日被处决后不久，罗伯斯庇尔已经不能公开露面，一直持续到 5 月 7 日。[1] 他的政治胜利与共和国军队的成就预示着他的个人权力和整个雅各宾派统治的垮台。

罗伯斯庇尔是救国委员会 12 名成员中唯一没有具体职务的人，而从 1793 年 7 月起，他被视作革命的道德标杆。他是一个身体虚弱、过着苦行式生活的人，他以惊人的精力投入阐明革命意义和命运的工作中。他在革命委员会和雅各宾俱乐部做了数百次演讲，1791—1792 年

也在报纸上发表长篇大论。[2]他曾经在数个场合承认“我的身体健康不
252 够好”；在每次政治危机结束后，他也总要求离岗休息。他进入救国委员会不可避免地增加了他的精神压力。到了1794年3月，极度的精神紧张和身体消耗使得他不能做出有效的战略决定，无法“为了人民的福祉结束革命”（他在1792年末在日记本里如是写道）。[3]自此以后，他的领导能力和他的名望产生了冲突。

占据主导地位的雅各宾派及其支持者处于国民公会的大多数成员和外部激进的无套裤汉之间的夹缝中。一方面，对于前“平原派”的成员和很多国民公会的人来说，革命政府的首要目标是获得和平，广泛的经济和政治控制只是确保军事安全的临时措施。救国委员会权力的常规扩张，是为了实现该委员会的特定目标并应对持续的战争危机，而不是为了支持雅各宾派重塑美德公民的思想。另一方面，更激进的无套裤汉已经发展出了一套根本上不同的思想，意图通过财产再分配产生更加平等主义的社会，同时不断清洗旧精英并监督选举产生的官员。关于地方政府的霜月十四日（1793年12月4日）的法令否定了民众对民选政府直接施压的合法性；现在，批评政府政策的最杰出的声音也被消灭，这向所有人表明，只有国民公会及其行政委员会才能决定国家何时足以安全到回归宪政。

处决埃贝尔派成员的一个直接后果是，在1794年4月16日的三周之内，巴黎37家大众社团被关闭（总数的四分之三），理由是它们的活动威胁到了革命政府的团结。[4]另一个后果是国民公会现在可以放开手脚解决巴黎的经济危机。在激进分子控制着巴黎公社的时候，他们不愿推行工资限制，同时还大搞黑市交易，造成物价持续上涨。政

府开始通过提高边际利润的一些手段鼓励公开市场交易。这一措施——外加政府将劳动报酬固定在了 1793 年 9 月的水平——沉重打击了工薪阶层。生活必需品的价格上升，指券的购买力再一次下降，1793 年 12 月其票面价值为 1790 年的 48%，到了 1794 年 7 月只有 36%。 253

当政的雅各宾派开始试图以他们所独有的革命意志和道德品行的名义来塑造公共舆论。比如圣鞠斯特就借鉴了卢梭的观点，强调“公意”不是意见的简单集合而是对公共利益的无私认识，用罗伯斯庇尔的话说就是“唯一的意志”。在芽月二十六日（1794 年 4 月 15 日），圣鞠斯特阐述了他对“公德由人民对于公共利益的喜好构成”的政治的向往。不幸的是，他因此相信，这种“喜好”受到了之前同盟者“恶意”的阻碍。圣鞠斯特的演讲是在埃贝尔派和“宽容派”成员被处决几天后发表的，就在前一天，革命共和女性公民协会中的波利娜·莱昂和克莱尔·拉孔布由于同情埃贝尔而被捕。

对雅各宾派的批评和反对远没有销声匿迹：国家行政的各个委员会和他们在国民公会中的支持者们或许对政敌不依不饶，但这不是全盘控制的独裁制度。全国的雅各宾俱乐部都进行了激烈辩论。国民公会和行政委员会的成员被谴责和批评的信件淹没。罗伯斯庇尔本人被来自阿拉斯的老朋友安托万·比萨尔和夏洛特·比萨尔纠缠，他们求他出面阻止特派员约瑟夫·勒庞在阿拉斯市中的残酷镇压。[5]

勇敢者可以用包含暗讽的戏剧表演来发出反对的声音。从 1793 年末开始，150 部戏剧经过审查后被要求重写或直接被封杀。到了 1794 年 3 月，高乃依和拉辛的旧制度时期的戏剧已经从舞台上消失；安托万-马兰·勒米埃重写了《威廉·退尔》，他在 1786 年发表的关于中世纪瑞士反抗的戏剧在1794年5月公演之前被改名为《瑞士的无套裤汉》。不断有激烈的辩论探讨非革命戏剧本质上是不是“不爱国的”。哑剧《萨西的阿黛勒》遭到指控有反革命倾向，艺术学院的总管为它辩护道：“正直的共和派从不畏惧指责，因为这些指责是公民身份的试金石；但是每个指责都必须加以核实查验，追根究底；这是监督的责任，只有这样，公众的尊重才能给指控者带来公正。”在5月，罗伯斯庇尔介入，允许旧制度戏剧原封不动地演出，但是争论仍在继续，比
254 如是否所有的舞台表现都应该有说教意味和“真实可信”。[6]

其他人在私下里抱怨他们所见的暴行。1793年秋，退休的勒哈弗尔商人图桑·邦瓦森对1792年9月的大屠杀以及他认为的革命造成的精神破坏忧心忡忡。为了教育他的孩子，他决定开始用剪报写一部日记。他给日记起的标题为“与路易十六相关的革命汇总，致敬国王和当权者”。他在整个1794年都在记录，后来又加上了感想和文章，总共搜集了4 000多页。他的日记充满了个人情感，比如“我的笔从手中掉落，不忍继续书写这种野蛮行径”，“我不能容忍自己转述这些十足的罪恶”和“让子孙后代愤慨的事”。[7]一名与很多人一起关押在法国中部利穆赞的监狱的70岁教士在5月给他的侄子写信时承担着更大的风险，他的侄子约瑟夫·德·普拉德尔·德拉马斯之前是贵族，现在在孔代亲王的流亡贵族军队里，这名教士说缺少食物和睡眠还不是他们遭受的最大折磨。他神圣的笔使他不忍描述强奸，不过他宣称“没有人的荣誉是安全的，这些十足的野兽有时候在女人的丈夫和母亲面前糟蹋她们”。[8]

在全国范围内，有一整套支持国民公会及其委员会的雅各宾派网

络，支持者们愿意参与创造新的共和世界。这个网络大约由 6 000 个雅各宾俱乐部构成，它们把弘扬公民美德和革命爱国主义作为自己的信条。他们经常通过音乐来表达爱国。在远离巴黎的奥弗涅南部山区，涌现了超过 100 首为节日创作的新歌曲。庆祝共和国军事胜利的歌曲最为常见，还有关于“共和家庭”美德的歌曲。[9] 在东部，尽管边境小城萨尔格米讷附近说德语的乡村教士们曾经一直拒绝教会改革，但城镇中的教士尼古拉–安托万·博尔留在了职位上，在同时接纳男性和女性民众的雅各宾俱乐部中发挥了关键作用，他清除了基督教和犹太教的外在标志，以国家团结的名义推动法语的普及。博尔本人由于是教士被驱逐出俱乐部，在 1794 年 2 月放弃了教士身份，与曾为他的女管家的表妹结婚。他在 5 月成为城中的图书管理员，从逃亡贵族的部分财产中积累了可观的收藏：仅来自本笃会的圣阿沃尔德修道院的书就装满了 20 辆手推车。一名市议员说，“为子孙后代建立图书馆是国民公会最伟大 255
的功绩之一”，“因为它会扫清无知和迷信，让理性常在”。[10]

地方雅各宾派继续响应国民公会的征召令，尤其是在战争区域附近。1794 年 4 月 1 日，南锡市东部的吕内维尔（人口 11 700 人）的雅各宾俱乐部估计，本俱乐部已经收集了超过 10.8 万法郎捐款，除此以外还有大量服装（包括 429 双鞋和靴子，671 件衬衫，181 条裤子和 397 双袜子）和武器（17 把军刀，46 件护胸甲和 55 个弹药箱）。在南锡地区的各个村庄，人们倾其所有：朗夫鲁瓦库尔只能提供 22 件衬衫，2 双羊毛袜，2 个牛角梳，1 个毛毯和 1 双鞋。其他人则捐钱：居斯蒂内村有 600 名居民，有 90 人捐款。[11]

革命军队的领导人进一步发展了腓特烈二世军队在七年战争中运

用的战术，将步兵“分散队形”的线式横队和纵深攻击纵列的“密集队形”综合成一种灵活的“混合队形”，从而使军队可以从一种队形换到另一种队形。革命军的纪律远比外国人通常印象中狂怒的革命乌合之众要严明。[12]尽管战争形势出现了转折，但战争的经历仍然令人恐惧。有时候部队无法克服后勤物资供应的挑战，驻扎在斯特拉斯堡北方的法尔斯布尔的士兵们在共和三年牧月二十四日（1794 年 6 月 12 日）洗劫了那里的市场。[13]让·柯南 1765 年出生在甘冈附近一个贫穷的布列塔尼纺织工人家庭，他生动地回忆了当时的困境。他晚年在布列塔尼写下了 7 054 行的超长史诗，诗中混合了宗教神秘因素和共和主义，他认为他有勇气作为一个士兵并能够活下来，是有神明保佑。柯南这样回忆他在共和国军队中的服役情形：

> 我们只有生萝卜和大块土豆……
> 我们的衣服破烂肮脏，
> 我们没有鞋，我们的双手和脸黢黑，沾满泥土……
> 就这样我们日以继夜地战斗。[14]

胜利的消息使得国民公会中的狂热气氛更加热烈，但是战场上的
256 士兵却陷入了思乡、泥泞和恐惧之中。东部前线的一位年轻人在共和三年花月二日（1794 年 4 月 21 日）的家信中写道：“我们的中士给了我们一些白兰地，他告诉我们不要害怕，要鼓起勇气，但是当我看到他倒下时，我没有祈祷。我等待着自己的命运，我看到炮弹和子弹正朝我飞来。”[15]

雅各宾派“恐怖直到和平到来为止”的统治给人带来两种持久而相互冲突的印象。第一个是政府无法在悲惨的一年里为市民提供生活必需品。第二个是它是靠镇压甚至极权来统治的。但两者都有些误导。第一个印象忽视了国内那些村庄和城镇的官员在严重短缺时期，既能满足军需又能进行食物平等分配的能力。第二个印象没有注意到男性和女性继续批评与反抗的途径。巴黎在 1794 年 6 月还有超过 50 种报纸在发行，很多都有理有据地批评政府的政策。[16] 为了战争的不断牺牲和对于处决从前的爱国者的困惑混在一起，使得公众产生了迷茫和偶尔的敌意。有人听到一名军工厂的工人说：“我们受够了！我们要饿死了！我们被花言巧语欺骗了。”一名警方密探报告一名妇女在沙滩广场上大喊：“国王万岁！共和国要完蛋了！我恨这个国家！”还有人听到一名“真正的无套裤汉”在听一个小孩背诵宪法的一些条款时哀叹说：“我更喜欢一瓶酒而不是这些，共和国怎么能指望这些人来支撑？”[17]

尽管 1793 年 9 月对工资和生活必需品都实行了“全面限价法令”，但在大规模农业区，农民仍然脆弱，年轻人参军使得收割者和劳工可以通过罢工来获取高额报酬。蒙彼利埃地区有人抱怨道，“这些从事农业劳动的工人自我组织起来，威胁、挑衅和迫使土地所有者支付比法律规定高得多的日薪”。在靠近东部前线的地区，为了军事运输征用牛和驮马加剧了劳动力短缺。在索姆省的厄迪库尔和其他公社，劳工要求农场主在他们的工资之外额外给几袋小麦，还打着这样的标语牌：“共和派已经多次说过，团结就是力量，为了收获善意，就要用这个价格来收获。所有的公民在两点都来参加一个围着友爱树跳舞的节

257 日。”[18] 在1794年6月中旬，南部村庄杜尔邦的和平状态也被对农业危机的抱怨打破：“由于缺乏劳动力或者劳动力要价过高，9月29日的全面限价令被劳工、商人和小贩们无视。”以前一天工资1—2里弗的劳工现在要5—6里弗，不然他们拒绝工作，让作物烂在地里。当地的军事长官让–路易·格罗（为了迎合雅各宾派对自然的崇拜，现在称自己为“罗斯马里”）断定“他们宁可不干，也不会为了全面限价令工作”。[19]

这些劳工的举动是古时以来的集体行为的一种延续，在北方称之为“酒神狂欢”，他们的罢工仍然采取那种狂欢节式的氛围。他们引发的后果使得国民公会在1794年收割庄稼前颁布了两个法令：牧月十一日（5月30日）法令，征调市民参加收割，规定工资和条件；获月二十一日（7月9日）大赦令，释放关押的“嫌疑犯”，让他们回归田地工作。在中央高原的圣弗卢尔地区，当局者征召了1 000名收割者和他们的家人作为劳动力。军营中可以调动的士兵被派往田地工作，在靠近蒙彼利埃洛纳克驻扎的1万名士兵中有4 000人被征调。[20]

在全国范围内，共和国的军事需要、大规模谷物生产者和城市人口之间进行着三方博弈，既要避免面包价格过高，也要确保满足当地的需求。奥尔良市两名女工匠让娜–维克托瓦·德尔齐格和玛丽安娜·沙尔庞蒂耶在日记中明确写出，这是一个可怕的食物短缺时期，当地雅各宾派精心准备的节日都缩水了，还不如原来的宗教仪式热闹。另一位当地的日记作者是奥尔良市卢瓦尔河对岸的圣德尼谷地的一名爱国教士，他写道：“面包坊现在也没有面包，这是前所未有的惨状，很多人已经有好几天没吃东西了。”他更为他的教士兄弟皮埃尔·波什感到悲伤，这位未宣誓教士在他叔叔的衣柜里被发现并被送上断头台。[21]

这个教区很幸运地有一名教士。到了1794年的复活节，只有150个教堂公开举行弥撒，大多数教区连一名教士都没有，也很少有教堂钟，乡村一定都处于不同寻常的寂静当中。现在乡村有了不同的噪音，例如在东北部普雷特蒙雷，之前庞大的修道院以22.3万里弗的价格 258
卖给了一个玻璃制造商，包括圣殿在内都变成了制造钾盐和硝石的工厂。[22]除了一群从军队开小差或逃兵役的人，已经没有年轻人在田间和林地里了。很少有村庄像埃罗省南部佩泽纳附近的小村庄加比扬那样幸运，在1793—1794年还有一位教士和一位学校老师驻守。[23]

全国范围内大约有8万名“嫌疑犯”被关押。直到1794年6月，大部分人都没有上革命法庭，那些上了法庭的人有40%被无罪释放。而在那些有罪的人当中，有很多因为株连获罪。72岁的马尔泽尔布在审判时为路易十六辩护，然后返回他在巴黎南部靠近皮蒂维耶的庄园里。不过在1793年12月，他与他的女儿阿琳、女婿勒佩勒捷·德罗桑博和他的外孙一起被捕。罗桑博曾经在1790年10月和他之前工作的高等法院的成员一同起草过一份抗议书，抗议书中他们仍然将国民议会视作是非法的，认为国民议会“剥削教士和藐视宗教，摧毁了贵族制……损害了国王权威”。罗桑博在花月二日（1794年4月21日）被送上断头台，两天以后轮到了马尔泽尔布和他的女儿安托瓦内特及阿琳，还有阿琳的姻亲夏多布里昂家族的几个人。[24]

在这些月份当中很明显有很多不必要的死亡，其中令人痛心的就是安托万·拉瓦锡的死。拉瓦锡是一个购买贵族头衔的富有资产阶级的儿子，他在1768年成为一名私人包税商。他是那个时代最杰出的科学家，在 1789 年出版了重要著作《化学基础论》。他否定了传统的空气、水、土是不可分割的元素，转而采取量化的方式确定化学元素，并且制定了一套命名化合物的方法。他证明了水是由氢和氧构成，演示了燃烧的化学反应。1789 年之后，他将精力投入革命当中，在战争期间担任一位军需管理长官，并且在继续他的实验的同时，接受委托制定了度量衡。

拉瓦锡和让-保尔·马拉之间怨恨颇深，当马拉试图加入法兰西科学院时，拉瓦锡曾经曝光马拉的科学理论是伪造的。1791 年，马拉谴
259 责他是“卑鄙小人”，应当为 18 世纪 80 年巴黎周围新建的收税站负责，说“他在最近的路灯杆上被吊死就上天堂了。”1793 年 11 月，指控转向了所有的前包税商。罗伯斯庇尔曾经介入并拯救过他们其中一人的性命，但是雅克-路易·大卫——作为治安委员会的成员每天要签署超过 400 份逮捕令——很显然没有努力去拯救拉瓦锡，即便大卫 1788 年曾经为拉瓦锡和他的妻子玛丽-安娜画过肖像。拉瓦锡和其他 5 名前包税商在 1794 年 5 月 5 日接受了审判。拉瓦锡在 5 月 8 日被处决之前给他的妻子玛丽-安娜写了遗书：

> 我已经有了一个漫长的生涯，总之，这是一个美好的生涯，我相信人们对我的记忆能够伴随着一些荣耀。我还能期望什么？我陷入的这场麻烦会让我免受老年的不便。我将会趁身强力壮的时候死去……[25]

比拉瓦锡幸运的是克劳德-尼古拉·勒杜，他设计了给拉瓦锡带来

财富的宏伟的巴黎新古典风格收税站。勒杜在 1793 年 11 月 29 日由于“贵族政治”而被捕，但是从来没有接受审判。[26]

那些被判有罪的人要面对与爱人生离死别的痛苦。1793 年 10 月，在巴黎麻纺厂工作的玛丽–玛德莱娜·库特莱被捕，原因是在她的屋里找到了抨击政府的信件（她无力地辩白说这些都只是玩笑话）。她给家人写的遗书是：

> 永别了，我最后一次拥抱你们，我是最爱你们的女儿，最亲你们的姊妹。最高存在给我这一天是最好的……我拥抱我的朋友们，感谢所有出于善心为我辩护的人。最后一次道别了，希望我们的孩子们幸福，这是我最后的愿望。[27]

她的妹妹五个月之后也被处决。

旺代叛乱和联邦军最后的残党都被粉碎，没有人敢公开反对雅各宾派控制的国民公会了。特派员无所不能的权力使得公社和个人都容易受到强权者的个人缺陷和意志的侵害，没有哪个地方比位于旺度山山腰上的普罗旺斯小城贝端（人口 2 000 人）更加典型。这座城市曾 260
经是孔塔–弗内森教皇领地的一部分，以反对革命和为顽固教士提供庇护而著名。在花月十二日至十三日（1794 年 5 月 1 日至 2 日）间的夜里，自由树被砍伐，树上的自由帽被扔到井里，国民公会的海报被撕毁。当特派员埃蒂安·迈涅和共和国军队没能说服当地人供出责任者后，召集了一个法庭判 63 人有罪：5 月 28 日有 35 人被送上断头台，28 人被枪杀。在接下来的一周里，500 间房屋和城中的 8 座教堂被放火烧毁。[28]

雅各宾派的领导者们纳闷为什么这么多人意识不到重生的共和国、公民美德和牺牲的好处。4月20日，雅克-尼古拉·比约-瓦雷讷以救国委员会的名义向国民公会报告，当务之急是“重新创造想回到自由的人民……因此需要采取强力措施，强力推动适合发展公民美德的措施，强力压制贪婪、阴谋和野心的情感”。[29]罗伯斯庇尔受到古典世界的启发，认为公共节日既能教化参与者，也能避免混乱无序的即兴公共演出。尤其是他在5月7日概述的新的官方最高存在崇拜（Cult of the Supreme Being），将会确保“我们居住的这片祥和土地将会是自由和幸福的土地”：

> 自然告诉我们人生而自由，数个世纪的经验告诉我们人是被奴役的。人的权利存在于内心，对于人的羞辱存在于历史……
>
> 所有的物质秩序已经改变，道德和政治秩序也必须改变。一半革命已经发生了，另一半必须完成……
>
> 自然的神和教士的神有根本上的区别！……教士用他们的形象创造了上帝：他们让上帝嫉妒、反复无常、贪婪、残忍、不可调和……他们将上帝像放逐到宫殿一样放逐到天堂，又将上帝召回人间只是为了什一税、富人、虚荣和他们贪恋权势的快乐。[30]

建立革命崇拜的法令——“法国人民认识到最高存在和灵魂的不
261 朽”——保证了所有人的信仰自由。除了庆祝革命中的重大日子——1789年7月14日、1792年8月10日、1793年1月21日、1793年5

月 31 日——国民公会将每旬日即革命历每十天的最后一天增设为节日，共 36 个。这些节日将会庆祝革命的目标（自由、平等、共和、世界解放、幸福）、革命美德（真理、公正、谦逊、友谊、节俭、勇气）和罗伯斯庇尔理想化的家庭品格：爱、互相忠贞、父爱、母亲的慈爱、孝顺。

与国民公会的教育计划一起，最高存在的崇拜表明罗伯斯庇尔试图用他对革命的理解来解决核心难题。一方面，他深信人民本质上是善良的，且共和国需要在公民美德的基础上建立；另一方面，他已经意识到大众容易受到邪恶的诱惑，到处都有腐败和自私自利。这个崇拜就是罗伯斯庇尔从 1789 年以来就一直渴求的实现革新的方式，被那些腐蚀公共精神的人——无论是保王党分子、开倒车的人还是分裂分子——千方百计地阻碍。与天主教残忍的上帝不同，这是一个人民的崇拜，有着自己的殉道者和价值观，这预示着一个新时代的诞生，那就是平等的时代。

为了准备牧月二十日（1794 年 6 月 8 日）盛大的“最高存在节”，国家音乐学院的教师分散到巴黎各处教公民唱弗朗索瓦-约瑟夫·戈塞克的《最高存在之歌》。[31] 这个节日由雅克-路易·大卫精心设计流程。当时已当选国民公会主席的罗伯斯庇尔，穿着他最爱的淡蓝色上衣、拿着一束蓝色花朵带领着游行队伍。群众汇集如同人山人海。对于 17 岁的女裁缝玛丽-维克托瓦尔·莫娜尔来说，对革命并不热衷的她是和母亲与姐妹一起去的，她说：“没有什么能够与这个节日相媲美。”[32] 这是一次盛大的民众集会，然而缺乏发自内心的庆祝，这证实了圣鞠斯特“革命已经僵化”的担忧。

最高存在崇拜在巴黎之外也有着强烈共鸣，国民公会收到如潮水般的贺信和消息。（图 26）奥尔良北部小村庄奥尔维尔的教区教士奥古斯特·库埃是众多痴迷者中的一员。他同时也是革命的积极拥护者，
262 他进行关于美德的布道并且写信给《农村报》。这个节日使他充分释放了热情，他事无巨细地描述了庆典在地区首府蒙塔日举办的情况，包括“一群手捧玫瑰的妇女，穿着白衣佩戴三色绶带的少女，她们拿着花篮，一群父亲带领着他们的儿子，所有人都拿着橡树枝，在官员周围围成了一个圈”。人们高举着标语，其中一个饱含希望地写道：“穷人和贫穷这两个词将会从共和国的历史中永远消失。”有很多庆典歌曲，其中一首是这样的：

> 蒙塔日人！我们仍然能在农村看见荣耀，
> 英国人都被这些荣耀征服。
> 从雅各宾派和山岳派那里，
> 我们拥有了美德的神殿……
> 崇拜着永恒存在，模仿着他的仁慈
> 人类要感情敏感，帮助穷人，
> 宽容大度就是法国人独有的品质，
> 自由之子们。[33]

罗伯斯庇尔在 1794 年 2 月 5 日的著名演讲中将革命政府的使命定义为“用理性引导人民，用恐怖镇压人民的敌人”：

> 如果说人民统治的力量之源在和平时期是美德的话，那么在革命时期同时有美德和恐怖：没有美德的恐怖是致命的，没有恐怖的美德是无力的。恐怖就是及时的、严厉的、不可通融的正义……[34]

在6月的前两周，罗伯斯庇尔和他的盟友们在用美德教育大众和用恐怖打压敌人这两方面发挥到了极致。在描述公共节日的内容和目的的政策中（以最高存在节为集中体现），罗伯斯庇尔确立了“美德”的含义以及如何用它来教育人民。与此同时，他和盟友们试图完成清除损害公共利益的敌人的必要工作。

雅各宾派政府已经在巴黎消除了左翼和右翼最主要的挑战者，但是它会在何时停止这套镇压敌人的恐怖机制呢？在里昂、南特和其他地方出现越来越多的暴行，在阿拉斯、康布雷、罗什福尔和其他地方 263
的特别军事法庭也多有过分行为，这些事务是政府无法回避的。芽月二十七日（4月16日）的法令规定所有谋反案件从今以后都应在巴黎进行审判，大部分外省特别法庭被关闭。一个新的总监察局在4月23日成立，成员包括罗伯斯庇尔、圣鞠斯特和乔治·库东。[35]司法恐怖变得集中而迅速。这预示着执政的雅各宾派试图寻找一种集中控制的手段来结束镇压呢，还是要更有效地用这种手段对抗反对派呢？

牧月二十二日（6月10日）法令是运用“恐怖”对付共和国敌人的顶点。它极大地扩展了“反革命”的定义：

> 第六条，下面这些人都被视为人民的敌人：试图诽谤或分裂

> 国民公会的人，试图煽动不满的人，试图误导舆论的人，损害革命动力、革命纯洁性和共和原则的人。

同样令人震惊的是，它减少了惩罚措施的种类：

> 第七条，所有由革命法庭判定的违法行为，处罚都是死刑。

从1793年3月开始实行的紧急手段是一系列应对措施的结合，代表们试图控制不断增长的恐慌和怀疑情绪，并且控制这些社会情绪引发的反常、武断而暴力的行为。牧月二十二日法令试图通过将革命司法审判集中于巴黎和使法庭的权力与判决令人恐惧等方式一劳永逸地终结反革命。（图27）[36]

巴黎6月8日的最高存在节庆典在革命广场上举行，现在的广场已经不再适合出现断头台的景象了。两日后开始实行的牧月二十二日法令带来了进一步的场地问题。有60人据称卷入试图在5月24日暗杀罗伯斯庇尔的行动中，在法令实行一周后他们都要穿着代表叛国罪
264 的红衬衫上刑场——他们竟然试图杀害共和国之“父”？原本在6月9日，断头台被搬到了巴士底广场，但那里存在如何处理大量血迹的问题；6月13日，断头台最终移动到王权被推翻的地方，巴黎城最东面的民族广场。[37]

军事威胁的继续存在为恐怖政策提供了正当性。在牧月（5月20日至6月18日），由罗贝尔·林代签署的608份救国委员会命令中有183份有关供给和运输事务；由普里厄·德拉科多尔起草的114份命

令与弹药补给有关；130 份有关陆军和海军的法令出自拉扎尔·卡尔诺之手。但是到了 1794 年 6 月，左翼和右翼的著名雅各宾派革命者被处决以及在取得军事胜利的时期不断扩大的恐怖措施，使得像林代这样的头脑清醒的领导者被疏远。他自恃清高，拒绝在针对德穆兰和丹东的指控上加上自己的名字，他讽刺道："我是来保护公民的，不是来谋害爱国者的。"他被认为是顽固不化的人。[38] 那些忙于战争事务的人对于革新和美德的说辞感到厌烦。在获月十一日（6 月 29 日）救国委员会和治安委员会激烈交锋的联席会议上，据说卡尔诺曾对圣鞠斯特大喊说他和罗伯斯庇尔是"荒谬的独裁者"。[39]

恐怖统治的处决发生的地点集中在军事威胁最大的省份，但是随着威胁的消退，因政治反抗而被处决的数量急剧增加。极端的惩罚手段似乎用在了新目标上：从 1793 年 3 月至 1794 年 6 月 10 日，巴黎有 1 251 人被处决；牧月二十二日法令公布后，六周内巴黎有 1 376 人被送上断头台。每天有比以前多达十倍的人走向断头台。关押的嫌疑犯中包括 1789 年和 1792 年的英雄，例如酿造师桑特雷,《马赛曲》的作者鲁日·德·李尔，以及法国最伟大的诗人安德烈·谢尼埃。最爱国的无套裤汉陷入迷茫之中，对于雅克·梅内特拉这位在巴黎郊区的积极分子来说，这几个月充满了同类相残、谋杀、野蛮和不必要的死亡——至少在后来看是不必要的。[40]

最终，军事胜利缓解了春季由于"美德和恐怖"双管齐下造成的紧张。革命军最终将西班牙军队驱赶到比利牛斯山的另一侧并且在北方取得了一系列关键性胜利，尤其是在图尔宽（5 月 18 日）和图尔奈（5 月 22 日）取得的胜利，这都是法军在没有明显人数优势的情况下取得

265 的。6 月 8 日，摩泽尔和阿登的军队合并成桑布尔–默兹方面军，由茹尔当将军指挥。这支部队四次进攻沙勒洛瓦都遭到了失败。6 月 25 日，7.5 万法军再次渡河，对阵由萨克森–科堡亲王腓特烈统率的 5.2 万奥地利军队。“闯荡者号”热气球搜集的信息提供了关于敌军部署的珍贵资料。密集的炮火使得麦田浓烟遍布，一片火海。最后在 6 月 26 日，法军在靠近比利时的村庄弗勒吕斯取得了胜利，萨克森–科堡亲王下令撤军。阿尔努家的几个男人都在法军当中，包括约瑟夫、弗朗索瓦和他们的表兄莱热。他们来自摩泽尔河畔的一个小村庄，他们的家人在勒梅尼米特里开着一家小旅馆。他们从 1791 年开始在不同的时间志愿参军，数年的战斗将他们带到了遥远的布鲁塞尔、杜塞尔多夫和凯泽斯劳滕。他们最终活了下来。[41]

弗勒吕斯的胜利——终结了奥地利军队对于法国的威胁——将共和二年人民联盟中的对立暴露了出来。然而一系列针对罗伯斯庇尔的暗杀，加上他内心的焦虑，使得他和他的心腹认为这次胜利并不能明确表示危机已经接近尾声。国民公会及其委员会取得的成就是令人震惊的：在内战中打败了旺代叛军和联邦军，同时共和国还取得一系列对外战役的胜利，打退了欧洲的联合军事干预。但是，国民公会在政府行政中试图以威胁而非鼓励的手段来建立一个让美德公民安居乐业的共和国，他们遭遇的失败是惨痛的。国民公会的代表们没有打算回归到和平、宪政，他们每天都在进行密谋和处决。

在 1794 年春夏，巴黎很多地区都即兴组织起了公共“宴会”，当地人将他们所有的东西都摆在街头餐桌上。根据一份报纸的报道，“所有的差异都完全消失了，富人和穷人一起吃着粗茶淡饭，他们都学会了平等”。对于其他人来说，这种义务性的“友爱”令人感到不适，但对于委员会来说，这些集会可能是地方激进分子打着庆祝军事胜利的名义重新复苏的迹象。[42] 因此，这种庆祝弗勒吕斯胜利的友好宴会被禁止，这很可能将国民公会再一次置于民众的压力之下。巴黎为战争付出了巨大牺牲，而自从吉伦特派被清洗之后，当权者们就决定再 266
也不会让选举出的代表受迫于无套裤汉的威胁。

其他一些人公开宣称，是时候回归和平与宪政了，美德和恐怖的严密控制可以放松。年轻的巴黎律师让-巴普蒂斯特·比耶科克就是其中的一员，他是革命的热情拥护者，但是倾向于立宪君主制，他因为在 1794 年的一次要求实行 1793 年宪法的请愿书上签字而犯下了错误。他在 7 月 1 日被当作嫌疑犯逮捕。对于他这样的体面人来说，监狱就是一场噩梦，在走向断头台之前，他和朋友吃了家人买来的食物，读书、玩牌、唱歌和演奏乐器。[43]

不过当政府高层你死我活的党派斗争摆到明面上的时候，管制又怎么可能放松呢？米拉波的口是心非和国王在 1791 年的伪誓使得雅各宾派一直都认为公民正直是必要的，要证明他们的同伴自称真正爱国者的口号是“发自肺腑”的。[44] 从 1793 年春开始，反革命分子或外敌入侵引发的死亡恐惧使得真诚变成了一件迫切的事，一件攸关生死的事。大卫画的勒佩勒捷和马拉肖像就挂在国民公会演讲台的后面，时刻提醒着代表们，他们的性命处于危险之中。

代表们既要在情感上诚实又要在政治上透明，二者被当作同一枚硬币的两面，但是它们来自不同的思想线索：诚实、忠诚和同情心是人情的自然美德的表达，坦荡、奉献和谦逊的政治美德则源于古典共和主义。而这两条线索可以结成一张严密的网络，使装出来的爱国主义无所遁形。公德和私德是治疗伪善与口是心非的良药，不过当代表们面对谴责时，又应该如何来证明呢？

卡尔诺、林代和普里厄——分别在救国委员会中负责战争、民生和军需——发现他们自己只是一小群“专家”，他们埋头于繁重的工作，对于其他人热衷的派系斗争感到厌倦。[45] 另外，东北部不断传来胜利的消息使得这些委员会中的军人开始关注将共和国的“天然”边
267 界扩展到莱茵河的可能性。但是各个委员会及其下属机构的所有人都筋疲力竭，尤其是救国委员会，已经由于相互指责而四分五裂。在最高存在节和牧月二十二日法令通过后，罗伯斯庇尔再一次陷入精神紧张和体力透支之中，很少在委员会或雅各宾俱乐部露面。

有军事胜利的消息，也有权力中枢存在阴谋的谣言，混乱之中政府还要运作下去。国民公会试图解决一直以来的外国难民问题：在奥地利 1793 年占领比利时和列日后，出现了成千上万的难民，还有数百名来自莱茵兰的德意志人。很多人得到了法国政府中的职位，国民公会提供了紧急援助，但是在芽月二十六至二十七日（4 月 15—16 日）的法令要求从巴黎、主要港口和边境城镇驱逐外国人之后，他们的处境变得十分危险。不过在热月八日（7 月 26 日），国民公会决定为每位外国男性、女性和儿童难民提供一笔特别拨款。[46]

热月八日参与国民公会的人期待着一场重大讨论。随着罗伯斯庇尔在 1794 年 7 月间身体缓慢恢复，他开始准备向国民公会发表一场突破性的演讲。终于，放松紧急控制可能导致的可怕的不确定性或许将会得到解决。他从说明自己的身体不适和缺席开始：“至少在刚过

去的六周以来，所谓的我的独裁已经停止，我对政府没有施加任何影响……国家变好了吗？”他决定将这种绝望的忏悔从演讲中抹去：“但是本着我的良心说，我是活得最不幸福的人”。[47]

他再次引用西塞罗，坚称“我们的敌人撤退只是为了让我们内部分裂”。他反复宣称“有邪恶的阴谋”，他只提及了三个人，然后模糊地断定阴谋已经渗入国民公会，甚至是行政委员会当中。无辜的人被关押，被送上断头台，罗伯斯庇尔在演说中一再否认自己应为此负责。他知道，自己的敌人在齐声呐喊：“都是罗伯斯庇尔干的！”将近两个小时的演讲充满感情色彩、漫无边际、指向模糊，因为几乎所有人都有参与密谋的嫌疑：罗伯斯庇尔甚至坦言“这个美德共和国就是根据我的形象塑造的”，他看起来像是想要“殉道”。 268

罗伯斯庇尔提到的其中一个人是皮埃尔-约瑟夫·康邦，罗伯斯庇尔指责这样一位德高望重者，是犯下了一个战术失误。康邦出身于蒙彼利埃一个富有的棉花商人家庭，他在1793年倡议整合了所有国家债务，包括1789年之前的债务，因此而受人尊敬。他是“公债的大管家”，在混乱的战争时期稳定了财政。他在提议教会与国家分离的时候就引起了罗伯斯庇尔的怀疑，现在他成了公开打击的目标，对于国民公会中的很多人来说，这意味着精神失控的罗伯斯庇尔不会放过任何人。

罗伯斯庇尔对于他未指出姓名的代表们含沙射影式的威胁为政变提供了动机。密谋推翻他的人有富歇、科洛·德布瓦、弗雷隆和巴拉斯，他们都担心罗伯斯庇尔想要他们为血腥镇压里昂、土伦和马赛联邦军负责。7月26日晚，罗伯斯庇尔受到了雅各宾俱乐部的热情支持，他们非常高兴欢迎这位“不可腐蚀者”回归到他们中间，而那些最害怕他的人开始组织起来反对他；尤其是那些参与6月至7月血腥屠杀的人，比如救国委员会的比约-瓦雷纳和科洛，治安委员会的瓦迪耶和阿玛尔，他们都将罗伯斯庇尔视作眼中钉。雅各宾派代表马克-安托万·博多后来回忆道：“热月九日的斗争不是一个原则问题，而是一个你死我活的问题……罗伯斯庇尔必须死。”[48] 在热月九日（7月27日），科洛成了国民公会的主席，他拒绝罗伯斯庇尔发言，直到发言已经为时已晚。当罗伯斯庇尔起身说话的时候，他的声音被吼叫声淹没。雅各宾派的统治倒台了。

当罗伯斯庇尔和他的同党面临逮捕的时候，监狱方面拒绝关押他们，他们随后躲在市政厅。但是他们无法寻求无套裤汉运动的帮助，运动领导人的去世导致了分裂，工薪阶层也脱离了这个运动。48个区中只有17个区响应号召拯救罗伯斯庇尔，然而他们很快就四散而逃。罗伯斯庇尔的下颌被子弹打中，可能被警官打的，也可能自己试图自杀时打的。他带着严重的伤与21名亲密同伙在热月十日（7月28日）上了断头台。一名警察密探报告说，当罗伯斯庇尔人头落地时，一群制笔工人大喊“全面限价令作废了”，第二天的罢工要求工资上涨三分之一。[49] 71名巴黎公社的“同谋者”在热月十一日被处决，其他牵
269 连者在接下来的几个月里也陆续被处死。（图28）

外省的雅各宾俱乐部常常对罗伯斯庇尔以及当权的雅各宾派是“阴谋家”而不是先进的“爱国者”这个消息感到惊慌失措。即便布列塔尼对共和国充满敌意，这个地区的小城镇之中也零散地分布着共和国的支持者。在小港口奥雷的雅各宾俱乐部有70—100名成员挨过

了恐怖统治时期，他们在结束集会时还会喊“共和国万岁！山岳派万岁！无套裤汉万岁！”他们最初坚持认为推翻罗伯斯庇尔是“无耻的叛徒”和“一群恶棍”干的，[50]但总而言之，推翻罗伯斯庇尔及其同伙意味着大规模处决终止了，因而受到了人们的欢迎。人们出于各种理由，迫不及待地开始谴责所谓的“罗伯斯庇尔的恐怖”。[51]

推翻罗伯斯庇尔及其同伙远不是驱逐一个过激的统治小集团，还结束了一个既要拯救革命又要创造一个新社会的统治。这个统治以极大的代价完成了前一个目标，但是代表新社会的道德高尚、牺牲自我的公民斗士形象已经蒙上了一层阴影。对于那些体会过反革命运动之猛烈的人们来说，它是一次成功的临时统治，尽管它在很多地方都过犹不及。其他人认为对待革命的敌人不应使用那些不必要的暴力，尤其是在军事威胁已经消退的情况下。

国民公会中庆祝推翻罗伯斯庇尔的人都是他的宿敌，他们曾经因恐惧而缄口不言；还有那些他曾经的支持者，这些人把罪责全都推给罗伯斯庇尔，急于证明自己在恐怖统治期间是无辜的。“恐怖统治”被标签化并被大加指责，罗伯斯庇尔成了最合适的替罪羊。曾经因为恐惧和怯懦而保持低调的代表们，现在急着宣扬他们在政变中的表现以及自己发挥的重要作用。来自西南部的吉伦特派代表朱利安·马扎德曾经在家信中大肆吹捧罗伯斯庇尔，现在却说出了不同的看法：“暴君已经不复存在了。他准备屠杀国民公会，我们的命运危在旦夕……从来不要将自己寄托在某个人身上，只应该崇拜祖国的原则。”罗伯斯庇尔也遭到了他最亲密旧友的唾弃，比如夏洛特·比萨尔在给她在阿拉斯家里的丈夫写信说“我无法描述当我发现所有由马克西米利安所

施加的恐怖消散时的惊讶”；同样，罗萨莉·朱利安现在宣称“无耻
270 的”罗伯斯庇尔“欺骗了”共和派。（图29）[52]

其中一名落井下石观察者是沃特金·坦齐船长，他将第一批英国罪犯运往澳大利亚后刚回到英国不久。他在1794年11月在布列塔尼的坎佩尔被捕，关押在一艘叫“马拉号”的监狱船上。坦齐是一位聪明而敏锐的观察者，他很奇怪那些曾经“像爬行动物一样匍匐”在罗伯斯庇尔面前的人，现在指责罗伯斯庇尔是“所有暗杀和苦难的根源”，如“断头台这个词是和它伟大的推动者罗伯斯庇尔联系在一起的”。坦齐和罗伯斯庇尔一样，接受过古典教育，他将罗伯斯庇尔描述成“现代的普罗克路斯忒斯（Procrustes）”，普罗克路斯忒斯是阿提卡的一个铁匠，他将人根据他的铁床的长度拉长或截短。坦齐也严厉谴责罗伯斯庇尔以前的盟友们：“他们明哲保身，将所有暴虐都归在罗伯斯庇尔身上，将一切都归咎于他的命令，这样他们施行的数不清的屠戮和镇压就洗白了。”[53]

尽管热月之后有的人对罗伯斯庇尔还保持着正面的记忆，这种记忆被大量尖酸的指责淹没，很多都出发于坦齐所指出的动机。各方都将自己犯下的暴行推到了罗伯斯庇尔身上，甚至对于大多数雅各宾派来说，这成了洗脱罪责的最简单方式。人们很快创造出了关于罗伯斯庇尔的荒谬“黑历史”，直到今天仍然是这位年轻的共和主义者的主要形象。[54]

推翻罗伯斯庇尔及其同伙并没有结束内战，但是缓和了内战。在国民公会、行政管理体系和遍布全国的雅各宾俱乐部的支持下，救国委员会通过打败外敌入侵和镇压反革命的方式拯救了革命，代价是大

量人员的死亡。在共和二年这一年内，大约有 17 万旺代人死亡，7 万名士兵在与旺代叛军和侵略军的战斗中死亡。还有成千上万的人在镇压联邦军的过程中被处决（里昂处决了 1 800 人，土伦处决了 800 人，马赛和波尔多处决了数百人）。还必须加上在布列塔尼、中央高原和普罗旺斯叛乱中死亡的数千名反革命分子，比如普罗旺斯贝端城的叛乱。[55] 可能有多达 4 万人在审判后被处决，其中 85% 的人是原来的第三等级，主要是农民和城市工人。那些被处决的人几乎全被冠上武装反革命或联邦军叛乱的罪名，而被处决的人当中有十一分之一的人都 271
是有依据的政治处决，有或多或少的证据证明他们在战争期间参加了反革命活动。国民公会自身也没能幸免。在 1793 年 3 月至 1794 年 7 月的 16 个月间，国民公会清除了 749 名代表中的 144 位,67 人被处决、自杀或死在狱中。[56]

镇压发生的地区正是有内部反革命和外敌入侵的地区。处决集中在 18 个省份，其中的每个省份都有超过 100 次经审判的处决，大多数都是边境和西部的省份，还有巴黎和里昂。不过在全国将近一半的地区，血腥镇压还是有限度的。这不仅仅是因为这些地方远离边境战场，而且个人的选择也至关重要。在很多省份，当地的行政者和特派员都公平公正、相对宽容。然而另外有一些人则丝毫不退让，有时甚至任何模糊不清的反革命行为都会受到死亡的惩罚。

1793—1794 年的革命暴力是由反革命引发的呢，还由官方对反革命阴谋的不容忍和过分猜忌引发的呢？很显然在革命话语中——同样在反革命话语中——有激烈的语言意象将反对者描述成阴谋家、叛徒和必须要杀的敌人。这种意象从历史悠久的古典时代政治文化、旧制度宫廷中的阴谋以及启蒙思想对美德的推崇中汲取了经验。然而恐怖统治不仅来自对消灭“他者”的偏执性迷恋。镇压反革命是对外敌入侵和内部暴力反抗带来的真实、联合的威胁的回应。反革命和它引起的恐慌、愤怒、自大与恐惧情绪使得人们发自内心地相信敌人是无处不在的。然后，战争的爆发使政治分歧变成了生死攸关的事。

对于这段“恐怖直到和平为止”的年代，我们最好将其解释为现实环境和革命信念结合后的极端产物：革命对于美德的内在信仰是不言自明的，要不惜一切代价保卫它；尤其是在教会分裂和宣战以后，内部反革命和外敌入侵是真实存在的；很难在一个激进的无套裤汉和
272 政见不同的政治团体之中建立一个各方都接受的合法中央政权。所有的这一切促成了恐惧和怀疑的情绪，使国民公会中的多数代表支持停止和平时期的公民自由和宪政政府，而将权力集中起来。[57]政府将会推行“革命直到和平为止”——但是谁能够决定什么时候实现了和平呢？最终国民公会在热月做到了，但是到了那时，怀疑和惩罚的大网已经收紧，掌权者中很少有人会满足于安然回到和平时期的统治。一
273 此纷争必须要解决。

第十四章

解决纷争：热月政变，1794—1795 年

热月党人都是从可怕恐怖统治中活下来的强者，他们决定不会让他们的经历再一次上演。[1] 这些在国民公会中新的多数派有之前的吉伦特派、“平原派”以及反罗伯斯庇尔的雅各宾派。从1794年7月开始的“热月统治”当然是共和派统治，但是它的最终动力是要结束革命，最明显的目标是要消除以雅各宾派和无套裤汉为代表的不稳定因素。在试图结束革命动荡的时候，他们用激烈手段来打压应为之前的极端化政治负责的势力（那段时间已经被代称为“恐怖统治”），同时也试图保卫他们通过牺牲和美德获得的1793—1794年的革命果实。这是一个拨乱反正的时期、一个绝望的时期、一个对稳定的未来重燃向往的时期。（图30）

让-朗贝尔·塔利安是救国委员会的一个新成员，他是最积极支持推翻罗伯斯庇尔派的人之一，他也曾经受到过怀疑，原因是他在波尔多时受到他的情人、之前是贵族妇女的泰蕾西娅·卡巴吕的影响过多*。1793年8月，当时的塔利安只有26岁，他和克劳德-亚历山大·伊

* 见本书第263页。

扎博一起煽动了一次对波尔多联邦主义者的血腥镇压，但是他现在在一年以后请求国民公会消除所有恐怖统治的恶果：“这都是罗伯斯庇尔统治的错；他在少数同党的支持下将其付诸实施……国民公会是恐怖统治的受害者，绝不是它的帮凶。”那些认为国民公会应当承担一些责任的人都是“恶魔”罗伯斯庇尔“地狱般统治”的共犯。[2] 塔利安
274 安排释放了卡巴吕；他们在 1794 年 12 月结婚，卡巴吕生下了一个女儿，名字叫“热月”（Thermidor）。事实上，卡巴吕本人就常被称作“热月圣母”。对于亲近罗伯斯庇尔的罗萨莉·朱利安来说，因为她的儿子儒勒曾经在担任救国委员会特派员的时候在波尔多顶撞过塔利安，现在她不得不对卡巴吕逢迎谄媚，称卡巴吕是“有着我们女性自然情感”的母亲和妇女，只图儒勒能从监狱里放出来。[3]

罗伯斯庇尔几乎立即在全法国成了恐怖统治的象征以及各种荒谬断言和谣言的主角。奥尔良的女裁缝让娜-维克托瓦·德尔齐格在 1794 年 8 月 2 日的日记中写道：

> 那些被当作嫌疑犯而被囚禁的人走运了，罗伯斯庇尔一死，法国所有的监狱都打开了……罗伯斯庇尔曾经在临死前说过，我的头颅即将被砍下，但是他们不会断了我的根（生殖器），否则的话就更糟糕的了……[4]

德尔齐格的预测是准确的，推翻罗伯斯庇尔派预示着巴黎监狱中大多数嫌疑犯将被释放。热月十四日（8 月 2 日），牧月二十二日法令被废除，革命法庭只审判那些真正武装反对共和国的人。在 8 月之后

只有少数处决：巴黎在 1794 年最后的五个月只处决了 40 人。革命法庭最终在 1795 年 5 月被废除，最后被处决的是共和二年的公诉人安托万–昆廷·富基耶–坦维尔，和罗伯斯庇尔的老朋友、同为来自阿拉斯的律师的马夏尔·赫尔曼，他曾经在审判玛丽·安托瓦内特、吉伦特派、埃贝尔派和丹东派时担任革命法庭的庭长。

但是释放嫌疑犯并非程序性的事件，被释放的早晚取决于他们本人和他们的家人能否运用社会影响力让他们的案件得到当权者的注意。玛丽–罗斯·德博阿尔内*就是这样一位幸运儿，在塔利安的干预下，她在热月十九日（8 月 6 日）从巴黎的雷卡姆监狱获释。她的丈夫亚历山大则没有这么幸运：作为一名军官，他被指控在 1793 年 7 月美因茨战败期间通敌，他在热月五日被处决，就在罗伯斯庇尔倒台前 5 天。
玛丽–罗斯是加勒比海岛马提尼克一位甘蔗种植园主的女儿，她一直支 275
持革命，似乎也已经习惯了“你”和“女公民”的称呼；然而，她的名声让她在 1794 年血腥的春天成了一名嫌疑犯。像泰蕾西娅·卡巴吕一样，她此时成为后热月时代巴黎新世界的名流。[5]

作家弗朗索瓦·德·纳夫夏托是被立即释放的人中的一员：他因反雅各宾主义而著名，由于在塞缪尔·理查森的小说的基础上改编的戏剧《帕梅拉，或名贞洁得报》在 1793 年 9 月 2 日被捕。在果月十四日（8 月 31 日），苏菲·德·博姆也被释放，她是卢梭的庇护人吉拉丹侯爵的女儿。在她的父母被释放后，他们逃到了一个与世隔绝的农场，在那里她缓慢地“恢复了健康，上帝保佑，我找回了继续我

* 即后来的拿破仑皇后约瑟芬。

戏剧化的一生的力量和勇气”。[6] 她的父亲最终也在园艺中找到了比政治更祥和、更安定的消遣方式。

热月后释放的“嫌疑犯”当中有很多无套裤汉，弗朗索瓦·诺埃尔·“格拉古”·巴贝夫就在其中，他早在1793年就被关押，他为了将国有化的教会财产分给穷人而篡改财产登记簿。他在狱中将自己的名字“卡米耶”改成了“格拉古”，格拉古是公元前2世纪罗马土地改革家，他认为私有财产阻碍了真正的平等。“格拉古”·巴贝夫是众多激进分子中的一员，他们认为结束“恐怖统治”就会使1793年宪法得以实施同时调动人民的积极性，使巴贝夫能够实现自己的平等主义计划。其他在共和二年批评雅各宾派统治的激进无套裤汉现在也被释放。波利娜·莱昂是革命共和女性公民的领导人之一，她和她的忿激派丈夫泰奥菲勒·勒克莱克在1794年4月3日被捕；他们在8月22日被释放。她很有可能是在等待释放的时候说，从1789年开始，“我体会到了最大的热情，尽管我是一名女性，我没有虚度光阴；你从早到晚都能看见我动员大众反对暴君……看到我在修建街垒，鼓励怯懦的人走出家门”。但是她和勒克莱克现在安静地退出了政治生活。[7] 她的同伴克莱尔·拉孔布还需要在一年后的1795年8月才能被释放。

现在一些转而指责罗伯斯庇尔恐怖统治的暴行的人，其实曾经是实施恐怖政策的重要人物。一些人成功地将他们在镇压反革命和联邦
276 党中的关系撇清，尤其是塔利安、富歇、弗雷隆、巴拉斯，甚至是清洗了贝端城的埃蒂安·迈涅都躲了起来，未受惩罚。但是其他人在面对暴行的指责时不堪一击，他们过去欠下的账现在都要重算。9月，一群据称来自南特的联邦主义者被革命法庭无罪释放，在审判期间，

让-巴普蒂斯特·卡里耶在1793年至1794年冬季期间督察这座城市的时候种种恐怖行为的细节浮出水面。到了11月，国民公会决定解除他的议员豁免权；他在12月16日被处决。

在地方层面，权力重新回到富农和专业人士的稳定控制中，对于他们来说，结束共和二年的管控和威胁意味着回归稳定。将罗伯斯庇尔当作替罪羊减轻了1794年为了赢得战争实行过度的紧急措施带来的不适。在共和二年种下的自由树不是被剥皮就是被砍伐。1795年1月，在卡尔卡松省南部拉格拉斯市这样一个地区的中心城市，都没有任何人被处决，只有少数"嫌疑犯"，该市的监督委员会写信感谢国民公会结束了恐怖统治：

> 热月九日的革命让法国人心中恢复了平静和安定，将恐怖主义导致的错误一扫而光，打破了暴君罗伯斯庇尔驱使人民的铁权杖，法国人民正在享受你们杰出成就的果实，法国人现在带着喜悦走在美德之路上……之前嗜血杀戮之人出于妒忌选择无辜的遇难者，多少勤奋、受难的公民的命运终结在了绞刑架上，现在他们被绳之以法了……法国现在自由、幸福、胜利了。[8]

回归宪政政府和释放嫌疑犯的同时，国民公会及其遍布全国的机构开始全面清洗那些与共和二年统治有关的人。在罗伯斯庇尔倒台的一个月内，有大约200个地方雅各宾俱乐部向巴黎的"总部"愤怒地抱怨这种始料未及的反响。热月九日之后的一年时间里，全国都在清算旧怨，或是通过杀戮的方式，或是通过谴责告发的方式。

那些共和二年地方上的头面人物不是被解除职务就是巧妙地通过运作保留他们的自由。例如，多尔多涅省贝尔热拉克市的“民众团
277 体”非常善于让自己的公共观点和革命的命令保持一致，它在1791年支持在瓦雷讷逮捕路易十六，路易十六在1792年被推翻后，它很快地在1793年6月将自己与联邦主义撇清了干系。现在这个团体规模更小但成员更加富有，他们十分欢迎推翻“嗜血者”和想要“复兴恐怖统治”的“无秩序的拥护者”。[9]埃纳省最有名的雅各宾派和行政长官波利卡普·波托非是侥幸逃离清洗的人之一。热月之后，他的政敌们围攻这位“埃纳省的罗伯斯庇尔，在我们省实行他的主子思想和信条的爪牙”。波托非在1794年7月之后被残酷地迫害，经常被关押，但是他在长时间任期上的廉洁使得热月反动时期复仇心切的法庭都没能给他定罪。到了1796年，他受够这一切，投身甜菜产业，这一举动将以一种不同的方式使皮卡第发生变化。[10]

拆除作为雅各宾派统治根基的地方议会网络和民众团体的工作充满了报复性的政治。在共和三年雾月二十二日（1794年12月12日），国民公会宣布关闭在革命期间作为政治生活支柱的雅各宾俱乐部。六个月以后的花月二十八日（1795年5月17日），国民公会下令将圣端诺累街马术场的俱乐部原址、国民公会在1793年5月9日之前开会的地方拆除，建造一个名为“热月九日”的新市场。

战事并没有结束，因此监督委员会继续着它们的工作。在共和二年果月七日的改革之后，地区首府和其他大城市的监督委员会改称为“革命委员会”，而在农村则没有这一改动。正如人们做出的政治选择反映了他们的家庭背景和他们在村庄和邻里的社会关系一样，向地

方监督委员会告发“嫌疑犯”的决定反映了长久以来的恩怨。尤其是在南方，争权夺势经常使得家庭内部出现永久性的分裂。果月十六日（1794 年 9 月 2 日），市民玛格丽特·谢向普罗旺斯地区艾克斯的监督委员会告发了她的叔叔和侄子，因为他们曾经告发过她的丈夫，她的丈夫被联邦主义者处死。[11]

富人可以重新安心生活，因为财富本身不再是被“怀疑”的对象。他们自觉地开始使用“先生”和“夫人”来取代“公民”，用“您”取代“你”。他们的儿女穿着华丽的服饰（纨绔子弟和绝美女人）招摇 278
过市来表达对雅各宾派推崇的“高贵的朴素”的鄙视。激进的巴黎年轻人被称作“金色青年”（jeunesse dorée），他们在街上四处破坏，找机会对无套裤汉进行拳脚报复。斯坦尼拉斯·弗雷隆将其在 1793 年在土伦进行的血腥镇压抛诸脑后，现在运用自己的报纸《人民演说家》煽动人们对“恐怖分子”复仇。一些受鼓动的金色青年甚至焚烧雅各宾派的假人，然后来到雅各宾俱乐部将燃烧后的灰烬装到一个夜壶里，他们将其带到蒙马特的下水道，附上一份关于“九月屠杀”的悼词：

为了九月二日的荣华富贵
我成了一名雅各宾派
我的骨灰盒就是这个夜壶
这个下水道就是我的先贤祠[12]

年轻的路易-马修·莫莱就是金色青年中的一员，他来自一个古老的显贵家庭，曾经在 1791 年选择逃亡。他的父亲后来决定返回巴黎保卫家族财产——这是一个致命的决定，他在恐怖统治中身亡。马修后来回忆道，他 14 岁年纪就去罗亚尔宫的沙特尔咖啡馆，两个口袋一个装着一根多节棍，一个装着一把手枪，和其他金色青年站在餐桌上发表复仇的演讲：

> 家庭重聚，财富失而复得……思想、言论和表达获得了极大的自由……革命和逃亡的不幸让我们养成了极度自我的习惯和爱好。我们做自己想做的任何事。我们花自己的钱取乐。问题是如何才能在最短的时间内忘记痛苦。[13]

后来被称作“热月反动”的风潮同样在大众文化中有所体现。金色青年最爱的歌曲是《人民的觉醒》(*Le Réveil du Peuple*)，这首充满煽动性的歌曲最先由作者皮埃尔·加沃本人在共和三年雪月三十日(1795 年 1 月 19 日)在巴黎的纪尧姆–特尔市区的会议上唱出：

> 一个由暗杀者和强盗组成的邪恶团伙
> 279 让你们受尽苦难
> 在他们的残暴统治下
> 我们生存的土地罪恶横行。
> 所有这些人都是嗜血恶魔！
> 向所有罪恶的爪牙开战！
> 将他们追捕处死！
> 让他们感到我们的恐惧！

他们逃不掉！[14]

这首歌在其他保王党复苏的地方流行。例如，在1795年年中，年轻人拥入波尔多大剧院上演反教会戏剧《让·卡拉》的现场，大声喧哗、发出嘘声，要求剧中演员唱《人民的觉醒》。[15]到了1796年5月，在国家的另一边，布尔市的议会对年轻人拒绝登记服兵役感到绝望，这些年轻人对《人民的觉醒》的“暴力歌词”十分感兴趣，当演唱《马赛曲》时，他们则吹口哨和嘲弄，议会认为是这些人砍倒了自由树。[16]这首流行歌曲被政府禁止，因为政府意识到这首呼吁血腥复仇的歌曲会刺激保王党死灰复燃。

阿德莱德·拉比耶-吉亚尔是一位王室的肖像画师，她在1792年为了躲避骚乱在巴黎以东19千米的地方买了一个乡村庄园，当她返回巴黎时，她在1791年画过像的14位革命领导人中的绝大多数已经死亡——其中包括罗伯斯庇尔和巴纳夫。但是，革命开放的艺术世界延续了下来：1795年，有数百位参展者和534幅画作在巴黎沙龙展出。（图31）[17]新政权的自我定性——既是共和派也是反雅各宾派——注定会在艺术创作中产生分歧。国家音乐学院在1795年1月21日路易十六被处决两周年的时候举行了一场音乐会，音乐会中间，一名雅各宾派人士打断了演奏，质问这种柔和的音乐是否意味着应该对国王的死表示遗憾。演奏家弗朗索瓦-约瑟夫·戈塞克回答道，这是表达“从暴君手中解放出来的幸福之人心中洋溢着温和情感”，但是乐团还是出于政治考虑演出了《一切都会好！》。[18]

这种反动同样在剧院的戏剧中表达出来。法兰西喜剧院在运营

113年之后，在1793年9月由于演出了一部由让-路易·拉雅创作的“温和”戏剧《法律之友》(*Ami de Lois*)而被关闭。热月之后，那些
280 被当成“嫌疑犯”的演员获释，他们迫切希望演出反雅各宾戏剧，将矛头对准那些在恐怖统治期间继续演出的人。弗朗索瓦-约瑟夫·塔尔玛就是其中的一员，他的当时最有名的演员，也是丹东和德穆兰的朋友。他现在被当成了雅各宾派，被迫在一场演出中停下来宣布“恐怖统治让我留下了太多的泪水，我所有的朋友都在断头台上死去了”。年轻的观众在共和三年风月来到蒙丹西耶的综合剧院为一部戏的台词鼓掌：“暴君、盗贼、刺客，这些都可以用一个词来形容，这个词就是雅各宾派！”[19]

文化反动不仅仅是民众对于共和二年管制的反抗：它还是官方的政策。共和二年的文化革命已经结束。格雷古瓦神父在共和三年葡月十七日（1794年10月5日）向国民公会提交了一份报告，提倡一种反复灌输正确的文化和政治观念的积极政策，一种“文化上的热月政变”。作家们在1789年摆脱了巴黎出版业特权行会的控制，享受了几年前所未有的言论自由，1792年后又遭到了严厉的政治管制。1795年，作家们再次可以和出版商自由签订协议。新小说的数量翻了一番——大部分是感伤文学和疑案文学。现在，政府开始对其文学上的支持者提供资助。[20]

热月党人还试图通过纪念的方式表达他们理解的共和美德。《马赛曲》在1795年7月14日成为正式的国歌。[21]卢梭的名字起初被认为与罗伯斯庇尔和圣鞠斯特的极端民主主义联系过于紧密，热月党人现在转而把他奉为自然美德的先知。他的遗体在共和二年葡月十八

日（1794 年 10 月 15 日）从埃默农维尔的白杨树小岛途经小镇埃米尔（之前的蒙莫朗西）搬进了先贤祠。他在埃米尔小镇创作了他最好的作品——《爱弥儿》《社会契约论》和《新爱洛依丝》。入葬先贤祠的配乐由马里-约瑟夫·谢尼埃创作，他是 1794 年 7 月 25 日被处决的诗人安德烈·谢尼埃的弟弟。[22]

文化反动同样在个人行为上体现得很明显。山岳派戴的又长又直、梳理得油光顺滑的假发也经不再流行，巴黎的中产阶级男性时尚变成了“提图斯式”的干净微卷短发。[23]给儿童取革命名字的行为急剧减少，家长们谨慎地使用中性名字来给孩子取名。在共和二年期间，布列塔尼的布雷斯特港口几乎有 11% 的婴儿取了“爱国”名字——最常见的是布鲁图斯、团结和马拉，还有阿布里科廷*、平等和奥林匹亚德。现在的 281
名字更加传统，或者表达对美好未来的渴望，共和三年霜月二十二日一名家长给孩子的名字为康斯坦斯·友爱·信心·热爱·贝东。[24]

共和二年的雅各宾派统治继续向“爱国”教士和经常受到攻击的宗教部门提供国家资助。热月党人则没有这么宽容。在共和二年末（1794 年 9 月 18 日），国民公会停止了所有对宗教的资助；共和三年风月三日（1795 年 2 月 21 日）的法令限制在国家节日和旬日庆典上敲钟。各个公社有的直接拒绝执行，有的进行抗议，还有的寻求变通。在蒙彼利埃市东北部的卡斯特里村，由一名儿童在宗教仪式前在街上吹响号角；在其他地方，派儿童在街上摇手摇铃。有时候敲钟禁令会引起公开的对抗。1795 年 10 月在图卢兹东部的卡拉曼，教区民众推

---

* “阿布里科廷”（Abricotine）一词来自共和历中的热月十三日，即“杏日”（Abricot）。

倒大门，剪断锁链，开始鸣钟；当佩戴着绶带的市政官员出现时，他们又被吓退。村民坚持鸣钟反映了宗教上的愤怒，或者没有钟声的不便与死寂引发的乡村居民的不满。的确如此，一位索姆省的资深官员总结道：“毫无争议的是，革命影响人们最深的事就是夺走了他们的钟。”[25] 1795 年 3 月，北部边境的布斯贝克地区有 900 名“天主教徒和共和派”联名请愿要求重新开放他们的教堂，请愿中带有威胁意味地提到了 1793 年宪法：“我们向你们宣布……如果我们的教士没有逃跑，我们将在芽月一日在我们的教堂里举行神圣的宗教仪式，如果我们的教士真的逃跑的话，我们会找另外一名。要记住，人民在权利受到侵犯时是有义务进行反抗的。”[26]

热月党人同样在他们的教育政策上表达了他们独特的保守共和主义。在共和三年雾月 27 日（1794 年 11 月 17 日），国民公会最终颁布一项教育法令，要求在每个公社的学校中设立男生班和女生班，基础科目是阅读、写作和算术，课本的核心内容是《人权和公民权宣言》和宪法。学生将要学习“英雄事迹和胜利歌曲”。各地讲授的语言是法语：“当地方言只能用于辅助。”但是，通过教育塑造年轻人的热情
282 最终消退了：在国民公会解散的前夜，共和四年雾月三日（1795 年 10 月 25 日）更为精英主义的《多努法令》规定教师的薪水来源于学生的学费，女孩将会在单独的学校中学习“实用技巧”，每个选区有一所学校即可，不必在每个公社都开办学校。

国民公会同样致力于恢复并重塑精英教育。旧制度时期的中学和学院被中央医学、艺术、职业和音乐学院以及培训公共服务技术（工程、航海、采矿、路桥）的技术学校取代。在 1794 年，这些技术学校

变成了中央公共工程学校，在 1795 年 9 月成为巴黎综合理工学院。[27] 艺术与职业学院现在鼓励机械化和新技术。1795 年 10 月，5 个在 1793 年因为结党和精英主义倾向而被关闭的学院得到恢复，在法兰西学院的领导下进行重建，以此来庆祝博学上进的新精英的成就。[28]

国民公会中的议员对自己开明、进步和爱国的眼光感到自豪，战争给了他们在度量衡领域进一步创新的动力。共和三年芽月十八日（1795 年 4 月 7 日），国民公会扩展了 1793 年 8 月 1 日关于度量衡的法令，使用公升、克、米和公顷，推行十进制的法郎和生丁取代里弗、苏和德尼厄尔。数个世纪以来的地区差异被一扫而光，但是直到 1799 年，准确的度量衡样本才在全国传播开来。[29]

战争还使得克劳德·沙普的杰出发明被采纳，他是萨尔特省勒芒市附近布吕龙地区一名男爵的儿子。沙普曾经拥有一个修道院院长的虚衔；这个头衔在 1789 年被废除之后，这名年轻人（1763 年出生）将自己的天分用在了发明上。他设计了一套臂板信号机系统，每个信号站相隔 10 到 16 千米，这个距离足够相邻的信号站使用望远镜观察对方的臂板信号。非常幸运的是，他的兄弟伊格纳斯在立法议会工作并推广他的发明。此时管理国家的年轻发明家们确实优秀，但是终归是战争使国民公会的议员们更乐于接纳新事物，他们在 1793 年 4 月 1 日拨款修建了第一条从巴黎东北部梅尼蒙当山通往北部蓬图瓦兹附近圣马丁杜特的通信线。当共和国军队在 1794 年 8 月 15 日重新夺回瓦朗谢纳北部边境的埃斯科河畔孔代时，国民公会几乎立刻得知了消息，这多亏了一个月之前沙普在巴黎和里尔之间建设完成的通信线。作为 283
回应，国民公会得以当天通知孔代的居民，他们的城市被命名为自由诺尔。[30]

解除展示财富的社会限制现在导致了炫耀性消费，富人们通过舞会来表达他们对于恐怖统治的厌恶，并且将刚刚解除的恐惧形象化，他们露出脖颈，在脖子上系上一条细红丝带。妓女们重新出现在罗亚尔宫招揽富有的主顾。这些刻意炫富和社会反抗的行为恰好出现在1794 年 12 月废除物价和工资的全面限价令的时刻。这个措施导致了急剧的通货膨胀，到了 1795 年 4 月，总体物价水平大约是 1790 年的7.5 倍。穷人和边缘群体陷入绝境，政府对于雅各宾派社会救济的承诺不闻不问。教会也无法提供救济。

1795 年的冬天成了臭名昭著的“95 年之冬”，这是从 1709 年以来最恶劣的冬天：塞纳河冻结，大地冻住了两尺之厚，狼群出现在巴黎市郊。街头出现了饿殍，自杀率达到顶峰。[31] 在全国范围内，冬季的饥荒导致了拦路抢劫的犯罪团伙显著增多，食物骚乱也明显增加。1795 年 2 月 13 日，饥饿的妇女与奥尔良的特派员吉耶・波谢尔对峙，她们想要知道自己是否要死于饥饿，并且喊道：“路易十七万岁！国家和共和国下地狱！”[32] 城市中的食物供应到了 5 月已经见底，工匠玛丽安娜・沙尔庞蒂耶在她的日记中写道：“看到这些记录的人会为他们的父母在这个残忍的革命期间遭到的苦难而战栗，他们眼睁睁地看着可怜的孩子索要面包却无能为力。”[33]

食物短缺给了一些人为革命留下的宿怨复仇的机会，相关的证据令人寒心。路易-塞巴斯蒂昂・梅锡耶在 1789 年靠写作生活，他是著名乌托邦小说《2440 年》的作者，曾经入选国民公会。但是，梅锡耶因为曾支持吉伦特派，在恐怖统治期间被囚禁，直到 1794 年 12 月才被释放。他讽刺罗伯斯庇尔为“血腥统治者”，他同样痛恨那些反革命和利用革命带来的混乱浑水摸鱼的人。他在1794年年末注意到，巴黎周围的富农非常乐于用食物敲诈富有的巴黎市民的珍贵物品。“现 284
在你可以看到包裹着丝绸的家具和红木桌子堆放在犁、马、粪堆和农具旁边。”另一方面，在巴黎的平民社区里，面有饥色的工人们在寒风中在面包店的周围等待着他们的配给。[34]在冬季的悲惨岁月里，亚眠、里尔和马孔等地到处都有饥饿的劳工团伙从一个农场转移到另一农场寻找或抢劫食物的报道。钟表匠马罗泰·迪耶普说，“这些农民一直以来对城市居民怀有的怨恨”，他得花一周时间才能讲的清楚，“但是你能指望这些未开化的人什么？他们除了自己的贪欲之外什么也不关心，如果不加以限制，我们将会看到城市居民惨死”。富农们用经济手段来报复雅各宾共和国的支持者们。[35]

一些巴黎劳动妇女对罗伯斯庇尔保留着积极印象。1795年1月，警方报告说女面包师波米耶被顾客们举报，她曾经说“自从罗伯斯庇尔这些善良的爱国者和共和派被处决后，反革命已经抬头了”。2月还有人汇报称，有人曾经说罗伯斯庇尔“是一个无辜的受难者，他能给法国带来幸福，将法国从今天进行统治的僭主手中解救出来”，“他一个人怎么可能压迫700名代表”。[36]波米耶是最后在绝望中试图向国民公会施压的无套裤汉中的一员，参与了芽月十二日至十三日（4月1—2日）和牧月一日至四日（5月20—23日）的起义。在抱怨了几周食物短缺和物价之后，游行者在4月1日冲进了国民公会，喊道：“面包和1793年宪法！”巴黎临时进行军事封锁，重新建立秩序。

5月下旬（牧月），巴黎妇女挑头发动暴乱，强迫当地的行政官员跟随她们（以此争得示威的合法性）。她们进入作坊，鼓动或强迫妇女加入她们的队伍。正如一名警方观察者写道：“现实点说，面包是暴动的基础，但是（1793 年）宪法才是灵魂。”暴动者的标语和口号认定“商人和纨绔子弟”是敌人。[37] 女公民贡蒂耶回忆到，她被一群蒙马特郊区的妇女包围，其中一人说道：“过来贡蒂耶，如果你是一个善良的女公民你就过来，和我们一起。看看我，我已经没有奶水喂我的孩子了，只能用血水来喂。”一名警方专员报告说：“一些性急的人破口大
285 骂，针对当权者发表极具煽动性的演讲；妇女们尤其不安分，看起来更加激动；她们煽动男性公民起来反抗……”作为回应，“纨绔子弟们”喊的是：“国民公会万岁！共和国万岁！打倒雅各宾派和嗜血者！”[38]

当圣安东郊区周围社区的暴动者在 5 月 20 日来到国民公会时，他们戴的帽子上写着“面包和 1793 年宪法”的口号。他们当中的一个名叫让·丁内勒的锁匠熟练工，他用长矛插着物资供应官员让-贝特朗·菲洛的头游街。（菲洛曾经被迫推行每日定量配给面包制度，每个成人每天 4 盎司 *。）[39] 西岱区暴动者的指挥官范·埃克警告国民公会：“我代表的是这些要求 1793 年宪法的公民；他们已经厌倦了在面包坊整夜整夜地等……我们要求给成千上万的爱国家庭的父亲们自由，他们在热月九日之后一直被关押。”他得到了几个雅各宾派代表的支持。[40]

5 月 22 日早晨，圣安东区被来自巴黎西部的国民卫队和金色青年组织包围，但是后者发动的一次突袭被击退，一名谋杀菲洛的人在行

---

* 4 盎司约等于 113 克。

刑路上被人从警方手里劫走。但是由于武装力量的压力，圣安东区在第二天投降。民众运动被镇压，精神也似乎被打垮了。警方报告说“男人们只是默默地看着，妇女们都一言不发”。一个军事委员会迅速开始审判 132 名罪犯；34 名起义者被判监禁，18 人被驱逐出境，36 人被判死刑（包括 6 名国民公会代表）。[41]

1795 年 5 月暴动的失败导致了更大规模的反动。超过 4 000 名雅各宾派和无套裤汉被逮捕，1 700 人被剥夺所有公民权。塞舌尔和圭亚那都建立了流放犯人集中营，这些地方由于严苛的环境被戏称为“不流血的断头台”。1795 年 7 月，无套裤汉和一些士兵趁攻占巴士底狱六周年对金色青年展开一场短暂的暴力复仇，除了这次“黑领日”事件外，巴黎的人民运动陷入沉寂。在这场通过平民起义来实现的大革命中，这是一个重要转折点，也是热月党人追求秩序的一次关键性胜利。

在牧月起义的扫尾行动中，警方整理出了一些参与次数最多的妇女的档案。玛丽-皮埃尔·德福就是其中之一，40 岁的她出生在北部
的沙尔勒维尔镇。在巴黎她在家附近的卢浮宫码头经营着一个小商品 286
摊位，她的丈夫是一名贵金属熟练工，同样在 1795 年被捕。他们由于“危险”的言论被邻居告发。玛丽-皮埃尔戴着马拉和罗伯斯庇尔的像章，她承认她“曾经为（罗伯斯庇尔的）倒台而哭泣，因为她相信他是一个诚实的人”。她曾经辱骂那些戴着绿丝带的妇女，说她们是“夏洛特·科黛”，并且说告发她的人居住的房屋散发着“弗雷隆的臭味”。在牧月起义期间，她曾经高喊“我们必须马上要 1793 年宪法……我们必须打倒软弱分子……从现在起要将纨绔子弟送上断头台……我们必须让叛徒流血”。除了被判六年徒刑，她还遭到了连续

三天每天两小时的公开羞辱，分别在平等广场（之前的罗亚尔宫广场）、沙滩广场和革命广场。[42]

国民公会中的雅各宾派代表同样体会到激进无套裤汉们的绝望。菲利普·吕尔是阿尔萨斯地区下莱茵省的一名代表，他由于参加牧月起义被软禁在家中，之后在 1795 年 5 月自杀。吕尔在恐怖统治期间曾经是治安委员会的成员，同时也是一名特派员，他摔碎了法国历代国王在兰斯加冕行涂油礼用的装圣油的瓶子，以此来展现他的革命热情。吕尔的自杀开创了先例，在共和四年牧月二十九日（1795 年 6 月 17 日），那 6 名由于支持牧月起义判死刑的、被称为“牧月殉难者”的代表纷纷自杀，有的自杀未遂（这 6 个人是罗莫、古戎、布尔博特、迪凯努瓦、迪鲁瓦、苏布拉尼）。牧月殉难者之一、29 岁的让-马里·古戎在 6 月 14 日在狱中给家人写下了遗书：

> 我活着就是为了自由，我一直在做我认为对祖国正确、公正和有益的事……愿法国人民保留下他们投票选出的议会通过的平等宪法。我发誓会捍卫它并且愿意为它而死……对于我们来说，与其让我背叛祖国还不如让我去死。太多善良的人都眼含泪水，如果我与他们同心同德，便无怨无悔……死是更好的方式。[43]

另一名在牧月起义中被逮捕的代表是尼古拉·莫尔，他是罗伯斯庇尔的忠实拥护者，他曾多次担任特派员，释放了大量缺乏罪证的
287 “嫌疑犯”，并且允许教堂开放。莫尔曾经解释道：“我爱共和国因为它植根于永恒的正义……我会用我的生命捍卫它，但是我从来没有

使用过暴力。"热月政变之后，他遭到了野蛮的指控。6 月 3 日，他在留下一则“我不是一个恶人，我只是误入歧途”的简短记录后开枪自杀。[44] 在 1795 年 4 月至 6 月这 3 个月间，国民公会清洗了 80 名被指控与罗伯斯庇尔分子关系密切的成员。巴雷尔、比约-瓦雷讷、科洛和瓦迪耶都在其中，他们被判流放到圭亚那：但是只有科洛和比约-瓦雷讷两人真正被流放，前者于 1796 年在圭亚那去世，比约-瓦雷讷活到了 1819 年，晚年从“不流血的断头台”去了美国。[45]

巴黎镇压牧月起义之后，地方发起了更大规模的报复。尤其是在南方，1790 年至 1794 年间由于社会冲突、个人恩怨和宗教对立引发的激烈政治分歧，很多村庄和城市遭到了严重破坏。长久以来，大城市中强大的地方自治传统让对抗巴黎的“联邦主义”观念十分容易得到接受，尤其是对那些掌权的商业和行政精英而言。特派员和当地雅各宾派惩罚联邦主义者和王党分子时的狂热进一步加剧了复仇的欲望。早先，在共和二年共和国军重新夺回马赛时，当地的革命法庭审判了 887 人，判处 289 人死刑；当时的一个军事委员会处决了受审的 218 人中的 123 人；另一个在奥兰治的委员会处判处 332 人死刑。作为报复，1795 年春有很多公社的雅各宾派被追捕和杀害。当他们已经被关押在监狱时，复仇的便利变得不可抗拒：在马赛，一伙名叫“割喉者”反革命分子在 6 月 5 日闯入了圣让堡的监狱，屠杀了关押在那里的 127 名雅各宾派；其他一些人堵死自己囚室的门从而幸免于难。5 月 4 日，人群冲进了里昂的监狱，超过 120 名犯人被砍死。[46]

这场地方精英对他们在共和二年遭受的威胁、控制和损失的报复行动被后人称为“白色恐怖”。在马赛附近的欧巴涅小镇，一个谋杀团伙在 1795 年夏天的六周时间里报复性地杀害了 14 名在 1792 至 1794 年期间支持革命暴力的雅各宾派。与东南部发生的暴力相似，这里在财富、地域和人际关系上的敌意因为 1789 年以来争夺地方权力和资源
288 的斗争，演变成公开冲突。然而恐怖统治的暴力是公开进行的，以此来彰显惩罚反革命分子的权力意志，而从 1795 年开始的报复行为都是在夜间、在隐蔽的地方进行的，目击者也因受到威胁而保持沉默。这些报复行为尤其野蛮，通过展示残缺的尸体来警告他人。[47]

当致命的仇恨加剧时，那些热切希望公共生活可以通过和平、公正、正当的司法程序来恢复平静的愿望注定要落空，法官们——更不用说陪审团——也遭到了政治恐吓。最终，在 1795 年 5 月至 7 月间，在艾克斯、塔拉斯孔和马赛发生了四起监狱屠杀，109 人（其中只有两名妇女）因此被捕入狱；但是当审判在 1801 年完结时，只有 6 人被判有罪。总之，超过 3 万名“恐怖分子”在“白色恐怖”中被杀害，几乎与恐怖统治期间被处决的人数相当。[48]

政治复仇的风气让保王党重燃希望，即使回不到旧制度，至少也能回到立宪君主制。尽管共和二年牧月二日（1795 年 5 月 21 日）的法令规定只允许佩戴三色徽作为政治身份的标志，波尔多亲保王党的金色青年非常乐于佩戴着白色徽章，在大街上殴打他们遇上的无套裤汉。[49] 被称作“路易十七”的 10 岁王太子在狱中患上了被称作“国王的罪恶”的瘰疬病，1795 年 6 月 8 日去世，于是他的叔叔普罗旺斯伯爵继承了路易十八的称号。他非常确信他忠实的臣民现在已经看清了，这些“不虔诚并热衷于党争”的人已经给法国带来了“一系列灾难”。现在，热月的“伪善专制”已经取代了恐怖统治的“血腥专制”。

路易十八确信他的人民会怀着对他的爱和歉意，和平地归顺他；如果
他们没有归顺，他要他们相信，他会毫不犹豫地使用军事手段来获得
“他的权力”。[50] 6 月 25 日，他在流亡地维罗纳发表了一份拒不妥协的
宣言，不会为了稳定革命而回归 1791 年宪法。事实上，他说话的口气
好像 1789 年革命从来没有发生过一样，提出要恢复三个等级和他们的
“权利”，还有教会的地位。那些渴望回归革命前秩序的人绝不会赞同
革命变化带来的妥协。无论如何，共和派和保王党根深蒂固的仇恨在
1795 年加深了，在共和国没有遭到军事失利和进一步的内战情况下，
回归 1791 年的立宪君主制是不可能的。路易十八的宣言只给了那些幻 289
想回到旧制度的顽固保王党希望。[51]

在路易十八发表宣言的同时，在英国的支持下，逃亡贵族的军队、旺代叛军的残余（朱安党）试图合流。共和三年花月二日（1795 年 4 月 21 日）《马比莱和平协定》曾经规定，只要逃亡者和西部叛军朱安党人投降，就保证他们的宗教自由并且完全赦免他们。但是现在，英国海军在 6 月 28 日搭载着 6 000 人的军队在布列塔尼区瓦讷西部的基伯龙半岛登陆。在海滩上，逃亡的多尔主教、年长的乌尔班-雷内·德·埃尔塞为数千名赶来加入他们的当地居民祝福。但是从一开始，由立宪君主派转为吉伦特派的约瑟夫·皮赛领导的布列塔尼地方朱安党，和路易·夏尔·埃尔维利伯爵领导的顽固外来贵族就互相不信任。当拉扎尔·奥什将军率领的共和国军切断半岛的入口时，埃尔维利在一场战斗中误以为自己已经获胜，怕皮赛抢功而按兵不动。朱安党在瓦讷附近被镇压，皮赛与幸存者逃亡。数百人被捕。[52]

1795 年基伯龙登陆失败后，一个军事委员会对城镇居民进行了简

短审判，大约 750 人被枪决，很多人都在奥雷附近的“殉道者田野”被处决。被处决的人中有大量贵族军官，在全部死者中占了 366 人。[53] 愤怒的当地保王党领导人弗朗索瓦·德·沙雷特在举行弥撒时下令处决 300 名共和国军俘虏。沙雷特本人后来在旺代作战时被俘，1796 年 3 月 29 日在南特被枪决。[54]

在镇压法国内部的反革命的同时，关于对外政策的争论正在进行，这将对全欧洲产生深远影响。共和二年雅各宾派统治的口号是“恐怖直到和平为止”，但是 1794 年夏初的胜利凸显了罗伯斯庇尔和圣鞠斯特一派与卡尔诺和林代一派在领土问题上的矛盾。战争的目标是仅仅将入侵共和国领土的军队和他们的同党赶出去呢，还是扩展共和国东北部的边界，甚至到莱茵河呢？这个问题在 6 月 26 日弗勒吕斯胜利后变得尤为尖锐，这一仗打开了通往北部平原的道路。

卡尔诺、林代和杜布瓦–克朗塞在 1794 年 12 月认为默兹河是法国
290 合理的边界，在更远的东部应当鼓励成立“姊妹共和国”，但是国民公会在一片喧闹声中支持莱茵河才是边界的旧思想。现在，战争从反抗暴君入侵（布里索和维尼奥在 1792 年支持发动战争的最初理由）的防御战自然而然地变成一场和欧洲被压迫者联合的解放战争，它实际上变成了一场领土扩张的战争。1795 年，法国发动了一场激进的扩张战役，一系列论著都以“莱茵河左岸才是法兰西共和国的边界”为标题出版，指出法国领土地理上的自然界限是莱茵河，还追溯了恺撒时期高卢的历史。其中的一名倡议者名为梅兰·德·杜埃，他认为将比利时并入法国会让法国获得对抗奥地利的最好缓冲地带。[55] 这种观点被接受，产生了重大影响。

战争扩展到了北方的荷兰，攻击矛头指向与英国结盟的荷兰总督威廉五世亲王和奥兰治党。1795年初，威廉逃到了英国，荷兰的“爱国者”们宣布成立巴达维亚共和国，实际上是法国的“姊妹共和国”。有时候，法国大革命的愿景在此受到欢迎。在莱茵河畔的扎尔特博默尔市，新教牧师约斯特·吉斯特从1794年8月便开始欢迎法国人的到来，尽管莱茵河上法军和英国、黑森军队依然在战斗。1795年1月，他在日记中庆祝英国人投降：

1月13日：一些市民决定种一棵自由树。他们前往哈默伦砍倒一棵大松树。将其从壕沟中拖出来装上一辆马车运回城中。

1月14日：三名年轻女孩环绕着自由树跳舞，鼓手穿梭在街道之间。夜间在市政厅举行了庆典。

3月9日：九点钟礼炮鸣响，用这种方式向全体市民预告《人权和公民权宣言》将会被大声宣读。人们都穿上了他们最好的衣服。

在法国人的立场上，特派员试图让巴达维亚人相信，法国人的目的是将他们从总督的手里解放出来：

联省共和国创立者的血液仍然在在你们的血管中流淌……我
们不是来征服你们的；法国会尊重你们的独立……任何宗教信仰 291
都不会受到限制。你们国家的法律和习惯会保留下去。[56]

第一个“姊妹共和国”巴达维亚共和国在1795年1月19日宣布

成立。4 月 5 日普鲁士与法国签订的《巴塞尔条约》事实上将莱茵河左岸割让给了法国。虽然确有荷兰爱国者认为法国作为“姊妹共和国”前来“解放”了他们，但是荷兰的亲法势力还不及比利时，法国人也不认为荷兰本质上是一个革命的共和国。因此，巴达维亚共和国被视作一个被征服的地区，被要求支付大量战争补偿并为 2.5 万名占领军士兵提供补给。

反抗法国威胁的民众的力量与“爱国者”团体一样强大。在欧洲大陆，统治的政权从民众抵制革命中获得了合法性。在法军入侵的地区，法国人想象着“理性的”法国管理体系和社会组织会普遍被接受，但他们的统治经常遭到公开拒绝、消极怠慢和阳奉阴违。共和国不得不一次又一次地面对在外国土地上重演的旺代叛乱，叛乱由于语言的差异被进一步加剧。[57]

比利时被置于严格的军事管制之下。28.3 万名法军士兵实际上靠少于 300 万人口的土地供养，这引起了物资短缺、叛乱和犯罪。据报道，大约 3 000 到 4 000 人在布鲁塞尔和尼维尔之间森林中艰难生活，他们洗劫每一辆通过的马车。[58] 法军的处境也好不到哪去。20 岁的夏尔・勒菲尔经常给埃纳省苏瓦松附近希韦的父母写信，他的父亲是当地的市长。夏尔是一个吃苦耐劳的年轻人，但是在 1794—1795 年冬攻打马斯特里赫特期间，连他都开始抱怨“赤足和衣衫破烂”。夜间光着脚在莱茵河当值是一件苦差事。士兵们被安置在一个四面透风的城堡废墟里，有时候三四天都没有面包。他们为了生存从冰冻的土地里挖胡萝卜、土豆和芜菁。[59]

当战争越过边境，补给由于法国农民拒服军役而变得愈发困难。

成千上万的男性仍然在前线，农村的劳工在收获季节坚持索要高额工资，以此获利。农民们继续逃避征收食物、草料和牲畜。葡月十八日 292
（1794年10月9日），在特里尔*负责供应草料的官员斥责了他在洛林省朗格勒市的同事。他的同事由于缺乏补给而抱怨道："我真是煎熬啊。"他警告说："清醒点！丢掉官职是最轻的惩罚，事关你的人头。"[60]由于成千上万的男性仍然在前线，农村的劳工仍然能够在收获季节索要高额工资。例如在贡比涅附近巴黎北部的阿蒂希，1795年8月的收获被坚持要高额报酬的流动收割者的罢工打乱。[61]

到了1794年末，东部边境出现了运输困难，救国委员会中的康巴塞雷斯、卡尔诺、杜布瓦-克朗塞、布瓦西和其他成员被迫重新签发恐怖统治时期的法令，警告对抗国民公会就是死路一条，政府仍然是"革命直到和平为止"，补给十分紧急，"事关我们在敌国领土的军队的胜利，事关我们继续进行征服以及继续现有战役的需求……"[62]但是，即使在这个时候，掌握运输的人仍坚持索要高价来从中渔利。在1795年1月至4月间，朗格勒市每公担小麦的价格从60里弗涨到了192里弗，大麦从37里弗涨到了139里弗，同时其他谷物、干草和稻草的价格也上涨了。这时，在卢森堡的法军警告说，如果行政官员和市民继续不合作，他们将被迫返回。负责补给的官员警告朗格勒的人说："我们现在处于绝望之中，你们的野蛮自私和忘恩负义会辜负我们五年以来忍受困难、痛苦和辛劳得来的宝贵果实。"[63]

---

* 特里尔是法军于1794年8月攻占的德意志城市，在之后的《巴塞尔条约》中被割让给法兰西共和国。特里尔今属德国。

这些果实即将成熟。1795 年签订的一系列条约实现了国民公会的关键目标，将三个国家从反革命同盟中排除出去：与普鲁士签订的第一份《巴塞尔条约》（4 月 5 日），与巴达维亚共和国签订割让领土给法国的《海牙条约》（5 月 16 日），与西班牙签订的第二份《巴塞尔条约》（7 月 22 日）。比利牛斯山南部没有像低地国家那样并入法国，当地的反抗更加激烈。但是革命的进步令人震惊：一名马德里的教士报告说：“在酒馆和时尚沙龙，你听到的都是战争、革命、国民公会、
293 国家代表、自由、平等。即使妓女都知道罗伯斯庇尔。”[64]

在更远的地方，国民公会无力援助它的同盟者。在波兰，沙皇俄国的叶卡捷琳娜二世在 1792 年发动了针对雅各宾主义的先发制人的入侵，同时也图谋瓜分波兰，波兰爱国者们在 1794 年 3 月打着“自由、公正、独立”的旗号起义反对克拉科夫的俄国占领军。塔德乌什·柯斯丘什科曾经在 1793 年 1 月访问过巴黎，承诺给波兰人公民权并且废除农奴制。在华沙，俄国人及其支持者遭到了血腥的报复。三色旗飘扬在城市之中；《马赛曲》和《一切都会好！》出现了波兰语译文。尽管一道“全民皆兵令”动员了 7.2 万人，波兰人还是无力阻挡俄国人新一轮的入侵；1794 年 11 月，俄军在华沙市郊的普拉加在一天内杀害了 2 万名波兰平民。1795 年 1 月，波兰被俄国、普鲁士和奥地利瓜分。[65]

战争在远离欧洲的地区仍在进行。考虑到法国人和爱国者在荷兰取得胜利会威胁到英国的商业和殖民地利益，英国打算摧毁荷属东印度公司，从荷兰人手中夺走其自 1652 年开始控制的好望角。1795 年 9 月，一场短暂但具有重要意义的战争在好望角附近的梅森堡爆发，一

支英国舰队击败了荷兰殖民地的反抗者，攻占了好望角，为英国接下来一个世纪的统治和更为长远的英国文化统治奠定了基础。[66]战争同样继续在加勒比海地区进行，1794 年 12 月法国重新从英国手中夺回了瓜德罗普岛，处决了（通过断头台和枪决）超过 500 名投靠英国人的法国男性和女性。[67]

在政府致力于扩展共和国边界的对外政策和在国境外建立“姊妹共和国”的同时，热月党人在国内最大的政治挑战是如何建立一种内部秩序，这种秩序既要避免共和二年的激进主义和民众威胁，也要强势应对复苏的保王主义。用国民公会主席布瓦西·当格拉的话说，“我们在六年之中经历了六个世纪”。（图 32）他在共和三年获月五日（1795 年 6 月 23 日）清楚地解释了新的政治议程：

> 我们应当由我们当中最优秀的人来治理；最优秀的人是那些受教育程度最高的人，那些最热衷于维护法律的人；除了极少数个例，你只能在那些拥有个人财产、全身心热爱财产所在地的人中找到这种人……如果你将无限制的政治权利交给那些没有财产的人……他们会从贸易和农业里中饱私囊或者放纵贪婪……[68] 294

在获月二十一日（7 月 9 日）的国民公会上，让·德尼·朗瑞奈认为政治平等是一个可笑的幻想，这只会将选举权交给那些“愚昧无知、自私贪婪和好吃懒做”的人，同时也会给“疯子、傻子、妇女、儿童和外国人”选举权。毫无疑问，女性当中也有睿智的，但是最理想的情况是女性应当依附于她们的丈夫。况且，她们有着更重要的任务："从摇篮开始向孩子灌输共和美德；格拉古的母亲就是她们的模范。"[69]

因此，果月五日（8 月 22 日）的新宪法在财富、年龄、受教育程度和性别等方面限制了议会选举的参与范围。政治生活只能通过选举进行：请愿、政治俱乐部甚至和平游行都被禁止了。1793 年宪法承诺的社会权利不见踪影；现在平等的意义被严格限制在法律面前人人平等：

> 第三条，平等指法律对所有人一视同仁……
>
> 第八条，土地耕种，一切的生产，所有形式的劳动以及整个社会秩序都依赖于拥有财产……[70]

只有那些在社会中有足够资本的人才能被信任，委以治理之责：也就是那些受过教育的、拥有财产的中年已婚男性。当然，所有男性纳税人都拥有投票权，但是选举人只保留了最富有的 3 万人，这个数量是 1791 年的一半。广大民众只能被动地信任教育水平最高的人。宪法着重强调了避免突然的政治变动：每次只选举五百人委员会*的三分之一成员；成立上议院，即一个负责审核立法的元老院（Council of Elders，由 250 名年龄在 40 岁以上的已婚或丧偶男性组成）；五百人委员会提出督政官的候选名单，元老院从这个名单中选出五名督政官，五名督政官每年更换一人。在提议这项法律时，代表皮埃尔–路易–夏

* 五百人委员会即 1795 年宪法设立的国家立法机构，相当于下议院。

尔·博丹认为这些规定能够“抑制冲动”，让“革命状态过渡到宪政秩序中”。[71] 295

1789 年的革命家们曾经在《人权宣言》中展露过他们的乐观主义，他们相信解放人的创造性会使所有人都能施展才华。自由只有在尊重他人“天然的和不可剥夺的”权利（“自由、财产权、人身权和反抗压迫的权利”）时才应受到限制。1793 年的宪法更进一步，加上了平等权，并且补充说“反抗压迫”不仅是“最神圣的权利”，而且当压迫显而易见时是“不可推卸的义务”。现在的 1795 年宪法承认“自由、平等、人身权和财产权”是人权的核心，但是将一切与反抗压迫的权利相关的内容删除，并且增加一份《义务宣言》，把遵守法律置于最重要的地位。[72]

宪法经过了公民投票：大约 130 万男性投了赞成票，明显少于之前的 1793 年宪法获得的赞成票。但是只有 20.8 万人支持《三分之二法令》*；而且社会秩序的代价是民主必须受到限制，这令人们尤为愤怒。利摩日市一部分投票者抱怨说：“我们非常不愿意看到富人将其他所有公民排挤出去。”[73]

法国再一次由一个代议制议会政府统治，它的根基是财产限制以及保障经济和公民自由。法国通过这些方式回到了 1791 年宪法的核心原则上。但是 1795 年宪法和它规定的督政府†的统治是共和性质的，不是君主制的。新宪法试图通过教会与国家分离的方式解决宗教

* 《三分之二法令》作为宪法的附加项提交了公民投票。法令要求不论全国的代表选举结果如何，五百人委员会必须从现国民公会的 749 名成员中产生。

† 督政府是 1795 年宪法设立的国家行政机构。

分歧："不得强迫任何人缴纳宗教费用。共和国不会为任何宗教提供资助。"

这是一个基于个人权利和义务、尊重法律和私有财产、尊重政治和经济自由的政权。新宪法除了保留医疗和安全领域的职业认证外，重新确认要废除职业准入的限制，"经商、工业和任何形式的手工劳动"都不受限制。国民公会认为它已经结束了革命。但是，经历了6年的激烈斗争、民众参与和牺牲之后，这些务实、老练的共和派提出的限制性法规，能否成功地在城市和乡村愤怒的劳动人民，以及死灰
296 复燃的王党分子中间实现稳定呢?

第十五章

社会中有资本的人，1795—1797 年

督政府的成员面临着严峻的政治难题，到了 1795 年，法国人民之中出现的分歧不仅仅是一个谁最能够代表选民的问题，还有什么样的政权最适合这个国家的问题。而成败的筹码非常高：在 1793—1795 年间，总共有 96 名代表由于处决、暗杀或自杀而死。[1] 一个保卫共和国的自由体制如何既能粉碎王党分子的复辟幻想又能对抗民众过分要求和雅各宾主义极端化？督政府给出的答案是共和国要依靠社会中有"能力"和资本的人，不过政治上富人的排外和经济上的自由主义不可避免地给这个政权打上了阶级统治的烙印：一个"极度以资产阶级为核心的共和国"。[2]

对于全法国的富人来说，共和四年雾月十一日（1795 年 11 月 2 日）新成立的督政府代表了他们想要的一切要素：既确保了革命的主要成果也消除了民众恐吓的危险。重新拥有以大量财产作为基础的政治权力和社会名望，增强了土地所有者和农场主的信心，比如阿图瓦和皮卡第的"大庄园主"（fermocratie）。[3] 那些制定共和三年宪法的人的政治意图很明显，即那种头脑发热、难以预料的民众自发政治行为已经

结束，权力必须交到那些在社会中有大量资本的人手中。正如革命初
期普世主义者“博爱”的范围在 1792—1794 年缩小到共同对抗反革
命的爱国者之间的友爱那样，如今在督政府掌权的共和派经常将激进
297 的无套裤汉称作“无政府主义者”，将他们和王党分子排除在外。与
此同时，督政府试图通过五名督政官轮流掌权来避免过度集权，防止
人们联想到罗伯斯庇尔的统治。

一般民众的政治热情被刻意打压。在首都，各个相邻市区的议会被少数“大区”的议会取代，乡村公社被集中到选区的“市政厅”进行选举和处理地方事务。当国家第一次改选五百人委员会的三分之一成员时，很显然政府不是在寻求民众的热情参与，而是寻求他们的默许。即使在拥有足够财产成为选举人的 3 万人当中，只有 15% 的人进行投票，他们当中的大多数将票投给了王党分子。

督政府的成员坚信他们独特的共和主义——议会制，经济上自由放任，但在社会上保守——是最适合稳定国家的方式，然而他们从来都不能对赢得大多数人民支持抱有信心。有限的社会根基和内部动乱使得督政府寄希望于镇压反对者，甚至不惜动用武力。因此，督政府宣布支持 1793 年的民主宪法是死罪，并在 2 月召唤拿破仑·波拿巴动用军队强制关闭了巴黎的先贤祠俱乐部，这个俱乐部在去年 11 月份创立时吸引了 3 000 名雅各宾派。在 1796 年 3 月，督政府严格限制了出版和结社自由。

政治压迫与征兵，加上城市中的生活必需品的短缺一并加剧了怨恨。之前担任梅斯教区雷西库尔村神父的谢维利耶在 1795 年 12 月给他流亡的教士同事写信介绍情况时尖刻地说道：

> 农民们看起来没有以前那么穷了。他们手中有所有的必需品，他们高价出售，变得越来越有钱了……但是南锡和吕内维尔的人民正在受苦：没有工作，没有钱，没有食物……肉类太稀有了，只能供应给医院……蜡烛也没有。盐被用来换小麦……在11月一整月，军队士兵出逃从来没有停止。你在任何一个村庄或“大农场”都能看到几个逃兵路过，他们说他们宁愿马上死
> 也不愿回到军队中。 298

南锡市中那些据说曾支持恐怖统治的人经常遭到“拿着尖刺棍棒”、自称“和平正义者”的年轻人的殴打。谢维利耶对教会在道德和宗教活动中的影响力崩塌感到绝望，人们越来越将宗教看成一件与自己不相干的事或者只是一个定期的弥撒。[4]

在稍微远一点的东部边境，一名已经还俗并结婚的神父开始担忧自己的性命。尼古拉–安托万·博尔是一名雅各宾派激进分子，他曾经从萨尔格米讷逃亡贵族的没收财产中建立了一个公共图书馆，并在书中找到为什么他必须放弃教职的理由：“当我第一次读到历史学家书写的有关耶稣基督信仰的不光彩历史的时候，我感到绝望，圣多明各的烧杀、强迫美洲原住民改宗、圣巴托洛缪大屠杀……我一度认为这些暴行是夸大其词。”现在，他“宁愿为效忠祖国不畏受伤和牺牲，宁愿选择成为一名父亲忍受羞辱和伤害，也不愿成为一名教士”。在附近的翁布尔，另一名已婚的前任教士活活被饿死，他的尸体被拖到街上曝尸四日后才被埋葬在墓园的围墙外。当博尔在1796年有机会在洛林之外担任一个职务时，他将雅各宾俱乐部的文件交给了继任的

图书管理员，而后者销毁了这些文件。到了 19 世纪末，这个图书馆也完全消失了。[5]

很多在革命激进主义时期活跃数年的人此时在绝望、恐惧和筋疲力竭中离开了公共生活。家具工匠夏穆耶被奥尔良人称为“无套裤汉创始人”，他在入狱之前曾经担任过警监、市议员、省行政部门部长、地区俱乐部主席。在 1796 年新年，他在城墙上张贴了一张公告，宣布他不再参与政治，重操木匠的旧业。[6]

督政府的政治和社会气氛为其他公民获取权力开辟了道路，其中就包括一群有才华的女性。共和二年雅各宾派统治时期曾经鼓励妇女作为“女公民”展示她们的爱国热情，尽管国家关闭了女性政治俱乐部。1796 年 6 月，著名代表皮埃尔-路易·勒德埃尔在他的《巴黎新闻》上写道，已经没有了所谓的“女公民”：“公民是一个政治身份，女性只是家庭的一个成员。女性在国家没有政治权利，她们没有任何
299 政治身份。”[7] 然而，一些女性找到了其他方式来获取权力。1795 年末，泰蕾西娅·卡巴吕疏远了她的丈夫塔利安——部分原因是他在 1795 年 5 月在基伯龙处决了被俘的保王党贵族——成了保罗·巴拉斯的情妇，巴拉斯曾经是一名子爵，后来成了雅各宾派成员，现在成了新政权的督政官。卡巴吕、朱莉埃特·雷卡米耶和玛丽-罗斯·德博阿尔内（与拿破仑·波拿巴在 1796 年 3 月 9 日结婚）被称为绝美女人，她们在时尚界具有重要影响力，是反雅各宾派的积极分子。但是波拿巴后来禁止他的妻子与卡巴吕这个“声名狼藉、令人厌恶的女人”交往。[8]

1789 年之后的所有政权都曾试图用令人振奋的象征物和节日来取代旧制度的象征物和节日，现在随着王权、贵族和国家宗教这些支柱

被摧毁，旧制度已经行将就木。雅各宾派曾利用约瑟夫·巴拉和约瑟夫-阿格里科尔·维亚拉这些男孩的英雄事迹来激发儿童的爱国情感。现在督政府找到了一个更加合适的英雄。1796 年的巴黎沙龙流传着由皮埃尔-尼古拉·罗格朗创作的题为《一桩永远铭记的善行》的文章，赞颂在恐怖统治期间拉福斯监狱信使约瑟夫·康热的事迹。康热被一个委托他送信的犯人家庭的悲惨遭遇感动，不顾自己的贫困决定接济他们。他同时也关照了那名囚犯，犯人和他的家人都以为康热单纯只是这些钱物的递送者。直到后来真相才被发现，康热的善举受到画家和剧作家的赞颂，其中就包括 1792 年戏剧《奥地利土地上的流亡贵族》的作者马兰·伽玛。

康热此外的一则善行是抚养了在前线阵亡的姐夫的 6 个孩子中的 3 个。对于当局来讲，他既代表了爱国的共和主义，也代表了作为新政权美德根基的耐心与慷慨。新政权试图通过用自己的官方节日取代雅各宾派的理性和自然的节日来宣扬这些价值观。现在有 5 个“国家节日”，纪念 7 月 14 日，8 月 10 日，共和国宣布成立的 9 月 22 日，处决路易十六的 1 月 21 日，以及推翻罗伯斯庇尔的热月九日。在 1795 年 10 月，国民公会又增加了 5 个“道德节日”来庆祝青年、老年、婚姻、感恩和农业。1797 年 6 月在东北部村庄瓦西尼举行的农业节非常具有代表性：

> 公民奥古斯丁·布洛涅是维内罗尔公社的一名农民（他的家
> 庭有 13 个孩子，其中的一个孩子已经为共和国捐躯），由于他的 300
> 智慧、善行和活力被树立为好榜样，他的名字被赞颂，在整个庆

典上他都坐在主席的旁边。[9]

1796年12月22日，在东部边境的蒂永维尔市，共和国成立四周年纪念日无疑显得更加热闹，一个精致的石制“祖国祭坛”举行了揭幕仪式，以此来纪念国民公会在1792年12月4日成立，“蒂永维尔打退了普鲁士人的入侵，值得祖国为它骄傲”。这座圣坛是成千上万的圣坛中现在唯一保留下来的一个。（图34）

但是这些节日在总体上显得缺乏灵魂，形式大于内容，既缺乏已经废除的宗教节日那样的文化共鸣，也缺少革命初年那样发自内心的热情。克劳德·巴伊是卢瓦尔河谷的一名制鞍匠人，他在1796年4月28日（他使用的是公历）的日记中打趣地写道：“这个正在举行的节日叫作婚姻节。你和你的妻子去理性神庙听一场演讲，向新婚夫妇唱歌祝福、敬献花环，但是到场的只有市政官员和士兵家属。”[10]督政府需要借助强制手段来推行其独特的共和主义，比如在1796年1月，政府颁布的一则法令要求在所有剧院开幕演出前必须唱《马赛曲》。政治文化已经变得僵化。

奥尔良市的行政长官在共和四年芽月十日的青年节上告诉一群冷漠的观众，革命尽管是必要的，它使得“艺术被遗忘和忽视；真诚和礼貌已经消失了，最野蛮和最令人厌恶的愚昧无知取而代之；无政府状态、宗教和政治狂热以及无神论导致了杀戮，全法国变成了一个到处都是监狱和绞刑架的地方”。[11]同样的言论在每个月连续举行的节日上都被提及，无论是在农业节还是在老年节上。在四个月之后的自由和平等节上，一首赞歌试图告诉观众们自由的代价是尊重法律和正直。

平等意味着分享权利、分担义务，而不是“让劳动者抛弃源远流长的勤勉美德”。观众们得到一个乐观的许诺，共和三年的宪法已经压制了无政府主义，恢复了秩序和公正。 301

尽管有了这些安慰，经济形势依旧困难，尤其是在那些因海外贸易减少而经济陷入困境的城市，很多工人即使不怀念旧制度，也开始怀念相对安定的过去。比如在拉罗谢尔，到了 1795 年，市政当局不得不停止使用驿站，因为已经没有足够的资金购买草料了。商业在经历 1792—1794 年后的断档期后开始缓慢恢复：1796 年有 99 条船进港，而 1792 年时只有 25 条，运送的货物有玉米、烟草、棉花和来自美国的糖。持续的战争和废除奴隶制导致了经济衰退，因此，很多拉罗谢尔人公开支持回到君主制就并不稀奇了。[12] 不少城镇和地区都因为时下的经济与社会不稳定而流行起了怀念从前安稳生活的情绪。

新宪法的公投结果在共和四年葡月一日（1795 年 9 月 23 日）公布。10 月 5 日，巴黎的保王党人煽动叛乱，企图趁三分之二的代表无须改选的法令遭到多数选民反对之机夺取权力。数千名武装的保王党人和金色青年被拿破仑·波拿巴的军队无情镇压，数百人死亡。这场政变失败还有巴黎劳动人民的功劳，无论他们对新共和国多么憎恨，他们也拒绝响应保王党的号召。葡月政变的失败还终结了金色青年的权力。无套裤汉的挑战在 1795 年 5 月被镇压，现在纨绔子弟的街头权力变成了另一个需要解决的威胁。在各个社区进行清洗时，超过 3.5 万人失去了公民权。警方探员报告说，“劳动妇女”大声喊着要逮捕纨绔子弟：“去死吧，你们这群小疯子，现在轮到你们了！”[13]

波拿巴的前程在雅各宾派 1794 年 7 月倒台后转向黯淡，在 1794—

1795年拒绝参与残忍镇压旺代残余势力的行动后变得更加灰暗。现在，他在巴黎街头镇压保王党叛乱的行动让他在督政官的眼中获得了重新重用的机会。在波拿巴与玛丽-罗斯·德博阿尔内在1796年3月结婚的36个小时之后，他被调任为意大利方面军司令。他对约瑟芬（来源于玛丽-罗斯中间的名字约瑟芙）十分迷恋，当他开始捷报频传时，他
302 乞求她来看他："你会来的，不是吗？你和我在一起，在我的心中，在我的臂弯里，在我的唇边……我想亲吻你的心，然后慢慢地亲下去。"他着重强调了最后两个词，以至于笔尖都划破了信纸。而约瑟芬置若罔闻，她正在与她的更幽默、更世故的年轻士兵情人伊波利特·夏尔约会。[14]

波拿巴的军队在翻越阿尔卑斯山后，在伦巴第对奥地利军队取得重大胜利。其中有亚历山大·仲马将军的功劳，他是圣多明各一名女奴隶之子，现在成了阿尔卑斯军队的司令，他由于身先士卒而名声大噪（奥地利人称他为"黑魔鬼"）。仲马曾经和波拿巴有过一段短暂的友谊。[15] 波拿巴的胜利促成了一系列"姊妹共和国"的建立——其中有共和五年葡月二十五日（1796年10月16日）成立的波河以南共和国，获月十一日（1797年6月29日）成立的阿尔卑斯山南共和国，以及在花月二十七日（1797年5月15日）占领的威尼斯共和国。（图36）与此同时，他还无情地镇压了反对占领军的民众叛乱：1796年6月，波拿巴在米兰西南部的帕维亚和比纳斯科纵兵杀掠三天；维罗纳大约有1万名平民被杀。他的军队还在1797年占领尼斯市后在城内外杀害大量充满敌意的平民。[16] 国家的荣誉建立在累累白骨之上。

波拿巴在1796年在意大利北部战胜了皮埃蒙特和奥地利的军队，

这使得他能够对被征服的地区进行征收。他还在意大利进一步扩大了1795年奥属尼德兰地区没收艺术品送往卢浮宫的做法。这在巴黎引发了激烈的争论，关于征收的道德问题的争论，本质上是关于扩张的外交政策的争论，同时也是艺术家群体内部争夺权位的斗争。《总汇通报》（*Moniteur Universel*）的编辑、曾经当过督政官秘书的夏尔-约瑟夫·特鲁维痛骂保王党提出的返还艺术品的要求，他宣称他们会“声称法国正在密谋反对德意志和意大利，其结果是，不光要归还艺术纪念物，还要法国人归还浴血奋战得来的武器、赔款和城镇，最重要的是，必须要打倒共和国政府”。[17]

艺术家要注意自己的政治取向。雅克-路易·大卫是一个幸运儿，
他由于与罗伯斯庇尔派和治安委员会有关联在热月被捕，他与很多人 303
一样宣称自己“内心是纯洁的，只是头脑糊涂”。他被释放，随后在1795年5月再次被捕入狱，由于健康恶化再次被释放。玛格丽特·夏洛特在1793年与大卫离婚，部分原因是她对他投票支持处死路易十六感到愤怒，当大卫在狱中时她却施以援手，这对夫妇在1796年11月复婚。大卫重操大革命前画肖像画的旧业，他的主顾当中有荷兰巴达维亚共和国驻巴黎的代表们。[18]

安-路易·吉罗代是大卫最早的学生之一，他是罗马大奖的获得者，1789年前往意大利学习并滞留，在反革命的学生洗劫罗马的法兰西学院之后，他在那不勒斯过了18个月身无分文的流亡生活。当吉罗代在1795年返回巴黎时，他同样对他遇到的变化感到困惑，并且忙于保护在奥尔良的家族财产，很难立即重新开始绘画。直到1798年，他才在巴黎沙龙展出了让-巴普蒂斯特·贝莱的四分之三身长的画像，出生于

塞内加尔的贝莱曾经是奴隶，入选了国民公会和五百人委员会，但是在1797年失去了席位。贝莱是第一个入选欧洲议会的奴隶（他在1746年或1747年出生在塞内加尔的戈雷岛），他在1794年国民公会欢呼着投票决定废除奴隶制的那天发表第一次演讲。吉罗代给他的肖像画上了作为国民公会议员的绶带，在背景中有纪尧姆·雷纳尔的半身像，他是少数挑战奴隶制的启蒙哲人之一，在1796年3月去世。（图35）[19]

科学家同样从革命中得到了互相矛盾的信息。其中的一个信息是，1789年开始的革命为科学打开了一条路，科学知识的理性运用在各个领域的前景，从此为人们更加充分地认识；另一个信息是通过威权解决社会动荡的必要性。这些年以来，繁荣的科学和新成立的机构都不可避免带有这两种教训的痕迹。乔治·居维叶是这个时代最杰出的科学家，他于1769年出生在蒙贝利亚尔的一个新教徒家庭，蒙贝利亚尔在1793年10月并入法国之前曾经是符腾堡公国的一部分。1795年，居维叶成为巴黎植物园比较解剖学家梅尔特鲁的助手。居维叶在那里结识了地质学家福雅·德·圣丰，即《维瓦赖和维莱地区死火山研究》（1778年）这一杰作的作者。圣丰曾经担任过管理工厂、军械库和王室森林的钦差，他在1793年活了下来，担任巴黎植物园的第一任地质学
304 教授。1796年，27岁的居维叶通过在先贤祠中央学院展示哺乳动物的化石证明一些动物已经灭绝震惊了他的听众。与此同时，他建立了一套包括人类在内的详尽的古生物分类体系，这与他对革命的看法相一致，他认为革命已经证明了社会秩序、等级和义务的必要性。[20]

督政府继承了大量宗教问题。大多数教士拒绝宣誓遵守1791年的《教士公民组织法》，还有的很快就变节流亡，囚禁和杀害教士之举使

法国边境形成了一支带着复仇怒火的教士军队。在很多地区，宣誓教士都无法平息当地人在“好神父”离开时的愤恨。无论如何，教士人数过少都无法满足精神需求，到了 1796 年，法国 4 万个教区大约只有 1.5 万名教士。欧洲反法联盟的失败使得流亡教士凯旋的希望破灭，不过在法国的部分地区存在重建宗教生活的强烈愿望。

流亡教士弗朗孔维尔成了前任南锡主教拉法尔的秘书，后者现在是王位候选人普罗旺斯伯爵在维也纳宫廷的代理人，弗朗孔维尔编了一份教区中未宣誓教士的名册。其中 200 人在流亡，主要在巴伐利亚和奥地利；113 人在南锡的监狱里；还有 30 人他也不知道在哪里。23 名教士被发配到罗什福尔，其中的大多数人在一次沉船事故中丧生，这艘沉船上的 763 名囚犯死了 543 人。[21] 一名来自南锡主教辖区的流亡教士在 1795 年给教区居民的信中表达了他的愧疚感：“自大的箴言、欺骗性的教条、腐蚀人心的错误原则……免受责罚使得叛变和放纵更加大胆。善良的人们现在在遭受着仇恨、贪婪、迫害、愤怒和苦恼的命运。”他呼吁教区居民在等待他回来的同时要坚守他以前教给他们的信条，但是他没有认识到教众从领主制度尤其是什一税的终结中获得的物质利益。[22]

很多流亡教士的拒不妥协是宗教生活恢复和重建的主要障碍，当他们对革命带来的变化充满敌意时，又怎么会受邀回来呢？在瑞士流亡的法国主教们在 1795 年向一些宣誓教士伸出了橄榄枝，公开宣称并不是他们中的所有人都有罪，很多人可以被原谅和重新接纳，尤其是那些拒绝接受“外来”主教的教士。相比之下，在如何处理宣誓教士 305
（“叛徒”）的问题上，在维也纳宫廷担任拉法尔主教秘书的流亡教士用加列努斯皇帝时期哥特人的洗劫来打比方：

> 所有篡夺他人职位的人都必须驱逐出教会。在外敌入侵时，想象一下常见的破坏都可能成为获利的机会的时候，只有那些不虔诚的人和上帝的敌人才会这样做。因此要将他们都驱逐出教会，以免上帝的怒火降临在所有人身上，尤其是那些没有做正确选择的高级教士。

这种话不是空洞的威胁："我们是你的士兵，我的领主，但我也是上帝的仆人……我们的手中有武器，我们不会拒绝使用它们，因为我们宁愿纯洁地死去也不愿带着愧疚苟活。"[23]

在法国的一些地区，流亡教士和当地人民联合起来负隅顽抗。1792—1793 年兴起的反革命游击战（朱安党）在 1795 年之后成了布列塔尼的地方病。（图 37）这种游击战没有旺代叛乱那样的军事组织，也没有明确地反对革命，只是反对那些从 1789 年以来扰乱农村生活的人，比如当地购买教会财产的"爱国者"，取代当地人信任的主教位置的"外来"教士，一心完成征兵和税收目标的官员，还有继续利用可回收土地租约进行剥削的大地主。教士一直以来为说布列塔尼语的大社群提供精神凝聚力，社群成员大多是农民，通过参加礼拜日活动感受社区的精神团结。[24] 武装的朱安党人使用大革命前在布列塔尼、曼恩和安茹省边境传奇的私盐贩子同样的藏身处、行动路线和策略。[25] 他们也有自己的英雄和殉道者，比如在 1795 年 12 月被捕、在第二年 1 月被处决的艾莱诺尔 · 达普埃尔内。他很早就是一名反革命者，曾经在 1790 年 3 月写信给坎佩莱的行政长官说他和他的家人要脱离这个国家：“我不再将自己视作这个城市的公民，也不会再纳税了。”他在 1791 年初移民，不过在第二年又回来对抗革命。他死得很安详，他告诉妻子他相信“上帝会在他的神圣乐园里让我们重聚”。[26] 306

对督政府的人来说，宗教问题是公共秩序的头等大事，他们不相信“狂热迷信”，但是也知道人们普遍渴望重建精神共同体。共和四年果月七日（1796 年 8 月 24 日）的法令允许流亡教士回国，但前提是他们宣誓成为公民。宗教仪式应为完全的私人事务：教钟和宗教虔诚的外在象征物仍然被禁止，督政府仍沿袭国民公会的教会与国家分离的原则。教会将由虔诚者的捐献维持。然而这些年以来，从底层形成了一种新的天主教，虔诚的妇女在重建四分五裂的天主教会方面尤为积极。重建天主教的愿望在教士大量逃亡的农村（比如西部的部分地区、诺曼底和西南部）和阿尔勒、拉昂、芒德、鲁昂和图卢兹这样摧毁旧制度机构导致妇女容易失业从而贫困的省会和城市中尤为强烈。

天主教会的机构已经被粉碎。天主教失去了其官方宗教的特权地位，教会的财产已经被没收和出售，与其相关的封建特权已经被废除。数百座修道院和女修院被关闭，其中的修士像很多前教区教士一样不是流亡就是放弃信仰躲避风头，在许多情况下，他们在革命时期担任了行政职务。革命前存在的教会教育、日常的宗教仪式和每年的教会日历已经消失了，乡村没有了钟声和礼拜的呼唤已经变成一片寂静之地。大多数儿童无学可上；大多数教区没有教士调解纠纷；年轻的男子都远离家乡，在世俗的军队中。妇女们反倒对流亡教士拒绝向新政权妥协感到不耐烦，她们自发地表达着深厚的宗教热情。地方当权者害怕重新开放教堂，因为一些人已经将教堂当作国家财产购买了；虔诚的平信徒想为新生儿做“出生弥撒”，但施洗的仪式只能由产婆来做。礼拜日而不是革命历上的旬日被当作休息日，早已搬空的教堂宝库如今堆满了圣徒遗物，自 1793 年便被藏起来以躲避四处征
307 收物资的革命军。

在其他地方，人们找到了延续宗教仪式的不同方式。当雅各宾派的军队在 1794 年 5 月从西班牙人手中夺回比利牛斯山东部的城镇圣洛朗德塞尔丹时，有大量曾经对抗共和国军队圣洛朗当地人逃亡，这个城市幸运地逃过了被故意夷平的命运。教士约瑟夫·西克雷在 1792 年 9 月已经离开了圣洛朗，他将此地称为“法国教会的蒙难地”。他很有可能是跟随入侵的西班牙军队在 1793—1794 年回到他的教区的，在军队撤退后他留了下来。从 1796 年 9 月 11 日开始，圣科内利斯小教堂举行了赐福仪式，西克雷再一次在教区居民的生活中扮演了关键性角色。这个小教堂坐落在穆加河畔，离边境只有 6 千米，其所在地只有一条小溪，这个小教堂成了数百名虔诚信徒的圣地，他们花费几个小时沿着崎岖的山路来这里举行婚礼或者给婴儿受洗。（图 33）直到西克雷在 1800 年 12 月返回圣洛朗之前，他在圣科内利斯小教堂给 331 名婴儿施行了洗礼，与大革命前的习俗一样，很多婴儿都是在出生那天由父亲送到他这里来的，他还主持了 158 场圣洛朗人的婚礼。他的藏身之所变得广为人知，他还为圣洛朗附近的村庄和远在东北方 64 千米外佩皮尼昂市附近的低地地区的人们举行了 124 场婚礼和 281 次洗礼。[27]

督政府关于个人义务和自由放任的思想还应用到了社会福利上。

督政府颠覆了国民公会国营医院和国家负责社会福利的政策，在共和五年，地方医院的董事会被授予了管理权，社会福利又一次基于个人慈善。医院方面抗议说，他们现在既没有了教会和贵族的资助，也没有了之前维持医院运转的修女们，但政府对这一抗议置若罔闻。

在管制卖淫方面，督政府重新推行了旧制度时期的管理措施，没有落实政府在个人责任上的理念。卖淫行业是大量城市妇女最后的栖身之地，她们通常是来自内陆农村地区的移民。1789 年之后，个人自由的原则扩展到了卖淫行业上。1791 年 7 月，巴黎新的市政当局的治理措施中没有提及卖淫行业及其监管措施。尽管有很多妇女因此摆脱了旧制度时期教会改造所的严苛限制，现在人们认为卖淫只是一种个 308
人行为，个人要对其负面影响责任自负。督政府颠覆了这个政策，要求妓女们在警局注册，在特定的妓院中工作，不得流动，以此来防止梅毒的传播，让这种面向大众的行业更加“受人尊敬”。但是对于嫖客则没有这些限制。[28]

1794 年 12 月废除限价导致了大规模通货膨胀。1795 年，地主被授权将地租的一半从纸币改成实物形式，督政官及担任公职的官员的薪水以发放谷物取代金钱。1794 年 2 月，总共有 49.6 亿里弗的指券在流通；一年之后，有 73.5 亿的指券在流通；到了 1796 年 2 月指券的印钞版被销毁时，总共印刷了 340 亿里弗的指券。纸币现在变得一文不值。在 1795 年 10 月，指券的购买力相当于其票面价值的 0.75%；到了第二年 2 月废除指券的时候，其购买力只有其票面价值的 0.25%。用未出售的国有土地为抵押发行的“土地契约券”取代指券的尝试也以失败告终，1797 年 2 月所有纸币被一并废止。[29]

对于城市中的工薪阶层来说，不受控制的物价上涨造成的困难，由于1795年多地区的歉收和随之而来的严冬而进一步恶化。1795年和1796年的物资供应困难加剧了民众对督政府的不满。据1796年2月的报道，在商店门口排队的妇女们抱怨道："这是一个由强盗组成的共和国，起初他们将我们送上断头台，现在他们让我们饿死。此外，罗伯斯庇尔没有让我们挨饿，他只处死了富人，而这伙人每天都在让我们等死！"[30]1795年和1796年也许是革命期间城市工薪阶层最难熬的时候，这些脆弱的人遭受了最多的痛苦。比如，在东部城市布尔，6 500人口中有523人在这两年死去，其中有144人是不满一岁的婴儿。[31]

对于城市工薪阶层来说，这两年是艰难时刻，但是对于农村人来说则不尽然。大土地租佃者受益于不断上涨的粮食价格，趁机购买土地、厘清税负和支付租金。在1793—1794年出售逃亡贵族的财产期间，很多农民借钱来购买额外的土地，他们利用猖獗的通货膨胀还清
309 了贷款。然而在乡村中不断出现的摩擦是很多地区的穷人坚持要占有、清理和开垦公有土地与林地，他们完全不管政府和邻里的意见，即这些公有土地更适合用来放牧。在1790—1795年间，国家共颁布施行了45部关于林地的法律和50部法令，但这对于遏制非法砍伐收效甚微。在转为雅各宾派的前任教士雅克-米歇尔·古贝的一系列报告中，他认为法国南部现在已经和从西班牙到近东的地中海沿岸的一些地区一样出现了荒漠化。在纳尔榜地区：

> 即使是在鲜活的记忆中，人们相信气候已经发生了变化。葡

> 萄藤和橄榄树现在遭到了霜冻，它们在以前繁荣生长的地方枯萎死去，人们给出的原因是：以前的山坡和山峰都覆盖着大片的树木、灌木、绿色植被……这群贪婪的开垦者到来后，所有的东西都被不假思索地清除掉，人们已经破坏了保持这个地区温度的外在环境。[32]

尽管地方政府积极尝试逮捕非法占有土地的人，督政府还是与之前的政府一样无能为力。然而，督政府试图做的是促进土地私有化和将一些古老的公共权利变成私人财产权，例如森林资源的使用权、拾荒权、公有土地权利、使用未开垦土地和穿越私有土地的权利。督政府承认个人占有林地、已开垦土地和未开垦土地的所有权，并且鼓励通过拍卖出售公有土地。在共和四年牧月二十一日（1796 年 6 月 9 日），督政府废除了 1793 年 6 月 10 日根据人头平分公有土地的命令。

督政府的不幸在于要在物资供应危机的时候建立自身权威。在出台宗教、军事、经济和社会政策的同时，督政府废除了通过集体请愿表达不满的合法权利，进一步将大量人民排除在外。督政府不仅只受到那些能够行使权力的人的操控，而且它的政策和意识形态是建立在狭隘的阶级基础上的。它必须对抗重新燃起的民众抗议，其中既有平民愤怒地要求信仰权利，也有小团体在秘密计划更激进的社会改革。

在很多地区，地方富人和官员固执反对宗教权威，他们与渴望文
化底蕴丰富的古老宗教仪式回归的其他人之间有着严重的分歧。比如 310
1796 年 4 月在诺曼底的巴约市，一群愤怒的妇女闯进了大教堂——教堂在恐怖统治期间变成了“理性神殿”——在呼喊声中将一座卢梭的

半身像摔碎在地，“当善良的领主还在这里时，我们还吃得上面包！”在很多地区类似举动都有保王主义色彩，但并不总是如此。在勃艮第区的约讷省，虔诚的信徒坚称自己是共和派，行使的是宪法保证的宗教自由权利。夏布利的请愿者宣称“我们既想成为天主教徒也想成为共和派，我们能够两者兼得”。[33] 在地中海与西班牙边境的科利乌尔小镇，在共和五年芽月十三日（1797 年 4 月 2 日），一大群从附近村庄做完弥撒返回的妇女在一个以前是多明我会小教堂的粮食店里威胁了官员，既要求面包也要求重新开放小教堂。虽然大多数科利乌尔人曾经支持革命，帮助雅各宾派军队在 1794 年 5 月从西班牙手中重新夺回城镇，但宗教生活已经被粉碎，科利乌尔的 10 名教士和僧侣都已经跟随撤退的西班牙军队逃亡。当地的公证人兼市长雅克·欣谢对这些妇女没有任何同情：“迷信是我们所有问题的根源”，也是麻烦的来源，“如果我们想要国内和平就必须从根本上斩断这种恶”。[34]

与此同时，北部数百千米之外的卢瓦-谢尔省的旺多姆市正在对“格拉古”·巴贝夫和他的 48 名同党进行审判，他们被指控密谋叛乱推翻政府。[35] 巴贝夫是皮卡第的贫苦农民之子，他基本上自学成才，他在 1795 年制订了一个通过起义夺权的政治和社会计划，以“国家共同体”的名义占有财产来实现社会平等。巴贝夫认为，无论是雅各宾派的社会福利还是无套裤汉的平分财产的要求都不能解决严重的不公平，进一步导致 1793 年宪法承诺的民主无法实现。巴贝夫对督政府的无情抨击吸引了一批对现状不满的人，从失落的雅各宾派到愤怒的士兵，不过他的集体所有制计划甚至要求集体劳动和集体分配，这与一个渴望土地私有制的社会格格不入。但是他的政治挑战的确威胁到了

督政府，他在1797年5月27日被判死刑。在与他一起受审的其他人
当中，马克·瓦迪耶是曾经参与过密谋推翻罗伯斯庇尔的人之一，他
被无罪释放；让-巴普蒂斯特·德鲁埃是在1791年6月在瓦雷讷认出 311
出逃的路易十六的邮差，他设法逃到了加那利群岛中的特纳利夫岛，
在1797年7月参加了抵抗霍雷肖·纳尔逊率领的英国海军入侵的战斗。

大量民众在这几年间都曾经参与过某种形式的反对督政府的叛乱，但是，他们厌恶的并不是共和国，而是自以为是的精英的阶级政治。一些对督政府最耸人听闻的挑战都没有明确的政治目的。在共和三年葡月十九日（1795年10月11日），一个由21名来自奥尔良的男女组成的团伙绑架了一名农场主，拷打他之后问出了他藏钱的地方。他的农场工人不是被殴打就是被吊死。[36]结果两名团伙成员被送上断头台。然而在接下来的两年里，奥尔良和巴黎之间的博斯地区受到了一个更大规模的“奥热尔帮派”的侵扰，这是一个有组织的暴力团伙，大约由150名各个年龄段的男女组成，他们的暴力劫掠造成了75人死亡。[37]当这个团伙最终在1798年被端掉时,22名成员被处决。这些团伙羞辱、侵犯受害者的故事和他们随后的狂欢，让文明社会感到恐惧。南部有一群强盗被称为“司炉工”，他们之所以得到这个称号是因为他们通过烤受害者的脚来获取信息。

国境线的变动使得这些犯罪变得更加便利。共和四年葡月九日（1795年10月1日），比利时正式并入法国，共和国新增了九个省，这使得这些团伙更容易穿过原有的边境地区。1797年3月，24岁的戴娜·雅克布让图尔奈的刑事法庭大感震惊，她列举了一份大约有80人的“犹太帮”的名单，他们与另外一个活跃在安特卫普、根特、亚眠

和巴黎之间的臭名昭著的“萨拉姆比耶帮”有联系。她后来宣称“犹太帮”有数百人之多，由她的丈夫克托佐・皮卡尔和她的亲戚领导。他们利用了原来犹太小商贩的贸易网络和亲属关系。这个团伙伪造护照和出生证明，以此躲避征兵，并在边境之间穿梭自如。从 1795 年 9 月开始，他们经常用极其残忍的手段抢劫孤立的农场，比利时新省份天主教会的混乱给了他们洗劫教堂的机会。弗朗索瓦-马里・萨拉姆比耶和他的同伙在 1796 年末被捕之前还专门从事拦路抢劫。最终“犹太帮”的领导者被处决，萨拉姆比耶和 21 名同伙在 1798 年 9 月在布鲁
312 日被绞死。[38]

民众对于督政府不满的根本表现是反对征兵制，这是这个政权军队的根基所在。军队的规模比共和二年有所减少——1797 年为 38.2 万人，1794 年为 73.2 万人——这些部队要么在布列塔尼和西部进行令人备受折磨的镇压，要么在远离祖国的外国领土上作战。在法国领土上抵抗外国军队时形成的革命情谊也随之消失。[39] 国民公会曾经说过这场战争是人民与暴君之间的战争，现在督政府的和平条约做出了妥协，承认了与专制国家共存的现状。“姊妹共和国”的成立标志着这场事关革命存亡的战争已经转变成了一场扩张和妥协的战争。所有普世主义的痕迹都已经消失：1792 年对“开明的”外国人的欢迎让步于恐怖统治时期的监管和清洗；现在一系列法律将国家权利置于自由入境权和避难权之上。[40]

尽管波拿巴的军队在意大利北部取得一些著名胜利，但其他主动的对外政策都以惨败收场，比如在共和五年霜月二十五日（1796 年 12 月 15 日）派往爱尔兰的入侵舰队，有的舰船在恶劣的天气中走散，有

的在三周以后被英国海军擒获。督政府仍然相信英国的致命弱点在于其国内凯尔特人少数群体的不满。在威尔士，59 万人口中有 90% 的人只说威尔士语，这里的民众，尤其是受教育的人，曾在 1789 年大革命时支持民族自决和宗教自由。不过在英国的其他地方，这种支持在战争爆发后就逐渐消失。在伦敦，威尔士人西亚马斯·维内德对 1794 年以叛国罪审判伦敦通讯社成员持支持态度，他说："希望你们这些毒蛇在地狱中与黑暗恶魔一同毁灭。"在 1797 年 2 月，一支 1 400 人的法国军队（其中 800 人是逃兵和囚犯）成功在威尔士北部海岸菲什加德登陆。这支部队由参与过美国独立战争的老兵威廉·塔特上校领导，他是来自南卡罗来纳州的一名爱尔兰裔美国人。这支入侵队伍很快就因纪律涣散、醉酒闹事和吃败仗而解散，但是它引起了反法恐慌，增强了英国人的国家认同。[41]

如果说法国在 18 世纪 90 年代是革命的十年，那么欧洲很多地方在这一时期是应对革命威胁的十年。1794 年 6 月，一位名叫巴尔萨·哈凯的布列塔尼人在匈牙利王国矿业城市马鲁辛纳（位于今天的斯洛伐克）的一场政治宴会上发表了演讲，他歌颂法国的战争成果、理性神殿和马克西米利安·罗伯斯庇尔。哈凯是矿场上的一名医生，313
在乌克兰西部的莱姆堡（今名利沃夫）教授解剖学和外科。奥地利官员逮捕了他，不过他的听众当中没有一个人打算作证反对他，他只能被遣返回国。[42] 不过现在，随着法军越过边界朝东部挺近，奥地利帝国加紧了镇压。1795 年，匈牙利法庭判处 18 名当地的"雅各宾派"死刑，在维也纳也有人被处死或监禁。在大西洋对岸也有一些挫折。1794 年美国和英国签订的《杰伊条约》切断了美国与法国原有的联系，[43] 约翰·亚当斯对法国的负面态度是他在 1796 年的总统选举获胜的原因之一。[44]

被占领地区反对法国革命的原因之一是法军经常为了生存或者报复当地充满敌意的居民而进行掠夺。1796 年 12 月，桑布尔-默兹的军队在维尔茨堡被奥地利人打败，部队开始劫掠。一名炮手说道："一些毫无廉耻的士兵将房屋洗劫一空，打碎酒桶、偷盗、强奸妇女，而真正的士兵都去做保障撤退方面的任务了。"[45]1797 年 5 月，意大利维拉弗兰卡的一位居民抱怨说，士兵强行闯入了他的房子，"选择他们最喜欢的酒，拿走了培根、香肠、奶酪和面包，随心所欲地畅饮"。这些违纪行为判得比当逃兵要轻得多：在共和四年至五年期间审判的 350 起案件中，平均的惩罚是六年监禁，只有 8 名士兵被枪决。[46] 一个新的精英职业军官阶层不得不应对发生在比利时、荷兰和意大利土地上的兵变，补给的问题使得军官们对部队偷窃视而不见。到了 1796 年末一些措施才开始逐渐落实，法军得以更有效、更可靠地运输部队所需的粮食、干草和稻草，更快捷地向供应商支付。[47]

无论在法国国内还是国外，法军每天的处境都十分悲惨。士兵弗朗索瓦-泽维尔·若利克莱尔克热情拥护革命，他曾镇定地宣称 1794 年屠杀旺代叛军是必要的，现在的他只想着向汝拉山区的弗瓦德丰泰纳的严厉而吝啬的母亲请求物质援助。在共和四年雨月二十一日（1796 年 2 月 10 日），他在布列塔尼的洛里昂港口附近写信说，指券的贬值
314 是一场灾难，补给都难以下咽：

> 在很多时候，我们都被迫吃一磅半的劣质的黑麦面包，面

包穿肠而过的感觉就像喝了隔夜的稀粥那样。在衣着上，大多数士兵都赤脚。因此由你们来决定走哪条路，是让我在悲惨中死去还是帮帮我……我是你们的儿子，正在饥肠辘辘，而这的确是圣灰星期三*。

若利克莱尔在不久之后再次负伤，他最后返回家乡弗瓦德丰泰纳与母亲团聚。1832 年，他在家乡去世，享年 65 岁。[48]

在这十年间，公共生活的每个机构——民政、司法、军事——都成了争权夺势的地方，人与人的关系通常也充斥着斗争。在南部，怒火发泄在了雅各宾派或新政权在当地的代理人个人和其财产上。后者通常是购买教会和逃亡贵族财产的富人，尤其以新教徒居多。[49]1796 年 6 月，阿尔代什省普利瓦市驻军司令向内政部长报告了一起在弗洛拉克附近谋杀富有的新教徒农场主的案件：

洛泽尔省针对个人的攻击呈现出愈演愈烈的趋势，目标经常是爱国者，共有 89 名善良而高尚的爱国者遇难，富有的新教徒首当其冲。这些狂热分子想要在塞文山区重新开启以前的宗教战争。[50]

法国南部中央高原的大规模暴力凸显了政治文化在镇压和反动之

* 圣灰星期三是基督教中大斋节的首日，由于耶稣在星期三被出卖，信徒们要在复活节前四十天前的星期三这天举行涂灰礼，以示悔改，在圣灰星期三开始的 40 天内要洁身克己，节制饮食。

间的循环。这个地区“高度政治化”，热月政变后公共管制的放松使得累积的仇恨释放出来。在政治生活中，针对前任掌权者的暴力复仇不断增加，事实上几乎无法进行超越派别利益的司法审判。[51]诋毁当地的敌人所用的政治指控无所不用其极。比如，莫尔纳市北部奥朗日的地方当局指控一些军人是“恐怖分子”和“无政府主义者”，他们正在威胁无辜的平民；反过来，这些士兵宣称他们正在受到“王党分子”和“朱安党”的攻击。[52]

在分歧严重的南方城市，八年的激烈权力斗争加深了长久以来的地方差异、主客矛盾和阶级矛盾，单一的暴力事件都可以引起一场血腥的骚乱。阿维尼翁的共和派在 1797 年 2 月 12 日庆祝拿破仑率领法
315 军在曼图亚击败奥地利军队时，其中的一人遇刺。第二天晚上一名共和派宪兵被谋杀。到了 2 月 26 日军队入驻时，邻近的拉福斯特里的保王派也进行了武装。暴力的人群就是从那里启程的。阿格里科尔·莫罗（男孩维亚拉的叔叔）领导当地的共和派与军队进行合作才防止了流血事件进一步扩大，但军队仍使用骚乱作为借口逮捕了数百名“无政府主义者”，审判了其中的 50 人。[53]

1795 年之后在中央和地方掌权的人大多数都是真正的共和派，他们在绝望之中想要找出一条巩固代议制政府和世俗公民生活的道路。他们对 1794 年为了维护共和国安全所付出的代价感到恐惧，并下决心不会再陷入恐惧之中。因此，他们在国内政策上，既反对顽固保王党的反扑，也反对雅各宾派和无套裤汉引以为傲的 1793 年平等主义的威胁。最安全的对外政策要确保外敌入侵不再发生，既不能回到旧制度，也不能进行新的恐怖统治。所以前进的道路所实行的政策既要与西班

牙、奥地利等邻国和平相处，直接兼并莱茵河以西的土地，此外也要由波拿巴建立“姊妹共和国”。

随着共和五年的选举在1797年3月至4月开始，督政府通过了一项法律要求所有的选举人都要宣誓同时反对君主制和无政府主义。然而，超过230名任期结束的代表中只有11人重新当选，新选出的代表中有180人都是形形色色的保王派人士。五百人委员会选举的政治倾向的变化在8月废除1792年和1793年针对未宣誓教士的法令上得到了体现，同时被废除的还有一系列针对流亡贵族的法令。

当教堂在1797年复活节那天重新开放时，奥尔良市的玛丽安娜·沙尔庞蒂耶在她的日记中表达喜悦之情：“所有头脑正常的人都乐于看到教堂开放，在这之前，教堂由一群流氓把持，他们在上帝的这些圣殿里犯下了数不胜数的罪行。”但是她对市场继续使用革命历感到不满，她拒绝在日记中使用革命历。有时候集市甚至在周日进行，“那些虔诚的信徒对此嗤之以鼻”。[54]宽容的风气使得顽固派教士在西部重新出现。伊夫–米歇尔·马歇是昂热西南方勒沙佩勒市一名激进的反革命教士，他曾经在旺代叛乱期间被囚禁。马歇不遗余力地将反叛者塑造成 316
虔诚的天主教徒，现在他希望那些流亡的教士能像圣亚他那修、圣希拉流、圣屈梭多模等古罗马时代的圣徒那样，有朝一日能够回来。[55]1797年7月11日，一名官员沮丧地汇报说，巴约附近乡村的“狂热分子和强盗比法律还强大：这个地区种植的自由树被砍倒，取而代之的是反人民的王冠、小镇中圣徒陈旧的遗迹以及暴民信徒制作的物品”。200人来到圣威格尔“朝圣一名曾经创造奇迹的圣徒”。[56]

随着拉扎尔·奥什将军可能对保王党人复兴的浪潮进行军事镇压

的谣言愈演愈烈，三名督政官——让-弗朗索瓦·勒贝尔、保罗·巴拉斯和路易-马里·德拉·雷维列尔-莱博——在果月十七日至十八日（9月 3—4 日）在巴黎举行的授衔仪式上发动军事政变。在果月十九日，另外两名督政官拉扎尔·卡尔诺和弗朗索瓦-马里·巴泰勒米被解除督政官职务；49 个省的选举取消，177 名代表被驱逐，卡尔诺、让-夏尔·皮什格吕和其他 63 人被驱逐出境。军事法庭判处近 300 人死刑，其中有三分之一的人被认为是积极参与推翻共和国阴谋的贵族和教士。督政府以同情保王党为罪名解除了 38 名将军的职务，他们大多在国内从事军事指挥，被认为没有完成镇压保王主义叛乱的职责，还有人确实支持叛乱。一份报告说道：“即使他们没有直接参与阴谋，至少也知道阴谋，他们在坐等阴谋发生。”[57]

被流放到了圭亚那的代表和记者在那里遇到了 1794 年被送去的近二百名“罗伯斯庇尔分子”当中幸存的人，热带疾病和原住民的暴力抵制使得这个殖民地成了不适宜居住的地方。193 名被流放的雅各宾派中只有 54 人活了下来，其中有 11 人逃跑，其余人最终病逝在圭亚那。曾任共和派将军的皮什格吕是少数能够从圭亚那逃跑的新流放犯之一，他是入侵荷兰的英雄，在果月政变之前站在保王党这一边。他逃到了伦敦，在那里加入了亚历山大·里姆斯基·科萨科夫在 1799 年的反法军事行动中。

317 1797 年 9 月的果月政变标志着温和共和主义的终结。这是一个关键时刻，督政府从试图用自由宪政主义结束革命变成了用“自由威权主义”结束革命。从此以后，“第二届督政府”会毫不犹豫地阻碍宪政进程，越来越多地使用武力和官僚体制的控制来应对一直存在的反革命、抢劫、逃税和逃兵役。它立即重新实行对未宣誓教士的流放。伊夫-米歇尔·马歇最后的布道说:“上帝的愤怒会再一次降临我们,因为我们已经再一次激怒了他。”他再次离开积极的宗教事业,在第二年去世。[58] 葡月七日(9 月 28 日)的法令规定宗教仪式都必须在室内举行。

就在政变两周之后,共和派将军拉扎尔·奥什于 1797 年 9 月在莱茵兰的韦茨拉尔死于肺结核,年仅 29 岁。欧什是凡尔赛一名养狗人留下的孤儿,16 岁参军。他是一名富有激情的民主派和雅各宾派,是 1792 年蒂永维尔保卫战中的关键人物,1793 年成为将军(25 岁),在打击西部王党力量尤其是在 1794—1795 年的基伯龙战役中发挥了重要作用。他还被选中参与 1796 年 12 月支援爱尔兰人联合会的失败的入侵。他在 1797 年的去世对于督政府的保守派精英来说是一种解脱,对于与他同龄、比他更有野心的拿破仑·波拿巴将军来说也是如此。

拿破仑·波拿巴和玛丽-罗斯·德博阿尔内(“约瑟芬”)在这种民怨四起、政治动荡的环境中越来越受到关注。他们两人都是旧制度时期等级森严的贵族群体中的边缘人物。约瑟芬是加勒比海岛马提尼克的一名贵族的女儿,她的父亲对奴隶和蔗糖种植园都管理不善。拿破仑(来到法国本土后,他把自己的意大利语名字“纳波莱奥内”改成了法语化的“拿破仑”)1769 年出生在科西嘉的一个小贵族家庭,在 10 岁的时候被送到了法国的军校,这个学习用功、体型矮小的男孩在同学嘲笑他的口音和名字时都能巧妙应对。无论是玛丽-罗斯还是拿破仑都不是天生丽质,但是他们都具有魅力,两人因为激情和对权力无止境的渴望而结合在一起。革命战争为波拿巴和其他年轻有才干

的士兵们提供了在 1789 年之前无法想象的迅速提拔机会，波拿巴在
318 1793 年从英国人手中重新夺回土伦港之后，从上尉一跃成为准将。

1793 年 7 月，波拿巴在出版的《博凯尔的晚餐》中宣称：“马拉和罗伯斯庇尔！他们是我的圣人！”[59] 但是到了督政府时期，他放下了这些革命言论，专注于军事权力。他的地位随着 1795 年 10 月无情镇压保王党的葡月政变和 1796 年法国从“英属科西嘉王国”统治 28 个月后重新夺回科西嘉之后进一步巩固。波拿巴在民众中的声望提升在当时的歌曲中体现得非常明显，比如“小酒馆”（Le Caveau）演奏的歌曲，这个 1726 年在巴黎成立的美食小团体，其成员通过创作温和讽刺的“轻喜剧”歌曲来赚取生活所需。1796 年，“小酒馆”改名为“轻喜剧晚宴”（Diners du Vandeville），并且立下规矩，其成员不创作政治主题的作品。然而，很多歌曲都有爱国主题，1797 年其中的一首歌这样歌颂年轻的拿破仑：

向我们士兵的领导者致敬，
他勇敢而聪慧，
带领法国人投入战斗，
将士兵的勇气用在了战场上。
他是欧洲的胜利者，
是和平缔造者。
向这位有能力的勇士致敬，
他还不满三十岁，
就已经有了阿喀琉斯的勇气，

和涅斯托耳的美德。[60]

两年多来，公民社会内部冲突在街头暴力、战场对抗与地方政治斗争中一起上演，督政府无法创立一种将激进雅各宾派、无套裤汉和保王派排除在外的可靠政体。果月政变本身就承认了这种无能，从此以后中央政府为了维护安全和秩序越来越多地进行行政干预。总结多年以来在反革命和激进的雅各宾派这两个斯库拉和卡律布狄斯*之间徘徊的经历，“处在中间的共和派”认为两个极端都不可取，没有民主的共和主义才是出路。著名的知识分子——比如本杰明·贡斯当、路易-马里·德拉·雷维列尔-莱博、皮埃尔-路易·勒德埃尔、埃曼纽埃尔·西耶斯和热尔梅娜·斯塔尔夫人——都认为理想的政权应具备世 319
俗主义和自由主义，要消除无套裤汉的民粹主义和重新分配财产的威胁。但是这会导致政权采取反对新教教士和军队逃兵的措施，武装力量变得不可或缺。早在 1797 年，“自由威权主义”就已经出现，“国家安全”使得国家最终落入一位受民众爱戴的将军的专制统治之中。[61] 320

* 斯库拉和卡律布狄斯是希腊神话中的两个海上女妖。斯库拉是一个六头十二手的女妖，卡律布狄斯是一个大漩涡。奥德赛、伊阿宋和亚古尔的英雄们历经艰险从两者之间通过，常用来比喻进退两难的处境。

第十六章

伟大国家与其敌人，1797—1799 年

路易-塞巴斯蒂昂·梅锡耶作为深入经历革命的人，他写作的 12 卷 600 章的《巴黎图景》(1781—1788)对于革命前的巴黎提供了无与伦比的深刻观察。[1] 梅锡耶在国民公会时是吉伦特派的支持者，在恐怖统治期间短暂入狱，后来成了坚定的反雅各宾派。他在 1795 年 10 月代表北部省入选五百人委员会。梅锡耶意识到在 1794 年之后实现稳定是何等艰难："恐惧在我们的革命中扮演了重要角色，它覆盖的领域是如此之广，往往关乎政治、野心、长远策略，这个原本只令敌人感到惊慌失措的东西也让我们感到害怕和恐慌。"[2]

在梅锡耶看来，消除恐惧的方法是重新将经济和政治职能统一起来。旧制度统治能这么长久，那是因为贵族掌握着所有形式的权力——从教会到武装力量——同时还是掌握农业经济的领主。共和派公法学家夏尔-纪尧姆·泰尔曼表示赞同：雅各宾派的愚蠢之处在于他们试图将陈旧、古典的政府形式强加在现代经济之上：

当我们要给人民一种新形式的政府的时候，绝不能改变他们

> 的生存方式，即他们的政治经济体制。新政府必须建立在这个体制之上，或者尽最大的可能与之相互协调……在恐怖统治时期设想的政治制度经过多次转手传到了我们手里，这已经不是我们所说的这套政治经济体制。 321

换言之，正如布瓦西·当格拉在提议 1795 年新宪法的时候曾经说过的那样，必须要让那些掌握经济权力的人和那些受委托掌握政治权力的人形成新的联盟。[3]

督政府及其在全国范围内的支持者在无套裤汉、雅各宾派的激进主义和保王主义以及反革命之间设计出了一条进步道路。这条道路将会带来稳定、和谐、繁荣的农业以及富有活力的商业，既不受平均主义的威胁也不受贵族和教士对昔日美好时光留恋的威胁。他们在文化政策上鼓励公民美德和进取精神，反复教导要尊重社会秩序，同时避免天主教复兴，对于天主教他们怀有一种轻蔑的容忍。这个政权将由一个功能性的专业官僚体系和武装力量来保卫。根据社会地位建立的新秩序会因此更加稳定，不会像共和二年的政府那样过于诉诸暴力。因此，正如西南部欧什市一名官员在 1798 年的一次演讲中所说的那样，恐怖统治期间位于自由广场中央的断头台是“为了让邪恶的反革命分子心生畏惧”。但是现在，“我们在一种更加温和、幸福的统治之下”，他希望以后所有的处决都会谨慎执行。[4]

在全国范围内，富有的土地所有者现在既不会受到雅各宾派的勒索也不会受到他们贵族邻居的蔑视，这些拥有财富的人可以维护自己在地方上前所未有的权势。这些地方显贵是政府希望建立的新国家团结的关键所在。当督政府在 1797 年 9 月派弗朗索瓦–伊夫・贝斯纳尔到西部的勒芒市实行温和的专业化管理和分区治理时，他们进行了抵制。尽管贝斯纳尔来自一个良好的家庭，这位受过教育、有教养的前教士支持《教士公民组织法》，在 1793 年 11 月放弃了教士身份，而他现在由于过去的激进行为受到大土地所有者的抵制。贝斯纳尔以前在安茹省的圣劳市就受到过教区居民的抵制，他们将教钟的绳索锁在钟塔顶上，让蜡烛受潮，撕破了圣礼服饰。[5]

督政府的成员致力于发展具有实用优点的农业和商业。雅各宾派政府曾经试图在统一的公债、低利率和稳定的工资与物价之上建立一套公共金融体制。而督政府反对雅各宾派政府对经济的管制，选择了
322 一种截然不同的道路。到了 1797 年，督政府宣布破产，不再偿付三分之二的公债，为了应对极度的通货膨胀又重新使用金属货币，并且越来越依赖间接税和战争掠夺。自给自足的农场主弗朗索瓦・德・纳夫夏托是督政府大力推崇的美德代言人之一。他在共和五年雨月三十日（1797 年 2 月 18 日）被督政府任命为东部孚日省的特派员，他在写给巴黎上级长官的信中提到了在恐怖统治期间被囚禁的遭遇。他还将矛头指向了革命历，欣慰地汇报说农民对于革命历不屑一顾：只有公务员才熟悉革命历，其结果是经济上的停滞和混乱。[6] 不过革命将农民从封建制度中解放出来，为了共和五年获月十一日（6 月 29 日）的农业节，纳夫夏托为《马赛曲》写了新词：

你们不再被迫劳役，
为了服务领主筋疲力竭。

你们的收获不再
被收税官从你们的眼皮底下夺走。
你们在法兰西的注视下耕作，
今天就是恢复荣誉的时刻，
祖国向你们确保了幸福，
真正的独立……[7]

督政府的支持者当中有著名的农学家、医生和其他医学人士，他们希望由那些在教育、财富、性别和地位上最合适的人进行统治，在雅各宾派的平均主义和贵族的排外主义之间开创一条道路。因此，尽管法国在与英国交战，但英国人爱德华·詹纳发明的疫苗极大降低了感染牛痘的风险，迅速在法国被接受和推广。[8] 督政府代表着社会和经济进步的信念，也同样体现在完成新的精确而统一的度量衡制度上。国家机构和计划的需要促使度量衡委员会在 1790 年 5 月开始运作，其成员包括蒙日、拉瓦锡、拉普拉斯和孔多塞这样著名的科学家。1793 年 8 月，国民公会曾经以地球经线和十进制单位（米、公顷、升）为基础推行过一套综合计量系统。以特定经线段的弧长为基准确定米和 323
千米的长度的调查任务花费了数年的时间，最终在 1799 年借助默伦和佩皮尼昂北部附近两段笔直的道路完成了。（图 38）*[9]

督政府时期掌权者的价值观同样很明显地体现在教育政策上，他们继续将宗教从教育中剥离，为男孩和女孩的初等教育提供公费资助。

* 1799 年法国的标准以经线的一半（从极点到赤道）的千万分之一为 1 米。

男孩的教育以及父母对教育开销的承受力现在至关重要。1793—1794年对于教育的革命性改革让女性学校教师成为可能。她们与男性同工不同酬——她们每年1 000里弗，男教师有1 200里弗——当督政府在1795年10月规定将学生的学费作为教师薪酬的来源后，她们的地位变得更加不稳定。女性尤其容易受到政治环境的影响。女公民托梅来自里昂市南部的福尔勒，在共和七年，她带领一群儿童跟在一名鼓手之后出现在青年节上，受到了欢迎。相比之下，曾是修女的坦皮耶和帕拉蒂耶在共和六年告诉西南部托南市的巡视员，“让她们给学生讲授宪法有悖她们的良知”，于是她们关闭了学校。[10]

正如父母在1795年后给孩子取“政治性”的名字的做法不再流行或者被看作不明智，统治的风气回归“常态”体现在地方当权者为公共街道重新命名上。1797年11月，奥尔良市政当局认为24条街道和一些其他地点在1793年4月至5月取的名字“过于革命化”。他们将一些地点改回革命前的名字，指券街重新变成了老货币街，更令人震惊的是伏尔泰街再次变成了英格兰街。不过这些当权者仍然是反教会的共和派，因此马拉区现在变成了万森区（而不是圣万森区），山岳派街变成了博纳尔街（而不是天堂街）。毫无疑问，平等街重新改为罗亚尔街，卢梭街再一次变成主教堂街。[11]

一些在恐怖统治期间保留下来的老机构现在重新焕发生机。王家花园是塞纳河左岸王冠上的明珠，它既没有被摧毁也没有被出售，在1793年6月10日成为自然历史博物馆的中心，被19世纪的人称为世界上最好的自然历史博物馆。[12] 这个花园保留到今天成为巴黎植物园。
324 甚至旧制度时期处于文化顶峰的巴黎王家歌剧院，在革命期间坚持消除所有贵族特权的残留，也得以幸存下来，成了文化上的珍宝。负责掌管王室花园的人和歌剧院的领导者能够适应革命的价值观并尽可能地保留他们的机构，他们被人民和国家引以为傲。[13]

1795年宪法的制定者希望，教会与国家相分离的政策最终将终结致命的分歧，只要教士遵守法律，教会就可以管理自己的事务。现在，宣誓教士试图在格雷古瓦神父和“主教联盟”的领导下，在国家的纽带之外建立独立的教会。格雷古瓦主要的目标是未婚教士，尽管他忠于革命，他一直认为未来的教士还是要回归教会起源时期的纪律和朴素，而不是通过放弃教士身份和结婚来表明爱国情感。针对他的立场出现了两极分化，他被大量质疑他的爱国精神的信件淹没的同时，还收到了教士乞求原谅和废除他们婚姻的信件。[14]政府的问题在于未宣誓教士没有妥协的意图。他们当中的很多人在1797年的选举之后怀着希望回来，但是他们因公开反对革命而再一次陷入麻烦。来自雷恩的顽固派教士尼古拉-弗朗索瓦·法力冈曾经在1792—1794年的大部分时间里都在监狱中度过，当他在1795年1月被释放时，再一次由于积极支持保王党被捕。1796年1月，他被任命为“朱安党军队”的随军牧师。果月十八日政变后的反教会行动使得他再一次成为当地共和派口中的贵族和教会狂热分子中的一员，他由于“煽动谋杀祖国保卫者和对抗法律”而被捕。这一次他被关押在拉罗谢尔外海的雷岛达四年之久。[15]

督政府地方代表掌握的权威由于经常遭到广泛的暴力抗议而产生动摇，督政府试图在1798年逼迫那些“不忠诚”的教士隐藏起来，此举对信徒的宗教忠诚度的影响微不足道——与十年前相比，此时的信众规模小得多，但也忠诚得多。虔诚的妇女想方设法重建在革命期间四分五裂的教会。法国边境上的逃亡贵族中有大量的未宣誓教士，令人感到不安的是，这些人中很多都有资格选举代表，他们公开要求
325 回到君主制。雅各宾派的军队成功将反革命军队驱逐出法国领土，但是战争——以及与之相伴的逃亡贵族问题——仍在继续。流亡的教会领袖一直都在控制流亡教士的复仇欲望，这些自从 1791 年或 1792 年就开始流亡的教士希望尽早地重返法国。前任南锡主教拉法尔在 1798 年 1 月就耐心地劝导这样一位教士，让他用审慎来驯服激情，因为这种激情“是一种错误，甚至会败坏美德”。[16]

督政府的成员在革命和反动之间选择中间道路的承诺经常使他们被迫采用手段干涉人们的政治选择，即使是对他们自己设计的有限选举也是如此。共和五年果月，他们的注意力集中到保王主义的复苏上，多个选区被取消。到了共和六年花月（1798 年 4 月）选举时，超过 437 个议席需要填补。这一次选民突然倒向了左派——71 名曾经在 1793 年投票支持处死路易十六的雅各宾派当选——导致了另一种形式的清洗。督政官在花月二十二日（5 月 11 日）发动新政变阻止了 127 名雅各宾派代表获得议席，96 个省中只有 47 个省的选举结果保持不变。所谓的雅各宾派被从战争部中清除。

督政府的外交政策上有着更大的延续性。1790 年，新成立的法兰西共和国坚称法国不会将自己的意志强加于其他国家；丹东之后推翻了这一理念，他在 1793 年 3 月尖锐地指出，法国“自然边界”东北部是莱茵河沿线，东部和东南部是阿尔卑斯山。尼斯和萨伏伊在 1792—1793 年被兼并，随后比利时在 1795 年被兼并。“姊妹共和国”

先是在荷兰建立（巴达维亚共和国，1795 年 5 月），现在沿着莱茵河左岸（基什赫尼亚共和国，1797 年 8 月）和瑞士（海尔维蒂共和国，1798 年 3 月）也建立了共和国。（图 39）[17]

督政府在 1796 年 3 月任命波拿巴为皮埃蒙特和伦巴第对抗奥地利战役的最高指挥官。他的部队在第二年取得了一系列战斗的胜利，建立了姊妹共和国，获得了巨额赎金（估计有 4 600 万里弗），而且对劫掠视而不见。反对法国的叛乱被血腥镇压。到了 1797 年末，督政府的对外胜利体现在越来越多地提及“伟大国家”而不是“姊妹共和国”，占领东部的共和国是为了进行“文明教化”。在革命的法国与其邻国的关系上，这是一次关键而持久的转变。 326

共和六年葡月二十七日（1797 年 10 月 18 日），波拿巴与奥地利签订了《坎波福尔米奥和约》，承认了一些既成事实，法国正式将比利时大部分领土、地中海的几个岛屿和威尼斯的一部分并入法国。奥地利承认法国以米兰为中心的阿尔卑斯山南姊妹共和国：“法兰西共和国通过征服获得了这个共和国。她在今天宣誓了主权，阿尔卑斯山南共和国从今天起自由和独立了……阿尔卑斯山南共和国的人民需要从军事管制过渡到宪政。”这个条约还承认将法国的边境拓展到莱茵河、内特河和鲁尔河，基什赫尼亚共和国现在直接并入法国的行政省份。波拿巴本人参与了巴黎的政治辩论，反对卡尔诺与奥地利和平妥协的希望，坚持要求奥地利全面投降——这位年轻的将军现在不仅是一名军事将领，还是一名政治家。

意大利人希望解放和自主的愿望走向破灭，北部想要摆脱奥地利的统治，而其他地区则想摆脱贵族的支配。1798 年 2 月，法国将领路易-亚历山大·贝尔捷进入罗马，宣布成立罗马共和国。从1775年起主掌梵蒂冈的教皇庇护六世结束了他的统治，实际上成为共和国的俘虏，他于1799年在罗讷河畔的瓦朗斯去世。皮埃蒙特和托斯卡纳成为另两个直接被并入法国的地区（之前的有比利时、萨伏伊、尼斯公国和孔塔-弗内森）。“开明的”城市中产阶级曾对法国入侵尤其抱有极大希望，他们将创立“姊妹共和国”的做法视作进步改革甚至统一意大利的机会。宗教少数群体也非常兴奋。但是推行法国的制度并废除什一税与封建租税没有使得农民得到足够的补偿，不能抵消他们熟悉的教会机构被摧毁、征调物资和征兵的损失。南方的矛盾尤其尖锐，1799年1月在那不勒斯建立的帕登诺帕共和国被卡拉布里亚红衣主教鲁福率领的“神圣信仰基督军”推翻。这位红衣主教对他的军队6月在城中抢劫杀戮深感恐惧。[18]

在法国之外的战争扩大化，使当权者面临着如何对待被征服土地的文物的问题。政府任命的专家在1794年前往比利时和莱茵兰，1795
327 年前往荷兰，1796—1798年前往意大利北部，1798年前往曼海姆，1798—1799年前往埃及。支持的理由很简单：这些都是战利品，夺取战利品一直以来都有，法国无论如何都能更好地照看人类的遗产。在1798年罗伯斯庇尔倒台四周年纪念活动上，庆祝的一部分是迎接第三批从罗马和威尼斯运送的大量文物抵达巴黎。[19]大部分的掠夺都单纯缘于贪婪。吉尔贝-阿马布勒·法维耶上尉在1791年参军，在1793—1795年被英国人俘虏两年后又重新回到军队，他很高兴在被占领的布雷西亚学习了意大利语并且去了剧院。他在共和八年葡月三十日（1799年10月21日）写信给他曾经在1794年5月在图尔宽附近受伤致残的兄弟，“这里的剧院很漂亮，但是演员太穷了”。他还抱怨道，“在我们这里的将军和很多军官都举止粗俗、贪得无厌，我耻于和他们为伍”。[20]

被占领区的绝大多数人民都憎恨或公开反对法国的统治，法国的统治很快成了军事占领而不是革命解放，他们依靠那些少数亲法的改革者。尽管占领区建立了法国的法律和代议制机构，但后者当中讨论的经常是征调民力钱财，以及摧毁古老的行政制度、宗教和法律。

在巴达维亚共和国，法兰西共和国的制度被相对平静地接受，部分原因是巴达维亚有着长久的民主传统。尽管人们对横征暴敛和贸易限制不满，但重新回归总督威廉五世的统治更加不得人心。[21] 而在比利时，直接兼并和推行宗教法律——解散修道院、出售教会财产、教会与国家分离——就和在法国西部的农村地区一样不受欢迎。一次以“土地和宗教”为口号的起义被残酷镇压，造成 5 600 人伤亡。当地人非常反感征兵，以至于 1799 年的征兵 2.2 万人只有 5 000 人响应。在莱茵河西部说德语的普法尔茨地区，1798 年将其直接并入共和国实现了吉伦特派扩展法国“自然”边境的愿望，但是在那里从来都没有支持革命性改革的社会基础，对莱茵兰的统治只是领土占领和掠夺。 328

法国人对被占领地区的反抗的反应经常是极度排外的，这与革命初年的普世主义形成鲜明对比。福雷省（卢森堡）的行政长官在 1798 年将当地人形容为“卑贱的奴隶……他们在弱小的时候卑躬屈膝，在他们强大（或者自以为强大）的时候残忍、无耻、肆意妄为……这些人不经历几代人的轮替就不会感激我们的革命成果……”[22] 战争经常使交战的两国人民互相仇视，不过情感或宗教上的同胞之爱也更多是地区性而非全国性的：比如人们自视为曼图亚人或加泰罗尼亚人，而非意大利人或西班牙人。民众对法国占领的反抗经常披着宗教的外衣，尤其是在意大利，那些在法国法律之下获得更多公民自由的少数群体成了被攻击的目标。1799 年，锡耶纳的犹太居民被天主教狂热分子屠杀。而在德意志的一些地区，新教徒和天主教徒联合起来对抗“国家和宗教的邪恶敌人”。[23]

几乎所有被法国直接统治的“姊妹共和国”都会出现不满、抵制和反抗，甚至在瑞士这样有深厚人民主权传统的地区也是如此。法军在 1798 年 1 月占领了瑞士，在 4 月 12 日颁布了新宪法，不仅适用于说法语的沃州（Pays de Vaud）也适用于瑞士全境。直接在另一片土地建立代议制民主、废除封建主义和统一国家机构的愿望得到的结果是仇视和抵制。尽管最初在法语区有人支持法国，但实行统一的革命性教会法和行政法还是引起了暴力反抗，尤其是在说德语的天主教地区。萨伏伊信奉天主教的农民自从 1792 年就成了法国人，他们在革命时期迅速废除封建制度，在共和国成立后成功打退入侵者。日内瓦的新教徒和中产阶级在 1798 年变成法国人时非常不顺从，他们直到 1803 年才被免除兵役，把他们纳入法国国家团结的努力也在同一年落空。[24]

相比之下，在欧洲的边缘地区，法国革命的消息继续激发着那些渴望自主的人追求自由的梦想，正如 1793—1794 年的波兰那样，爱尔兰在 1798 年也开始寻求独立。但是在这两个地方，帝国的军队都成功地打破了革命的希望。[25] 督政府想通过支持爱尔兰的爱国者分散英国海军的注意力。爱尔兰人联合会中有很多人同情法国，爱尔兰人联合会是 1791 年由新教徒和天主教徒成立的秘密组织，他们联合起来反抗英国政府对爱尔兰议会的控制，还有英国国教对爱尔兰天主教和北方为数众多的长老会的统治。1798 年爆发了反对英国统治的起义，在东南部的韦克斯福德成立了一个共和国，墙上到处涂着“自由、平等、博爱”的口号，共和国还采用了革命历。督政府试图利用爱尔兰广泛起义的机会，在 8 月派出了一支由安贝尔将军领导的军队。超过 1 000 名士兵在爱尔兰东北部梅奥的基拉拉登陆，在最初获得一些胜利之后，他们在 9 月投降。一同被俘的人有爱尔兰人联合会的领导人沃尔夫·托恩，他在被处决之前自杀。在韦克斯福德杀害 90 名亲英国的新教徒人质引起了英国政府对爱尔兰起义者的暴力镇压。在几周的时间里，大约有 3 万名爱尔兰人在报复性的杀戮中死亡，几乎与人口是爱尔兰 6 倍的法国在恐怖统治期间处决的人数相当。[26] 329

在更远的战场上，受法国革命鼓舞的火焰被迅速扑灭。在巴尔干半岛，希腊爱国者里加斯·维莱斯蒂诺斯在 1797 年将雅各宾派的 1793 年宪法翻译成了希腊文，以此来支持希腊从奥斯曼帝国解放的运动。维莱斯蒂诺斯后来在的里雅斯特被奥地利警察逮捕，当时他带了三箱印着希腊语“自由、平等、博爱”的海报，他在被审判之前遭到拷打，在 1798 年被杀。[27] 在大西洋对岸，有关恐怖时期的传言让美国人认为，与美国独立战争时期亲英派的逃亡和杀戮相比，法国的革命是一次和平、温和与成功的革命。法属加勒比海地区废除奴隶制令美国南部州的种植园主感到恐慌。1798 年外交部长塔列朗试图与美国结盟时发生了索要贿赂和贷款的“XYZ 事件”[*]（大写字母代表法国的三个代理人），加剧了美国政坛的反法浪潮。美国国会 1798 年颁布的《客籍法》和《镇压叛乱法》的目的是消除法国大革命的持续影响。[28]

与英国的斗争仍在继续，尽管法国在 1797 年 10 月与奥地利签订了《坎波福尔米奥和约》，但在意大利重新出现了对峙。到了 1798 年 9 月，法军人数已经从四年前巅峰时期的 73.2 万人削减到不足半数的
330 32.7 万人：这让督政府认为必须用每年征募单身男性的方式取代不定期的征兵，共和六年果月十九日（1798 年 9 月 5）通过了《茹尔当法》。这部法令规定所有 20 岁至 25 岁合格的青年男性都必须通过抽签的方式应征入伍，最高服役 5 年，这迅速激化了从 1793 年就开始的明里暗里反对服兵役的矛盾，因为这部法令使更多健康的青年男性脱离家庭劳动，在外国土地上进行领土扩张战争。人们更痛恨的是这部法令实行了“替换”制度，如果富人抽到签服兵役可以花钱让一名穷人或失业者代替他，这违反了平等原则。[29]1798 年，来自希农的制鞍人克劳德·巴伊在他的日记中写到，征兵“对于年轻人以及需要他们孩子的父母来说都非常艰难。征兵已经让我们陷入极大的悲伤之中”。年轻人启程“离开家人和朋友时候都泪流满面”。他所在的城镇出现了分裂，“爱国者”在白天保卫着自由树，而反革命的“朱安党”则试图在晚上砍倒自由树，附近的城镇也是这样的情况。[30]

* 1797 年反对法国大革命的约翰·亚当斯当选美国总统后，法美关系迅速恶化。法国报复性扣留和劫掠美国船只，美国为了改善关系派代表团前往巴黎，外交部长塔列朗避而不见，派三名代理人（在美国外交文件的代号为 XYZ）接见美国使节。这三名代理人不仅向美国使节索要 5 万英镑的贿赂，还要求美国提供 1200 万美元的贷款，以及亚当斯对批评法国大革命的言论道歉。

在远离首都的地区拒绝征兵尤其普遍，在这些地区，从国王政府到革命政府的行政管理一贯极为薄弱，而地方的语言和宗教认同感很强（比如布列塔尼和西部的一些地区，比利牛斯山区，中央高原的一些地区）。与在国境外占领的地区一样，督政府在地方上的权威陷入与那些拒绝响应国家号召的人之间无休止的斗争中。[31]

尤其是在布列塔尼，朱安党人强势融合了保王主义、宗教和土匪行径，几乎不可能被根除。大地主在长期且强制的可回收土地租佃合同保护下将土地租给佃农，这一权利的恢复点燃了怒火。下布列塔尼省的农民对于政府迟迟不像对其他地区的农民一样废除封建租税感到不满。尽管废除封建租税最终由 1792—1793 年法令做出了决定，但布列塔尼赔偿土地所有者的问题一直拖到了共和六年雾月九日的法令（1797 年 10 月 30 日），法令重申了土地所有者在 1791 年的权利，并且为他们提供了佃农拒绝支付租金的赔偿。[32] 佃农的仇恨进一步加深。

在远离巴黎的地区，拒绝服兵役的情况变得非常普遍，大多数公社经常采取阳奉阴违的策略。拒绝服兵役的人继续像往常一样生活和 331
工作，当警察出现的时候他们就消失。年轻男性还试图通过自残和特别安排的婚姻躲避服兵役。在官员和逐渐减少的督政府支持者拥有产业的农村地区，使用人身威胁、纵火和其他破坏财产的手段可以将他们吓得不敢有所动作。到了 1798 年，西部的一些地区、中央高原和比利牛斯山区事实上脱离了统治。

这些年不断出现的抗议既包括男性也包括女性，在很多地区，对宗教仪式和社区中宗教人士缺失的不满与对征兵的仇恨联系在了一起。几乎在所有地方，政府试图控制鸣钟方式的措施不断遭到挑战。在香槟地区伊勒河畔的蒙蒂耶，教钟在所有圣徒节日的下午响四个小时，有官员称“这种方式肆无忌惮、粗俗无礼、可耻可恨”。[33] 在共和七年雾月七日（1798 年 10 月 28 日），25 名在拉罗谢尔济贫院从事纺织工作的女孩拒绝在周日工作。同一年，44 人（其中大多数是年龄在 15 岁至 75 岁的女性）在参加完一场由木鞋商贩巴普蒂斯特 · 希安主持的非法弥撒后被捕。其他人不是通过躲避征兵就是鼓励他人拒绝服兵役来进行反抗。1798 年城中的一则告示警告说：

> 如果你逃避征兵，你就是懦夫。你能让你的父母们带着武器代替你们走向光荣的战场吗，你为了谁而战？那些人渴望将你们扒皮拆骨，你们要与这些人战斗。团结在一起，消灭那些可憎的欧洲强权、最野蛮的政府。[34]

不过大多数年轻人没有逃避征兵或者当逃兵，很多人从军队中发迹。路易 · 戈多参军之前是来自卢瓦尔河谷的教师，他的共和热情很有可能在共和二年就已经消退，但如果逃离军队，四处躲藏的生活会十分艰难。政府越来越积极并有效地追踪和惩罚逃兵、逃劳役者和他们的家人。1799 年 10 月，戈多在回答家人恳求他脱离军队的信中说：“你们给我写的每一封信都让我心碎。”他承认家人是为了他好，但是他们想让他和他认识的其他人一样当逃兵吗？“他们一回到家乡，就
332 不断地陷入麻烦之中，不得不躲进山林。”[35]

很多人和巴黎西部的农民一样感同身受，一名行政官员在 1799 年初报告说：

他们不是王权最坚定的拥护者，他们厌恶什一税和租税。自从这些特权废除后，他们非常高兴看到他们的收入翻了一番，也非常认可和重视平等。他们当中的很多人已经购买了国有土地，这一切都使他们的地位得到了提升。

但是他又敏锐地指出，这些情景在动乱和牺牲的记忆面前消失殆尽，军队胜利的代价是孩子们的鲜血，频繁要求他们履行公民义务让这些农民心生厌倦。[36]

督政府的政策让很多人变得极度愤世嫉俗。波拿巴在意大利取得的一系列胜利和签订《坎波福尔米奥和约》带来了全面和平的希望，创造出一种狂热的崇拜。在共和六年雨月二十五日（1798年2月13日）的一次节日上，为了庆祝波拿巴在意大利的胜利与和约的签订，奥尔良市政当局立了一座金字塔来纪念波拿巴。一名教士创作的四行诗写在金字塔的底部：

他是热爱祖国的英雄，
他打破了意大利的锁链。
他是战争之神，新的战争主宰，
他正在劈开英国人控制的海洋。

来自城中富裕家庭的保王派青年戴上了扑粉的假长发，以此作为支持波拿巴的象征。[37] 在远离奥尔良的中央高原南部的奥利亚克地区中心，有歌曲这样赞颂坎波福尔米奥的英雄：

啊，高尚的勇士
睿智、仁慈的波拿巴
接受胜利的人民
崇高的敬意吧！[38]

然而在巴黎，一名警方探员在 1798 年 12 月 14 日报告说，当督政
333 官之一保罗·巴拉斯乘坐马车经过沙朗通街时，人们窃窃私语说“看看这个贼人，他正在快乐地奴役着我们……”[39]

通过《坎波福尔米奥和约》，法国得到了阿尔巴尼亚和希腊西部的原来属于威尼斯的七座岛屿，现在法国将它们吞并。波拿巴宣布“土耳其帝国日渐衰落，掌握这些岛屿可以让我们尽可能地支持它，或者得到我们应得的利益”。他坚信这些岛屿的人民盼望着伟大国家能够恢复“他们从独裁者的暴政开始就失去的科学和艺术”。[40]最重要的是，通过《坎波福尔米奥和约》，现在可以将战争的力量集中到英国上。

英国在英吉利海峡和大西洋的海军使得督政府不敢轻举妄动，但是外交部长塔列朗特别的想法是，在埃及保持强势以及与迈索尔的穆斯林统治者提普苏丹结盟会威胁到英国通往印度的贸易道路，甚至是英国在那里全部的殖民统治。波拿巴占领苏伊士地峡和控制通往印度的陆上通道的计划得到热烈欢迎。1798 年 5 月 19 日，一支 3.5 万人的军队从土伦出发远征埃及，它的一部分军需来自姊妹共和国的强制征收。

波拿巴是最合适的人选，他同样痴迷于埃及文明。他告诫他的部队要像尊重法国的犹太人一样尊重穆斯林，他对居住在亚历山大港的

穆斯林发表的宣言明确地表达出了强有力的有关革命热情、军事改革和社会秩序的意识。尽管这次入侵的根本目的是消灭英国的势力，波拿巴将对埃及人民的宣言表达为一次推动文明进步的使命，既要带来革命性的解放也要匡复合法的权威：

> 埃及人民，有人告诉你们我是来毁灭你们的宗教的，这是一个谎言……我是来恢复你们的权利的……告诉人民，神的面前人人平等；人与人之间唯一的差别就是在智慧、天分和美德上的差别……从今天开始，每一个埃及人都有机会担任重要职位，那些最具有智慧、受教育程度最高、最富有美德的人将行治理之责，人民将会得到幸福……

但是随后的条款中提到了和他作对的代价："任何武装反抗我军的村庄将会被夷为平地。"[41] 334

当时的埃及是庞大笨重的奥斯曼帝国的七个行省之一，自身处于混乱和动荡之中。尽管法国的革命思想在埃及甚至巴勒斯坦一些地区得到共鸣，但法国人原本希望科普特人和麦勒卡人等基督教少数族群会自然接受革命原则，这一希望实际上在文化与政治的重重误解中化为泡影。拿破仑要求当地官员为了表示服从，必须佩带三色绶带和三色徽。几万法国士兵的激进行为触动了当地人的敏感神经。[42]

远征军从来都没有认真遵守尊重宗教自由的承诺。多米尼克-马丁·迪皮伊是波拿巴最信任的将领之一，他是一名雅各宾派，是图卢兹一名面包师的儿子，自从1792年入伍后已经连升数级，他直言不讳地说道：

> 我们在伊斯兰教的节日上受到了热烈欢迎，我们用假装尊重他们信仰的方式欺骗了所有埃及人，无论是波拿巴还是我们都比死去的教皇更不相信这个谎言。但是，无论其他人怎么说，这片土地都会成为法国的珍贵领土，在这里无知的人民从愚昧中醒来之前，所有的殖民者都有足够时间实现预谋。我们只是取代了那些让人民衣不蔽体的强盗，实行统一税收会做出极大的改变。

开罗在10月份发生了暴力反叛，迪皮伊在叛乱中丧生，时年31岁。[43]最后，埃及的大部分从法国占领中脱离，短暂地回归到了奥斯曼帝国，从此以后他们一直试图寻求自治。

1798年8月初，就在波拿巴抵达埃及两个月之后，英国海军几乎全歼了波拿巴在亚历山大港附近的舰队。这场惨败使得当地的穆斯林、科普特人和麦勒卡人不再相信这个“伟大国家”，当地人尤为厌恶强行推广共和国节日，这些节日与他们的传统相对立。波拿巴只能利用埃及和今天的叙利亚相互对立的派系来控制局面，强行维持秩序，开罗和雅法发生的叛乱被血腥镇压。拿破仑入侵的失败被远在埃及之外的失利进一步加剧：英国人担心如果埃及落入法国人手中，英国和法国在印度会重新开始竞争，因此英国对迈索尔发动了一次成功的入侵，
335 杀死了王国的统治者、法国的盟友提普苏丹。[44]

在法国政治分裂和埃及军事失利并不断涌现叛乱的时候，波拿巴离开了他的部队。他没有接到回国的命令，也没有接到离开部队的命

令。但是在1799年8月24日，他利用英国海军短暂离开的时机，乘船驶回法国，将部队的指挥权交给了让-巴普蒂斯特·克莱贝尔将军。10月8日，拿破仑在法国南部靠岸。[45]

拿破仑在抵达巴黎时拜访了雅克-路易·大卫，当时大卫刚刚完成了一幅宏大的古典画作（13×18英尺），讲述的是公元前750年萨宾妇女阻止罗马共和国内斗的故事，也寓意着大卫对威胁革命存亡的无休止的政治斗争感到心灰意冷。尽管拿破仑在埃及受挫，但大卫仍然为这名杰出的将领深深折服，正如拿破仑也对大卫的画作惊叹不已。拿破仑是那个能弥合或者镇压分裂，并且将革命的旗帜带往新荣耀的人吗？[46]大卫和拿破仑还有另一种联系。当大卫是治安委员会的成员时，他签署了逮捕亚历山大·德博阿尔内的命令，也就是约瑟芬的前夫，后来约瑟芬就嫁给了这位野心勃勃的年轻将军。

波拿巴在一片混乱之中回来，这对于一个善于宣传、拥有军功并无情镇压叛乱的将军来说是一个最适合的时候。他回来的时候正值西部再次爆发了朱安党人的叛乱，叛乱是对五百人委员会中重新得势的雅各宾派制定反教会措施的回应。到了1799年10月，出现了大约1万名武装叛军，勒芒市被占领和洗劫，雷恩市受到了威胁。在西南部图卢兹市附近，发生了大量各自为战的保王派（至少是反共和派）的叛乱——在此之前，图卢兹是唯一一个始终支持革命的南方主要城市。自由树现在被砍倒，购买国家财产的人被砍头，税收机构被摧毁，旧制度的机构重新出现。不过在8月5日，5 000人左右的叛军在没能进入图卢兹市之后，撤退到了南方的比利牛斯山区。他们攻占了卡尔邦小城，在那里杀害了68名共和派人士，而在8月18日，他们在圣戈当附近的蒙特雷诺被包围，超过 2 000 人被杀。数千人不是被俘虏，就是逃到了他们的村庄或者西班牙。[47] 波拿巴现在出现在巴黎，被视作恢复国内秩序的预兆。

人们还期待着波拿巴结束八年的战争、通货膨胀和贸易封锁，带来经济复兴。尽管在 1798 年农业获得了丰收，但是法国的经济仍然
336 支离破碎：斯特拉斯堡所在的省份只有 146 名织工师傅在工作，而 1790 年则有 1 800 人；比利牛斯西部的毛纺产业只有 1 200 名工人，而十年前则有 6 000 人。有限的选举再一次引起了人们对政府的反抗。1799 年 4 月的选举让少数保王党人回归，187 名指定的或“官方”的候选人中只有 66 人当选，选民投票率是历届选举中最低的；大多数候选人是都是温和共和派，其中四分之一的人是首次进入立法机构的新人。在共和七年牧月三十日（1799 年 6 月 18 日），第三次换届选举第三度引发政变，发动政变是一个由对当前政权不满的雅各宾派成员、将军和其他人组成的不稳定联盟，他们清除了督政官，代之以雅各宾派律师路易–杰罗姆·戈伊埃、雅各宾派将军让–弗朗索瓦·穆兰、西耶斯神父及其盟友罗歇·迪科。原督政官之中只有巴拉斯留了下来。[48]

法国以外发生的事件进一步增强了波拿巴的吸引力。1797 年 10 月《坎波福米尔奥和约》签订之后，法国、神圣罗马帝国和 90 个德意志邦国在巴登召开拉施塔特和会，商讨向莱茵河左岸各个王公赔偿的问题。和会在 1799 年 4 月结束时，两名法国使节被谋杀，这引起了第二次反法同盟反对法国扩张的新战争。军事形势的迅速转向使政局更有利于进行军事统治：英俄联军在 1799 年 9 月被赶出巴达维亚，俄

军和奥军被赶出瑞士。对于西耶斯来说，这是一个必须要抓住的机会，一个使他通过军事干预对督政府的结构进行重组的机会。

拿破仑试图夺权，他得到了他的弟弟吕西安·波拿巴、西耶斯和塔列朗以及约瑟夫·富歇的支持，年仅24岁的吕西安当时担任五百人委员会的主席，西耶斯和塔列朗是1789—1791年革命改革的主导者，约瑟夫·富歇之前是一位来自旺代省的教士，在1793年“废除基督教运动”中，他由于镇压里昂叛乱而声名狼藉。他们的谋划并不是十拿九稳的。拿破仑带兵进入五百人委员会差点成了一次失败的冒险，拿破仑在议员的重重围攻下精神近乎崩溃，他的弟弟吕西安号令军队压制了委员会的反抗。共和八年雾月十九日（1799年11月10日），愤怒的五百人委员会成员被军队驱散，十年的议会统治结束。

反对波拿巴攫取权力的人当中有林代兄弟。托马·林代是宣誓过的厄尔主教，1795—1798年是元老院的成员；他的弟弟罗贝尔·林 337
代1793—1794年曾经是救国委员会的成员。罗贝尔·林代反对罗伯斯庇尔的很多政策，也反对热月政变，并且在1795年3月为巴雷尔、比约-瓦雷讷和科洛·德布瓦辩护。1796年罗贝尔被控支持“格拉古”·巴贝夫，并被判无罪，然后在厄尔省和塞纳省被选举为五百人委员会议员，但是被禁止到任。罗贝尔在1799年6月被任命为财政部长，此时距离波拿巴政变发生只剩下几个月。另一位感到愤怒的是路易-塞巴斯蒂昂·梅锡耶，他是五百人委员会的议员，梅锡耶后来在回忆起共和六年雪月十五日在国家研究院拜访波拿巴的时候，他对这位“意大利征服者”大加赞扬：“所有的共和派都应当以波拿巴为楷模，他们仰慕他是因为他既是一个有智慧的人也是一名勇士，他们应当学习他的自制和谦虚。”梅锡耶的回忆录直到雾月政变发生几周之后才出版，这个时候他对这位共和将军的仰慕之情已经因他夺取权力而破灭。[49]

霜月二十四日（1799 年 12 月 15 日），波拿巴、西耶斯和迪科直接效法古罗马共和国经选举产生的最高官员的头衔，任命自己为执政官。他们宣布，一部基于“神圣的财产权、平等权和自由权”的新宪法将会结束动荡：

> 宪法赋予的权力应当强大而稳定，因为这些权力是用来保障公民的权利和国家的利益。公民们，革命建立在那些开启它的原则之上，革命已经结束。[50]

第一执政官波拿巴刚刚满 30 岁。这份声明带来的更多是希望而不是信赖：很多地方的雅各宾派和代表们同样愤慨，一个选举产生的共和国立法机构竟然被军队解散。在雪月（1799 年 12 月至 1800 年 1 月）进行的对共和八年宪法的公民投票中，波拿巴的弟弟吕西安狡猾地将赞成票数字从 160 万改到 300 多万，反对票改为只有 1 562 张。宪法实际上将权力交到了三位执政官的手中：现在新的三百人立法会议无
338 权讨论立法，只能投票。100 名保民官有权讨论立法却没有投票权。

共和八年雨月二十八日（1800 年 2 月 16 日），就在夺权三个月之后，拿破仑颁布了大幅削减地方政府管理公共资金权力的行政法令。人口超过 5 000 的城市的市长将由第一执政官波拿巴直接任命，其他官员由波拿巴任命的各省“省长”任命。省长有着同革命前督办官

（intendants）相似的权力，地方议会根据财产资格 20 年选举一次，与 1789 年以来的地方议会相比缺乏民主和自由度。司法体制在 1795 年从 547 个地区首府集中到了 98 个省会，已经变得不容易进入，波拿巴统治下的司法体制更加层级分明，在重视程序的同时，法庭的布局也更加正规。不过，一个与之前司法体系一脉相承的基本思想没有改变，即一整套统一的法律应当由专业的法官公正执行。如今这些法官是任命的，不是选举出来的。[51]

督政府在 1795—1799 年依靠少部分有财产的保守精英的统治越来越不稳定，他们限制人民参与政治的同时还进行领土扩张，这就为军事独裁开辟了道路。督政府长期动荡不仅因为政治基础薄弱，还因为缺乏一个有力的存在理由，没有一个明显的国家理性：这个政权无法为其外交政策做出令人信服的合理解释。它是试图建立一个与英国海上帝国对抗的大陆商业帝国呢，还是要建立姊妹共和国，最终在法国的领导下将欧洲大陆变成一个联邦共和国？还是仅仅为了寻找一条持久平衡各国势力的道路呢？在很多时候，这三个目标相互交织，但是在国内建立社会秩序的目标和在国外获得胜利的目标两者相结合以后，一名摆脱争吵不休的议会体制的强大统治者必然更具有吸引力。

督政府的统治并不是注定要失败的，它的功绩也是不可忽视的。督政府统治时期是革命十年不可或缺的一部分，无论怎样制约，人民主权和公民权的观念已深入人心，“商业共和主义”的新财产关系和市场观念深入了全国各地。与此同时，督政府在处理逃兵、犯罪和政 339
治叛乱方面越来越得心应手，为“新的安全国家”奠定了基础。[52] 但吊诡的是，督政府的成员通过将领土扩张置于社会福利和国内民主之上，创立了一套新型官僚体制和专业化军队制度，波拿巴在 1799 年发动雾月政变之后正是用这些制度取代了督政府。

波拿巴第一执政官的地位通过 1800 年 6 月 14 日在皮埃蒙特城市亚历山德里亚附近的马伦戈战役进一步加强，他的军队将奥地利军队赶出了意大利。他努力将此次战役粉饰成一次关键性胜利，仿佛终结了对奥地利战争的是这场胜利，而不是让–维克托·莫罗将军同年 12 月 3 日在慕尼黑附近霍恩林登取得的胜利。共和九年雨月二十一日（1801 年 2 月 9 日）法国与奥地利签订了《吕内维尔和约》，共和十年芽月五日与英国签订了《亚眠和约》。战争的（暂时）结束为逃兵得到赦免创造了条件，也让逃亡贵族和教士在宽容的风气中重新融入他们的社区。1802 年夏天的平静局势为共和十年（1802 年）宪法的全民公投提供了绝佳的环境，拿破仑通过这部宪法成为终身执政官。

拿破仑发动军事政变推翻了曾经提拔他为将军的共和国。不管怎样，在短短几年时间里，他就消除了动荡和不满的主要来源。其中最棘手的是在法国边境的数万名流亡贵族和教士。共和九年葡月二十九日（1800 年 10 月 20 日）的法令允许放下武器的流亡贵族回国；后来在共和十年花月六日（1802 年 4 月 26 日），这条道路对所有流亡者开放。大多数未宣誓教士是在此时回到故乡的，他们认为第一等级在 1789 年支持世俗化改革是愚蠢之举，当前最紧迫的任务是在经历十年宗教的浩劫后，用纯正的天主教重新让法国恢复信仰。拿破仑出于社会秩序的考虑同意了这种行为，但是拒绝恢复过去的什一税、对公开崇拜的垄断以及不宽容。1801 年 7 月 15 日，法国与教皇签订政教协定，在 1802 年复活节礼拜日当天，巴黎圣母院的教钟发出鸣响来庆祝协定的签订。这是在共和国范围内解禁鸣钟的信号，无论在何地仍然保留下来的教钟都可以鸣响。反对国民公会的人用听觉宣战并取得了胜利，行政官员和主教同意在以后会合理地使用教钟。[53]

当奥尔良的玛丽安娜·沙尔庞蒂耶在1804年结束她从1788年就
开始记的日记时，她“只是记录了她亲眼所见的事”，她确信后人会 340
知道“他们祖先在这个世纪的革命中的遭遇”，她希望“上帝会大发慈悲，允许你们更从容地面对他们的经历”。政教协定带给她极大的安慰，她赞美拿破仑在给法国带来这么多胜利，而且带来和平之后又给教会带来了平静。同样感激的还有来自卢瓦尔河对岸圣德尼的酒桶制作者比亚尔，他高兴地写道：“1803年1月3日，自从恐怖统治时期起，奥尔良市的圣十字大教堂的圣坛上第一次举行了弥撒。”几个月后，39名男孩和24名女孩在圣德尼的教堂中参加了他们人生中第一次圣餐礼。[54]

在革命的十年间，那些掌权的人在实现自己的目标后，曾经数次宣称革命已经结束，比如路易十六在1789年10月同意关键性的革命立法的时候；当路易十六在1791年9月宣誓效忠宪法的时候；当罗伯斯庇尔一派在1794年7月被推翻的时候；还有国民公会在1795年10月实施共和三年宪法的时候。这些宣称每一次都以失败告终，他们面对新的现状既不能应对尚未从革命中满足自身利益的人的压力，也不能应对一直对革命无法忍受的人的压力。现在，波拿巴最终赢得了广泛的支持，又掌握了军事权力来巩固他的统治。

革命已经结束了。十年恐惧带来的贫穷、暴力和不安也结束了。拿破仑不是革命中最理想的集正直、个人牺牲、谦逊等品质于一身的

“美德之人”，但他将成为“荣耀之人”。这位强人向人民许诺了和平、
自由和稳定，但是他追求伟大帝国的梦想将使法国人民付出远超过他
341 们曾为保卫革命付出的代价。

第十七章

法国大革命的意义

1787年，17岁的露西·迪永嫁给了古维尔内伯爵弗雷德里克，弗雷德里克是一名来自高贵而富裕家庭的军官，他后来成了拉图尔·杜潘侯爵。她思想开明的岳父在1789—1790年担任战争大臣，但是由于他在审判中支持路易十六和玛丽·安托瓦内特，他和他的兄弟在1794年4月28日丢掉了性命。露西的父亲阿蒂尔·迪永将军在1794年4月14日被处决，罪名是参与一桩“监狱阴谋”；她的另一位担任军官的亲戚泰奥巴尔·迪永在1792年4月29日被自己的部队杀死，他们责怪他导致部队在里尔附近战败。露西和他的丈夫逃到了南方位于波尔多北部多尔多涅河畔的圣安德烈德屈布扎克的大庄园里，随后在1794年移民到了波士顿。她后来回想起大革命的影响时，首先想到的是1789年8月4日至11日关于封建制度的法令，这些法令“打垮了我的岳父，我们家族的财产从那晚会议后就再也没恢复。这的确是一场邪恶的狂欢”。在失去了4处地产的收入后，她估计她丈夫的家庭年收入从8万法郎下降到了2.2万法郎。[1]

露西和她的家人在督政府时期得以返回法国，弗雷德里克无论是在拿破仑手下还是1814年后的复辟王朝都有着辉煌的职业生涯。但是他们在19世纪初生活的法国，与他们出逃时的法国在很多地方都出现了本质上的差别。不仅作为财富和社会权力根基的封建制度被废除，而且政权合法性、社会秩序甚至家庭生活的理念，要么被质疑要么被
342 推翻。

法国再一次回到君主制，首先是1814—1830年的波旁复辟王朝，然后是1830—1848年波旁王朝支系、自由化的路易·菲利普的统治，也称七月王朝。但是国王的权力和面貌都发生了永久性改变。甚至当拿破仑1815年在滑铁卢战役战败，法国再次向邻国俯首称臣时，路易十八和他的谋士们都知道，重新登上王位的代价是接受革命带来的主要变革。即使是最激进的保王党——后来被称作“正统派”——都不能使1815年的复辟王朝颠覆革命的成果，用国王的绝对主义取代代议制宪政政府。国王本人现在已经失去了神秘性，这在国王加冕时体现得非常明显，按照传统，瘰疬病的患者要来到国王面前通过国王的触摸来治愈这种“国王的罪恶”。1774年，有2 400名瘰疬病患者来请求路易十六治愈；1825年，只有121人请求路易十六的幼弟查理十世。国王的触摸已经失去了魔力。[2]

即使新政权加以限制，多年以来政治辩论、竞选和行使新的政治权利的经历使得公民权和人民主权的思想深入人心。这种蓬勃发展的公民权十年以来通过公民参与选举和参加政治团体得到了体现，通过口耳相传、印刷品、图像以及戏剧和歌曲等形式，成为一场“政治文化”上的革命。[3]

像美利坚合众国早期一样，法国大革命时期的选举制度尽管在性

别和财产上进行了限制，还是标志着现代历史上代议制民主的起源。到了 1790 年，据估计共有 120 万个选举产生的公共官职，包括地方议员、司法仲裁人员和国民卫队的军官。在 1799 年之前的革命十年里，共进行了 20 次地方及全国选举，举行了 3 次全民公投。在 2 800 万人口中，不少于 430 万男性（全部成年男性的 60%）在 1791 年获得了选举权，1793 年有大约 600 万人。与之相比，英国在 18 世纪 90 年代的选举只有 17% 的成年男性参与，在 1884 年《人民代表法案》后才达到法国 1791 年的水平。

民主选举初期的难题在于选举参与率非常不平均。在大革命的十年间，平均的参与率只有 20%—25%，巴黎只有 15%。造成这种现象 343
的主要原因是，参与议会选举经常需要花费数天的时间在选举现场。投票人既接触不到政党也看不到候选人名单：毕竟，直接拉票被视作为了小团体利益而违反“公意”的行为。

直到 1848 年，法国才再次举行民主选举，才有了大比例合格选民前往投票站投票：这是大规模参与选举的开端。1789 年之后的革命十年其实是民主的“学徒期”，前所未有数量的人们开始认为，官职的合法性和尊严来源于举世瞩目的选举，而不是数个世纪以来的任命。这是法国大革命的政治文化中的关键。

从臣民到公民的巨变体现在很多方面，投票只是其中之一。人民远不是想象中的一群暴徒，事实上最常见的政治参与形式是和平游行、请愿、聚会和大规模集会。在巴黎，据估计 750 次无套裤汉发起的抗议中只有 12% 发生过肢体冲突。[4] 还有很多人通过成为政治俱乐部会员的方式进行直接参与。参与情况在各个地区都不同。在东南部，多达三分之一的公社在大革命期间都有一个政治俱乐部；在勃艮第区的约讷省，408 个公社中只有 55 个公社有政治俱乐部（大约平均每八个公社有一个）。[5]

1789 年之后，政府中主动建设新法国的人都是资产阶级，他们从事各种职业，官僚、商人、土地所有者或手工制造业者。他们与大贵族土地所有者一起组成了 19 世纪初新的统治阶级，这些“显贵”处于经济、社会和政治权力的顶端。革命十年政局云谲波诡，他们才是大革命的胜利者。除了在极端的 1792—1795 年，选举流程确保了合法政治权力都掌握在拥有大量财产的人手中。那些能够在选举最终阶段选择代表的人——他们拥有大量财富和地位——是新的“政治阶级”，除非他们做出不计后果的政治选择，他们参政的权力和地位在拿破仑及其以后的时期都得到了延续。[6]

在拿破仑鼓励流亡贵族回国后，包括旧制度时期贵族在内的大地主直到 19 世纪 80 年代都有着举足轻重的地位。但是贵族统治和领主任命村委会的时光已经过去了。因为废除封建制度是农村社会关系革
344 命性变化的根本，这种变化体现在 1789 年之后的政治行为上。1799 年之后，很多贵族在他们的公社中继续保持社会威望依靠的是直接的经济力量，而不是在传统社会秩序下高人一等的地位。

革命和帝国时期还加强了法国的行政统一。中央集权的官僚体制至少可以追溯到 17 世纪的柯尔贝和路易十四，大革命和之后的拿破仑时期大力加强了中央的官僚体制。中央的官僚系统在大革命前只有不到 700 名官员，到了 1793 年达到 6 000 人之多，无论是“官僚”的专业程度还是其数量都在不断增长。“国家团结”的号召是“博爱”理

想的核心。1789 年 8 月废除封建制度的法令和《人权和公民权宣言》是面向所有公民的，无论公民的社会背景和居住地，都要根据一部统一的法律审判、执行，以同一标准收税和管理。“国家”第一次用来代表一个基于公民身份的“国民”情感共同体。来自全国各地的年轻人在法国国家军队中相遇，接受了法国、国家和民族等话语。正如“爱国者”是一种值得骄傲（或者遭到贬低）的政治术语那样，“爱国主义”的含义是国家或民族的美德，而不是地方或地区的美德。法国大革命是现代爱国主义的发源地，是基于国家认同的“想象的共同体”的典型案例。[7]

这样一个共同体对其成员提出了特别的要求，最明显地体现在 1792 年布里索派决定对奥地利和普鲁士发动战争后的十年时间里。大约有多达 1% 的法国人民在 1793—1794 年的大危机中死亡：旺代和西部其他地区超过 20 万人死亡；至少有 4 万人在经审判后被处决；大约有 5 万人在对外战争中阵亡。1792—1802 年的内战和对外战争中多达 45 万名共和国士兵死亡：7.5 万人阵亡，18 万人在医院中死亡，超过 20 万人下落不明。[8] 在拿破仑帝国时期，法国及其占领的欧洲有多达 4% 至 5% 的人口被杀。

战争加剧了准确统计资源、确定身份和划定边界的需求；现代护照制度在路易十六 1791 年 6 月试图出逃后的焦虑不安中诞生。[9] 革命战争是第一次由于意识形态和领土扩张而进行的大规模动员。革命 345
激情能让士兵为了革命不惜牺牲生命，这和战场上灵活的纵队战术一起，给革命军队带来巨大优势。[10]“武装革命”的见闻让普鲁士将军卡尔·冯·克劳塞维茨意识到了国民精神的重要性：

> 1793 年，这样一支人们闻所未闻的军队横空出世。战争突然再一次成了人民的事，3 000 万人民的事，每个人都将自己视作国家的公民……战争的诸要素打破了陈规的束缚，爆发出真实的力量……参与人数上升的部分原因是法国大革命对其他国家内政的影响，部分原因是法国对所有国家的威胁态度。[11]

大革命优化了对潜在军官的能力选拔体制，尤其是在 1792—1794 年的危机时期。到了 1793 年，70% 的军官都是平民出身。没有大革命，像米歇尔·内伊、若阿尚·缪拉、拉扎尔·奥什这样的士兵——更不用说黑白混血的亚历山大·仲马——不会有机会晋升到高级军阶。[12] 军队、民族国家和共和制相结合的军事遗产是如此强大，以至于共和派在 20 世纪的战争继续依靠这种强大的人民武装思想。后来的技术革新使得 1792—1794 年的人民战争转化成了第一次世界大战时的大规模杀戮。[13]

现在"团结"的思想将所有个人首先当作法国公民，新国家的成员。大革命在文化认同和制度结构的统一上做出了突然的改变，实现改变的代价是消除社会中的特权等级、行业特权和地方特权。在 1789 年的法国，人民主要效忠于他们所在的地区：法国具有统一性只因为国王宣称这里是他的领地，这里的人民都是他的臣民。很多人在日常生活中都不用法语，他们指望着图卢兹、雷恩和格勒诺布尔等省份首府的精英们保护他们，反对王国不断收税和征兵的要求。在大革命前夜，公共生活的方方面面仍然有各种各样地方特权和豁免权。不仅是
346 教士、贵族和像行会这样特殊团体在法律和税收上享有特权，而且各

个省还有自己的法律、自治权、税收标准和度量衡制度，甚至自己的货币。

在1789—1791年间，革命者们根据理性、统一和效率的原则对制度和公共生活的各个方面都进行了重塑。这些彻底而影响深远的改革的基础是对省、区、选区和市镇的行政体制改革。83个省（今天的法国有96个省）从此以后以同样的方式管理；各省有着相同的职责、人员和权力结构。教区的边界与省的范围重合，大教堂通常位于省府。行政机构的统一还体现在使用全国通行的、以十进制为基础的新度量衡制度和货币上。（图38）这些措施加起来对全国产生了深远的影响。例如在南方的科比埃尔地区，方圆五六十千米的区域容量上的1瑟提耶有10种不同的实际值（通常相当于85升），这个地区有不少于50种测量单位。[14]

自从《维莱–科特雷法令》在1539年颁布后，法国的统治者试图将法语变为官方语言；1789年之后，法语被认为是公民应当掌握的语言，甚至是革命本身最核心的东西。[15]从革命之初，政治精英们就认为法语是自由和平等的语言。国家的语言应当是国家的名称本身。在1791年9月10日，塔列朗向国民议会表达了他的惊讶：

> 国家语言对于大量居民来说仍然遥不可及……初等教育将会结束这种奇怪的不平等。在学校中的一切都要用宪法和法律的语言来讲授，大量的陈旧方言是封建残余，应当强制消失。[16]

在1793—1794年的大危机中，这种态度变得更具有惩罚性。尽管贝特朗·巴雷尔本人来自说加斯科语的比利牛斯地区，他在共和二年雨月八日（1794 年 1 月 27 日）的国民公会上痛斥那些“没有受到多少教育的人民，或者说着与公共教育语言不同的方言的人”，称他们“无知而愚昧”。[17] 几个月之后，在牧月十六日（6 月 4 日），格雷古
347 瓦神父列举出了一份 600 万公民使用的 30 种方言和语言名单，同时严厉推行一种统一的现代语法和词汇表来为所有的孩子们讲授“自由的语言”。他问道：“阿拉伯语中表示蛇或马的词汇有 300 个，又有什么用呢？”法语将会是表达公民意识的语言。[18]

宣称法语是“自由的语言”，同时少数群体的语言是已经被推翻的腐朽旧制度的残余，这其实是不经之论：少数族群加在一起占据了人口的大多数，在他们当中，对于革命的态度随着时间和地点的变化，既有热烈支持也有公开敌视。当然，大革命对于集体认同和新社会公民的法国化有着深远的影响，这既是全国范围内参与选举和投票的结果，也因为在革命战争时期，数百万年轻人为了保卫革命和共和国被征召入伍为祖国而战。布列塔尼人、加泰罗尼亚人或巴斯克人等少数族群开始将自己看作法国公民。但是这种新的“双重认同”局限于少数族群对国家机构和新的法国政治话语的接受。法语仍然只是一小部分人的日常语言，法国依然是文化和语言多样性的国度。国家统一和地方差异的对立是大革命的另一个持续影响。

女性政治参与是革命十年间的一个重要方面，在革命政治的各个向度都有体现。大革命初年出现了个别积极参与竞选的女权主义者，巴黎的劳动妇女通常用集体行动以及出现在俱乐部和团体之中的方式进行干预。尽管如此，持各种政治理念的大多数政治家都坚决反对女

性拥有政治权利。(图24)无论是保王党还是拿破仑，他们都会赞同治安委员会雅各宾派的阿玛尔，他曾禁止革命共和女性公民协会（一个忿激派女性组织），他在1793年10月30日的国民公会上这样描述男性：

> （男性）强壮有力，天生具有活力、见识和勇气……生来就适合农业、商业、航海、旅行、战争……男性最适合进行严肃、深入的思考……女性不适合深层次的思考和严肃的反思……容易犯错误和沾沾自喜，这对公共生活来说是灾难性的。[19] 348

受过良好教育的中产阶级男性在一系列议会中都担任代表，他们都接受过古典教育，他们自己的生活经历能在男性公民美德的史诗传说中找到共鸣。尽管——或者说，是由于——有激进的女性在政治上向旧制度发难，从绝对专制（所有人都是国王的臣民）到男性公民间共和博爱的转变，反而强化了女性次于男性的政治地位。在性别政治观念的发展过程中，“家庭投票权”的观念逐渐清晰，家庭中的男性代表了整个家庭的意愿。[20]

然而，否定旧制度权威的根基不可避免地会带来女性在家庭和社会之中的地位问题。(图40)一些法律规定意图再造家庭生活，因为前革命时代的家庭生活被认为像旧制度一样残忍和不道德。家庭法院被用来解决家庭纠纷，法定成年的年龄从25岁降低到了21岁，殴打妻子要受到惩罚，惩罚的力度相当于袭击男性时惩罚的两倍。虽然男性家暴的现象是否发生改变仍值得怀疑，但是至少革命立法者认为平静和谐的家庭生活是新政治秩序的基础。

真正改变女性法律地位的是 1792 年的离婚法。在全国范围内，这部法律被用来审理了大约 3 万起离婚案，尤其是在城市之中：巴黎在 1793—1795 年间有接近 6 000 起。在鲁昂，71% 的离婚诉讼是由女性发起的，72% 的离婚女性都是有一定经济独立性的纺织工人，不像大多数农村妇女那样。在鲁昂市，平均每 8 起婚姻中就有一例依法离婚，还有同等数量的离婚案通过家庭调解解决。离婚法从根本上挑战了家庭内部关系。拿破仑在 1804 年严格限制了这部法律：从此以后，妻子只有在丈夫的情人已经侵入了婚姻家庭时才能起诉，反之丈夫可以起诉妻子的任何一次通奸行为，通奸的妇女会受到两年监禁的处罚。这部离婚法最终在 1816 年被整体废除。[21]

1790 年 3 月 15 日贵族家庭长子继承权的废除产生了更长久的影响。随后在 1793 年 3 月 7 日，国民公会通过了继承法，所有后代拥有相同继承权的原则适用于所有遗嘱，一年以后婚外出生的孩子也有了
349 继承权。1790 年之后，女儿的权利成了一个家庭问题，正如离婚法短暂地增强了妻子的权力那样，女性继承权是这些年间女性地位最显著的强化。这在诺曼底产生了轰动，女性采取法律行动来获取赔偿。一名女性在 1795 年的法庭上抱怨说："按照诺曼底的风俗，我在 1773 年结婚就是为了彩礼。当时的女孩就是这样结婚的。父母贪得无厌，经常为了儿子牺牲女儿的幸福。"来自诺曼底法莱斯的 40 名妇女在 1795 年请愿说"我们继承父亲（财产）的权利是从出生就有的平等权利"。[22]

然而对于比利牛斯地区的巴斯克、奥克和加泰罗尼亚的农民来说，

平等继承的原则破坏了大家庭和家产（exte，ostal，mas）* 的延续性。这些地区的父母想方设法规避革命法律，但是平等继承的原则一直以来都是一个挑战。[23] 封建制度的废除和新继承法让女性得到了更好了抚养，在家中的地位也有所提高，即使是在女性政治地位低下的情况固定下来之后。共和八年芽月四日（1800 年 3 月 25 日）通过了一项法律，父母有权将“一部分自由支配的财产”给他们偏爱的子女来增加遗产分配份额。新政权将父权和私有财产权作为社会秩序的基础，这在拿破仑 1804 年颁布的《民法典》中得到充分体现，《民法典》还否认了私生子的权利：从此以后，私生子在出生记录上一律登记为“生父不详”，无权请求父亲认可。但是，后来的政权中没有一个敢推翻平等继承的原则。

加勒比海地区奴隶的社会地位发生了最显著的变化。《人权和公民权宣言》和革命战争打破了《黑人法典》的合法性，种植园社会内不断发生的暴力具有了正当性。当“自由的有色人种”在 1791 年成为公民时，非洲人天生能够积极从事政治这条核心原则也得到了认可。圣多明各的 46.5 万名奴隶——这在法国总共 70 万名奴隶中是人数最多的——在 1794 年获得了自由。拿破仑在 1802 年宣布重新实行《黑人法典》和奴隶制后，他们奋不顾身地发起了反抗，最终在 1804 年建立了新国家海地。海地殖民地 53 万总人口中有多达 10 万人死于暴力冲突，将近 3 万名白人不是死亡就是逃跑。[24] 但是海地的经历没有被 350
其他奴隶制殖民地复制：奴隶制在印度洋的殖民地——留尼汪、塞舌

* 这三个词在巴斯克语、奥克语和加泰罗尼亚语中都用来指代房屋。

尔、毛里求斯——没有被废除，奴隶制在瓜德罗普、马提尼克和圭亚那甚至被增强。在留尼汪，愤怒的种植园主在岛上抓住了督政府的代理人，由种植园主和黑白混血儿组成的军队联合起来拒绝执行1794年解放奴隶的法令。到了1810年，那里的奴隶数量超过了6.5万人，是大革命前的两倍。[25]不过全法国大部分奴隶获得了自由，奴隶贸易直到1818年才被废除。

大革命和持续的战争对沿海城市的经济产生了毁灭性影响，但也为一些其他产业提供了刺激。[26]战争带来的不确定性、封锁和1794年废除奴隶制尤其使海外贸易遭受了严重打击。在1790年至1806年间，贸易的衰退使波尔多的人口从11万下降到了9.2万，马赛的人口从12万下降到9.9万，南特从9万下降到了7.7万。到了1815年，法国的对外贸易额只有1789年的一半，直到1830年才恢复到大革命之前的水平。[27]内陆地区也遭到了打击。波尔多东部的小城镇托南在1789年时有1 000名制作航运绳索的工匠，在1800年只有200人。其他内陆城市受到的影响不尽相同，据估计1799年工业产值仍然只有1789年的60%。由于法国限制从英国进口的保护政策，棉纺织业、冶铁业和煤炭业得到了发展。纺织工业的一些分支发展良好：贝达里约和洛代夫两个南部纺织业小城市尽管失去了与中东的贸易，还是坚持了下来并且通过军方的订单一度兴盛起来。[28]

大部分城市工作继续在小作坊中完成，工匠师傅带着三四名熟练工人和学徒一起工作。大规模雇佣工薪劳动者发生在几十年之后的英格兰北部新兴工业城市中，那时机械化作坊才开始变得普遍起来。但是从1789年开始，一系列制度、法律和社会变化为后来的资本主义工

业和农业的发展创造了环境。[29]大革命中自由企业和自由贸易的立法
为制造业从业者、农民和商人提供了保障，他们可以全身心投入市场 351
经济之中，贸易活动没有内部关税和通行费、各种不同的度量衡制度以及大量法律规定的阻碍。尽管在波拿巴统治时期强化了长久以来的国家“统制经济”（dirigisme），即对经济的干预，然而1791年行会和工人组织的废除以及国内自由贸易和统一经济规范的施行，为商业创造了更适宜的土壤，这远胜于充满各种各样的特权、优先权和豁免权的旧制度时期。[30]

旧制度时期曾经是教会和贵族权力中心的城镇和城市在适应现状的过程中经历了动荡。大革命直接改变了巴黎的城市面貌。50座教堂现在只剩了33座，超过200个修道院被关闭。教会财产被大量出售。巴黎在18世纪60年代时曾经有3 000名教士，除此以外还有超过4 000名宗教团体的修道士，到了1796年巴黎的教士只剩下400名。这只是人口减小的大趋势的一部分：首都人口从先前的大约65万人下降到1801年的不足55万人。但是革命还创造出了一些机会：1799年巴黎有223个印刷作坊，在1789年之前只有36个，这是数百名份报纸、议会工作人员和行政机构运作的结果。巴黎进入19世纪后变得更加世俗化，流动性更高，但分化也更为严重：财富、职业和性别差异形成新的权力结构比旧时代复杂的地位和特权更加鲜明突出。[31]

城市劳动人民在大革命中牺牲的最多却得到的最少。尤其是巴黎的无套裤汉，他们曾经是大革命的支柱，但是他们只获得了很少的实际利益。1789年的巴黎人抱怨最多的是对进入城市的消费品征收的入市税，这项税收在1798年恢复，其他城市和城镇周围也重新建立起关

税站。雇主的地位通过《列·霞白利法》和拿破仑恢复工作证（livret）制度得到强化，工作证在旧制度时期就有，工人要随身携带一个详细记录他们雇佣记录和行为的小本子。1792—1794 年的经历并不是社会改革实干家们真正期待的那种变化。大革命时期的城市和农村劳动人民的孙辈在 1848 年最终获得普选权；他们的曾孙辈在 1864 年赢得了罢工的权利，又 20 年后获得了组建工会的权利，以及免费和世俗的教
352 育。直到那时，共和派在 1876 年的选举中才再次获得胜利，在 1877 年最终巩固了大多数人统治的民主共和国。《马赛曲》在 1879 年成为国歌，7 月 14 日在 1880 年成为国庆日。但是直到 20 世纪，雅各宾派承诺的社会福利才被认为是国家的职责；1793 年女性争取政治权利的呐喊一直没有回音，女性直到 1944 年才获得选举权。

1793 年宪法首次将社会福利和教育等公共责任写入法律，但是它们从来都没有被付诸实施。在危机时期，城市和农村的底层阶级不断扩大，贫穷继续困扰着底层的劳动者和工人。1791 年，国民议会在废除什一税和出售教会财产的时候将教会行使慈善的能力消除。国民议会最终意识到，地方政府不能为穷人提供足够的救济，一系列工作计划和临时的救济措施经常是杯水车薪，在政府忙于战争的时候从来没有得到过有力的财政支持。1794 年之后的几个荒年，经济管制的崩溃遇上歉收和通货膨胀，穷人陷入困顿之中，掌握少量资源的教区教士的慈善措施不能提供足够的保护。

天主教会再也没有获得 1789 年之前那样的物质资源来满足穷人全部甚至是基本的需要。大革命是城乡关系的分水岭。很多城镇在旧制度时期曾经是行政中心，在很多方面都依赖附近的乡村。像阿拉斯、

昂热和图卢兹这样的省府，各级教会、教士和在此地居住的贵族将封建租税和什一税的收入花在了雇用家仆、购买工艺制成品、尤其是奢侈品以及慈善救济上。大革命直接导致乡村很大程度上从城镇的索取中解放了出来，农场品市场化，与城镇仅存的联系就是行政管理。这让那些之前依靠教士和贵族精英雇用的人失业，也让很多城市居民陷入困境之中。例如在昂热附近的乡村，本笃会的龙瑟雷修道院在革命前有 5 处庄园、12 个谷仓和葡萄汁压榨机、6 个磨坊和 46 个农场，每年给昂热的教会带来 27 万里弗的收入。这些收入一部分付给了在 53 个裁判所和法院工作的律师，他们负责确保乡村履行其封建义务；余 353
下的钱用来雇用仆人，购买手工业产品，或者接济手工业者和穷人。所有这些财产在大革命期间都被出售。[32]

大部分贵族退出了公共生活，尽管很不情愿，他们也只能接受大革命制度变化带来的惨重损失。据估计，排除物价因素，地方贵族家庭的平均年收入从 8 000 法郎下降到了 5 200 法郎。尽管很多贵族家庭守着完整的领地熬过了革命，但是大约有 1.25 万个——约占一半——贵族家庭失去了部分领地，少数家庭甚至失去了所有领地。[33] 1793 年封建租税的最终废除意味着贵族财产的收入从此以后只能依靠佃农的谷物分成地租，或者直接从雇佣劳工的农场经营者那里获得分成。在 1789 年之前，国家税收最多拿走贵族每年土地收入的 5%，1789 年以后征收的统一土地税大约为土地年收入的 16%。现在，土地资源的有效利用替代对农业人口的控制，成了乡村财富的基础。此外，没有什么能够弥补司法权利和特权的损失——从领主法庭到高等法院——司法平等产生的声望和尊严的损失不可估量。流亡贵族回国后面对的是一个崭新的世界，他们要面对债权人和农民的起诉，他们身上的神秘色彩不复存在，他们最紧迫的事就是要像打理生意那样管理财产。

像督政府一样，波拿巴试图将社会秩序建立在“有实力的人”的坚实基础上，地方显贵在社会中变得举足轻重。但是他们的统治没有被普遍接受。东北部埃纳省的省长在1811年给波拿巴写信说，“大革命期间流行的原则颠覆了所有公共秩序，这些原则不能被轻易消除”。市长乌尔班·德·弗勒里继承了在卡尔卡松南部雷恩莱班的贵族财产，当地人与他进行了长期斗争，他们向省长请愿说，他们只愿将弗勒里看作市长，而不是“以前拥有封建权力的领主，肆意挥霍我们血汗成果的人”。[34]

尊严的消失让旧精英感到愤怒，但是贵族仍然处在土地占有的塔尖，土地仍然是财富的主要来源。1799年的法国仍然是一个极度不平等的、层级分明的社会，大多数旧制度时期的贵族仍然举足轻重。法国大约有2.5万个贵族家庭：其中有近1.4万名12岁以上的贵族男性
354 逃亡。总共有1 158名贵族男性和女性在恐怖统治时期被处决，大约为成年贵族的十分之一。事实上，每个贵族家庭都直接受到逃亡、监禁或死亡的影响。但是大多数贵族在恐惧和怨恨之中熬过了大革命，他们选择牺牲财政和封建特权保住了家产。那些在大革命期间安稳渡过政治风波、完整保留土地的贵族继续在19世纪在经济和政治上发挥着重要影响。在1802年的调查中，全国最富有的土地所有者中有一半是贵族，他们掌握了最富裕的地区，例如巴黎盆地、罗讷河谷、勃艮第、皮卡第和诺曼底。[35]尽管有这些延续性，经济权力、社会声望以

及政治合法性的来源都发生了根本性改变。旧制度时期富有土地精英的幸存者现在只是更为广阔的精英群体的一部分，这些精英包括所有不同社会背景的富人，还包含从事农业、商业和行政的显贵。

法国本质上仍然是一个以小农经济为主体的农村社会，农民使用古老的方法和技术进行生产，主要目的是自给自足。尤其在法国北部，有很多不同的例子证明了国有化土地出售有利于资本主义农业的发展，其基础是大规模占有或者租佃土地以及大规模的雇佣劳动。但是在全国的大部分地区，自给自足的农业一直延续到 19 世纪。1800 年或 1820 年的农业产量几乎与 1780 年处于同等水平。大革命没有改变农业技术，以家庭为单位的农业生产在未来的几十年间继续主导着法国农村社会。

1792—1793 年在来自农民的巨大压力之下，议会最终决定取消支付因废除封建租税而许诺给领主的赔偿，并且将流亡贵族的土地分成小块以低分期付款利率出售，鼓励拥有土地的农民进行农业生产。[36] 1790 年和 1793 年的平等继承法使得土地经常受到过度分割的威胁。但是这些拥有自己土地的农民是贵族和教会损失的最直接和最主要的受益者，现在他们的土地不用交纳封建租税和什一税。[37] 这些税收的数额在王国各地差异巨大，但是在法国西部以外的地区，这些税收通常占到了自耕农总收入的 20% 至 25%（此外还有徭役、领主垄断设施使用费和苛捐杂税）。正如观察力敏锐的英国农学家阿瑟 · 杨在 1792 355
年初评论的那样，“耕作自己土地的小农境遇得到了极大改善，生活变得容易起来”。[38]

在大部分地区，出售土地的比例和社会影响都非常显著。教会和逃亡贵族的土地被没收后，全部土地中大约有 8.5% 的土地易主（教会土地占 6.5%，贵族土地占 2%）。教会土地通常都是最肥沃的，通过拍卖的方式大块出售，有资本的城市和农村资产阶级——还有少量贵族——购买了这些土地，从而扩大了他们原有的产业。之前被特权等级统治着的地方城市，发生了最大规模的土地出售：图卢兹有 49% 的土地易主。[39] 出售流亡贵族的土地让农民受益更多，因为土地是分成小块出售并且可以分期付款。总之，农民购买了大约 150 万公顷的国有化土地：到了 1800 年，农民占有土地的比例从三分之一上升到五分之二。总共有多达 70 万名购买者：大约有六分之一的法国家庭都购买了一些土地。[40]

很难概括大革命对生活水平的影响，通过印刷指券处理国家债务的做法进一步加剧了通货膨胀，工薪阶层在革命十年间经常处境艰难。然而，工资的购买力从在 1790 年到 1810 年上升了 10%—20%。[41] 富农（自耕农和农场主）的处境更好，他们在极度通货膨胀的督政府时期有能力购买流亡贵族的土地，用指券支付地租或偿还贷款，出售他们的收成换取硬通货。

农民生活水平的提高得到了夏尔-约瑟夫·特鲁维的证实，他是一名来自工匠家庭的青年才俊，在 1803 年成为特鲁维男爵，担任拿破仑在南方奥德省的行政长官：

> 封建租税和什一税被废除，食物价格高企，大地产被分割，国有化土地被分成小块出售，通过纸币（通货膨胀后的价值）还清了债务，这些都极大地激发了农民的劳动热情……虽然大革命对农村

> 人的饮食有所影响，但是影响在衣着上体现的更为明显……以前，
> 他们最好的衣服就是粗纺毛织物或家里纺织的亚麻布。他们现在摒 356
> 弃了这些衣服，他们喜欢的是棉布和棉绒的衣服，大土地所有者如果穿得稍朴素些，就能混在他的佃户里让人分辨不出。[42]

英国贵格教徒和农场主莫里斯·伯克贝克赞同特鲁维的看法，他从迪耶普游历到比利牛斯地区，经过了特鲁维所在的省份，1814 年他在《法国游记》中说：

> 每个人都告诉我在过去的 25 年里农业得到了迅速发展……普通人的生活条件和地位都有了极大的提升……我打听在人们口中或书上出现最多的贫苦农民去了哪里，但是人们经常向我谈起革命：好像是革命让这些穷人消失了。[43]

废除封建制度是大革命带来的最显著社会变化。随着捐税的废除，农民们将额外的一部分收成保留下来，通常用来养育下一代。这对体质产生了直接影响：1792 年，来自贫穷的邦德蒙特维尔山村（洛泽尔省）的七名新兵中只有一人达到标准的 1.63 米以上；到了 1830 年，1.63 米成了新兵的平均身高。[44] 在靠近城市或其他交通便利的地区，大量农产品的富余增加了中农和富农的利润安全程度，使得他们可以承担面向市场的风险。[45] 这在诺曼底和朗格多克的一些地区表现非常明显。在巴约附近的乡村，当教会停止征收谷物形式的固定什一税之后，肥沃潮湿的土地迅速变成了牧场。而在朗格多克的低地地区，农民们将他们的

葡萄园扩展到了原来为了缴纳什一税和租税而种植谷物的土地上。1812年葡萄酒酿造的产出比大革命之前增加了三分之一。[46]用贝济耶附近农场主大卫·尼古拉在1799年5月的话说，农民们“欢迎能够增加收成的改变和革新，他们已经摒弃了我们祖辈的生产方式”。[47]

一些公社公有土地或属于之前领主的荒地上也种植了葡萄。原本用于放牧牲畜的“荒地”或闲置土地被农村穷人开垦并耕种，对土地
357 造成了极大的压力。革命加剧了长期的环境压力：到了1801年，法国大约有四分之一的森林被非法砍伐，在很多地区，大量公有土地被开垦耕作。[48]法国直到拿破仑统治时期才成功地恢复柯尔贝1669年推行的中央集权化的森林政策，大革命初期的自由主义被颠覆，私有林地的所有者要经过明确批准才能随心所欲地使用属于他们的资源。属于公社的森林同样被置于国家森林政策的控制之下。[49]

与自耕农相比，租种土地的佃农和收益分成的佃农从大革命中得到的物质改善十分有限。在布列塔尼南部的瓦讷市以及相似的地区，对地主有利的可随时收回的长期土地租约制度的改革失败很快使乡村反对大革命。[50]但是和乡村社会的其他团体一样，租种土地的佃农和收益分成的佃农一直受到领主垄断（磨坊、烤箱、压榨机）的困扰，他们和乡村劳动者一样最容易经常受到领主法庭专制司法的影响。用选举出来的地方要人组成的法院体系取代领主法庭是革命时期最重要的发明之一，村民和城镇居民在解决小纠纷时，法院变得快捷、便宜、公正且方便。[51]

对于全国169 500名教士、修士和修女中几乎所有人来说，革命十年充满了动荡和恐惧，对于很多人来说，这是一段悲惨的经历。这

些年间有3 000名教士死于暴力，至少有920名教士被当作反革命分子公开处决。教会失去了大量财产和特权，并且由于它在特权阶级逃亡、反革命和战争中的角色失去了大量声望和权威。他们内部存在严重分歧，那些为了维持宗教生活而在内乱风暴中存活下来的教士，和革命后回国渴望重建基督教并复仇的教士互相对立。勇敢的宣誓教士米歇尔·穆兰就是复仇的目标之一，他曾经在恐怖统治期间因拒绝放弃信仰而短暂入狱，他在整个18世纪90年代都维持着巴约的教堂，政教协定之后，他却被发配到壮丽的巴勒鲁瓦城堡庇护下的一个小教堂；在那里，他不断给主教写信辩白自己的行为，一写就是25年。[52]

由于很多教士拒绝接受1790年的教会改革，成千上万的村庄一名教士都没有，也没有了教会教育。当战争在1792年开始时，教皇向
反革命军队提供了援助，这使得教会成了革命者怀疑甚至仇恨的对象。 358
法国天主教会在战争高潮时的1793—1794年被摧毁。大约3—4万名教士（占总数四分之一）逃亡。放弃信仰的教士几乎与宣誓的教士人数相当，一些地区几乎没有了教士；实际上，成千上万的教区在1791年后的十年里都没有教士。教会花了数十年的时间才恢复革命前的地位，再也没有出现革命前那么多的教士。到了1850年，每750人当中有1名教士；在1789年之前，每480人当中有1名教士。

但是广大乡村地区的普通大众——尤其是妇女——仍然保留着宗教情感；女性在19世纪成了宗教团体成员的主要来源：1815年有1.5万名女性新加入各种宗教团体，1850年有6.6万。[53]像之前和之后的革命者一样，雅各宾派试图塑造新的革命文化，像共和国取代君主制那样，用它来取代旧制度的宗教，打破民众与信仰仪式之间的联系。

尽管革命文化十分丰富，它不能取代在物质上和精神上都已经深入人心的天主教。这是革命期间暴乱频发的重要原因。

对于新教徒和犹太人来说，1789—1791 年的立法带来了合法解放、公民平等和宗教自由。新教城镇和村庄很高兴能够建造自己的“圣殿”。解放大多数新教徒和犹太人使他们支持大革命，即使是在圣殿和犹太会堂被关闭的恐怖统治时期也是如此。第一帝国加强了国家对犹太团体的控制：一些犹太人后悔了，他们解放的代价是被迫将自己独特的宗教信仰融入、服从于法国的国家性格。在 1831 年，拉比*也像教士和牧师一样由国家支付薪水，南锡的犹太人领导者认识到公民权的代价是消除信仰的独立性，此时城中的犹太会堂和医院只靠少数的富裕家庭维持着。[54]

婚礼仪式（和洗礼、葬礼一样）也发生了改变。现在行政机构通过“民事登记”介入了这些仪式，如果有教士在场可以进行祝福，但不是必须的。在基督降临节、大斋节、周五和周日不能结婚的宗教限
359 制经常被忽视。天主教会再也没有在信徒中间获得革命之前那样的服从或认可。因此，很多教士变得坚决反对共和主义和世俗主义。教会同样没有恢复以前在道德上的垄断；拿破仑延续革命时期废除反对同性恋法令的决定，即使警察继续抓捕同性恋者，也要采用“败坏道德风俗”等名义。

教会社会声望的下降还体现在出生率的下降上，从 1789 年到 1804 年，出生率从 38.8‰ 下降到了 32.9‰；生育的平均间隔从 19—

* 拉比是犹太教中对有学识的人的尊称，负责执行教规、主持宗教仪式。

30个月增加到了31—48个月，这进一步表明家庭规模遭到人为的限制。这在欧洲是一种独特存在于法国现象，直接关联着乡村发生的革命：土地出售，财产权利平等，废除封建租税和什一税，农业劳动者报酬的增长以及更多促进生产的措施。总之，这是农民对革命要求子女平等继承的法律的回应。农民也希望保持小家产的完整性，他们经常通过体外射精的方式避孕从而主动控制家庭的人数。[55]

尽管有战争的伤亡和急剧下降的出生率，据估计1814年的人口比1789年增长了250万人，造成这种结果的根本原因是死亡率的下降以及18世纪80年代至19世纪20年代预期寿命的增加：女性从28.1年增长到了39.3年，男性从27.5年增长到了38.3年。引起这一大幅增长的一个最重要的原因是大多数农民现在得到了更好的生活条件，他们可以留下更多的余粮用于家庭消费。

除了在农村经济突然发生改变的地方（例如转向了更加以市场为导向的葡萄种植业）和城市雇主突然消失的地区，大多数人在1799年从事着和1789年一样的工作。他们工作的方式——具有技术性、重复性的手工劳动——仍然保持不变。[56]但即使是在土地使用方式没有发生改变的地区，革命也已经进入社区和家庭生活的核心地带。日常生活方式发生了永久改变，因为赋予人们生活意义和世界观的精神要素发生了永久性改变。大革命深刻地改变了社会。它标志着在逐级任命、团体特权、豁免权和优先权以及领主对公社和土地拥有“权利”基础上建立的古老政治和社会制度的终结。大革命是大多数农村土地所有
者和一部分城市资产阶级的胜利，对经济、环境甚至家庭关系都产生 360
了重要影响。制度结构、国家法律体系和度量衡体系的彻底变化，为

个人和地区认同的根本性转变奠定了基础。

大革命的政治遗产在富有创见、发人深省的同时也流动多变、争议颇多。法国人民在何种政治制度能最好地调和权威、自由和平等的问题上一直存在分歧。政府的首脑应当是一位国王、一位皇帝还是一名选举出来的统治者？“自由”是否只意味着政治和公民自由，是否还意味着经济上的企业自由？应当如何理解“平等”：平等是在法律面前人人平等，政治权利的平等，社会地位的平等，经济上的平等，种族间的平等还是性别间的平等？这些问题在大革命期间是政治和社会分歧的核心，在今天依然没有定论。

大革命留下了多重遗产以及相互冲突的记忆，既让人受到启发又让人感到恐惧。[57] 对于激进派来说，1790 年之后的暴力分歧是由于旧掌权者的冥顽不化和决心坚守财产权的新社会精英的僵化刻板引起的。对于很多政治自由派来说，由于堕落的“暴民”及其雅各宾派支持者，国家必须由强人来统治。对于像约瑟夫·德·迈斯特尔、弗朗索瓦-雷内·德·夏多布里昂和伯纳德神父这样保守派来说，革命时期的动荡以及后来拿破仑的统治毫无疑问地证明了一点：打着理性和平等的旗号改变传统的智慧是愚蠢的。对于一些人来说，这么多困难都是上帝之怒的惩罚。

革命最令人印象深刻的画面是 1789 年的愿景和《人权和公民权宣言》，这是一个社会建立在人民主权、言论自由、机会均等以及尊重他人权利基础上的最高期望。1792 年呼吁“全民武装”保卫革命的浪潮构成了国民记忆的一部分。每逢国家危难之时，尤其是在 1914 年和 1940 年，那些坚决抵抗侵略的人都从“1792 年”获得了鼓舞。在

1914 年 8 月，人们再次回想起 1792 年祖国在危难之时的全民武装，以及瓦尔密和热马普大捷等历史性时刻。[58]

与之相对，1789 年的第二幅画面是过多的人民运动最终演变成了极具毁灭性的血腥内战。这是一幅失落的画面：传统、对宗教和权威的尊 361
重以及丰富多彩的地方制度和文化都消失了。这些衰落被不同程度地归咎于启蒙话语的滥用、肆意散播的谣言和“乌合之众”。因此，图卢兹的保王党在 1797 年写了一本关于大革命“真正起因”的小册子：“这些哲学家骗子用所有寓言和狂想”满足了容易盲从的人民幼稚的好奇心，恐怖统治时期的“食人族”和“屠夫”就是上帝带来的惩罚。[59] 在那些怀着仇恨并留恋“已经失去的世界”的人以及其他从来都没有在公共生活中真正认可新教徒和犹太人的人看来，大革命的印象完全是负面的。

人们对于 1789 年革命的积极和消极印象之间有着巨大的差距，人们通过共同认可革命的第三幅画面缩小了这种差距——这一画面中革命已经退化成了不宽容、内战和肆意的惩罚。在政治领域中，对于“恐怖统治”最简单的解释是雅各宾派执着于意识形态和野蛮统治的结果。最方便的定论是将马克西米利安·罗伯斯庇尔当作罪魁祸首，尽管相反的证据大量存在。在法国国内外，“罗伯斯庇尔式恐怖”是用来解释 1793—1794 年令人不安的镇压最简单的方式。这位被他的崇拜者称作“不可腐蚀者”的人在今天依然是法国历史上最不受尊敬的人物。

那些具有更广阔视野的人，哪怕他们自己的家庭遭受劫难，也深知在革命动荡和个人善恶之上有着更为深远的东西。亚历克西·德·托克维尔就是其中之一，他在 1805 年出生于一个被大革命残害得伤痕累累的家庭和社会之中。他的父亲埃尔韦是托克维尔伯爵，曾经是路易十六的宪兵军官，他的母亲露易丝·玛德莱娜·勒佩勒捷·德·罗桑博在1793年与他的父亲结婚；他们在第二年侥幸逃过断头台。露易丝的祖父是马尔泽尔布（路易十六的大臣和辩护律师），她的父母被判死刑，她的姐姐和姐夫也被处死，露易丝的姐夫是夏多布里昂的兄长，夏多布里昂在1791年逃往北美，后来成了最受欢迎的保王派浪漫主义作家之一以及法国后革命时代著名的政治家。1831年，26岁的托克维尔与古斯塔夫·德·博蒙一起接受七月王朝的委任前往
362 美国学习监狱制度，他的《论美国的民主》最终在1835年出版，既对这个新共和国的革命时期进行了反思，也对其历史和文化进行了细致研究。他在结论中反思道：

> 冉冉升起的新世界还有一半陷在日益腐朽的旧世界废墟中；在纷繁复杂的世事面前，谁也说不出哪些古老的制度和习俗还会延续，又有多少彻底消失……我们时代的国家无法阻止人类的境况走向平等，但是平等的原则究竟带给我们的是自由还是奴役，文明还是野蛮，繁荣还是痛苦，都取决于我们自己。[60]

在七月王朝（1830—1848年）和第二共和国时期（1848—1851年），托克维尔本人试图参与法国的议会政治，曾经担任过议员和外交部长，波拿巴的侄子路易-拿破仑在1851年通过军队攫取权力之后，他退出了公共生活。托克维尔随后投入《旧制度与大革命》的写作中，这部历史性的杰作在1856年出版。他在书中认为，大革命在广义上延

续了自路易十四以来法国君主制所驱动的中央集权化和现代化。革命时期的暴力还打破了古老的社会等级，使他现在生活的世界的阶级差距和斗争比以前更加激烈。[61]

大革命带来的戏剧性、反差鲜明的画面为散文、诗歌、绘画和电影的创作提供了肥沃的土壤。[62]巴尔扎克的《朱安党人》（1829年）和《农民》（写于19世纪40年代）是最早记录这段深刻回忆的两部小说。巴尔扎尔认为《农民》是他最重要的作品，他形容年老的尼雪龙“坚硬如铁，纯净似金”：

> 这位年迈的葡萄园丁脸色苍白、满头银发，辛苦的工作压弯了他的背，现在他是社区中唯一能够代表公民美德的人，他曾经在大革命期间做过维勒奥法耶的雅各宾俱乐部主席，在当地革命法庭做过陪审员……[63]

另一部小说受到杰出的黑人将军托马-亚历山大·仲马的事迹启发，仲马曾经在埃及担任波拿巴的骑兵指挥官，他在1799年决定跟随 363
波拿巴返回法国。他乘坐的“马耳他美人号”不适宜海上航行，被迫在意大利的塔兰托靠岸，仲马在那里被那不勒斯王国拘禁20个月。早前，他在1792年在东北部的边境作战期间，与他在维莱-科特雷留宿的旅馆的老板女儿结婚。他们的儿子大仲马出生于1802年，他在19世纪最畅销的小说《基督山伯爵》中将他父亲被关押20个月的经历写成了唐泰斯14年的监狱生活。[64]

政治动荡和分裂的十年留下了既痛苦又美好的深刻记忆，以及流传至今的各种相互冲突的意识形态遗产。大革命是意识形态的温床，这份意识形态谱系包括武装保王主义、自由立宪主义、社会民主主义和第一次明确表达的共产主义。“拯救者”思想虽然颇具神话色彩，却从诸多意识形态中脱颖而出，它希望强有力的统治者可以凌驾于琐碎的争吵之上，带来社会秩序、繁荣和国家荣耀。[65]拿破仑·波拿巴就是这样的强有力统治者，他恢复了秩序和稳定，对后世产生了深远影响，但是付出的代价是军事统治和持续不断的战争。雅各宾派的统治对后世仍然具有吸引力的原因是它重视民主和社会平等，并且在1792—1794年英勇地保卫了革命，但是恐怖统治和对公民自由的限制给它带来了负面形象。另一方面，1815—1848年复辟的波旁王朝试图在有产者普选的基础上建立君主立宪制，此举失败的部分原因是，它既没有波旁王朝绝对专制在传统上的合法性，也没有共和制度在民主上的合法性。

“法国大革命”不止一场，这与个人的社会背景、性别、居住地有关，但最终取决于个人的决定。一些杰出人物以悲剧收场：宣誓主教托马·林代在1799年想要回到诺曼底的家乡小城贝尔奈过平静的生活，但是人们不能原谅他在1792年还俗然后在1793年结婚，他在1823年去世时无法以完整的基督教葬礼安葬。其他人更加悲惨：尼姆市的新教徒纺织制造商安德烈·基佐支持大革命，但是他在联邦主义中的积极活动让他在30岁就失去了生命，留下了一名可怜而聪明的6岁小男孩弗朗索瓦。弗朗索瓦·基佐在1840—1848年间成为法国第一个新教徒首相。[66]当然，与林代或基佐不同，还有很多精明的人能够
364 在每次政权的更迭中适应变化。

每个人都有故事可讲，不只是那些名人。各个阶层的人在社会交流、家庭关系以及政治和经济生活中都能感受到大革命的影响。革命者们1789年的目标——人民主权、宪政政府、法律面前人人平等、废除团体特权和封建主义——已经实现，但是付出了生命和财产的巨大代价。没有人在1789—1790年的兴头上会预料到“改造”和国家团结的代价会是宗教分裂和内战、外敌入侵和大规模征兵、经济崩溃和一轮又一轮的惩罚。

每个家庭和社区都有它们的大革命故事。青年男性大规模入伍——同样在一些地区还有逃亡、内战和暴力镇压——意味着每个家庭都受到了大革命的直接影响，经常有家庭成员死亡。大革命时期的经历铭刻在个人、家庭和社区的记忆深处。在有着相当数量新教徒的南方地区，1793—1795年致命的政治分歧经常与宗派冲突联系在一起，种下了仇恨，新教徒从此以后坚定支持世俗的左翼政党。一个世纪以后，一名来自昂迪兹（加尔省）名叫让·丰丹的新教徒农民回忆道：“我们当中的大多数都是共和派，因为我们对于1793年的革命有美好回忆，我们父辈被反复灌输的这些原则仍在保留在我们心中。总之，我们是大革命的后代。”[67]

相反，旺代、布列塔尼和南方的一些地区发生了大规模杀戮，其程度之惨烈让为旧制度辩护的人从此将大革命视作启蒙运动与共济会对抗备受农民爱戴的基督教、王权和封建传统的战争。[68]很多参与破坏文化和宗教的地方“爱国者”被当作叛徒。例如在旺代省的尚佐村，19世纪的教堂建立在1794年被毁坏的教堂废墟上，1955年在彩色玻璃窗户上写有1793年遇难者的名单，以及一些描绘虔诚的农民正在保护受人爱戴的教士和贵族的画像，以此来教育村民。1860年，布洛涅河畔莱吕克教区的教士发现了大量遗骨，结果这里成了“旺代人的圣地”，成为另一处流传至今的圣迹，根据记载，在1794年2月28日
365 这天有564名妇女、107名儿童和大量男人被屠杀。[69] 200年以后，旺代叛乱仍然在法国西部人民的集体认同中占据重要地位。（图41）事实上，在2013年，国民阵线党和其他右翼代表联名请愿，要求法国国民议会承认镇压旺代叛乱是一场“种族灭绝”。[70]

尽管选举参与率低，共和国在1792—1799年间的选举已经显露出了广大地区的政治倾向，这些传统一直延续到了20世纪80年代的政治生活中：北方持保守态度，西部反对共和派，中部和西南部支持共和派，东南部双方的支持者都有。[71] 在第二共和国时期，1848年4月至1849年5月，法国第一次进行了所有成年男性的直接普选，这些革命的子孙后代们有了表达他们的政治倾向的机会，他们在共和派和秩序党之间的抉择中，“从母亲的养育”中获得政治态度成了决定性因素之一。在1849年的选举中，反对共和派的秩序党在布列塔尼和西部赢得了148个议席中的144个，这某种程度上是因为人们对投票给共和派一直充满恐惧，害怕他们会回到恐怖统治。但是在中部和南部地区，左翼“民主社会党”的候选人经常会取得胜利；这里对于大革命的印象经常是积极的。[72]

最终，革命带来的变化持续了下来，因为这些变化满足了资产阶级和农民在1789年陈情书中的一些根本性需求：人民主权、公民平等、职位向“有才能者”开放以及废除封建制度。但是，那些在1790年7月14日带着热情和乐观心态庆祝攻占巴士底狱一周年的人们没有

想到，保护这些变化的最终代价是多年的内战和外敌入侵、大量人口死亡和个人安全无法保障。尽管他们在1790年自信地以为他们处于人类进步的前列，他们承诺的进步既争议不断也鼓舞人心，大革命继续在法国国内和全世界持续引起共鸣。

法国大革命在全球性的、激烈的帝国冲突中发生。各大殖民帝国——尤其是英国、法国和西班牙，还有奥斯曼帝国和莫卧儿帝国——为了领土和商业利益而冲突不断，因此需要足够的军事力量来保护这些利益。法国王权在1756年之后无力维持庞大的北美殖民地所需的巨额战争开销；在1779年后又压抑不住干预英国北美殖民地的冲动，但是成功的代价是巨额财政开支。路易十六和他的大臣们在政治 366
上陷入极其局促的境地。

法国处于全球性危机的中心。整个欧洲及其以外地区都感受到了法国激进革命的冲击。这种冲击穿过大西洋回荡在美洲，尤其是加勒比海地区，沿着地中海沿岸，来到遥远的南亚甚至非洲南部和南太平洋地区。[73] 其他欧洲大国——从奥地利、普鲁士到英国和西班牙——对革命感到厌恶，认为这些动乱会威胁到它们自己的社会和国际秩序，它们准备成立一个军事同盟来粉碎革命。它们的联盟最终成功使法国大革命前的法国王室在1815年复辟，但是付出了大量人员死亡的代价，还不得不向大革命带来的主要变化妥协。

法国大革命是世界历史上的转折点（或者说是“世界历史性的”转折点），法国大革命的起源和影响必须从全球和“国内”两方面进行理解。作为现代国家主义和民族主义战争诞生的熔炉，大革命结束了启蒙运动时期的普世主义思想，陷入对外战争之中，在1795年后建立了一些“姊妹共和国”，并且声称要将法国的自然边界扩展到莱茵河口。[74]武力保卫革命的任务和传播革命变革的使命这两者之间经常产生冲突。这种冲突在草根阶层同样存在：1793 年，共和国从旺代叛军手中重新夺回了小城“伯爵的丰特奈”（Fontenay-le-Comte）[并将其改名为“人民的丰特奈”（Fontenay-le-Peuple）]，接着一个标题为“自由、平等还是死亡”的小册子列举了法兰西共和国的十条戒令，开头写道：

> 1. 法国人只有保卫祖国才能享受自由。
> 2. 你们要将所有的暴君赶到比印度还远的地方。[75]

大革命最重要的后果之一就是，1792 年后敌视革命的欧洲对革命威胁做出了回应，欧洲对激进主义的质疑和对既有的政府形式和宗教的强化结合在了一起。

大革命的爆发曾被看作整个大陆自由主义改革的前兆。1792 年之后，由于战争、共和国的成立以及路易十六被处决，欧洲对于法国态度发生了剧烈变化。[76]1805 年，威廉·华兹华斯在《序曲》中回忆了
367 他 19 岁时对 1789 年的感受：

> 能活在那个黎明已是幸福，
> 如果还是青春年少简直是在天堂之中！——噢，时代，
> 乏味空洞、陈旧腐朽、冷酷无情的
> 习惯、法律和法规被连根拔起

这就是这个浪漫国家的迷人之处！
当理性来宣告她的权利时
不仅恩泽一处，而是泽被大地
愿景是如此美好……[77]

但是到了1805年，华兹华斯不再同情法国和大革命，因为他认为革命在1793年后已经背离了初衷。英国充满敌意的政治环境使得这首（如今被视为他最伟大的）诗歌不得不进行修改，一直拖到1850年他死后才出版。[78]在英国和其他地区，1792年之后出现了对民主主义者全面的镇压，战争宣传将法国革命者描述成残忍无情的独裁者和灭绝人性的暴徒。一群杰出的年轻作家——包括塞缪尔·泰勒·柯勒律治、海伦·玛丽亚·威廉斯、威廉·葛德文、威廉·德雷南（William Drennan）和华兹华斯本人——的生涯都受到了影响，在小皮特首相"警惕的统治"下，他们不得不在政治上做出重大妥协。[79]

大革命甚至在英国和法国探索、兼并占领的南太平洋地区都有反响。布吕尼·昂特卡斯托的探险队在1791年被派往澳大利亚搜寻在1788年失踪的探险家拉佩鲁兹。这支失踪探险队的队长死亡后，营养不良、筋疲力尽的探险队员1793年10月在爪哇迷路，他们在那里得知了这一年早些时候发生的事。探险队的新领导者、保王党人亚历山大·达欧里博和博物学家雅克·拉比亚迪埃之间很快爆发了激烈冲突，拉比亚迪埃在1760年代在阿朗松曾经是雅克-雷内·埃贝尔的同班同学，埃贝尔现在已经成了巴黎著名的忿激派。在1793年的同一时间，苏格兰改革派的领导者作为政治犯被押往澳大利亚的植物湾。[80]

正如1789年之前发生的革命先例一样——最著名的是在北美、科西嘉、日内瓦和联合省（荷兰）——法国大革命也鼓舞了整个大陆的革命者。波兰在1793年（由俄罗斯、普鲁士和奥地利）被瓜分后，在塔德乌什·柯斯丘什科领导下的1794年民族起义取得了短暂的胜利。
368 爱尔兰人联合会在1798年反对英国的起义被无情镇压。法国大革命的消息传播广泛，但是在地中海地区和南亚的一些地区引起的反响因地而异。作为一场追求自由、平等、博爱的革命，它激励了争取拉丁美洲民族独立的领导者西蒙·玻利瓦尔（他在1804年参加了拿破仑的加冕仪式），[81] 以及印度在19世纪30年代最早的民族主义者拉姆·莫罕·罗伊（Ram Mohan Roy）。

想要最好地理解法国大革命的全部影响，只有在这种国际性甚至全球性的视角中，将大革命放在欧洲内部及其殖民地长期斗争的历史背景中，他们争取的是自主、代议制政府和个人自由，反对的是僵化的社会等级制度、团体利益和专制统治。[82] 但是法国大革命还是独特的。只有法国最充分地实现了革命的目标：人民主权、法律面前人人平等、平等继承权、废除封建制度和奴隶制。其他的改革在实行后又被否定：男性普选、教会与国家分离、离婚权。只有在法国，一个民主的共和国成功动员力量打败了试图摧毁它的反革命同盟。这也就是为什么在很多当代人的头脑中，法国大革命是“革命时代”第一次也是最重要的一次革命。

巴黎在1989年举行了大革命两百周年庆典，不久以后苏联也解体了。右翼思想家争先恐后地宣称法国大革命已经“结束了”，对公共生活甚至历史学家都不再有任何意义。他们错了。实际上，1989年之后发生了两股革命浪潮——东欧和东南欧的动荡和“阿拉伯之春”——重新让我们对两个多世纪前发生的改变世界的动荡产生了兴趣。公众对于大革命的兴趣不亚于学术研究，他们继续追问那些至今还能够引起共鸣的问题。[83]1789 年的美好期望是如何演变成 1793 年的内战和恐怖的？为什么建立一个民选的宪政政府的努力会在 1799 年被一个强人的统治取代？在恐怖主义和“对恐怖宣战”的时代，1789 年的价值仍然是公共生活的基本原则。例如，法国民众目睹具有批判性的《查理周刊》12 名记者在 2015 年 1 月遇害后，据估计全法国有 370 万人上街游行呼吁保卫自由，这让人联想到了法国大革命。 369

超过 225 年之后*，法国大革命提出并探索的根本问题依然是各地民主政治生活的核心问题。追求平等会不会损害自由，或者说社会平等是不是真正自由的前提条件？一个健康的社会是通过政府按照自己理解的公共利益建立的，还是通过解放人民主动进取的精神建立的？法国大革命从来没有“结束”。它取得的成就与胜利和它的欺骗与暴行一样造就了它独特性。全世界在 1789 年后都能感受到大革命的回响——革命仍然与我们同在。 370

---

* 本书成书于 2016 年。

大事年表

1756 年—1763 年	七年战争。
1778 年	法美同盟；与英国开战。
1783 年	
9 月 3 日	《巴黎和约》《英美凡尔赛条约》。
1787 年	
2 月 22 日	显贵会议召开。
6 月至 8 月	巴黎高等法院拒绝注册王室改革法令；巴黎和波尔多高等法院的成员被流放。
1788 年	
5 月 8 日	拉穆瓦尼翁改革削减高等法院的权力。
6 月 7 日	格勒诺布尔发生“瓦片日”事件。
8 月 8 日	三级会议在 1789 年 5 月 5 日召开。
8 月 24 至 26 日	布里耶纳辞职；内克重新上台。
10 月 5 日至 12 月 12 日	第二次显贵会议。
12 月 27 日	御前会议规定第三等级代表人数加倍。

1789 年

2 月　　西耶斯出版《第三等级是什么？》。

2 月至 6 月　　三级会议选举。

4 月 27 至 28 日　　巴黎发生雷韦永叛乱。

三级会议
（1789 年 5 月 5 日至 6 月 27 日）

5 月 5 日　　三级会议在凡尔赛开幕。

6 月 17 日　　国民议会成立。

6 月 20 日　　网球场宣言。

6 月 23 日　　国王宣布关于三级会议的决议。

制宪会议
（1789 年 6 月 27 日 /7 月 9 日至 1791 年 9 月 30 日）

7 月 11 日　　内克被解职。

7 月 14 日　　攻占巴士底狱。

7 月底至 8 月初　　市政革命，农民起义，大恐慌。

8 月 4 日至 11 日　　关于封建制度的《八月法令》。

1789 年

8 月 10 日　　建立国民卫队。

8 月 26 至 27 日　　《人权和公民权宣言》。

9月11日	国民议会授予国王暂时的否决权而不是绝对的否决权。
10月5日至6日	巴黎妇女向凡尔赛进军；王室家族被带回巴黎。
10月21日	颁布戒严令。
11月2日	教会财产“国有化”的决议。
12月14日	关于市议会选举的法令。
12月19日	第一次发行指券（大革命时期的钞票）。
12月24日	授予新教徒宗教自由。
1790年	
1月28日	西班牙裔犹太人被授予平等权利。
2月13日	禁止法国僧侣宣誓。
2月26日	决议将法国划分为省。
3月15日	继承法规定子女有同等继承权。
5月10日	蒙托邦发生宗派暴力事件。
5月22日	国民议会谴责对外攻占。
6月10日	阿维尼翁请求并入法国。
6月13日	尼姆发生宗派暴力事件。
6月19日	废除贵族继承权和头衔。
7月12日	《教士公民组织法》通过。
7月14日	举办联盟节。
8月18日	第一次反革命会议在雅勒召开。
8月31日	南锡驻军哗变。

10 月 29 日	圣多明各奴隶和自由黑人起义。
10 月 31 日	建立统一关税。
11 月 27 日	要求教士宣誓的法令。

1791 年

3 月 2 日	废除行会。
4 月 2 日	米拉波去世。
4 月 13 日	教皇颁布通谕谴责《教士公民组织法》。
5 月 15 日	殖民地自由黑人的子女被授予同等权利。
6 月 14 日	《列·霞白利法》。
6 月 20 日	国王出逃并且发布宣言。
7 月 5 日	《帕多瓦宣言》。
7 月 17 日	请愿和马尔斯校场“屠杀”。
8 月 14 日	圣多明各奴隶起义。
8 月 27 日	《皮尔尼茨宣言》。
9 月 14 日	路易十六接受新宪法。
9 月 14 日	阿维尼翁和孔塔-弗内森并入法国。
9 月 27 日	德裔犹太人获得同等权利。

立法议会

（1791 年 10 月 1 日至 1792 年 9 月 20 日）

11 月 9 日	敦促流亡者归国的法令（国王在 11 月 12 日否决）。

11 月 29 日	将未宣誓教士免职的法令（国王在 12 月 19 日否决）。

1792 年

2 月 9 日	流亡者财产国有化法令。
4 月 20 日	向奥地利宣战。
4 月 25 日	断头台首次使用。
5 月 27 日	驱逐未宣誓教士法令（国王在 6 月 19 日否决）。
6 月 12 日	吉伦特派部长解职。
6 月 13 日	普鲁士宣战。
7 月 11 日	“祖国在危急中”法令。
7 月 25 日	布伦瑞克发布宣言。
8 月 10 日	攻占杜伊勒里宫，国王权力终止。
8 月 19 日	拉法耶特出逃奥地利。
8 月 23 日	隆威被普鲁士攻陷。
9 月 2 日	凡尔登被普鲁士攻陷。
9 月 2 日至 7 日	巴黎和其他省份发生“九月屠杀”。

国民公会第一阶段
（1792 年 9 月 20 日至 1793 年 6 月 2 日）

9 月 20 日	国民公会召开。
9 月 20 日	瓦尔密大捷。
9 月 22 日	宣布成立共和国。

11月6日	热马普大捷。
11月27日	萨伏伊并入法国。
12月11日	路易十六在国民公会第一次露面。

1793年

1月	审判路易十六。
1月21日	处死路易十六。
2月1日	法国向英国和荷兰宣战。
2月24日	三十万征兵令。
3月7日	向西班牙宣战。
3月10日	设立革命法庭。
3月10日	设立监督委员会。
3月10日至11日	马什库勒屠杀，旺代叛乱开始。
3月19日	公共救济的法令。
3月28日	反对流亡者的法令。
4月4日	迪穆里埃叛逃奥地利。
4月6日	成立救国委员会。
4月9日	设立特派员制度的法令。
4月13日至24日	马拉受审，无罪释放。
5月4日	第一次全面限价法令。
5月30日	沙利埃领导的里昂雅各宾派被推翻。
5月31日至6月2日	巴黎各区攻占国民公会；吉伦特派倒台。
6月7日	波尔多和卡昂发生联邦主义叛乱。

国民公会第二阶段：恐怖统治时期

（1793 年 6 月 3 日至 1794 年 7 月 28 日）

6 月 24 日	1793 年宪法。
7 月 13 日	马拉遇刺。
7 月 17 日	沙利耶被处决，里昂联邦主义叛乱爆发。
7 月 17 日	最终废除封建制度。
7 月 27 日	罗伯斯庇尔加入救国委员会。
8 月 1 日	建立统一度量衡法令。
8 月 23 日	《全民征兵法》。
8 月 25 日	革命军夺回马赛。
8 月 27 日	土伦向英国海军投降。
9 月 5 日至 6 日	公众压力迫使国民公会采取激进措施；“恐怖直到和平为止”。
9 月 8 日	在翁斯科特战胜英国军队。
9 月 17 日	在佩雷斯托尔泰战胜西班牙军队。
9 月 22 日	共和二年开始。
9 月 29 日	《全面限价法令》。
10 月 5 日	颁布革命历（共和二年葡月十四日）。
10 月 9 日	镇压联邦主义者在里昂的叛乱。
10 月 10 日	宣布成立革命政府（共和二年葡月十九日）。
10 月 16 日	处决玛丽・安托瓦内特。
10 月 16 日	在瓦蒂尼战胜奥地利军队。

10 月 31 日	处决吉伦特派领导人。
12 月 4 日	霜月法令（共和二年霜月十四日）。
12 月 8 日	宗教自由法（共和二年霜月十八日）。
12 月 19 日	公共教育法（共和二年霜月二十九日）。
12 月 17 日	夺回土伦。
12 月 23 日	在萨沃奈打败旺代军队。

1794 年

2 月 4 日	在法国殖民地废除奴隶制
3 月 3 日	关于嫌疑犯财产的风月法令（共和二年风月十三日）
3 月 13 日至 24 日	逮捕并处决埃贝尔派。
3 月 30 日至 4 月 5 日	逮捕并处决丹东派。
6 月 8 日	巴黎举行最高主宰节。
6 月 10 日	共和二年牧月二十二日法令。
6 月 26 日	弗勒吕斯大捷。
7 月 23 日	巴黎实行最高工资限制。
7 月 27 日	罗伯斯庇尔倒台（共和二年热月九日）
7 月 28 日至 29 日	处决罗伯斯庇尔、圣鞠斯特及其同党。
8 月 1 日	撤销牧月二十二日法令。
12 月 12 日	关闭雅各宾俱乐部。
12 月 17 日	初等教育法（共和三年雾月二十七日）。
12 月 24 日	废除全面限价法令。

国民公会第三阶段：热月时期

（1794 年 7 月 29 日至 1795 年 10 月 26 日）

12 月 28 日	重组革命法庭（共和三年雪月八日）。
1795 年	
3 月	逮捕比约-瓦雷纳、科洛·德布瓦、巴雷尔、富基耶-坦维尔。
4 月 1 日	芽月：巴黎人民起义。
4 月 5 日	与普鲁士签订《巴塞尔和约》（共和三年芽月十六日）。
4 月 7 日	关于度量衡的法令（共和三年芽月十八日）。
4 月至 5 月	法国南部发生“白色恐怖”。
5 月 16 日	与巴达维亚共和国签订《海牙条约》（共和三年花月二十七日）。
5 月 20 日	巴黎群众入侵国民公会（共和三年牧月）。
5 月 31 日	废除革命法庭。
6 月 8 日	路易十七去世；普罗旺斯伯爵觊觎法国王位（路易十八）。
7 月 21 日	在基伯龙击退保王党军队。
7 月 22 日	和西班牙签订和约。
8 月 22 日	共和三年宪法（共和三年果月五日）。
8 月 30 日	三分之二法令（共和三年果月十三日）。

9月29日	关于礼拜仪式的法令（共和四年葡月七日）。
10月1日	兼并比利时（共和四年葡月九日）。
10月5日	王党分子在巴黎叛乱（共和四年葡月十三日）。
10月25日	公共教育组织法（共和四年雾月三日）。
10月26日	国民公会解散。

督政府

（1795年11月2日至1799年11月10日）

1796年

2月19日	废除指券（共和四年雨月三十日）。
2月27日	先贤祠俱乐部关闭。
3月2日	波拿巴被任命为意大利远征军指挥官（共和四年风月十二日）。
3月29日	旺代领导人沙雷特被处决。
4月11日	入侵意大利（共和四年芽月二十二日）。
5月10日	平等派密谋；巴贝夫被逮捕（共和四年花月二十一日）。
5月23日	帕维亚暴动。
6月12日	入侵教皇领地（共和四年牧月二十四日）。
8月5日	与西班牙结盟（共和四年热月十八日）。

10月16日	波河以南共和国成立（共和四年葡月二十五日）。
11月15日至17日	阿克莱战役（共和五年雾月二十五日至二十七日）。
12月15日	爱尔兰远征舰队起航（共和五年霜月二十五日）。

1797年

1月6日	爱尔兰远征军撤退（共和五年雪月十八日）。
2月2日	攻取曼图亚（共和五年雨月十八日）。
2月4日	废除指券；重新使用金属货币。
3月至4月	王党分子在立法选举中获胜。
5月16日	占领威尼斯共和国（共和五年花月二十七日）。
6月29日	阿尔卑斯山南共和国成立（共和五年获月十一日）。
7月25日	政治俱乐部关闭。
8月24日	反对教士的法令废止。
9月4日	反对王党代表的果月政变（共和五年果月十八日）。
9月5日	卡尔诺和巴泰勒米被驱逐出督政府（共和五年果月十九日）。
10月17日	《坎波福米尔奥和约》（共和六年葡月

二十七日）。

1798 年

5 月 11 日	大量共和派代表被解职（共和六年花月二十二日）。
5 月 19 日	波拿巴远征埃及。
5 月 23 日	爱尔兰起义。
8 月 1 日	尼罗河口战役；法国舰队败绩。
9 月 5 日	第一部普遍征兵法（共和六年果月十九日）。

1799 年

3 月	第二次反法同盟战争。
4 月	共和七年立法选举有利于新雅各宾派。
8 月 23 日	波拿巴前往法国。
10 月 9 日	波拿巴抵达法国。
10 月 18 日	关于法郎和里弗的法令（共和八年葡月二十六日）。
11 月 10 日	督政府被推翻（共和八年雾月十九日）。
12 月 24 日	共和八年宪法实施（共和八年雪月四日）。
12 月 28 日	教堂在周日为做礼拜重新开放。

革命历

1792 年 9 月 22 日共和国成立，实行革命历是为了纪念共和国成立一周年。《建立法兰西纪年的法令》和革命历方案在共和二年葡月十四日通过（1793 年 10 月 5 日）。革命历摒弃了格里高利历法中用圣徒名字命名月份的方法；它按照“理性”的原则将每月分为三十天，每个月有三旬，每一天都有从自然中得来的名字：例如在雪月，泥土日，岩石日和砂岩日。每 10 天为一旬，以农具来命名。革命历一直使用到 1806 年元旦。

秋季：　葡月　　9 月 22 日至 10 月 21 日
　　　　雾月　　10 月 22 日至 11 月 20 日
　　　　霜月　　11 月 21 日至 12 月 20 日

冬季：　雪月　　12 月 21 日至 1 月 19 日
　　　　雨月　　1 月 20 日至 2 月 18 日
　　　　风月　　2 月 19 日至 3 月 20 日

春季：　芽月　　3月21日至4月19日

　　　　花月　　4月20日至5月19日

　　　　牧月　　5月20日至6月18日

夏季：　获月　　6月19日至7月18日

　　　　热月　　7月19日至8月17日

　　　　果月　　8月18日至9月16日

无套裤汉日：9月17日至21日再加上闰年多出的一天。

注　释

缩略语

AD	Archives départementales　地方档案
AM	Archives municipales　市政档案
AN	Archives nationales　国家档案馆
AP	Archives parlementaires　议会档案
AHR	American Historical Review　美国历史评论
AHRF	Annales Historiques de la Révolution Française　法国大革命史年鉴 （注：法国大革命史年鉴从 1977 年后从按卷发行改为独立发行）
Annales	Annales. Histoire, Sciences Sociales　年鉴
CNRS	Éditions du Centre National de la Recherche Scientifique　法国国家科学研究中心
CTHS	Éditions du Comité des Travaux Historiques et Scientifiques　历史与科学出版委员会
ÉHÉSS	Éditions de l'École des Hautes Études en Sciences Sociales　法国高等社会研究院
EHR	English Historical Review　英国历史评论
FH	French History　法国历史
FHS	French Historical Studies　法国历史研究
HJ	The Historical Journal　历史杂志
JMH	Journal of Modern History　现代史杂志
MU	Moniteur Universel　世界导报
P&P	Past and Present　过去与现在
PUF	Presses Universitaires de France　法国大学出版社
SH	Social History　社会历史
SÉR	Société des Études Robespierristes　罗伯斯庇尔研究会

序言

1. Michel Biard and Pascal Dupuy, *La Révolution française. Dynamique et ruptures, 1787-1804*, 2nd ed. Paris: Armand Colin, 2008, p. 21.

2. Comte de Courchamps, *Souvenirs de la marquise de Créquy de 1710 à 1803*, 10 vols. Paris: Garnier Frères, 1865, vol. 9, pp. 144–45.

3. Recent historiographical trends are charted and discussed in a special issue of FHS, 32(2009). Two recent collections bring together current scholarship: David Andress (ed.), *The Oxford Handbook of the French Revolution*, Oxford: Oxford University Press, 2015; Peter McPhee (ed.), *A Companion to the French Revolution*, Oxford: Wiley-Blackwell, 2013.

4. There are many surveys of the historiography of the Revolution, including William Doyle, *Origins of the French Revolution*, 3rd ed., Oxford and New York: Oxford University Press, 1999; Alan Forrest, *The French Revolution*, Oxford: Oxford University Press, 1995; Gwynne Lewis, *The French Revolution: Rethinking the Debate*, London and New York: Routledge, 1993; Peter J. Davies,*The Debate on the French Revolution*, Manchester: Manchester University Press, 2006; and, most recently and successfully, Paul R. Hanson, Contesting the French Revolution, Malden, MA, and Oxford: Wiley-Blackwell, 2009.

5. Mao Tse-Tung, *Selected Works*, vol. 1, Peking: Foreign Languages Press, 1961, p. 28.

6. *Oeuvres de Maximilien Robespierre*, 11 vols, Ivry: SÉR, 2000–07, vol. 9, pp. 77–78, 86–91.

7. This assumption underpins, for example, D. M. G. Sutherland, *The French Revolution and Empire: The Quest for a Civic Order*, Oxford: Blackwell, 2003, p. 387; Richard Cobb, *Reactions to the French Revolution*, London: Oxford University Press, 1972, p. 125.

8. Rolf Reichardt and Hubertus Kohle, *Visualising the Revolution: Politics and the Pictorial Arts in Late Eighteenth- Century France*, translated by Corinne Atwood and Felicity Baker, London: Reaktion Books, 2008; Annie Jourdan, *Les Monuments de la Révolution, 1770–1804: une histoire de représentation*, Paris: Champion; Geneva: Slatkine, 1997; Richard Taws, *The Politics of the Provisional: Art and Ephemera in Revolutionary France*, Philadelphia, PA: Pennsylvania State University Press, 2013.

第一章　拼凑起来的权力与特权：18世纪80年代的法国

1. Ambrogio A. Caiani, *Louis XVI and the French Revolution, 1789–1792*, Cambridge: Cambridge University Press, 2012, pp. 221–22. The panels were burned in 1794, although one survived to be found in Switzerland in the 1990s.

2. Fernand Braudel, *The Identity of France*, translated by Sian Reynolds, vol. 1, London: Collins, 1988, pp. 91–97; Graham Robb, *The Discovery of France*, London: Picador, 2007; Daniel Roche, *France in the Enlightenment*, translated by Arthur Goldhammer, Cambridge, MA: Harvard University Press, 1998, chs 1, 2 and 6, pp. 488–91.

3. The best detailed overview of France in the 1780s is Roche, *France in the Enlightenment*. Expert summaries are in William Doyle, *The Oxford History of the French Revolution*, 2nd ed., Oxford and New York: Oxford University Press, 2002, ch. 1; and the contributions to Doyle (ed.), *The Oxford Handbook of the Ancien Régime*, Oxford and New York: Oxford University Press, 2012.

4. P. M. Jones, *The Peasantry in the French Revolution*, Cambridge: Cambridge University Press, 1988, ch. 2.

5. Maurice Denise and Robert Bréant, *Menucourt. Un village du Vexin français pendant la Révolution, 1789–1799*, Menucourt: Mairie de Menucourt, 1989.

6. Peter McPhee, *Une communauté languedocienne dans l'histoire: Gabian 1760–1960*, Nîmes: Lacour, 2001, ch. 1.

7. On rural France in general, see Roche, *France in the Enlightenment*, ch. 4; Jones, Peasantry, ch. 1. Case studies of contrasting regions include Liana Vardi, *The Land and the Loom: Peasants and Profit in Northern France, 1680–1800*, Durham, NC, and London: Duke University Press, 1993; and D. M. G. Sutherland, *The Chouans: The Social Origins of Popular Counter- Revolution in Upper Brittany, 1770–1796*, Oxford: Oxford University Press, 1982.

8. Michael Kwass, *Privilege and the Politics of Taxation in Eighteenth- Century France*, Cambridge: Cambridge University Press, 2000, pp. 33–68.

9. Robert Forster, *The Nobility of Toulouse in the Eighteenth Century: A Social and Economic Study*,Baltimore, MD: Johns Hopkins University Press, 1960, pp. 185–88; Robert Forster, *The House of Saulx-Tavanes: Versailles and Burgundy, 1700–1830*, Baltimore, MD: Johns Hopkins University Press, 1977, pp. 140–41; Kwass, *Privilege and Politics*, ch. 2.

10. Joël Cornette (ed.), *Atlas de l'histoire de France, 481–2005*, Paris: Belin, 2012, pp. 304–05.

11. On Paris, see Richard Mowery Andrews, *'Paris of the Great Revolution: 1789–1796'*, in Gene Brucker (ed.), *People and Communities in the Western World*, vol. 2, Homewood, IL: Dorsey Press, 1979, pp. 56–112; Daniel Roche, *The People of Paris: An Essay in Popular Culture in the Eighteenth Century*, translated by Marie Evans, Berkeley and Los Angeles, CA: University of California Press, 1987; David Garrioch, *Neighbourhood and Community in Paris, 1740–1790*, Cambridge: Cambridge University Press, 1986; Arlette Farge, *Fragile Lives: Violence, Power, and Solidarity in Eighteenth- Century Paris*, translated by Carol Shelton, Cambridge, MA: Harvard University Press, 1993. An indispensable contemporary source is Louis-Sébastien Mercier, *Tableau de Paris*, 12 vols, Amsterdam: n.p., 1784–87; a selection is Mercier, *Panorama of Paris: Selections from Tableau de Paris*, translated by Helen Simpson and Jeremy D. Popkin, University Park, PA: Pennsylvania State University Press, 1999.

12. David Garrioch, *The Making of Revolutionary Paris*, Berkeley and Los Angeles, CA, and London: University of California Press, 2002, p. 66 and ch. 3.

13. Garrioch, *Making of Revolutionary Paris*, pp. 42–43, 159, 298 and ch. 6.

14. Peter McPhee, *Robespierre: A Revolutionary Life*, New Haven, CT, and London: Yale University Press, 2012, p. 20; Hervé Leuwers, *Robespierre*, Paris: Fayard, 2014, ch. 1.

15. Garrioch, *Making of Revolutionary Paris*, p. 39.

16. Alain Nolibos, *Arras: de Nemetucam à la communauté urbaine*, Lille: La Voix du Nord, 2003, pp. 86–101; McPhee, *Robespierre*, ch. 1.

17. Augustin Deramecourt, *Le Clergé du diocèse d'Arras, Boulogne et Saint- Omer pendant la Révolution (1789–1802)*, 4 vols, Paris: Bray et Retaux; *Arras: Imprimerie du Pas-de- Calais*, 1884–86, vol. 1, especially pp. 50–55, 148–54, 452–53, 482–86.

18. Roche, *France in the Enlightenment*, pp. 159, 167.

19. Garrioch, *Making of Revolutionary Paris*, pp. 103–08, 121, 309–10.

20. Roche, *France in the Enlightenment*, ch. 12.

21. George D. Sussman, *Selling Mothers' Milk: The Wet- Nursing Business in France, 1715–1914*, Urbana, IL: University of Illinois Press, 1982, chs 2–4.

22. Among the important studies of the grain trade are Steven Kaplan, *Provisioning Paris: Merchants and Millers in the Grain and Flour Trade during the Eighteenth Century*, Ithaca, NY: Cornell University Press, 1984; Cynthia Bouton,*The Flour War: Gender, Class, and Community in late Ancien Régime French Society*, University Park, PA: Pennsylvania State University Press, 1993; Judith Miller, *Mastering the Market: The State and the Grain Trade in Northern France, 1700–1860,* Cambridge and New York: Cambridge University Press, 1998.

23. McPhee, *Gabian,* ch. 1.

24. For the Church in the eighteenth century see Roche, *France in the Enlightenment*, ch. 11; and the outstanding survey by John McManners, *Church and Society in Eighteenth- Century France*, vol. 1, Oxford and New York: Oxford University Press, 1998.

25. Olwen Hufton, *'Women in Revolution, 1789–1796'*, P&P, 53 (1971), pp. 90–108; John McManners, *French Ecclesiastical Society under the Ancien Régime: A Study of Angers in the Eighteenth Century*, Manchester: Manchester University Press, 1960; McManners, *Church and Society*, ch. 4.

26. Cornette (ed.), *Atlas de l'histoire de France*, pp. 356–57. This 'line' is based on the research of Louis Maggiolo in the 1870s.

27. Ralph Gibson, *A Social History of French Catholicism, 1789–1914*, London and New York: Routledge, 1989, pp. 24, 27.

28. Patrice L. R. Higonnet, *Pont- de- Montvert: Social Structure and Politics in a French Village, 1700–1914*, Cambridge, MA: Harvard University Press, 1971; McManners, *Church and Society*, ch. 46.

29. David Garrioch, *The Huguenots of Paris and the Coming of Religious Freedom, 1685–1789*, New York: Cambridge University Press, 2014.

30. Christian Pfister, *Histoire de Nancy*, vol. 3, Paris: Éditions du Palais Royal; *Nancy: Éditions Berger-Levrault*, 1974, pp. 320–28; Julie Kalman, *Rethinking Antisemitism in NineteenthCentury France*, New York: Cambridge University Press, 2010, p. 52.

31. Nigel Aston, *Religion and Revolution in France, 1780–1804*, Basingstoke: Macmillan, 2000, pp. 14–15.

32. A fine overview is Jay M. Smith, 'Nobility' , in Andress (ed.), *Oxford Handbook*, ch. 3. See also Smith, *Nobility Reimagined: The Patriotic Nation in Eighteenth- Century France*, Ithaca, NY, and London: Cornell University Press, 2005; Rafe Blaufarb, *The Politics of Fiscal Privilege in Provence, 1530s–1830s*, Washington, DC: The Catholic University of America Press, 2012.

33. Alan Forrest, *Soldiers of the French Revolution*, Durham, NC: Duke University Press, 1990, p. 36; Rafe Blaufarb, *The French Army, 1750–1820: Careers, Talent, Merit*, Manchester and New York: Manchester University Press, 2002.

34. Garrioch, *Making of Revolutionary Paris*, p. 87 and ch. 4.

35. Forster, *House of Saulx- Tavanes*, p. 126; Roche, *France in the Enlightenment,* p. 407.

36. Robert Forster, *'The Survival of the Nobility during the French Revolution'*, P&P, 37 (1967), pp. 71–86.

37. Simon Schama, *Citizens: A Chronicle of the French Revolution*, New York: Alfred A. Knopf, 1989, pp. 71–79, 313.

38. Iain A. Cameron, *Crime and Repression in the Auvergne and the Guyenne, 1720–1790*, Cambridge: Cambridge University Press, 1981, pp. 154–75; Nicole Castan, 'Summary Justice', in Robert Forster (ed.), *Deviants and the Abandoned in French Society*, Baltimore, MD: Johns Hopkins University Press, 1978, pp. 111–56; Richard Mowery Andrews, *Law, Magistracy and Crime in Old Regime Paris, 1735–1789*, vol. 1, The System of Criminal Justice, Cambridge: Cambridge University Press, 1994.

39. Olwen Hufton, 'Women and the Family Economy in Eighteenth-Century France', FHS, 9 (1975), pp. 1–22; Roche, *France in the Enlightenment*, ch. 7, pp. 287–99; Schama, Citizens, p. 75.

40. Peter McPhee, *Revolution and Environment in Southern France: Peasant, Lords, and Murder in the Corbières, 1780–1830*, Oxford: Clarendon Press, 1999, p. 37.

41. McPhee, *Revolution and Environment*, pp. 36–39; Olwen Hufton, '*Attitudes towards Authority in Eighteenth- Century Languedoc*', SH, 3 (1978), pp. 281–302; Georges Fournier, *Démocratie et vie municipale en Languedoc du milieu du XVIIIe au début du XIXe siècle*, 2 vols, Toulouse: Les Amis des Archives, 1994; Nicole Castan, *Les Criminels du Languedoc: les exigences d'ordre et les voies du ressentiment dans une société pré- Révolutionnaire (1750–1790)*, Toulouse: Université de Toulouse-Le Mirail, 1980. Bazin de Bezons, born in 1701, was Archbishop of Carcassonne from 1730 to 1778.

第二章　知识界的骚动

1. Maximilien Robespierre, *Oeuvres de Maximilien Robespierre*, 11 vols. Paris: SÉR, 1912–2007, vol. 2, pp. 129–224; Jessica Riskin, *Science in the Age of Sensibility: The Sentimental Empiricists of the French Enlightenment*, Chicago, IL, and London: University of Chicago Press, 2002, ch. 5; Marie-Hélène Huet, *Mourning Glory: The Will of the French Revolution*, University Park, PA: University of Pennsylvania Press, 1997, pp. 10–21.

2. Peter McPhee, *Robespierre: A Revolutionary Life*, New Haven, CT, and London: Yale University Press, 2012, pp. 34–35; Robespierre, Oeuvres, vol. 11, pp. 11–15. Within a year, however, Vissery had died and the municipality demolished his contraption: *Riskin, Science in the Age of Sensibility*, p. 186.

3. Robespierre, *Oeuvres*, vol. 3, p. 29; McPhee, *Robespierre*, pp. 34–35. The significance of Franklin and the American experience has been strongly restated by Annie Jourdan, *La Révolution, une exception française?*, Paris: Flammarion, 2004, part 2, ch. 4; and David Andress, *1789: The Threshold of the Modern Age*, London: Little, Brown, 2008, ch. 1.

4. An extensive survey is Jonathan I. Israel, *Democratic Enlightenment: Philosophy, Revolution, and Human Rights, 1750–1790*, Oxford: Oxford University Press, 2012. Lucid summaries of the Enlightenment are by Dorinda Outram, *The Enlightenment*, Cambridge: Cambridge University Press, 1995; Daniel Roche, *France in the Enlightenment*, translated by Arthur Goldhammer, Cambridge, MA: Harvard University Press, 1998, part 3.

5. Translated from Denis Diderot, *Oeuvres complètes*, 20 vols, Paris: Garnier, 1875–77, vol. 20, p. 28.

6. Diderot, Lettres à Sophie Volland, in *Oeuvres complètes*, vol. 19, pp. 138–41.

7. Liana Vardi, *The Physiocrats and the World of the Enlightenment*, Cambridge and New York: Cambridge University Press, 2012.

8. Clare Haru Crowston, *Credit, Fashion, Sex: Economies of Regard in Old Regime France*, Durham, NC, and London: Duke University Press, 2013; William H. Sewell Jr., 'Connecting Capitalism to the French Revolution: The Parisian Promenade and the Origins of Civic Equality in Eighteenth-Century France', *Critical Historical Studies*, 1 (2014), pp. 5–46; Colin Jones, 'Bourgeois Revolution Revivified: 1789 and Social Change', in Colin Lucas (ed.), *Rewriting the French Revolution*, Oxford: Clarendon Press, 1991, ch. 4; and 'The Great Chain of Buying: Medical Advertisement, the Bourgeois Public Sphere, and the Origins of the French Revolution', *AHR*, 101 (1996), pp. 13–40.

9. Marisa Linton, *The Politics of Virtue in Enlightenment France*, Basingstoke: Palgrave Macmillan, 2001; Jay M. Smith, *Nobility Reimagined: The Patriotic Nation in Eighteenth Century France*, Ithaca, NY, and London: Cornell University Press, 2005.

10. Jones, *'Bourgeois Revolution Revivified'*; Jones, *'The Great Chain of Buying'*; Charles Walton, *Policing Public Opinion in the French Revolution: The Culture of Calumny and the Problem of Free Speech*, Oxford and New York: Oxford University Press, 2009, chs 1–3; Will Slauter, 'A Trojan Horse in Parliament: International Publicity in the Age of the American Revolution', in Charles Walton (ed.), *Into Print: Limits and Legacies of the Enlightenment. Essays in Honor of Robert Darnton*, University Park, PA: Pennsylvania State University Press, 2011; Arlette Farge, *Subversive Words: Public Opinion in Eighteenth- Century France*, translated by Rosemary Morris, Oxford: Polity Press, 1994.

11. David Garrioch, *The Formation of the Parisian Bourgeoisie, 1690–1830*, Princeton, NJ: Harvard University Press, 1996, p. 278; Roche, France in the Enlightenment, p. 199.

12. Simon Burrows and Mark Curran, 'How Swiss was the Société Typographique de Neuchâtel? A Digital Case Study of French Book Trade Networks', *Journal of Digital Humanities*, 1 (2012), see http://journalofdigitalhumanities.org/1-3/how-swiss-was-the-stn-by-simonburrows-and-mark-curran; Simon Burrows, 'Books, Philosophy, Enlightenment', in David Andress (ed.), *The Oxford Handbook of the French Revolution*, Oxford: Oxford University Press, 2015, ch. 5.

13. Mary Ashburn Miller, *A Natural History of Revolution: Violence and Nature in the French Revolutionary Imagination, 1789–1794*, Ithaca, NY, and London: Cornell University Press, 2011.

14. Lynn Hunt, *Inventing Human Rights: A History*, New York: W. W. Norton, 2007; Paul Friedland, Seeing Justice Done: *The Age of Spectacular Capital Punishment in France*, Oxford: Oxford University Press, 2012, ch. 8.

15. Kenneth Loiselle, *Freemasonry and Male Friendship in Enlightenment France*, Ithaca, NY: Cornell University Press, 2014; Margaret Jacob, *Living the Enlightenment: Freemasonry and Politics in Eighteenth-Century Europe*, Oxford: Oxford University Press, 1991.

16. Jeremy L. Caradonna, *Enlightenment in Practice: Academic Prize Contests and Intellectual Culture in France, 1670–1794*, Ithaca, NY: Cornell University Press, 2012.

17. On the 'spaces' of public life, see Thomas E. Crow, *Painters and Public Life in Eighteenth Century Paris*, New Haven, CT, and London: Yale University Press, 1985; Joan B. Landes,*Women and the Public Sphere in the Age of the French Revolution*, Ithaca, NY: Cornell University Press, 1988, ch. 1; Jack Censer and Jeremy Popkin (eds),*Press and Politics in Pre- Revolutionary France*, Berkeley, CA: University of California Press, 1987; Dena Goodman, *The Republic of Letters: A Cultural History of the French Enlightenment*, Ithaca, NY, and London: Cornell University Press, 1994; Jacob, *Living the Enlightenment*, 1991; and Roche, *France in the*

Enlightenment, ch. 13.

18. John Shovlin, *The Political Economy of Virtue: Luxury, Patriotism, and the Origins of the French Revolution*, Ithaca, NY, and London: Cornell University Press, 2006, pp. 177–78 and chs 4–5.

19. Julian Swann and Joël Félix (eds), *The Crisis of the Absolute Monarchy: France from Old Regime to Revolution*, published for The British Academy, Oxford: Oxford University Press, 2013, p. 319.

20. McPhee, *Robespierre*, pp. 42–43.

21. Sophie de Bohm, *Prisonnière sous la Terreur. Mémoires d'une captive en 1793*, Paris: Cosmopole, 2001, pp. 6–7; R. B. Rose, *Tribunes and Amazons: Men and Women of Revolutionary France, 1789–1871*, Sydney: Macleay Press, 1998, ch. 7.

22. Roche, *France in the Enlightenment*, ch. 11; Dale K. Van Kley, *The Religious Origins of the French Revolution: From Calvin to the Civil Constitution, 1560–179*1, New Haven, CT, and London: Yale University Press, 1996.

23. Jean-Jacques Rousseau, *A Discourse on the Origins of Inequality* (1755), in *The Social Contract and Discourses* (1762), translated by G. D. H. Cole, London: J. M. Dent and Sons, 1913, pp. 166–67. See Jean Bloch, *Rousseauism and Education in Eighteenth- Century France*, Oxford: Voltaire Foundation, 1995.

24. Jean-Jacques Rousseau, *Émile*, or *On Education* (1762), translation and introduction by Allan Bloom, New York: Basic Books, 1979, p. 460.

25. A vigorous debate around Robert Darnton' s conclusions centres on the digital resource *The French Book Trade in Enlightenment Europe, 1769–1794*, which suggests much less 'innovation' in readers' tastes. See Simon Burrows, *'French Banned Books in International Perspective, 1770–1789'*, in David Andress (ed.), *Experiencing the French Revolution*, Oxford: Voltaire Foundation, 2013, pp. 19–46; Robert Darnton, Reviews in History, review of The French Book Trade in Enlightenment Europe, 1769–1794 (review no. 1355, 2012): http://www. history.ac.uk/reviews/review/1355. Date accessed: 7 August 2014.

26. Robert Darnton, *The Forbidden Best-Sellers of Pre-Revolutionary France*, New York and London: W. W. Norton, 1995, ch. 4. On Mercier, see Geneviève Boucher, *Écrire le temps: les tableaux urbains de Louis-Sébastien Mercier*, Montreal: Les Presses de l' Université de Montréal, 2014.

27. Robert Darnton, *The Literary Underground of the Old Regime*, Cambridge, MA: Harvard University Press, 1982, p. 200; Roche, *France in the Enlightenment*, p. 671. The cultural origins of the French Revolution are successfully explored in the 1989 film version of Choderlos de Laclos' 1782 novel Dangerous Liaisons, and in the 1996 film Ridicule.

28. Antoine de Baecque, *The Body Politic: Corporeal Metaphor in Revolutionary France, 1770–1800*, translated by Charlotte Mandell, Stanford, CA: Stanford University Press, 1997, pp. 31–51. A discussion of the sexual incompatibility of the king and queen is by Simone Bertière, *Les Reines de France au temps des Bourbons*, vol. 4. Marie- Antoinette, l' insoumise, Paris: Éditions de Fallois, 2002.

29. David Garrioch, *The Making of Revolutionary Paris,* Berkeley and Los Angeles, CA, and London: University of California Press, 2002, p. 169 and ch. 7.

30. Jacques-Louis Ménétra, *Journal of My Life*, translated by Arthur Goldhammer, New York: Columbia University Press, 1986; Roche, France in the Enlightenment, pp. 342–46, ch. 20.

31. Charly Coleman, *The Virtues of Abandon: An Anti- Individualist History of the French Enlightenment*, Stanford, CA: Stanford University Press, 2014.

32. R. R. Palmer, *The School of the French Revolution: A Documentary History of the College of Louis-le- Grand and its Director, Jean- François Champagne, 1762–1814*, Princeton, NJ: Princeton University Press, 1975, pp. 16–18, 27–29; McPhee, Robespierre, ch. 2.

33. 'Second Oration against Lucius Catalina: '*Addressed to the People*' , M. Tullius Cicero: *The Orations of Marcus Tullius Cicero*, literally translated by C. D. Yonge, B.A., London: Henry G. Bohn, 1856; Thomas E. Kaiser, *'Conclusion: Catalina's Revenge-Conspiracy, Revolution, and Historical Consciousness from the Ancien Régime to the Consulate*' , in Peter R. Campbell, Thomas E. Kaiser and Marisa Linton (eds), Conspiracy in the French Revolution, Manchester: Manchester University Press, 2007, pp. 191–92, 200. See the important overview by Linton, Politics of Virtue.

34. Simon Schama, *Citizens: A Chronicle of the French Revolution*, New York: Alfred A. Knopf, 1989, p. 174.

35. Simon Lee, David, London: Phaidon, 1999, ch. 2; Richard Wittman, *Architecture, Print Culture, and the Public Sphere in Eighteenth- Century France*, New York and London: Routledge, 2007.

36. Robespierre, *Oeuvres*, vol. 3, pp. 22–23; William Doyle, '*Dupaty (1746–1788): A Career in the Late Enlightenment*' , Studies on Voltaire and the Eighteenth Century, 230 (1985), pp. 7–14, 35.

37. Paul Cheney, *Revolutionary Commerce: Globalization and the French Monarchy*, Cambridge, MA: Harvard University Press, 2010.

38. Laurent Dubois, *Avengers of the New World: The Story of the Haitian Revolution*, Cambridge, MA: Belknap Press of Harvard University Press, 2004, pp. 20–21; Trevor Burnard, 'The British Atlantic World' , in Jack P. Greene and Philip D. Morgan (eds), *Atlantic History: Critical Appraisals*, Oxford and New York: Oxford University Press, 2009, ch. 16; Frédéric Régent, 'Slavery and the Colonies' , in Peter McPhee (ed.). *A Companion to the French Revolution*, Oxford: Wiley-Blackwell, 2013, ch. 24.

39. Abel Louis, *Les Libres de couleur en Martinique*, 3 vols, Paris: L' Harmattan, 2012, vol. 2; Karl Noël, *L'Esclavage à l'Ile de France (Ile Maurice) de 1715 à 1810*, Paris: Éditions Two Cities ETC, 1991, chs 2, 10.

40. Alan Forrest, *Society and Politics in Revolutionary Bordeaux*, Oxford: Oxford University Press,1975, ch. 1.

41. Jean-Michel Deveau, *La traite rochelaise*, Paris: Karthala, 1990; Roche, *France in the Enlightenment*, ch. 5; James F. Searing, *West African Slavery and Atlantic Commerce: The Senegal River Valley, 1770–1860*, Cambridge: Cambridge University Press, 1993; Robert Louis Stein, *The French Slave Trade in the Eighteenth Century*, Madison, WI: University of Wisconsin Press, 1979; Stewart R. King, *Blue Coat or Powdered Wig: Free People of Color in Pre- Revolutionary Saint Domingue*, Athens, GA: University of Georgia Press, 2001.

42. Armel de Wismes, *Nantes et le temps des négriers*, Paris: Éditions France-Empire, 1983; Robert Stein, 'The Profitability of the Nantes Slave Trade, 1783–1792' , *Journal of Economic History*, 35 (1975), pp. 779–93.

43. The concept of an 'Atlantic' , 'western' or 'democratic' revolution was first articulated in the 1950s by Jacques Godechot and R. R. Palmer: see Palmer,*The Age of the Democratic Revolution: A Political History of Europe and America, 1760–1800*, 2 vols, Princeton, NJ: Princeton University Press, 1959, 1964; Jacques Godechot, *France and the Atlantic Revolution of the Eighteenth Century, 1770–1799*, translated by Herbert H. Rowen, New York: The Free Press, 1965. It has been rejuvenated by, among others, Jourdan, *La Révolution, une exception française?*; David Armitage and Sanjay Subrahmanyam (eds), *The Age of Revolutions in Global*

Context, 1760–1840, Basingstoke and New York: Palgrave Macmillan, 2010; Suzanne Desan, Lynn Hunt and William Max Nelson (eds), *The French Revolution in Global Perspective*, Ithaca, NY and London: Cornell University Press, 2013; and Pierre Serna, Antonino De Francesco and Judith A. Miller (eds), *Republics at War, 1776–1840: Revolutions, Conflicts, and Geopolitics in Europe and the Atlantic World*, Basingstoke: Palgrave Macmillan, 2013.

44. Martine Acerra, 'Marine militaire et bois de construction. Essai d' évaluation (1779–1789)', in Denis Woronoff (ed.), *Révolution et espaces forestiers*. Colloque des 3 et 4 juin 1987, Paris: L' Harmattan, 1988, p. 114; C. A. Bayly, *The Birth of the Modern World, 1780–1914: Global Connections and Comparisons*, Oxford: Blackwell, 2004, ch. 3.

45. Lynn Hunt, 'Globalizing the French Revolution', in Desan, Hunt and Nelson (eds), *French Revolution in Global Perspective*.

46. Doina Pasca Harsanyi, 'How to Make a Revolution without Firing a Shot: Thoughts on the Brissot-Chastellux Polemic (1786–1788)', FH, 22 (2008), pp. 197–216.

第三章　处置不当的危机，1785—1788年

1. Joan Haslip, *Marie- Antoinette*, London: Weidenfeld and Nicolson, 1987, chs 22–23; Sarah Maza, 'The Diamond Necklace Affair Revisited', in Lynn Hunt (ed.), *Eroticism and the Body Politic,* Baltimore, MD: Johns Hopkins University Press, 1991.

2. Sarah Maza, *Private Lives and Public Affairs: The Causes Célèbres of Pre- Revolutionary France*, Berkeley, CA: University of California Press, 1993, pp. 242–55; William Doyle, 'Dupaty (1746–1788): A Career in the Late Enlightenment', *Studies on Voltaire and the Eighteenth Century*, 230 (1985), pp. 82–106.

3. David Garrioch, *The Formation of the Parisian Bourgeoisie, 1690–1830*, Cambridge, MA: Harvard University Press, 1996, p. 1; Maza, P*rivate Lives and Public Affairs*; Sarah Maza, 'Luxury, Morality, and Social Change: Why There Was no Middle-Class Consciousness in Pre-Revolutionary France', *JMH*, 69 (1997), pp. 199–229.

4. David A. Bell, *Lawyers and Citizens: The Making of a Political Elite in Old Regime France*, Oxford and New York: Oxford University Press, 1994, ch. 6 and Conclusion.

5. Michel Figeac, 'The Crisis of the Nobility at the Twilight of the Monarchy', in Julian Swann and Joël Félix (eds), *The Crisis of the Absolute Monarchy: France from Old Regime to Revolution*, published for The British Academy, Oxford: Oxford University Press, 2013, p. 289.

6. On the pre-revolutionary crisis, see the classic analysis by Georges Lefebvre, *The Coming of the French Revolution*, translated by R. R. Palmer, Princeton, NJ: Princeton University Press, 1947; and recent surveys by Peter Campbell (ed.), *The Origins of the French Revolution*, Basingstoke: Palgrave Macmillan, 2006; Thomas E. Kaiser and Dale K. Van Kley (eds), *From Deficit to Deluge: The Origins of the French Revolution*, Stanford, CA: Stanford University Press, 2011; William Doyle, *The Oxford History of the French Revolution*, 2nd ed., Oxford and New York: Oxford University Press, 2002, chs 4–5.

7. See the chapters by Michael Rapport and Olivier Chaline in Swann and Félix (eds), *Crisis of the Absolute Monarchy*; James C. Riley, *The Seven Years War and the Old Regime in France: The Economic and Financial Toll*, Princeton, NJ: Princeton University Press, 1986; Francois R. Velde and David R. Weir, 'The

Financial Debt Market and Government Debt Policy in France, 1746–1793', *Journal of Economic History*, 52 (1992), pp. 1–39; Lynn Hunt, 'The French Revolution in Global Context', in David Armitage and Sanjay Subrahmanyam (eds), *The Age of Revolutions in Global Context, 1760–1840*, Basingstoke and New York: Palgrave Macmillan, 2010, ch. 2; Joël Félix, 'The Monarchy', in David Andress (ed.), *The Oxford Handbook of the French Revolution*, Oxford: Oxford University Press, 2015, ch. 4.

8. Stephen Miller, 'Venal Offices, Provincial Assemblies and the French Revolution', *FH*, 28 (2014), pp. 343–65. More generally on the reforms of 1787 and the 'noble revolt', see P. M. Jones, *Reform and Revolution in France: The Politics of Transition, 1774–1791*, Cambridge: Cambridge University Press, 1995; Jean Égret, *The French Pre- Revolution*, 1787–1788, translated by W. D. Camp, Chicago, IL: Chicago University Press, 1977; Vivian R. Gruder, *The Notables and the Nation: The Political Schooling of the French, 1787–1788*, Cambridge, MA, and London, 2007; John Hardman, *Overture to Revolution: The 1787 Assembly of Notables and the Crisis of France's Old Régime*, Oxford: Oxford University Press, 2010.

9. Doyle, *Oxford History*, p. 73 and ch. 3; Simon Schama, *Citizens: A Chronicle of the French Revolution*, New York: Alfred A. Knopf, 1989, pp. 227–38.

10. John Hardman, *Louis XVI*, New Haven, CT, and London: Yale University Press, 1993, p. 126; David Andress, *1789: The Threshold of the Modern Age*, London: Little, Brown, 2008, chs 1, 3.

11. Annie Jourdan, 'Tumultuous Contexts and Radical Ideas (1783–89): The "Pre-Revolution" in a Transnational Perspective', and Thomas E. Kaiser, 'The Diplomatic Origins of the French Revolution', in Andress (ed.), *Oxford Handbook*, chs 6–7.

12. AP, 19 November 1787, series 1, vol. 1, pp. 265–69.

13. Gruder, *Notables and the Nation*, pp. 212, 292.

14. The Museum of the French Revolution is today housed in Périer's former château at Vizille.

15. One advertisement in the Affiches de Toulouse in December 1788 was for 'véritables pastilles à la Neckre [sic]': patriotic 'cough-drops for the public good': see Colin Jones, 'Bourgeois Revolution Revivified: 1789 and Social Change', in Colin Lucas (ed.), *Rewriting the French Revolution*, Oxford: The Clarendon Press, 1991, ch. 4, and Jones, 'The Great Chain of Buying: Medical Advertisement, the Bourgeois Public Sphere, and the Origins of the French Revolution', *AHR*, 101 (1996), pp. 13–40. On Necker's ministry, see John Hardman, 'The View from Above', in Andress (ed.), *Oxford Handbook*, ch. 8.

16. Arthur Young, *Travels in France during the Years 1787, 1788 and 1789*, New York: Anchor Books, 1969, pp. 97–98.

17. Maximilien Robespierre, *Oeuvres de Maximilien Robespierre*, 11 vols, Paris: SÉR, 1912–2007, vol. 3, pp. 22–23; Maza, *Private Lives and Public Affairs*, pp. 246–55; Doyle, 'Dupaty'; Barry M. Shapiro, *Revolutionary Justice in Paris, 1789–1790*, Cambridge, MA, and New York: Cambridge University Press, 1993, p. 8.

18. Robespierre, *Oeuvres*, vol. I, pp. 160–81; Peter McPhee, *Robespierre: A Revolutionary Life*, New Haven, CT, and London: Yale University Press, 2012, pp. 51–52.

19. Laura Mason and Tracey Rizzo (eds), *The French Revolution: A Document Collection*, Boston, MA, and New York: Houghton Mifflin, 1999, pp. 46–48.

20. Rchard Mowery Andrews, 'Paris of the Great Revolution: 1789–1796', in Gene Brucker (ed.), *People and Communities in the Western World*, vol. 2, Homewood, IL: Dorsey Press, 1979, p. 59.

21. Daniel Roche, *France in the Enlightenment*, translated by Arthur Goldhammer, Cambridge, MA: Harvard University Press, 1998, pp. 669–72.

22. Rolf Reichardt and Herbert Schneider, 'Chanson et musique populaires devant l' histoire à la fin de l' Ancien Régime' , *Dix- huitième siècle*, 18 (1986), pp. 117–42.

23. Michael Sonenscher, *Before the Deluge: Public Debt, Inequality, and the Intellectual Origins of the French Revolution*, Princeton, NJ: Princeton University Press, 2007.

24. Tim Blanning, 'William "Bill" Doyle and the Origins of the French Revolution' , in Swann and Félix (eds), *Crisis of the Absolute Monarchy*, pp. 311–23; Kenneth Margerison, *Pamphlets and Public Opinion: The Campaign for a Union of Orders in the Early French Revolution*, West Lafayette, IN: Purdue University Press, 1998, ch. 3.

25. AP, 12 December 1788, series 1, vol. 1, pp. 487–89.

26. Gail Bossenga, *The Politics of Privilege: Old Regime and French Revolution in Lille*, Cambridge: Cambridge University Press, 1991, pp. 90–102, 204.

27. Rafe Blaufarb, *The Politics of Fiscal Privilege in Provence, 1530s–1830s*, Washington, DC: The Catholic University of America Press, 2012, ch. 5.

28. Michael Kwass,*Privilege and the Politics of Taxation in Eighteenth- Century France*, Cambridge: Cambridge University Press, 2000, pp. 268, 276, 285 and chs 4, 6; Égret, *The French Pre- Revolution*.

29. Peter Campbell, 'Introduction: The Origins of the French Revolution in Focus' , in Campbell (ed.), *Origins*, p. 31.

30. Timothy Tackett, 'Paths to Revolution: The Old Regime Correspondence of Five Future Revolutionaries' , *FHS*, 32 (2009), pp. 531–54.

31. Joël Cornette, *Histoire de la Bretagne et des Bretons*, vol. 2, Paris: Éditions du Seuil, 2005, ch. 42; Jacques Godechot, *The Taking of the Bastille, July 14th, 1789*, translated by Jean Stewart, London: Faber and Faber, 1970, pp. 128–29.

32. Emmanuel Sieyès, *What is the Third Estate?*, translated by M. Blondel, London: Pall Mall Press, 1963. See, too, Jay M. Smith, 'Social Categories, the Language of Patriotism, and the Origins of the French Revolution: The Debate over noblesse commerçante' , *JMH*, 72 (2000), pp. 339–74; William H. Sewell Jr, *A Rhetoric of Bourgeois Revolution: The Abbé Sieyès and 'What is the Third Estate?'* , Durham, NC: Duke University Press, 1994.

33. Antoine de Baecque, *The Body Politic: Corporeal Metaphor in Revolutionary France, 1770–1800*, translated by Charlotte Mandell, Stanford, CA: Stanford University Press, 1997, p. 139.

34. Emmet Kennedy, *A Cultural History of the French Revolution*, New Haven, CT, and London: Yale University Press, 1989, pp. 35–47. Roger Chartier doubts the practice of reading aloud in Cultural History: *Between Practices and Representations*, translated by Lydia Cochrane, Cambridge: Cambridge University Press, 1988, ch. 7.

35. Jean-François Henry de Richeprey, *Journal des voyages en Haute- Guienne*, vol. 1, Rodez: H. Guilhamon, 1952, p. 70; Hilton L. Root, *Peasant and King in Burgundy: Agrarian Foundations of French Absolutism*, Berkeley, CA: University of California Press, 1987; Robert Forster, *The House of Saulx- Tavanes: Versailles and Burgundy, 1700–1830*, Baltimore, MD: Johns Hopkins University Press, 1977, ch. 2.

36. For an overview, see John Markoff, 'Peasants and their Grievances' , in Campbell (ed.), *Origins*, ch. 9;

P. M. Jones, *The Peasantry in the French Revolution*, Cambridge: Cambridge University Press, 1988, pp. 53–58.

37. Patricia Taylor, *Thomas Blaikie: The 'Capability' Brown of France, 1751–1838*, East Linton: Tuckwell, 2001, p. 115 and ch. 11.

38. Peter McPhee, *Revolution and Environment in Southern France: Peasant, Lords, and Murder in the Corbières, 1780–1830*, Oxford: Clarendon Press, 1999, p. 40.

39. A contrary argument that 'feudalism' was dead by the 1780s was put most famously by Alfred Cobban, *The Social Interpretation of the French Revolution*, Cambridge: Cambridge University Press, 1964; then by Emmanuel Le Roy Ladurie, in Georges Duby and Armand Wallon (eds), *Histoire de la France rurale*, Paris: Le Seuil, 1975–76, vol. 2, esp. pp. 554–72.

40. The classic Marxist formulations of the origins of the crisis of 1789 were by Lefebvre, *Coming of the French Revolution*, and Albert Soboul, *The French Revolution, 1787–1799: From the Storming of the Bastille to Napoleon*, translated by Alan Forrest and Colin Jones, New York: Vintage Books, 1975, pp. 25–113. A recent contribution is Lauren R. Clay, 'The Bourgeoisie, Capitalism, and the Origins of the French Revolution' , in Andress (ed.), *Oxford Handbook*, ch. 2. This approach has been contested by William Doyle, *Origins of the French Revolution*, 3rd ed., Oxford and New York: Oxford University Press, 1999; Doyle, Oxford History, ch. 1; and T. C. W. Blanning, *The French Revolution: Aristocrats versus Bourgeois?*, London: Macmillan, 1987. The argument for the continuity of the reformist impulse during 1774–91 is eloquently stated by Peter Jones in Reform and Revolution in France; Jonathan Israel, *Revolutionary Ideas: An Intellectual History of the French Revolution from The Rights of Man to Robespierre*, Princeton, NJ: Princeton University Press, 2014, dwells on the Enlightenment as 'the one major cause' .

41. Julian Swann, 'Introduction: The Crisis of the Absolute Monarchy' , in Swann and Félix (eds), *Crisis of the Absolute Monarchy*.

第四章　人民革命，1789年

1. AD Loiret J 557, 2J 1983; Paul Guillaume, *'La Vie dans l'Orléanais de 1788 à 1818, d'après le journal inédit d'une famille'*, unpublished ms, Orléans c. 1960.

2. Jacques Godechot, *The Taking of the Bastille, July 14th, 1789*, translated by Jean Stewart, London: Faber and Faber, 1970, pp. 124–33; Donald Sutherland, 'Urban Crowds, Riot, Utopia, and Massacres, 1789–92' , in Peter McPhee (ed.), *A Companion to the French Revolution*, Oxford: Wiley-Blackwell, 2013, p. 233.

3. P. M. Jones, *The Peasantry in the French Revolution*, Cambridge: Cambridge University Press, 1988, pp. 60–81; P. M. Jones, *Reform and Revolution in France: The Politics of Transition, 1774–1791*, Cambridge: Cambridge University Press, 1995, pp. 166–74, 180–83; Godechot, Taking of the Bastille, ch. 6; George Lefebvre, *The Great Fear of 1789: Rural Panic in Revolutionary France*, translated by Joan White, New York: Vintage Books, 1973, ch. 4; David Andress, *1789: The Threshold of the Modern Age*, London: Little, Brown, 2008, pp. 205–07.

4. Godechot, *Taking of the Bastille*, p. 129; John Markoff, *The Abolition of Feudalism: Peasants, Lords, and Legislators in the French Revolution*, University Park, PA: Pennsylvania State University Press, 1996, p. 226.

5. John Hall Stewart (ed.), *A Documentary Survey of the French Revolution*, New York: Macmillan, 1951,

pp. 29–30.

6. On the cahiers, see Gilbert Shapiro and John Markoff, *Revolutionary Demands: A Content Analysis of the Cahiers de Doléances of 1789*, Stanford, CA: Stanford University Press, 1998; Markoff, *Abolition of Feudalism*; Pierre-Yves Beaurepaire, 'The View from Below: The 1789 cahiers de doléances', in David Andress (ed.), *The Oxford Handbook of the French Revolution*, Oxford: Oxford University Press, 2015, ch. 9; Philippe Grateau, *Les Cahiers de doléances: une relecture culturelle*, Rennes: Presses Universitaires de Rennes, 2001. Several thousand parish cahiers were published in the first half of the twentieth century under the auspices of the Ministère de l'Instruction Publique as the Collection de documents inédits sur l'histoire économique de la Révolution française. This series is outlined in Shapiro and Markoff, Revolutionary Demands, pp. 117–19.

7. Cahiers de doléances du bailliage de Bourges et des bailliages secondaires de Vierzon et d'Henrichement pour les Etats- Généraux de 1789, Bourges: Tardy- Pigelet, 1910.

8. Cahiers de doléances du bailliage de Bourges.

9. Paul Beik (ed.), *The French Revolution*, London: Macmillan, 1971, pp. 56–63.

10. Michael P. Fitzsimmons, *The Remaking of France: The National Assembly, the Constitution of 1791 and the Reorganization of the French Polity*, Cambridge and New York: Cambridge University Press, 1994, pp. 28–32; Régine Robin, *La Société française en 1789: Semur-en-Auxois*, Paris: Plon, 1970.

11. Jeffry Kaplow (ed.), *France on the Eve of Revolution*, New York: Wiley, 1971, pp. 161–67; Richard Cobb and Colin Jones (eds), *Voices of the French Revolution*, Topsfield, MA: Simon and Schuster, 1988, p. 42; 'Doléances particulières des marchandes bouquetières fleuristes chapelières en fleurs de la Ville et faubourgs de Paris', in Charles-Louis Chassin, L*es Elections et les cahiers de Paris en 1789*, 4 vols, Paris: Jouaust et Sigaux, 1888–89, vol. 2, pp. 534–37.

12. Jeffry Kaplow, *Elbeuf during the Revolutionary Period: History and Social Structure*, Baltimore, MD: Johns Hopkins University Press, 1964, pp. 192–205.

13. On the limitations to the usefulness of the cahiers, see Jones, *Peasantry*, pp. 58–67; Markoff, *Abolition of Feudalism*, pp. 25–29.

14. Shapiro and Markoff, *Revolutionary Demands*, pp. 136–40.

15. Marcelle Richard (ed.), *1789. Doléances et élections dans le futur Morbihan*, 2nd ed., Vannes: AD du Morbihan, 1988, pp. 15–27.

16. Jones, *Peasantry*, pp. 94–98.

17. Maurice Denise and Robert Bréant, *Menucourt. Un village du Vexin français pendant la Révolution, 1789–1799*, Menucourt: Mairie de Menucourt, 1989, pp. 45–46.

18. Jones, *Peasantry*, pp. 58–67; Peter McPhee, ' "The misguided greed of peasants" ? Popular Attitudes to the Environment in the Revolution of 1789', *FHS*, 24 (2001), pp. 247–69.

19. Etienne Frénay (ed.), *Cahiers de doléances de la province de Roussillon (1789)*, Perpignan: AD des Pyrénées-Orientales, 1979; McPhee, *Revolution and Environment in Southern France: Peasant, Lords, and Murder in the Corbières, 1780–1830*, Oxford: Clarendon Press, 1999, p. 49.

20. McPhee, *Revolution and Environment*, p. 42.

21. Philip Dawson (ed.), *The French Revolution*, Englewood Cliffs, NJ: Prentice Hall, 1967, pp. 16–18, 30–32.

22. 'Cahier des plaintes et demandes de la ville de Rhuis aux États-Généraux', AD Morbihan,

Bibliothèque R 2748. See Godechot, *Taking of the Bastille*, pp. 128–29; T. J. A. Le Goff, *Vannes and its Region: A Study of Town and Country in Eighteenth- Century France*, Oxford: Clarendon Press, 1981, chs 11–12; *La Bretagne. Une province à l'aube de la Révolution. Colloque de Brest, 28–30 septembre 1988*, Brest & Quimper: Centre de Recherche Bretonne et Celtique, 1989.

23. Anatoli̇̈ Ado, *Paysans en Révolution. Terre, pouvoir et jacquerie, 1789–1794*, Paris: SÉR, 1996, p. 114.

24. On the elections of 1789, see Malcolm Crook, *Elections in the French Revolution: An Apprenticeship in Democracy, 1789–1799*, Cambridge and New York: Cambridge University Press, 1996, ch. 1; Jones, *Peasantry*, pp. 28, 62–64; Micah Alpaugh, ‘A Personal Revolution: National Assembly Deputies and the Politics of 1789’, in Andress (ed.), *Oxford Handbook*, ch. 11.

25. Jones, *Peasantry*, pp. 65–67; Lefevbre, *Great Fear*, p. 39. A regional study is Clay Ramsay, *The Ideology of the Great Fear: The Soissonnais in 1789*, Baltimore, MD, and London: Johns Hopkins University Press, 1992.

26. Peter McPhee, *Robespierre: A Revolutionary Life*, New Haven, CT, and London: Yale University Press, 2012, pp. 50–61.

27. On the composition of the Estates-General, see Timothy Tackett, *Becoming a Revolutionary: The Deputies of the French National Assembly and the Emergence of a Revolutionary Culture (1789–1790)*, Princeton, NJ: Princeton University Press, 1996, ch. 1.

28. Jean-René Suratteau and François Gendron (eds), *Dictionnaire historique de la Révolution française*, Paris: PUF, 1989, p. 47. Le Floc'h was killed in front of his children by Vendéan rebels in November 1793.

29. T. C. W. Blanning, ‘Doyle and the Origins’, in Julian Swann and Joël Félix (eds), *The Crisis of the Absolute Monarchy: France from Old Regime to Revolution*, published for The British Academy, Oxford: Oxford University Press, 2013, p. 319.

30. On Grégoire, see Joseph F. Byrnes, *Priests of the French Revolution: Saints and Renegades in a New Political Era*, University Park, PA: Pennsylvania State University Press, 2014, ch. 1; Alyssa Goldstein Sepinwall, *The Abbé Grégoire and the French Revolution: The Making of Modern Universalism*, Berkeley and Los Angeles, CA, and London: University of California Press, 2005.

31. Godechot, *Taking of the Bastille*, pp. 133–51; David Garrioch, *The Making of Revolutionary Paris*, Berkeley and Los Angeles, CA, and London: University of California Press, 2002, ch. 11.

32. Antoine Caillot, *Mes vingt ans de folie, d'amour et de bonheur, ou mémoires d'un abbé petit- maître*, Paris: À la Librairie Économique, 1808, vol. 3, pp. 177–78.

33. Madame de La Tour du Pin, *Memoirs: Laughing and Dancing our Way to the Precipice*, translated by Felice Harcourt, London: Harvill Press, 1999, pp. 103–04, 112–14.

34. D. Lottin, *Recherches historiques sur la Ville d'Orléans*, 8 vols, Orléans: Imprimerie Alexandre Jacob, 1836–45, vol. 3, pp. 47–50.

35. J. M. Thompson (ed.), *English Witnesses of the French Revolution*, Oxford: Oxford University Press, 1938, p. 58; Aileen Ribeiro, Fashion in the French Revolution, London: Batsford, 1988, p. 46.

36. John Hardman, *Louis XVI*, New Haven, CT, and London: Yale University Press, 1993, p. 21.

37. Dale K. Van Kley, *The Religious Origins of the French Revolution: From Calvin to the Civil Constitution, 1560–1791*, New Haven, CT, and London: Yale University Press, 1996, p. 349.

38. Gazette Nationale ou le Moniteur Universel, no. 10, 20–24 June 1789, vol. 1, p. 89.

39. S. A. Bent (ed.), *Familiar Short Sayings of Great Men, Boston*, MA: Ticknor and Co., 1887. His actual words are unknown.

40. Micah Alpaugh, *Non- Violence and the French Revolution: Political Demonstrations in Paris, 1787–1795*, Cambridge: Cambridge University Press, 2014. Others prefer to emphasize the violence of urban crowds: D. M. G. Sutherland, 'Urban Violence in 1789', in Andress (ed.), *Oxford Handbook*, ch. 16; Haim Burstin, *Révolutionnaires. Pour une anthropologie de la Révolution française*, Paris: Vendémiaire, 2013, pp. 312–27.

41. George Rudé, *The Crowd in the French Revolution*, Oxford: Oxford University Press, 1959, p. 46; Alpaugh, Non-Violence; G*érard Bonn, Camille Desmoulins, ou la plume de la liberté*, Paris: Éditions Glyphe, 2006.

42. Momcilo Markovic, 'La Révolution aux barrières: l' incendie des barrières de l' octroi à Paris en juillet 1789', *AHRF*, 372 (2013), pp. 27–48. Four of the barrières are still standing, the most imposing of them the Rotonde de la Villette.

43. Rudé, *Crowd in the French Revolutio*n, ch. 4.

44. *Women in Revolutionary Paris, 1789–1795*. Selected Documents Translated with Notes and Commentary by Darline Gay Levy, Harriet Branson Applewhite and Mary Durham Johnson, Urbana and Chicago, IL: University of Illinois Press, 1980, pp. 29–30.

45. Godechot, *Taking of the Bastille*, pp. 259–60; Laura Auricchio, *The Marquis: Lafayette Reconsidered*, New York: Alfred A. Knopf, 2014, ch. 12.

46. Simon Schama, *Citizens: A Chronicle of the French Revolution*, New York: Alfred A. Knopf, 1989, p. 446; Burstin, Révolutionnaires, pp. 312–27; *Les Révolutions de Paris*, no. 1, 12–18 July 1789, pp. 17–19, no. 2, 18–25 July 1789, pp. 18–25. An excellent collection of newspaper articles is J. Gilchrist and W. J. Murray (eds), *The Press in the French Revolution: A Selection of Documents Taken from the Press of the Revolution for the Years 1789–1794*, Melbourne: Cheshire; London: Ginn, 1971.

47. Lynn Hunt, *Revolution and Urban Politics in Provincial France: Troyes and Reims, 1786–1790*, Stanford, CA: Stanford University Press, 1978; Lefebvre, Coming of the French Revolution, ch. 8.

48. Arthur Young, *Travels in France during the Years 1787, 1788 and 1789,* New York: Anchor Books, 1969, p. 144.

49. Jacques Bernet (ed.), *Le Journal d'un maître d'école d'Île- de- France (1771–1792): Silly- en Multien de l'Ancien Régime à la Révolution*, Villeneuve-d' Asq: Centre d' Histoire de la Région du Nord et de l' Europe du Nord-Ouest, Université Charles de Gaulle-Lille III, 2000, pp. 189, 1956. The commune is today Silly-le-Long.

50. Eugène Dubois, *Histoire de la Révolution dans l'Ain*, vol. 1, La Constituante (1789–1791), Bourg- en-Bresse: Brochot, 1931, pp. 60–68; Louis Trenard, *'Le "vandalisme révolutionnaire" dans les pays de l'Ain: faits matériels et motivations'*, in Simone Bernard-Griffiths, Marie Claude Chemin and Jean Ehrard, Révolution française et 'vandalisme révolutionnaire'. Actes du colloque international de Clermont- Ferrand, 15–17 décembre 1988, Paris: Universitas, 1992, pp. 252–53.

51. Ted W. Margadant, 'Summary Justice and the Crisis of the Old Regime in 1789', *Historical Reflections/Réflexions historiques* 29 (2003), pp. 495–528.

52. Claude Muller, 'Religion et Révolution en Alsace', *AHRF*, 337 (2004), p. 70; Timothy Tackett, 'Collective Panics in the Early French Revolution', *FH*, 17 (2003), pp. 149–58.

53. Claudia Ulbrich, 'Sarreguemines en révolution ou l' histoire d' un "caméléon politique"' , *Annales de l'Est*, 44 (1992), pp. 16–17.

54. A. Racinet, *Histoire de Mortagne (1899)*, Paris: Res Universis, 1988, pp. 73–76. Lamberdière would be tried for sedition, sentenced on 2 October, and hanged in Alençon, as local authorities desperately tried to restore order.

55. Lefevbre, *Great Fear*, p. 40.

56. AHRF, 1955, pp. 161–62; Philip Dwyer and Peter McPhee (eds), *The French Revolution and Napoleon: A Sourcebook*, London and New York: Routledge, 2002, pp. 22–23.

57. Moniteur universel, no. 40, 11–14 August 1789, vol. 1, pp. 332–33; Michael P. Fitzsimmons, *The Night the Old Regime Ended: August 4, 1789 and the French Revolution*, University Park, PA: Pennsylvania State University Press, 2003; Jones,*Peasantry*, pp. 81–85; Markoff,*Abolition of Feudalism*, ch. 8. An interesting discussion of conflicting emotions at play is by Jon Elster, 'The Night of August 4, 1789: A Study of Social Interaction in Collective Decision-Making' , *Revue européenne des sciences sociales*, 45 (2007), pp. 71–94.

58. Timothy Tackett, *The Coming of the Terror in the French Revolution*, Cambridge, MA, and London: The Belknap Press of Harvard University Press, 2015, p. 60.

59. Eric Thompson, *Popular Sovereignty and the French Constituent Assembly, 1789–1791*, Manchester: Manchester University Press, 1952, ch. 1.

60. 'Cahier de doléances et réclamations des femmes par Mme. B . . . B. . . ., 1789' , in *Cahiers de doléances des femmes et autres texts*, Paris: Des Femmes, 1981, pp. 47–59.

61. David Andress, *The French Revolution and the People*, London: Hambledon and London, 2004, p. 103; Rudé, Crowd in the French Revolution, pp. 47, 209.

第五章　改造国家，1789—1790年

1. David Andress, *1789: The Threshold of the Modern Age*, London: Little, Brown, 2008, ch. 12; Simon Lee, David, London: Phaidon, 1999, ch. 3; Thomas E. Crow, Emulation: David, Drouais, and Girodet in the *Art of Revolutionary France*, New Haven, CT, and London: Yale University Press, 2006, pp. 117–19. Like David, Antoine Lavoisier had married a woman half his age: Marie-Anne was just fourteen when she married the twenty-eight- year-old Antoine.

2. Timothy Tackett, *Becoming a Revolutionary: The Deputies of the French National Assembly and the Emergence of a Revolutionary Culture (1789–1790)*, Princeton, NJ: Princeton University Press, 1996, pp. 188–95.

3. T. C. W. Blanning, 'Doyle and the Origins' , in Julian Swann and Joël Félix (eds), *The Crisis of the Absolute Monarchy: France from Old Regime to Revolution*, published for The British Academy, Oxford: Oxford University Press, 2013; Michel Biard and Pascal Dupuy, *La Révolution française. Dynamique et ruptures, 1787–1804*, 2nd ed., Paris: Armand Colin, 2008, pp. 50–53.

4. Rabaut St-Étienne, Réflexions sur la nouvelle division du Royaume et sur les privilèges et les assemblées des provinces d' états, reprinted in M. J. Madival (ed.), *Archives parlementaires*, Paris, 1878, vol. 10, pp. 37–38; Ted W. Margadant, *Urban Rivalries in the French Revolution*, Princeton, NJ: Princeton University Press, 1992, p. 84; Suzanne Desan, *The Family on Trial in Revolutionary France*, Berkeley and Los Angeles, CA, and

London: University of California Press, 2004, p. 72.

5. Colin Lucas, 'The Theory and Practice of Denunciation in the French Revolution' , *JMH*, 68 (1996), p. 770.

6. Peter R. Campbell, Thomas E. Kaiser and Marisa Linton (eds), *Conspiracy in the French Revolution*, Manchester: Manchester University Press, 2007; Dale K. Van Kley. 'Conspiracy Theories and Theories of Conspiracy: A Review Essay' , H- France Review, 10 (2010), no. 11. http://www.h-france.net/vol10reviews/vol10no11kley.pdf. Recent explorations of revolutionary 'psychology' in 1789 are Timothy Tackett, *The Coming of the Terror in the French Revolution*, Cambridge, MA, and London: The Belknap Press of Harvard University Press, 2015, ch. 2; Haim Burstin, *Révolutionnaires. Pour une anthropologie de la Révolution française*, Paris: Vendémiaire, 2013.

7. Alessandro Galante Garrone, *Gilbert Romme: histoire d'un révolutionnaire, 1750–1795*, translated from the Italian by Anne and Claude Manceron, Paris: Flammarion, 1971. Romme's decision to introduce Pavel to the Jacobin Club in 1790 seems to have been the catalyst for his father to order him home to Russia.

8. [Géraud, Edmond], *Journal d'un étudiant pendant la Révolution, 1789–1793*, Paris: Plon, 1910, pp. 23–25.

9. AD Loiret 2J 1983; D. Lottin, *Recherches historiques sur la ville d'Orléans*, 8 vols, Orléans: Imprimerie Alexandre Jacob, 1836–45, vol. 3, pp. 59–60; Luc Rojas, ' "Les forgeurs et les limeurs" face à la machine: la destruction de l' atelier de Jacques Sauvade (1er et 2ème septembre 1789)' , *AHRF*, 376 (2014), pp. 27–52.

10. Tackett, *Becoming a Revolutionary*, pp. 195–206; George Rudé, *The Crowd in the French Revolution*, Oxford: Oxford University Press, 1959, p. 69 and ch. 5; Micah Alpaugh, *NonViolence and the French Revolution: Political Demonstrations in Paris, 1787–1795*, Cambridge: Cambridge University Press, 2014.

11. John Hardman, *Louis XVI*, New Haven, CT, and London: Yale University Press, 1993, p. 171.

12. Arlette Farge, *Subversive Words: Public Opinion in Eighteenth- Century France*, translated by Rosemary Morris, Oxford: Polity Press, 1994, pp. 117–21.

13. There is no evidence of an expression of Marie-Antoinette' s contempt for the masses inherent in her purported snort, 'The peasants have no bread? Then let them eat cake.' The remark first seems to have been attributed to her in a German children' s book in 1931. See Véronique Campion-Vincent and Christine Shojaei Kawan, 'Marie-Antoinette et son célèbre dire: deux scénographies et deux siècles de désordres, trois niveaux de communication et trois modes accusatoires' , *AHRF*, 327 (2002), pp. 29–56.

14. *Réimpression de l'Ancien Moniteur, seule histoire authentique et inaltérée de la Révolution française, depuis la réunion des Etats- Généraux jusqu'au Consulat*, 32 vols, Paris, 1847, vol. 2, 1789, p. 544; Richard Cobb and Colin Jones (eds), Voices of the French Revolution, Topsfield, MA: Simon and Schuster, 1988, p. 88.

15. Rudé, *Crowd in the French Revolution*, p. 79.

16. Michael Kennedy, *The Jacobin Clubs in the French Revolution: The First Years*, Princeton, NJ: Princeton University Press, 1982.

17. Élisabeth Vigée-Lebrun, *Memoirs of Mme Vigée Lebrun*, translated by Lionel Strachey, New York: G. Braziller, 1989, pp. 55–56.

18. Michael Rapport, 'The International Repercussions of the French Revolution' , in Peter McPhee (ed.), *A Companion to the French Revolution*, Oxford: Wiley-Blackwell, 2013, p. 383.

19. See, in general, R. R. Palmer, *The Age of the Democratic Revolution: A Political History of Europe and*

America, 1760–1800, 2 vols, Princeton, NJ: Princeton University Press, 1959, 1964; Jacques Godechot, *France and the Atlantic Revolution of the Eighteenth Century, 1770–1799*, translated by Herbert H. Rowen, New York: The Free Press, 1965.

20. Ambrogio A. Caiani, *Louis XVI and the French Revolution, 1789–1792,* Cambridge: Cambridge University Press, 2012, pp. 65–67.

21. Mona Ozouf, 'La Révolution française et la perception de l' espace national: fédérations, fédéralisme et stéréotypes régionaux' , in Ozouf, *L'École de la France: essais sur la Révolution, l'utopie et l'enseignement*, Paris: Gallimard, 1984, p. 33.

22. In general, see Alan Forrest, 'Reimagining Space and Power' in McPhee (ed.), *Companion*, ch. 6; P. M. Jones, *Reform and Revolution in France: The Politics of Transition, 1774–1791*, Cambridge: Cambridge University Press, 1995, ch. 6; Peter McPhee, *Living the French Revolution, 1789–99*, London and New York: Palgrave Macmillan, 2006, ch. 3; Michael P. Fitzsimmons, *The Remaking of France: The National Assembly and the Constitution of 1791*, Cambridge and New York: Cambridge University Press, 1994; Malcolm Crook, 'The New Regime: Political Institutions and Democratic Practices under the Constitutional Monarchy, 1789–1791' , in David Andress (ed.), *The Oxford Handbook of the French Revolution*, Oxford: Oxford University Press, 2015, ch. 13.

23. On Brittany, see T. J. A. Le Goff, *Vannes and its Region: A Study of Town and Country in Eighteenth-Century France*, Oxford: Clarendon Press, 1981; *La Bretagne. Une province à l'aube de la Révolution.* Colloque de Brest, 28–30 septembre 1988, Brest and Quimper: Centre de Recherche Bretonne et Celtique, 1989; Joël Cornette, *Histoire de la Bretagne et des Bretons*, vol. 2, Paris: Éditions du Seuil, 2005; Roger Dupuy, *La Bretagne sous la Révolution et l'Empire (1789–1815)*, Rennes: Éditions Ouest- France, 2004.

24. Martyn Lyons, *Revolution in Toulouse: An Essay on Provincial Terrorism*, Bern, Frankfurt am Main and Las Vegas: Peter Lang, 1978.

25. Margadant, *Urban Rivalries*, pp. 263–64; McPhee, *Living*, p. 81.

26. Arthur Young, *Travels in France during the Years 1787, 1788 and 1789*, New York: Anchor Books, 1969, p. 226.

27. Comte de Courchamps, *Souvenirs de la marquise de Créquy de 1710 à 1803*, 10 vols, Paris: Garnier Frères, 1865, vol. 9, pp. 107–08.

28. Jill Maciak Walshaw, *A Show of Hands for the Republic: Opinion, Information, and Repression in Eighteenth- Century Rural France*, Rochester, NY: Rochester University Press, 2014, ch. 3.

29. P. M. Jones, *The Peasantry in the French Revolution*, Cambridge: Cambridge University Press, 1988, p. 209.

30. Bibliothèque Municipale, Nancy, ms 1412.

31. Nigel Aston, *Religion and Revolution in France, 1780–1804*, Basingstoke: Macmillan, 2000, p. 133; Tackett, *Becoming a Revolutionary*, pp. 203–04

32. Scattered research on the sales of biens nationaux is synthesized in Bernard Bodinier and Eric *Teyssier, L'Événement le plus important de la Révolution: la vente des biens nationaux en France et dans les territoires annexés, 1789–1867*, Paris: SÉR, 2000; Bernard Bodinier, 'La Vente des biens nationaux: essai de synthèse' , *AHRF*, 315 (1999), pp. 7–19; Jones, Peasantry, pp. 154–61; Joël Cornette (ed.), *Atlas de l'histoire de France, 481–2005*, Paris: Belin, 2012, p. 316.

33. Peter McPhee, *Revolution and Environment in Southern France: Peasant, Lords, and Murder in the Corbières, 1780–1830*, Oxford: Clarendon Press, 1999, ch. 3.

34. Aimé Coiffard, *La Vente des biens nationaux dans le district de Grasse (1790–1815)*, Paris: Bibliothèque nationale, 1973, pp. 94–103.

35. Michel Péronnet, Robert Attal and Jean Bobin, *La Révolution dans l'Aisne, 1789–1799*, Le Coteau: Horvath, 1988, p. 109; Michel Bur (ed.), *Histoire de Laon et du Laonnois*, Toulouse: Privat, 1987, p. 199.

36. S. E. Harris, *The Assignats*, Cambridge, MA: Harvard University Press, 1930.

37. William Doyle, *The Oxford History of the French Revolution*, 2nd ed., Oxford and New York: Oxford University Press, 2002, p. 124.

38. Lottin, Orléans, vol. 3, pp. 77–79. In general, see Malcolm Crook, *Elections in the French Revolution: An Apprenticeship in Democracy, 1789–1799*, Cambridge and New York: Cambridge University Press, 1996; Melvin Edelstein, *The French Revolution and the Birth of Electoral Democracy*, Farnham, Surrey, and Burlington, VT: Ashgate, 2014.

39. Dominique Godineau, *The Women of Paris and their French Revolution*, translated by Katherine Streip, Berkeley, CA: University of California Press, 1998, pp. 76–77.

40. Anthony Crubaugh, *Balancing the Scales of Justice: Local Courts and Rural Society in Southwest France, 1750–1800*, University Park, PA: Pennsylvania State University Press, 2001.

41. Katherine Taylor, 'Geometries of Power: Royal, Revolutionary, and Post-Revolutionary French courtrooms', *Journal of the Society of Architectural Historians*, 72 (2013), pp. 434–74.

42. Michael Sibalis, 'The Regulation of Male Homosexuality in Revolutionary and Napoleonic France, 1789–1815', in Jeffrey Merrick and Bryant T. Ragan (eds), *Homosexuality in Modern France*, New York: Oxford University Press, 1996, pp. 80–101.

43. Paul Friedland, Seeing Justice Done: *The Age of Spectacular Capital Punishment in France*, Oxford: Oxford University Press, 2012, chs 9–10; Daniel Arasse, *The Guillotine and the Terror*, translated by Christopher Miller, London: Penguin, 1989, pp. 11–14.

44. Friedland, Seeing Justice Done, pp. 247–48; Arasse, *Guillotine and the Terror*, pp. 26–30.

45. Christian Pfister, *Histoire de Nancy*, vol. 3, Paris: Éditions du Palais Royal; Nancy: Éditions Berger-Levrault, 1974, pp. 328–32.

46. Moniteur universel, no. 46, 15 February 1790, vol. 2, pp. 368–69; Gary Kates, 'Jews into Frenchmen: Nationality and Representation in Revolutionary France', in Ferenc Fehér (ed.), *The French Revolution and the Birth of Modernity, Berkeley*, CA: University of California Press, 1990, pp. 103–16.

47. Abraham Spire, *Le Journal révolutionnaire d'Abraham Spire*, translated by Simon Schwarzfuchs, Paris: Institut Alain de Rothschild/Verdier, 1989, pp. 120–22.

48. Roger Dupuy, 'Les Émeutes anti-féodales de Haute-Bretagne (janvier 1790 et janvier 1791): meneurs improvises ou agitateurs politisés?', in Jean Nicolas (ed.), *Mouvements populaires et conscience sociale, XVI–XIXe siècles. Actes du colloque de Paris*, 24–26 mai 1984, Paris: Maloine, 1985, pp. 453–54.

49. Jean Boutier, 'Jacqueries en pays croquant: les révoltes paysannes en Aquitaine (décembre 1789–mars 1790)', *AHRF*, 34 (1979), p. 765; *Campagnes en émoi. Révoltes et Révolution en Bas- Limousin, 1789–1800*, Treignac: Éditions les Monédières, 1987; Jones, Peasantry, pp. 105–17; Mona Ozouf, *Festivals and the French Revolution*, translated by Alan Sheridan, Cambridge, MA: Harvard University Press, 1988, pp. 37–38, 232–43.

50. Christiane Constant, *Journal d'un bourgeois de Bégoux. Michel Célarié (1771–1836)*, Cahors: Le Stum, 1992, pp. 146–48. On the rural revolution, see Jones, *Peasantry*, 67–85; John Markoff, *The Abolition of Feudalism: Peasants, Lords, and Legislators in the French Revolution,* University Park, PA: Pennsylvania State University Press, 1996, chs 5–7; Anatolï Ado, *Paysans en Révolution. Terre, pouvoir et jacquerie, 1789–1794*, Paris: SÉR, 1996, chs 4–6; the chapters by Jean Bart and Jean-Pierre Jessenne in Michel Biard (ed.), *La Révolution française, une histoire toujours vivante*, Paris: Tallandier, 2009; McPhee, Living, ch. 3.

51. Bryant T. Ragan, 'Rural Political Equality and Fiscal Activism in the Revolutionary Somme', in Bryant T. Ragan and Elizabeth A. Williams (eds), *Recreating Authority in Revolutionary France*, New Brunswick, NJ: Rutgers University Press, 1992, p. 46; Ozouf, Festivals, pp. 37–39.

52. P. Sagnac and P. Caron, *Le Comité des droits féodaux et de législation et l'abolition du régime seigneurial, 1789–1793*, Paris: Imprimerie Nationale, 1907, p. 252. In general, see McPhee, *Living*, ch. 3; Noelle Plack, 'Challenges in the Countryside, 1790–2', in Andress (ed.), *Oxford Handbook*, ch. 20.

53. Josef Konvitz,*Cartography in France, 1660–1848: Science, Engineering, and Statecraft*, Chicago,IL: University of Chicago Press, 1987.

54. Courchamps, *Souvenirs de la marquise de Créquy*, vol. 9, pp. 107–08, 145.

55. Jacques Godechot, *The Taking of the Bastille, July 14th, 1789*, translated by Jean Stewart, London: Faber and Faber, 1970, pp. 263–66; Héloïse Bocher, *Démolir la Bastille. L'édification d'un lieu de mémoire*, Paris: Vendémiaire, 2012; Hans-Jürgen Lüsebrink and Rolf Reichardt, *The Bastille: A History of a Symbol of Despotism and Freedom*, Durham, NC: Duke University Press, 1997.

56. Lottin, *Orléans*, vol. 3, pp. 120–50.

57. Micah Alpaugh, 'Les Émotions collectives et le mouvement des fédérations (1789–1790)', *AHRF*, 372 (2013), pp. 49–80.

58. F.-A. Mignet, *Histoire de la Révolution française depuis 1789 jusqu'en 1814*, London: David Nutt, 1882, p. 88.

59. Pascal Dupuy (ed.), *La Fête de la Fédération*, Rouen: Publications des Universités de Rouen et du Havre, 2012, p. 132. On revolutionary festivals in general, see Ozouf, *Festivals*, Jean Ehrard and Paul Viallaneix (eds), *Les Fêtes de la Révolution*. Colloque de Clermont- Ferrand (juin 1974), Paris: SÉR, 1977.

60. Rebecca L. Spang, *The Invention of the Restaurant: Paris and Modern Gastronomic Culture*, Cambridge, MA: Harvard University Press, 2000, pp. 99–100.

61. Alain Corbin, *Village Bells: Sound and Meaning in the 19th- Century French Countryside*, translated by Martin Thom, New York: Columbia University Press, 1998, pp. xix, 8, 95–96, 301.

62. Fitzsimmons, *Remaking of France*; pp. 209–10; Ozouf, *Festivals*, p. 51.

63. Ozouf, *Festivals*, p. 51; Aileen Ribeiro, *Fashion in the French Revolution*, New York: Holmes and Meier, 1988.

第六章　革命的凯歌，1790年

1. Peter McPhee, *Robespierre: A Revolutionary Life*, New Haven, CT, and London: Yale University Press, 2012, p. 102.

2. Antoine Casanova and Ange Rovère, *La Révolution française en Corse: 1789–1800*, Toulouse: Privat,

1989; Philip Dwyer, *Napoleon: The Path to Power, 1769–1799*, London: Bloomsbury, 2007.

3. Ian Coller, 'The Revolutionary Mediterranean', in Peter McPhee (ed.), *A Companion to the French Revolution*, Oxford: Wiley-Blackwell, 2013, ch. 25.

4. Greg Burgess, *Refuge in the Land of Liberty: France and its Refugees, from the Revolution to the End of Asylum, 1787–1939*, Basingstoke and New York: Palgrave Macmillan, 2008, pp. 7–24; Michael Rapport, *Nationality and Citizenship in Revolutionary France: The Treatment of Foreigners, 1789–1799*, Oxford: Clarendon Press, 2000, ch. 2; Coller, 'Revolutionary Mediterranean'.

5. Emmet Kennedy, *A Cultural History of the French Revolution*, New Haven, CT, and London: Yale University Press, 1989, ch. 8; Lucie Favier, *La Mémoire de l'État: histoire des Archives nationales*, Paris: Fayard, 2004.

6. William Doyle, *The Oxford History of the French Revolution*, 2nd ed., Oxford and New York: Oxford University Press, 2002, pp. 160–64.

7. Jacques Godechot, *France and the Atlantic Revolution of the Eighteenth Century, 1770–1799*, translated by Herbert H. Rowen, New York: The Free Press, 1965, p. 131.

8. Pierre Devanthey, *La Révolution bas-valaisanne de 1790*, Martigny: Imprimerie Pillet, 1972.

9. Michael Rapport, 'The International Repercussions of the French Revolution', in McPhee (ed.), *Companion*, p. 385; Adrian Carton, *Mixed- Race and Modernity in Colonial India: Changing Concepts of Hybridity across Empires*, London and New York: Routledge, 2012.

10. Laurent Dubois, 'Slavery in the Age of Revolution', in Gad Heuman and Trevor Burnard (eds), *The Routledge History of Slavery*, London: Routledge, 2011, pp. 267–80; Pierre Boulle, 'In Defence of Slavery', in Frederick Krantz (ed.), *History from Below: Studies in Popular Protest and Popular Ideology*, Oxford and New York: Blackwell, 1988, pp. 221–41.

11. Jean-Michel Deveau, *Le Commerce rochelais face à la Révolution*. Correspondance de Jean Baptiste Nairac (1789–1790), *La Rochelle: Rumeur des âges*, 1989; Claudy Valin,*La Rochelle-la Vendée, 1793. Révolution et Contre- Révolution*, Paris: Le Croît vif, 1997, parts 1 and 2; Lynn Hunt (ed. and trans.), *The French Revolution and Human Rights: A Brief Documentary History*, Boston, MA, and New York: Bedford/St. Martin's Press, 1996, pp. 109–11.

12. AD Loire-Atlantique, L366.

13. Ted W. Margadant, *Urban Rivalries in the French Revolution*, Princeton, NJ: Princeton University Press, 1992.

14. Michael P. Fitzsimmons, *From Artisan to Worker: Guilds, the French State, and the Organization of Labor, 1776–1821*, New York: Cambridge University Press, 2010, ch. 1; Steven L. Kaplan, *La Fin des corporations*, Paris: Fayard, 2001.

15. Peter McPhee, *Revolution and Environment in Southern France: Peasant, Lords, and Murder in the Corbières, 1780–1830*, Oxford: Clarendon Press, 1999, ch. 3.

16. Daniel Morvan, 'L'Oeil du maître. Rosanbo, une seigneurie au quotidien', *Skol Vreizh*, 24 (1992), pp. 1–83.

17. AD Charente-Maritime L 147, 739; Peter McPhee, *Living the French Revolution, 1789–99*, London and New York: Palgrave Macmillan, 2006, p. 63; Anthony Crubaugh, *Balancing the Scales of Justice: Local Courts and Rural Society in Southwest France, 1750–1800*, University Park, PA: Pennsylvania State University

Press, 2001, pp. 55–56.

18. Peter McPhee, ' "The misguided greed of peasants" ? Popular Attitudes to the Environment in the Revolution of 1789' , *FHS*, 24 (2001), p. 247.

19. Georges Bourgin, *Le Partage des biens communaux; documents sur la préparation de la loi du 10 juin 1793*, Paris: Imprimerie Nationale, 1908, pp. 22–23.

20. McPhee, *Revolution and Environment*, p. 60.

21. Jacques Bernet (ed.), *Le Journal d'un maître d'école d'Île- de- France (1771–1792): Silly- enMultien de l'Ancien Régime à la Révolution*, Villeneuve-d' Asq: Presses Universitaires du Septentrion, 2000, pp. 214–15.

22. Malcolm Crook, *Elections in the French Revolution: An Apprenticeship in Democracy, 1789–1799*, Cambridge and New York: Cambridge University Press, 1996; Timothy Tackett, *Becoming a Revolutionary: The Deputies of the French National Assembly and the Emergence of a Revolutionary Culture (1789–1790)*, Princeton, NJ: Princeton University Press, 1996. This 'political culture' is explored in the four volumes of Keith Michael Baker, Colin Lucas, François Furet and Mona Ozouf (eds), *The French Revolution and the Creation of Modern Political Culture*, Oxford: Oxford University Press, 1987–94; Michael Kennedy, *The Jacobin Clubs in the French Revolution: The First Years*, Princeton, NJ: Princeton University Press, 1982: Mona Ozouf, *Festivals and the French Revolution*, translated by Alan Sheridan, Cambridge, MA: Harvard University Press, 1988.

23. All that survives today of the immense Cordeliers convent in the Latin Quarter is the refectory, the rest becoming part of the École de Medicine.

24. AP, 15 March 1790, p. 173.

25. Siân Reynolds, *Marriage and Revolution: Monsieur and Madame Roland*, Oxford: Oxford University Press, 2012, pp. 138–43.

26. D. Lottin, *Recherches historiques sur la ville d'Orléans*, 8 vols., Orléans: Imprimerie Alexandre Jacob, 1836–45, vol. 3, pp. 201–02.

27. John R. Cole, *Between the Queen and the Cabby: Olympe de Gouges's Rights of Woman*, Montreal, Quebec; Kingston, Ontario; London; and Ithaca, NY: McGill-Queen' s University Press, 2011; Joan Landes, *Women and the Public Sphere in the Age of the French Revolution*, Ithaca, NY: Cornell University Press, 1988, pp. 93–129.

28. Jack R. Censer, *Prelude to Power: The Parisian Radical Press, 1789–1791*, Baltimore, MD, and London: Johns Hopkins University Press, 1976, pp. 8–11.

29. Rolf Reichardt, 'The Politicization of Popular Prints in the French Revolution' , in Ian Germani and Robin Swales (eds), *Symbols, Myths and Images: Essays in Honour of James A. Leith*, Regina, Saskatchewan: University of Regina, 1998, p. 17.

30. Laura Auricchio, *Adélaïde Labille- Guiard: Artist in the Age of Revolution*, Los Angeles, CA: J. Paul Getty Museum, 2009, pp. 73–79.

31. Nicole Pellegrin, *Les Vêtements de la Liberté: Abécédaire des pratiques vestimentaires en France de 1780 à 1800*, Aix- en-Provence: Éditions Alinéa, 1989, p. 159.

32. Timothy Tackett, 'Conspiracy Obsession in a Time of Revolution: French Elites and the Origins of the Terror' , *AHR*, 105 (2000), pp. 691–713.

33. Marcel Lecoq, *La Conspiration du marquis de Favras, 1789–1790*, Paris: Foliguet et Rigot, 1955.

34. Gwynne Lewis, *The Second Vendée: The Continuity of Counter- Revolution in the Department of the Gard, 1789–1815*, Oxford: Clarendon Press, 1978, p. 19 and ch. 1; Alan Forrest, *Conscripts and Deserters: The Army and French Society during the Revolution and Empire*, Oxford: Oxford University Press, 1989, p. 155.

35. Munro Price, 'Mirabeau and the Court: Some New Evidence', *FHS*, 29 (2006), pp. 37–75.

36. Adrian O' Connor, 'Between Monarch and Monarchy: The Education of the Dauphin and Revolutionary Politics, 1790–91', *FH*, 27 (2013), pp. 176–201; John Hardman, *Louis XVI*, New Haven, CT, and London: Yale University Press, 1993, ch. 13.

37. Rapport, 'International Repercussions', p. 386; and Thomas E. Kaiser, 'A Tale of Two Narratives: The French Revolution in International Context', in McPhee, (ed.), *Companion*, ch. 10.

38. On the impact of the Revolution on the armed forces, see Jean-Paul Bertaud, *The Army of the French Revolution: From Citizen- Soldiers to Instrument of Power*, translated by R. R. Palmer, Princeton, NJ: Princeton University Press, 1988, ch. 1; Alan Forrest, *Soldiers of the French Revolution*, Durham, NC: Duke University Press, 1990, ch. 2; Alan Forrest, 'Military Trauma', in David Andress (ed.),*The Oxford Handbook of the French Revolution*, Oxford: Oxford UniversityPress, 2015, ch. 22; William S. Cormack, *Revolution and Political Conflict in the French Navy, 1789–1794*, Cambridge: Cambridge University Press, 1995.

39. Éric Hartmann, *La Révolution française en Alsace et en Lorraine*, Paris: Perrin, 1990, ch. 8.

40. J. Gilchrist and W. J. Murray (eds), *The Press in the French Revolution: A Selection of Documents Taken from the Press of the Revolution for the Years 1789–1794*, Melbourne: Cheshire; London: Ginn, 1971, p. 15.

41. Marcel David, *Fraternité et Révolution française, 1789–1799*, Paris: Aubier, 1987, pp. 69–71, 247.

第七章　基督之家的解体：宗教分裂与国王出逃，1790—1791年

1. *Mémoires de la Comtesse de Boigne, née d'Osmond*, 4 vols, Paris: Plon, 1908, vol. 1, p. 137; Madame de La Tour du Pin, *Memoirs: Laughing and Dancing our Way to the Precipice*, translated by Felice Harcourt, London: Harvill Press, 1999, pp. 153–55.

2. AD Meurthe-et-Moselle, L 479. In general, see Gemma Betros, 'Liberty, Citizenship and the Suppression of Female Religious Communities in France, 1789–90', *Women's History Review*, 18 (2009), pp. 311–36.

3. AD Meurthe-et-Moselle, L 1720.

4. D. Lottin, *Recherches historiques sur la ville d'Orléans*, 8 vols, Orléans: Imprimerie Alexandre Jacob, 1836–45, vol. 3, p. 227.

5. Eric Thompson, *Popular Sovereignty and the French Constituent Assembly, 1789–1791*, Manchester: Manchester University Press, 1952, p. 119; William Doyle, *The Oxford History of the French Revolution*, 2nd ed., Oxford and New York: Oxford University Press, 2002, pp. 137–39.

6. Edward J. Woell, 'Religion and Revolution', in David Andress (ed.), *The Oxford Handbook of the French Revolution*, Oxford: Oxford University Press, 2015, pp. 266–67. On the Civil Constitution of the Clergy, see Timothy Tackett, *Religion, Revolution, and Regional Culture in Eighteenth- Century France: The Ecclesiastical Oath of 1791*, Princeton, NJ: Princeton University Press, 1986; P. M. Jones, *The Peasantry in the French Revolution*, Cambridge: Cambridge University Press, 1988, pp. 191–204; Dale K. Van Kley, *The*

Religious Origins of the French Revolution: From Calvin to the Civil Constitution, 1560–1791, New Haven, CT, and London: Yale University Press, 1996, pp. 349–67.

7. Michael P. Fitzsimmons, *The Remaking of France: The National Assembly and the Constitution of 1791*, Cambridge and New York: Cambridge University Press, 1994, pp. 209–10; Ted W. Margadant, *Urban Rivalries in the French Revolution*, Princeton, NJ: Princeton University Press, 1992, pp. 263–64; Peter McPhee, *Living the French Revolution, 1789–99*, London and New York: Palgrave Macmillan, 2006, p. 81.

8. Martyn Lyons, *Revolution in Toulouse: An Essay on Provincial Terrorism*, Bern, Frankfurt am Main and Las Vegas: Peter Lang, 1978.

9. MU, no. 150, 30 May 1790; no. 151, 30 May 1790, pp. 498–99.

10. Dale Van Kley, 'The Ancien Régime, Catholic Europe, and the Revolution' s Religious Schism' , in Peter McPhee (ed.), *A Companion to the French Revolution*, Oxford: Wiley-Blackwell, 2013, ch. 8. The Assembly' s viewpoint is expertly analyzed by Rodney Dean, L' Assemblée constituante et la réforme ecclésiastique, 1790: *la Constitution civile du clergé du 12 juillet et le serment ecclésiastique du 27 novembre*, Paris: Picard, 2014.

11. R. Hervé de La Bauche, Protestation de cent cinq curés de la Bretagne contre la nouvelle organisation civile du clergé, addressée à l' Assemblée nationale, 1790.

12. Marcel Coquerel, 'Le Journal d' un curé du Boulonnais' , *AHRF*, 46 (1974), p. 289. On priests' reactions in general, see Tackett, *Religion, Revolution, and Regional Culture*, chs 3–4.

13. AD Meurthe-et-Moselle, L 1713.

14. Gaël Rideau, 'De l' Impôt à la sécularisation: reconstruire l' église. Les Doléances religieuses dans les cahiers de doléances du bailliage d' Orléans' , *AHRF*, 345, (2006), pp. 3–29.

15. AD Loiret, 2J 1978.

16. François-Pierre Julliot, *Souvenirs d'un prêtre réfractaire du diocèse de Troyes publiés par Octave Beuve*, Arcis-sur-Aube: Société d' Histoire Départementale, 1909.

17. Augustin Theiner, *Documents inédits rélatifs aux affaires religieuses de la France*, Paris: Firmin Didot frères, 1857, pp. 73, 83, 88.

18. Lottin, Orléans, vol. 3, pp. 314–15.

19. Tackett, *Religion, Revolution, and Regional Culture*, ch. 11.

20. *Correspondance de l'abbé Rousselot, constituant, 1789–1795*, Besançon: Annales Littéraires de l' Université de Besançon, 1992, pp. 128, 146.

21. Marcel David, *Fraternité et Révolution française, 1789–1799*, Paris: Aubier, 1987, pp. 69–71, 247.

22. Dean, *Assemblée constituante et réforme ecclésiastique*, pp. 707–09; Dominique Soulas de Russel,Un Révolutionnaire normand fidèle aux siens, à son terroir et à ses convictions: *Thomas Lindet, à travers sa correspondance familiale de 1789 à 1799*, Luneray: Bertout, 1997.

23. Bertrand Frélaut, *Les Débuts de la contre- révolution en Bretagne. L'Attaque de Vannes* (13 février 1791), Nantes: Ouest Éditions; Rennes: Institut Culturel de Bretagne, 1989; Joël Cornette, *Histoire de la Bretagne et des Bretons*, Paris: Éditions du Seuil, 2005, vol. 2, p. 158; Marcelle Richard, (ed.), *Le Morbihan pendant la Révolution, 1789–1795*, 2nd ed., Vannes: AD LoireAtlantique, 1988, pp. 10–14, 29; Joseph-Marie Le Mené, *Histoire archéologique, féodale et religieuse des paroisses du diocèse de Vannes*, 2 vols, Vannes: Imprimerie Galles, 1891–94.

24. AD Morbihan, L 134. 25. AD Morbihan, Archives communales de St-Nolff, 3ES 231/4, 27 March 1790, 19 December 1790, 28 January 1791.

26. Michel Péronnet and Yannick Guin, *La Révolution dans la Loire- Inférieure*, Le Coteau: Horvath, 1989, pp. 96–101.

27. AD Loire-Atlantique, L 1366. Among the terms of abuse were 'foutu trousse couillon', 'fripon' and 'coquin'.

28. Laura Mason, *Singing the French Revolution: Popular Culture and Politics, 1787–1799*, Ithaca, NY: Cornell University Press, p. 50.

29. Jean-Marie Carbasse, 'Un des premiers cas de résistance populaire à la Révolution: l' émeute du 25 janvier 1791 à Millau', *Bulletin d'histoire économique et sociale* (1984–85), pp. 57–72; Timothy Tackett, 'Women and Men in Counterrevolution: The Sommières Riot of 1791', *JMH*, 59 (1987), pp. 680–704.

30. *Women in Revolutionary Paris, 1789–1795*. Selected Documents Translated with Notes and Commentary by Darline Gay Levy, Harriet Branson Applewhite and Mary Durham Johnson, Urbana and Chicago, IL: University of Illinois Press, 1980, pp. 66–67, 72–74; R. B. Rose, *The Enragés: Socialists of the French Revolution?*, Melbourne: Melbourne University Press, 1965, ch. 5.

31. Richard Cobb and Colin Jones (eds), *Voices of the French Revolution,* Topsfield, MA: Simon and Schuster, 1988, p. 110.

32. Alan Forrest, *Conscripts and Deserters: The Army and French Society during the Revolution and Empire*, Oxford: Oxford University Press, 1989, p. 155; Stephen Clay, 'Camps de Jalès', in Jean-Clément Martin (ed.), *Dictionnaire de la contre- révolution XVIIIe–XXe siècle*, Paris: Perrin, 2011, pp. 319–21; Gwynne Lewis, *The Second Vendée: The Continuity of CounterRevolution in the Department of the Gard, 1789–1815*, Oxford: Oxford University Press, 1978; François de Jouvenel, 'Les Camps de Jalès (1790–1792), épisodes contre-révolutionnaires?', *AHRF*, 337 (2004), pp. 1–20.

33. J. Gilchrist and W. J. Murray (eds), *The Press in the French Revolution: A Selection of Documents Taken from the Press of the Revolution for the Years 1789–1794*, Melbourne: Cheshire; London: Ginn, 1971, p. 268.

34. AD Meurthe-et-Moselle, ms SAL 480; Timothy Tackett, *The Coming of the Terror in the French Revolution*, Cambridge, MA, and London: The Belknap Press of Harvard University Press, 2015, pp. 140–41 and ch. 4.

35. Malcolm Crook, 'The New Regime: Political Institutions and Democratic Practices under the Constitutional Monarchy, 1789–1791', in Andress (ed.), *Oxford Handbook*, pp. 227–28.

36. Monique Cubells, 'La Société populaire d' Éguilles, en Provence: histoire d' une scission', in Christine Le Bozec and Éric Wauters (eds), *Pour la Révolution française. En hommage à Claude Mazauric*, Rouen: Publications de l' Université de Rouen, 1998, p. 231.

37. The king's flight is expertly narrated and analyzed by Timothy Tackett, *When the King Took Flight*, Cambridge, MA: Harvard University Press, 2003; a shorter account is by John Hardman, *Louis XVI*, New Haven, CT, and London: Yale University Press, 1993, ch. 14.

38. AP, 21 June 1791, pp. 378–83. Two very different, but equally brilliant, cinematic presentations of the king's flight are Ariane Mnouchkine's 1974 film of 1789, a Théâtre du Soleil play, and Ettore Scola's La Nuit de Varennes (1982).

39. Georges Lefebvre, 'The Murder of the Comte de Dampierre (June 22, 1791)' , in Jeffry Kaplow (ed.), *New Perspectives on the French Revolution: Readings in Historical Sociology*, New York: John Wiley, 1965, pp. 277–86.

40. Laurent Brassart, *Gouverner le local en Révolution. État, pouvoirs et mouvements collectifs dans l'Aisne (1790–1795)*, Paris: SÉR, 2013, pp. 85–87.

41. Tackett, When the King Took Flight, pp. 151–55; Henri Texier et al. (eds), *La Révolution française 1789–1799 à Saintes*, Poitiers: Projets Éditions, 1988, p. 88.

42. Munro Price, *The Road from Versailles: Louis XVI, Marie Antoinette, and the Fall of the French Monarchy*, New York: St Martin' s Press, 2003. Price uses the revealing archives of Louis' confidants held in Austria and Stockholm as well as France.

43. William J. Murray, *The Right- Wing Press in the French Revolution: 1789–1792*, London: Royal Historical Society, 1986, pp. 126–28, 289.

44. Gilchrist and Murray (eds), *Press in the French Revolution*, pp. 132–33.

45. AD Loiret, J 557.

46. Henri Labroue, *La Société populaire de Bergerac pendant la Révolution*, Paris: Société de l' Histoire de la Révolution Française, 1915, pp. 139–49.

47. MU, no. 166, 15 June 1791, p. 662.

48. Anatolï Ado, *Paysans en Révolution. Terre, pouvoir et jacquerie, 1789–1794*, Paris: SÉR, 1996, pp. 236–37; McPhee, *Living*, p. 92; Jacques Bernet, 'Les Grèves de moissonneurs ou "bacchanals" dans les campagnes d' Ile-de-France et de Picardie au XVIIIe siècle' , *Histoire et sociétés rurales*, 11 (1999), pp. 153–86.

49. Bernard Richard, *Cloches et querelles de cloches dans l'Yonne. La Cloche entre maire et curé, XVIIIe–XXe*, Villeneuve-sur- Yonne: Les Amis du Vieux Villeneuve, 2010.

50. AP, 15 July 1791, pp. 326–34. In 1792–93, Barnave wrote one of the first histories of the Revolution: see Emanuel Chill (ed. and trans.), *Power, Property and History: Barnave's Introduction to the French Revolution and other Writings*, New York: Harper and Row, 1971.

51. Révolutions de Paris, 16–23 July 1791, pp. 53–54, 60–61, 64–65. The original petition was destroyed in the destruction by fire of the Hôtel de Ville in Paris in 1871.

52. David Andress, *Massacre at the Champ de Mars: Popular Dissent and Political Culture in the French Revolution*, Woodbridge, Suffolk: The Royal Historical Society, 2000, pp. 221–22; George Rudé, *The Crowd in the French Revolution*, Oxford: Oxford University Press, 1959, ch. 6.

53. MU, no. 201, 20 July 1791, vol. 10, p. 170.

54. Rudé, *Crowd*, pp. 85–86. She may have been related to Catherine Évrard, wife of Jean-Paul Marat's typesetter, and to Simone Évrard, by then living with Marat, who married her on 1 January 1792 'with as witness to the eternal fidelity he swears to her the creator who hears them' ; Peter McPhee, *Robespierre: A Revolutionary Life*, New Haven, CT, and London: Yale University Press, 2012, pp. 92–93.

55. Edna Hindie Lemay, 'Poursuivre la Révolution: Robespierre et ses amis à la Constituante' , in Jean-Pierre Jessenne et al. (eds), *Robespierre: de la nation artésienne à la République et aux nations*. Actes du Colloque, Arras, 1–2–3 Avril 1993, Villeneuve d' Asq: Centre d' Histoire de la Région du Nord et de l' Europe du Nord-Ouest, Université Charles de Gaulle-Lille III, 1994, pp. 139–56. On the Feuillant split, see Michael

Kennedy, *The Jacobin Clubs in the French Revolution: The First Years, Princeton*, NJ: Princeton University Press, 1982, ch. 15.

56. Nicole Felkay and Hervé Favier (eds), *En prison sous la Terreur. Souvenirs de J.-B. Billecocq (1765–1829)*, Paris: SÉR, 1981, pp. 73–75.

57. James H. Johnson, *Listening in Paris: A Cultural History*, Berkeley and Los Angeles, CA, and London: University of California Press, 1995, pp. 110–11.

58. Jean-Pierre Jessenne and Edna Hindie Lemay (eds), *Deputé- paysan et fermière de Flandre en 1789. La Correspondence des Lepoutre,* Lille: Université Charles de Gaulle-Lille 3, 1998, Introduction, pp. 431, 524.

59. Doyle, *Oxford History*, pp. 170–73.

60. Antoine de Baecque, *The Body Politic: Corporeal Metaphor in Revolutionary France, 1770–1800*, translated by Charlotte Mandell, Stanford, CA: Stanford University Press, 1997, pp. 51–63.

61. De Baecque, *The Body Politic*, pp. 63–75.

62. Cf. William Reddy, ‘Sentimentalism and its Erasure: The Role of Emotions in the Era of the French Revolution’, *JMH*, 72 (2000), pp. 109–52; and William Reddy, *The Navigation ofFeeling: A Framework for the History of Emotions*, Cambridge: Cambridge University Press, 2001, p. 326, for whom revolutionaries ‘had great difficulty distinguishing between reasonable dissent and evil, dissembling opposition’.

63. F.-A. Mignet, *Histoire de la Révolution française depuis 1789 jusqu'en 1814*, London: David Nutt, 1882, p. 88.

第八章　恐惧和愤怒，1791—1792年，以及二次革命

1. This is the argument of Michael P. Fitzsimmons, *The Remaking of France: The National Assembly and the Constitution of 1791*, Cambridge and New York: Cambridge University Press, 1994, against the following: the Marxist critique of Albert Soboul, *Comprendre la Révolution: problèmes politiques de la Révolution française (1789–1797)*, Paris: F. Maspero, 1981, translated by April A. Knutson as *Understanding the French Revolution*, New York: International Publishers, 1988; and the accusation of Terror incipient in majority rule by François Furet, *Interpreting the French Revolution*, translated by Elborg Forster, Cambridge and Paris: Cambridge University Press and Éditions de la Maison des Sciences de l'Homme, 1981, pp. 52–54.

2. Rila Mukherjee, ‘Creating a New Century? Truth, Liberty, Nightmare and Corrective Discipline in the Bernstein Collection’, *The Michael Bernstein Collection and Studies on the French Revolution*, Tokyo: Senshu University, 2008, pp. 1–10.

3. R. B. Rose, ‘Jacquerie at Davenescourt in 1791’, in *Tribunes and Amazons: Men and Women of Revolutionary France, 1789–1871*, Sydney: Macleay Press, 1998, ch. 2, and *Gracchus Babeuf: The First Revolutionary Communist*, London: Edward Arnold, 1978, chs 5–7.

4. P. M. Jones, *Reform and Revolution in France: The Politics of Transition, 1774–1791*, Cambridge: Cambridge University Press, 1995, p. 237.

5. On Robespierre, see the special issue of AHRF, no. 371 (2013); Michel Biard and Philippe Bourdin (eds), *Robespierre: portraits croisés*, Paris: Armand Colin, 2012; and the two most recent, and contrasting, biographies in English and French, by McPhee and Leuwers: Peter McPhee, *Robespierre: A Revolutionary Life*, New Haven, CT, and London: Yale University Press, 2012; and Hervé Leuwers, Robespierre, Paris: Fayard, 2014.

6. Jean-Jacques Rousseau, *The Social Contract and Discourses*, translated by G. D. H. Cole, London: J. M. Dent and Sons, 1913, especially pp. 19, 22–23, 30–31, 44–45; Marisa Linton, *Choosing Terror: Virtue, Friendship, and Authenticity in the French Revolution*, Oxford: Oxford University Press, 2013, chs 3–4; McPhee, Robespierre, ch. 7.

7. Jacques-Pierre Brissot and Étienne Clavière, *Nouveau Voyage dans les États- Unis de l'Amérique septentrionale*, 3 vols, Paris: Buisson, 1791.

8. Noelle L. Plack, *Common Land, Wine and the French Revolution: Rural Society and Economy in Southern France*, c. 1789–1820, Farnham, Surrey, and Burlington, VT: Ashgate, 2009, ch. 2; Peter McPhee, *Revolution and Environment in Southern France: Peasant, Lords, and Murder in the Corbières, 1780–1830*, Oxford: Clarendon Press, 1999, ch. 5.

9. Alain Le Bloas, 'La Question du domaine congéable' , *AHRF*, 331 (2003), pp. 1–27; Cahiers de doléances des sénéchaussées de Quimper et de Concarneau pour les États- Généraux de 1789, Rennes: Imprimerie Oberthur, 1927, p. 37; Léon Dubreuil, *Les Vicissitudes du domaine congéable en Basse- Bretagne à l'époque de la Révolution*, 2 vols, Rennes: Imprimerie Oberthur, 1915, vol. 1, pp. 22–26.

10. Françoise Fortunet, 'Le Code rural ou l' impossible codification' , *AHRF*, 247 (1982), pp. 95–112.

11. MU, no. 136, 16 May 1791, vol. 8, p. 404; Robert Forster, 'Who is a Citizen? The Boundaries of "La Patrie" : The French Revolution and the People of Color, 1789–91' , *French Politics & Society*, 7 (1989), pp. 50–64; Bernard Gainot and Marcel Dorigny (eds), *La Société des amis des noirs, 1788–1799. Contribution à l'histoire de l'abolition de l'esclavage*, Paris: Éditions UNESCO/EDICEF, 1998.

12. Laurent Dubois, *Avengers of the New World: The Story of the Haitian Revolution*, Cambridge, MA: The Belknap Press of Harvard University Press, 2004; Laurent Dubois, 'Slavery in the Age of Revolution' , in Gad Heuman and Trevor Burnard (eds), *The Routledge History of Slavery*, London: Routledge, 2011, pp. 267–80; Jeremy D. Popkin, *You Are All Free: The Haitian Revolution and the Abolition of Slavery*, New York: Cambridge University Press, 2010, chs 3–4; David Patrick Geggus, Haitian Revolutionary Studies, Bloomington, IN: IndianaUniversity Press, 2002, chs 4–5. The numbers are very difficult even to estimate: see Jeremy D. Popkin, *A Concise History of the Haitian Revolution*, Oxford: Wiley-Blackwell, 2012, ch. 2.

13. AD Loire-Atlantique, L 1630. 14. Armitage and Subrahmanyam (eds), *Age of Revolutions in Global Context*, p. xxiii. 15. R. R. Palmer, *Age of the Democratic Revolution: A Political History of Europe and America, 1760–1800*, 2 vols, Princeton, NJ: Princeton University Press, 1959, 1964, vol. 1, p. 2.

16. Michael Rapport, 'The International Repercussions of the French Revolution' , in Peter McPhee (ed.), *A Companion to the French Revolution*, Oxford: Wiley-Blackwell, 2013, p. 384.

17. Ian Coller, 'Egypt in the French Revolution' , in Suzanne Desan, Lynn Hunt and William Max Nelson (eds), *The French Revolution in Global Perspective*, Ithaca, NY, and London: Cornell University Press, 2013, pp. 120–22; Bernard Lewis, The Muslim Discovery of Europe, New York: W. W. Norton, 2001, p. 52.

18. Barry M. Shapiro, ' "The Case against the King" , 1789–1793' , in McPhee (ed.), *Companion*, ch. 7.

19. Hervé le Bévillon, *Comment la Bretagne est devenue française. Des origines à la naissance de la république*, Fouesnant: Yoran Embanner, 2010, pp. 124–31, 163–200.

20. Michael Kennedy, *The Jacobin Club of Marseilles, 1790–1794*, Ithaca, NY, and London: Cornell University Press, 1973, p. 180.

21. René Moulinas, *Les Massacres de la Glacière: enquête sur un crime impuni, Avignon 16–17 octobre*

1791, Aix-en-Provence: Édisud, 2003, and Histoire de la Révolution d' Avignon, Avignon: Aubanel, 1986.

22. Melvin Edelstein, *The French Revolution and the Birth of Electoral Democracy*, Farnham, Surrey, and Burlington, VT: Ashgate, 2014.

23. C. J. Mitchell, *The French Legislative Assembly of 1791*, Leiden: E. J. Brill, 1988; Michel Biard and Pascal Dupuy, *La Révolution française. Dynamique et ruptures, 1787–1804*, 2nd ed., Paris: Armand Colin, 2008, pp. 81–82.

24. Jeremy Whiteman, *Reform, Revolution and French Global Policy, 1787–1791*, Aldershot and Burlington, VT: Ashgate, 2002; Thomas E. Kaiser, 'A Tale of Two Narratives: The French Revolution in International Context, 1787–93' , in McPhee (ed.), *Companion*, ch. 10.

25. Samuel F. Scott, *The Response of the Royal Army to the French Revolution: The Role and Development of the Line Army, 1787–93*, Oxford: Oxford University Press, 1978, pp. 109–10.

26. The depth of conspiratorial belief at this point is explored superbly by Timothy Tackett, *The Coming of the Terror in the French Revolution*, Cambridge, MA, and London: The Belknap Press of Harvard University Press, 2015; and Linton, Choosing Terror, ch. 4.

27. Colin Lucas, 'The Theory and Practice of Denunciation in the French Revolution' , *JMH*, 68 (1996), p. 770.

28. MU, no. 313, 9 November 1791, vol. 10, p. 325.

29. Patricia Chastain Howe,*Foreign Policy and the French Revolution: Charles-François Dumouriez, Pierre LeBrun, and the Belgian Plan, 1789–1793*, Basingstoke: Palgrave Macmillan, 2008.

30. Maximilien Robespierre, *Oeuvres de Maximilien Robespierre*, 11 vols, Paris: SÉR, 1912–2007, vol. VIII, pp. 47–64. Note the comments of Alan Forrest, 'Robespierre, the War and its Organisation' , in Colin Haydon and William Doyle (eds), *Robespierre*, Cambridge and New York: Cambridge University Press, 1999, pp. 128–30; Maxime Rosso, 'Les Réminiscences spartiates dans les discours et la politique de Robespierre de 1789 à Thermidor' , *AHRF*, 349 (2007), pp. 51–77. For the debates on the origins of the war, see Georges Michon,*Robespierre et la guerre révolutionnaire*, 1791–1792, Paris: M. Rivière, 1937; Michael Kennedy, *The Jacobin Clubs in the French Revolution: The Middle Years*, Princeton, NJ: Princeton University Press, 1988, ch. 9;Marc Belissa, 'War and Diplomacy (1792–1795)' , in David Andress (ed.), *The Oxford Handbook of the French Revolution*, Oxford: Oxford University Press, 2015, ch. 24; Frank Attar, *Aux Armes citoyens! Naissance et fonctions du bellicisme révolutionnaire*, Paris: Éditions du Seuil, 2010.

31. Robespierre, *Oeuvres*, vol. VIII, pp. 74–93.

32. Robespierre, *Oeuvres*, vol. VIII, pp. 178–80.

33. Anatolï Ado, *Paysans en Révolution. Terre, pouvoir et jacquerie, 1789–1794*, Paris: SÉR, 1996, pp. 292–302.

34. François Rouvière, *Histoire de la Révolution française dans le département du Gard*, 4 vols, Nîmes: Librairie Ancienne A. Catélan, 1887–89, vol. 2, ch. 4.

35. On the Simonneau killing and its wider context, see Sukla Sanyal, 'The 1792 Food Riot at Étampes and the French Revolution' , *Studies in History*, 18 (2002), pp. 23–50; R. B. Rose, 'The "Red Scare" of the 1790s and the "Agrarian Law"' , in *Tribunes and Amazons*, ch. 6; David Hunt, 'The People and Pierre Dolivier: Popular Uprisings in the Seine-et-Oise Department, 1791–1792,' *FHS*, 11 (1979), pp. 184–214; Maurice Dommanget, *1793: les Enragés contre la vie chère-les curés rouges, Jacques Roux-Pierre Dolivier*,

Paris: Spartacus, 1976; Anon., *Étampes en Révolution, 1789–1799*, Le Mée- sur-Seine: Éditions Amatteis, 1989, ch. 5.

36. Robespierre, *Oeuvres*, vol. VIII, pp. 250–53; Warren Roberts, Jacques- Louis David and JeanLouis Prieur, *Revolutionary Artists: The Public, the Populace, and Images of the French Revolution*, Albany, NY: State University of New York Press, 2000, pp. 139–44.

37. Francisco Dendena, 'A New Look at Feuillantism: The Triumvirate and the Movement for War in 1791' , *FH*, 26 (2012), pp. 6–33.

38. Procès- Verbal (Assemblée législative), vol. 7, p. 355; MU, no. 143, 23 May 1790, vol. 4, p. 432.

39. Edward James Kolla, 'The French Revolution, the Union of Avignon, and the Challenges of National Self-Determination' , *Law and History Review*, (31) 2013, pp. 717–47.

40. Gabriel-Isidore Blondin d' Abancourt, *Onze ans d'émigration. Mémoires . . . publiés par son petit-neveu Blondin de Saint- Hilaire . . . et suivis d'un historique de la Compagnie des CentSuisses depuis Charles VIII*, Paris: Alphonse Picard et fils, 1897, p. 12.

41. AD Aude, Antoine de Fournas de la Brosse, 'Une Famille française sous la Révolution, l' Empire et la Restauration' (n.p., n.d. [1979]); and 'Correspondance de Blaise de Fournas de la Brosse', vol. 1, '1761–1809'.

42. Elizabeth Rapley, ' "Pieuses Contre-Révolutionnaires" : The Experience of the Ursulines of Northern France, 1789–1792' , *FH*, 2 (1988), pp. 453–73.

43. Jacques Godechot, *France and the Atlantic Revolution of the Eighteenth Century, 1770–1799*, translated by Herbert H. Rowen, New York: The Free Press, 1965, p. 131.

44. Rouvière, *Révolution française dans le Gard*, vol. 2, pp. 359–65, 488–99.

45. Elisabeth Roudinesco, *Madness and Revolution: The Lives and Legends of Théroigne de Méricourt*, translated by Martin Thom, London and New York: Verso, 1991, p. 95; Dominique Godineau, *The Women of Paris and their French Revolution*, translated by Katherine Streip, Berkeley, CA: University of California Press, 1998.

46. Siân Reynolds, *Marriage and Revolution: Monsieur and Madame Roland*, Oxford: Oxford University Press, 2012, pp. 223–29.

47. R. B. Rose, *The Making of the 'sans- culottes': Democratic Ideas and Institutions in Paris, 1789–92*, Manchester: Manchester University Press, 1983, p. 106; Antoine de Baecque, *The Body Politic: Corporeal Metaphor in Revolutionary France, 1770–1800*, translated by Charlotte Mandell, Stanford, CA: Stanford University Press, 1997; Raymonde Monnier, *Le Faubourg Saint- Antoine (1789–1815)*, Paris: SÉR, 1981, ch. 5; Michael Sonenscher, *Sans- Culottes: An Eighteenth- Century Emblem in the French Revolution*, Princeton, NJ: Princeton University Press, 1989. A long-standing debate about the nature of the sans- culottes is well summarized by David Andress, 'Politics and Insurrection: The sans- culottes, the "Popular Movement" and the People of Paris' , in Andress (ed.), *Oxford Handbook*, ch. 23.

48. The origins of the vituperative attacks on Marie- Antoinette are studied by Lynn Hunt, *The Family Romance of the French Revolution*, London: Routledge, 1992; Chantal Thomas, *The Wicked Queen: The Origins of the Myth of Marie-Antoinette*, translated by Julie Rose, New York: Zone Books, 1999; and Thomas E. Kaiser, 'Who' s Afraid of Marie-Antoinette? Diplomacy, Austrophobia and the Queen' , *FH*, 14 (2000), pp. 241–71.

49. William J. Murray, *The Right-Wing Press in the French Revolution: 1789–1792*, London: Royal Historical Society, 1986, chs 11–12; Emmet Kennedy, *A Cultural History of the French Revolution*, New Haven,

CT, and London: Yale University Press, 1989, chs 5, 9–10; Laura Mason, *Singing the French Revolution: Popular Culture and Politics, 1787–1799*, Ithaca, NY: Cornell University Press.

50. Charles Walton, *Policing Public Opinion in the French Revolution: The Culture of Calumny and the Problem of Free Speech*, Oxford and New York: Oxford University Press, 2009.

51. Ambrogio A. Caiani, *Louis XVI and the French Revolution, 1789–1792*, Cambridge: Cambridge University Press, 2012, pp. 113, 119.

52. Caiani, *Louis XVI*, pp. 217–18 and ch. 7.

53. Jefferson to James Madison, 30 January 1787, in Julian P. Boyd et al. (eds), *The Papers of Thomas Jefferson*, Princeton, NJ: Princeton University Press, 1950–, vol. 11, p. 95.

54. MU, 12 July 1792, vol. 13, p. 108.

55. Jean-Paul Rothiot, ‘Armée et nation dans la France de l’Est’, in Annie Crépin, Jean-Pierre Jessenne and Hervé Leuwers (eds), Civils, citoyens- soldats et militaires dans L’État- nation (1789–1815). *Actes du colloque d'Arras* (7–8 novembre 2003), Paris: SÉR, 2006, pp. 31–44.

56. Stephen Clay, ‘Camps de Jalès’, in Jean-Clément Martin (ed.), *Dictionnaire de la contrerévolution, XVIIIe–XXe siècle*, Paris: Perrin, 2011, pp. 319–21.

57. MU, no. 216, 3 August 1792, vol. 13, pp. 305–06.

58. Elizabeth Cross, ‘The Myth of the Foreign Enemy? The Brunswick Manifesto and the Radicalisation of the French Revolution’, *FH*, 25 (2011), p. 197. Cross minimizes the actuality of the threat.

59. Leigh Whaley, ‘Political Factions and the Second Revolution: The Insurrection of 10 August 1792’, *FH*, 7 (1993), pp. 205–24; Tackett, *Coming of the Terror*, ch. 7.

60. George Rudé, *The Crowd in the French Revolution*, Oxford: Oxford University Press, 1959, ch. 7.

61. MU, no. 241, 23 August 1792, vol. 13, p. 540.

62. Gazette Nationale ou le Moniteur Universel, no. 241, 23 August 1792, vol. 13, pp. 540–41; Suzanne Desan, ‘Foreigners, Cosmopolitanism, and French Revolutionary Universalism’, in Hunt and Nelson (eds), *The French Revolution in Global Perspective*, ch. 6.

63. John Markoff, *The Abolition of Feudalism: Peasants, Lords, and Legislators in the French Revolution*, University Park, PA: Pennsylvania State University Press, 1996, pp. 426, 497–98, ch. 8; P. M. Jones, *The Peasantry in the French Revolution*, Cambridge: Cambridge University Press, 1988, pp. 70–74; Ado, Paysans en Révolution, ch. 2.

64. Dubreuil, *Vicissitudes du domaine congéable*, vol. 1, pp. 22–26, 32–33.

65. AN D XLII 5: a list in November 1792 detailed the deaths of 1,079 prisoners of a total 2,616. The standard work on the killings is Pierre Caron, *Les Massacres de septembre*, Paris: Maison du Livre Français, 1935; an excellent overview is David Andress, *The Terror: Civil War in the French Revolution*, London: Little, Brown, 2005, ch. 4.

66. Colin Lucas, ‘The Crowd and Politics between Ancien Régime and Revolution in France’, *JMH*, 60 (1988), p. 438; M. J. Sydenham, *The French Revolution*, New York: Capricorn Books, 1966, p. 122.

67. Nicolas Restif de la Bretonne, *Les Nuits de Paris*, part XVI, Paris: Hachette, 1960. Restif 's description may be based on hearsay rather than observation.

68. [Edmond Géraud], *Journal d'un étudiant pendant la Révolution, 1789–1793*, Paris: Plon, 1910, pp. 290–95.

69. Rosalie Jullien and Edouard Lockroy, *Journal d'une bourgeoise pendant la Révolution*, 1791–1793, Paris: Calmann Levy, 1881, pp. 287–94. The Julliens' story is well told by Lindsay A. H. Parker, *Writing the Revolution: A French Woman's History in Letters*, Oxford and New York: Oxford University Press, 2013.

70. D. Lottin, *Recherches historiques sur la ville d'Orléans*, 8 vols, Orléans: Imprimerie Alexandre Jacob, 1836–45, vol. 3, pp. 360–406.

71. AD Loiret 2J 1983; Georges Lefebvre, *Études orléanaises*, 2 vols, Paris: Commission d'Histoire Économique et Sociale de la Révolution, 1962, vol. 2, pp. 62–67.

72. W. D. Edmonds, Jacobinism and the Revolt of Lyon, 1789–1793, Oxford: Oxford University Press, 1990, pp. 123–30.

73. AD Aisne, 'Mémoires de Nicolas- Joseph Grain', pp. 156–57; *La Révolution vue de l'Aisne, en 200 documents*, Laon: Archives Départementales de l' Aisne, 1990, pp. 153–54.

74. Simon Schama, *Citizens: A Chronicle of the French Revolution*, New York: Alfred A. Knopf, 1989, p. 637; Norman Hampson, *Prelude to Terror: The Constituent Assembly and the Failure of Consensus, 1789–1791*, Oxford and New York: Blackwell, 1988; François Furet, *The French Revolution, 1770–1814*, translated by Antonia Nevill, Oxford: Blackwell, 1992. Jonathan I. Israel, *Revolutionary Ideas: An Intellectual History of the French Revolution from The Rights of Man to Robespierre*, Princeton, NJ: Princeton University Press, 2014, pp. 271–73, sides with the Brissotins in their claim that Robespierre, Marat and their allies organized the massacres, even though he notes the lack of evidence.

第九章　处在十字路口的共和派，1792—1793年

1. William Doyle, *The Oxford History of the French Revolution*, 2nd ed., Oxford and New York: Oxford University Press, 2002, p. 193.

2. When Brunswick moved his army forward towards Valmy, he used as his headquarters the Château de Hans, where the Comte de Dampierre had been born and lived before his murder in June 1791 (see ch. 7).

3. Peter McPhee, *Living the French Revolution, 1789–99*, London and New York: Palgrave Macmillan, 2006, p. 114; William S. Cormack, *Revolution and Political Conflict in the French Navy, 1789–1794*, Cambridge: Cambridge University Press, 1995, pp. 147–48.

4. Étienne-Louis Borrel, *Histoire de la Révolution tarentaise et de la réunion de la Savoie à la France en 1792. D'après des documents originaux*, Moutiers: Ducloz, 1901, chs 4, 8.

5. Denis Richet, 'Natural Borders', in François Furet and Mona Ozouf (eds), *Critical Dictionary of the French Revolution*, translated by Arthur Goldhammer, Cambridge, MA: Harvard University Press, 1989, pp. 754–62.

6. Laura Mason, *Singing the French Revolution: Popular Culture and Politics, 1787–1799*, Ithaca, NY: Cornell University Press, pp. 93–103.

7. Ronald Schechter, 'Translating the "Marseillaise": Biblical Republicanism and the Emancipation of Jews in Revolutionary France', P&P, 143 (1994), pp. 128–55.

8. Pierre Pinsseau, *Cadet Roussel (1743–1807)*, Paris: Clavreuil, 1945.

9. Bernard Richard, *Les Emblèmes de la République*, Paris: CNRS, 2012, pp. 79–81.

10. We know virtually nothing about Gamas except that he wrote three other plays around this time. The

text was published by the 'citizeness Toubon' in 1794. See Patricia Clancy, *The First 'Australian' Play: Les Émigrés aux terres australes (1792) by Citizen Gamas*, Melbourne: Monash University, 1984.

11. Richard, *Emblèmes*, p. 43 and chs 1–2.

12. Ly-Hoang Thien, 'La Bibliothèque nationale sous la Révolution', *Dix- huitième siècle*, 14 (1982), pp. 75–88; Emmet Kennedy, *A Cultural History of the French Revolution*, New Haven, CT, and London: Yale University Press, 1989, pp. 212–20.

13. Lynn Hunt, *Politics, Culture, and Class in the French Revolution*, Berkeley, CA: University of California Press, 1984, pp. 150–51. There were no political parties in the modern sense during the Revolution, and the identification of political and social tendencies within the Convention is complicated: see Alison Patrick, *The Men of the First French Republic: Political Alignments in the National Convention of 1792, Baltimore*, MD; Johns Hopkins University Press, 1972; Michael Sydenham, The Girondins, London: Athlone Press, 1961; and the forum in *FHS*, 15 (1988), pp. 506–48.

14. Patrick, *Men of the First French Republic*, pp. 247–52; Stéphane Le Moal, 'Pierre Faure, entrepreneur, homme public et publiciste havrais', À travers la Haute- Normandie en Révolution, 1789–1800. *Études et recherches*, Rouen: Comité Régional d'Histoire de la Révolution Française, 1992, pp. 419–21.

15. Siân Reynolds, *Marriage and Revolution: Monsieur and Madame Roland*, Oxford: Oxford University Press, 2012.

16. Maximilien Robespierre, *Oeuvres de Maximilien Robespierre*, 11 vols, Paris: SÉR, 1912–2007, vol. VIII, pp. 74–93; Lindsay A. H. Parker, *Writing the Revolution: A French Woman's History in Letters*, Oxford and New York: Oxford University Press, 2013, p. 93; Carol Blum, *Rousseau and the Republic of Virtue: The Language of Politics in the French Revolution*, Ithaca, NY, and London: Cornell University Press, 1986, pp. 153–62; Peter McPhee, *Robespierre: A Revolutionary Life*, New Haven, CT, and London: Yale University Press, 2012, pp. 107–08, 115; Marisa Linton, 'The Man of Virtue: The Role of Antiquity in the Political Trajectory of L. A. Saint-Just', *FH*,24 (2010), pp. 393–419. A tragic coincidence would be the death of Mary Wollstonecraft, author of a famous 1792 critique of Rousseau, from puerperal fever nine days after giving birth in 1797.

17. These statements of Girondin and Jacobin attitudes are taken from Mason, *Singing the French Revolution*, p. 82; Albert Soboul, *A Short History of the French Revolution, 1789–1799*, translated by Geoffrey Symcox, Berkeley, CA: University of California Press, 1977, pp. 86–90; Soboul, *French Revolution*, pp. 273–82, 303–13.

18. Simon Schama, *Citizens: A Chronicle of the French Revolution*, New York: Alfred A. Knopf, 1989, pp. 96–103, 655–64.

19. MU, no. 218, 6 August 1791, vol. 9, pp. 312–20; no. 348, 13 December 1792, vol. 14, pp. 720–21. On the king's trial, see Patrick, *Men of the First French Republic*, chs 3–4; David Jordan, *The King's Trial: The French Revolution vs. Louis XVI, Berkeley*, CA: University of California Press, 1979; Michael Walzer (ed.), *Regicide and Revolution: Speeches at the Trial of Louis XVI*, Cambridge: Cambridge University Press, 1974.

20. Robert Saut, *Les Quatre saisons du conventionnel Cassanyes*, Perpignan: Éditions Rivages des Arts, 1983, p. 62.

21. Huntley Dupre, *Two Brothers in the French Revolution: Robert and Thomas Lindet*, Hamden, CT: Archon Books, 1967.

22. Schama, *Citizens*, p. 663.

23. AD Gironde 12L 19. On provincial women' s clubs, see Suzanne Desan, ' "Constitutional Amazons" : Jacobin Women' s Clubs in the French Revolution' , in Bryant T. Ragan and Elizabeth A. Williams (eds), *Re- creating Authority in Revolutionary France*, New Brunswick, NJ: Rutgers University Press, 1992, ch. 1.

24. John Hardman, Louis XVI, New Haven, CT, and London: Yale University Press, 1993, pp. 232–34. Louis is described in this sympathetic biography as 'fairly intelligent and fairly hard-working' , p. 234; Paul Friedland, Seeing *Justice Done: The Age of Spectacular Capital Punishment in France*, Oxford: Oxford University Press, 2012, pp. 249–50; Daniel Arasse, *The Guillotine and the Terror*, translated by Christopher Miller, London: Penguin, 1989, pp. 48–72.

25. Alan Forrest, *Soldiers of the French Revolution*, Durham, NC: Duke University Press, 1990, pp. 50–52.

26. Jeremy Black, *European Warfare, 1660–1815*, New Haven, CT, and London: Yale University Press, 1994, p. 170.

27. Rafe Blaufarb, *The French Army, 1750–1820: Careers, Talent, Merit*, Manchester and New York: Manchester University Press, 2002, ch. 3.

28. L. Duchet (ed.), *Deux volontaires de 1791. Les frères Favier de Montluçon. Journal et lettres*, Montluçon: A. Herbin, 1909, pp. 13, 80, 93–94, 97; Patricia Chastain Howe, *Foreign Policy and the French Revolution: Charles- François Dumouriez, Pierre Lebrun, and the Belgian Plan, 1789–1793*, New York: Palgrave Macmillan, 2008, p. 176 and ch. 10. On Lafayette's defection, see Laura Auricchio, *The Marquis: Lafayette Reconsidered*, New York: Alfred A. Knopf, 2014, ch. 17.

29. Peter McPhee, *Revolution and Environment in Southern France: Peasant, Lords, and Murder in the Corbières, 1780–1830*, Oxford: Clarendon Press, 1999, p. 97.

30. There were many complaints from landowners about shortages of labour: see, for example, AD Meurthe- et-Moselle, ms SAL 480.

31. Michel Ragon, *1793: l'insurrection vendéenne et les malentendus de la liberté*, Paris: Albin Michel, 1992, p. 180. Among studies of the Vendée, see Charles Tilly' s path breaking, *The Vendée*, Cambridge, MA: Harvard University Press, 1964; Timothy Tackett, 'The West in France in 1789: The Religious Factor in the Origins of the Counterrevolution' , *JMH*, 54 (1982), pp. 715–45; Claude Petitfrère, 'The Origins of the Civil War in the Vendée' , *FH*, 2 (1988), pp. 187–207.

32. Charles Tilly, 'Local Conflicts in the Vendée before the Rebellion of 1793' , *FHS*, 2 (1961), p. 231.

33. Edward J. Woell, *Small-Town Martyrs and Murderers: Religious Revolution and CounterRevolution in Western France, 1774–1914*, Milwaukee, WI: Marquette University Press, 2006, esp. ch. 4.

34. AD du Morbihan, Lz831; *Émile Souvestre, Mémoires d'un sans-culotte bas-breton*, Brussels: Wouters, Raspoet, 1843.

35. Cf. Dan Edelstein, *The Terror of Natural Right: Republicanism, the Cult of Nature, and the French Revolution*, Chicago, IL: University of Chicago Press, 2009, pp. 142–46, for whom the law signifies the terroristic construction of a category of 'others' to be exterminated.

36. Émile Gabory, 'La Guerre de Vendée–soldats paysans' , *Mémoires de la Société d'histoire et d'archéologie de Bretagne*, 6 (1925), p. 312.

37. J. Gilchrist and W. J. Murray (eds), *The Press in the French Revolution: A Selection of Documents Taken from the Press of the Revolution for the Years 1789–1794*, Melbourne: Cheshire; London: Ginn, 1971, pp.

276–77; Pierre- René Choudieu, Mémoires et notes, Paris: Plon, 1897, p. 360.

38. Of the 1,500 men in the battalion of Confolens, for example, 334 would die in hospitals in Thouars and Parthenay: Gaston Blandin, 'L' Hospitalisation pendant la guerre de Vendée' , *Annales de Bretagne et des pays de l'ouest*, 97 (1990), p. 486.

39. Quoted by D. M. G. Sutherland in H- France Forum, 5 (2010) http://www.h-france.net/ forum/forumvol5/sutherland5.pdf.

40. A. Lallié, *Les Sociétés populaires à Nantes pendant la Révolution*, 2nd ed., Nantes: L. Durance, 1914.

41. D. Lottin, *Recherches historiques sur la ville d'Orléans,* 8 vols, Orléans: Imprimerie Alexandre Jacob, 1836–45, vol. 3, pp. 429–31.

42. AD Loiret 2J 1983; Jacques Debal, Orléans. Une ville, une histoire, 2 vols, Orléans: x-nova, 1998, vol. 2, p. 81; Michael J. Sydenham, Léonard Bourdon: *The Career of a Revolutionary, Waterloo*, ON: Wilfred Laurier Press, 1999, ch. 7.

43. Lottin, *Orléans*, vol. 4, pp. 64–66, 77.

44. Lottin, *Orléans*, vol. 4, pp. 79–84, 96–101.

45. Michel Vovelle, *De la Cave au grenier: un itinéraire en Provence au XVIIIe siècle. De l'histoire sociale à l'histoire des mentalités,* Aix- en-Provence: Édisud, 1980.

46. Jean-Paul Rothiot, 'Comités de surveillance et Terreur dans le département des Vosges de 1793 à l' an III' , *AHRF*, 314 (1998), pp. 621–68.

47. Anatoli Ado, *Paysans en Révolution. Terre, pouvoir et jacquerie, 1789–1794*, Paris: SÉR, 1996, pp. 345–48.

48. Michael Rapport, 'The International Repercussions of the French Revolution' , in Peter McPhee (ed.), *A Companion to the French Revolution*, Oxford: Wiley-Blackwell, 2013, pp. 390–93.

49. On admiration for England early in the Revolution, see, for example, Steve Pincus, *1688: The First Modern Revolution*, New Haven, CT, and London: Yale University Press, 2009, p. 11.

50. Dorothy Carrington, 'The Corsican Constitution of Pascal Paoli' , *EHR*, 88 (1973), pp. 481–503; Jean Defranceschi, *La Corse française, 30 novembre 1789–15 juin 1794*, Paris: SÉR, 1980.

51. Ian Coller, 'The Revolutionary Mediterranean' , in McPhee (ed.), *Companion*, pp. 426–29.

52. Rapport, 'International Repercussions' , p. 385.

53. Michael Rapport, *Nationality and Citizenship in Revolutionary France: The Treatment of Foreigners, 1789–1799*, Oxford: Clarendon Press, 2000, p. 203 and ch. 4.

54. Richard, Emblèmes.

55. Peter Morgan, 'Republicanism, Identity and the New European Order: Georg Forster' s Letters from Mainz and Paris, 1792–1793' , *Journal of European Studies*, 22 (1992), p. 88.

56. Sophie Wahnich, *In Defence of the Terror: Liberty or Death in the French Revolution*, translated by David Fernbach, London and New York: Verso, 2012, pp. 61–63.

57. Richard Mowery Andrews, 'Paris of the Great Revolution: 1789–1796' , in Gene Brucker (ed.), *People and Communities in the Western World*, vol. 2, Homewood, IL: Dorsey Press, 1979, pp. 56–112.

58. Rosalie Jullien and Édouard Lockroy, *Journal d'une bourgeoise pendant la Révolution, 1791–1793*, Paris: Calmann Lévy, 1881; Parker, Writing the Revolution, ch. 4; Marisa Linton, *Choosing Terror: Virtue, Friendship, and Authenticity in the French Revolution*, Oxford: Oxford University Press, 2013, pp. 162–64.

59. Soboul, French Revolution, p. 309. On this journée, see George Rudé, *The Crowd in the French Revolution*, Oxford: Oxford University Press, 1959, ch. 8; Morris Slavin, *The Making of an Insurrection: Parisian Sections and the Gironde*, Cambridge, MA, and London: Harvard University Press, 1986.

60. Among the many studies of 'Federalism', see Alan Forrest, *Society and Politics in Revolutionary Bordeaux*, Oxford: Oxford University Press, 1975, ch. 5; W. D. Edmonds, *Jacobinism and the Revolt of Lyon, 1789–1793*, Oxford: Oxford University Press, 1990; Paul R. Hanson, *The Jacobin Republic under Fire: The Federalist Revolt in the French Revolution, University Park*, PA: Pennsylvania State University Press, 2003; Paul R. Hanson, *Provincial Politics in the French Revolution: Caen and Limoges, 1789–1794*, Baton Rouge, LA, and London: Louisiana State University Press, 1989; Paul R. Hanson, 'From Faction to Revolt', in David Andress (ed.), *The Oxford Handbook of the French Revolution*, Oxford: Oxford University Press, 2015, ch. 25.

61. For Marseille politics during the Revolution, see also William Scott, *Terror and Repression in Revolutionary Marseilles*, London: Macmillan, 1973; Jacques Guilhaumou, *Marseille républicaine (1791–1793)*, Paris: Presses de la Fondation Nationale des Sciences Politiques, 1992; and Hanson, *Jacobin Republic under Fire*, pp. 154–60.

62. Guillaume Mazeau, 'La Répression du "fédéralisme" pendant l' été 1793: histoire d' une "réussite"', in Bernard Gainot and Vincent Denis (eds), *Un Siècle d'ordre public en Révolution*, Paris: SÉR, 2010, pp. 47–70; Hanson, Provincial Politics; Hanson, Jacobin Republic under Fire, pp. 12, 72–74.

63. Edmonds, *Jacobinism and the Revolt of Lyon*, chs 6–7.

64. Mona Ozouf, 'Federalism', in Furet and Ozouf, *Critical Dictionary*, pp. 54–64.

65. Timothy Tackett, *The Coming of the Terror in the French Revolution*, Cambridge, MA, and London: The Belknap Press of Harvard University Press, 2015; Linton, *Choosing Terror*.

第十章　自由还是灭亡：动乱时期的抉择，1793年

1. Léon Dufour, *À travers un siècle (1780–1865), science et histoire: souvenirs d'un savant français*, Paris: J. Rothschild, 1888, pp. 8–9.

2. Good general discussions of choice are by Timothy Tackett, *Religion, Revolution, and Regional Culture in Eighteenth- Century France: The Ecclesiastical Oath of 1791*, Princeton, NJ: Princeton University Press, 1986, ch. 11; Peter M. Jones, 'Choosing Revolution and Counter–Revolution', in Peter McPhee (ed.), *A Companion to the French Revolution*, Oxford: WileyBlackwell, 2013, ch. 17; Michel Vovelle, *La Découverte de la politique. Géopolitique de la Révolution française*, Paris: Éditions la Découverte, 1993; Laurent Brassart, ' "Plus de vingt paysanneries contrastées en révolution". De la pluralité des dynamiques sociales du politique en milieu rural pendant la Révolution', *AHRF*, 359 (2010), pp. 53–74.

3. D. M. G. Sutherland, *Murder in Aubagne: Lynching, Law, and Justice during the French Revolution*, Cambridge and New York: Cambridge University Press, 2009.

4. Henri Labroue, *La Société populaire de Bergerac pendant la Révolution*, Paris: Société de l' Histoire de la Révolution Française, 1915, pp. 258–66.

5. Peter McPhee, *The Politics of Rural Life: Political Mobilization in the French Countryside, 1846–1852*, Oxford: Clarendon Press, 1992, ch. 5; Mona Ozouf, 'Fédérations, fédéralisme et stéréotypes régionaux', in Ozouf, L' École de la France: essais sur la Révolution, l' utopie et l' enseignement, Paris: Gallimard, 1984,

pp. 39–45.

6. Vovelle, *Découverte de la politique.*

7. See, for example, Helen Davies, Émile and Isaac Pereire: *Bankers, Socialists and Sephardic Jews in Nineteenth- Century France*, Manchester: Manchester University Press, 2014, ch. 2.

8. Régine Crossuard, *La Révolution dans le district de Vitré, 1789–1795*, Rennes: Rue des Scribes, 1989, pp. 215–19; Tackett, *Religion, Revolution, and Regional Culture*, pp. 257–83.

9. The account that follows draws on records in the AM La Rochelle and the AD Charente Maritime, and Claudy Valin, Autopsie d' un massacre. *Les journées des 21 et 22 mars 1793 à La Rochelle*, St- Jean-d' Angély: Éditions Bourdessoules, 1992.

10. Christine Peyrard, *Les Jacobins de l'ouest. Sociabilité et formes de politisation dans le Maine et la Basse- Normandie (1789–1799)*, Paris: Publications de la Sorbonne, 1996, pp. 159–76.

11. Olivier Paradis, 'De la difficulté à vivre ses choix politiques. Les jeunes officiers de l' armée, du service du roi à celui de l' empereur' , in Annie Crépin, Jean-Pierre Jessenne and Hervé Leuwers (eds), *Civils, citoyens- soldats et militaires dans L'État- nation (1789–1815).* Actes du colloque d' Arras (7–8 novembre 2003), Paris: SÉR, 2006, pp. 135–47.

12. Comte Régis de L' Estourbeillon de La Garnache, *Les Familles françaises à Jersey pendant la Révolution*, Nantes: Imprimerie Vincente Forest et Émile Grimaud, 1886.

13. François-Pierre Julliot, *Souvenirs d'un prêtre réfractaire du diocèse de Troyes publiés par Octave Beuve*, Arcis- sur- Aube: Société d' Histoire Départementale, 1909, pp. 49–50.

14. Jean Vidalenc, *Les Émigrés français, 1789–1825*, Caen: Associations des Publications de la Faculté des Lettres et Sciences Humaines de l' Université de Caen, 1963; Jacques Godechot, *The Counter- Revolution: Doctrine and Action, 1789–1804*, translated by Salvator Attanasio, London: Routledge and Kegan Paul, 1972, ch. 9; Bette W. Oliver, *Surviving the French Revolution: A Bridge Across Time*, Lanham, MD: Lexington Books, 2013.

15. John G. Gallaher, *General Alexandre Dumas: Soldier of the French Revolution*, Carbondale and Edwardsville, IL: Southern Illinois University Press, 1997; Tom Reiss, *The Black Count: Glory, Revolution, Betrayal, and the Real Count of Monte Cristo*, New York: Crown, 2012.

16. Chancellor Pasquier, *Memoirs (1767–1815)*, translated by Douglas Garman, London: Elek, 1967, p. 31. Pasquier would be a prominent administrator under Napoleon, and was made Chancelier de France by Louis-Philippe in 1837.

17. Suzanne Desan, T*he Family on Trial in Revolutionary France*, Berkeley and Los Angeles, CA, and London: University of California Press, 2004, ch. 3.

18. Marie-Victoire Monnard, *Souvenirs d'une femme du peuple, 1777–1802*, Creil: Bernard Dumerchez, 1989, pp. 86–87. The bonds of religious commitment are emphasized in two important articles by Olwen Hufton, 'Women in Revolution, 1789–1796' , and 'Women in Revolution' , *French Politics and Society*, 7 (1989), pp. 65–81.

19. Suzanne Desan, ' "Constitutional Amazons" : Jacobin Women' s Clubs in the French Revolution' , in Bryant T. Ragan and Elizabeth A. Williams (eds), *Recreating Authority in Revolutionary France*, New Brunswick, NJ: Rutgers University Press, 1992, ch. 1. Male attitudes to the suffrage are explored by Anne Verjus, Le Bon mari: u*ne histoire politique des hommes et des femmes à l'époque révolutionnaire*, Paris: Fayard,

2010; Anne Verjus, 'Gender, Sexuality, and Political Culture' , in McPhee (ed.), *Companion*, ch. 12.

20. Ted W. Margadant, *Urban Rivalries in the French Revolution*, Princeton, NJ: Princeton University Press, 1992, pp. 316–18.

21. AD Aisne, L 1502, 1505, 'Affaires ecclésiastiques: correspondance générale' , June–November 1790; May–December 1791; AM Laon, SRL 99, Culte catholique; Michel Péronnet, Robert Attal and Jean Bobin, *La Révolution dans l'Aisne, 1789–1799*, Le Coteau: Horvath, 1988, p. 88.

22. AM Laon, SRL 1, Délibérations de la commune de Laon, June–December 1790; Peter McPhee,*Living the French Revolution, 1789–99*, London and New York: Palgrave Macmillan, 2006, p. 81.

23. Kieko Matteson, *Forests in Revolutionary France: Conservation, Community, and Conflict, 1669–1848*, Cambridge: Cambridge University Press, 2014, pp. 177–87.

24. Christine Le Bozec, *Boissy d'Anglas, un grand notable libéral*, Privas: Fédération des Oeuvres Laïques de l' Ardèche, 1995.

25. Charles Walton, 'Les Graines de la discorde: Print, Public Spirit, and Free Market Politics in the French Revolution' , in Walton (ed.), *Into Print: Limits and Legacies of the Enlightenment: Essays in Honor of Robert Darnton*, University Park, PA: Pennsylvania State University Press, 2011, ch. 10.

26. R. R. Palmer, *From Jacobin to Liberal: Marc- Antoine Jullien, 1775–1848*, Princeton, NJ: Princeton University Press, 1993, ch. 1.

27. Peter McPhee, 'Counter-Revolution in the Pyrenees: Spirituality, Class and Ethnicity in the Haut-Vallespir, 1793–1794' , *FH*, 7 (1993), pp. 313–43.

28. Peter McPhee, *Collioure et la Révolution française, 1789–1815*, Perpignan: Le Publicateur, 1989.

29. David M. Hopkin, *Soldier and Peasant in French Peasant Culture, 1766–1870*, Woodbridge, Suffolk: Boydell Press, 2003, p. 248; Jean-Paul Rothiot, 'Armée et nation dans la France de l' Est' , in Crépin, Jessenne and Leuwers (eds), *Civils, citoyens- soldats et militaires*, pp. 31–44. p. 41.

30. *Journal de marche d'un volontaire de 1792* (journal du Sergent Fricasse), Paris: J. Dumoulin, 1882, p. 4.

31. Palmer, *Marc-Antoine Jullien*, pp. 4–5; Marisa Linton, *Choosing Terror: Virtue, Friendship, and Authenticity in the French Revolution*, Oxford: Oxford University Press, 2013, p. 137, and ch. 5; Marisa Linton, 'Friends, Enemies, and the Role of the Individual' , in McPhee (ed.), *Companion*, ch. 16.

32. P. Delarue, *Un Aumônier des Chouans, l'abbé Nicolas- François Faligant, 1755–1813*, Rennes: Plihon and Hommay; Nantes: Durance, 1910. When Vendéan insurgents stormed MontSt-Michel and freed Faligant and other priests in November 1793, he wrote exultantly to his sister that 'the white flag was flying over Mont-St-Michel yesterday, the Royal and Catholic Army is master of all this part of the Manche' . But his confidence that he would soon be on Jersey was to be disappointed.

33. Philippe Bourdin, *Le Noir et le Rouge. Itinéraire social, culturel et politique d'un prêtre patriote (1736–1799)*, Clermont-Ferrand: Presses Universitaires Blaise-Pascal, 2000, pp. 154, 451, 486, 494.

34. Joël Cornette, *Un Révolutionnaire ordinaire. Benoît Lacombe, négociant, 1759–1819*, Seyssel: Champ Vallon, 1986. By 1816, Lacombe would be a firm adherent of throne and altar. 35. AD Morbihan, 1Q; L 1424; Lz 501.

第十一章　“恐怖直到和平为止”，1793年7月至10月

1. Laura Mason and Tracey Rizzo (eds), *The French Revolution: A Document Collection*, Boston, MA, and New York: Houghton Mifflin, 1999, pp. 201–03; Ian Germani, *Jean- Paul Marat: Hero and Anti- hero of the French Revolution*, Lewiston, NY, Queenston, ON and Lampeter, Wales: The Edward Mellon Press, 1992, pp. 36–37.

2. Germani, *Marat*, pp. 43–45; David L. Dowd, *Pageant- Master of the Republic: Jacques- Louis David and the French Revolution*, Freeport, NY: Libraries Press, 1969. A sympathetic reading of Marat is by Clifford D. Connor, *Jean- Paul Marat: Tribune of the Revolution*, London: Pluto Press, 2012.

3. In general on the crisis of 1793, see Albert Soboul, *Comprendre la Révolution: problèmes politiques de la Révolution française (1789–1797)*, Paris: F. Maspero, 1981; translated by April A. Knutson as *Understanding the French Revolution*, New York: International Publishers, 1988, part 2, ch. 3; Timothy Tackett, T*he Coming of the Terror in the French Revolution*, Cambridge, MA, and London: The Belknap Press of Harvard University Press, 2015, chs 10–11.

4. AP, 24 June 1793, vol. 67, pp. 143–50.

5. Malcolm Crook, *Elections in the French Revolution: An Apprenticeship in Democracy, 1789–1799*, Cambridge and New York: Cambridge University Press, 1996, ch. 5.

6. Suzanne Desan, *The Family on Trial in Revolutionary France*, Berkeley and Los Angeles, CA, and London: University of California Press, 2004, ch. 3; Roderick Phillips, *Family Breakdown in Late- Eighteenth Century France: Divorces in Rouen, 1792–1803*, Oxford: Oxford University Press, 1980.

7. André Burguière, ‘Politique de la famille et Révolution’, in Michael Adcock et al. (eds), *Revolution, Society and the Politics of Memory*, Melbourne: University of Melbourne, 1997, pp. 72–73; Desan, *Family on Trial*.

8. The names are in ‘Liste des citoyens envoyés à Paris, par les assemblées primaires, à la fête nationale de l’unité et de l’indivisibilité de la République du 10 août 1793’, Paris: Imprimerie Nationale, 1793. http://gallica.bnf.fr/ark:/12148/bpt6k41089m. On the festival, see Mona Ozouf, *Festivals and the French Revolution*, translated by Alan Sheridan, Cambridge, MA: Harvard University Press, 1988, ch. 4.

9. [Géraud, Edmond], *Journal d’un étudiant pendant la Révolution, 1789–1793*, Paris: Plon, 1910, p. 323.

10. James H. Johnson, *Listening in Paris: A Cultural History*, Berkeley and Los Angeles, CA, and London: University of California Press, 1995, pp. 99–103.

11. See Jacques Guilhaumou, ‘Fragments of a Discourse of Denunciation (1789–1794)’, in Keith Michael Baker (ed.), *The French Revolution and the Creation of Modern Political Culture*, vol. 4, The Terror, Oxford: Pergamon Press, 1994, p. 147; Jean- Clément Martin, *Violence et Révolution: essai sur la naissance d’un mythe national*, Paris: Éditions du Seuil, 2006; Roger Dupuy, *La République jacobine. Terreur, guerre et gouvernement révolutionnaire*, Paris: Seuil, 2005, ch. 6; Dan Edelstein, ‘What was the Terror?’, and Marisa Linton, ‘Terror and Politics’, in David Andress (ed.), *The Oxford Handbook of the French Revolution*, Oxford: Oxford University Press, 2015, chs 26–27. Jean- Clément Martin has argued that the term ‘the Terror’ should no longer be applied to the period, for example, in ‘Violences et justice’, in Michel Biard (ed.), *Les Politiques de la Terreur, 1793–1794: actes du colloque international de Rouen*, 11–13 janvier 2007, Paris: SÉR, 2008, pp. 129–40.

12. A good starting point for this central question is Paul R. Hanson, *Contesting the French Revolution*, Malden, MA, and Oxford: Wiley-Blackwell, 2009, ch. 9. The most recent and convincing analyses are Tackett,*Coming of the Terror*; and Marisa Linton,*Choosing Terror: Virtue, Friendship, and Authenticity in the French Revolution*, Oxford: Oxford University Press, 2013. For other perspectives, see Mona Ozouf, 'War and Terror in French Revolutionary Discourse (1793–1794)' , *JMH*, 56 (1984), pp. 579–97; Dan Edelstein, T*he Terror of Natural Right: Republicanism, the Cult of Nature, and the French Revolution*, Chicago, IL: University of Chicago Press, 2009; Annie Jourdan, 'Les Discours de la terreur à l' époque révolutionnaire (1776–1798): étude comparative sur une notion ambiguë' , *FHS*, 36 (2013), pp. 51–81; and Michel Biard and Hervé Leuwers (eds), *Visages de la Terreur. L'exception politique de l'an II*, Paris: Armand Colin, 2014.

13. Alan Forrest, *Conscripts and Deserters: The Army and French Society during the Revolution and Empire*, Oxford: Oxford University Press, 1989, pp. 94–95; Félix Mourlot, *Recueil des documents d'ordre économique contenus dans les registres de délibérations des municipalités du district d'Alençon, 1788–An IV*, Alençon: Imprimerie Veuve Félix Guy, 1907, p. 404.

14. R. R. Palmer, *Twelve who Ruled: The Year of the Terror in the French Revolution*, Princeton, NJ: Princeton University Press, 1969, p. 108.

15. MU, 25 August 1793, vol. 17, p. 478. On the military mobilization, see Forrest, *Conscripts and Deserters*; Howard Brown, *War, Revolution, and the Bureaucratic State: Politics and Army Administration in France, 1791–1799*, Oxford: Clarendon Press, 1995, chs 3–5.

16. Alan Forrest, *Soldiers of the French Revolution*, Durham, NC: Duke University Press, 1990, pp. 27–36.

17. Forrest, *Soldiers of the French Revolution*, p. 160; see, too, Jean- Paul Bertaud, T*he Army of the French Revolution: From Citizen- Soldiers to Instrument of Power*, translated by R. R. Palmer, Princeton, NJ: Princeton University Press, 1988; John A. Lynn, The Bayonets of the Republic: *Motivation and Tactics in the Army of Revolutionary France, 1791–94*, Urbana, IL: University of Chicago Press, 1984. A taste of the Père Duchesne may be found in Richard Cobb and Colin Jones (eds), *Voices of the French Revolution*, Topsfield, MA: Simon and Schuster, 1988, pp. 184–85, and J. Gilchrist and W. J. Murray (eds), *The Press in the French Revolution: A Selection of Documents Taken from the Press of the Revolution for the Years 1789–1794*, Melbourne: Cheshire; London: Ginn, 1971.

18. Laurent Brassart, *Gouverner le local en Révolution. État, pouvoirs et mouvements collectifs dans l'Aisne (1790–1795)*, Paris : SÉR, 2013, pp. 270–72.

19. Jill Maciak Walshaw, *A Show of Hands for the Republic: Opinion, Information, and Repression in Eighteenth- Century Rural France*, Rochester, NY: Rochester University Press, 2014, appendix.

20. George Armstrong Kelly, 'Conceptual Sources of the Terror' , *Eighteenth Century Studies*, 14 (1980), pp. 18–36. See, too, Jourdan, 'Discours de la terreur' ; Dan Edelstein, 'Do We Want a Revolution without Revolution? Reflections on Political Authority' , *FHS*, 35 (2012), pp. 269–89.

21. Lamarque became a general under Bonaparte, and his Paris funeral in 1832 was the occasion for the insurrection that forms the backdrop to Hugo' s Les Misérables.

22. Valérie Sottocasa, *Mémoires affrontées. Protestants et catholiques face à la Révolution dans les montagnes du Languedoc*, Rennes: Presses Universitaires de Rennes, 2004.

23. Gilles Fleury, 'Analyse informatique du statut socioculturel des 1,578 personnes déclarées suspectes à Rouen en l' an II' , in Autour des mentalités et des pratiques politiques sous la Révolution française, Paris:

CTHS, 1987, vol. 3, pp. 9–23.

24. Sophie de Bohm, *Prisonnière sous la Terreur. Mémoires d'une captive en 1793*, Paris: Cosmopole, 2001, pp. 7–9, 25; R. B. Rose, *Tribunes and Amazons: Men and Women of Revolutionary France, 1789–1871*, Sydney: Macleay Press, 1998, ch. 7. A final blow to the Girardins was the transfer of Rousseau's remains from Ermenonville to the Panthéon in October 1794. The marquis abandoned his politics, if not his love of landscape.

25. Olivier Blanc, *Last Letters: Prisons and Prisoners of the French Revolution, 1793–1794*, translated by Alan Sheridan, New York: Michael di Capua Books; Farrar, Straus and Giroux, 1987, pp. 160–67.

26. Yannick Guin, *La Bataille de Nantes, 29 juin 1793. Un Valmy dans l'ouest*, Laval: Siloë, 1993.

27. Michel Péronnet and Yannick Guin, *La Révolution dans la Loire- Inférieure*, Le Coteau: Horvath, 1989.

28. Malcolm Crook, *Toulon in War and Revolution: From the Ancien Régime to the Restoration, 1750–1820*, Manchester: Manchester University Press, 1991.

29. Michel Biard, *1793, le siège de Lyon. Entre mythe et réalités*, Clermont-Ferrand: Lemme Éditions, 2013; Paul Chopelin, *Ville patriote et ville martyre. Une histoire religieuse de Lyon pendant la Révolution (1788–1805)*, Paris: Letouzey and Ané, 2010.

30. Colin Lucas, 'The Theory and Practice of Denunciation in the French Revolution', *JMH*, 68 (1996), p. 768.

31. Frédéric-Christian Laukhard, *Un Allemand en France sous la Terreur: souvenirs de FrédéricChristian Laukhard, professeur d'université saxon et sans-culotte français, 1792–1794*, Paris: Perrin, 1915, p. 271.

32. Michel Biard, *Collot d'Herbois. Légendes noires et révolution*, Lyon: Presses Universitaires de Lyon, 1995, pp. 137–48; W. D. Edmonds, *Jacobinism and the Revolt of Lyon, 1789–1793*, Oxford: Oxford University Press, 1990, chs 7–10.

33. Jean-Louis Laplane, *Journal d'un Marseillais, 1789–1793*, Marseille: J. Laffitte, 1989, p. 177. Laplane returned in 1795 and died in 1845.

34. Christine Adams, ' "Venus of the Capitol" : Madame Tallien and the Politics of Beauty under the Directory', *FHS*, 37 (2014), pp. 599–629. Ultimately Tallien was recalled from Bordeaux and Cabarrus was herself imprisoned in Paris on 30 May 1794.

35. On Jacobin ideology and practice, see Jean-Pierre Gross, *Fair Shares for All: Jacobin Egalitarianism in Practice*, Cambridge and New York: Cambridge University Press, 1997; Patrice L. R. Higonnet, *Goodness beyond Virtue: Jacobins during the French Revolution*, Cambridge, MA: Harvard University Press, 1998.

36. Maximilien Robespierre, *Oeuvres de Maximilien Robespierre*, 11 vols, Paris: SÉR, 1912–2007 vol. 10, pp. 116–21; Peter McPhee, *Robespierre: A Revolutionary Life*, New Haven, CT, and London: Yale University Press, 2012, p. 170.

37. Thomas E. Crow, *Emulation: David, Drouais, and Girodet in the Art of Revolutionary France*, New Haven, CT, and London: Yale University Press, 2006; Ronald Schechter, 'The Holy Mountain and the French Revolution', *Historical Reflections*, 40 (2014), pp. 78–107; Linton, Choosing Terror, pp. 174–75.

38. Maurice Agulhon, *Marianne into Battle: Republican Imagery and Symbolism in France, 1789–1880*, translated by Janet Lloyd, Cambridge: Cambridge University Press, 1979, pp. 32–33.

39. AD Loiret, 2J 1899.

40. Sanja Perovic, *The Calendar in Revolutionary France*, Cambridge and New York: Cambridge University Press, 2012, ch. 3; Matthew Shaw, *Time and the French Revolution: The Republican Calendar,*

1789- Year XIV, Woodbridge and Rochester, NY: Boydell and Brewer, 2011; Noah Shusterman,*Religion and the Politics of Time: Holidays in France from Louis XIV through Napoleon*, Washington, DC: Catholic University of America Press, 2010.

41. Ozouf, *Festivals*, p. 117; Michael Sydenham, *Léonard Bourdon: The Career of a Revolutionary, 1754–1807*, Waterloo, ON: Wilfred Laurier University Press, 1999.

42. Hunt, 'Globalizing the French Revolution' , in Suzanne Desan, Lynn Hunt and William Max Nelson (eds), *The French Revolution in Global Perspective*, Ithaca, NY, and London: Cornell University Press, 2013; Jean Bouchary, *Les Manieurs d'argent à Paris à la fin du XVIIIe siècle*, vol. 1, Paris: Marcel Rivière, 1939.

43. AD Loiret, J 557.

44. Gross, Fair Shares for All, pp. 102–18.

45. AD Meurthe-et-Moselle, L 1876; Robert Parisot, Histoire de Lorraine, vol. 2, Paris: Auguste Picard, 1924, p. 171.

46. Noelle L. Plack, 'Agrarian Individualism, Collective Practices and the French Revolution: The Law of 10 June 1793 and the Partition of Common Land in the Department of the Gard' , *EHQ*, 35 (2005), pp. 39–62.

47. Peter McPhee, *Revolution and Environment in Southern France: Peasant, Lords, and Murder in the Corbières*, 1780–1830, Oxford: Clarendon Press, 1999, p. 134.

48. P. M. Jones, *The Peasantry in the French Revolution*, Cambridge: Cambridge University Press, 1988, p. 225.

49. See the innovative study of the attitudes to the assignat by Rebecca L. Spang, *Stuff and Money in the Time of the French Revolution*, Cambridge, MA: Harvard University Press, 2015.

50. Melvin Edelstein, *'La Feuille villageoise': communication et modernisation dans les régions rurales pendant la Révolution*, Paris: Bibliothèque Nationale, 1977, ch. 6.

51. Giles MacDonogh, Brillat- Savarin: The Judge and his Stomach, London: John Murray, 1992, p. 103. On rural political tendencies, see David Hunt, 'Peasant Politics in the French Revolution' , *SH*, 9 (1984), pp. 277–99; Jones, Peasantry, pp. 206–40; Rose, *Tribunes and Amazons*, chs 2, 4, 6; Laurent Brassart, ' "Plus de vingt paysanneries contrastées en révolution" . De la pluralité des dynamiques sociales du politique en milieu rural pendant la Révolution' , *AHRF*, 359 (2010).

52. Gilchrist and Murray (eds), *Press in the French Revolution*, pp. 199–202.

53. Bernard Richard, 'Les Arbres de la liberté dans le département de l' Yonne sous la Révolution et l'Empire', in Claude Farenc and Christine Lamarre (eds), *Emblèmes et symboles de la Révolution en Côte- d'Or*, Dijon: AD Côte-d' Or, 2013.

54. Michael Kennedy, *The Jacobin Clubs in the French Revolution, 1793–1795*, New York: Berghahn Books, 2000; Michael Kennedy, *The Jacobin Club of Marseilles, 1790–1794*, Ithaca, NY, and London: Cornell University Press, 1973, pp. 150–52.

55. Mason and Rizzo (eds), *French Revolution*, pp. 199–201.

56. William H. Sewell, *Work and Revolution in France: The Language of Labor from the Old Regime to 1848*, Cambridge: Cambridge University Press, 1980, p. 112 and ch. 5.

57. Perovic, *Calendar*, pp. 141–48.

58. Mason and Rizzo (eds), *French Revolution*, pp. 204–06.

59. Gilchrist and Murray (eds), *Press in the French Revolution*, pp. 282–84.

60. Dominique Godineau, *The Women of Paris and their French Revolution*, translated by Katherine Streip, Berkeley, CA: University of California Press, 1998, pp. 72–75.

61. Claude Guillon, 'Pauline Léon, une républicaine révolutionnaire', *AHRF*, 344 (2006), pp. 147–59.

62. Darline Gay Levy, Harriet Branson Applewhite and Mary Durham Johnson, *Women in Revolutionary Paris, 1789–1795: Selected Documents Translated with Notes and Commentary*, Urbana and Chicago, IL: University of Illinois Press, 1980, pp. 161–65 and ch. 4.

63. Annie K. Smart, *Citoyennes: Women and the Ideal of Citizenship in Eighteenth-Century France*, Newark, DE: University of Delaware Press, 2011, p. 153 and ch. 5.

64. Rose, *Tribunes and Amazons*, pp. 246–48. Rose's argument may be compared with Olwen Hufton, 'Women in Revolution', French Politics and Society, 7 (1989), and Madelyn Gutwirth, *The Twilight of the Goddesses: Women and Representation in the French Revolutionary Era*, New Brunswick, NJ: Rutgers University Press, 1992, ch. 7.

65. Godineau, *Women of Paris*, p. 162 and chs 6–7; Olwen H. Hufton, *Women and the Limits to Citizenship*, Toronto: University of Toronto Press, 1992, pp. 28, 35. Other contrasting approaches are by Jean-Clément Martin, La Révolte brisée. *Femmes dans la Révolution française et l'Empire,* Paris: Armand Colin, 2008; Élizabeth G. Sledziewski, *Révolutions du sujet*, Paris: Méridiens Klincksieck, 1989.

66. The classic study of the sans-culottes in the Year II is Albert Soboul, *The Parisian SansCulottes and the French Revolution, 1793–4*, translated by Gwynne Lewis, Oxford: Oxford University Press, 1964.

67. McPhee, *Revolution and Environment*, p. 111.

第十二章　拯救美德共和国，1793年10月至1794年4月

1. John Hall Stewart (ed.), *A Documentary Survey of the French Revolution*, New York: Macmillan, 1951, pp. 479–81.

2. Ian Germani, 'Terror in the Army: Representatives on Mission and Military Discipline in the Armies of the French Revolution', *Journal of Military History*, 75 (2011), pp. 733–68.

3. Alan Forrest, *The Revolution in Provincial France: Aquitaine 1789–1799*, Oxford and New York: Oxford University Press, 1996, pp. 234–35.

4. Alain Corbin, *Village Bells: Sound and Meaning in the 19th-Century French Countryside*, translated by Martin Thom, New York: Columbia University Press, 1998, pp. 12–23; Bernard Richard, *Cloches et querelles de cloches dans l'Yonne. La Cloche entre maire et curé, XVIIIe–XXe*, Villeneuve-sur-Yonne: Les Amis du Vieux Villeneuve, 2010; AD Meurthe-et-Moselle, L 3132, 3133.

5. Lee Baker, 'The French Revolution as Local Experience: The Terror in Dijon', *Historian*, 67 (2005), pp. 694–711.

6. Laurent Brassart, *Gouverner le local en Révolution. État, pouvoirs et mouvements collectifs dans l'Aisne (1790–1795)*, Paris : SÉR, 2013, pp. 393–97; *La Révolution vue de l'Aisne, en 200 documents*, Laon: Archives Départementales de l' Aisne, 1990, pp. 195–96; Donald Greer, *The Incidence of the Terror during the French Revolution: A Statistical Interpretation*, Cambridge, MA: Harvard University Press, 1935, pp. 161–64.

7. T. J. Clark, 'Painting in the Year Two', *Representations*, 47 (1994), pp. 13–63.

8. AD Loiret, J 557.

9. Siân Reynolds, *Marriage and Revolution: Monsieur and Madame Roland*, Oxford: Oxford University Press, 2012, pp. 282–88.

10. Paul R. Hanson, *The Jacobin Republic under Fire:The Federalist Revolt in the French Revolution*, University Park, PA: Pennsylvania State University Press, 2003, p. 243.

11. Olympe de Gouges, *Écrits politiques, 1788–1791*, preface by Olivier Blanc, Paris: Côté-Femmes, 1993, pp. 21–24.

12. Cecilia Feilla, *The Sentimental Theater of the French Revolution, Farnham, Surrey, and Burlington*, VT: Ashgate, 2013, pp. 160–66 and ch. 4; F. W. J. Hemmings, *Theatre and State in France, 1760–1905*, Cambridge: Cambridge University Press, 1994, pp. 83–86.

13. Cited by Colin Lucas, ‘The Theory and Practice of Denunciation in the French Revolution’, *JMH*, 68 (1996), p. 784.

14. Lucas, ‘Theory and Practice of Denunciation’, pp. 782–85.

15. Jacques Guilhaumou and Martine Lapied, ‘Femmes et comités de surveillance’, in Danièle Pingué and Jean- Paul Rothiot (eds), *Les Comités de surveillance. D'une création citoyenne à une institution révolutionnaire*, Paris: SER, 2012, p. 130.

16. The claim of genocide in Reynald Secher, *A French Genocide: The Vendée*, translated by George Holoch, Notre Dame, IN: University of Notre Dame Press 2003, is contested by Hugh Gough, ‘Genocide and the Bicentenary: The French Revolution and the Revenge of the Vendée’ ,*Historical Journal*, 30 (1987), pp. 977–88; and Jean-Clément Martin, ‘Dénombrer les victimes de la Terreur. La Vendée et au-delà’, in Michel Biard and Hervé Leuwers (eds), *Visages de la Terreur. L'Exception politique de l'an II*, Paris: Armand Colin, 2014, pp. 155–65.

17. Étienne Jolicler, *Joliclerc, volontaire aux armées de la Révolution. Ses lettres (1793–1796)*, 4th ed., Paris: Perrin, 1905, pp. 154–63.

18. Richard Cobb and Colin Jones (eds), *Voices of the French Revolution*, Topsfield, MA: Simon and Schuster, 1988, p. 206. See Anne Rolland-Boulestreau, *Les Colonnes infernales*, Paris: Fayard, 2015; Charles Merle, *La Révolution française à Bressuire, 1789–1799*, Poitiers: Projets Éditions, 1988.

19. Michel Péronnet and Yannick Guin, *La Révolution dans la Loire-Inférieure*, Le Coteau: Horvath, 1989, pp. 127–31; A. Lallié, *Les Sociétés populaires à Nantes pendant la Révolution*, 2nd ed., Nantes: L. Durance, 1914, pp. 133–66.

20. AD Meurthe-et-Moselle, L 1661; BM Nancy, Ms 1540/1, 4 Fructidor II. On the tension between the Revolution's ‘universalism’ and national military interests, see Albert Mathiez, *La Révolution et les étrangers: cosmopolitisme et défense nationale,* Paris: La Renaissance du Livre, 1918; Greg Burgess, *Refuge in the Land of Liberty: France and its Refugees, from the Revolution to the end of asylum, 1787–1939*, Basingstoke and New York: Palgrave Macmillan, 2008, pp. 22–30; Sophie Wahnich, L' Impossible citoyen. *L'Étranger dans le discours de la Révolution française*, Paris: Albin Michel, 1997; Michael Rapport, *Nationality and Citizenship in Revolutionary France: The Treatment of Foreigners, 1789–1799*, Oxford: Clarendon Press, 2000, pp. 202–03, 224–39.

21. Helen Maria Williams, Letters containing a sketch of the politics of France: from the thirty- first of May 1793, till the twenty- eighth of July 1794, and of the scenes which have passed in the prisons of Paris, Dublin: J. Chambers, 1795.

22. Peter McPhee, *Robespierre: A Revolutionary Life*, New Haven, CT, and London: Yale University Press, 2012, pp. 172–74; Michael Rapport, 'Robespierre and the Universal Rights of Man, 1789–1794', *FH*, 10 (1996), pp. 323–24; Laurent Petit, 'Robespierre et le discours sur l' étranger: buts et limites d' une modélisation des nationalités' , in Jessenne et al. (eds), *Robespierre: de la nation artésienne à la République et aux nations*. Actes du Colloque, Arras, 1–2–3 Avril 1993, Centre d' Histoire de la Région du Nord et de l' Europe du Nord-Ouest, Université Charles de Gaulle-Lille III, Villeneuve d' Asq, 1994, pp. 315–36.

23. Lucas, 'Theory and Practice of Denunciation' , pp. 782–85; Lynn Hunt, 'Globalizing the French Revolution' , in Suzanne Desan, Lynn Hunt and William Max Nelson (eds), *The French Revolution in Global Perspective*, Ithaca, NY, and London: Cornell University Press, 2013.

24. In *La République universelle ou adresse aux tyrannicides*, Paris: n.p., 1792; *Bases constitutionelles de la république du genre humain*, 1793, Paris: Imprimerie Nationale, 1793. See François Labbé, *Anarchasis Cloots, le Prussien francophile. Un philosophe au service de la Révolution française et universelle*, Paris: L' Harmattan, 1999.

25. McPhee, *Robespierre*, pp. 175–76; William Doyle, *Aristocracy and its Enemies in the Age of Revolution*, Oxford University Press, Oxford, 2009, pp. 290–91; Sophie Wahnich, *L'Impossible citoyen: l'étranger dans le discours de la Révolution française*. Paris: Albin Michel, 1997, pp. 185–200.

26. MU, 21 December 1793, vol. 19, p. 6. On education policy, see Emmet Kennedy, *A Cultural History of the French Revolution*, New Haven, CT, and London: Yale University Press, 1989, pp. 353–62; R. R. Palmer, *The Improvement of Humanity: Education and the French Revolution*, Princeton, NJ: Princeton University Press, 1985, chs 4–5.

27. Rachel Jaeglé, 'Bara: un enfant de Palaiseau entre dans l' histoire' , in Serge Bianchi (ed.), *Héros et héroïnes de la Révolution française*, Paris: CTHS, 2012, pp. 333–42.

28. Éric Teyssier, 'Appliquer une loi sociale en France sous la Convention. La mise en oeuvre de la loi du 13 septembre 1793' , *AHRF*, 312 (1998), pp. 265–83; Peter Jones, 'Agrarian Radicalism during the French Revolution' , in Alan Forrest and Peter Jones (eds), *Reshaping France: Town, Country and Region during the French Revolution*, Manchester: Manchester University Press, 1991, pp. 137–51.

29. Jean-Pierre Gross, *Fair Shares for All: Jacobin Egalitarianism in Practice*, Cambridge and New York: Cambridge University Press, 1997, pp. 85–87.

30. Adrian Velicu, *Civic Catechisms and Reason in the French Revolution*, Farnham, Surrey, and Burlington, VT: Ashgate, 2010.

31. John Hardman (ed.), *French Revolution Documents*, Oxford: Oxford University Press, 1973, vol. 2, pp. 132–33. On popular ideology in Paris, see Albert Soboul, *The Parisian Sans-Culottes and the French Revolution*, 1793–4, translated by Gwynne Lewis, Oxford: Oxford University Press, 1964, chs 1–3; William H. Sewell, *Work and Revolution in France: The Language of Labor from the Old Régime to 1848*, Cambridge: Cambridge University Press, 1980, ch. 5.

32. Max Frey, *Les Transformations du vocabulaire français à l'époque de la Révolution (1789–1800)*, Paris: PUF, 1925.

33. Hardman (ed.), *French Revolution Documents*, vol. 2, pp. 127–28.

34. Joseph Clarke, 'Cenotaphs and Cypress Trees: Commemorating the Citizen-Soldier in the Year II' , *FH*, 22 (2008), pp. 217–40.

35. Richard Wittman, *Architecture, Print Culture, and the Public Sphere in Eighteenth-Century France*, New York and London: Routledge and Kegan Paul, 2007, pp. 213–17.

36. *Les Républicaines: chansons populaires des révolutions de 1789, 1792 et 1830*, 3 vols, Paris: Pagnerre, 1848, vol. 1, pp. 34–36. On the 'cultural revolution', see Serge Bianchi (ed.), *La Révolution culturelle de l'an II*, Paris: Aubier, 1982, esp. ch. 5; Aileen Ribeiro, *Fashion in the French Revolution*. New York: Holmes and Meier, 1988; Kennedy, Cultural History, ch. 9, Appendix A.

37. James H. Johnson, *Listening in Paris: A Cultural History*, Berkeley and Los Angeles, CA, and London: University of California Press, 1995, pp. 116–27; Kennedy, *Cultural History*, pp. 168–85.

38. Victoria Johnson, *Backstage at the Revolution: How the Royal Paris Opera Survived the End of the Old Regime*, Chicago, IL, and London: University of Chicago Press, 2008, pp. 186–93; Mark Darlow, *Staging the French Revolution: Cultural Politics and the Paris Opera, 1789–1794*, New York: Oxford University Press, 2012. Francoeur survived imprisonment under the Terror, being released a fortnight after Robespierre's death, to be reappointed an administrator to the debt- ridden Opéra in April 1798, when he was reunited with Cellerier.

39. François Rouvière, *Histoire de la Révolution française dans le department du Gard*, 4 vols, Nîmes: Librairie Ancienne A. Catélan, 1887–89, vol. 4, pp. 377–81. Saint-Gilles still boasts its Hotel Heraclee.

40. Jacques Debal, *Orléans. Une ville, une histoire*, 2 vols, Orléans: x-nova, 1998, vol. 2, p. 82

41. Peter McPhee, *Collioure et la Révolution française, 1789–1815*, Perpignan: Le Publicateur, 1989, p. 136; Bianchi (ed.), La Révolution culturelle.

42. See the special issue of *AHRF*, 322 (2000), on revolutionary place names.

43. Bernard Manin, 'Rousseau', in François Furet and Mona Ozouf (eds), *Critical Dictionary of the French Revolution*, translated by Arthur Goldhammer, Cambridge, MA: Harvard University Press, 1989, pp. 829–43.

44. Nicole Pellegrin, *Les Vêtements de la Liberté: Abécédaire des pratiques vestimentaires en France de 1780 à 1800*, Aix- en-Provence: Éditions Alinéa, 1989, pp. 48–49, 111–12.

45. Laura Mason and Tracey Rizzo (eds), *The French Revolution: A Document Collection*, Boston, MA, and New York: Houghton Mifflin, 1999, pp. 232–36. This episode in the history of women's political participation is discussed by Suzanne Desan, '"Constitutional Amazons": Jacobin Women's Clubs in the French Revolution', in Bryant T. Ragan and Elizabeth A. Williams (eds), *ReCreating Authority in Revolutionary France*, New Brunswick, NJ: Rutgers University Press, 1992, ch. 1; Scott H. Lytle, 'The Second Sex (September, 1793)', *JMH*, 26 (1955), pp. 14–26; Joan Landes, *Women and the Public Sphere in the Age of the French Revolution*, Ithaca, NY: Cornell University Press, 1988, pp. 140–45, 160–68; Marie Cerati, *Le Club des citoyennes républicaines révolutionnaires*, Paris: Éditions Sociales, 1966; R. B. Rose, *The Enragés: Socialists of the French Revolution?* Melbourne: Melbourne University Press, 1965, chs 5–6.

46. Vitriolic denunciations of the supposedly omnipresent vandalism of the Revolution are by Louis Réau, *Histoire du vandalisme. Les Monuments détruits de l'art français*, Paris: Robert Laffont, 1994; François Souchal, *Le Vandalisme de la Révolution*, Paris: Nouvelles Éditions Latines, 1993.

47. David Gilks, 'Attitudes to the Displacement of Cultural Property in the Wars of the French Revolution and Napoleon', *HJ*, 56 (2013), p. 118.

48. Colin Lucas, *The Structure of the Terror: The Example of Javogues and the Loire*, Oxford: Oxford University Press, 1973.

49. Pierre Pinsseau, *Cadet Roussel (1743–1807)*, Paris: Clavreuil, 1945, pp. 57–67.

50. Richard Cobb, *The People's Armies*, translated by Marianne Elliott, New Haven, CT, and London: Yale University Press, 1987, p. 728.

51. Anatolï Ado, *Paysans en Révolution. Terre, pouvoir et jacquerie, 1789–1794*, Paris: SÉR, 1996, pp. 405–15.

52. Ruth Graham, 'The Secularization of the Ecclesiastical Deputies to the National Convention, 1792–1794', *The Consortium on Revolutionary Europe*, 1750–1850, 3 (1974), pp. 65–79.

53. Pierre Flament, *Deux mille prêtres normands face à la Révolution, 1789–1801*, Paris: Perrin, 1989, p. 156; Bianchi (ed.), *La Révolution culturelle*, pp. 89–91. General discussions of the effects on the Church are Ralph Gibson, *A Social History of French Catholicism, 1789–1914*, London and New York: Routledge, 1989, ch. 2; Nigel Aston, *Religion and Revolution in France, 1780–1804*, Basingstoke: Macmillan, 2000, chs 8–10; Michel Vovelle, *The Revolution against the Church: From Reason to the Supreme Being*, translated by Alan Jose, Cambridge: Cambridge University Press, 1991.

54. AD Meurthe-et-Moselle, L 1712.

55. Rouvière, *Révolution dans le Gard*, vol. 4, pp. 381–600.

56. Claire Cage, ' "Celibacy is a social crime" : The Politics of Clerical Marriage', *FHS*, 36 (2013), pp. 601–28.

57. Timothy Tackett, *The Coming of the Terror in the French Revolution*, Cambridge, MA, and London: The Belknap Press of Harvard University Press, 2015, pp. 316–17; William Doyle, *The Oxford History of the French Revolution*, 2nd ed., Oxford and New York: Oxford University Press, 2002, p. 261.

58. Louis Trenard, 'Le "vandalisme révolutionnaire" dans les pays de l' Ain: faits matériels et motivations', in Simone Bernard- Griffiths, Marie-Claude Chemin and Jean Ehrard (eds), *Révolution française et 'vandalisme révolutionnaire'*. Actes du colloque international de ClermontFerrand, 15–17 décembre 1988, Paris: Universitas, 1992, pp. 251–58.

59. Jean-Clément Martin, *Violence et Révolution: essai sur la naissance d'un mythe national*, Paris: Éditions du Seuil, 2006.

60. Ribeiro, *Fashion*, p. 143.

61. Le Vieux Cordelier, no. 4, 30 Frimaire Year II (20 December 1793).

62. Mason and Rizzo (eds), *French Revolution*, pp. 236–38.

63. Jeremy D. Popkin, *You Are All Free: The Haitian Revolution and the Abolition of Slavery*, New York: Cambridge University Press, 2010, ch. 10; David Geggus, 'The Caribbean in the Age of Revolution', in David Armitage and Sanjay Subrahmanyam (eds), *The Age of Revolutions in Global Context, 1760–1840*, Basingstoke and New York: Palgrave Macmillan, 2010, ch. 5; Manuel Covo, 'Race, Slavery and Colonies in the French Revolutions', in David Andress (ed.), *The Oxford Handbook of the French Revolution*, Oxford: Oxford University Press, 2015, ch. 17. Slavery was never abolished during this period in the Indian Ocean, where planters successfully insulated the islands from news of reforms.

64. McPhee, *Robespierre*, pp. 185–86. The drama of the confrontation between Robespierre and Danton—and of the struggle for power in Poland in the early 1980s—is evoked in Andrzej Wajda' s 1982 film Danton, based on a 1930s play by Stanislawa Przybyszewska.

65. Paul Friedland, Seeing *Justice Done: The Age of Spectacular Capital Punishment in France*, Oxford:

Oxford University Press, 2012, p. 259.

66. Marisa Linton, 'Do you Believe that we' re Conspirators? Conspiracies Real and Imagined in Jacobin Politics, 1793–94' , in Peter R. Campbell, Thomas E. Kaiser and Marisa Linton (eds), *Conspiracy in the French Revolution*, Manchester: Manchester University Press, 2007, p. 143; Marisa Linton, *Choosing Terror: Virtue, Friendship, and Authenticity in the French Revolution*, Oxford: Oxford University Press, 2013, ch. 8; Poumiès de la Siboutie, Recollections of a Parisian Doctor under Six Sovereigns, Two Revolutions and a Republic (1789–1863), translated by Theodora Davidson, London: John Murray, 1911, ch. 2.

第十三章　恐怖、胜利和倒台，1794年4月至7月

1. Peter McPhee, *Robespierre: A Revolutionary Life*, New Haven, CT, and London: Yale University Press, 2012, pp. 194, 207–08, chs 11–12. The most recent French biography prefers to emphasize Robespierre' s physical health but increasing political isolation: Hervé Leuwers, *Robespierre*, Paris: Fayard, 2014, chs 22, 24. A hostile recent view is Jonathan I. Israel, *Revolutionary Ideas: An Intellectual History of the French Revolution from The Rights of Man to Robespierre*, Princeton, NJ: Princeton University Press, 2014; for example, pp. 21–22, 449, in which Robespierre is vilified as an anti-liberal, anti-intellectual and xenophobic authoritarian who suffered from 'megalomania, paranoia and vindictiveness' .

2. See the remarkable list of speeches in Gérard Walter, *Robespierre*, 2 vols, Paris: Gallimard, 1961, vol. 2, pp. 191–322.

3. Maximilien Robespierre, *Oeuvres de Maximilien Robespierre*, 11 vols, Paris: SÉR, 1912–2007, vol. 11, pp. 397–415; J. M. Thompson, *Robespierre*, Oxford: Blackwell, 1935, pp. 387–402.

4. Raymonde Monnier, *L'Espace publique démocratique. Essai sur l'opinion à Paris de la Révolution au Directoire*, Paris: Éditions Kimé, 1994, pp. 177–87.

5. McPhee, *Robespierre*, p. 195.

6. James H. Johnson, 'Revolutionary Audiences and the Impossible Imperatives of Fraternity' , in Bryant T. Ragan and Elizabeth A. Williams (eds), *Re- creating Authority in Revolutionary France*, New Brunswick, NJ: Rutgers University Press, 1992; Marvin A. Carlson, 'The Citizen in the Theater' , in Renée Waldinger, Philip Dawson and Isser Woloch (eds), *The French Revolution and the Meaning of Citizenship*, Westport, CT: Greenwood Press, 1993.

7. Éric Saunier, ' "Lire pour résister, lire pour instruire" . La Revue de presse de Toussaint Bonvoisin' , *AHRF*, 373 (2013), pp. 123–44.

8. Paul and Martial de Pradel de Lamase, Nouvelles notes intimes d' un émigré . . . officier à l' armée de Condé. Les grandes journées révolutionnaires, Paris: Émile- Paul Frères, 1914, pp. 196–202.

9. Frédéric Derne, 'La Chanson, "arme" révolutionnaire et chambre d' écho de la société en Auvergne' , *AHRF*, 341 (2005), pp. 25–51.

10. Claudia Ulbrich, 'Sarreguemines en révolution ou l' histoire d' un "caméléon politique"' , Annales de l' Est, 44 (1992), pp. 20–26. In Alsace, Jewish men were expected to cut off their beards: Claude Muller, 'Religion et Révolution en Alsace' , *AHRF*, 337 (2004), pp. 63–83. 11. René Ducret, *Les Sans- culottes de Lunéville*, Nancy: Imprimerie Bastien, 1967, p. 27; Patrice L. R. Higonnet, *Goodness beyond Virtue: Jacobins during the French Revolution*, Cambridge, MA: Harvard University Press, 1998, p. 174; AD Meurthe- et-

Moselle, L 1668.

12. Annie Crépin, 'The Army of the Republic: New Warfare and a New Army' , in Pierre Serna, Antonino De Francesco and Judith A. Miller (eds), *Republics at War, 1776–1840: Revolutions, Conflicts, and Geopolitics in Europe and the Atlantic World*, Basingstoke: Palgrave Macmillan, 2013, pp. 136–38.

13. AD Meurthe-et-Moselle, L 2151.

14. Joël Cornette, *Histoire de la Bretagne et des Bretons*, vol. 2, Paris: Éditions du Seuil, 2005, ch. 48.

15. Alan Forrest, *Soldiers of the French Revolution*, Durham, NC: Duke University Press, 1990, p. 166.

16. Jean-Paul Bertaud, 'An Open File: The Press under the Terror' , in Keith Michael Baker (ed.), *The French Revolution and the Creation of Modern Political Culture*, vol. 4, The Terror, Oxford: Pergamon Press, 1994, ch. 16.

17. See the remarkable police reports in AN F7 3821–22; Marc Bouloiseau, *The Jacobin Republic, 1792–1794*, translated by Jonathan Mandelbaum, Cambridge: Cambridge University Press; Paris: Éditions de la Maison des Sciences de l' Homme, 1983, p. 195.

18. Anatoli͏ï Ado, *Paysans en Révolution. Terre, pouvoir et jacquerie, 1789–1794*, Paris: SÉR, 1996, pp. 416–23; R. Legrand, *La Révolution dans la Somme*, Abbeville: F. Paillart, 1988, p. 262. The argument that the Terror was designed to contain this popular protest as much as to crush counter-revolution is put by Sophie Wahnich, *In Defence of the Terror: Liberty or Death in the French Revolution*, translated by David Fernbach, London and New York: Verso, 2012.

19. Peter McPhee, *Revolution and Environment in Southern France: Peasant, Lords, and Murder in the Corbières, 1780–1830*, Oxford: Clarendon Press, 1999, p. 116.

20. Yvonne Crebouw, 'Les Salariés agricoles face au maximum des salaires' , in *La Révolution française et le monde rural*. Actes du colloque tenu en Sorbonne les 23, 24 et 25 octobre 1987, Paris: CTHS, 1989, pp. 120–21; Nathalie Alzas, 'Les Rapports entre civils et militaires à l' arrièrependant la Révolution dans les départements du Midi' , in Annie Crépin, Jean-Pierre Jessenne and Hervé Leuwers (eds), *Civils, citoyens-soldats et militaires dans L'État- nation (1789–1815)*. Actes du colloque d' Arras (7–8 novembre 2003), Paris: SÉR, 2006, p. 73; Jacques Bernet, 'Les Grèves de moissonneurs ou "bacchanals" dans les campagnes d' Ile-de-France et de Picardie au XVIIIe siècle' , *Histoire et sociétés rurales*, 11 (1999), pp. 153–86.

21. AD Loiret J 557, 2J 1983; Paul Guillaume, 'La Vie dans l' Orléanais de 1788 à 1818, d' après le journal inédit d' une famille' , unpublished ms, Orléans c. 1960; Georges Lefebvre, *Études orléanaises*, 2 vols, Paris: Commission d' Histoire Économique et Sociale de la Révolution, 1962.

22. Martine Plouvier, 'L' Abbaye de Prémontré au XVIIe et XVIIIe siècles' , thèse de troisième cycle, Université de Paris- I, 1982, pp. 358–59.

23. Peter McPhee, *Une Communauté languedocienne dans l'histoire: Gabian 1760–1960*, Nîmes: Lacour, 2001, ch. 2.

24. George Armstrong Kelly, *Victims, Authority and Terror: The Parallel Deaths of d'Orleans*, Custine, Bailly, and Malesherbes, Chapel Hill, NC: University of North Carolina Press, 1982, ch. 16; Simon Schama, *Citizens: A Chronicle of the French Revolution*, New York: Alfred A. Knopf, 1989, pp. 822–27. Malesherbes' other daughter, Louise, would be the mother of Alexis de Tocqueville.

25. Olivier Blanc, *Last Letters: Prisons and Prisoners of the French Revolution, 1793–1794*, translated by Alan Sheridan, New York: Farrar, Straus and Giroux, 1987, pp. 190–91; Stephen Jay Gould, 'The Passion of

Antoine Lavoisier', in Gould, *Bully for Brontosaurus: Reflections in Natural History*, New York and London: W. W. Norton and Co., 1991, ch. 24; Arthur Donovan, *Antoine Lavoisier: Science, Administration, and Revolution*, Oxford: Blackwell, 1993. Marie-Anne organized the posthumous circulation of copies of Lavoisier' s final memoirs, *Mémoires de physique et de chimie*.

26. Daniel Rabreau, *Claude Nicolas Ledoux*, Paris: Monum, 2005, pp. 83–86. Ledoux was released on 13 January 1795.

27. Blanc, *Last Letters*, p. 134.

28. Jacques Guilhaumou and Martine Lapied, 'La Mission Maignet' , *AHRF*, 300 (1995), pp. 283–94.

29. John M. Burney, 'The Fear of the Executive and the Threat of Conspiracy: Billaud-Varenne's Terroristic Rhetoric in the French Revolution, 1788–1794' , *FH*, 5 (1991), p. 162.

30. Robespierre,Oeuvres, vol. 10, pp. 442–65. On the Cult of the Supreme Being and Robespierre's repudiation of the 'materialism' of the philosophes, see Michel Vovelle, 'The Adventures of Reason, or From Reason to the Supreme Being' , in Colin Lucas (ed.), *Rewriting the French Revolution*, Oxford: Clarendon Press, 1991, pp. 132–50; Carol Blum, *Rousseau and the Republic of Virtue: The Language of Politics in the French Revolution*, Ithaca, NY, and London: Cornell University Press, 1986, ch. 13.

31. James H. Johnson, *Listening in Paris: A Cultural History*, Berkeley and Los Angeles, CA, and London: University of California Press, 1995, pp. 116–27; Emmet Kennedy, *A Cultural History of the French Revolution*, New Haven, CT, and London: Yale University Press, 1989, pp. 168–85.

32. Marie-Victoire Monnard, *Souvenirs d'une femme du peuple, 1777–1802*, Creil: Bernard Dumerchez, 1989, pp. 89–91.

33. AD Loiret, J 557, L 6(4).

34. Robespierre, *Oeuvres*, vol. 10, pp. 350–66.

35. Arne Ording, *Le Bureau de police du Comité de salut public. Étude sur la Terreur*, Oslo: Skrifter utgitt av det Norske Videnskaps, Academi i Oslo, no. 6, 1931.

36. Cf. Dan Edelstein, *The Terror of Natural Right: Republicanism, the Cult of Nature, and the French Revolution*, Chicago, IL: University of Chicago Press, 2009, ch. 5, for whom the Law of 22 Prairial was to be instead a durable foundation of a 'natural republic' .

37. Daniel Arasse, *The Guillotine and the Terror*, translated by Christopher Miller, London: Penguin, 1989, pp. 107–09.

38. On Lindet, see François Pascal, *L'Économie dans la Terreur: Robert Lindet, 1746–1825*, Paris: SPM, 1999; Huntley Dupre, *Two Brothers in the French Revolution: Robert and Thomas Lindet*, Hamden, CT: Archon Books, 1967; Amand Montier, Robert Lindet, Paris: Félix Alcan, 1899.

39. Albert Mathiez, *The Fall of Robespierre, and Other Essays*, New York: A. M. Kelley, 1968, chs 8–9.

40. Jacques-Louis Ménétra, *Journal of My Life*, translated by Arthur Goldhammer, New York: Columbia University Press, 1986, pp. 219–20.

41. AD Meurthe-et-Moselle, 49J 15: Philippe Arnould, 'Quatre volontaires lorrains' .

42. Rebecca L. Spang, *The Invention of the Restaurant: Paris and Modern Gastronomic Culture*, Cambridge, MA: Harvard University Press, 2000, pp. 109–12; McPhee, Robespierre, p. 210.

43. Jean-Baptiste Billecocq, *En Prison sous la Terreur. Souvenirs de Jean- Baptiste Billecocq, 1765–1829*, Paris: SÉR, 1981, pp. 36–40.

44. Marisa Linton, *Choosing Terror: Virtue, Friendship, and Authenticity in the French Revolution*, Oxford: Oxford University Press, 2013; Harold T. Parker, *The Cult of Antiquity and the French Revolutionaries: A Study in the Development of the Revolutionary Spirit*, New York: Octagon,1965.

45. R. R. Palmer, *Twelve who Ruled: The Year of the Terror in the French Revolution*, Princeton, NJ: Princeton University Press, 1969, p. 364.

46. Robespierre, *Oeuvres*, vol. 10, pp. 430–31; P. Raxhon, 'Les Réfugiés Liégeois à Paris: un état de la question', in Michel Vovelle (ed.), *Paris et la Révolution. Actes du Colloque de Paris I*, 14–16 avril 1989, Paris: Publications de la Sorbonne, 1989, pp. 212–24; Greg Burgess, *Refuge in the Land of Liberty: France and its Refugees, from the Revolution to the end of asylum, 1787–1939*, Basingstoke and New York: Palgrave Macmillan, 2008, pp. 24–30; Michael Rapport, *Nationality and Citizenship in Revolutionary France: The Treatment of Foreigners, 1789–1799*, Oxford: Clarendon Press, 2000, ch. 4.

47. Robespierre, *Oeuvres*, vol. 10, pp. 543–76. Two detailed documentary accounts of the events of late July are Gérard Walter, *La Conjuration du Neuf Thermidor, 27 July 1794*, Paris: Gallimard, 1974, and Richard Bienvenu, *The Ninth of Thermidor: The Fall of Robespierre*, New York: Oxford University Press, 1968.

48. Françoise Brunel, *Thermidor, la chute de Robespierre*, Brussels: Éditions Complexe, 1999, p. 7.

49. George Rudé, *The Crowd in the French Revolution*, Oxford: Oxford University Press, 1959, ch. 9; Colin Jones, 'The Overthrow of Maximilien Robespierre and the "Indifference" of the People', *AHR*, 119 (2014), pp. 689–713; Haim Burstin, *Révolutionnaires. Pour une anthropologie de la Révolution française*, Paris: Vendémiaire, 2013, pp. 352–64.

50. Michel Péronnet and Yannick Guin, *La Revolution dans la Loire-Inférieure*, Le Coteau: Horvath, 1989, pp. 144–46.

51. AN F7 7904/4561; W 79, liasse 1; Jacques Bernet, 'La Perception de Robespierre dans les clubs de Jacobins de Champagne et de Picardie (1791–1795)', in Jean-Pierre Gilles Derégnaucourt, Jean-Pierre Hirsch and Hervé Leuwers (eds), *Robespierre: de la nation artésienne à la République et aux nations*. Actes du Colloque, Arras, 1–2–3 Avril 1993, Centre d' Histoire de la Région du Nord et de l' Europe du Nord-Ouest, Université Charles de Gaulle-Lille III, Villeneuve d' Asq, 1994; Michael Kennedy, The Jacobin Clubs in the French Revolution, 1793–1795, New York: Berghahn Books, 2000, ch. 17; Peter McPhee, *Living the French Revolution, 1789–99*, London and New York: Palgrave Macmillan, 2006, pp. 163–68. Letters of denunciation and interrogations are to be found, for example, in AN F7 4432, plaque 2, 4433, plaques 3 and 4, and in the Committee of General Security files in AN F7 4577–4775.

52. See Louis Jacob, *Robespierre vu par ses contemporains*, Paris: A. Colin, 1938, pp. 63, 101, 125, 136–37, 181–87; Louis Jacob, 'Un Ami de Robespierre: Buissart (d' Arras)', *Revue du Nord*, 20 (1934), pp. 287–93; Lindsay A. H. Parker, *Writing the Revolution: A French Woman's History in Letters*, Oxford and New York: Oxford University Press, 2013, pp. 116–18. Buissart subsequently retired from public life, until becoming a municipal councillor under the Restoration. He died aged eighty- three in 1820.

53. Watkin Tench,*Letters Written in France, to a Friend in London, Between the Month of November 1794, and the Month of May 1795*, Whitefish, MO: Kessinger Publishing, 2009, pp. 67, 191–92, 194–95, 198; Gavin Edwards (ed.), *Watkin Tench: Letters from Revolutionary France*, Cardiff: University of Wales Press, 2001, Introduction.

54. See, for example, Antoine de Baecque, *Glory and Terror: Seven Deaths under the French Revolution*,

translated by Charlotte Mandell, New York and London: Routledge, 2001, pp. 145–72; McPhee, *Robespierre*, Epilogue; Hervé Leuwers, 'Robespierre, la Terreur incarnée? Aux origines d' une personnification de l' an II' , in Michel Biard and Hervé Leuwers (eds), *Visages de la Terreur. L'Exception politique de l'an II*, Paris: Armand Colin, 2014, pp. 197–210; Marc Belissa and Yannick Bosc, *Robespierre. La Fabrication d'un mythe*, Paris: Ellipses, 2013.

55. Jean-Clément Martin, 'La Vendée. Enquête sur les crimes de la Révolution' , *Histoire*, 377 (2012), pp. 40–61; Jean-Clément Martin, 'Dénombrer les victimes de la Terreur. La Vendée et au-delà' , in Michel Biard and Hervé Leuwers (eds), *Visages de la Terreur. L'Exception politique de l'an II*, Paris: Armand Colin, 2014.

56. Michel Biard, *La Liberté ou la Mort. Mourir en député (1792–1795)*, Paris: Tallandier, 2015; Mette Harder, 'A Second Terror: The Purges of French Revolutionary Legislators after Thermidor' , *FHS*, 38 (2015), pp. 33–60.

57. This conclusion is largely in agreement with Timothy Tackett, *The Coming of the Terror in the French Revolution*, Cambridge, MA, and London: The Belknap Press of Harvard University Press, 2015, Conclusion. For alternative views, see, for example, Patrice Gueniffey, *La Politique de la Terreur: essai sur la violence révolutionnaire*, Paris: Fayard, 2000, William M. Reddy, 'Sentimentalism and its Erasure: The Role of Emotions in the Era of the French Revolution' , *JMH,* 72 (2000), pp. 109–52; Arno J. Mayer, *The Furies: Violence and Terror in the French and Russian Revolutions*, Princeton, NJ: Princeton University Press, 2000.

第十四章　解决纷争：热月政变，1794—1795年

1. On the Thermidorian regime, see Laura Mason, 'Thermidor and the Myth of Rupture' , in David Andress (ed.), *The Oxford Handbook of the French Revolution*, Oxford: Oxford University Press, 2015, ch. 30; Bronislaw Baczko, *Ending the Terror: The French Revolution after Robespierre*, translated by Michael Petheram, Cambridge: Cambridge University Press; Paris: Éditions de la Maison des Sciences de l' Homme, 1994.

2. Laura Mason and Tracey Rizzo (eds), *The French Revolution: A Document Collection*, Boston, MA, and New York: Houghton Mifflin, 1999, pp. 263–68.

3. Christine Adams, ' "Venus of the Capitol" : Madame Tallien and the Politics of Beauty under the Directory' , *FHS,* 37 (2014), pp. 599–629; Lindsay A. H. Parker, *Writing the Revolution: A French Woman's History in Letters*, Oxford and New York: Oxford University Press, 2013, pp. 118–19.

4. AD Loiret, 2J 184. On the obsession with Robespierre' s queue (tail or penis), see Antoine de Baecque, *Glory and Terror: Seven Deaths under the French Revolution*, translated by Charlotte Mandell, New York and London: Routledge, 2001, pp. 160–65; Howard G. Brown, 'Robespierre' s Tail: The Possibilities of Justice after the Terror' , *Canadian Journal of History*, 45 (2010), pp. 303–35.

5. Evangeline Bruce, *Napoleon and Josephine: An Improbable Marriage*, New York: Scribner, 1995.

6. Sophie de Bohm, *Prisonnière sous la Terreur. Mémoires d'une captive en 1793*, Paris: Cosmopole, 2001, p. 143.

7. Claude Guillon, 'Pauline Léon, une républicaine révolutionnaire' , *AHRF*, 344 (2006), pp. 147–59; Darline Gay Levy, Harriet Branson Applewhite and Mary Durham Johnson, *Women in Revolutionary Paris, 1789–1795: Selected Documents Translated with Notes and Commentary*, Urbana and Chicago, IL: University of Illinois Press, 1980, p. 271.

8. Peter McPhee, *Revolution and Environment in Southern France: Peasant, Lords, and Murder in the Corbières, 1780–1830*, Oxford: Clarendon Press, 1999, p. 120.

9. Henri Labroue, *La Société populaire de Bergerac pendant la Révolution*, Paris: Société de l' Histoire de la Révolution Française, 1915, pp. 379–89.

10. Laurent Brassart, *Gouverner le local en Révolution. État, pouvoirs et mouvements collectifs dans l'Aisne (1790–1795)*, Paris: SÉR, 2013, pp. 393–97, 421–22.

11. Jacques Guilhaumou and Martine Lapied, 'Femmes et comités de surveillance', in Danièle Pingué and Jean- Paul Rothiot (eds), *Les Comités de surveillance. D'une création citoyenne à une institution révolutionnaire*, Paris: SÉR, 2012, p. 129.

12. François Gendron, *The Gilded Youth of Thermidor*, translated by James Cookson, Montreal and Kingston, ON, London, Buffalo, NY: McGill-Queen' s University Press, 1993, p. 54.

13. Louis-Mathieu Molé, *Souvenirs de jeunesse, 1793–1803*, Paris: Mercure de France, 1991, pp. 75–76, 91–92.

14. Gendron, *Gilded Youth*, pp. 70–71.

15. Alan Forrest, *The Revolution in Provincial France: Aquitaine 1789–1799*, Oxford and New York: Oxford University Press, 1996, p. 334.

16. AD Ain, AC Bourg, Registre des délibérations du Conseil Général, 10 Germinal, 30 Floréal, 11 Prairial An IV.

17. Laura Auricchio, *Adélaïde Labille- Guiard: Artist in the Age of Revolution*, Los Angeles, CA: J. Paul Getty Museum, 2009, ch. 5.

18. Gendron, *Gilded Youth*, pp. 53–54.

19. Gendron, *Gilded Youth*, pp. 69–76.

20. Carla Hesse, *Publishing and Cultural Politics in Revolutionary Paris, 1789–1810*, Berkeley and Los Angeles, CA: University of California Press, 1991.

21. The 'Marseillaise' only lasted as the anthem until 1804; it was reintroduced under the Third Republic in 1879. Bastille Day became the national day in 1880.

22. Carol Blum, *Rousseau and the Republic of Virtue: The Language of Politics in the French Revolution*, Ithaca, NY, and London: Cornell University Press, 1986, pp. 278–81.

23. Nicole Pellegrin, *Les Vêtements de la Liberté: Abécédaire des pratiques vestimentaires en France de 1780 à 1800*, Aix- en-Provence: Éditions Alinéa, 1989, p. 175.

24. Annie Heywood, 'Étude des prénoms à Brest pendant la Révolution (1789–1799)', *Les Cahiers de l'Iroise*, 35 (1988), pp. 145–60.

25. Alain Corbin, *Village Bells: Sound and Meaning in the 19th- Century French Countryside*, translated by Martin Thom, New York: Columbia University Press, 1998, pp. 23–32.

26. Suzanne Desan, *Reclaiming the Sacred: Lay Religion and Popular Politics in Revolutionary France*, Ithaca, NY: Cornell University Press, 1990, p. 162.

27. John Hall Stewart (ed.), *A Documentary Survey of the French Revolution*, New York: Macmillan, 1951, pp. 616–19.

28. Michael P. Fitzsimmons, *From Artisan to Worker: Guilds, the French State, and the Organization of Labor, 1776–1821*, New York: Cambridge University Press, 2010, ch. 2.

29. Stewart (ed.), *Documentary Survey*, pp. 555–60; Josef Konvitz, *Cartography in France, 1660–1848: Science, Engineering, and Statecraft*, Chicago, IL: University of Chicago Press, 1987.

30. The telegraphs linked the major cities of France by the 1830s before being replaced by electric telegraphs. See Rollo Appleyard, *Pioneers of Electrical Communication*, London: Macmillan, 1930.

31. Richard Mowery Andrews, 'Paris of the Great Revolution: 1789–1796', in Gene Brucker (ed.), *People and Communities in the Western World*, vol. 2, Homewood, IL: Dorsey Press, 1979, pp. 98–111; Dominique Godineau, *S'Abréger les jours. Le suicide en France au XVIIIe siècle*. Paris: Armand Colin, 2012.

32. AD Loiret, J 557.

33. AD Loiret, 2J 1983.

34. Louis-Sébastien Mercier, *Paris pendant la Révolution (1789–1798) ou le nouveau Paris*, Paris: Livre Club du Librairie, 1962, pp. 204–07.

35. Richard Cobb, *The Police and the People: French Popular Protest, 1789–1820*, Oxford: Oxford University Press, 1970, pp. 299–300.

36. Dominique Godineau, *The Women of Paris and their French Revolution*, translated by Katherine Streip, Berkeley, CA: University of California Press, 1998, p. 300 and chs 13–14.

37. Godineau, *Women of Paris*, pp. 310–45; George Rudé, *The Crowd in the French Revolution*, Oxford: Oxford University Press, 1959, ch. 10.

38. Gendron, *Gilded Youth*, ch. 4.

39. Philip Dawson (ed.), *The French Revolution*, Englewood Cliffs, NJ: Prentice-Hall, 1967, pp. 172–74.

40. Dawson (ed.), *French Revolution*, pp. 152–53. On these journées, see Rudé, *Crowd,* ch. 10; Gendron, *Gilded Youth*; Jean- Paul Bertaud, *The Army of the French Revolution: From CitizenSoldiers to Instrument of Power*, translated by R. R. Palmer, Princeton, NJ: Princeton University Press, 1988, ch. 12.

41. Michel Biard and Pascal Dupuy, *La Révolution française. Dynamique et ruptures, 1787–1804*, 2nd ed., Paris: Armand Colin, 2008, p. 125; Raymonde Monnier, *Le Faubourg Saint- Antoine (1789–1815)*, Paris: SÉR, 1981, pp. 138–46; Gendron, Gilded Youth, pp. 159–63; Rudé, Crowd, pp. 154–56.

42. Godineau, *Women of Paris*, pp. 376–99.

43. Françoise Brunel and Sylvain Goujon, *Les Martyrs de Prairial. Texte et documents inédits*, Geneva: Georg, 1992.

44. Jacques Pimoulle, *Le Conventionnel Nicolas Maure, 1743–1795*, Auxerre: Imprimerie Moderne, 1989, pp. 215–16; Michel Biard, *Missionnaires de la République*, Paris: CTHS, 2002.

45. Mette Harder, 'A Second Terror: The Purges of French Revolutionary Legislators after Thermidor', *FHS*, 38 (2015), pp. 33–60. Barère would emerge as a secret agent under Bonaparte, but would be exiled after 1815 as a regicide.

46. Michael Kennedy, *The Jacobin Club of Marseilles, 1790–1794*, Ithaca, NY, and London: Cornell University Press, 1973, pp. 220–21.

47. D. M. G. Sutherland, *Murder in Aubagne: Lynching, Law, and Justice during the French Revolution*, Cambridge and New York: Cambridge University Press, 2009.

48. Stephen Clay, 'Vengeance, Justice and the Reactions in the Revolutionary Midi', *FH*, 23 (2009), pp. 22–46; Colin Lucas, 'Themes in Southern Violence after 9 Thermidor', in Gwynne Lewis and Colin Lucas (eds), *Beyond the Terror: Essays in French Regional and Social History, 1794–1815*, Cambridge: Cambridge

University Press, 1983, pp. 152–94.

49. Forrest, *Revolution in Provincial France*, p. 334; Mason, *Singing the French Revolution*, ch. 5.

50. Mason and Rizzo (eds), *French Revolution*, pp. 275–77.

51. On the links between internal and external counter-revolution, see Maurice Hutt, *Chouannerie and Counter- Revolution: Puisaye, the Princes and the British Government in the 1790s*, 2 vols, Cambridge: Cambridge University Press, 1983; William Fryer, *Republic or Restoration in France? 1794–1797: The Politics of French Royalism*, Manchester: Manchester University Press, 1965; Harvey Mitchell, *The Underground War against Revolutionary France: The Missions of William Wickham, 1794–1800*, Oxford: Oxford University Press, 1965.

52. Roger Dupuy, *La Noblesse entre l'exil et la mort*, Rennes: Éditions Ouest-France, 1989, pp. 102–09.

53. AD Morbihan, L1476. In 1829 the bones were exhumed and deposited in the vault of a memorial chapel at the Auray monastery, on what is now called the Champ des Martyrs. A plaque on a wall in the park of La Garenne in Vannes commemorates those shot there, including Hercé.

54. Michel Péronnet and Yannick Guin, *La Révolution dans la Loire-Inférieure*, Le Coteau: Horvath, 1989, pp. 144–46.

55. Daniel Nordman, 'Le Sacré du territoire sous la Révolution', in Raymonde Monnier (ed.), *Citoyens et citoyenneté sous la Révolution française*, Paris: SÉR, 2006, pp. 103–14.

56. Kindly translated by Margreet de Brie from the Amsterdamse Courant, 22 January 1795; and the town archives of Zaltbommel: 20 Archieven van de stad Zaltbommel (1293) 1327–1815; 20/1162 Dagboek van Joost Gerard Kist, predikant te Zaltbommel, 21 September 1794–17 June 1795. See Simon Schama, *Patriots and Liberators: Revolution in the Netherlands, 1780–1813*, New York: Vintage Books, 1977; Jonathan Israel, *The Dutch Republic: Its Rise, Greatness and Fall, 1477–1806*, Oxford: Oxford University Press, 1995.

57. Michael Rapport, 'The International Repercussions of the French Revolution', in Peter McPhee (ed.), *A Companion to the French Revolution*, Oxford: Wiley-Blackwell, 2013, pp. 390–94.

58. Michael Rapport, 'Belgium under French Occupation: Between Collaboration and Resistance, July 1794 to October 1795', *FH*, 16 (2002), pp. 53–82.

59. 'Lettres d' un jeune soldat des armées révolutionnaires à ses parents (1793–1795)', Fédération des sociétés d' histoire et d' archéologie de l' Aisne, 23 (1978), pp. 96–127.

60. Jacques Bernet, 'Les Grèves de moissonneurs ou "bacchanals" dans les campagnes d' Ile-deFrance et de Picardie au XVIIIe siècle', *Histoire et sociétés rurales*, 11 (1999), pp. 153–86.

61. BM Nancy, ms 1540/1.

62. BM Nancy, ms 1540/1.

63. BM Nancy, ms 1540/2.

64. William Doyle, *The Oxford History of the French Revolution*, 2nd ed., Oxford and New York: Oxford University Press, 2002, ch. 9. On the cosmopolitan and republican impulse of the Directory in foreign policy, see Pierre Serna (ed.), *Républiques sœurs: le Directoire et la Révolution atlantique*, Rennes: Presses Universitaires de Rennes, 2009.

65. Rapport, 'International Repercussions', p. 388.

66. C. A. Bayly, *The Birth of the Modern World, 1780–1914: Global Connections and Comparisons*, Oxford: Blackwell, 2004, ch. 3. The Cape was briefly returned to the Netherlands in 1804–06.

67. Laurent Dubois, *A Colony of Citizens: Revolution and Slave Emancipation in the French Caribbean, 1787–1804*, Chapel Hill, NC: University of North Carolina Press, 2004, p. 201.

68. MU, 11 Messisor Year III (29 June 1795), vol. 25, pp. 81, 92; Albert Soboul, *Comprendre la Révolution: problèmes politiques de la Révolution française (1789–1797)*, Paris: F. Maspero, 1981; translated by April A. Knutson as *Understanding the French Revolution*, New York: International Publishers, 1988, pp. 453–55.

69. Yannick Bosc and Sophie Wahnich (eds), *Les Voix de la Révolution. Projets pour la démocratie*, Paris: Documentation Française, 1990, pp. 50–51.

70. Stewart (ed.), *Documentary Survey*, pp. 572–612.

71. Andrew Jainchill, *Reimagining Politics after the Terror: The Republican Origins of French Liberalism*, Ithaca, NY, and London: Cornell University Press, 2008, p. 59.

72. Stewart (ed.), *Documentary Survey*, pp. 113–15, 454–68, 572–612.

73. Malcolm Crook, *Elections in the French Revolution: An Apprenticeship in Democracy, 1789–1799*, Cambridge and New York: Cambridge University Press, 1996, pp. 124–28.

第十五章　社会中有资本的人，1795—1797年

1. Michel Biard, *La Liberté ou la mort. Mourir en député, 1792–1795*, Paris: Tallandier, 2015.

2. See Pierre Serna, *La République des girouettes. 1789–1815 et au-delà, une anomalie politique: la France de l'extrême centre*, Seyssel: Champ- Vallon, 2005; D. M. G. Sutherland, *The French Revolution and Empire: The Quest for a Civic Order*, Oxford: Blackwell, 2003, ch. 8.

3. Jean-Pierre Jessenne, *Pouvoir au village et Révolution: Artois, 1760–1848*, Lille: Presses Universitaires de Lille, 1987.

4. BM Nancy, ms 1853.

5. Claudia Ulbrich, 'Sarreguemines en révolution ou l' histoire d' un "caméléon politique"' , *Annales de l'Est*, 44 (1992), pp. 26–29.

6. D. Lottin, *Recherches historiques sur la ville d'Orléans*, 8 vols, Orléans: Imprimerie Alexandre Jacob, 1836–45, vol. 6, pp. 1–2.

7. Jennifer Ngaire Heuer, *The Family and the Nation: Gender and Citizenship in Revolutionary France, 1789–1830*, Ithaca, NY, and London: Cornell University Press, 2005, p. 81.

8. Christine Adams, ' "Venus of the Capitol" : Madame Tallien and the Politics of Beauty under the Directory' , *FHS*, 37 (2014), pp. 599–629' .

9. AD Aisne, L 588.

10. Claude Bailly, *Journal d'un artisan tourangeau, 1789–1830*, Chinon: Amis du vieux Chinon, 1989, pp. 51–53.

11. Lottin, *Orléans*, vol. 6, pp. 29, 73–77.

12. Jean-Marie Augustin, *La Révolution française en Haut- Poitou et pays Charentais*, Toulouse: Privat, 1989.

13. François Gendron, *The Gilded Youth of Thermidor*, translated by James Cookson, Montreal and Kingston, ON, London, Buffalo, NY: McGill-Queen' s University Press, 1993, ch. 5.

14. Evangeline Bruce, *Napoleon and Josephine: An Improbable Marriage*, New York: Scribner, 1995, pp.

169–70 and chs 10–11; Philip Dwyer, *Napoleon: The Path to Power, 1769–1799*, London: Bloomsbury, 2007, chs 8–9.

15. Tom Reiss, *The Black Count: Glory, Revolution, Betrayal, and the Real Count of Monte Cristo*, New York: Crown, 2012.

16. Jean-Clément Martin, 'La Vendée. Enquête sur les crimes de la Révolution', *Histoire*, 377 (2012), pp. 40–61.

17. David Gilks, 'Art and Politics during the "First" Directory: Artists' Petitions and the Quarrel over the Confiscation of Works of Art from Italy', *FH*, 26 (2012), pp. 53–78.

18. Simon Lee, David, London: *Phaidon*, 1999, ch. 4.

19. Thomas E. Crow, *Emulation: David, Drouais, and Girodet in the Art of Revolutionary France*, New Haven, CT, and London: Yale University Press, 2006, pp. 225–28; Jeremy D. Popkin, *You Are All Free: The Haitian Revolution and the Abolition of Slavery*, New York: Cambridge University Press, 2010.

20. Martin J. S. Rudwick, Georges Cuvier, Fossil Bones, and Geological Catastrophes, Chicago, IL: University of Chicago Press, 1997.

21. BM Nancy, ms 1853, Abbé Jacques.

22. BM Nancy, ms 1853.

23. BM Nancy, ms 1853.

24. Roger Dupuy, *De la Révolution à la chouannerie. Paysans de Bretagne, 1788–1794*, Paris: Flammarion, 1988, p. 306; Dupuy, Bretagne, pp. 233–34; Jean- Clément Martin, 'The Vendée, Chouannerie, and the State, 1791–99', in Peter McPhee (ed.), *A Companion to the French Revolution*, Oxford: Wiley-Blackwell, 2013, ch. 15.

25. Alain Racineux, 'Du Faux- saunage à la chouannerie, au sud- est de la Bretagne', *Mémoires de la société d'histoire et d'archéologie de Bretagne*, 56 (1989), pp. 192–206.

26. Anne Brillet, 'La Vie tragique d' Éléonor d' Amphernet (1747–1796). Un héros de la chouannerie dans le Sud-Finistère', Les Cahiers de l' Iroise, 35 (1988), pp. 43–47.

27. These figures come from a register Sicre brought back with him to Saint Laurent and which is today in the archives of the parish church: Peter McPhee, 'Counter-Revolution in the Pyrenees: Spirituality, Class and Ethnicity in the Haut-Vallespir, 1793–1794', *FH*, 7 (1993), pp. 313–43.

28. Richard Cobb, *The Police and the People: French Popular Protest, 1789–1820,* Oxford: Oxford University Press, 1970, pp. 234–39; Colin Jones, 'Picking up the Pieces: The Politics and the Personnel of Social Welfare from the Convention to the Consulate', in Gwynne Lewis and Colin Lucas (eds), *Beyond the Terror: Essays in French Regional and Social History, 1794–1815*, Cambridge and New York: Cambridge University Press, 1983, pp. 53–91.

29. Christian Aubin, 'Les Assignats sous la Révolution française: un exemple d' hyperinflation', Revue économique, 42 (1991), pp. 745–61.

30. William Doyle, *The Oxford History of the French Revolution*, 2nd ed., Oxford and New York: Oxford University Press, 2002, p. 325.

31. AD Ain, État Civil de Bourg- en- Bresse.

32. Peter McPhee, *Revolution and Environment in Southern France: Peasant, Lords, and Murder in the Corbières, 1780–1830,* Oxford: Clarendon Press, 1999, p. 132.

33. Suzanne Desan, *Reclaiming the Sacred: Lay Religion and Popular Politics in Revolutionary France*, Ithaca, NY: Cornell University Press, 1990, p. 146; Olwen Hufton, 'Women in Revolution, 1789–1796', P&P, 53 (1971), p. 105; Olwen Hufton, *Bayeux in the Late Eighteenth Century: A Social Study*, Oxford: Oxford University Press, 1967, p. 232. A superb overview is Olwen Hufton, 'The Reconstruction of a Church, 1796–1801', in Lewis and Lucas (eds), *Beyond the Terror*, pp. 21–52.

34. Peter McPhee, *Collioure et la Révolution française, 1789–1815*, Perpignan: Le Publicateur, 1989, pp. 72–73.

35. R. B. Rose, *Gracchus Babeuf: The First Revolutionary Communist,* London: Edward Arnold, 1978; J. A. Scott (ed. and trans.), *The Defense of Gracchus Babeuf before the High Court of Vendôme*, Amherst, MA: University of Massachusetts Press, 1967.

36. Lottin, *Orléans*, vol. 5, p. 413.

37. Richard Cobb, *Reactions to the French Revolution*, London: Oxford University Press, 1972, ch. 5; Michel Vovelle, 'From Beggary to Brigandage: The Wanderers in the Beauce During the French Revolution', in Jeffry Kaplow (ed.), *New Perspectives on the French Revolution: Readings in Historical Sociology*, New York: John Wiley, 1965, pp. 287–304.

38. Richard Cobb, *Paris and its Provinces*, Oxford: Oxford University Press, 1975, ch. 5.

39. On the army under the Directory, see Jean-Paul Bertaud, *The Army of the French Revolution: From Citizen- Soldiers to Instrument of Power*, translated by R. R. Palmer, Princeton, NJ: Princeton University Press, 1988, chs 10–11. The question of how 'liberating' French armies were divides historians: see R. R. Palmer, *The Age of the Democratic Revolution: A Political History of Europe and America, 1760–1800*, 2 vols, Princeton, NJ: Princeton University Press, 1959, 1964, vol. 2; T. C. W. Blanning, *French Revolution in Germany: Occupation and Resistance in the Rhineland, 1792–1802*, Oxford: Oxford University Press, 1983.

40. Michael Rapport, *Nationality and Citizenship in Revolutionary France: The Treatment of Foreigners, 1789–1799*, Oxford: Clarendon Press, 2000.

41. Richard Rose, *The French at Fishguard: Fact, Fiction and Folklore*, London: Transactions of the Honourable Society of Cymmrodorian, 2003. On Wales, see the recent scholarship in M.-A. Constantine and D. Johnston (eds), *Footsteps of Liberty and Revolt: Essays on Wales and the French Revolution*, Cardiff: University of Wales Press, 2013; M. Löffler, *Welsh Responses to the French Revolution: Press and Public Discourse, 1789–1802*, Cardiff: University of Wales Press, 2012.

42. Antoine Vantuch, 'Un Savant Breton prêche la Révolution dans les Carpates', *Annales de Bretagne et des pays de l'ouest*, 96 (1989), pp. 485–89. Haquet was a remarkable polymath, having published multi-volume studies of geology, botany and ethnography in the Carpathians.

43. Michael Rapport, 'The International Repercussions of the French Revolution', in McPhee (ed.), *Companion*, pp. 390–93.

44. Rapport, 'International Repercussions', p. 389; Philipp Ziesche, *Cosmopolitan Patriots: Americans in Paris in the Age of Revolution, Charlottesville*, VA: University of Virginia Press, 2010, ch. 5.

45. Ian Germani, 'Military Justice under the Directory: The Armies of Italy and of the Sambre et Meuse', *FH*, 23 (2009), pp. 47–68.

46. Germani, 'Military Justice under the Directory'.

47. BM Nancy, ms 1540/3.

48. Étienne Jolicler, *Joliclerc, volontaire aux armées de la Révolution. Ses lettres (1793–1796)*, 4th ed., Paris: Perrin, 1905, pp. 241–45.

49. McPhee, *Revolution and Environment*, p. 136. Popular politics in the countryside are studied by Gwynne Lewis, *The Second Vendée: The Continuity of Counter- Revolution in the Department of the Gard, 1789–1815*, Oxford: Oxford University Press, 1978, ch. 3; Colin Lucas, 'Themes in Southern Violence after 9 Thermidor', in Gwynne Lewis and Colin Lucas (eds), *Beyond the Terror: Essays in French Regional and Social History, 1794–1815*, Cambridge: Cambridge University Press, 1983, pp. 152–94; Cobb, *Reactions to the French Revolution*, pp. 19–62; P. M. Jones, *The Peasantry in the French Revolution*, Cambridge: Cambridge University Press, 1988, pp. 240–47.

50. Cobb, *Police and the People*, p. 350.

51. Stephen Clay, 'Les Réactions du Midi: conflits, continuités et violences', *AHRF*, 345 (2006), pp. 55–91.

52. Nathalie Alzas, 'Les Rapports entre civils et militaires', in Annie Crépin, Jean-Pierre Jessenne and Hervé Leuwers (eds), *Civils, citoyens- soldats et militaires dans L'État- nation (1789–1815)*. Actes du colloque d'Arras (7–8 novembre 2003), Paris: SÉR, 2006, p. 70.

53. Christine Peyrard, 'L'Affaire du 26 Pluviôse an II à Avignon ou la tradition révolutionnaire du peuple en armes', in Jacques Bernet, Jean-Pierre Jessenne and Hervé Leuwers (eds), *Du Directoire au Consulat, vol. 1, Le Lien politique local dans la grande nation*, Villeneuve d'Ascq: Université Charles de Gaulle—Lille 3, 1999, pp. 55–70.

54. AD Loiret 2J 1983.

55. François Lebrun, *Parole de Dieu et Révolution. Les Sermons d'un curé angevin avant et pendant la guerre de Vendée*, Paris: Éditions Imago, 1988, p. 128.

56. Laura Mason and Tracey Rizzo (eds), *The French Revolution: A Document Collection*, Boston, MA, and New York: Houghton Mifflin, 1999, pp. 322–23.

57. Howard Brown, *War, Revolution, and the Bureaucratic State: Politics and Army Administration in France, 1791–1799*, Oxford: Clarendon Press, 1995, pp. 224–25; Brown, *Ending the French Revolution: Violence, Justice, and Repression from the Terror to Napoleon*, Charlottesville, VA: University of Virginia Press, 2006.

58. François Lebrun, *Parole de Dieu et Révolution. Les Sermons d'un curé angevin avant et pendant la guerre de Vendée*, Paris: Éditions Imago, 1988, p. 130; Joël Cornette, *Histoire de la Bretagne et des Bretons*, Paris: Éditions du Seuil, 2005, vol. 2, pp. 609–10. Only the Concordat with the papacy and the construction of the garrison town of Pontivy in 1802 would quieten the region.

59. Bruce, *Napoleon and Josephine*, p. 97. Accessible accounts of Napoleon's rise are Malcolm Crook, *Napoleon Comes to Power: Democracy and Dictatorship in Revolutionary France, 1795–1804*, Cardiff: University of Wales Press, 1998; Dwyer, *Napoleon: the Path to Power; and Robert Asprey, The Rise of Napoleon Bonaparte*, New York: Basic Books, 2000.

60. From Laura Mason, *Singing the French Revolution: Popular Culture and Politics, 1787–1799*, Ithaca, NY: Cornell University Press, p. 199; Brigitte Level, *À travers deux siècles. Le Caveau: société bachique et chantante, 1726–1939*, Paris: Presses de l'Université de Paris-Sorbonne, 1988.

61. Andrew Jainchill, *Reimagining Politics after the Terror: The Republican Origins of French Liberalism*, Ithaca, NY, and London: Cornell University Press, 2008; Brown, *War, Revolution, and the Bureaucratic State*;

Serna, République des girouettes.

第十六章　伟大国家与其敌人，1797—1799年

1. Louis-Sébastien Mercier, *Panorama of Paris: Selections from Tableau de Paris*, translated by Helen Simpson and Jeremy D. Popkin, University Park, PA: Pennsylvania State University Press, c. 1999.

2. James Livesey, *Making Democracy in the French Revolution*, Cambridge, MA, and London: Harvard University Press, 2001, esp. p. 244.

3. Andrew Jainchill, *Reimagining Politics after the Terror: The Republican Origins of French Liberalism*, Ithaca, NY, and London: Cornell University Press, 2008, pp. 114–17. Théremin had been born in Prussia of Huguenots who had fled France after the revocation of the Edict of Nantes in 1685.

4. Paul Friedland, Seeing *Justice Done: The Age of Spectacular Capital Punishment in France*, Oxford: Oxford University Prcss, 2012, p. 268.

5. Martine Taroni, *Un Prêtre en révolution. François- Yves Besnard, souvenirs d'un nonagenaire*, Rennes: PUF, 2011; François- Yves Besnard, Souvenirs d' un nonagenaire, 2 vols, Paris: H. Champion, 1880.

6. BM Nancy, ms 1715.

7. Éric Hartmann, *La Révolution française en Alsace et en Lorraine*, Paris: Perrin, 1990, pp. 482–83.

8. Richard B. Fisher, *Edward Jenner, 1749–1823*, London: André Deutsch, 1991.

9. MU, 2 August 1793, vol. 17, 287; John Hall Stewart (ed.), *A Documentary Survey of the French Revolution*, New York: Macmillan, 1951, pp. 503–05; Josef Konvitz, *Cartography in France, 1660–1848: Science, Engineering, and Statecraft*, Chicago, IL: University of Chicago Press, 1987.

10. Caroline Fayolle, 'Des Institutrices républicaines (1793–1799)' , *AHRF*, 368 (2012), pp. 87–103.

11. Jacques Debal, *Orléans. Une ville, une histoire*, 2 vols, Orléans: x-nova, 1998, vol. 2, p. 171.

12. E. C. Spary, *Utopia's Garden: French Natural History from Old Regime to Revolution*, Chicago, IL, and London: University of Chicago Press, 2000, for example, p. 152.

13. Victoria Johnson, *Backstage at the Revolution: How the Royal Paris Opera Survived the End of the Old Regime*, Chicago, IL, and London: University of Chicago Press, 2008, especially pp. 191–93.

14. Claire Cage, ' "Celibacy is a Social Crime" : The Politics of Clerical Marriage' , *FHS*, 36 (2013), pp. 623–26; Alyssa Goldstein Sepinwall, *The Abbé Grégorie and the French Revolution: The Making of Modern Universalism*, Berkeley and Los Angeles, CA: University of California Press, 2005.

15. P. Delarue, *Un aumônier des Chouans, l'abbé Nicolas- François Faligant, 1755–1813*, Rennes: Plihon and Hommay; Nantes: Durance, 1910.

16. AD Meurthe-et-Moselle, ms SAL 159.

17. Overviews of foreign policy include William Doyle, *The Oxford History of the French Revolution*, 2nd ed., Oxford and New York: Oxford University Press, 2002, ch. 15; Jacques Godechot, *La Grande Nation: l'expansion révolutionnaire de la France dans le monde de 1789 à 1799*, Paris: Aubier, 1956.

18. Stuart J. Woolf, *A History of Italy*, London: Methuen, 1979; Bernard Gainot, 'War and Citizenship: Central Italy, 1798–1799' , in Pierre Serna, Antonino de Francesco and Judith A. Miller (eds), *Republics at War, 1776–1840: Revolutions, Conflicts, and Geopolitics in Europe and the Atlantic World*, Basingstoke: Palgrave Macmillan, 2013.

19. David Gilks, 'Attitudes to the Displacement of Cultural Property in the Wars of the French Revolution and Napoleon', *HJ*, 56 (2013)', pp. 113–43.

20. L. Duchet (ed.), *Deux Volontaires de 1791. Les frères Favier de Montluçon. Journal et lettres*, Montluçon: A. Herbin, 1909, pp. 156–57.

21. Michael Rapport, 'The International Repercussions of the French Revolution', in Peter McPhee (ed.), *A Companion to the French Revolution*, Oxford: Wiley-Blackwell, 2013, pp. 387–88. See Raymond Kubben, *Regeneration and Hegemony: Franco- Batavian Relations in the Revolutionary Era, 1795–1803*, Leiden and Boston, MA: Martinus Nijhoff Publishers, 2011; Simon Schama, *Patriots and Liberators: Revolution in the Netherlands, 1780–1813*, New York: Vintage Books, 1977.

22. T. C. W. Blanning, *The French Revolution in Germany: Occupation and Resistance in the Rhineland, 1792–1802*, Oxford: Clarendon Press, 1983, especially pp. 326–29.

23. Rapport, 'International Repercussions', pp. 392–93.

24. Sylvain Sick, 'Les Nouveaux Français et l' armée dans les départements du Léman et du Mont-Blanc', in Annie Crépin, Jean-Pierre Jessenne and Hervé Leuwers (eds), *Civils, citoyens- soldats et militaires dans L'État- nation (1789–1815).* Actes du colloque d' Arras (7–8 novembre 2003), Paris: SÉR, 2006, pp. 77–86; Mark H. Lerner, 'The Helvetic Republic: An Ambivalent Reception of French Revolutionary Liberty', *FH*, 18 (2004), pp. 50–75; Robert Chagny (ed.), *La Révolution française: idéaux, singularités, influences*, Grenoble: Presses Universitaires de Grenoble, 2002, pp. 131–93.

25. Jean-Pierre Poussou (ed.), *Le Bouleversement de l'ordre du monde. Révoltes et révolutions en Europe et aux Amériques à la fin du 18e siècle*, Paris: Sedes, 2004.

26. Marianne Elliott, Wolfe Tone, 2nd ed., Chicago, IL: University of Chicago Press, 2012; Sylvie Kleinman, 'Theobald Wolfe Tone' s Mission to France 1796–1798', in Serna, De Francesco and Miller (eds), *Republics at War*.

27. Alexandra Sfini, 'Langages de la Révolution et transferts conceptuels. La Constitution montagnarde en grec', *AHRF*, 347 (2007), pp. 83–92.

28. Philipp Ziesche,*Cosmopolitan Patriots: Americans in Paris in the Age of Revolution*, Charlottesville, VA, and London: University of Virginia Press, 2010, chs 5, 6 and Epilogue.

29. Alan Forrest, *Conscripts and Deserters: The Army and French Society during the Revolution and Empire*, Oxford: Oxford University Press, 1989, pp. 34–36.

30. Claude Bailly, *Journal d'un artisan tourangeau, 1789–1830*, Chinon: Amis du Vieux Chinon, 1989, pp. 73, 78.

31. Alan Forrest, 'Conscription and Crime in Rural France during the Directory and Consulate', in Gwynne Lewis and Colin Lucas (eds), *Beyond the Terror: Essays in French Regional and Social History, 1794–1815*, Cambridge and New York: Cambridge University Press, 1983, pp. 92–120.

32. Léon Dubreuil, *Les Vicissitudes du domaine congéable en Basse- Bretagne à l'époque de la Révolution*, 2 vols, Rennes: Imprimerie Oberthur, 1915, vol. 1, pp. 22–26; vol. 2, p. 276; Alain Le Bloas, 'La Question du domaine congéable dans l' actuel Finistère à la veille de la Révolution', *AHRF*, 331 (2003), pp. 1–27.

33. Alain Corbin, *Village Bells: Sound and Meaning in the 19th- Century French Countryside*, translated by Martin Thom, New York: Columbia University Press, 1998, p. 33.

34. AD Charente-Maritime; Jean- Marie Augustin, La Révolution française en Haut- Poitou et pays

Charentais, Toulouse: Privat, 1993.

35. Alan Forrest, *Soldiers of the French Revolution*, Durham, NC: Duke University Press, 1990, pp. 158, 170.

36. See J. F. Bosher (ed.), *French Government and Society, 1500–1850: Essays in Memory of Alfred Cobban*, London: Athlone Press, 1973, p. 286.

37. D. Lottin, *Recherches historiques sur la ville d'Orléans*, 8 vols, Orléans: Imprimerie Alexandre Jacob, 1836–45, vol. 6, pp. 154–55.

38. Frédéric Derne, 'La Chanson, "arme" révolutionnaire et chambre d' écho de la société en Auvergne' , *AHRF*, 341 (2005), pp. 50–51.

39. Laura Mason and Tracey Rizzo (eds), *The French Revolution: A Document Collection*, Boston, MA, and New York: Houghton Mifflin, 1999, pp. 318–19.

40. Ian Coller, 'Egypt in the French Revolution' , in Suzanne Desan, Lynn Hunt and William Max Nelson (eds), *The French Revolution in Global Perspective*, Ithaca, NY, and London: Cornell University Press, 2013, pp. 120–22.

41. Henry Laurens, *L'Expédition d'Egypte, 1798–1801*, Paris: Armand Colin, 1989, pp. 75–77.

42. Ian Coller, *Arab France: Islam and the Making of Modern Europe, 1798–1831*, Berkeley, Los Angeles, CA, and London: University of California Press, 2011, ch. 1; Coller, 'Egypt in the French Revolution' .

43. Coller, 'Egypt in the French Revolution' ; Claude Petitfrère (ed.), Le Général Dupuy et sa correspondance (1792–1798), Paris: SÉR, 1962; La Campagne d' Égypte 1798–1891. Mythes et réalités. Actes du colloque des 16 et 17 juin 1998, Paris: Éditions In Forma, 1998.

44. Rapport, 'International Repercussions' , p. 389; Anon., 'France and the Early Modern Mediterranean' , special issue of FH, 29 (2015).

45. Evangeline Bruce, *Napoleon and Josephine: An Improbable Marriage*, New York: Scribner, 1995, chs 15–19; Philip Dwyer, *Napoleon: The Path to Power, 1769–1799*, London: Bloomsbury, 2007, chs 14–21; Coller, *Arab France*, ch. 1.

46. Simon Lee, *David*, London: Phaidon, 1999, ch. 4.

47. Jacques Godechot, *La Révolution française dans le Midi toulousain*, Toulouse: Éditions Privat, 1986, ch. 6; Martyn Lyons, *Revolution in Toulouse: An Essay on Provincial Terrorism*, Bern: Lang, 1978.

48. Howard Brown, *War, Revolution, and the Bureaucratic State: Politics and Army Administration in France, 1791–1799*, Oxford: Clarendon Press, 1995, chs 8–9; Brown, 'The Politics of Public Order, 1795–1802' , in David Andress (ed.), *The Oxford Handbook of the French Revolution*, Oxford: Oxford University Press, 2015, ch. 31.

49. Louis-Sébastien Mercier, *Paris pendant la Révolution (1789–1798) ou le nouveau Paris*, Paris: Livre Club du Librairie, 1962, pp. 307–09; Jean-René Suratteau and François Gendron (eds), *Dictionnaire historique de la Révolution française*, Paris: PUF, 1989.

50. Stewart (ed.), *Documentary Survey*, p. 780.

51. Katherine Taylor, 'Geometries of Power: Royal, Revolutionary, and Post-Revolutionary French Courtrooms' , *Journal of the Society of Architectural Historians*, 72 (2013), pp. 434–74.

52. Livesey, Making Democracy, and Brown, War, Revolution, and the Bureaucratic State, place contrasting emphasis on these dimensions of the Directory.

53. Corbin, *Village Bells*, pp. 32–40.

54. AD Loiret 2J 1983, J 557, Paul Guillaume, 'La Vie dans l' Orléanais de 1788 à 1818, d' après le journal inédit d' une famille' , unpublished ms, Orléans c. 1960.

第十七章　法国大革命的意义

1. La Tour du Pin, Madame de, *Memoirs: Laughing and Dancing our Way to the Precipice*, translated by Felice Harcourt, London: Harvill Press, 1999, pp. 93–94, 243–44. This noblewoman is the heroine of the conclusion to Simon Schama, *Citizens: A Chronicle of the French Revolution*, New York: Alfred A. Knopf, 1989, pp. 861–66. The family had been given its title at Louis' coronation in 1775. It became embroiled in a royalist plot in the Vendée in 1831 and again fled France. Lucy died in Pisa in 1853.

2. Marc Bloch, *The Royal Touch: Sacred Monarchy and Scrofula in England and France*, translated by J. E. Anderson, London: Routledge and Kegan Paul, 1973, first published 1924.

3. These shifts are explored expertly by Carla Hesse, *Publishing and Cultural Politics in Revolutionary Paris, 1789–1810*, Berkeley, CA: University of California Press, 1991; Emmet Kennedy, *A Cultural History of the French Revolution*, New Haven, CT, and London: Yale University Press, 1989.

4. This is the core argument of Micah Alpaugh, *Non-Violence and the French Revolution: Political Demonstrations in Paris*, 1787–1795, Cambridge: Cambridge University Press, 2014. Cf. Schama, Citizens, for whom violence was the essence of the Revolution.

5. Léo Hamon (ed.), *La Révolution à travers un département (Yonne)*, Paris: Éditions de la Maison des Sciences de l' Homme, 1990, chs 8–9.

6. Lynn Hunt, *Politics, Culture, and Class in the French Revolution*, Berkeley, CA: University of California Press, 1984, ch. 5; Michael Kennedy, *The Jacobin Club of Marseilles, 1790–1794*, Ithaca, NY, and London: Cornell University Press, 1973; Malcolm Crook, *Elections in the French Revolution: An Apprenticeship in Democracy, 1789–1799*, Cambridge and New York: Cambridge University Press, 1996, pp. 17, 160, Conclusion; Melvin Edelstein, 'Les Maires des chefs-lieux de département de 1789 à 1792: une prise de pouvoir par la bourgeoisie?' , in Jean-Pierre Jessenne (ed.), *Vers un Ordre bourgeois? Révolution française et changement social*, Rennes: Presses Universitaires de Rennes, 2007, pp. 199–210.

7. Benedict Anderson, I*magined Communities: Reflections on the Origin and Spread of Nationalism*, London and New York: Verso, 1983.

8. Jean-Clément Martin, 'Dénombrer les victimes de la Terreur. La Vendée et au-delà' , in Michel Biard and Hervé Leuwers (eds), *Visages de la Terreur. L'Exception politique de l'an II*, Paris: Armand Colin, 2014, pp. 155–65; Michel Biard and Pascal Dupuy, *La Révolution française. Dynamique et ruptures, 1787–1804*, 2nd ed., Paris: Armand Colin, 2008, p. 278.

9. Howard Brown, *War, Revolution, and the Bureaucratic State: Politics and Army Administration in France, 1791–1799*, Oxford: Clarendon Press, 1995, ch. 10; Vincent Denis, *Une Histoire de l'identité, France, 1715–1815*, Paris: SÉR, 2008; Serge Aberdam, Démographes et démocrates. L' Oeuvre du Comité de division de la Convention nationale, Paris: SÉR, 2004.

10. Annie Crépin, 'The Army of the Republic: New Warfare and a New Army' , in Pierre Serna, Antonino De Francesco and Judith A. Miller (eds), *Republics at War, 1776–1840: Revolutions, Conflicts, and Geopolitics in Europe and the Atlantic World*, Basingstoke: Palgrave Macmillan, 2013, expertly synthesizes a vast body of

historical research.

11. A. Rapoport (ed.), *Clausewitz: On War*, London: Penguin, 1982, pp. 384–86.

12. John G. Gallaher, *General Alexandre Dumas: Soldier of the French Revolution*, Carbondale and Edwardsville, IL: Southern Illinois University Press, 1997, Conclusion; Ken Alder, *Engineering the French Revolution: Arms and the Enlightenment in France, 1763–1815*, Princeton, NJ: Princeton University Press, 1997; Rafe Blaufarb, *The French Army, 1750–1820: Careers, Talent, Merit*, Manchester and New York: Manchester University Press, 2002, ch. 6 and Conclusion.

13. See David Bell, *The First Total War: Napoleon's Europe and the Birth of Modern Warfare*, Boston, MA: Houghton Mifflin; London: Bloomsbury, 2007; Hervé Drévillon, *Guerres et armées napoléoniennes: nouveaux regards*, Paris: Éditions Nouveau Monde, 2013.

14. Peter McPhee, *Revolution and Environment in Southern France: Peasant, Lords, and Murder in the Corbières, 1780–1830*, Oxford: Clarendon Press, 1999, ch. 1. For another example see Dominique Flon, 'La Révolution et la fin du particularisme lorrain', in Laurent Versini et al., Nancy et la Lorraine sous la Révolution, Jarville-La Malgrange: Éditions de l'Est, 1990, pp. 47–63.

15. Alan Forrest, *Paris, the Provinces and the French Revolution*, London: Arnold, 2004; Michel de Certeau, Dominique Julia and Jacques Revel, *Une Politique de la langue: la Révolution française et les patois. L'enquête de Grégoire*, Paris: Gallimard, 1975.

16. Ferdinand Brunot, *Histoire de la langue française des origines à 1900*, vol. 9, 1ère partie, Paris: Armand Colin, 1927, pp. 13–14.

17. Cited in Roger Dupuy, *De la Révolution à la chouannerie. Paysans de Bretagne, 1788–1794*, Paris: Flammarion, 1988, pp. 7–8. See Patrice Higonnet, 'The Politics of Linguistic Terrorism and Grammatical Hegemony during the French Revolution', *SH*, 5 (1980), pp. 41–69; Martyn Lyons, 'Politics and Patois: The Linguistic Policy of the French Revolution', *Australian Journal of French Studies*, 18 (1981), pp. 264–81.

18. Yannick Bosc and Sophie Wahnich (eds), *Les Voix de la Révolution. Projets pour la démocratie*, Paris: La Documentation Française, 1990, pp. 187–90.

19. On women's participation in the Revolution, see R. B. Rose, *Tribunes and Amazons: Men and Women of Revolutionary France, 1789–1871*, Sydney: Macleay Press, 1998, chs 14, 15; Joan Landes, *Women and the Public Sphere in the Age of the French Revolution*, Ithaca, NY: Cornell University Press, 1988, ch. 6, Conclusion; Carla Hesse, *The Other Enlightenment: How French Women Became Modern*, Princeton, NJ: Princeton University Press, 2001; and the special issue of AHRF, 'La Prise de parole publique des femmes', 344 (2006). A negative view of the impact of the Revolution on women is by Candice E. Proctor, *Women, Equality, and the French Revolution*, Westport, CT: Greenwood Press, 1990.

20. Anne Verjus, *Le Bon mari: une histoire politique des hommes et des femmes à l'époque révolutionnaire*, Paris: Fayard, 2010; Lynn Hunt, The Family Romance of the French Revolution. London: Routledge, 1992.

21. Suzanne Desan, *The Family on Trial in Revolutionary France*, Berkeley and Los Angeles, CA, and London: University of California Press, 2004; Roderick Phillips, Family Breakdown in *Late- Eighteenth Century France: Divorces in Rouen 1792–1803*, Oxford: Oxford University Press, 1980.

22. Suzanne Desan, '"War between Brothers and Sisters": Inheritance Law and Gender Politics in Revolutionary France', *FHS*, 20 (1997), pp. 624, 628; Desan, *Family on Trial*; Élisabeth G. Sledziewski, 'The French Revolution as the Turning Point', in Geneviève Fraisse and Michelle Perrot (eds), *A History of Women in*

the West: Emerging Feminism from Revolution to World War, translated by Arthur Goldhammer, Cambridge, MA: Harvard University Press, 1993; P. Viallaneix and J. Ehrard (eds), *Aimer en France, 1760–1860, Actes du colloque international de Clermont- Ferrand*, Clermont-Ferrand: Faculté des Lettres et Sciences Humaines, 1980.

23. Jacques Poumarède, ‘La Législation successorale’, in I. Théry and C. Biet (eds), *La Famille, la loi, l'État. De la Révolution au Code Civil*, Paris: Imprimerie Nationale, 1989; Margaret H. Darrow, *Revolution in the House: Family, Class and Inheritance in Southern France, 1775–1825*, Princeton, NJ: Princeton University Press, 1989; P. M. Jones, *Politics and Rural Society: The Southern Massif Central c. 1750–1880*, Cambridge: Cambridge University Press, 1985, pp. 101–04; Louis Assier-Andrieu, ‘Custom and Law in the Social Order: Some Reflections upon French Catalan Peasant Communities’, *Law and History Review*, 1 (1984), pp. 86–94.

24. Jeremy D. Popkin, *A Concise History of the Haitian Revolution*, Oxford: Wiley-Blackwell, 2012, p. 141.

25. Abel Louis, *Les Libres de couleur en Martinique*, 3 vols, Paris: L' Harmattan, 2012, vol. 2; Laurent Dubois, ‘Slavery in the Age of Revolution’; Karl Noël, *L'Esclavage à l'Ile de France (Ile Maurice) de 1715 à 1810*, Paris: Éditions Two Cities ETC, 1991, chs 2, 13.

26. Historians disagree about the significance and nature of the Revolution's economic impact. Marxist historians have seen it as crucial in accelerating the trend to capitalism: see Albert Soboul in Pierre Léon et al., *Histoire économique et sociale de la France*, vol. 3, Paris: PUF, 1976; Gwynne Lewis, *The Advent of Modern Capitalism in France, 1770–1840: The Contribution of Pierre- François Tubeuf*, Oxford: Clarendon Press, 1993; Henry Heller, *The Bourgeois Revolution in France, 1789–1815*, New York and Oxford: Berghahn Books, 2006. Others have seen it as destructive: see Florent Aftalion, *The French Revolution: An Economic Interpretation*, translated by M. Thom, Cambridge: Cambridge University Press, 1990. Nuanced overviews are provided by the contributors to Gérard Gayot and Jean-Pierre Hirsch (eds), *La Révolution française et le développement du capitalisme*, Villeneuve d' Ascq: Revue du Nord, 1989; Jeff Horn, ‘Lasting Economic Structures: Successes, Failures, and Revolutionary Political Economy’, and Jennifer Ngaire Heuer, ‘Did Everything Change? Rethinking Revolutionary Legacies’, in David Andress (ed.), *The Oxford Handbook of the French Revolution*, Oxford: Oxford University Press, 2015, chs 35–36.

27. Paul Butel, ‘The Revolution and the Urban Economy’, in Alan Forrest and Peter Jones (eds), *Reshaping France; Révolution de 1789: Guerres et croissance économique*, special issue of Revue économique, 40 (1989), pp. 939–84.

28. François Crouzet, ‘Les Origines du sous-développement économique du sud-ouest’, *Annales du Midi*, 71 (1959), pp. 3–21; Denis Woronoff, *L'Industrie sidérurgique en France pendant la Révolution et l'Empire*, Paris: ÉHÉSS, 1984; Christopher H. Johnson, *The Life and Death of Industrial Languedoc, 1700–1920*, New York and Oxford: Oxford University Press, 1995, pp. 13–15.

29. Geneviève Koubi (ed.), *Propriété et Révolution: Actes du colloque de Toulouse*, 1989, Paris: CNRS, 1990.

30. Steven L. Kaplan, *La Fin des corporations*. Paris: Fayard, 2001; William H. Sewell, *Work and Revolution in France: The Language of Labor from the Old Régime to 1848*, Cambridge: Cambridge University Press, 1980; Gail Bossenga, *The Politics of Privilege: Old Regime and French Revolution in Lille*, Cambridge: Cambridge University Press, 1991, Conclusion.

31. David Garrioch, *The Making of Revolutionary Paris*, Berkeley and Los Angeles, CA, and London: University of California Press, 2002, pp. 303, 306–09, Epilogue.

32. John McManners, *French Ecclesiastical Society under the Ancien Régime: A Study of Angers in the*

Eighteenth Century, Manchester: Manchester University Press, 1960, chs 1, 12; Olwen Hufton, 'Women in Revolution, 1789–1796', P&P, 53 (1971), pp. 90–108.

33. Robert Forster, 'The Survival of the Nobility during the French Revolution', P&P, 37 (1967), pp. 71–86; Forster, 'The French Revolution and the "New" Elite, 1800–1850', in J. Pelenski (ed.), *The American and European Revolutions, 1776–1848*, Iowa City: University of Iowa Press, 1980, pp. 182–207.

34. McPhee, *Revolution and Environment*, p. 168.

35. Louis Bergeron, Guy Chaussinand-Nogaret and Robert Forster, 'Les Notables du "Grand Empire" en 1810', *Annales*, 26 (1971), pp. 1,052–75. The standard statistical works on the emigration and executions remain Donald Greer, T*he Incidence of the Terror during the French Revolution: A Statistical Interpretation*, Cambridge, MA: Harvard University Press, 1935, and Greer, *The Incidence of the Emigration during the French Revolution*, Cambridge, MA: Harvard University Press, 1951.

36. Georges Lefebvre, 'La Révolution française et les paysans', in Lefebvre, *Études sur la Révolution française*, Paris: PUF, 1954, p. 257; Alfred Cobban, *The Social Interpretation of the French Revolution*, Cambridge: Cambridge University Press, 1964, chs 7, 12, 14; P. M. Jones, 'Agricultural Modernization and the French Revolution', *Journal of Historical Geography*, 16 (1990), pp. 38–50; T. J. A. Le Goff and D. M. G. Sutherland, 'The Revolution and the Rural Economy', in Forrest and Jones (eds), *Reshaping France*.

37. This is the overarching argument of John Markoff, *The Abolition of Feudalism: Peasants, Lords, and Legislators in the French Revolution*, University Park, PA: Pennsylvania State University Press, 1996; Peter McPhee, *Living the French Revolution, 1789–99*, London and New York: Palgrave Macmillan, 2006.

38. Arthur Young, *Travels in France during the Years 1787, 1788 and 1789*, New York: Anchor Books, 1969, p. 351.

39. Bernard Bodinier, 'La Révolution française et la question agraire: un bilan national en 2010', *Histoire et sociétés rurales*, 33 (2010), pp. 7–47; Nicolas Marqué, 'Toulouse, ville à vendre? Saisie et devenir des biens nationaux dans l' ancienne capitale du Languedoc (2 novembre 1789–5 décembre 1814)', *Annales du Midi*, 126 (2014), pp. 439–66.

40. Bernard Bodinier and Éric Teyssier, *L'Événement le plus important de la Révolution: la vente des biens nationaux en France et dans les territoires annexés, 1789–1867*, Paris: SÉR, 2000; P. M. Jones, *The Peasantry in the French Revolution*, Cambridge: Cambridge University Press, 1988, pp. 7–9; Jones, *Liberty and Locality in Revolutionary France: Six Villages Compared, 1760–1820*, Cambridge: Cambridge University Press, 2003, pp. 245–50.

41. Gilles Postel-Vinay, 'À la Recherche de la Révolution économique dans les campagnes (1789–1815)', *Revue économique,* 6 (1989), pp. 1,015–45.

42. Charles-Joseph Trouvé, *États de Languedoc et département de l'Aude*, 2 vols, Paris: Imprimerie Nationale, 1818, vol. 1, pp. 452–53, 563.

43. Cited by Gillian Tindall, *Footprints in Paris: A Few Streets, a Few Lives*, London: Chatto and Windus, 2009, p. 39.

44. Patrice L. R. Higonnet, *Pont- de- Montvert: Social Structure and Politics in a French Village, 1700–1914*, Cambridge, MA: Harvard University Press, 1971, p. 97.

45. Anatolï Ado, *Paysans en Révolution. Terre, pouvoir et jacquerie, 1789–1794*, Paris: SÉR, 1996, p. 6, Conclusion; Florence Gauthier, *La Voie paysanne dans la Révolution française: l'exemple picard*, Paris: François Maspero, 1977; Paul T. Hoffman, *Growth in a Traditional Society: The French Countryside,*

1450–1815, Princeton, NJ: Princeton University Press, 1996; Peter McPhee, 'The French Revolution, Peasants, and Capitalism', *AHR*, 94 (1989), pp. 1265–80; McPhee, *Revolution and Environment*, ch. 7; Noelle L. Plack, *Common Land, Wine and the French Revolution: Rural Society and Economy in Southern France, c. 1789–1820*, Farnham, Surrey, and Burlington, VT: Ashgate, 2009; James Livesey, 'Material Culture, Economic Institutions and Peasant Revolution in Lower Languedoc 1770–1840', P&P, 182 (2004), pp. 143–73.

46. Olwen Hufton, *Bayeux in the Late Eighteenth Century: A Social Study*, Oxford: Oxford University Press, 1967; Plack, Common Land, ch. 6; McPhee, *Revolution and Environment*, ch. 7.

47. Livesey, 'Material Culture', p. 164.

48. Serge Chassagne, 'L' Industrie lainière en France à l' époque révolutionnaire et impériale, 1790–1810', in Albert Soboul (ed.), *Voies nouvelles pour l'histoire de la Révolution française*, Paris: Bibliothèque Nationale, 1978, pp. 143–167; Nadine Vivier, *Propriété collective et identité communale: les biens communaux en France, 1750–1914*, Paris: Publications de la Sorbonne, 1998; Peter McPhee, ' "The misguided greed of peasants"? Popular Attitudes to the Environment in the Revolution of 1789', *FHS*, 24 (2001), pp. 247–69.

49. Denis Woronoff (ed.), *Révolution et espaces forestiers. Colloque des 3 & 4 juin 1987, Groupe d'histoire des forets francaises*, Paris: L' Harmattan, 1988; Andrée Corvol (ed.), *La Nature en Révolution. Colloque Révolution, nature, paysage et environnement,* Paris: Harmattan, 1993; Kieko Matteson, *Forests in Revolutionary France: Conservation, Community, and Conflict, 1669–1848*, Cambridge: Cambridge University Press, 2014, pp. 187–98.

50. T. J. A. Le Goff, *Vannes and its Region: A Study of Town and Country in Eighteenth- Century France*, Oxford: Clarendon Press, 1981, pp. 343–53.

51. Anthony Crubaugh, *Balancing the Scales of Justice: Local Courts and Rural Society in Southwest France, 1750–1800*, University Park, PA: Pennsylvania State University Press, 2001.

52. Hufton,Bayeux, 264–80; Claude Langlois and Timothy Le Goff, 'Les Vaincus de la Révolution: jalons pour une sociologie des prêtres mariés', in Soboul (ed.), *Voies nouvelles*.

53. Claude Langlois, *Le Catholicisme au féminin: les congrégations françaises à supérieure générale au XIXe siècle*, Paris: Cerf, 1984.

54. Jay Berkovitz, 'The French Revolution and the Jews: Assessing the Cultural Impact', *AJS Review*, 20 (1995), pp. 25–86; Christian Pfister, *Histoire de Nancy*, vol. 3, Paris: Éditions duPalais Royal; Nancy: Éditions Berger-Levrault, 1974, vol. 3, pp. 333–34; AD Meurthe-etMoselle, ms SAL 430, 159.

55. There is an important article by Paul Spagnoli, 'The Unique Decline of Mortality in Revolutionary France', *Journal of Family History*, 22 (1997), pp. 425–61. See too Jacques Dupâquier, Histoire de la population française, vol. 3, Paris: PUF, 1988, ch. 7; Étienne van de Walle, 'Motivations and Technology in the Decline of French Fertility', in R. Wheaton and T. K. Hareven (eds), *Family and Sexuality in French History*, Philadelphia, PA: University of Pennsylvania Press, 1980, pp. 135–78.

56. Jeff Horn, *The Path Not Taken: French Industrialization in the Age of Revolution*, Cambridge, MA: MIT Press, 2006.

57. Among the best, contrasting overviews of how the revolutionary legacy played out over the course of the nineteenth century within France are Maurice Agulhon, *Marianne into Battle: Republican Imagery and Symbolism in France, 1789–1880*, translated by Janet Lloyd, Cambridge and New York: Cambridge University Press, 1981; and François Furet, *Revolutionary France, 1770–1880*, translated by Antonia Nevill, Oxford:

Blackwell, 1992. See also Jeremy Jennings, *Revolution and the Republic: A History of Political Thought in France since the Eighteenth Century*, Oxford: Oxford University Press, 2011; Robert Gildea, *The Past in French History*, New Haven, CT, and London: Yale University Press, 1994; Pascal Dupuy, 'The Revolution in History, Commemoration, and Memory', in Peter McPhee (ed.), *A Companion to the French Revolution*, Oxford: Wiley-Blackwell, 2013, ch. 29.

58. Alan Forrest, *The Legacy of the French Revolutionary Wars: The Nation- in- Arms in French Republican Memory*, Cambridge: Cambridge University Press, 2009.

59. Laura Mason and Tracey Rizzo (eds), *The French Revolution: A Document Collection*, Boston, MA, and New York: Houghton Mifflin, 1999, pp. 313–17.

60. Alexis de Tocqueville, *Democracy in America*, translated by Henry Reeve, New York: Alfred A. Knopf, 1945, Section IV, ch. 8.

61. See, for example, André Jardin, *Tocqueville*, New York: Farrar Straus Giroux, 1989.

62. A brilliant example is explored by Guillaume Mazeau, *Le Bain de l'histoire: Charlotte Corday et l'attentat contre Marat, 1793–2009*, Seyssel: Champ Vallon, 2009; See, too, Biard and Leuwers (eds), *Visages de la Terreur*.

63. *Les Paysans*, translated as Sons of the Soil by Katharine Prescott Wormeley, Boston: Roberts Brothers, 1891, pp. 240–43.

64. Tom Reiss, *The Black Count: Glory, Revolution, Betrayal, and the Real Count of Monte Cristo*, New York: Crown, 2012. Dumas was the highest-ranking black officer in a European army before or since; in 1802, however, Bonaparte removed black officers from the army. Dumas set the story after 1814.

65. See the recent polemic by former Prime Minister Lionel Jospin, Le Mal napoléonien, Paris: Éditions du Seuil, 2014.

66. Charles-Hippolyte Pouthas, *Une Famille bourgeoise française de Louis XIV à Napoléon*, Paris: Librairie Félix Alcan, 1934.

67. McPhee, *Politics of Rural Life*, p. 161.

68. See, for example, Raymond de Sagazan, 'L' Association bretonne face à la célébration du bicentenaire de la Révolution française', *Bulletin de l'Association Bretonne et Union régionaliste bretonne*, 1990, pp. 41–48; Yves- Marie Salem-Carrière, Terreur révolutionnaire et résistance catholique dans le Midi, Bouère and Grez-en- Bouère: D.M. Morin, 1989.

69. Another estimate is that between 300 and 500 people of Luc' s 2,320 people were killed in all the fighting during the Vendéen insurrection: Jean-Clément Martin and Xavier Lardière, *Le Massacre des Lucs-Vendée 1794*, Geste Editions: Vouillé, 1992. On Chanzeaux, see Lawrence Wylie, *Chanzeaux: a Village in Anjou,* Cambridge, MA: Harvard University Press, 1966.

70. A key historical text for these deputies is Secher, A French Genocide. René Sedillot, *Le Coût de la Révolution francaise*, Paris: Librairie Académique Perrin, 1987, pp. 24–25, makes the preposterous claim that the repression of the Vendée was a more intense genocide than the Holocaust.

71. Hunt, *Politics, Culture and Class*, p. 147 and ch. 4; Vovelle, *Découverte de la politique*.

72. Peter McPhee, *The Politics of Rural Life: Political Mobilization in the French Countryside, 1846–1852*, Oxford: Clarendon Press, 1992, chs 4–5. Other studies of nineteenth-century political choice include Ted W. Margadant, *French Peasants in Revolt: The Insurrection of 1851*, Princeton, NJ: Princeton University Press, 1979.

73. On the global context of the Revolution, see David Armitage and Sanjay Subrahmanyam (eds), *The Age of Revolutions in Global Context, 1760–1840*, Basingstoke and New York: Palgrave Macmillan, 2010; Suzanne Desan, Lynn Hunt, and William Max Nelson (eds), *The French Revolution in Global Perspective*, Ithaca, NY, and London: Cornell University Press, 2013; C. A. Bayly, *The Birth of the Modern World, 1780–1914: Global Connections and Comparisons*, Oxford: Blackwell, 2004; Serna, De Francesco and Miller (eds), *Republics at War, 1776–1840*; Joseph Klaits and Michael H. Haltzel (eds), *The Global Ramifications of the French Revolution*, New York: Cambridge University Press, 1994; Wim Klooster, *Revolutions in the Atlantic World: A Comparative History*, New York: New York University Press, 2009. Note the critical review by David A. Bell, 'Questioning the Global Turn: The Case of the French Revolution', *FHS*, 37 (2014), pp. 1–24.

74. Daniele Conversi, 'Cosmopolitanism and Nationalism', in Athena Leoussi and Anthony D. Smith (eds), *Encyclopaedia of Nationalism*, New Brunswick, NJ, and London: Transaction Publishers, 2001, pp. 34–39; Mary Helen McMurran, 'The New Cosmopolitanism and the Eighteenth Century', *Eighteenth- Century Studies*, 47 (2013), pp. 19–38.

75. Philippe Bonetti, *Montaigu en Révolution: la force du destin*, Maulévrier: Hérault Éditions, 1990, p. 127.

76. Haydn Trevor Mason and William Doyle (eds), *The Impact of the French Revolution on European Consciousness*, Gloucester: Sutton, 1989; Ehrhard Bahr and Thomas Saine (eds), *Internalized Revolution: German Reactions to the French Revolution, 1789–1989*, New York: Garland, 1992; Mike Rapport, 'Jacobinism from Outside', and David A. Bell, 'Global Conceptual Legacies', in Andress (ed.), *Oxford Handbook*, chs 29, 37.

77. 'The Prelude', in William Wordsworth, *The Complete Poetical Works*, London: Macmillan and Co., 1888.

78. See Kenneth R. Johnston, *The Hidden Wordsworth: Poet, Lover, Rebel, Spy*, New York: W. W. Norton, 1998.

79. Kenneth R. Johnston, *Unusual Suspects: Pitt's Reign of Alarm and the Lost Generation of the 1790s*, Oxford: Oxford University Press, 2013; James Epstein, *Radical Expression: Political Language, Ritual, and Symbol in England, 1790–1850*, New York: Oxford University Press, 1994.

80. Edward Duyker, *Citizen Labillardière: A French Naturalist in New Holland and the South Pacific*, Melbourne: Melbourne University Press, 2003; Michael Rapport, 'The International Repercussions of the French Revolution', in McPhee (ed.), *Companion*, p. 391.

81. The impulse for independence in South America came largely from the Creole population, and this impulse rarely extended further to a measure of social equality for slaves and indigenous inhabitants.

82. Annie Jourdan puts the argument against the 'French exception' most powerfully in *La Révolution, une exception française?*, Paris: Flammarion, 2004. The importance of the international context has never been recognized in France more than today, exemplified by the recent special issues of the AHRF: 'Les Îles britanniques et la Révolution française', 342 (2005); 'L'Amérique du Nord à l'époque de la Révolution française', 363 (2011); 'Lumières et révolutions en Amérique latine', 365 (2011); 'Les Indes orientales au carrefour des empires', 375 (2014).

83. On the vigour of the debates at the time of the bicentenary, see E. J. Hobsbawm, *Echoes of the Marseillaise: Two Centuries Look Back on the French Revolution*, London: Verso, 1990; Steven Laurence Kaplan, *Farewell, Revolution: Disputed Legacies*, France 1789/1989, Ithaca, NY: Cornell University Press, 1995; and Kaplan, *Farewell, Revolution: The Historians' Feud, 1789–1989*, Ithaca, NY: Cornell University Press, 1995.

参考文献

以下参考文献是书中引述较多的纸质资源，其他文献在注释中已经注明，还有一些文献来源于以下地方档案的手稿：阿朗松、波尔多、布雷斯地区布尔格、卡尔卡松、拉昂、拉罗谢尔、蒙彼利埃、南锡、南特、奥尔良、巴黎、佩皮尼昂和瓦讷。

报纸

La Feuille villageoise, 1790–95 《农村报》
Réimpression de l'ancien Moniteur, 1789–99 《箴言报》
Le Vieux Cordelier, 1793–94 《老科德利埃报》

其他复印资源

Archives parlementaires. Stanford University Libraries' French Revolution Digital Archive website (FRDA): http://frda.stanford.edu/.

Ayats, Alain, André Balent and Martine Camiade (eds). *Entre Révolution et guerres. Les Mémoires de Pierre Comellas, apothicaire de Perpignan, 1789–1813*. Perpignan: AD des PyrénéesOrientales, 2005.

Bailly, Claude. *Journal d'un artisan tourangeau, 1789–1830*. Chinon: Amis du Vieux Chinon, 1989.

Barras, Paul. *Memoirs*, translated by Charles E. Roche, 4 vols. London: Osgood, McIlvaine and Co., 1895.

Bernet, Jacques (ed.). *Le Journal d'un maître d'école d'Île- de- France (1771–1792): Silly- en- Multien de l'Ancien Régime à la Révolution*. Villeneuve-d' Asq: Presses universitaires du Septentrion, 2000.

Besnard, François- Yves. *Souvenirs d'un nonagenaire*, 2 vols. Paris: H. Champion, 1880.

Billecocq, Jean-Baptiste. *En prison sous la Terreur. Souvenirs de Jean- Baptiste Billecocq, 1765–1829*. Paris: SÉR, 1981.

Biré, Edmond. *The Diary of a Citizen of Paris during 'the Terror'*, translated by John de Villiers. London: Chatto and Windus, 1896.

Bohm, Sophie de. *Prisonnière sous la Terreur. Mémoires d'une captive en 1793*. Paris: Cosmopole, 2001.

Bosc, Yannick, and Sophie Wahnich (eds). *Les Voix de la Révolution. Projets pour la démocratie*. Paris: La Documentation française, 1990.

Bourguignon du Perré, Jacques-François le. *Notes d'un détenu de la maison de réclusion des ci- devant Carmélites de Caen pendant la Terreur*. Évreux: Imprimerie de l' Eure, 1903.

Cahiers de doléances pour les Etats- Généraux de 1789, published from 1906 by the Ministère de l' Instruction Publique as the Collection de Documents Inédits sur l' Histoire Economique de la Révolution Française.

Caron, Pierre (ed.). *Rapports des agents du Ministre de l'Intérieur dans les départements (1793 – an II)*, 2 vols. Paris: Imprimerie nationale, 1913–51.

—— (ed.). *Paris pendant la Terreur: rapports des agents secrets du Ministre de l'Intérieur*, 6 vols. Paris: Société d' Histoire Contemporaine, 1943–64.

Chill, Emanuel (ed. and trans.). *Power, Property and History: Barnave's Introduction to the French Revolution and other Writings*. New York: Harper and Row, 1971.

Choudieu, Pierre- René. *Mémoires et notes*. Paris: Plon, 1897.

Constant, Christiane. *Journal d'un bourgeois de Bégoux. Michel Célarié (1771–1836)*. Cahors: Le Stum, 1992.

Correspondance de l'abbé Rousselot, constituant, 1789–1795. Besançon: Annales Littéraires de l' Université de Besançon, 1992.

Courchamps, comte de. Souvenirs de la marquise de Créquy de 1710 à 1803, 10 vols. Paris: Garnier Frères, 1865.

Dawson, Philip (ed.). *The French Revolution*. Englewood Cliffs, NJ: Prentice-Hall, 1967.

Delarue, P. *Un aumônier des Chouans, l'abbé Nicolas- François Faligant, 1755–1813*. Rennes: Plihon and Hommay; Nantes: Durance, 1910.

Duchet, L. (ed.). *Deux volontaires de 1791*. Les frères Favier de Montluçon. Journal et lettres. Montluçon: A. Herbin, 1909.

Felkay, Nicole, and Hervé Favier (eds). *En prison sous la Terreur. Souvenirs de J.- B. Billecocq (1765–1829)*. Paris: SÉR, 1981.

Fouché, Joseph. *The Memoirs of Joseph Fouché, Duke of Otranto*, 2 vols. London: H. S. Nicholls, 1896.

Frénay, Etienne (ed.). *Cahiers de doléances de la province de Roussillon (1789)*. Perpignan: Direction des Services d' Archives, 1979.

[Géraud, Edmond]. *Journal d'un étudiant pendant la Révolution, 1789–1793*. Paris: Plon, 1910.

Gilchrist, J., and W. J. Murray (eds). *The Press in the French Revolution: A Selection of Documents Taken from the Press of the Revolution for the Years 1789–1794*. Melbourne: Cheshire; London: Ginn, 1971.

Godard, Abbé. *Journal d'une visitandine pendant la Terreur ou Mémoires de la Sœur Gabrielle Gauchat*. Paris: Poussielque- Rusand, 1855.

Gouges, Olympe de. *Écrits politiques, 1788–1791*, preface by Olivier Blanc. Paris: Côté-femmes, 1993.

Jessenne, Jean-Pierre, and Edna Hindie Lemay (eds). *Deputé- paysan et fermière de Flandre en 1789. La correspondence des Lepoutre*. Lille: Université Charles de Gaulle- Lille 3, 1998.

Jolicler, Étienne. *Joliclerc, volontaire aux armées de la Révolution. Ses lettres (1793–1796)*, 4th ed. Paris: Perrin, 1905.

Journal de marche d'un volontaire de 1792 (journal du Sergent Fricasse). Paris: J. Dumoulin, 1882.

Jullien, Rosalie and Edouard Lockroy, *Journal d'une bourgeoise pendant la Révolution, 1791–1793*. Paris:

Calmann Lévy, 1881.

Julliot, François-Pierre. *Souvenirs d'un prêtre réfractaire du diocèse de Troyes publiés par Octave Beuve*. Arcis-sur-Aube: Société d' Histoire Départementale, 1909.

La Tour du Pin, Madame de. *Memoirs: Laughing and Dancing our Way to the Precipice*, translated by Felice Harcourt. London: Harvill Press, 1999.

Laukhard, Frédéric-Christian. *Un Allemand en France sous la Terreur: souvenirs de Frédéric Christian Laukhard, professeur d'université saxon et sans- culotte français, 1792–1794*. Paris:Perrin, 1915.

'Lettres d'un jeune soldat des armées révolutionnaires à ses parents (1793–1795)', Fédération des sociétés d' histoire et d' archéologie de l' Aisne, 23 (1978), pp. 96–127.

Levy, Darline Gay, Harriet Branson Applewhite and Mary Durham Johnson, *Women in Revolutionary Paris, 1789–1795: Selected Documents Translated with Notes and Commentary*. Urbana and Chicago, IL: University of Illinois Press, 1980.

Mason, Laura, and Tracey Rizzo (eds). *The French Revolution: A Document Collection*. Boston, MA, and New York: Houghton Mifflin, 1999.

Ménétra, Jacques-Louis. *Journal of My Life*, translated by Arthur Goldhammer. New York: Columbia University Press, 1986.

Mercier, Louis-Sébastien. *Paris pendant la Révolution (1789–1798) ou le nouveau Paris*. Paris: Livre Club du Librairie, 1962.

Michel, Jean. *Journal de la déportation des ecclésiastiques du département de la Meurthe dans la rade de l'Ile d'Aix, près Rochefort, en 1794 et 1795, par un de ces déportés*. Nancy: Grimblet, Raybois et Cie, 1840.

Molé, Louis- Mathieu. *Souvenirs de jeunesse, 1793–1803*. Paris, 1991.

Monnard, Marie-Victoire. *Souvenirs d'une femme du peuple, 1777–1802*. Creil: Bernard Dumerchez, 1989.

Nodier, Charles. Séraphine, Amélie, Jean- François les Bas- Bleus; *souvenirs de jeunesse*. Paris, 1894.

Noël, Joseph-Louis- Gabriel. *Au temps des volontaires: lettres d'un volontaire de 1792*. Paris: Plon, 1912.

Pasquier, Chancellor. *Memoirs (1767–1815)*, translated by Douglas Garman. London: Elek, 1967.

Petitfrère, Claude (ed.). *Le Général Dupuy et sa correspondance (1792–1798)*. Paris: SÉR, 1962.

Restif de la Bretonne, *Nicolas. Les Nuits de Paris*, part XVI. Paris: Hachette, 1960.

La Révolution vue de l'Aisne, en 200 documents. Laon: Archives Départementales de l' Aisne, 1990.

Robespierre, Maximilien. *Oeuvres de Maximilien Robespierre*, 11 vols. Paris: SÉR, 1912–2007.

Roederer, Pierre- Louis. *Mémoires sur la Révolution, le Consulat et l'Empire*. Paris: Plon, 1942.

Roland de la Platière, Jeanne-Marie. *An Appeal to Impartial Posterity*. Oxford and New York: Woodstock Books, 1990.

——. *Lettres de Madame Roland*, 2 vols. Paris: C. Perroud, 1900–02.

Rudemare, Jacques-Henri. *Journal d'un prêtre parisien, 1788–1792*. Paris: Gaume, 1905.

Saulx-Tavanes, Aglaé-Marie- Louise. *Mémoires de la Duchesse de Saulx- Tavanes*. Paris: Calmann Lévy, 1934.

Souvestre, Émile. *Mémoires d'un sans-culotte bas-breton*. Bruxelles: Wouters, Raspoet, 1843.

Spire, Abraham. *Le Journal révolutionnaire d'Abraham Spire*, translated by Simon Schwarzfuchs.
Paris: Institut Alain de Rothschild/Verdier, 1989.

Thompson, J. M. (ed.). *English Witnesses of the French Revolution*. Oxford: Oxford University Press, 1938.

Vaxelaire, Jean-Claude. *Mémoires d'un vétéran de l'ancienne armée (1791–1800)*. Paris: Charles Delagrave,

1892.
Vigée Lebrun, Élisabeth. *Memoirs of Mme Vigée Lebrun*, translated by Lionel Strachey. New York: G. Braziller, 1989.
Williams, Helen Maria. *Letters containing a sketch of the politics of France: from the thirty- first of May 1793, till the twenty- eighth of July 1794, and of the scenes which have passed in the prisons of Paris*. Dublin: J. Chambers, 1795.
Young, Arthur. *Travels in France during the Years 1787, 1788 and 1789*. New York: Anchor Books, 1969.

二手资料

Aberdam, Serge. 'Deux occasions de participation féminine en 1793: le vote sur la constitution et le partage des biens communaux', *AHRF*, 339 (2005), pp. 17–34.
Adams, Christine. '"Venus of the Capitol": Madame Tallien and the Politics of Beauty under the Directory', *FHS*, 37 (2014), pp. 599–629.
Ado, Anatolï. *Paysans en Révolution. Terre, pouvoir et jacquerie, 1789–1794*. Paris: SÉR, 1996.
Aftalion, Florent, *The French Revolution: An Economic Interpretation*, translated by M. Thom. Cambridge: Cambridge University Press, 1990.
Agulhon, Maurice. *Marianne into Battle: Republican Imagery and Symbolism in France, 1789–1880*, translated by Janet Lloyd. Cambridge and New York: Cambridge University Press, 1981.
Alder, Ken. *Engineering the French Revolution: Arms and the Enlightenment in France, 1763–1815*. Princeton, NJ: Princeton University Press, 1997.
Alpaugh, Micah. *Non-Violence and the French Revolution: Political Demonstrations in Paris, 1787–1795*. Cambridge: Cambridge University Press, 2014.
Andress, David. *Massacre at the Champ de Mars: Popular Dissent and Political Culture in the French Revolution*. Woodbridge, Suffolk: The Royal Historical Society, 2000.
——. *The French Revolution and the People*. London: Hambledon and London, 2004.
——. *The Terror: Civil War in the French Revolution*. London: Little, Brown, 2005.
——. *1789: The Threshold of the Modern Age. London*: Little, Brown, 2008.
—— (ed.). *The Oxford Handbook of the French Revolution*. Oxford: Oxford University Press, 2015.
Andrews, Richard Mowery. *Law, Magistracy and Crime in Old Regime Paris, 1735–1789*, vol. 1, The System of Criminal Justice. Cambridge: Cambridge University Press, 1994.
——. '*Paris of the Great Revolution: 1789–1796*', in Gene Brucker (ed.), *People and Communities in the Western World*, vol. 2. Homewood, IL: Dorsey Press, 1979, pp. 56–112.
Andrieu, Étienne. *La Contre- Révolution en Gévaudan (Aveyron et Lozère)*. Marc-Antoine *Charrier et l'insurrection de l'Armée chrétienne du Midi en 1793*. Evreux: Éditions Guénégaud, 2000.
Arasse, Daniel. *The Guillotine and the Terror*, translated by Christopher Miller. London: Penguin, 1989.
Armitage, David, and Sanjay Subrahmanyam (eds). *The Age of Revolutions in Global Context, 1760–1840*. Basingstoke and New York: Palgrave Macmillan, 2010.
Aston, Nigel. *Religion and Revolution in France, 1780–1804*. Basingstoke: Macmillan, 2000.
Attar, Frank. *Aux armes citoyens! Naissance et fonctions du bellicisme révolutionnaire*. Paris: Éditions du Seuil,

2010.

Auricchio, Laura. *Adélaïde Labille- Guiard: Artist in the Age of Revolution*. Los Angeles, CA: J. Paul Getty Museum, 2009.

Ayoun, Richard. *Les Juifs de France. De l'émancipation à l'intégration (1787–1812)*. Paris and Montreal: L' Harmattan, 1997.

Baczko, Bronislaw. *Ending the Terror: The French Revolution after Robespierre*, translated by Michael Petheram. Cambridge: Cambridge University Press; Paris: Éditions de la Maison des Sciences de l'Homme, 1994.

Baecque, Antoine de. *Glory and Terror: Seven Deaths under the French Revolution*, translated by Charlotte Mandell. New York and London: Routledge, 2001.

——. *The Body Politic: Corporeal Metaphor in Revolutionary France, 1770–1800*, translated by Charlotte Mandell. Stanford, CA: Stanford University Press, 1997.

Baker, Keith Michael. *Inventing the French Revolution: Essays on French Political Culture in the Eighteenth Century*. Cambridge: Cambridge University Press, 1990.

Bastier, Jean. *La Féodalité au siècle des lumières dans la région de Toulouse, 1730–1790*. Paris: Bibliothèque nationale, 1975.

Bayly, C. A. *The Birth of the Modern World, 1780–1914: Global Connections and Comparisons*. Oxford: Blackwell, 2004.

Belissa, Marc, and Yannick Bosc. *Robespierre. La fabrication d'un mythe*. Paris: Ellipses, 2013.

Bell, David A. *Lawyers and Citizens: The Making of a Political Elite in Old Regime France*. Oxford and New York: Oxford University Press, 1994.

——. *The Cult of the Nation in France: Inventing Nationalism, 1680–1800*. Cambridge, MA: Harvard University Press, 2001.

——. *The First Total War: Napoleon's Europe and the Birth of Warfare as we Know it*. Boston, MA: Houghton Mifflin, 2007.

Berkovitz, Jay. 'The French Revolution and the Jews: Assessing the Cultural Impact' , *AJS Review*, 20 (1995), pp. 25–86.

Bernard-Griffiths, Simone, Marie-Claude Chemin and Jean Ehrard (eds). *Révolution française et 'vandalisme révolutionnaire'. Actes du colloque international de Clermont- Ferrand*, 15–17 décembre 1988. Paris: Universitas, 1992.

Bernet, Jacques. 'Les Limites de la déchristianisation de l' an II éclairées par le retour au culte de l' an III' , *AHRF*, 312 (1998), pp. 285–99.

—— (ed.). *Procès-verbaux de la société populaire de Crépy- en- Valois (Oise) (septembre 1793–avril 1795)*. Paris: CTHS, 2007.

Bertaud, Jean-Paul. *Camille et Lucile Desmoulins. Un couple dans la tourmente*. Paris: Presses de la Renaissance, 1986.

——. *La Vie quotidienne en France au temps de la Révolution (1789–1795)*. Paris: Hachette, 1983.

——. *The Army of the French Revolution: From Citizen- Soldiers to Instrument of Power*, translated by R. R. Palmer. Princeton, NJ: Princeton University Press, 1988.

Bianchi, Serge (ed.). *Héros et héroïnes de la Révolution française*. Paris: CTHS, 2012.

——. *La Révolution culturelle de l'an II*. Paris: Aubier, 1982.
——. *La Révolution et la première république au village. Pouvoirs, votes et politisation dans les campagnes d'Île-de- France, 1787–1800*. Paris: CTHS, 2004.
Biard, Michel. *1793, le siège de Lyon. Entre mythe et réalités*. Clermont-Ferrand: Lemme, 2013.
——. *Collot d'Herbois. Légendes noires et révolution*. Lyon: Presses Universitaires de Lyon, 1995.
——. 'The "Jacobin machine" , a Historical Fantasy Revisited in the Light of a Local Study: The Popular Society of Honfleur (1791–95)' , *FH* 26 (2012), pp. 79–95.
—— (ed.). *Les Politiques de la Terreur, 1793–1794: actes du colloque international de Rouen*, 11–13 janvier 2007. Rennes: Presses Universitaires de Rennes; Paris: SÉR, 2008.
—— (ed.). *La Révolution française, une histoire toujours vivante*. Paris: Tallandier, 2009.
—— and Hervé Leuwers (eds). *Visages de la Terreur. L'Exception politique de l'an II*. Paris: Armand Colin, 2014.
Bienvenu, Richard. *The Ninth of Thermidor: The Fall of Robespierre*. New York: Oxford University Press, 1968.
Blanc, Olivier. *Last Letters: Prisons and Prisoners of the French Revolution, 1793–1794*, translated by Alan Sheridan. New York: Farrar, Straus and Giroux, 1987.
Blanning, T. C. W., *The French Revolution in Germany: Occupation and Resistance in the Rhineland*, 1792–1802. Oxford: Clarendon Press, 1983.
——. *The Origins of the French Revolutionary Wars*. London: Longman, 1986.
—— (ed.). *The Rise and Fall of the French Revolution*. Chicago, IL: Chicago University Press, 1996.
Blaufarb, Rafe. *The French Army, 1750–1820: Careers, Talent, Merit*. Manchester and New York: Manchester University Press, 2002.
——. *The Politics of Fiscal Privilege in Provence, 1530s–1830s*. Washington, DC: The Catholic University of America Press, 2012.
Bluche, Frédéric. *Septembre 1792: logiques d'un massacre*. Paris: Robert Laffont, 1986.
Blum, Carol. *Rousseau and the Republic of Virtue: The Language of Politics in the French Revolution*. Ithaca, NY, and London: Cornell University Press, 1986.
Bocher, Héloïse. *Démolir la Bastille. L'édification d'un lieu de mémoire*. Paris: Vendémiaire, 2012.
Bodinier, Bernard, and Éric Teyssier. *L'Événement le plus important de la Révolution: la vente des biens nationaux en France et dans les territoires annexés, 1789–1867*. Paris: SÉR, 2000.
Borrel, Étienne-Louis. *Histoire de la Révolution tarentaise et de la réunion de la Savoie à la France en 1792. D'après des documents originaux*. Moutiers: Ducloz, 1901.
Bossenga, Gail. *The Politics of Privilege: Old Regime and French Revolution in Lille*. Cambridge: Cambridge University Press, 1991.
Bouloiseau, Marc. *The Jacobin Republic, 1792–1794*, translated by Jonathan Mandelbaum. Cambridge, Cambridge University Press; Paris: Éditions de la Maison des Sciences de l' Homme, 1983.
Bourdin, Philippe. *Le Noir et le Rouge. Itinéraire social, culturel et politique d'un prêtre patriote (1736–1799)*. Clermont-Ferrand: Presses universitaires Blaise-Pascal, 2000.
Boutier, Jean. *Campagnes en émoi. Révoltes et Révolution en Bas-Limousin, 1789–1800*. Treignac: Éditions les Monédières, 1987.

Brassart, Laurent. *Gouverner le local en Révolution. État, pouvoirs et mouvements collectifs dans l'Aisne (1790–1795)*. Paris: SÉR, 2013.

——. ' "Plus de vingt paysanneries contrastées en révolution" . De la pluralité des dynamiques sociales du politique en milieu rural pendant la Révolution' , *AHRF*, 359 (2010), pp. 53–74.

La Bretagne. U*ne province à l'aube de la Révolution. Colloque de Brest*, 28–30 septembre 1988. Brest and Quimper: Centre de Recherche Bretonne et Celtique, 1989.

Brown, Howard. *Ending the French Revolution: Violence, Justice, and Repression from the Terror to Napoleon*. Charlottesville, VA: University of Virginia Press, 2006.

——. *War, Revolution, and the Bureaucratic State: Politics and Army Administration in France, 1791–1799*. Oxford: Clarendon Press, 1995.

Brunel, Françoise. *Thermidor, la chute de Robespierre*. Bruxelles: Éditions Complexe, 1999.

——. 'Le Jacobinisme, un "rigorisme de la vertu" ? "Puritanisme" et révolution' , in Mélanges Michel Vovelle. *Sur la révolution, approches plurielles*. Paris: SÉR, 1997.

—— and Sylvain Goujon. *Les Martyrs de Prairial. Texte et documents inédits*. Geneva: Georg, 1992.

Brunot, Ferdinand. *Histoire de la langue française des origines à 1900*, vol. IX, part I. Paris, 1927.

Burstin, Haim. *Une Révolution à l'oeuvre: le Faubourg Saint- Marcel (1789–1794)*. Seyssel: Champ Vallon, 2005.

——. *Révolutionnaires. Pour une anthropologie de la Révolution française*. Paris: Vendémiaire, 2013.

Butel, Paul. 'Succès et decline du commerce colonial français, de la Révolution à la Restauration' , *Revue économique*, 6 (1989), pp. 1,079–96.

Buttoud, G. 'Les Projets forestiers de la Révolution (1789–1798)' , *Revue forestière française* 35 (1983), pp. 9–20.

Byrnes, Joseph F. *Priests of the French Revolution: Saints and Renegades in a New Political Era*. University Park, PA: Pennsylvania State University Press, 2014.

Cadé, Michel. *Guerre et Révolution en Roussillon, 1793–1795*. Perpignan: Direction des Services d' Archives, 1990.

Cage, Claire. ' "Celibacy is a Social Crime" : The Politics of Clerical Marriage' , *FHS*, 36 (2013), pp. 601–28.

Caiani, Ambrogio A. *Louis XVI and the French Revolution, 1789–1792*. Cambridge: Cambridge University Press, 2012.

La Campagne d' Egypte, *1798–1891. Mythes et réalités. Actes du colloque des 16 et 17 juin 1998*. Paris: Éditions In Forma, 1998.

Campbell, Peter R. (ed.). *The Origins of the French Revolution*. Basingstoke: Palgrave Macmillan, 2006.

——, Thomas E. Kaiser, and Marisa Linton (eds). *Conspiracy in the French Revolution*. Manchester: Manchester University Press, 2007.

Caron, Pierre. *Les Massacres de septembre*. Paris: La Maison du Livre Français, 1935.

Castaing, Thomas. 'Histoire d' un patrimoine en revolution: Claude Bonnet de Paillerets, robin de Marvejols en Lozère de 1766 à 1815' , *AHRF*, 290 (1992), pp. 517–37.

Censer, Jack R. *Prelude to Power: The Parisian Radical Press, 1789–1791*. Baltimore, MD, and London: Johns Hopkins University Press, 1976.

Certeau, Michel de, *Dominique Julia and Jacques Revel. Une politique de la langue: la Révolution française et les patois. L'enquête de Grégoire*. Paris: Gallimard, 1975.

Chagny, Robert (ed.). *Aux origines provinciales de la Révolution*. Grenoble: Presses universitaires de Grenoble, 1990.

Chartier, Roger. *The Cultural Origins of the French Revolution*. Durham, NC: Duke University Press, 1991.

Cheney, Paul. *Revolutionary Commerce: Globalization and the French Monarchy*. Cambridge, MA: Harvard University Press, 2010.

Cholvy, Gérard. 'Une Révolution culturelle? Le test des prénoms', in Pratiques religieuses, mentalités et spiritualités dans l' Europe Révolutionnaire (1780–1820). *Actes du colloque de Chantilly, 27–29 novembre 1986*. Paris: CNRS, 1988, pp. 300–08.

Chopelin, Paul. *Ville patriote et ville martyre. Une histoire religieuse de Lyon pendant la Révolution (1788–1805)*. Paris: Letouzey & Ané, 2010.

Ciotti, Bruno. *Du volontaire au conscrit. Les levées d'hommes dans le Puy- de- Dôme pendant la Révolution française*. 2 vols. Clermont-Ferrand: Presses universitaires Blaise Pascal, 2001.

Clarke, Joseph. *Commemorating the Dead in Revolutionary France: Revolution and Remembrance, 1789–1799*. Cambridge and New York: Cambridge University Press, 2007.

Clay, Stephen. 'Les Réactions du Midi: conflits, continuités et violences', *AHRF*, 345 (2006), pp. 55–91.

——. 'Vengeance, Justice and the Reactions in the Revolutionary Midi', *FH*, 23 (2009), pp. 22–46.

Cobb, Richard. *Paris and its Provinces*. Oxford: Oxford University Press, 1975.

——. *Reactions to the French Revolution*. London: Oxford University Press, 1972.

——. *The People's Armies. The 'armées révolutionnaires': Instrument of the Terror in the Departments, April 1793 to Floréal Year II*, translated by Marianne Elliott. New Haven, CT, and London: Yale University Press, 1987.

——. *The Police and the People: French Popular Protest, 1789–1820*. Oxford: Oxford University Press, 1970.

Cobban, Alfred. *Aspects of the French Revolution*. London: Cape, 1968.

——. *The Social Interpretation of the French Revolution*. Cambridge: Cambridge University Press, 1964.

Coller, Ian. *Arab France: Islam and the Making of Modern Europe, 1798–1831*. Berkeley and Los Angeles, CA, and London: University of California Press, 2011.

Corbin, Alain. *Village Bells: Sound and Meaning in the 19th- Century French Countryside*, translated by Martin Thom. New York: Columbia University Press, 1998.

Cornette, Joël. *Histoire de la Bretagne et des Bretons*, vol. 2. Paris: Éditions du Seuil, 2005.

——. *Un révolutionnaire ordinaire. Benoît Lacombe, négociant, 1759–1819*. Seyssel: Champ Vallon, 1986.

—— (ed.). *Atlas de l'histoire de France, 481–2005*. Paris: Belin, 2012.

Corvol, Andrée (ed.). *La Nature en Révolution. Colloque Révolution, nature, paysage et environnement*. Paris: L' Harmattan, 1993.

Crépin, Annie, Jean-Pierre Jessenne and Hervé Leuwers (eds). *Civils, citoyens- soldats et militaires dans L'État-nation (1789–1815). Actes du colloque d'Arras (7–8 novembre 2003)*. Paris: SÉR, 2006.

Crook, Malcolm. *Elections in the French Revolution: An Apprenticeship in Democracy, 1789–1799*. Cambridge and New York: Cambridge University Press, 1996.

——. *Napoleon Comes to Power: Democracy and Dictatorship in Revolutionary France, 1795–1804*. Cardiff: University of Wales Press, 1998.

——, William Doyle, and Alan Forrest (eds). *Enlightenment and Revolution: Essays in Honour of Norman Hampson*. Aldershot: Ashgate, 2004.

Cross, Máire F. and David Williams (eds). *The French Experience from Republic to Monarchy, 1792–1824*. Basingstoke: Palgrave Macmillan, 2000.

Crubaugh, Anthony. *Balancing the Scales of Justice: Local Courts and Rural Society in Southwest France, 1750–1800*. University Park, PA: Pennsylvania State University Press, 2001.

Darlow, Mark. *Staging the French Revolution: Cultural Politics and the Paris Opera, 1789–1794*. New York: Oxford University Press, 2012.

Darnton, Robert. *The Forbidden Best- Sellers of Pre- Revolutionary France*. New York and London: W. W. Norton, 1995.

——. *The Kiss of Lamourette: Reflections in Cultural History*. New York: W. W. Norton, 1990.

——. *The Literary Underground of the Old Regime*. Cambridge, MA: Harvard University Press, 1982.

Darrow, Margaret. *Revolution in the House: Family, Class and Inheritance in Southern France, 1775–1825*. Princeton, NJ: Princeton University Press, 1989.

Dean, Rodney. *L'Assemblée constituante et la réforme ecclésiastique, 1790: la Constitution civile du clergé du 12 juillet et le serment ecclésiastique du 27 novembre*. Paris: Picard, 2014.

Debal, Jacques. *Orléans. Une ville, une histoire*, 2 vols. Orléans: x-nova, 1998.

——, Jean Vassort, and Christian Poitou. *Histoire d'Orléans et de son terroir*, vol. 2. Roanne: Horvath, 1982.

Dendena, Francisco. 'A New Look at Feuillantism: The Triumvirate and the Movement for War in 1791' , *FH*, 26 (2012), pp. 6–33.

Denis, Vincent. *Une histoire de l'identité, France, 1715–1815*. Paris: SÉR, 2008.

Desan, Suzanne. *Reclaiming the Sacred: Lay Religion and Popular Politics in Revolutionary France*. Ithaca, NY: Cornell University Press, 1990.

——. *The Family on Trial in Revolutionary France*. Berkeley and Los Angeles, CA, and London: University of California Press, 2004.

——, Lynn Hunt and William Max Nelson (eds). *The French Revolution in Global Perspective*. Ithaca, NY, and London: Cornell University Press, 2013.

DiCaprio, Lisa. *The Origins of the Welfare State: Women, Work, and the French Revolution*. Champaign, IL: University of Illinois Press, 2007.

Dorigny, Marcel (ed.). *The Abolitions of Slavery: From Léger Félicité Sonthonax to Victor Schoelcher, 1793, 1794, 1848*. New York and Oxford: Berghahn Books; Paris: Éditions UNESCO, 2003.

Doyle, William. *Aristocracy and its Enemies in the Age of Revolution*. Oxford: Oxford University Press, 2009.

——. *Jansenism: Catholic Resistance to Authority from the Reformation to the French Revolution*. Basingstoke: Macmillan, 2000.

——. *Origins of the French Revolution*, 3rd ed. Oxford and New York: Oxford University Press, 1999.

——. *The Oxford Handbook of the Ancien Régime* (ed.). Oxford and New York: Oxford University Press, 2012.

——. *The Oxford History of the French Revolution*, 2nd ed. Oxford and New York: Oxford University Press, 2002.

——. 'Dupaty (1746–1788): A Career in the Late Enlightenment' , *Studies on Voltaire and the Eighteenth Century*, 230 (1985), pp. 1–125.

Dubois, Laurent. *A Colony of Citizens: Revolution and Slave Emancipation in the French Caribbean, 1787–1804*. Chapel Hill, NC: University of North Carolina Press, 2004.

——. *Avengers of the New World: The Story of the Haitian Revolution*. Cambridge, MA: Belknap Press of Harvard University Press, 2004.

Dubreuil, Léon. *Les Vicissitudes du domaine congéable en Basse- Bretagne à l'époque de la Révolution*, 2 vols. Rennes: Imprimerie Oberthur, 1915.

Duby, Georges, and Armand Wallon (eds). *Histoire de la France rurale*, vols 2–3. Paris: Éditions du Seuil, 1975–76.

Dumas, G. 'Les "Émotions populaires" dans le département de l'Aisne de la fin de 1790 à l'an IV (1795–1796)', *Société d'histoire et d'archéologie de Senlis* 22 (1977), pp. 38–64.

Dupâquier, Jacques. *Histoire de la population française*, vol. 3. Paris: PUF, 1988.

Dupuy, Pascal (ed.). *La Fête de la Fédération*. Rouen: Publications des universités de Rouen et du Havre, 2012.

Dupuy, Roger. *De la Révolution à la chouannerie. Paysans de Bretagne, 1788–1794*. Paris: Flammarion, 1988.

——. *La Bretagne sous la Révolution et l'Empire (1789–1815)*. Rennes: Éditions Ouest-France, 2004.

——. *La République jacobine. Terreur, guerre et gouvernement révolutionnaire*. Paris: Éditions du Seuil, 2005.

Dwyer, Philip. *Napoleon: The Path to Power, 1769–1799*. London: Bloomsbury, 2007.

Edelstein, Dan. *The Terror of Natural Right: Republicanism, the Cult of Nature, and the French Revolution*. Chicago, IL: University of Chicago Press, 2009.

——. 'Do We Want a Revolution without Revolution? Reflections on Political Authority', *FHS*, 35 (2012), pp. 269_89.

Edelstein, Melvin. *'La Feuille villageoise': communication et modernisation dans les régions rurales pendant la Révolution*. Paris: Bibliothèque Nationale, 1977.

——. *The French Revolution and the Birth of Electoral Democracy*. Farnham, Surrey, and Burlington, VT: Ashgate, 2014.

Edmonds, W. D. *Jacobinism and the Revolt of Lyon, 1789–1793*. Oxford: Oxford University Press, 1990.

Égret, Jean. *The French Pre-Revolution, 1787–1788*, translated by W. D. Camp. Chicago, IL: Chicago University Press, 1977.

Farge, Arlette. *Subversive Words: Public Opinion in Eighteenth- Century France*, translated by Rosemary Morris. Oxford: Polity Press, 1994.

Feilla, Cecilia. *The Sentimental Theater of the French Revolution*. Farnham, Surrey, and Burlington, VT: Ashgate, 2013.

'Femmes, genres, Révolution', special issue of *AHRF*, 358 (2009).

Fitzsimmons, Michael P. *From Artisan to Worker: Guilds, the French State, and the Organization of Labor, 1776–1821*. New York: Cambridge University Press, 2010.

——. *The Night the Old Regime Ended: August 4, 1789 and the French Revolution*. University Park, PA: Pennsylvania State University Press, 2003.

——. *The Remaking of France: The National Assembly and the Constitution of 1791*. Cambridge and New York: Cambridge University Press, 1994.

Flament, Pierre. *Deux mille prêtres normands face à la Révolution, 1789–1801*. Paris: Perrin, 1989.

Forrest, Alan. *Conscripts and Deserters: The Army and French Society during the Revolution and Empire*.

Oxford: Oxford University Press, 1989.
——. *Paris, the Provinces and the French Revolution*. London: Arnold, 2004.
——. *Society and Politics in Revolutionary Bordeaux*. Oxford: Oxford University Press, 1975.
——. *Soldiers of the French Revolution*. Durham, NC: Duke University Press, 1990.
——. *The French Revolution and the Poor*. Oxford: Blackwell, 1981.
——. *The Revolution in Provincial France: Aquitaine 1789–1799*. Oxford and New York: Oxford University Press, 1996.
—— and Peter Jones (eds).*Reshaping France: Town, Country and Region during the French Revolution*. Manchester: Manchester University Press, 1991.
Forster, Robert. *The House of Saulx- Tavanes: Versailles and Burgundy, 1700–1830*. Baltimore, MD: Johns Hopkins University Press, 1977.
——. *The Nobility of Toulouse in the Eighteenth Century: A Social and Economic Study*. Baltimore, MD: Johns Hopkins University Press, 1960.
——. 'The French Revolution and the "New" Elite, 1800–1850' , in J. Pelenski (ed.), *The American and European Revolutions, 1776–1848*. Iowa City, IA: University of Iowa Press, pp. 182–207.
——. 'The Survival of the Nobility during the French Revolution' , P&P, 37 (1967), pp. 71–86.
Fournier, Georges. *Démocratie et vie municipale en Languedoc du milieu du XVIIIe au début du XIXe siècle*, 2 vols. Toulouse: Les Amis des Archives, 1994.
—— and Michel Péronnet. *La Révolution dans l'Aude*. Le Coteau: Horvath, 1989.
Frélaut, Bertrand. *Les Débuts de la contre- révolution en Bretagne. L'Attaque de Vannes (13 février 1791)*. Nantes: Ouest Éditions; Rennes: Institut Culturel de Bretagne, 1989.
Friedland, Paul. *Political Actors: Representative Bodies and Theatricality in the Age of the French Revolution*. Ithaca, NY: Cornell University Press, 2002.
——. Seeing *Justice Done: The Age of Spectacular Capital Punishment in France*. Oxford: Oxford University Press, 2012.
Furet, François. *Interpreting the French Revolution*, translated by Elborg Forster. Cambridge and Paris: Cambridge University Press and Éditions de la Maison des Sciences de l' Homme, 1981.
——. *The French Revolution, 1770–1814*, translated by Antonia Nevill. Oxford: Blackwell, 1992.
—— and Mona Ozouf (eds). *Critical Dictionary of the French Revolution*, translated by Arthur Goldhammer. Cambridge, MA: Harvard University Press, 1989.
Gainot, Bernard, and Vincent Denis (eds). *Un Siècle d'ordre public en Révolution*. Paris: SÉR, 2010.
Gallaher, John G. *General Alexandre Dumas: Soldier of the French Revolution*. Carbondale and Edwardsville, IL: Southern Illinois University Press, 1997.
Garrigus, John. *Before Haiti: Race and Citizenship in French Saint-Domingue*. New York: Palgrave Macmillan, 2006.
Garrioch, David. *The Formation of the Parisian Bourgeoisie, 1690–1830*. Cambridge, MA: Harvard University Press, 1996.
——. *The Making of Revolutionary Paris*. Berkeley and Los Angeles, CA, and London: University of California Press, 2002.
Gauthier, Florence. *L'Aristocratie de l'épiderme. Le Combat de la Société des citoyens de couleur, 1789– 1791*.

Paris: CNRS, 2007.
——. *La Voie paysanne dans la Révolution française: l'exemple picard*. Paris: François Maspero, 1977.
—— (ed.). *Périssent les colonies plutôt qu'un principe! Contributions à l'histoire de l'abolition de l'esclavage, 1789–1804*. Paris: SÉR, 2002.
Gayot, Gérard, and Jean-Pierre Hirsch (eds). *La Révolution française et le développement du capitalisme*. Villeneuve d' Ascq: Revue du Nord, 1989.
Geggus, David Patrick. *Haitian Revolutionary Studies*. Bloomington, IN: Indiana University Press, 2002.
Gendron, François. *The Gilded Youth of Thermidor*, translated by James Cookson. Montreal and Kingston, London, Buffalo, NY: McGill- Queen' s University Press, 1993.
Germani, Ian. *Jean- Paul Marat: Hero and Anti- hero of the French Revolution*. Lewiston, NY, Queenston, ON, Lampeter, Wales: The Edward Mellon Press, 1992.
——. 'Military Justice under the Directory: The Armies of Italy and of the Sambre et Meuse' , *FH*, 23 (2009), pp. 47–68.
——. 'Terror in the Army: Representatives on Mission and Military Discipline in the Armies of the French Revolution' , *The Journal of Military History*, 75 (2011), pp. 733–68.
Gilks, David. 'Art and Politics during the "First" Directory: Artists' Petitions and the Quarrel over the Confiscation of Works of Art from Italy' , *FH*, 26 (2012), pp. 53–78.
——. 'Attitudes to the Displacement of Cultural Property in the Wars of the French Revolution and Napoleon' , *HJ*, 56 (2013), pp. 113–43.
Godechot, Jacques. *France and the Atlantic Revolution of the Eighteenth Century, 1770–1799*, translated by Herbert H. Rowen. New York: The Free Press, 1965.
——. *La Révolution française dans le Midi toulousain*. Toulouse: Éditions Privat, 1986.
——. *The Counter- Revolution: Doctrine and Action, 1789–1804*, translated by Salvator Attanasio. London: Routledge and Kegan Paul, 1972.
——. *The Taking of the Bastille, July 14th, 1789*, translated by Jean Stewart. London: Faber and Faber, 1970.
Godineau, Dominique. *S'abréger les jours. Le suicide en France au XVIIIe siècle*. Paris: Armand Colin, 2012.
——. *The Women of Paris and their French Revolution*, translated by Katherine Streip. Berkeley, CA: University of California Press, 1998.
Goodman, Dena. *The Republic of Letters: A Cultural History of the French Enlightenmen*t. Ithaca, NY, and London: Cornell University Press, 1994.
Gough, Hugh. *The Terror in the French Revolution*, 2nd ed. Basingstoke: Palgrave Macmillan, 2010.
Graham, Ruth. 'The Secularization of the Ecclesiastical Deputies to the National Convention, 1792–1794' , *The Consortium on Revolutionary Europe, 1750–1850*, 3 (1974), pp. 65–79.
Greer, Donald. *The Incidence of the Emigration during the French Revolution*. Cambridge, MA: Harvard University Press, 1951.
——. *The Incidence of the Terror during the French Revolution: A Statistical Interpretation*. Cambridge, MA: Harvard University Press, 1935.
Gross, Jean-Pierre. *Fair Shares for All: Jacobin Egalitarianism in Practice*. Cambridge and New York: Cambridge University Press, 1997.
Gruder, Vivian R. *The Notables and the Nation: The Political Schooling of the French, 1787–1788*. Cambridge,

MA, and London, 2007.

Gueniffey, Patrice. *La Politique de la Terreur: essai sur la violence révolutionnaire*. Paris: Fayard, 2000.

——. *Le Nombre et la raison: la Révolution française et les elections*. Paris: ÉHÉSS, 1993.

Guilhaumou, Jacques. *La Langue politique et la Révolution française: de l'événement à la raison linguistique*. Paris: Méridiens Klincksieck, 1989.

—— and Martine Lapied. 'La mission Maignet', *AHRF*, 300 (1995), pp. 283–94.

Guillon, Claude. 'Pauline Léon, une républicaine révolutionnaire', *AHRF*, 344 (2006), pp. 147–59.

Guin, Yannick. *La Bataille de Nantes, 29 juin 1793. Un Valmy dans l'ouest*. Laval: Siloë, 1993.

Hamon, Léo (ed.). *La Révolution à travers un département (Yonne)*. Paris: Éditions de la Maison des Sciences de l'Homme, 1990.

Hampson, Norman. *Danton*. Oxford: Blackwell, 1978.

——. *Prelude to Terror: The Constituent Assembly and the Failure of Consensus, 1789–1791*. Oxford: Oxford University Press, 1988.

——. *Saint- Just*. Oxford: Blackwell, 1991.

——. *The Life and Opinions of Maximilien Robespierre*. London: Duckworth, 1974.

——. *Will and Circumstance: Montesquieu, Rousseau and the French Revolution*. London: Duckworth, 1983.

——. 'François Chabot and his Plot', *Transactions of the Royal Historical Society*, 5th series, 26 (1976), pp. 1–14.

Hanson, Paul R. *Contesting the French Revolution. Malden*, MA, and Oxford: Wiley-Blackwell, 2009.

——. *Provincial Politics in the French Revolution: Caen and Limoges, 1789–1794*. Baton Rouge, LA, and London: Louisiana State University Press, 1989.

——. *The Jacobin Republic under Fire: The Federalist Revolt in the French Revolution*. University Park, PA: Pennsylvania State University Press, 2003.

Hardman, John. *Louis XVI*. New Haven, CT, and London: Yale University Press, 1993.

——. *Overture to Revolution: The 1787 Assembly of Notables and the Crisis of France's Old Régime*. Oxford: Oxford University Press, 2010.

Harris, S. E. *The Assignats*. Cambridge, MA: Harvard University Press, 1930.

Hartmann, Éric. *La Révolution française en Alsace et en Lorraine*. Paris: Perrin, 1990.

Haydon, Colin, and William Doyle (eds). *Robespierre*. Cambridge and New York: Cambridge University Press, 1999.

Heller, Henry. *The Bourgeois Revolution in France, 1789–1815*. New York and Oxford: Berghahn Books, 2006.

Hesse, Carla. *Publishing and Cultural Politics in Revolutionary Paris, 1789–1810*. Berkeley, CA: University of California Press, 1991.

——. *The Other Enlightenment: How French Women Became Modern*. Princeton, NJ: Princeton University Press, 2001.

Heuer, Jennifer Ngaire. *The Family and the Nation: Gender and Citizenship in Revolutionary France, 1789–1830*. Ithaca, NY, and London: Cornell University Press, 2005.

Higonnet, Patrice L. R. *Goodness beyond Virtue: Jacobins during the French Revolution*. Cambridge, MA: Harvard University Press, 1998.

——. *Pont- de- Montvert: Social Structure and Politics in a French Village, 1700–1914*. Cambridge, MA:

Harvard University Press, 1971.

Hood, James N. 'Protestant-Catholic Relations and the Roots of the First Popular CounterRevolutionary Movement in France', *JMH*, 43 (1971), pp. 245–75.

Horn, Jeff. *The Path Not Taken: French Industrialization in the Age of Revolution.* Cambridge, MA: MIT Press, 2006.

Houdaille, Jacques. 'Un indicateur de pratique religieuse: la célébration saisonnière des mariages avant, pendant et après la Révolution française', *Population*, 2 (1978), pp. 367–80.

Huet, Marie-Hélène. *Mourning Glory: The Will of the French Revolution.* University Park, PA: University of Pennsylvania Press, 1997.

Hufton, Olwen. *Bayeux in the Late Eighteenth Century: A Social Study.* Oxford: Oxford University Press, 1967.

——. *Women and the Limits to Citizenship*. Toronto: University of Toronto Press, 1992.

——. 'Attitudes towards Authority in Eighteenth-Century Languedoc', *SH*, 3 (1978), pp. 281–302.

——. 'Women in Revolution', *French Politics and Society*, 7 (1989), pp. 65–81.

——. 'Women in Revolution, 1789–1796', *P&P*, 53 (1971), pp. 90–108.

Hunt, David. 'Peasant Movements and Communal Property during the French Revolution', *Theory and Society*, 17 (1988), pp. 255–83.

——. 'Peasant Politics in the French Revolution', *SH*, 9 (1984), pp. 277–99.

——. 'The People and Pierre Dolivier: Popular Uprisings in the Seine-et-Oise Department, 1791–1792,' *FHS*, 11 (1979), pp. 184–214.

Hunt, Lynn. *Inventing Human Rights: A History*. New York: W. W. Norton, 2007.

——. *Politics, Culture, and Class in the French Revolution*. Berkeley, CA: University of California Press, 1984.

——. *The Family Romance of the French Revolution*. London: Routledge, 1992.

—— (ed.). *Eroticism and the Body Politic*. Baltimore, MD: Johns Hopkins University Press, 1991.

Ikni, Guy. 'Sur les biens communaux pendant la Révolution française', *AHFR*, 247 (1982), pp. 71–94.

Israel, Jonathan I. *Democratic Enlightenment: Philosophy, Revolution, and Human Rights, 1750–1790*. Oxford: Oxford University Press, 2012.

——. *Revolutionary Ideas: An Intellectual History of the French Revolution from The Rights of Man to Robespierre*. Princeton, NJ: Princeton University Press, 2014.

Jacobson, Gavin. 'Caricatures Travel Better than Portraits: On Maximilien Robespierre', *EHR*, 129 (2014), pp. 388–402.

Jainchill, Andrew. *Reimagining Politics after the Terror: The Republican Origins of French Liberalism*. Ithaca, NY, and London: Cornell University Press, 2008.

Jessenne, Jean-Pierre. *Pouvoir au village et revolution: Artois, 1760–1848.* Lille: Presses universitaires de Lille, 1987.

—— (ed.). *Vers un ordre bourgeois? Révolution française et changement social*. Rennes: Presses universitaires de Rennes, 2007.

——, Gilles Derégnaucourt, Jean-Pierre Hirsch, and Hervé Leuwers (eds). *Robespierre: de la nation artésienne à la République et aux nations. Actes du Colloque, Arras, 1–2–3 Avril 1993*. Centre d'Histoire de la Région du Nord et de l'Europe du Nord-Ouest, Université Charles de Gaulle-Lille III, Villeneuve d'Asq, 1994.

Johnson, Christopher H. *The Life and Death of Industrial Languedoc, 1700–1920*. New York and Oxford: Oxford University Press, 1995.

Johnson, James H. *Listening in Paris: A Cultural History*. Berkeley and Los Angeles, CA, and London: University of California Press, 1995.

Johnson, Victoria. *Backstage at the Revolution: How the Royal Paris Opera Survived the End of the Old Regime*. Chicago, IL, and London: University of Chicago Press, 2008.

Jollet, Anne. *Terre et société en Révolution: Approche du lien social dans la région d'Amboise*. Paris: CTHS, 2000.

Jones, Colin.*The Longman Companion to the French Revolution*. London and New York: Longman, 1988.

——. 'The Great Chain of Buying: Medical Advertisement, the Bourgeois Public Sphere, and the Origins of the French Revolution' , *AHR*, 101 (1996), pp. 13–40.

——. 'The Overthrow of Maximilien Robespierre and the "Indifference" of the People' , *AHR*, 119 (2014), pp. 689–713.

Jones, P. M. *Liberty and Locality in Revolutionary France: Six Villages Compared, 1760–1820*. Cambridge: Cambridge University Press, 2003.

——. *Politics and Rural Society: The Southern Massif Central c. 1750–1880*. Cambridge: Cambridge University Press, 1985.

——. *Reform and Revolution in France: The Politics of Transition, 1774–1791*. Cambridge: Cambridge University Press, 1995.

——. *The Peasantry in the French Revolution*. Cambridge: Cambridge University Press, 1988.

Jordan, David P. *The King's Trial: The French Revolution vs. Louis XVI*. Berkeley, CA: University of California Press, 1979.

——. *The Revolutionary Career of Maximilien Robespierre*. New York: Free Press, 1985.

Jourdan, Annie. *La Révolution, une exception française?* Paris: Flammarion, 2004.

——. 'Les discours de la terreur à l' époque révolutionnaire (1776–1798): étude comparative sur une notion ambigue' , *FHS*, 36 (2013), pp. 51–81.

Jouvenel, François de. 'Les Camps de Jalès (1790–1792), épisodes contre-révolutionnaires?' , *AHRF*, 337 (2004), pp. 1–20.

Kaiser, Thomas E. 'From the Austrian Committee to the Foreign Plot: Marie-Antoinette, Austrophobia, and the Terror' , *FHS*, 26 (2003), pp. 579–617.

Kaplan, Steven L. *Farewell, Revolution: Disputed Legacies, France 1789–1989*. Ithaca, NY: Cornell University Press, 1995.

——. *Farewell, Revolution: The Historians' Feud, 1789–1989*. Ithaca, NY: Cornell University Press, 1995.

——. *La Fin des corporations*. Paris: Fayard, 2001.

Kaplow, Jeffry. *Elbeuf during the Revolutionary Period: History and Social Structure*. Baltimore, MD: Johns Hopkins University Press, 1964.

—— (ed.). *New Perspectives on the French Revolution: Readings in Historical Sociology*. New York: John Wiley, 1965.

Kelly, George Armstrong. 'Conceptual Sources of the Terror' , *Eighteenth Century Studies*, 14 (1980), pp. 18–36.

Kennedy, Emmet. *A Cultural History of the French Revolution.* New Haven, CT, and London: Yale University Press, 1989.

Kennedy, Michael. *The Jacobin Clubs in the French Revolution: The First Years.* Princeton, NJ: Princeton University Press, 1982.

——. *The Jacobin Clubs in the French Revolution: The Middle Years.* Princeton, NJ: Princeton University Press, 1988.

——. *The Jacobin Clubs in the French Revolution, 1793–1795.* New York: Berghahn Books, 2000.

Koubi, Geneviève (ed.). *Propriété et Révolution: Actes du colloque de Toulouse*, 1989. Paris: CNRS, 1990.

Kwass, Michael. *Privilege and the Politics of Taxation in Eighteenth- Century France*. Cambridge: Cambridge University Press, 2000.

Labroue, Henri. *La Société populaire de Bergerac pendant la Révolution*. Paris: Société de l' Histoire de la Révolution Française, 1915.

Landes, Joan. *Women and the Public Sphere in the Age of the French Revolution*. Ithaca, NY: Cornell University Press, 1988.

Lapied, Martine. 'La Place des femmes dans la sociabilité et la vie politique locale en Provence et dans le Comtat Venaissin pendant la Révolution' , *Provence historique*, 46 (1996), pp. 457–69.

Larguier, Gilbert et al. (eds). *Cahiers de doléances audois*. Carcassonne: Association des Amis des Archives de l' Aude, 1989.

Laurent, Robert, and Gavignaud, Geneviève. *La Révolution française dans le Languedoc méditerranéen*. Toulouse: Privat, 1987.

Le Bloas, Alain. 'La Question du domaine congéable' , *AHRF*, 331 (2003), pp. 1–27.

Le Bozec, *Christine. Boissy d'Anglas, un grand notable libéral*. Privas: Fédération des Oeuvres Laïques de l' Ardèche, 1995.

—— and Éric Wauters (eds). *Pour la Révolution française. En hommage à Claude Mazauric*. Rouen: Publications de l' Université de Rouen, 1998.

Lebrun, François. *Parole de Dieu et Révolution. Les Sermons d'un curé angevin avant et pendant la guerre de Vendée*. Paris: Éditions Imago, 1988.

——. 'La guerre de Vendée: massacre ou génocide?' , *Histoire*, 78 (1985), pp. 93–99.

Lee, Simon. *David*. London: Phaidon, 1999.

Lefebvre, Georges. *Études orléanaises*, 2 vols. Paris: Commission d' Histoire Économique et Sociale de la Révolution, 1962.

——. *Études sur la Révolution française*. Paris: PUF, 1954.

——. *Les Paysans du Nord pendant la Révolution française*. Bari: Laterza, 1959.

——. *Questions agraires au temps de la Terreur. Documents publiés et annotés*. La Roche-sur- Yon: Potier, 1954.

——. *The French Revolution*, translated by John Hall Stewart and James Friguglietti, 2 vols. London: Routledge and Kegan Paul, 1964–65.

——. *The Great Fear of 1789: Rural Panic in Revolutionary France*, translated by Joan White. New York: Vintage Books, 1973.

——. *The Thermidorians and the Directory: Two Phases of the French Revolution*, translated by Robert

Baldick. New York: Random House, 1964.

Le Goff, T. J. A. *Vannes and its Region: A Study of Town and Country in Eighteenth- Century France*. Oxford: Clarendon Press, 1981.

—— and D. M. G. Sutherland. 'The Revolution and the Rural Community in Brittany', *P&P*, 62 (1974), pp. 96–119.

Lemarchand, Guy. 'La Féodalité et la Révolution française: seigneurie et communauté paysanne (1780–1799)', *AHRF*, 242 (1980), pp. 536–58.

——. 'Troubles populaires au XVIIIe siècle et conscience de classe: une préface à la Révolution française', *AHRF*, 279 (1990), pp. 32–48.

Lemay, Edna Hindie. *Dictionnaire des constituants, 1789–1791*, 2 vols. Oxford: Voltaire Foundation, 1991.

—— and Alison Patrick. *Revolutionaries at Work: The Constituent Assembly, 1789–1791*. Oxford: Voltaire Foundation, 1996.

Lenoël, Pierre, and Marie- Françoise Lévy (eds). *L'Enfant, la famille et la Révolution française*. Paris: Olivier Orban, 1990.

Léon, Pierre et al. *Histoire économique et sociale de la France*, vol. 3. Paris: PUF, 1976.

Lerner, Mark H. 'The Helvetic Republic: An Ambivalent Reception of French Revolutionary Liberty', *FH*, 18 (2004), pp. 50–75.

Leuwers, Hervé. *Robespierre*. Paris: Fayard, 2014.

——, *Annie Crépin, and Dominique Rosselle. Histoire des provinces françaises du nord. La Révolution et l'Empire. Le Nord—Pas-de-Calais entre Révolution et contre- révolution*. Arras: Artois Presses Université, 2008.

Lévêque, Jean-Jacques, and Victor R. Brelot. *Guide de la Révolution française*, 2nd ed. Paris: Éditions Horay, 1989.

Lewis, Gwynne. *The Advent of Modern Capitalism in France, 1770–1840: The Contribution of Pierre- François Tubeuf*. Oxford: Clarendon Press, 1993.

——. *The French Revolution: Rethinking the Debate*. London and New York. Routledge and Kegan Paul, 1993.

——. *The Second Vendée: The Continuity of Counter- Revolution in the Department of the Gard, 1789–1815*. Oxford: Oxford University Press, 1978.

—— and Colin Lucas (eds). *Beyond the Terror: Essays in French Regional and Social History, 1794–1815*. Cambridge and New York: Cambridge University Press, 1983.

Linton, Marisa. *Choosing Terror: Virtue, Friendship, and Authenticity in the French Revolution*. Oxford: Oxford University Press, 2013.

——. *The Politics of Virtue in Enlightenment France*. Basingstoke: Palgrave Macmillan, 2001.

Livesey, James. *Making Democracy in the French Revolution*. Cambridge, MA, and London: Harvard University Press, 2001.

——. 'Material Culture, Economic Institutions and Peasant Revolution in Lower Languedoc, 1770–1840', *P&P*, 182 (2004), pp. 143–73.

Lottin, D. *Recherches historiques sur la ville d'Orléans*, 8 vols. Orléans: Imprimerie Alexandre Jacob, 1836–45.

Louis, Abel. *Les Libres de couleur en Martinique*, 3 vols. Paris: L' Harmattan, 2012.

Luc, Jean-Noël. *Paysans et droits féodaux en Charente-Inférieure pendant la Révolution française*. Paris:

Commission d' Histoire de la Révolution française, 1984.
Lucas, Colin. *The Structure of the Terror: The Example of Javogues and the Loire*. Oxford: Oxford University Press, 1973.
—— (ed.). *Rewriting the French Revolution*. Oxford: Clarendon Press, 1991.
—— (ed.). *The French Revolution and the Creation of Modern Political Culture*, 4 vols. Oxford: Oxford University Press, 1987–94.
——. 'The Rules of the Game in Local Politics under the Directory' , *FHS*, 16 (1989), pp. 345–71.
——. 'The Theory and Practice of Denunciation in the French Revolution' , *JMH*, 68 (1996), pp. 768–85.
Lüsebrink, Hans-Jürgen, and Rolf Reichardt. *The Bastille: A History of a Symbol of Despotism and Freedom*. Durham, NC: Duke University Press, 1997.
Lyons, Martyn. *France under the Directory*. Cambridge and New York: Cambridge University Press, 1975.
McManners, John. *Church and Society in Eighteenth-Century France*, 2 vols. Oxford and New York: Oxford University Press, 1998.
——. *French Ecclesiastical Society under the Ancien Régime: A Study of Angers in the Eighteenth Century*. Manchester: Manchester University Press, 1960.
McPhee, Peter. *Collioure et la Révolution française, 1789–1815*. Perpignan: Le Publicateur, 1989.
——. *Living the French Revolution, 1789–99*. London and New York: Palgrave Macmillan, 2006.
——. *Revolution and Environment in Southern France: Peasant, Lords, and Murder in the Corbières, 1780–1830*. Oxford: Clarendon Press, 1999.
——. *Robespierre: A Revolutionary Life*. New Haven, CT, and London: Yale University Press, 2012.
——. *The French Revolution, 1789–1799*. Oxford: Oxford University Press, 2002.
——. *Une communauté languedocienne dans l'histoire: Gabian 1760–1960*. Nîmes: Lacour, 2001.
—— (ed.). *A Companion to the French Revolution*. Oxford: Wiley-Blackwell, 2013.
——. 'Counter-Revolution in the Pyrenees: Spirituality, Class and Ethnicity in the Haut-Vallespir, 1793–1794' , *FH*, 7 (1993), pp. 313–43.
——. 'The French Revolution, Peasants, and Capitalism' , *AHR*, 94 (1989), pp. 1,265–80.
——. ' "The misguided greed of peasants" ? Popular Attitudes to the Environment in the Revolution of 1789' , *FHS*, 24 (2001), pp. 247–69.
Mansfield, Paul. 'The Repression of Lyon, 1793–4: Origins, Responsibility and Significance' , *FH*, 2 (1988), pp. 74–101.
Margadant, Ted W. *Urban Rivalries in the French Revolution*. Princeton, NJ: Princeton University Press, 1992.
Markoff, John. *The Abolition of Feudalism: Peasants, Lords, and Legislators in the French Revolution*. University Park, PA: Pennsylvania State University Press, 1996.
Markovic, Momcilo. 'La Révolution aux barrières: l' incendie des barrières de l' octroi à Paris en juillet 1789' , *AHRF*, 372 (2013), pp. 27–48.
Martin, Jean- Clément. *Nouvelle histoire de la Révolution française*. Paris: Perrin, 2012.
——. *La Révolte brisée. Femmes dans la Révolution française et l'Empire*. Paris: Armand Colin, 2008.
——. *Violence et Révolution: essai sur la naissance d'un mythe national*. Paris: Éditions du Seuil, 2006.
—— (ed.). *La Révolution à l'œuvre. Perspectives actuelles dans l'histoire de la Révolution française*. Rennes: Presses Universitaires de Rennes, 2005.

——. 'Histoire et polémique, les massacres de Machecoul' , *AHRF*, 291 (1993), pp. 33–60.

——. 'La Vendée. Enquête sur les crimes de la Révolution' , *Histoire*, 377 (2012), pp. 40–61.

——. 'Vendée: les criminels de guerre en procès' , *Histoire*, 25 (2004), pp. 82–87.

Mason, Laura. *Singing the French Revolution: Popular Culture and Politics, 1787–1799*. Ithaca, NY: Cornell University Press.

—— and Tracey Rizzo (eds). *The French Revolution: A Document Collection*. Boston, MA, and New York: Houghton Mifflin, 1999.

Massé, Pierre. *Varennes et ses maitres. Un domaine rural, de l'Ancien Régime à la Monarchie de juillet (1779–1842)*, Paris: S.E.V.P.E.N., 1956.

Mathiez, Albert. *After Robespierre: The Thermidorian Reaction*, translated by Catherine Alison Phillips. New York: Grosset and Dunlap, 1965.

——. *Un procès de corruption sous la Terreur: l'affaire de la Compagnie des Indes*. Paris: Félix Alcan, 1920.

Matteson, Kieko. *Forests in Revolutionary France: Conservation, Community, and Conflict, 1669–1848*. Cambridge: Cambridge University Press, 2014.

Maza, Sarah. *Private Lives and Public Affairs: The Causes Célèbres of Pre-Revolutionary France*. Berkeley, CA: University of California Press, 1993.

Mazauric, Claude (ed.). *La Révolution française et l'homme moderne*. Paris: Éditions Messidor, 1989.

Mazeau, Guillaume. *Le Bain de l'histoire: Charlotte Corday et l'attentat contre Marat, 1793–2009*. Seyssel: Champ Vallon, 2009.

Michel, Georges. *Une famille provençale du XVIe siècle au Consulat*. Paris: Éditions BergerLevrault, 1950.

Miller, Judith. *Mastering the Market: The State and the Grain Trade in Northern France, 1700–1860*. Cambridge and New York: Cambridge University Press, 1998.

Miller, Mary Ashburn. *A Natural History of Revolution: Violence and Nature in the French Revolutionary Imagination, 1789–1794*. Ithaca, NY, and London: Cornell University Press, 2011.

Miller, Stephen. 'Venal Offices, Provincial Assemblies and the French Revolution' , *FH*, 28 (2014), pp. 343–65.

Mirouse, Florence (ed.). *François Ménard de la Groye, député du Maine aux États généraux. Correspondance (1789–1791)*. Le Mans: Conseil Général de la Sarthe, 1989.

Mitchell, C. J. *The French Legislative Assembly of 1791*. Leiden: E. J. Brill, 1988.

Monnier, Raymonde. *L'Espace public démocratique: essai sur l'opinion à Paris de la Révolution au Directoire*. Paris: Éditions Kimé, 1994.

——. *Le Faubourg Saint- Antoine (1789–1815)*. Paris: SÉR, 1981.

——. *Républicanisme, patriotisme et Révolution française*. Paris: Harmattan, 2005.

—— (ed.). *Citoyens et citoyenneté sous la Révolution française*. Paris: SÉR, 2006.

Moran, Daniel, and Arthur Waldron (eds). *The People in Arms: Military Myth and National Mobilization since the French Revolution*. Cambridge: Cambridge University Press, 2003.

Morgan, Peter. 'Republicanism, Identity and the New European Order: Georg Forster's Letters from Mainz and Paris, 1792–1793' , *Journal of European Studies*, 22 (1992), pp. 71–100.

Moriceau, J.-M., and Gilles Postel-Vinay. *Ferme, entreprise et famille*. Paris: ÉHÉSS, 1992.

Morvan, Daniel. 'L' Oeil du maître. Rosanbo, une seigneurie au quotidien' , *Skol Vreizh*, 24 (1992), pp. 1–83.

Moulinas, René. *Histoire de la Révolution d'Avignon*. Avignon: Aubanel, 1986.

——. *Les Massacres de la Glacière: enquête sur un crime impuni, Avignon 16–17 octobre 1791*. Aix-en Provence: Édisud, 2003.

Muller, Claude. 'Religion et Révolution en Alsace', *AHRF*, 337 (2004), pp. 63–83.

Murray, William J. *The Right- Wing Press in the French Revolution: 1789–1792*. London: Royal Historical Society, 1986.

Nicod, Jean- Claude. 'Les "séditieux" en Languedoc à la fin du XVIIIe siècle', *Recueil de Mémoires et travaux de la Société d'histoire du droit et des institutions des anciens pays de droit écrit*, 8 (1971), pp. 145–65.

Nicolas, Jean (ed.). *Mouvements populaires et conscience sociale, XVI–XIXe siècles*. Actes du colloque de Paris, 24–26 mai 1984. Paris: Maloine, 1985.

Nicolle, Paul. 'Les Meurtres politiques d'août–septembre 1792 dans le département de l'Orne: étude critique', *AHRF*, 62 (1934), pp. 97–118.

Noël, Karl. *L'Esclavage à l'Ile de France (Ile Maurice) de 1715 à 1810*. Paris: Éditions Two Cities ETC, 1991.

Noiriel, Gérard. *Réfugiés et sans-papiers. La République face au droit d'asile XIXe–XXe siècle*. Paris: Hachette, 1998.

Oliver, Bette W. *Surviving the French Revolution: A Bridge Across Time*. Lanham, MD: Lexington Books, 2013.

Ozouf, Mona. *Festivals and the French Revolution*, translated by Alan Sheridan. Cambridge, MA: Harvard University Press, 1988.

——. *L'École de la France: essais sur la Révolution, l'utopie et l'enseignement*. Paris: Gallimard, 1984.

Palmer, R. R. *The Age of the Democratic Revolution: A Political History of Europe and America, 1760–1800*, 2 vols. Princeton, NJ: Princeton University Press, 1959, 1964.

——. *The Improvement of Humanity: Education and the French Revolution*. Princeton, NJ: Princeton University Press, 1985.

——. *Twelve who Ruled: The Year of the Terror in the French Revolution. Princeton*, NJ: Princeton University Press, 1969.

Parisot, Robert. *Histoire de Lorraine*, vol. 3. Paris: Auguste Picard, 1924.

Parker, Harold T. *The Cult of Antiquity and the French Revolutionaries: A Study in the Development of the Revolutionary Spirit*. New York: Octagon, 1965.

Parker, Lindsay A. H. *Writing the Revolution: A French Woman's History in Letters*. Oxford and New York: Oxford University Press, 2013.

Patrick, Alison. *The Men of the First French Republic: Political Alignments in the National Convention of 1792*. Baltimore, MD: Johns Hopkins University Press, 1972.

Pellegrin, Nicole. *Les Vêtements de la Liberté: Abécédaire des pratiques vestimentaires en France de 1780 à 1800*. Aix- en-Provence: Éditions Alinéa, 1989.

Péronnet, Michel, Robert Attal and Jean Bobin. *La Révolution dans l'Aisne, 1789–1799*, Le Coteau: Horvath, 1988.

—— and Georges Fournier. *La Révolution dans l'Aude*. Le Coteau: Horvath, 1989.

—— and Gérard Bourdin. *La Révolution dans l'Orne*. Le Coteau: Horvath, 1988.

—— and Yannick Guin. *La Révolution dans la Loire- Inférieure*. Le Coteau: Horvath, 1989.

Perovic, Sanja. *The Calendar in Revolutionary France*. Cambridge and New York: Cambridge University Press, 2012.

Petitfrère, Claude. *La Vendée et les Vendéens*. Paris: Gallimard, 1981.

——. *Les Vendéens d'Anjou (1793)*. Paris: Bibliothèque Nationale, 1981.

——. 'La Vendée en l' an II: défaite et répression' , *AHRF*, 300 (1995), pp. 173–87.

——. 'The Origins of the Civil War in the Vendée' , *FH*, 2 (1988), pp. 187–207.

Peyrard, Christine. *Les Jacobins de l'Ouest. Sociabilité et formes de politisation dans le Maine et la Basse-Normandie (1789–1799)*. Paris: Publications de la Sorbonne, 1996.

Pfister, Christian. *Histoire de Nancy*, vol. 3. Paris: Éditions du Palais Royal; Nancy: Éditions Berger-Levrault, 1974.

Phillips, Roderick. *Family Breakdown in Late- Eighteenth Century France: Divorces in Rouen, 1792–1803*, Oxford: Oxford University Press, 1980.

Pimoulle, Jacques. *Le Conventionnel Nicolas Maure, 1743–1795*. Auxerre: n.p., 1989.

Pingué, Danièle, and Jean- Paul Rothiot (eds). *Les Comités de surveillance. D'une création citoyenne à une institution révolutionnaire*. Paris: SÉR, 2012.

Pinsseau, Pierre. *Cadet Roussel (1743–1807)*. Paris: Clavreuil, 1945.

Plack, Noelle L. *Common Land, Wine and the French Revolution: Rural Society and Economy in Southern France, c. 1789–1820*. Farnham, Surrey, and Burlington, VT: Ashgate, 2009.

Popkin, Jeremy D. *Revolutionary News: The Press in France, 1789–1799*. Durham, NC, and London: Duke University Press, 1990.

——. *You Are All Free: The Haitian Revolution and the Abolition of Slavery*. New York: Cambridge University Press, 2010.

Postel-Vinay, Gilles. 'À la recherche de la Révolution économique dans les campagnes (1789–1815)' , *Revue économique*, 6 (1989), pp. 1,015–45.

Potofsky, Allan. *Constructing Paris in the Age of Revolution*. London: Palgrave Macmillan, 2009.

Pouthas, Charles-H. *Une famille bourgeoise française de Louis XIV à Napoléon*. Paris: Librairie Félix Alcan, 1934. 'Les Prénoms révolutionnaires' , special issue of *AHRF*, 322 (2000).

Price, Munro. *The Road from Versailles: Louis XVI, Marie Antoinette, and the Fall of the French Monarchy*. New York: St Martin' s Press, 2003.

——. 'Mirabeau and the Court: Some New Evidence' , *FHS*, 29 (2006), pp. 37–75.

Racineux, Alain. 'Du faux- saunage à la chouannerie, au sud- est de la Bretagne' , *Mémoires de la Société d'histoire et d'archéologie de Bretagne*, 56 (1989), pp. 192–206.

Ragan, Bryant T., and Elizabeth A. Williams (eds). *Re-creating Authority in Revolutionary France*. New Brunswick, NJ: Rutgers University Press, 1992.

Ramsay, Clay. *The Ideology of the Great Fear: The Soissonnais in 1789*. Baltimore, MD, and London: Johns Hopkins University Press, 1992.

Rapport, Michael.*Nationality and Citizenship in Revolutionary France: The Treatment of Foreigners, 1789–1799*. Oxford: Clarendon Press, 2000.

——. 'Belgium under French Occupation: Between Collaboration and Resistance, July 1794 to October 1795' , *FH*, 16 (2002), pp. 53–82.

Reddy, William. *The Navigation of Feeling: A Framework for the History of Emotions*. Cambridge: Cambridge University Press, 2001.

Régent, Frédéric. *La France et ses esclaves. De la colonisation aux abolitions (1620–1848)*. Paris: Grasset, 2007.

Reichardt, Rolf, and Herbert Schneider. 'Chanson et musique populaires devant l' Histoire à la fin de l' Ancien Régime' , *Dix- huitième siècle*, 18 (1986), pp. 117–42.

Reichardt, Rolf, and Hubertus Kohle. *Visualising the Revolution: Politics and the Pictorial Arts in Late Eighteenth- Century France*, translated by Corinne Atwood and Felicity Baker. London: Reaktion Books, 2008.

Reinhardt, Steven G., and Elisabeth A. Cawthorn (eds). *Essays on the French Revolution: Paris and the Provinces*. Arlington, TX: Texas A&M University Press, 1992.

Révolution de 1789: Guerres et croissance économique, special issue of *Revue économique*, 40 (1989).

La Révolution française et le monde rural. Actes du colloque tenu en Sorbonne les 23, 24 et 25 octobre 1987. Paris: CTHS, 1989.

Reynolds, Siân. *Marriage and Revolution: Monsieur and Madame Roland.* Oxford: Oxford University Press, 2012.

Ribeiro, Aileen. *Fashion in the French Revolution*. London: Batsford, 1988.

Richard, Bernard. *Cloches et querelles de cloches dans l'Yonne. La Cloche entre maire et curé, XVIIIe–XXe*. Villeneuve-sur- Yonne: Les Amis du Vieux Villeneuve, 2010.

——. *Les Emblèmes de la République*. Paris: CNRS, 2012.

Richard, Marcelle (ed.). *Le Morbihan pendant la Révolution, 1789–1795*, 2nd ed. Vannes: AD Loire-Atlantique, 1988.

Rideau, Gaël. 'De l' impôt à la sécularisation: reconstruire l' église. Les Doléances religieuses dans les cahiers de doléances du bailliage d' Orléans' , *AHRF*, 345 (2006), pp. 3–29.

Riley, James C. *The Seven Years War and the Old Regime in France: The Economic and Financial Toll*. Princeton, NJ: Princeton University Press, 1986.

Riskin, Jessica. *Science in the Age of Sensibility: The Sentimental Empiricists of the French Enlightenment.* Chicago, IL, and London: University of Chicago Press, 2002.

Roberts, Warren. *Jacques- Louis David and Jean- Louis Prieur, Revolutionary Artists: The Public, the Populace, and Images of the French Revolution*. Albany, NY: State University of New York Press, 2000.

Robin, Régine. *La Société française en 1789: Semur- en- Auxois.* Paris: Plon, 1970.

Roche, Daniel. *A History of Everyday Things: The Birth of Consumption in France, 1600–1800*, translated by Brian Pearce. Cambridge: Cambridge University Press, 2000.

——. *France in the Enlightenment*, translated by Arthur Goldhammer. Cambridge, MA: Harvard University Press, 1998.

——. *The People of Paris: An Essay in Popular Culture in the 18th Century*, translated by Marie Evans. Berkeley and Los Angeles, CA: University of California Press, 1987.

Roger-Noël, Isabelle. 'La Révolution aux frontières vue par un volontaire de 1792 à 1796' , *Revue historique des armées*, 42 (1986), pp. 3–15.

Rose, R. B. *Gracchus Babeuf: The First Revolutionary Communist.* London: Edward Arnold, 1978.

——. *The Enragés: Socialists of the French Revolution?* Melbourne: Melbourne University Press, 1965.

——.*The Making of the 'sans- culottes': Democratic Ideas and Institutions in Paris, 1789–92*. Manchester: Manchester University Press, 1983.

——. *Tribunes and Amazons: Men and Women of Revolutionary France, 1789–1871*. Sydney: Macleay Press, 1998.

Roudinesco, Elisabeth. *Madness and Revolution: The Lives and Legends of Théroigne de Méricourt*, translated by Martin Thom. London and New York: Verso, 1991.

Rouvière, François. *Histoire de la Révolution française dans le department du Gard*, 4 vols. Nîmes: Librairie Ancienne A. Catélan, 1887–89.

Rudé, George. *The Crowd in the French Revolution.* Oxford: Oxford University Press, 1959.

Sagnac, Philippe, and Pierre Caron. *Les Comités des droits féodaux et de législation et l'abolition du régime seigneurial (1789–1793)*. Paris: Imprimerie Nationale, 1907.

Schama, Simon. *Citizens: A Chronicle of the French Revolution.* New York: Alfred A. Knopf, 1989.

Schechter, Ronald. 'The Holy Mountain and the French Revolution', *Historical Reflections*, 40 (2014), pp. 78–107.

Secher, Reynald. *A French Genocide: The Vendée, translated by George Holoch.* Notre Dame, IN: University of Notre Dame Press, 2003.

Sentou, Jean (ed.). *Révolution et contre- révolution dans la France du Midi (1789–1799)*. Toulouse: Presses Universitaires du Mirail, 1991.

Sepinwall, Alyssa Goldstein. *The Abbé Grégorie and the French Revolution: The Making of Modern Universalism*. Berkeley and Los Angeles, CA: University of California Press, 2005.

Serna, Pierre. *La République des girouettes. 1789–1815 et au- delà, une anomalie politique: la France de l'extrême centre*. Seyssel: Champ-Vallon, 2005.

—— (ed.). *Républiques sœurs: le Directoire et la Révolution atlantique.* Rennes: Presses Universitaires de Rennes, 2009.

——, Antonino de Francesco and Judith A. Miller (eds). *Republics at War, 1776–1840: Revolutions, Conflicts, and Geopolitics in Europe and the Atlantic World.* Basingstoke: Palgrave Macmillan, 2013.

Sewell, William H. *Work and Revolution in France: The Language of Labor from the Old Régime to 1848.* Cambridge: Cambridge University Press, 1980.

——. 'Collective Violence and Collective Loyalties in France: Why the French Revolution Made a Difference', *Politics and Society*, 18 (1990), pp. 527–52.

——. 'Connecting Capitalism to the French Revolution: The Parisian Promenade and the Origins of Civic Equality in Eighteenth- Century France', *Critical Historical Studies*, 1 (2014), pp. 5–46.

Shapiro, Barry M. *Revolutionary Justice in Paris, 1789–1790*. Cambridge, MA, and New York: Cambridge University Press, 1993.

——. *Traumatic Politics: The Deputies and the King in the Early French Revolution*. University Park, PA: Pennsylvania State University Press, 2009.

Shapiro, Gilbert, and John Markoff. *Revolutionary Demands: A Content Analysis of the Cahiers de Doléances of 1789*. Stanford, CA: California University Press, 1998.

Shaw, Matthew. *Time and the French Revolution: The Republican Calendar, 1789–Year XIV*. Woodbridge,

Suffolk, and Rochester, NY: Boydell and Brewer, 2011.

Sheppard, Thomas. *Lourmarin in the Eighteenth Century: A Study of a French Village*. Baltimore, MD: Johns Hopkins University Press, 1971.

Shovlin, John. *The Political Economy of Virtue: Luxury, Patriotism, and the Origins of the French Revolution*. Ithaca, NY, and London: Cornell University Press, 2006.

Sibalis, Michael. 'The Regulation of Male Homosexuality in Revolutionary and Napoleonic France, 1789–1815', in Jeffrey Merrick and Bryant T. Ragan (eds), *Homosexuality in Modern France*. New York: Oxford University Press, 1996, pp. 80–101.

Slavin, Morris. *The Hébertistes to the Guillotine: Anatomy of a 'Conspiracy' in Revolutionary France*. Baton Rouge, LA, and London: Louisiana State University Press, 1994.

——. *The Making of an Insurrection: Parisian Sections and the Gironde*. Cambridge, MA, and London: Harvard University Press, 1986.

Sledziewski, Élisabeth G. 'The French Revolution as the Turning Point', in Geneviève Fraisse and Michelle Perrot (eds), *A History of Women in the West: Emerging Feminism from Revolution to World War*, translated by Arthur Goldhammer. Cambridge, MA: Harvard University Press, 1993.

Smart, Annie K. *Citoyennes: Women and the Ideal of Citizenship in Eighteenth-Century France*. Newark, DE: University of Delaware Press, 2011.

Smith, Jay M. *Nobility Reimagined: The Patriotic Nation in Eighteenth- Century France*. Ithaca, NY, and London: Cornell University Press, 2005.

Soboul, Albert. *Comprendre la Révolution: problèmes politiques de la Révolution française (1789–1797)*. Paris: F. Maspero, 1981; translated by April A. Knutson as Understanding the French Revolution. New York: International Publishers, 1988.

——. *Paysans, sans- culottes et Jacobins*. Paris: Clavreuil, 1966.

——. *Précis d'histoire de la Révolution française*. Paris: Éditions Sociales, 1962; translated by Alan Forrest and Colin Jones as *The French Revolution, 1787–1799: From the Storming of the Bastille to Napoleon*. New York: Vintage Books, 1975.

——. *Problèmes paysans de la Révolution, 1789–1848*. Paris: François Maspero, 1976.

——. The *Parisian Sans- Culottes and the French Revolution, 1793–4*, translated by Gwynne Lewis. Oxford: Oxford University Press, 1964.

—— (ed.). *Contributions à l'histoire paysanne de la Révolution française, 1789–1848*. Paris: Éditions Sociales, 1977.

Sonenscher, Michael. *Before the Deluge: Public Debt, Inequality, and the Intellectual Origins of the French Revolution*. Princeton, NJ: Princeton University Press, 2007.

Sottocasa, Valérie. *Mémoires affrontées. Protestants et catholiques face à la Révolution dans les montagnes du Languedoc*. Rennes: Presses Universitaires de Rennes, 2004.

Spagnoli, Paul. 'The Unique Decline of Mortality in Revolutionary France', *Journal of Family History*, 22 (1997), pp. 425–61.

Spang, Rebecca L. *Stuff and Money in the Time of the French Revolution*. Cambridge, MA: Harvard University Press, 2015.

——. *The Invention of the Restaurant: Paris and Modern Gastronomic Culture*. Cambridge, MA: Harvard

University Press, 2000.
Spary, E. C. *Utopia's Garden: French Natural History from Old Regime to Revolution*. Chicago, IL, and London: University of Chicago Press, 2000.
Stein, Robert. 'The Profitability of the Nantes Slave Trade, 1783–1792', *Journal of Economic History*, 35 (1975), pp. 779–93.
Suratteau, Jean-René, and François Gendron (eds). *Dictionnaire historique de la Révolution française*. Paris: PUF, 1989.
Sutherland, D. M. G. *Murder in Aubagne: Lynching, Law, and Justice during the French Revolution*. Cambridge and New York: Cambridge University Press, 2009.
——. *The Chouans: The Social Origins of Popular Counter- Revolution in Upper Brittany, 1770–1796*. Oxford: Oxford University Press, 1982.
——. *The French Revolution and Empire: The Quest for a Civic Order*. Oxford: Blackwell, 2003.
——. 'Justice and Murder: Massacres in the Provinces, Versailles, Meaux and Reims in 1792', *P&P*, 222 (2014), pp. 129–62.
——. 'Peasants, Lords, and Leviathan: Winners and Losers from the Abolition of French Feudalism, 1780–1820', *Journal of Economic History*, 62 (2002), pp. 1–24.
Swann, Julian, and Joël Félix (eds). *The Crisis of the Absolute Monarchy: France from Old Regime to Revolution*, published for The British Academy. Oxford: Oxford University Press, 2013.
Sydenham, Michael. *The Girondins*. London: Athlone Press, 1961.
Tackett, Timothy. *Becoming a Revolutionary: The Deputies of the French National Assembly and the Emergence of a Revolutionary Culture (1789–1790)*. Princeton, NJ: Princeton University Press, 1996.
——. *Religion, Revolution, and Regional Culture in Eighteenth- Century France: The Ecclesiastical Oath of 1791*. Princeton, NJ: Princeton University Press, 1986.
——. *The Coming of the Terror in the French Revolution*. Cambridge, MA, and London: The Belknap Press of Harvard University Press, 2015.
——. *When the King took Flight*. Cambridge, MA: Harvard University Press, 2003.
——. 'Collective Panics in the Early French Revolution, 1789–1791: A Comparative Perspective', *FH*, 17 (2003), pp. 149–71.
Taws, Richard. *The Politics of the Provisional: Art and Ephemera in Revolutionary France*. Philadelphia, PA: Pennsylvania State University Press, 2013.
Taylor, Katherine. 'Geometries of Power: Royal, Revolutionary, and Post-Revolutionary French Courtrooms', *Journal of the Society of Architectural Historians*, 72 (2013), pp. 434–74.
Thery, Irène, and Christian Biet (eds). *La Famille, la loi, l'État. De la Révolution au Code Civil*. Paris: Imprimerie Nationale Éditions, 1989.
Thien, Ly-Hoang. 'La Bibliothèque Nationale sous la Révolution', *Dix- huitième siècle* 14 (1982), pp. 75–88.
Thomas, Chantal. *The Wicked Queen: The Origins of the Myth of Marie- Antoinette*, translated by Julie Rose. New York: Zone Books, 1999.
Thompson, Eric.*Popular Sovereignty and the French Constituent Assembly, 1789–1791*. Manchester: Manchester University Press, 1952.
Thompson, J. M. *Robespierre*. Oxford: Blackwell, 1935.

Thomson, J. K. J. Clermont- de- Lodève, *1633–1789: Fluctuations in the Prosperity of a Languedocian Cloth-Making Town*. Cambridge: Cambridge University Press, 1982.

Tilly, Charles. *The Vendée*. Cambridge, MA: Harvard University Press, 1964.

——. 'The Emergence of Citizenship in France and Elsewhere', *International Review of Social History* 40 (1995), pp. 223–36.

Ulbrich, Claudia. 'Sarreguemines en révolution ou l' histoire d' un "caméléon politique"', *Annales de l'Est*, 44 (1992), pp. 15–34.

Valin, Claudy. *Autopsie d'un massacre. Les journées des 21 et 22 mars 1793 à La Rochelle*. St-Jean-d' Angély: Éditions Bordessoules, 1992.

——. *La Rochelle- la Vendée, 1793. Révolution et Contre- Révolution*. Paris: Le Croît vif, 1997.

Van Kley, Dale K. *The French Idea of Freedom: The Old Regime and the Declaration of Rights of 1789*. Stanford, CA: Stanford University Press, 1994.

——. *The Jansenists and the Expulsion of the Jesuits from France*. New Haven, CT, and London: Yale University Press, 1975.

——. *The Religious Origins of the French Revolution: From Calvin to the Civil Constitution, 1560–1791*. New Haven, CT, and London: Yale University Press, 1996.

Vardi, Liana. *The Land and the Loom: Peasants and Profit in Northern France, 1680–1800*. Durham, NC, and London: Duke University Press, 1993.

——. *The Physiocrats and the World of the Enlightenment*. Cambridge and New York: Cambridge University Press, 2012.

——. 'The Abolition of the Guilds during the French Revolution', *FHS*, 15 (1988), pp. 704–17.

Velde, Francois R., and David R. Weir. 'The Financial Debt Market and Government Debt Policy in France, 1746–1793', *Journal of Economic History*, 52 (1992), pp. 1–39.

Velicu, Adrian. *Civic Catechisms and Reason in the French Revolution*. Farnham, Surrey, and Burlington, VT: Ashgate, 2010.

Verjus, Anne. *Le Bon mari: une histoire politique des hommes et des femmes à l'époque révolutionnaire*. Paris: Fayard, 2010.

Viallaneix, Paul, and Jean Ehrard (eds). *Aimer en France, 1760–1860. Actes du colloque international de Clermont- Ferrand*. Clermont-Ferrand: Faculté des Lettres et Sciences Humaines, 1980.

Vidalenc, Jean. *Les Émigrés français, 1789–1825*. Caen: Associations des Publications de la Faculté des Lettres et Sciences Humaines de l' Université de Caen, 1963.

Vinot, Bernard. 'La Révolution au village, avec Saint- Just, d' après le registre des délibérations communales de Blérancourt', *AHRF*, 335 (2004), pp. 97–110.

Vivier, Nadine. *Propriété collective et identité communale. Les Biens communaux en France, 1750–1914*. Paris: Publications de la Sorbonne, 1998.

Voies nouvelles pour l'histoire de la Révolution française. Paris: Bibliothèque Nationale, 1978.

Vovelle, Michel. *Combats pour la Révolution française*. Paris: Éditions la Découverte/SÉR, 1993.

——. *La Découverte de la politique. Géopolitique de la Révolution française*. Paris: Éditions la Découverte, 1993.

——. *La Mentalité révolutionnaire: société et mentalité sous la Révolution française*. Paris: Messidor/ Éditions

Sociales, 1985.
——. *The Fall of the Monarchy (1787–1792)*, translated by Susan Burke. Cambridge: Cambridge University Press, 1983.
——. *The Revolution against the Church: From Reason to the Supreme Being*. Cambridge: Cambridge University Press, 1991.
—— (ed.). *Révolution et République: l'exception française*. Paris: Éditions Kimé, 1994.
——. 'Le Tournant des mentalités en France, 1750–1789: la "sensibilité" pré-Révolutionnaire', *SH*, 5 (1977), pp. 605–29.
Wahnich, Sophie. *In Defence of the Terror: Liberty or Death in the French Revolution*, translated by David Fernbach. London and New York: Verso, 2012.
——. *L'Impossible citoyen: l'étranger dans le discours de la Révolution française*. Paris: Albin Michel, 1997.
Waldinger, Renée, Philip Dawson and Isser Woloch (eds). *The French Revolution and the Meaning of Citizenship*. Westport, CT: Greenwood Press, 1993.
Walshaw, Jill Maciak. *A Show of Hands for the Republic: Opinion, Information, and Repression in Eighteenth-Century Rural France*. Rochester, NY: Rochester University Press, 2014.
Walter, Gérard. *Robespierre*, 2 vols. Paris: Gallimard, 1961.
Walton, Charles. *Policing Public Opinion in the French Revolution: The Culture of Calumny and the Problem of Free Speech*. Oxford and New York: Oxford University Press, 2009.
Walzer, Michael (ed.). *Regicide and Revolution: Speeches at the Trial of Louis XVI*. New York: Columbia University Press, 1974.
Whiteman, Jeremy. *Reform, Revolution and French Global Policy, 1787–1791*. Aldershot and Burlington, VT: Ashgate, 2002.
Williams, David, and Maire Cross (eds). *The French Experience from Republic to Monarchy, 1792–1824: New Dawns in Politics, Knowledge and Culture*. Basingstoke: Palgrave Macmillan, 2000.
Wismes, Armel de. *Nantes et le temps des négriers*. Paris: Éditions France-Empire, 1983.
Wittman, Richard. *Architecture, Print Culture, and the Public Sphere in Eighteenth- Century France*. New York and London: Routledge and Kegan Paul, 2007.
Woell, Edward J.*Small-Town Martyrs and Murderers: Religious Revolution and Counter- Revolution in Western France, 1774–1914*. Milwaukee, WI: Marquette University Press, 2006.
Woloch, Isser. *The French Veteran from the Revolution to the Restoration*. Chapel Hill, NC: University of North Carolina Press, 1979.
——. *The New Regime: Transformations of the French Civic Order, 1789–1820s*. New York: W. W. Norton, 1994.
Woronoff, Denis. *Histoire de l'industrie en France: du XVIe siècle à nos jours*. Paris: Éditions du Seuil, 1998.
—— (ed.). *Revolution et espaces forestiers*. Colloque des 3 & 4 juin 1987. Groupe d' histoire des forêts françaises. Paris: L' Harmattan, 1988.
Wrigley, Richard. *The Politics of Appearances: Representations of Dress in Revolutionary France*. Oxford and New York: Berg Publishers, 2002.
Wylie, Lawrence. *Chanzeaux: A Village in Anjou*. Cambridge, MA: Harvard University Press, 1966.
Ziesche, Philipp. *Cosmopolitan Patriots: Americans in Paris in the Age of Revolution*. Charlottesville, VA, and London: University of Virginia Press, 2010.

索　引

译后记

《自由与毁灭：法国大革命，1789—1799》一书是彼得·麦克菲教授多年研究法国大革命成果的结晶，这是一部对希望了解法国大革命的普通读者和对法国大革命有一定了解的专业读者都非常友好的书。在成为法国史专业的博士生之前，我也和很多历史爱好者一样，对法国大革命这样严肃的话题和大部头的著作都有种望而生畏的感觉，但每当读到历史人物的故事时就会产生继续读下去的动力，因为人与人情感上的共鸣可以跨越时间和空间的界限。法国大革命的历史不仅存在于尘封的档案之中，还铭刻在每个经历法国大革命的人的记忆中。麦克菲教授不仅聚焦法国大革命主要历史人物的历史，也用了大量笔墨描绘了普通人在大革命期间的命运沉浮。

法国大革命戏剧性地改变了很多人的命运。大仲马的父亲托马-亚历山大·仲马 1762 年出生于圣多明各，他的父亲是法国贵族，母亲则是一名黑人奴隶。他生下来就是奴隶，在 14 岁那年被父亲以 800 里弗的价格卖给了一个法国军官，后来当他抵达法国时，父亲又赎回了他，给他自由身份并且将他送入军校。在 24 岁从军校毕业那年，他的其他同学都成了军官，而他只能注册成为一名普通士兵，他的父亲认为他使用达维·德拉·佩耶特里（Davy de la Pailleterie）的贵族姓氏有辱家门，他只好用了母亲的姓氏仲马（Dumas）。1789 年法国大革命爆发，27 岁的他怎么也不会想到四年后自己会成为一名将军。他在意大利和埃及与拿破仑并肩作战，立下了赫赫战功。如果没有大革命，他很有可能以一名普通士兵的身份结束军旅生涯。类似大仲马父亲的例子还有很多，这些人的命运转折某种程度上可以视作是大革命历史的缩影。

对大革命历史有一定了解的读者来说，麦克菲教授这本大革命史提供了很多大革命最新的研究成果。例如大革命对环境的影响，在法国南部地区，贫瘠的山地丘陵更适合放牧而不是谷物的种植，但是为了交纳什一税和封建租税，大量的荒地被开垦种植谷物；大革命废除封建制度的《八月法令》颁布后，大量的贫苦农民开垦了原本用作放牧的共有土地、砍伐森林，导致了大规模的水土流失，这些问题在当时没有引起人们的重视，但是对现在法国南部的环境造成了深远的影响。值得一提的是，麦克菲教授将早年研究法国地方史、农村史的研究成果写入本书之中，我们不仅能在书中看到法国大革命发源地巴黎的政治变迁，也能目光向下，看到各个地方和乡村是如何欢迎、接纳和反对变革的，正如麦克菲教授所言，无论欢迎还是反对变革，都不能拒绝变革。正是这一互动过程为我们呈现了更加生动的大革命历史。

当我把近三十万字的译稿交付时，内心如释重负的同时也隐隐不安。高兴的是自己独自翻译完成了这样一部大部头的著作，完成了自己最初学习法国史的一桩心愿；不安的是自己在翻译的过程中了解到自己能力有限，虽然尽自己最大努力进行修正，错误和疏漏恐怕也在所难免，希望各位读者多多指正。

在翻译过程中，我得到了浙江大学“双一流引导专项”的支持，同时，本书是浙江大学中央高校基本科研业务费专项资金资助项目“法国启蒙运动和大革命研究青年创新团队”的阶段性成果。麦克菲教授非常支持我的翻译工作，在翻译过程中我曾多次通过邮件向他请教问题，他都给了我积极的解答和回复，并且欣然应允为中国读者写下序言，在此，我向麦克菲教授表示真诚的感谢。最后，我还要向不辞劳苦编辑译稿的袁子奇编辑、一直关心并支持我的导师董小燕教授、吕一民教授以及张弛副教授表示衷心的感谢！

杨磊

2018年秋于浙江大学西溪校区北园